Inspiration
durch Gottes Wort

15. Jahrgang

SCM

SCM

Stiftung Christliche Medien

SCM ist ein Imprint der SCM Verlagsgruppe,
die zur Stiftung Christliche Medien gehört, einer gemeinnützigen Stiftung,
die sich für die Förderung und Verbreitung christlicher Bücher,
Zeitschriften, Filme und Musik einsetzt.

MIX
Papier | Fördert gute Waldnutzung
FSC® C018236
www.fsc.org

Max-Eyth-Straße 41 · 71088 Holzgerlingen
Internet: www.scm-verlag.de; E-Mail: info@scm-verlag.de

Redaktionsleitung: Daniel Aderhold, Erzhausen
Lektorat: Angela Mumssen, Elmshorn
Umschlaggestaltung & Satz: Dietmar Reichert, Dormagen
Titelbild: saiko3@shutterstock.com
Druck und Verarbeitung: dimograf
Gedruckt in Polen
ISBN 978-3-7893-4976-8
Bestell-Nr. 624.976.024

Täglicher Begleiter durch das Jahr

Zum Geleit

> Meine Zuversicht und meine Burg, mein Gott, auf den ich hoffe.
>
> Psalm 91,2b

Ausflugsziele, Baudenkmäler, Kulturgüter: Burgen sind hierzulande beliebt. Und meist weithin sichtbar – dennoch weiß niemand genau, wie viele es in Deutschland gibt. Schätzungen gehen von 25000 aus. Größtenteils sind es Ruinen, also Überreste, bei denen man die frühere Funktion oder auch Pracht nur erahnen kann. Es sind oft Orte mit Geschichte, Orte, die zu ihrer Zeit den Menschen etwas bedeutet haben. Als Familie haben wir schon mehrere besichtigt, die meist auf einer Bergkuppe gelegen waren. Nach dem Aufstieg wurden wir mit einer fantastischen Aussicht belohnt.

Gott – unsere Burg

Das neue Jahr, es liegt im Nebel der Zukunft. Niemand kann sagen, was auf uns zukommen wird. Und doch – mitten aus diesem Nebel ragt das Psalmwort heraus: „Meine Zuversicht und meine Burg, mein Gott, auf den ich hoffe." In dem Vergleich, dass Gott „meine Burg", „meine Festung" ist, finde ich einige ermutigende Punkte. Da ist zum einen die Schutzfunktion solch einer Anlage. Bei Gott muss ich mich nicht vor Angriffen fürchten. Egal, ob es Menschen sind, die mich bedrohen, oder Umstände, die mich in Angst versetzen. Bei Gott bin ich sicher und darf erleben, wie seine Liebe meine Angst und Furcht vertreibt.
Zum anderen sind Burgen in der Regel auf einem Hügel oder einem Berg errichtet. Das steht für mich für einen Wechsel des Niveaus und der Perspektive. Bei Gott darf ich die Niederung des Alltags hinter mir lassen und durch ihn eine neue Sicht auf meine Situation gewinnen. Damit hat sich daran vielleicht noch nichts geändert. Aber ein anderer

Blick kann dazu führen, dass ich den Ausweg erkennen kann. Und so verlieren die Umstände ihren Schrecken – weil ich sie im Licht Gottes einordnen kann.
Und schließlich sind Burgen auch sichtbare Zeichen der Macht. Dass Gott „meine Burg“ ist, darf mich immer daran erinnern: Mein Gott regiert immer noch! Selbst in der dunkelsten Nacht ist der Thron im Himmel nie verlassen. Gott sitzt auf seinem Thron und alle Mächte (und Mächtigen) dieser Welt müssen sich vor ihm beugen. Deshalb darf ich voller Hoffnung und Zuversicht in diesen Ausruf des Glaubens einstimmen: „Meine Zuversicht und meine Burg, mein Gott, auf den ich hoffe.“

Gott besser kennenlernen

Diesen Gott immer besser kennenzulernen und mehr über ihn zu erfahren, dazu möchten wir mit diesem Kalender einen Beitrag leisten. Ab diesem Jahr tun wir das mit der kompetenten Unterstützung des SCM Verlags. Damit wird der Kalender einer größeren Leserschaft zugänglich, und wir als Redaktion können uns auf unsere eigentliche Arbeit konzentrieren. Wie in den vergangenen Jahren auch haben in gewohnter Weise rund 230 Autorinnen und Autoren für jeden Tag einzelne Bibelabschnitte ausgelegt.
Auf den folgenden Seiten finden Sie inspirierte und inspirierende Impulse, damit Gott und sein Wort Ihr täglicher Begleiter sein kann. Und sollten Sie das Andachtsbuch gerade einmal nicht zur Hand haben: Im Internet stellen wir die tägliche Andacht kostenlos zur Verfügung – **kalender.bfp.de/tagesandacht.**

Für jeden Tag dieses neuen Jahres wünsche ich Gottes Gegenwart und seinen Segen - mit ihm können wir zuversichtlich bleiben!

Daniel Aderhold
Leiter der Kalenderredaktion

Meine Zuversicht und meine Burg,
mein Gott, auf den ich hoffe.

Psalm 91,2b

… dass ihr, des Herrn würdig, ihm ganz zu Gefallen lebt und Frucht bringt in jedem guten Werk und wachst in der Erkenntnis Gottes.

Kolosser 1,10

Bibellese: Kolosser 1,1-14

Zwei Freunde haben sich etliche Jahre nicht gesehen. Als sie unverhofft aufeinandertreffen, meint der eine zum anderen: „Mensch, du hast dich ja überhaupt nicht verändert!" Daraufhin zuckt der andere zusammen und erbleicht.

Ein Jahr mit neuen Herausforderungen ⇢ Heute beginnt ein neues Jahr. Wir wissen nicht, was wird, und können auch nicht vorhersagen, was kommen wird. Manches wird bleiben, anderes wird sich ändern. Vielleicht werden wir auch vor große Herausforderungen gestellt. Das ist dann die Chance, innerlich dazuzulernen, zu wachsen und zu reifen. Wollen wir das? Wollen wir uns verändern?

Auf der einen Seite ist es doch ein Kompliment, wenn man gesagt bekommt: „Du hast dich ja gar nicht verändert." Das kann heißen: „Du bist immer noch so klasse drauf wie damals." Oder auch: „Du siehst immer noch so toll aus, bist gar nicht in die Breite gegangen und hast ja echt keinerlei Falten bekommen." Ein nettes Kompliment! Auf der anderen Seite kann man diese Aussage „Du hast dich ja gar nicht verändert" durchaus auch als Beleidigung ansehen. Denn wer sich nicht verändert, entwickelt sich auch nicht. Kann vielleicht seine Fehler nicht einsehen und korrigieren. Arbeitet nicht an seiner Persönlichkeit – zum eigenen Wohle und dem der Menschen um ihn herum.

Die Gemeinde in Kolossä hatte etliche Herausforderungen zu bewältigen. Deshalb betet Paulus für die jungen Christen, dass sie ein Leben in der Nachfolge Jesu führen können. Dieses Leben soll *„des Herrn würdig"* sein. Es geht also um einen Lebensstil, der Jesus Christus erkennen lässt. Und sie sollen *„in der Erkenntnis Gottes"* wachsen. Wachstum ist das Gegenteil von Stillstand. Für Paulus ist das Ziel dieses Wachstums eindeutig: Es geht darum, Gott zu erkennen. Das wäre doch auch ein gutes Ziel für das Jahr 2024 – Gott in seinem Wesen und seinen Willen immer besser kennenzulernen.

Du hast dich verändert! ⇢ Ich bin sicher, dass die vor uns liegenden 366 Tage nicht immer leicht sein werden. Mancher Tag wird sehr herausfordernd sein. Darin liegt aber die großartige Möglichkeit, Gottes Gegenwart zu erleben und ihn immer besser kennenzulernen. Und am Ende des Jahres schauen wir uns an und stellen fest: Du hast dich verändert!

Friedhelm Holthuis

2
Dienstag
JANUAR

Es hat Gott gefallen, alle Fülle in ihm wohnen zu lassen und durch ihn alles zu versöhnen zu ihm hin ..., indem er Frieden machte durch sein Blut am Kreuz.

Kolosser 1,19.20

Bibellese: Kolosser 1,15-29

Mit unseren Söhnen habe ich vor einiger Zeit über das Wort „Maulwurf" nachgedacht. Dieser unter der Erde lebende Insektenfresser wirft ja nicht mit seinem Maul, sondern mit seinen schaufelartigen Vorderbeinen die Erde an die Oberfläche. Das althochdeutsche „Mūwerf", was „Haufenwerfer" bedeuten kann, ist über die Jahrhunderte zum (eher missverständlichen) „Maulwurf" geworden – so die Aufklärung in einem Fachbuch.

Wort oder Worthülse? ⇢ Es kommt vor, dass Worte mit anderen Inhalten belegt oder sogar umgedeutet werden. Wir wissen zwar alle, um was es geht, haben aber das Verständnis für die eigentliche Bedeutung verloren. Wie sieht es mit unserem Christsein aus? Innerhalb von Kirche und Gemeinde können wir vieles voraussetzen. Die Vokabeln sind vertraut und wir können sicher sein, dass unser Gegenüber uns versteht.

Aber das Christsein kann auch zu einer Worthülse werden. Wir erhalten nur die äußere Fassade, wahren den Schein, neigen dazu, zum „Fassadenreiniger" zu werden, statt darauf zu achten, dass der Inhalt stimmt. Diese Gefahr, dass die eigentlichen Inhalte des Glaubens verblassen und verloren gehen, gab es schon immer. Hier hilft die klare Besinnung und Ausrichtung auf den Kern, auf das Wesen des christlichen Glaubens.

Gott handelt ⇢ Für den Apostel Paulus ist es eindeutig: Der Handelnde, der Aktive ist Gott – nicht der Mensch. Es ist ein Grundzug des christlichen Glaubens, dass im Blick auf die Beziehung zwischen Gott und Menschen alles Tun von Gott ausgeht. Nicht der Mensch ist die Mitte des Universums, sondern Gott. Er schafft die Erlösung des Menschen: Jesus Christus vergießt an einem realen Kreuz sein Blut zu unserem Heil. Und er sorgt für die Möglichkeit, dass unsere Beziehungen wieder in Ordnung kommen. Weil meine Schuld vergeben ist, kann ich auch anderen vergeben. Gemeinsam erleben wir, was es bedeutet, in echter und aufrichtiger Gemeinschaft zu leben.

Unsere Bibellese macht uns deutlich: Christ zu sein heißt, dass weder der Tod noch meine Schuld, meine Sünde oder meine Scham das letzte Wort haben. Es ist Jesus Christus! Er, der *„Frieden machte durch sein Blut am Kreuz"*, er hat das letzte Wort in meinem Leben. Das ist viel mehr als eine Worthülse oder ein Begriff, der gepflegt werden muss. Das ist Leben in Freiheit und in der Gegenwart Gottes!

Daniel Aderhold

Denn in ihm wohnt die ganze Fülle der Gottheit leibhaftig, und ihr seid erfüllt durch ihn, der das Haupt aller Mächte und Gewalten ist.

Kolosser 2,9.10

Bibellese: Kolosser 2,1-15

Günstige Tankstelle gesucht! Schon vor den hohen Benzinpreisen hatten wir uns angewöhnt, nach günstigen Tankstellen Ausschau zu halten. Manchmal führt das dazu, dass ich an einer Tankstelle vorbeifahre, in der Hoffnung, es käme auf dem Weg bald eine günstigere. Das klappt leider nicht immer. So gibt es immer wieder Momente, in denen ich auf eine baldige Tankstelle hoffe – und unnötigen Stress habe, weil der Tank immer leerer wird.

Um geistliches Leben zu pflegen, müssen wir regelmäßig „nachtanken". Wir beten, lesen die Bibel oder dieses Andachtsbuch, genießen eine Predigt bei YouTube oder gehen in einen Gottesdienst. Das baut uns innerlich auf. „Ach, morgen geistlich aufzutanken, reicht doch auch", reden wir uns manchmal ein. „Es bedeutet mir jetzt zu viel Mühe und Aufwand." Und dann lassen wir einen Gottesdienst aus, bleiben lieber im gemütlichen Wohnzimmer und wundern uns, dass wir innerlich leerlaufen.

Die Fülle Gottes in Person ⇢ Christus spricht nicht nur über die Fülle Gottes, er verkörpert sie in seiner Person. So ist die Beziehung zu ihm der Schlüssel, den wir brauchen, um ein erfülltes Leben zu führen. Durch ihn sind wir erfüllt, zur ganzen Fülle gebracht, in ihm haben wir keinen Notstand. Dieses innere Erfülltsein mit Christus selbst und mit seinem Heiligen Geist soll unsere Lebensnormalität sein. Sie findet statt, wenn wir uns ausreichend Zeit für göttliche Dinge nehmen und uns damit beschäftigen.

Das Problem ist: Sich eine „Stille Zeit" mit Gott zu nehmen, ist nicht immer einfach. Der Gegenspieler Gottes, der unser Feind ist, hat großes Interesse daran, dass wir nicht „tanken" fahren. Wie anders aber ist Jesus. Er lädt uns ein, von seinem Wasser zu trinken und von seiner Fülle zu nehmen, ohne dass wir eine Gegenleistung bringen müssen. Er hält das für uns als Geschenk bereit. Tankstress ist also überflüssig!

Weil wir in Jesus zur Fülle gebracht und durch ihn erfüllt sind und wieder neu werden, dürfen wir heute vertrauensvoll bei ihm vorsprechen. Wir können unsere Arme zu ihm ausstrecken und sagen: „Jesus, einmal volltanken, bitte." Damit ist vorgesorgt, dass ich an diesem Tag bei allen Herausforderungen und vielleicht auch einem hohen geistlichen „Benzinverbrauch" nicht leerlaufe. Der Preis ist immer gleich: nämlich umsonst. Danke, Herr!

Frank Uphoff

4
Donnerstag

So lasst euch nun von niemandem ein schlechtes Gewissen machen wegen Speise und Trank oder wegen eines Feiertages.

Kolosser 2,16

JANUAR

Bibellese: Kolosser 2,16-23

Die hinter uns liegenden Weihnachts- und Jahreswechsel-Feiertage haben wir vermutlich sehr genossen. Warum? Weil sie „für uns" geschaffen worden sind. Wir genießen es, nicht arbeiten zu müssen und ruhen zu können. Jesus betont in seinen Predigten, dass der Sabbat (oder der Feiertag) für uns geschaffen worden ist, nicht umgekehrt.

„Das ist doch Arbeit!" ⇢ Diese Worte meiner lieben Oma, die sehr konsequent auf die Sonntagsheiligung achtete, sind mir deutlich in Erinnerung. Ja, sie hatte ein schlechtes Gewissen, wenn sie den Sonntag nicht konsequent hielt. Für sie war es Druck, Beunruhigung. Heute sehen die meisten von uns das eher lockerer und fallen dabei manchmal auf der anderen Seite vom Pferd. Nein, es geht im Neuen Testament keineswegs um eine gesetzlich verordnete Durchführung einer Ruhetagsvorschrift. Aber sich im Gegenteil darum überhaupt nicht mehr zu kümmern, ist genauso falsch. Auch wenn unsere hoch technisierte Gesellschaft es möglich macht. Schnell noch mal die Mails für die Arbeit checken – auch am Feiertag.

Feiertage haben einen tieferen Sinn ⇢ Sie sind nicht nur zu unserer Erholung gegeben, sie haben eine geistliche Bedeutung. Sie sind nur ein Schattenbild des Zukünftigen, klärt uns der Apostel Paulus hier auf. Wir werden einmal in eine zukünftige Sabbatruhe, eine wirklich himmlische Ruhe, eingehen. Darauf geben uns Feiertage einen Vorgeschmack. Gott hat eine ewige Ruhe für uns vorbereitet.

Haben wir solch eine Sabbat- und Feiertagskultur? Gott hatte gegenüber dem Volk Israel größten Wert auf die Einhaltung dieser Vorschriften gelegt. Für uns ist es nicht buchstäblich zu verstehen, sondern vom Geist her. Wenn diese Kultur wirklich ein Schattenbild des Zukünftigen ist, so dürfen wir das schon hier genießen. Deswegen habe ich mir angewöhnt, auch als Pastor eine Sabbat- und Ruhekultur zu leben. Zugegeben, es klappt nicht immer. Aber immer öfter. Und das ist gut so.

Und es ist auch ein Bild auf Christus hin. Es zeigt mir, wie Christus ist. Er ist der Herr, der mir Ruhe und Frieden gibt und nicht mit neuen Gewissensbissen wegen Nichterfüllung einer Regel aufwartet. Durch den Glauben an ihn habe ich eine Hoffnung auf eine ewige Ruhe. Jeder Feiertag bietet darauf einen kleinen Vorgeschmack. Diese Tatsache können wir jede Woche neu genießen.

Frank Uphoff

So zieht nun an als die Auserwählten Gottes, als die Heiligen und Geliebten, herzliches Erbarmen, Freundlichkeit, Demut, Sanftmut, Geduld.

Kolosser 3,12

Bibellese: Kolosser 3,1-15

Wie kann sich ein Mensch verändern? Als Christen sprechen wir davon, dass mit Jesus ein neuer Anfang, ja ein neues Leben möglich ist. Nur Gott allein ist in der Lage, die Tiefendimension unseres Lebens total umzukrempeln. Schon beim alttestamentlichen Propheten Hesekiel lesen wir diese göttliche Verheißung: „*Und ich will ihnen ein anderes Herz geben und einen neuen Geist in sie geben und will das steinerne Herz wegnehmen aus ihrem Leibe und ihnen ein fleischernes Herz geben*" (Hesekiel 11,19).

Verwandelt durch Gottes Kraft ⇢ Gott hat uns durch Jesus und den Heiligen Geist ein neues Herz gegeben hat. Er hat an uns gehandelt – und er wird es auch weiterhin tun. Es ist diese Kraft Gottes, die uns verwandelt. Dabei geht es nicht nur um ein neues Verhalten, sondern um eine völlig neue Identität, egal, aus welcher kulturellen oder sozialen Prägung wir kommen. Es geht um ein völlig neues Sein. Die Gemeinde Jesu Christi setzt sich aus Menschen zusammen, die Christus angezogen haben, die eben diese Neugeburt empfangen haben.

Es ist die Gemeinde der Glaubenden und nicht etwa eine Gemeinschaft von Menschen, die Jesus lediglich als Vorbild haben und ausschließlich an einer christlich-abendländischen Wertevorstellung (Ethik) festhalten, so wichtig und gut beides auch ist. Wir sind eine Gemeinde von Menschen aus ganz unterschiedlichen Hintergründen, die alle die gleiche Erfahrung der Vergebung und Rechtfertigung durch Jesus erlebt haben. Durch den Heiligen Geist sind wir verbunden und haben eine gemeinsame Mission erhalten. Wir sind von Jesus ergriffen. Er hat uns bei unserem Namen genannt und in seine Nachfolge gerufen.

Auserwählte, Heilige und Geliebte ⇢ Das ist die Identität, die uns ausmacht. Das ist die Herzensveränderung, die immer mehr sichtbar wird, je länger wir mit Jesus unterwegs sind. Wie schön ist es, wenn man nach Jahren Menschen trifft und in ihren Augen mehr von Jesus sieht. Wie schön ist es immer wieder, die Veränderung bei Menschen zu sehen, die Jesus begegnen. Sie verändern sich, weil ihre Herzen verändert wurden. Ja, ihr Denken und Fühlen und Handeln wird anders, weil sie eine neue Schöpfung sind. Und das ist bei dir und mir auch so!

Daniel Dallmann

6
Samstag

Und alles, was ihr tut mit Worten oder mit Werken, das tut alles im Namen des Herrn Jesus und dankt Gott, dem Vater, durch ihn.

Kolosser 3,17

JANUAR

Bibellese: Kolosser 3,16-25

Was bedeutet es, im Namen von Jesus zu handeln und zu reden? Es kann heißen, dass ich jemanden repräsentiere. Als Christen repräsentieren wir Jesus in der Welt. Wie wir uns als Christ verhalten, wirft ein Licht auf ihn. Es kann auch heißen, dass ich mich mit jemandem identifiziere. Als Christ lebe ich als ein Mensch, der Jesus gehört, und möchte so reden und handeln, wie er reden und handeln würde. Und es kann heißen, dass ich für jemanden handle. Wenn ich im Namen eines anderen auf die Bank gehe und Geld abheben darf, kann ich das tun, weil er mir die Vollmacht dazu gegeben hat. Die Autorität und die Kraft, es zu tun, kommen von demjenigen, für den ich handle.

Leben im Namen Jesu ⇢ Leben im Namen Jesu zeigt sich also darin, dass ich in meinem Alltag so rede und handle, dass ich Jesus repräsentiere und ihm Ehre bringe. Leben im Namen Jesu bedeutet, ein Leben zu führen, in dem er im Mittelpunkt steht. Es dreht sich alles um ihn. Es ist ein Leben, das von Jesus kommt und das für ihn gelebt wird.

Schon als Kind konnte ich das bei meinen Eltern sehen. Sie kamen beide aus einem nicht christlichen Elternhaus und hatten Jesus erlebt. Ihr Leben nahm von da an eine ganz andere Wende. Ab diesem Moment verschoben sich ihre Lebensprioritäten. Sie bekamen eine Berufung von Gott und dienten jahrzehntelang als Pastorenehepaar in verschiedenen Gemeinden. Jesus, sein Reich und seine Gemeinde waren in unserer Familie oberste Priorität. Es drehte sich alles um Jesus. Wie dankbar bin ich für ihr Vorbild, dass sie Jesus repräsentiert haben und es immer noch tun.

Dankbarkeit ⇢ Dankbarkeit ist übrigens ein zutiefst urchristlicher Wert, der sich sowohl im Alten wie im Neuen Testament findet. Doch auch säkulare Psychologen weisen immer wieder darauf hin, dass sich Dankbarkeit positiv auf unser Wohlbefinden und unsere Gesundheit auswirkt. Dankbarkeit bedeutet, von mir selbst wegzusehen und etwas oder jemanden wertzuschätzen. Wer mit Jesus lebt, hat immer Grund, dankbar zu sein! Wir können dann ein Leben führen, das Jesus in Wort und Tat ehrt, denn wir leben nun nicht mehr für uns selbst, sondern für ihn, der sich für uns hingegeben hat. Machen wir uns das immer wieder bewusst, denn auch heute dürfen wir in seinem Namen leben und dankbar sein.

Daniel Dallmann

Seid beharrlich im Gebet und wacht in ihm mit Danksagung!

Kolosser 4,2

Bibellese: Kolosser 4,1-18

„Gebet ist wichtig!" „Wir sollten noch mehr beten!" Wahrscheinlich kennen wir diese Aussagen und würden sie auch mit einem kräftigen „Amen" bestätigen. Doch wie so oft liegt zwischen Theorie und Praxis eine tiefe Furche, die durch unseren Alltag nur noch tiefer gegraben wird.

Lass dich durch nichts vom Gebet abhalten ⇢ Paulus ermutigt die Kolosser, „*beharrlich*" im Gebet zu sein. Auch wir dürfen uns heute dieser Ermutigung stellen: „Bleibe beständig im Gebet! Bete immer wieder. Gib nicht auf, auch wenn es manchmal anstrengend ist oder sich die Ergebnisse nicht so schnell sehen lassen." Durch das Gebet bleiben wir im Gespräch mit Gott, unserem Schöpfer, Retter und Helfer. Wir begeben uns in seine Gegenwart und sind damit an dem Ort, für den wir geschaffen wurden. Ja, es gibt Situationen, in denen wir ins Gebet förmlich getrieben oder auch gezogen werden.

Es gibt aber auch Zeiten, in denen es mehr ein „Aufbrechen" dahin ist. In denen Alltagsaufgaben bewusst liegen gelassen werden müssen, der absolut wichtige Punkt auf der To-do-Liste warten muss und sogar Termine verschoben werden. Dabei müssen wir uns bewusst machen, dass wir das Gebet brauchen, um an Jesus dranzubleiben. Jemand sagte einmal, dass das Gebet wie Atmen ist. Wir atmen Gottes Gegenwart, seine Liebe, seine Zusagen ein, aber wir atmen auch unsere Sorgen, unsere Anliegen und Lasten aus. Nur so können wir geistlich gesund bleiben.

Hör nicht auf, zu danken ⇢ Im Gebet können wir Gott alles sagen. Eines jedoch sollen wir dabei nicht vergessen: das Danken. Es ist ein Schatz und zugleich für mich ein Geheimnis, welcher Schlüssel in einem dankbaren Herzen liegt. Unsere erste Aufmerksamkeit sollten wir auf die Dinge richten, für die wir dankbar sind. Manchmal sind es Situationen, oft Menschen, aber in jedem Fall sollte es Gottes Großartigkeit sein. Danken hält uns wach und unseren Blick auf Jesus gerichtet. Ein bekanntes Lied von Margret Birkenfeld lautet: „Lasst uns danken, statt zu klagen, loben, wenn uns sinkt der Mut. Und wir werden es erfahren, dass Gott lauter Wunder tut."

Beginnen wir damit jetzt!

Anna Mann

8
Montag

Aber Jona machte sich auf und wollte vor dem HERRN nach Tarsis fliehen und kam hinab nach Jafo.

Jona 1,3

JANUAR

Bibellese: Jona 1,1-16

Wer kennt nicht die Geschichte von Jona? Vielleicht haben wir sie schon im Kindergottesdienst mit Flanellbildern erzählt bekommen. Vielleicht sind wir erst als Erwachsene auf sie gestoßen. Diese Geschichte ist schon etwas seltsam. Gerade deshalb lohnt es sich, dass wir uns neu auf sie einlassen.

Der erste Akt ⇢ Mit der Flucht Jonas beginnt der erste Akt im Buch Jona. Gott gibt einen Auftrag und Jona geht in die falsche Richtung. Nicht aus Versehen, sondern mit Absicht. Den Grund dafür erfahren wir erst im zweiten Akt, im dritten Kapitel, als der Auftrag erneut an ihn ergeht. Die Bibel thematisiert hier einen Konflikt, der uns vielleicht vertrauter ist, als wir zugeben wollen. So schön das Reden Gottes ist, es ist auch mit Spannungen verbunden. Deshalb war Jona nicht der Einzige, der wenig begeistert auf den Auftrag Gottes reagierte. Mose ging es ganz ähnlich. Als Gott ihn aufforderte, nach Ägypten zum Pharao zu gehen, brachte Mose eine Menge Ausreden vor. Gideon sicherte sich erst doppelt mit einem Vlies ab, bevor er bereit war, zu handeln. Zögerlich zu reagieren, sich zurückhaltend in Gang zu setzen oder Vorbehalte zu haben, scheint demnach nicht ungewöhnlich zu sein. Wer solche Gefühle kennt, bewegt sich also in prominenter Gesellschaft.

Unnachgiebige Entschlossenheit ⇢ Gott macht keinen Rückzieher. Er zeigt, dass es ihm mit dem Auftrag ernst ist. Ein Sturm kommt auf. Alle in dem Schiff fangen an, zu beten. Stürme legen offen, worauf unser Leben gebaut ist und schaffen Raum zur Neuorientierung. In Markus 4 erlebten die Jünger Jesu eine ganze ähnliche Situation und staunten anschließend über Jesus. Der stellte ihnen die Frage: „Habt ihr immer noch keinen Glauben?"

Jona ging es ganz anders. Wie Jesus schläft er mitten im Sturm im Schiff. Sein Problem war nicht Unglaube, sondern war anders gelagert. Faszinierend bleibt in all den Gefühlswallungen und den allzu menschlichen Motiven die Entschlossenheit Gottes. Er lässt sich nicht abbringen. Sein Ziel bleibt dasselbe. Seine Liebe und Gnade ist unbeirrt auf uns Menschen gerichtet. Und so erlebte Jona, der sich später über die Gnade Gottes beschwerte, diese Gnade zuerst einmal an sich selbst. Wir spüren hier deutlich: So schnell ist Gott nicht am Ende mit uns. Das sollte uns heute zum Staunen einladen.

Mark Schröder

Aber der HERR ließ einen großen Fisch kommen, Jona zu verschlingen. Und Jona war im Leibe des Fisches drei Tage und drei Nächte.

Jona 2,1

Bibellese: Jona 2,1-11

So seltsam die Geschichte auch ist, im zweiten Kapitel wird es richtig skurril. Jona wird von einem großen Fisch verschlungen. Geht das überhaupt? Oft wurde angezweifelt, ob es sich wirklich so zugetragen hat. Es gibt tatsächlich Berichte über Wale, die große Gegenstände verschluckten. Im Jahr 1891 wurde ein Waljäger von einem Wal verschluckt und am nächsten Tag bewusstlos aus dem Inneren des Tieres geborgen. Im Jahr 1758 wurde ein ins Meer gestürzter Seemann von einem Hai verschluckt und wieder ausgespuckt, nachdem der Kapitän des Schiffes mit einer Harpune auf den Hai geschossen hatte. Der Seemann reiste später durch Europa und präsentierte diesen Hai dem staunenden Publikum.

Ein Wunder ⇢ Viel entscheidender als mögliche Beweise ist die Tatsache, dass Gott hier der Handelnde ist. Er ließ den Fisch kommen. Später ließ er eine Staude wachsen und einen Wurm kommen, der die Staude zerstörte. Wiederholt betont das Buch Jona, wer der Akteur ist: Gott selbst. Wunder sind in seiner Nähe nichts Überraschendes. Gott setzt Zeichen. Das betont auch Jesus, wenn er mehrfach von dem Zeichen des Propheten Jona spricht. Jona selbst scheint dieses Zeichen sehr gut verstanden zu haben. Das lässt sich aus dem Gebet schließen, das uns in der heutigen Bibellese überliefert ist. Auch wenn die drei Tage und drei Nächte im Leib des Fisches nicht von der Tragweite sind wie die drei Tage und drei Nächte, die Jesus im Tod war, so hat Jona doch todesähnliche Zustände erlitten.

Tiefgreifende Veränderung ⇢ Jona durchlebte das, was er den Menschen in Ninive predigen sollte: echte Lebensveränderung. Er saß in der Tiefe (Vers 6), erlebte Zerbruch (Vers 3), spürte Verzweiflung über seinen Zustand (Vers 5) und rief deshalb mit aller Kraft nach Gott (Vers 8). Eine ganz ähnliche Dynamik sehen wir später bei den Menschen von Ninive. Jona musste erleben, was er predigen sollte. Gott verhilft ihm mit der „Walfahrt“ zur richtigen Perspektive. „Was andere durchdringen soll, muss erst dich durchdringen“, so formulierte es mein Homiletiklehrer.

Prozesse in unserem Leben bieten uns die Gelegenheit, zu wachsen. Bei Jona brauchte es die Verstärkung durch Sturm, Fisch, Wurm und Wind. Braucht es in unserem Leben auch Verstärker oder sind wir bereit, uns formen zu lassen?

Mark Schröder

Da machte sich Jona auf und ging hin nach Ninive, wie der HERR gesagt hatte.

Jona 3,3

Bibellese: Jona 3,1-10

Wie glücklich muss Jona gewesen sein, als er wieder festen Boden unter seinen Füßen hatte, frische Luft atmen konnte, neu das Licht der Sonne sah und sich gründlich waschen konnte. Fischgeruch kann sehr penetrant sein und bestimmt „duftete" er noch einige Tage nach Fisch. Dann machte er sich endlich auf und ging zielbewusst nach Ninive. Er hatte gelernt: Gott lässt seine Leute zwar laufen, aber er lässt sie nicht ersaufen. Er gibt ihnen eine zweite Chance.

Auch wir – du und ich – bekommen immer wieder neue Chancen, wenn wir versagt, eine Berufung nicht gleich ergriffen, ein Gespräch mit jemandem verpasst, eine gute Tat versäumt haben. Wie gut, dass wir einen gnädigen, geduldigen und barmherzigen Gott haben. Jonas zweite Chance war allerdings die letzte Chance für Ninive.

Umkehr einer Stadt ⇢ Jonas Predigt war sehr kurz, überliefert ist nur ein Satz: „Noch 40 Tage, dann wird Ninive untergehen!" Aber sie hatte eine enorme Auswirkung. Eine ganze Stadt kehrt um zu Gott! So etwas habe ich selbst noch nie erlebt, aber es ist möglich. Bestimmt verkündigte Jona noch mehr, möglicherweise sogar etwas widerwillig und lustlos. Aber es scheint so, dass es nicht an Jonas Worten lag, sondern vielmehr an der Gnade, dem Erbarmen und der Kraft Gottes, die 120 000 Menschen zum Fasten und zur Umkehr brachten.

Frankfurt, Berlin und die ganze Welt ⇢ Der barmherzige Gott liebt die Menschen unserer Städte und möchte sie retten. Er hat die ganze Welt im Blick und will durch den neutestamentlichen Jona, Jesus Christus, so viele wie möglich retten. Und er sendet seine Leute, dich und mich, um ihnen diese gute Nachricht zu bringen. Oft versagen wir hier, aber er gibt uns immer wieder neue Chancen. Seine Gnade ist jeden Morgen neu und sein Erbarmen ist groß. Was wäre, wenn unsere Regierenden über die Medien ein Fasten und eine Buße für alle Deutschen ausrufen würden? Unmöglich? Nicht bei Gott. Auch 500 Jahre nach der Reformation kann er die Herzen der Menschen verändern.

Lass uns die Chancen ergreifen! ⇢ Vielleicht hast du gestern eine Chance verpasst. „Heute ist der Tag des Heils!" Auch heute schenkt Gott Gelegenheiten, Menschen freundlich anzusprechen und ihnen seine Liebe praktisch zu zeigen. Machen wir uns neu auf wie Jona. Wunder Gottes werden uns folgen!

Bernd Krebs

Das aber verdross Jona sehr, und er ward zornig.

Jona 4,1

Bibellese: Jona 4,1-11

Jona ist für mich ein menschlich nachvollziehbarer Prophet. Als nicht eintrat, was er vorausgesagt hatte, wurde er richtig zornig und ärgert sich ordentlich. Er nannte dies auch als Grund, weshalb er zuvor nach Tarsis geflohen war. Scheinbar wusste er damals schon, dass Gott Gnade vor Recht ergehen lassen würde. Und jetzt wollte er lieber sterben als leben, weil seine Voraussage nicht eintrat und diese boshafte Stadt nicht untergehen sollte. Er baute sich eine Hütte am Rand der Stadt und wartete, was passierte. Vielleicht fiel ja doch noch Feuer vom Himmel.

Die Pädagogik Gottes ⇢ *„Aber der HERR sprach: Meinst du, dass du mit Recht zürnst?"* (Vers 4). Gott tadelt ihn nicht, schimpft ihn nicht aus, sondern stellt ihm nur eine fast väterliche Frage: „Jona, überleg mal: Ist es recht, was du tust und wie du dich aufregst?" Gott stellt Menschen in der Bibel oft Fragen, um sie zum Nachdenken und Umdenken über ihr Tun zu bewegen. Wäre das nicht auch manchmal eine gute Handlungsweise von uns, anstatt unser Gegenüber zu tadeln? Ihm eine Frage zu stellen, damit er selber über sein Verhalten nachdenkt? „Wer fragt, führt!", sagt man oft bei Diskussionen. Und dann lässt Gott seinem lieben Jona noch einen großen Strauch wachsen, der ihm Schatten spendet. Wie fürsorglich und freundlich!

Ein Blick in Gottes Herz ⇢ Ein kleiner Wurm und ein heißer Ostwind, beides schickt der Herr, und der Strauch verdorrt. Nun möchte Jona erneut sterben. Da kommt wieder die Frage Gottes: *„Meinst du, dass du mit Recht zürnst um des Rizinus willen?"* Und Jona antwortet: *„Mit Recht zürne ich bis an den Tod"* (Vers 9). „Ach, lieber Jona", möchte man sagen, „kennst du nicht Gottes Herz, sein Erbarmen und seine Leidenschaft für verlorene Menschen?" Die Antwort finden wir hier: *„Und der HERR sprach: Dich jammert der Rizinus, um den du dich nicht gemüht hast, hast ihn auch nicht aufgezogen, der in einer Nacht ward und in einer Nacht verdarb, und mich sollte nicht jammern Ninive, eine so große Stadt, in der mehr als hundertzwanzigtausend Menschen sind, die nicht wissen, was rechts oder links ist, dazu auch viele Tiere?"* (Verse 10.11).

Kennen wir Gottes Herzschlag? Müssen wir unsere Gedanken nicht christlichen Menschen gegenüber ändern? Wie können wir heute unserer Umwelt wie ein Jona von Gott erzählen?

Bernd Krebs

12
Freitag

Der Herr ist gütig und eine Feste zur Zeit der Not und kennt, die auf ihn trauen. Mit reißender Flut macht er seinen Widersachern ein Ende.

Nahum 1,7.8

JANUAR

Bibellese: Nahum 1,1-8

Der Einstieg in den heutigen Text ist dramatisch. Wir lesen hier etwas von einem Gott, der nicht vergisst, der nicht übersieht und den nach Gerechtigkeit dürstet. Er wird seine Feinde vernichten, seine Macht wird mit überdeutlichen Worten beschrieben. Er macht klar, dass er die Macht hat, seine Versprechen umzusetzen.

Der gütige Gott ⇢ Von der Frage: „*Wer kann vor seinem Zorn bestehen?*" (Vers 6), schwenkt der Fokus auf einmal auf den Gott der Güte. Seine Feinde wird er vernichten, aber seine Freunde beschützen. So, wie seine Macht und Möglichkeiten in den ersten Versen beschrieben werden, kann er das auch. Wenn er seine Feinde vernichten kann, dann kann er auch beschützen. Dann kann er unser Leben bewahren.

Er kennt uns ⇢ In Zeiten der Not soll unser Vertrauen auf den Zusagen Gottes ruhen. Im heutigen Leitvers bringt Gott es auf den Punkt, wenn er sagt, dass er die kennt, „*die auf ihn trauen*". Anders ausgedrückt: Er kennt dich und mich! Wir werden nicht übersehen. Ist es nicht oft so in unserem Leben, dass wir in Momenten der Überforderung, in Zeiten der Not glauben, dass Gott uns gerade übersieht? Aber das tut er nicht. Wir sind immer in seinem Fokus. Unsere Probleme sind ihm nicht fremd oder unbekannt oder unwichtig. Im heutigen Bibeltext sehen wir, dass Gott unser Vertrauen sehen will, gerade dann, wenn es darauf ankommt. Wenn es uns gut geht, wissen wir oft nicht, ob wir ihm vertrauen, das beweist sich erst in der herausfordernden Situation.

Gott beschirmt ⇢ Die schlechten Nachrichten kommen wie eine Flut über uns. Aber der Herr beschirmt uns. Er ist „*eine Feste zur Zeit der Not*". Ich weiß nicht, was ich in der Zukunft noch aushalten muss. Aber ich weiß, welcher Gott an meiner Seite ist. Er ist für mich. Er ist mit mir. Er hilft dir und mir durch schwierige Zeiten hindurch, wie er einen Noah durch die Sintflut brachte. Setzen wir doch unser Vertrauen auf die Möglichkeiten Gottes. Seien wir bereit, wirklich zu glauben, dass er uns sieht – gerade auch in der Zeit der Not.

Fred Lenhart

So spricht der HERR: Sie mögen kommen so gerüstet und mächtig, wie sie wollen, sie sollen doch umgehauen werden und dahinfahren. Ich habe dich gedemütigt.

Nahum 1,12

Bibellese: Nahum 1,9-14

Irgendwie ist immer etwas. Die Nachrichten sind voll von schlechten Nachrichten. Als 2022 der Krieg in der Ukraine begann, hatte das ganz schnell große Auswirkungen auf unser Leben. Und das nicht nur in explodierenden Energiepreisen.

Natürlich steigen dann immer wieder Fragen im Herzen auf: „Wie wird das alles werden? Wird in der Folge der dritte Weltkrieg ausbrechen? Wird es eine ausreichende Versorgung geben? Wird uns das Gas ausgehen?“ Doch niemand kann solche Fragen genau beantworten.

Vertrauen ⇢ Aber ich habe mich entschieden, mein Vertrauen nicht auf meinen Arbeitgeber zu setzen, oder das Haus, das wir besitzen, sondern in den ewigen und lebendigen Gott. Er ist der Schöpfer des ganzen Universums und er hat alles in der Hand. In Zeiten der Not soll unser Vertrauen auf seinen Zusagen ruhen. Denn er ist größer. Egal, wie gewaltig sich eine Gefahr auch darstellen möchte, mein Gott ist größer.

Wie geht es weiter? ⇢ Wie hochgerüstet der Feind im heutigen Bibeltext auch daherkommt, Gott ist größer und mächtiger. Israel hatte genug durchgemacht und Gott möchte sein Volk beschützen. Es soll nicht wieder in Not kommen. Das ist nicht sein Plan für sie. Er möchte es beschützen und aufbauen. Ob das gelingen wird? Wird Israel treu sein und sich ihm zuwenden? Oder wird es im Zeichen der Gefahr bei anderen Göttern Schutz suchen? Nun – wir kennen die Geschichte Israels. Und es lag nicht an der Macht Gottes, sondern an den Entscheidungen des Volkes und seiner Führung. Ich will mich hier nicht erheben, als wäre ich besser, denn das glaube ich nicht.

Ich möchte die Lektionen Gottes schnell lernen, auch wenn ich dabei das eine oder andere Mal versage. Vielleicht muss ich Ehrenrunden drehen. Und dennoch möchte ich ihm vertrauen, dass er es gut mit mir meint. Nein – ich verzichte gerne auf eine zweite Demütigung. Ich möchte aus dem Erlebten lernen und mein Vertrauen auf Gott werfen. Und das ohne die Notwendigkeit, immer wieder neu in Situationen geführt zu werden, in denen ich die gleiche Lektion lernen muss. Wie sieht es bei dir aus?

Fred Lenhart

14
Sonntag

Siehe auf den Bergen die Füße eines guten Boten, der da Frieden verkündigt! Feiere deine Feste, Juda ... Denn es wird der Ruchlose nicht mehr über dich kommen.

Nahum 2,1

JANUAR

Bibellese: Nahum 2,1-5

Aufatmen: Wenn man die letzte Rate eines belastenden Kredits abgestottert hat, kann man aufatmen. Ebenso kann das jemand, der eine schwierige Prüfung erfolgreich absolviert hat. Oder wer nach einem schwierigen Gespräch beim Chef statt einer Abmahnung eine Lohnerhöhung bekommt. Aufatmen kann auch ein Krebspatient, dem der Arzt nach der neuesten Untersuchung die gute Nachricht mitteilt, dass der Tumor verschwunden ist. Oder wenn, wie in unserem Bibeltext, die Botschaft lautet: „Der Krieg ist vorbei, die brutale Unterdrückung durch Ninive und die Assyrer ist zu Ende."

Was die Bedrohung durch die Übermacht der Assyrer bedeutete, musste auch Hiskia, der gottesfürchtige König von Jerusalem, erfahren. Der assyrische König Sanherib war in das Land eingefallen, hatte Stadt um Stadt und Ortschaft um Ortschaft eingenommen. In seinen Annalen brüstet er sich damit, dass er 200 000 Menschen aus Juda in Gefangenschaft geführt hätte. Nun, im Jahr 701 v.Chr. schickte er seine Truppen nach Jerusalem. Sein Abgesandter, der die Verteidiger zur Kapitulation aufforderte, hatte für diejenigen, die auf die Hilfe Gottes vertrauten, nur Spott übrig. Was für ein Aufatmen, als Gott eingriff und die Assyrer vernichtend schlug! Da müssen wohl Tränen der Erleichterung geflossen sein.

Wenn Jesus regiert ⇢ Als Petrus der Volksmenge im Tempel erklärte, wie es zur Heilung des Gelähmten gekommen war, sprach er übrigens auch von der „Zeit des Aufatmens" oder der „*Erquickung*" (Apostelgeschichte 3,19.20). Dann nämlich, wenn jemand zu Jesus umkehrt. Freuen kann sich, wem die Schuld vergeben wurde, wer von der Herrschaft der Sünde befreit wurde. Die Last ist weg, die Macht des Sklaventreibers zerbrochen. Mit Gott versöhnt kann er nun ein neues Leben unter dem Segen Jesu führen.

Petrus wirft aber auch einen Blick in die Zukunft: Endgültig aufatmen werden wir können, wenn Jesus wiederkommt und seine Herrschaft in der ganzen Welt sichtbar werden wird. Wenn Gott selbst die Tränen abwischen und es kein Leid, kein Geschrei und keinen Schmerz mehr geben wird. Deshalb: „Maranata – komm, Herr Jesus!"

Hans Harter

....

Nun muss sie verheert und geplündert werden, dass aller Herzen verzagen und die Knie schlottern, aller Lenden zittern und aller Angesicht bleich wird.

Nahum 2,11

Bibellese: Nahum 2,6-11

Alles wieder vergessen? Was war nur mit Ninive passiert? Hatten sie nicht in Sack und Asche Buße getan, als Jona ihnen das Gericht Gottes angekündigt hatte? Und war Gott ihnen nicht gerade deshalb gnädig gewesen und hatte die Stadt verschont? Und jetzt? Jetzt war es offensichtlich zu spät. Nahum wurde – anders als Jona – nicht mehr nach Ninive geschickt. Aus der Ferne kündigte er das endgültige Gericht über die stolze Stadt der Assyrer an. Das Gericht war unabwendbar und sollte völlig überraschend über die Stadt hereinbrechen, die in einer vermeintlichen Sicherheit lebte. Jetzt blieben nur noch Jammern, Klagen und die überhastete Flucht. In kürzester Zeit war es zu Ende mit der einstigen Supermacht.

Irgendetwas hat sich offenbar verändert seit der Bußbewegung nach der Predigt Jonas. Es scheint, als wären die Menschen wieder in ihre alten Gewohnheiten zurückgefallen und hätten das, was Gott ihnen geschenkt hatte, wieder verspielt. Oder eine neue Generation wollte nichts mehr von der Hinwendung zu Gott wissen. Sie wollten ihre eigenen Wege gehen, vielleicht sogar mit einem spöttischen Rückblick: „Immer diese Unheilspropheten. Ist doch gar nichts passiert, damals." Und so wurde die Warnung Jonas später wieder in den Wind geschlagen.

Wachsam sein ···› Mich erinnert diese Einstellung an die Warnung von Paulus in 1. Thessalonicher 5,3: *„Wenn sie sagen: ‚Friede und Sicherheit', dann überfällt sie schnell das Verderben."* Oder das Gleichnis vom *„bösen Knecht"*, der sich einredet: *„Mein Herr kommt noch lange nicht"*, und seinen Verpflichtungen nicht nachkommt (Matthäus 24,48). Als sein Herr dann plötzlich vor der Tür steht, ist es zu spät dafür, sein Leben zu ordnen.

In vielen anderen Gleichnissen ruft Jesus zur Wachsamkeit auf, zu einer beständigen und lebendigen Beziehung zu ihm. Durch ihn ist uns so viel geschenkt worden. Durch ihn ist das Gericht über unserem Leben abgewendet worden, das Alte ist vorbei und wir sind neu geworden. Eben deshalb fordert uns der Apostel Paulus auf, mit diesem Geschenk nicht leichtfertig umzugehen. Umso wichtiger ist es, auf die Stimme des Heiligen Geistes zu achten. Das *Heute* ist der beste Tag dafür.

Hans Harter

16
Dienstag

Und ich will deinem Rauben ein Ende machen auf Erden, dass man die Stimme deiner Boten nicht mehr hören soll.

Nahum 2,14

JANUAR

Bibellese: Nahum 2,12-14

Im Buch Nahum geht es um die künftige Zerstörung der assyrischen Großstadt Ninive. Die Assyrer waren aufgrund ihrer Gewalttätigkeit gefürchtet. Gott vergleicht sie hier mit Löwen, die ja auch mit Gewalt ihre Beute packen, zerreißen und fressen. Doch auch die Assyrer wurden später besiegt und getötet und ihre schöne Stadt Ninive dem Boden gleich gemacht. Gott machte ihrem Rauben ein Ende.

Wenn ein Volk mit Gewalt regiert, wird es bald ein anderes Volk mit Gewalt von seinem Thron stürzen. Das ist die traurige Geschichte der Menschheit. Während ich diese Zeilen schreibe, toben weltweit Kriege, in denen Menschen mit Gewalt über andere herrschen wollen. Am Ende wird es nur Verlierer geben. Das ist der Lauf der Geschichte, wenn Menschen von Gott nichts wissen wollen.

Der andere Löwe ⇢ Es gibt aber andere Menschen, die auf die Stärke eines ganz anderen „Löwen" setzen: den Löwen aus dem Stamm Juda, Jesus Christus. Wenn er auch zuerst als Opferlamm gekommen ist, das zur Schlachtbank geführt wurde, so kommt er wieder als gewaltiger Löwe, der über alle Welt regieren wird, und wir mit ihm. Dieses Reich wird er auch „mit Gewalt" durchsetzen, doch jetzt bietet er Gnade, Vergebung, Annahme und ein neues Leben all denen an, die auf seine Seite wechseln wollen. Sein Reich auf dieser Erde wird nicht von Ausbeutung und Ungerechtigkeit geprägt, sondern gerade ein Reich der Liebe, der Wahrheit und der vollkommenen Gerechtigkeit sein.

Hoffnung im Leid ⇢ Mitten in allem Leid und in der schreienden Ungerechtigkeit dieser Welt haben wir also eine herrliche Hoffnung: Dieser Kreislauf der Gewalt und der Ungerechtigkeit wird am Ende vom Löwen Gottes durchbrochen. „*Sie werden ihre Schwerter zu Pflugscharen und ihre Spieße zu Sicheln machen. Es wird kein Volk wider das andere das Schwert erheben, und sie werden hinfort nicht mehr lernen, Krieg zu führen*" (Micha 4,3). Während wir versuchen, das Leid in dieser Welt noch zu lindern, dürfen wir diese Hoffnung festhalten und uns auf sie freuen!

Hugh Smith

Weh der mörderischen Stadt, die voll Lügen und Räuberei ist und von ihrem Rauben nicht lassen will!

Nahum 3,1

17
Mittwoch

Bibellese: *Nahum 3,1-11*

JANUAR

Die assyrische Großstadt Ninive hatte ihre Macht nicht nur durch rohe Gewalt erreicht, sondern auch durch Lügen, wie wir hier lesen. Auch das ist eine traurige Tatsache, die bis in unsere Zeit hineinreicht: Großmächte, die ihre Macht festigen, indem sie sogar ihre eigenen Leute täuschen, die Medien alle „gleichschalten", jede kritische Stimme ausschalten usw. Aber wie im Kleinen so im Großen: Lügen haben kurze Beine, sowohl im Leben der Einzelnen wie in der Weltpolitik. Kein Mensch mag für dumm verkauft werden, alle wollen am Ende die Wahrheit wissen. Und die Lügner werden am Ende verlieren, wie hier die Leute von Ninive. Was ist heute noch von der stolzen Stadt Ninive übrig geblieben?

Ein Reich der Wahrheit ⇢ Welch ein Gegensatz zum Reich unseres Gottes! Jesus Christus selbst ist *„die Wahrheit"* (Johannes 14,6). Er sagte, dass der Teufel, der Satan, der *„Vater der Lüge"* ist (Johannes 8,44). Kein Wunder denn, dass bei Jesus Lügen keinen Platz haben. Am Ende werden alle, die sich von ihr leiten lassen, nicht in sein Reich kommen, sondern in den See aus brennendem Schwefel geworfen, wie wir in Offenbarung 21,8 lesen können. Und kein Wunder, dass wir als Christen dazu aufgerufen werden, uns in der Wahrheit und der Liebe zu bewegen, wenn wir Christus gemäß handeln wollen. Manche meinen zwar, durch Lügen Macht über andere zu gewinnen oder negative Konsequenzen ihres Verhaltens zu vermeiden. Aber Tatsache ist, dass wir viel eher durch die Wahrheit negative Konsequenzen vermeiden, einen positiven Einfluss auf andere gewinnen und Anteil am ewigen Reich Jesu Christi haben.

Wahrheit im Alltag ⇢ Wenn wir es auch aufrichtig meinen und die Wahrheit in Liebe reden wollen, wissen wir nicht immer einfach, wie genau wir dies tun sollen. Doch der Geist Gottes in uns ist nicht nur die Quelle der Liebe, sondern auch der *„Geist der Wahrheit"* (Johannes 14,17). Er wird uns deutlich leiten, wenn wir ihn darum bitten und seinen Impulsen folgen. Und das wird dann gute Frucht bringen, auch heute. Vertrauen wir ihm.

Hugh Smith

18
Donnerstag

JANUAR

Niemand lindert deinen Schaden … Alle, die das von dir hören, klatschen über dich in die Hände; denn über wen ist nicht deine Bosheit ohne Unterlass ergangen.

Nahum 3,19

Bibellese: Nahum 3,12-19

Gedemütigt schreitet die Delegation der Stadt Altona, angeführt von Pastor Johannes Sasse, auf den schwedischen General Magnus Stenbock zu. „Verschone unsere Stadt!", fleht Pastor Sasse. Denn der Angriff auf Altona 1713 war ein Vergeltungsangriff für die Vernichtung der Stadt Stade durch die Dänen. Doch General Stenbock stößt den Pastor zurück. Bitten und Flehen prallen an ihm ab und er antwortet nur damit, einem höheren Befehl zu folgen. Erstaunlich, angesichts einer bevorstehenden Flammenbrunst, zögert Pastor Sasse keinen Augenblick, dem General zu entgegnen: „Wenn Sie auf einen höheren Befehl hin die Stadt in Flammen setzen, so nehmen Sie den Segen des Herrn, der einst unser aller Richter sein wird." Dann segnet er den General, während die Stadt Altona in Flammen aufgeht. Von da an ging es mit der Karriere des Generals Stenbock abwärts.

Reichtum und Zerfall ⇢ Der Prophet Nahum lebte in der Hochblüte des Assyrischen Reiches, dessen Ausdehnung vom heutigen Kuwait über Armenien, die Südosttürkei, Zypern, den Nahen Osten und Ägypten nilaufwärts reichte. In prophetischen Bildern werden Wohlstand, weltweiter Handel, Reichtum und Macht beschrieben, aber auch die Schattenseiten wie Korruption, Ausbeutung und menschenverachtende Gleichgültigkeit. Man geht sprichwörtlich über Leichen. Doch gleichzeitig prophezeit Nahum das kommende Ende dieses Weltreiches. Alle Anstrengungen, sich gegen den Zerfall zu stemmen, verzögern nur den Untergang, der durch die Meder und Babylonier kommt.

Die Boshaftigkeit und Menschenverachtung zieht sich über viele Jahrhunderte des Assyrischen Reiches. Sein Untergang löst tosenden Applaus, Häme und Spott aus. Kollektives Glück. Im Rückblick liest sich dies einfach als eine kurze Untergangs-Prophetie. Doch wie tief müssen Hass und Leid im Herzen sein, dass man den leidvollen Zerfall bejubelt.

Gottes Gerechtigkeit kommt ⇢ Für uns heute entdecke ich Gottes souveränes Handeln in Nahums Prophetie. Wer mitten im Leid steckt, kann sich darauf verlassen: Gottes Gerechtigkeit kommt! Sie kommt zu Lebzeiten oder danach. Der Apostel Petrus schreibt: *„Darum sollen auch die, die nach Gottes Willen leiden, ihm ihre Seelen anbefehlen als dem treuen Schöpfer und Gutes tun"* (1. Petrus 4,19). Egal, wie die Umstände sind. Denn wir sind Christenmenschen.

Dirk Glaser

Und ich bin dessen gewiss, dass er, der das gute Werk in euch angefangen hat, es bis zum Tag Christi Jesu auch vollendet haben wird.

Philipper 1,6 (ZÜB)

Bibellese: Philipper 1,1-11

Irgendwann ist das Spiel aus. Dann pfeift der Schiedsrichter seinen langen Pfiff, bekommt den Ball und die Spieler trotten vom Platz – oder verlassen ihn mit stolzgeschwellter Brust und machen vorher noch die La-Ola-Welle vor ihren Fans.

Aus und vorbei ⇢ Irgendwann ist alles einmal zu Ende. Das spannendste Fußballspiel, das tollste Brettspiel, der schönste Tag und auch der größte Kriegsterror. Irgendwann schlagen auch dein und mein Herz ihren letzten Schlag und wir schließen die Augen. Und dann ist das Ergebnis da, unwiderruflich und fest betoniert. Denn es ist vorbei. Für immer und kehrt nicht zurück. Es gibt dasselbe Spiel nicht noch einmal, der Tag oder der Terror kehrt genau so nicht wieder – und auch unser Leben leben wir nur einmal.

Davon spricht Paulus in unserem Text, wenn er in den Versen 6 und 10 vom *„Tag Christi"* spricht. Bis dahin leben wir unser Leben und dann ist finito. Auch der Tag heute ist einmalig und trägt zu dem Ergebnis bei, das dann feststeht. Da ist es egal, ob wir den Tag in Freiheit verbringen mit den vielen Möglichkeiten, die uns heute offenstehen, oder im Gefängnis, wie Paulus hier. Er macht etwas Wunderbares daraus und schreibt diesen Brief, den Brief an die Philipper. Voller Dankbarkeit und Hoffnung.

Sieg oder Niederlage? ⇢ Jesus hat alles dafür vorbereitet, dass unser Leben gelingt und ein Sieg ist, wenn der Tag Christi kommt. Ob wir nun in dem Moment den letzten Atemzug machen oder Jesus wiederkommt und uns direkt aus dem Leben *„entrückt"* (1. Thessalonicher 4,17). Denn Paulus ist *„gewiss, dass er, der das gute Werk in euch angefangen hat, es bis zum Tag Christi auch vollendet haben wird"*. Es liegt aber auch mit an uns, dass unsere *„Liebe reicher und reicher werde an Erkenntnis und zu umfassender Einsicht gelangt"*, damit wir prüfen können, *„worauf es ankommt"*, sodass wir *„rein … und ohne Tadel am Tag Christi"* sind (Verse 9.10).

Die Liebe muss Basis unseres Handelns sein, heute und bis zum Abpfiff. Ist das, was du und ich heute tun, etwas, das anderen guttut? Das ihren Tag erhellt? Das etwas vom Licht und der Liebe Jesu in ihr Leben bringt? Prüfen wir unser Tun und handeln wir dann dementsprechend – und der Tag Christi mag gerne kommen.

Kai Buch

20
Samstag

Denn für mich gilt: Leben heißt Christus, und Sterben ist für mich Gewinn.

Philipper 1,21 (ZÜB)

JANUAR

Bibellese: Philipper 1,12-26

Hand aufs Herz: Wem ist es schon gleich, ob er bald sterben oder noch lange leben wird? So schnell kann mir niemand erzählen, dass ihm das völlig egal ist. Ich bin jetzt 50 plus, und obwohl ich aus Sicht von jemand unter zwanzig schon als uralt gelte, will ich noch lange leben und habe noch einiges vor!

Den Tod vor Augen ⇢ Das war auch so, als ich im September 2010 die Diagnose Darmkrebs bekam. Meine Kinder waren damals fünf und zwei Jahre alt. 2011 folgten Metastasen in der Leber, 2013 in der Lunge. Sollten meine Kinder bald ohne Vater aufwachsen müssen? Wie würde meine Frau alles hinbekommen? Ich weine kaum, aber als ich intensiver darüber nachdachte und das Lied „Euer Herz erschrecke nicht" von Heiko Bräuning hörte, da war es um mich geschehen.

Sagt Paulus das nur, weil er alt und im Gefängnis ist: *„Eigentlich hätte ich Lust, aufzubrechen und bei Christus zu sein; das wäre ja auch weit besser"* (Vers 23)? Weil er sein Leben eh schon gelebt hat und nur noch leidet? So hört sich aber sein Dankbarkeits- und Freudenbrief, der Philipperbrief, nicht an. Und deshalb überlässt er Gott alle Optionen. Das ist echter Glaube. Nicht einer, der nur an Heilung glaubt, sondern der, der vertraut: *„Leben heißt Christus, und Sterben ist für mich Gewinn."* Das heißt: „Du machst es richtig mit mir, allmächtiger Gott, und du kümmerst dich auch um alles, wenn ich nicht mehr da bin. Denn Gott bist du, nicht ich."

Warum weiterleben? ⇢ Und so weiß ich mit Paulus, warum ich lebe: *„Euch zur Förderung und zur Freude im Glauben"* (Vers 25). Wie viele Male sind wir schon bewahrt worden, dass wir leben und noch nicht gestorben sind? Vielleicht hat nicht jeder von uns – durch die Gnade Gottes – eine tödliche Krankheit überwunden. Dennoch kann seine Bewahrung uns motivieren.

Vergangene Woche fuhr ich mit dem Auto in verkehrsberuhigtem Bereich 20 km/h. Da kam ein Kind aus einem Garten geflitzt und ich wusste erst nicht: Wurde es von meinem Reifen zerquetscht oder lief es rechts vorbei? Ich weiß, ich war zu schnell. Doch dann kam sein großer Bruder, hob es tadelnd auf die Arme und verschwand mit ihm im Garten – von den Eltern keine Spur. Vielleicht bist du auch schon fast unter die Räder gekommen, aber Gott will, dass dein Leben noch *„zur Förderung und zur Freude im Glauben"* von vielen wird.

Kai Buch

Wandelt nur würdig des Evangeliums Christi, damit ich ... erfahre, dass ihr in einem Geist steht und einmütig mit uns kämpft für den Glauben des Evangeliums.

Philipper 1,27

Bibellese: Philipper 1,27-30

Paulus schreibt den Brief an die Gemeinde in Philippi aus dem Gefängnis, wo er sich aufgrund seines Glaubens an Jesus Christus befand. Somit war eine Reise nach Philippi und in die von ihm gegründete Gemeinde nicht möglich. In den vorangegangenen Textabschnitten haben wir gelesen, welche Freude Paulus hat, dass das Evangelium Jesu Christi vorankommt, obwohl – oder besser weil – er im Gefängnis ist.

Kampf in der Nachfolge ⇢ Paulus schreibt nun der Gemeinde von seiner Freude und erinnert sie, weiterhin am Evangelium festzuhalten und darin „zu wandeln". Er stärkt und ermutigt sie, zusammenzustehen und sich vom Geist Gottes leiten zu lassen, da er vermutet, dass auch sie Widerstand erfahren. *„Kämpft für den Glauben des Evangeliums"*, so die Aufforderung des Paulus an seine Gemeinde.

Dieser Zuspruch von Paulus, diesen Kampf des Evangeliums zu kämpfen, soll uns auch heute ermutigen. Wie Paulus sich in aller Bedrängnis dem lebendigen Gott anvertraute, so dürfen auch wir unser Vertrauen auf Gottes Beistand setzen. Uns wurde nicht versprochen, dass die Nachfolge Jesu leicht sei, aber er hat uns seinen Heiligen Geist geschickt.

Wir sind nicht alleine ⇢ Lassen wir uns nicht von dem Widersacher Christi mundtot machen, sondern bitten wir Gott, dass er uns in unserem Alltag die Kraft gibt, uns zu ihm zu bekennen und unseren Teil des Kampfes mit der Hilfe des Heiligen Geistes zu führen. Sicher ist in unseren Breiten dieser Kampf nicht lebensbedrohend, da gibt es andere Teile der Erde, wo das Bekenntnis zu Christus mit dem Tod bestraft wird. Aber auch bei uns gehört teilweise sehr viel Mut dazu, den Glauben an Christus zu bekennen und für sein Evangelium zu kämpfen. Wir dürfen jedoch wissen, dass wir diesen Kampf des Glaubens nicht alleine kämpfen müssen. Jesus hat uns den Heiligen Geist geschickt, dass er uns in solchen Situationen begleitet und leitet. Mit dem Heiligen Geist in uns werden wir nicht nur den Kampf gewinnen, sondern auch des Evangeliums Christi würdig wandeln.

Jörg Kappel

22
Montag

So macht meine Freude dadurch vollkommen, dass ihr eines Sinnes seid, gleiche Liebe habt, einmütig und einträchtig seid.

Philipper 2,2

JANUAR *Bibellese: Philipper 2,1-11*

Das zweite Kapitel des Briefes an die Gemeinde in Philippi beginnt mit der Aufzählung der guten Eigenschaften der Gemeindegeschwister. Paulus ist erfreut darüber, möchte aber, dass die Gemeinde auch eines Sinnes ist und demütig bleibt.

Demut ⇢ Demut – ein altes Wort. Doch an Bedeutung hat es nicht verloren. Laut Definition bedeutet Demut, dass man die äußeren Gegebenheiten hinnimmt, ohne darüber zu klagen und sich selbst nicht zu wichtig nimmt. Daher wird es oft mit Genügsamkeit, Zufriedenheit und Hingabe in Verbindung gebracht. Unter diesem Gesichtspunkt der Demut schreibt Paulus weiter und zeigt auf, dass auch Jesus Christus als Sohn Gottes die Herrlichkeit beim Vater verließ, um als Mensch auf der Erde zu leben.

In unserer heutigen, sehr schnelllebigen Zeit scheint Demut zu einem Fremdwort geworden zu sein. Es geht heute viel mehr um „mich, meins, mir" und nicht um „dich, deins, dir". Das Thema der Selbstverwirklichung, persönlichen Entfaltung und Einflussnahme nimmt viel Raum ein. Das ist nicht nur in Wirtschaft und Politik zu erleben – nein, wir erleben es auch in Gemeinden, in unserem Umfeld und vielleicht manchmal sogar bei uns selbst. Sich mit den Umständen anzufreunden, statt gleich alles nach den eigenen Vorstellungen umzugestalten, den Bruder oder die Schwester höher zu achten als sich selbst – all das ist nicht einfach. Wir brauchen es jedoch nicht alleine zu versuchen. In Vers 13 unseres Bibeltextes lesen wir, dass Gott es ist, *„der in euch wirkt beides, das Wollen und das Vollbringen, nach seinem Wohlgefallen"*. Ich darf Gott bitten, dass er mir hilft, mich zu der Persönlichkeit zu formen, die er sich für mich vorgestellt hat. Ich darf ihn heute bitten, mir das *„Alte"* wegzunehmen und eine *„neue Kreatur"* aus mir zu machen (siehe 2. Korinther 5,17).

Licht für die Welt ⇢ Den Geschwistern in Philippi macht Paulus Mut, Gottes Kinder in einer *„verdorbenen und verkehrten"* Welt zu sein (Philipper 2,15). Diesen Mut brauchen wir auch in der heutigen Zeit. Wir sollen als Christen Licht sein für die verlorene Welt. Aber dazu brauchen wir die Versorgung durch unseren Gott. Bringen wir ihm heute unser altes Ich und bitten wir ihn, uns zu erneuern, dass wir ihm näher kommen, um in aller Demut ein Licht für die Welt zu sein.

Jörg Kappel

Denn Gott ist's, der in euch wirkt beides, das Wollen und das Vollbringen, nach seinem Wohlgefallen.

Philipper 2,13

Bibellese: Philipper 2,12-18

Ich sitze im Gottesdienst, die Predigt spricht mich echt an. Ja, ich nehme mir es fest vor: Morgen will ich meinen Nachbarn einladen, mit ihm über Jesus sprechen. Am nächsten Tag ist von meinem Entschluss nicht mehr viel übrig. Ich denke daran, wie viel ich zu tun habe, und außerdem ist dieser Nachbar ein komischer Kauz. Kurzum, es kommt nicht zum Kontakt. Ich habe kurz ein schlechtes Gewissen, und das war's.

Wer kennt das nicht? Martin Luther konnte es kaum ertragen, dass Jakobus sagt: „Glaube ohne Werke ist tot." Aber es stimmt doch: Was nützen der schönste Glaube und die besten Absichten, wenn dem Hungernden keine Nahrung und dem Heiden kein Evangelium gegeben wird?

Der Wille war ja da ... ⇢ Wie oft habe ich es schon gehört, wenn Geschwister nicht zur Verabredung kamen, um etwas in der Gemeinde zu tun: „Ich wollte schon, aber habe es halt nicht geschafft ..." Na ja – macht ja nichts? Hätten die Apostel so gedacht, hätte sich der christliche Glaube nicht so schnell im ganzen Mittelmeerraum verbreiten können. Paulus spricht in unserem heutigen Textabschnitt viel von Gehorsam, Wirken, Tun, Arbeit und Dienst. Das Reich Gottes kann nur wachsen, wenn wir unseren Gedanken und Gefühlen Taten folgen lassen. Der zupackende Glaube ist gefragt, der uns bei den Menschen der Bibel immer wieder fasziniert. Das hat nichts mit Werkgerechtigkeit zu tun, sondern mit Liebe und Treue zu Jesus.

Zwei Seiten einer Medaille ⇢ Glauben und Handeln gehören zusammen wie die zwei Seiten einer Medaille: Wenn eine Seite fehlt, verliert die Münze ihren Wert. Aber letztlich können wir beides nur durch Gottes Hilfe, denn *er* bewirkt in uns das Wollen und das Tun – und wenn wir uns darauf einlassen, kann es sogar ein besseres Ergebnis geben, als wir uns erträumt hatten. Denn man kann *„nach seinem Wohlgefallen"* auch übersetzen mit: „über euren guten Willen hinaus". Das ist dann wieder typisch Gott: Er überrascht uns mit seinem gnädigen Eingreifen, mit seiner Befähigung und seiner Großzügigkeit!

Martin Thalmann

24
Mittwoch
JANUAR

Ich habe es aber für nötig angesehen, den Bruder Epaphroditus zu euch zu senden, der mein Mitarbeiter und Mitstreiter ist.

Philipper 2,25

Bibellese: Philipper 2,19-30

Früher konnte man kein Geld überweisen, keine Fotos schicken, sondern hat Menschen „überwiesen" beziehungsweise gesandt. Im heutigen Bibeltext geht dieses Senden von Menschen hin und her: Timotheus soll bald von Paulus zu den Philippern gesandt werden; die Philipper wiederum haben Epaphroditus zu Paulus geschickt, der sein Leben wagte, um Paulus zu dienen. Paulus seinerseits sendet ihn nun zu den Philippern zurück und hofft, bald selbst zu ihnen reisen zu können. Es geht also hin und her, und das auch ohne Telefon und WhatsApp.

Echte Bruderschaft ⇢ Die vielen Briefe und Besuche waren wichtig. Nur so konnten die neuen Gemeinden lehrmäßig betreut werden und gesund wachsen. Deshalb wurden keine Kosten und Mühen gescheut, das auch umzusetzen. Denn Reisen war immer schon teuer und damals noch wesentlich aufwendiger als heute. Aber was hier noch viel mehr sichtbar wird, ist die Liebe, die Sehnsucht zueinander und die Einheit. Man machte sich Sorgen um die Philipper, weil sie sich vielleicht Sorgen um die Gesundheit des Epaphroditus machten. Das kommt uns vielleicht schon übertrieben vor, zeigt aber die enge Verbundenheit der Geschwister. Sie fühlten sich verantwortlich füreinander.

Wozu ist Bruderschaft eigentlich da? ⇢ Paulus nennt gleich mehrere Dinge, weshalb die Zusammengehörigkeit so wichtig ist:

- Um gemeinsam zu evangelisieren (Vers 22),
- um sich im alltäglichen Bedarf zu helfen (Vers 25),
- als Trost (Vers 27)
- und zur Freude (29).

Es ist ein Vorrecht, zu solch einer Gemeinschaft zu gehören! Kriegen wir das in unseren Gemeinden auch hin? Ja, wenn wir erfüllt sind von der Liebe und dem Geist Gottes. Und wenn wir es wollen. Dann lassen wir uns Bruderschaft auch etwas kosten. Die Frucht echter Geschwisterlichkeit wird uns reich belohnen: Die Erfahrung, umsorgt zu sein, sich gegenseitig zu helfen und Gott gemeinsam zu dienen – das ist eine Lebensqualität, um die uns viele beneiden. Und schließlich ist sie ein sichtbares Zeugnis der Gegenwart Jesu in unseren Gemeinden!

Martin Thalmann

Ihn möchte ich erkennen und die Kraft seiner Auferstehung und die Gemeinschaft seiner Leiden und so seinem Tode gleich gestaltet werden.

Philipper 3,10

25
Donnerstag
JANUAR

Bibellese: Philipper 3,1-11

Viele von uns haben eine persönliche Erfahrung gemacht, die uns so nah zu Gott brachte, dass wir bereit waren, Jesus Christus zu bitten, Herr unseres Lebens zu sein. Danach folgte die persönliche Jüngerschaft. Jünger heißt auf Griechisch „Matteti“ – das bedeutet „Lernender“. Jesus hat uns an die Hand genommen und unser persönliches Leben gereinigt. Von ihm dürfen wir lernen, so zu handeln wie er.

Glaube muss erfahrbar sein ⇢ Und doch gibt es immer wieder Situationen, in denen wir eine stärkere Zuwendung brauchen. Als junger Christ war ich Mitarbeiter in unserer Teestube, in der wir mit verschiedensten Menschen Glaubensgespräche führten. Eines Tages kamen ein paar Rocker herein, die sich lautstark um einen Tisch herum postierten und Tee verlangten. Ich goss ihnen Tee in die Tasse, doch währenddessen nahm einer der Rocker einen Löffel, erhitzte ihn über dem Teelicht und drückte ihn auf meinen Handrücken.

Es zischte und roch nach verbranntem Fleisch und ich hatte ein Bild vor meinen Augen: Christus am Kreuz, dazu die Worte: „Fürwahr, er trug unsere Schmerzen!“ Ich hatte jedoch keine Schmerzen auf meinem Handrücken, bloß das Wundmal der verbrannten Stelle. Verwundert ging ich in die Küche und verwundert schaute mir der Rocker hinterher. Mit ihm hatte ich später tiefe Gespräche. Für mich war dies eine wunderbare Bestätigung des Wortes Gottes: *„Fürwahr, er trug unsre Krankheit und lud auf sich unsre Schmerzen“* (Jesaja 53,4).

Die Gemeinschaft seiner Leiden ⇢ Paulus strebte danach, Christus in allem zu erkennen: in seiner Auferstehung und Kraft, aber auch in seinem Leiden. Und Jesus musste viel leiden, um uns zu erlösen. Genauso dürfen wir es lernen, für ihn, oder besser gesagt, in ihm und für ihn zu leiden. Nach 30 Jahren vollzeitigen Dienstes im Reich Gottes bin ich inzwischen Rentner und weiß nicht, was Gott noch alles mit mir vorhat. Aber ich bin gewiss, wie damals in der Teestube: An seiner Hand brauche ich keine Angst zu haben. *„Er aber, der Gott des Friedens, heilige euch durch und durch und bewahre euren Geist samt Seele und Leib unversehrt, untadelig für die Ankunft unseres Herrn Jesus Christus. Treu ist er, der euch ruft, er wird`s auch tun“* (1. Thessalonicher 5,23.24).

Knut Adler

26
Freitag

Ich vergesse, was dahinten ist, und strecke mich aus nach dem, was da vorne ist, und jage nach dem vorgesteckten Ziel, dem Siegespreis der himmlischen Berufung.

Philipper 3,13.14

Bibellese: Philipper 3,12-16

Es ist Gottes Gnade, sich zu erinnern, was er in unserem Leben Gutes und auch Ungewöhnliches mit und durch uns in ihm getan hat. Jedes Mal ein kleines Wunder. Und doch, Paulus schreibt in Philipper, dass er sich selbst so einschätzt, es noch nicht ergriffen zu haben. Er streckte sich nach dem aus, was noch vor ihm lag, *„dem Siegespreis der himmlischen Berufung Gottes in Christus Jesus".*

Das Ziel ⇢ Als junger Mann hatte ich während einer sehr schwierigen Krankheit im Krankenhaus einmal folgenden Traum: Jesus nahm mich an die Hand und ging mit mir durch ein gewaltiges Wiesenblumenfeld auf das himmlische Jerusalem zu. Das war sehr schön und hat meinen Glauben gestärkt. Dennoch gibt es so viel mehr: *„Und Gott wird abwischen alle Tränen von ihren Augen, und der Tod wird nicht mehr sein, noch Leid noch Geschrei noch Schmerz wird mehr sein; denn das Erste ist vergangen"* (Offenbarung 21,4).

Das ist das Ziel! Das himmlische Jerusalem, auf das sich Jesus bezieht, als er zu seinen Jüngern meinte: *„Euer Herz erschrecke nicht! Glaubt an Gott und glaubt an mich! In meines Vaters Hause sind viele Wohnungen. Wenn's nicht so wäre, hätte ich dann zu euch gesagt: Ich gehe hin, euch die Stätte zu bereiten? Und wenn ich hingehe, euch die Stätte zu bereiten, will ich wiederkommen und euch zu mir nehmen, auf dass auch ihr seid, wo ich bin"* (Johannes 14,1-3).

Vorfreude ⇢ Auf diese Zeit freue ich mich schon heute. Und trotz aller Aufträge, die wir durch Jesus in dieser Welt haben, ist und bleibt das himmlische Jerusalem der Siegespreis der himmlischen Berufung Gottes durch Jesus Christus. Wenn wir dies in unserem Blickfeld haben und Gott und den Nächsten lieben wie uns selbst, haben alle Widrigkeiten des Lebens ihre Gefährlichkeit verloren. Ich bin Gott so dankbar, dass er das gute Werk in mir, das er begonnen hat, auch vollenden wird. Welch größere Freude gibt es, als von ihm in den Arm genommen und geherzt zu werden und auf dem Schoß des Vaters zu sitzen? Es gibt sicherlich vieles zu erreichen, worauf Jesus in seinem Wort unsere Aufmerksamkeit lenkt. Dennoch gilt: Nicht die Geschäftigkeit einer Marta, sondern die Hingabe einer Maria war ihm wichtig. Sie hatte das gute Teil erwählt. Lasst uns diesem Ziel nachjagen.

Knut Adler

Wir aber sind Bürger im Himmel; woher wir auch erwarten den Heiland, den Herrn Jesus Christus.

Philipper 3,20

27
Samstag

Bibellese: Philipper 3,17-21

JANUAR

Dieser kurze Vers ist heute eine sehr große Ermutigung für uns. Es gefällt mir, dass Paulus ihn mit dem Wort „*Wir*" beginnt – das schließt dich und mich und alle, die dem Herrn treu dienen, mit ein. Dann jedoch kommt auch das Wort „*aber*" – und wenn dieses Wort in der Bibel auftaucht, sollten wir stets genau darauf achten, was als Nächstes kommt, und es im direkten Zusammenhang mit den umgebenden Versen zuvor lesen.

Gegensätze ⇢ Vers 19 ist sehr entmutigend. Hier beschreibt Paulus jene, die das Evangelium ablehnen: „*Ihr Ende ist die Verdammnis, ihr Gott ist der Bauch und ihre Ehre ist in ihrer Schande; sie sind irdisch gesinnt.*" Sind wir hingegen Bürger des Himmels, können wir darauf hoffen, die Ewigkeit mit Jesus zu verbringen. Gerhard Tersteegen, ein deutscher Laienprediger und Kirchenlieddichter, der im 18. Jahrhundert lebte, hat unsere Hoffnung auf die Ewigkeit wunderschön in Worte gefasst: „Ein Tag, der sagt dem andern, / mein Leben sei ein Wandern / zur großen Ewigkeit. / O Ewigkeit, so schöne, / mein Herz an dich gewöhne, / mein Heim ist nicht in dieser Zeit."

Es gibt nichts Besseres ⇢ Was wir Christen uns von der Zukunft erhoffen können, ist so viel besser als der beste Tag, den wir je auf dieser Erde erleben werden. Es ist eine Sache, ein Bürger des Landes zu sein, das wir lieben. Aber das ist nichts im Vergleich zu unserem himmlischen Geburtsrecht, das uns ewig andauernde Freude ohne Tränen, Leid oder Schmerz zusichert. An anderer Stelle sagt Paulus: „*So seid ihr nun nicht mehr Gäste und Fremdlinge, sondern Mitbürger der Heiligen und Gottes Hausgenossen*" (Epheser 2,19). Wir sind Teil einer Gemeinschaft von Gläubigen, die für immer unter der Herrschaft Jesu leben wird. Etwas Besseres kann es für uns nicht geben!

Während wir die Hoffnung auf die Ewigkeit und eine sichere Zukunft haben, sollten du und ich hoch motiviert sein, alles zu tun, was in unserer Macht steht, damit jeder in unserer Familie, bei der Arbeit und in unserer Nachbarschaft die gute Nachricht des Evangeliums von Jesus Christus hört.

Dr. Paul Clark

28
Sonntag

Ich ermahne Evodia, und ich ermahne Syntyche, ihre Unstimmigkeiten beizulegen und sich ganz auf das gemeinsame Ziel auszurichten.

Philipper 4,2 (NGÜ)

JANUAR

Bibellese: Philipper 4,1-9

Es ist Freitagabend. Im Fernsehen gibt es wieder einmal eine Talkshow. Zwei Gäste reden lautstark und gleichzeitig aufeinander ein, fallen einander beständig ins Wort. Das nervt gewaltig und schon bald klingeln mir die Ohren. Keiner von beiden ist zu verstehen. Da sind nur zwei schrille, sich überschlagende Stimmen, eine von rechts und eine von links. So in etwa stelle ich mir auch die Unstimmigkeit zwischen Evodia und Syntyche vor, von denen Paulus berichtet. Sie haben aufgehört, mit einer Stimme zu reden und widersprechen einander lautstark. Sie haben ihre persönliche Meinung über das gemeinsame Ziel gestellt und so den Fokus verloren.

Nicht dieselbe Meinung, sondern derselbe Erlöser ⇢ Ganz ehrlich: Unsere Unstimmigkeiten entzünden sich nicht selten an bloßen Kleinigkeiten oder eigentlich unwichtigen Nebensächlichkeiten. Leider neigen wir aber manchmal dazu, uns selbst und unsere Meinung für allein gültig und wahr zu halten. Oft nehmen wir uns selbst dabei viel zu ernst und verlieren dabei eines aus den Augen: Auch das Gegenüber gehört zu Jesus. Wichtig ist doch vor allem eine Frage, da sie von ewiger Bedeutung ist: Stehen unsere Namen im Buch des Lebens? Sind wir durch den Glauben an Jesus Christus zu Söhnen und Töchtern Gottes geworden? Das allein zählt!

Richtet euch ganz auf das gemeinsame Ziel aus ⇢ Als Christen können wir in bestimmten gesellschaftlichen Fragen durchaus unterschiedlicher Meinung sein und kontroverse Positionen beziehen. Wir dürfen dabei nur nicht vergessen, was unser eigentliches Ziel und unser Auftrag ist und worauf unser Fokus liegen sollte. Die Menschen müssen in dieser Zeit die Stimme des Evangeliums klar und deutlich hören können. Kurz gesagt: Die Hauptsache ist, dass die Hauptsache die Hauptsache bleibt!

Wo wir als Christen und Kirchen uns aber über Nebensächlichkeiten in die Haare kriegen, da kommen Unstimmigkeiten auf. Wir reden dann zwar von allen Seiten auf die Leute ein, die Botschaft aber ist nur noch schwer zu verstehen. Daher sagt Paulus an dieser Stelle, dass es bei Unstimmigkeiten wichtig ist, sich wieder ganz auf das gemeinsame Ziel auszurichten. Unser Auftrag von Jesus ist es, in unsicheren und dunklen Zeiten das Licht des Evangeliums kraftvoll und einstimmig in Wort und Tat aufleuchten zu lassen.

Lars Jaensch

Ich sage das nicht, weil ich Mangel leide; denn ich habe gelernt, mir genügen zu lassen, wie's mir auch geht.

Philipper 4,11

Bibellese: Philipper 4,10-23

Vor einigen Jahren hatte ich einen Fahrradunfall. Ich wollte zwei Kindern ausweichen und musste sehr scharf bremsen. Die Bremsen blockierten, ich flog über den Lenker und wollte mich mit den Händen abfangen. Als ich zu Boden knallte, durchzuckte ein heftiger Schmerz meine Handgelenke. Der Arzt diagnostizierte einen Kapselriss im Handgelenk. Das ist sehr schmerzhaft. Über Monate hinweg konnte ich nicht einmal ein Buch in der Hand halten. Später erklärte mir meine Physiotherapeutin, wie so ein Handgelenk funktioniert, und erläuterte mir das komplexe und fein abgestimmte Zusammenspiel der Bänder, Muskeln, Gelenke, Knochen und Sehnen. Ich war tief beeindruckt.

Schätze ich das, was Gott mir gab? ⇢ Vor diesem Unfall hatte ich mir noch nie Gedanken über dieses Wunderwerk der Schöpfung gemacht und niemals zuvor Gott für meine Gelenke gedankt. Frage: Nehme ich mein Leben, meine Familie, meine Gemeinde, meinen Partner, meine Freunde, meine Arbeit und Gesundheit mit Dankbarkeit aus Gottes Hand? Oder beachte ich seine Geschenke überhaupt nicht? Paulus nutzte anscheinend jeden Lebensumstand, um sich darin zu trainieren, das Gottesgeschenk seines Leben ganz bewusst wahrzunehmen und dankbar und zufrieden dafür zu sein.

Mit Gott erlebt ⇢ 1990 konnte ich mitten im Winter für den AVC einen Hilfstransport in weit abgelegene Dörfer im Nordosten Rumäniens fahren. Wir waren dort die ersten Westeuropäer seit 1945. Unser Transport versorgte einen kleinen Ort mit Kleidung, Schuhen und Lebensmitteln. Als wir den LKW abluden, kam eine augenscheinlich sehr arme Frau zu mir und schenkte mir eine selbst gestrickte Pudelmütze. Was für ein kostbares Geschenk! Noch viele Jahre später erinnerte mich diese Mütze – die mit ihrer rauen Wolle fürchterlich kratzte – daran, wie privilegiert doch mein Leben im reichen Deutschland, einer wahren „Insel der Glückseligkeit", ist!

Die letzten Jahre brachten jedoch auch uns viele Krisen und Erschütterungen. Krise bedeutet Zuspitzung oder Wendepunkt. Wohlstand, Gesundheit und Frieden sind nicht selbstverständlich und sehr zerbrechlich. Wir sollten all das wieder als Geschenk Gottes wirklich (wert-)schätzen lernen, indem wir Gott dafür danken und es freigiebig und großzügig mit anderen teilen. So lernen wir, uns darin genügen zu lassen. Ganz wie Paulus.

Lars Jaensch

Er küsse mich mit dem Kusse seines Mundes; ja deine Liebe ist köstlicher als Wein.

Hoheslied 1,2

Bibellese: Hoheslied 1

Mit der heutigen Bibellese beginnt eine Betrachtung des Buches Hohelied, nach dem Hebräischen: „Lied der Lieder". Ein sehr kurzes Buch mit acht Kapiteln und nur 117 Versen, das aber schon immer Gegenstand intensiver Diskussion und Erforschung war. Für das Hohelied gibt es verschiedene Auslegungen und Interpretationen: die allegorische, dramatische, rituelle und wörtliche.

Der Schöpfer der Liebe ⇢ Das Hauptthema dieses Buches ist unschwer zu erkennen. Es geht um das wichtigste Thema, das alle Jahrhunderte und Jahrtausende überdauert. Der Mensch ist ein Geschöpf, das ohne Liebe nicht leben kann. Wir können auf vieles verzichten, auf Liebe nicht. Das heißt nicht, dass jeder verheiratet sein muss, aber doch ist die Ehe eine Einrichtung Gottes, in der Liebe gelebt wird. Das Hohelied feiert die emotionale, romantische und sexuelle Liebe in der Ehe, deren Gründer Gott ist. Die wahren Freuden in der Ehe werden wir deshalb nur dann erleben, wenn wir Gott als ihren Erfinder und die von ihm gesetzten Grenzen anerkennen.

Das Prinzip dahinter ist, dass es diese Zeiten der Romantik in der Ehe geben muss. Erfahrungsgemäß fällt uns das vor der Heirat viel leichter als danach. Manch einer denkt vielleicht: „Das Ziel der Verabredungen ist ja erreicht." Doch zu einer gesunden Ehe gehören auch romantische Zeiten zu zweit. Das Hohelied betont, dass es einen guten und einen falschen Zeitpunkt für die Liebe geben kann. Dies bezieht sich sowohl auf die emotionale Ebene als auch auf die sexuellen Liebesbekundungen. Liebe braucht einen Schutzrahmen, damit sie sich dem Schöpfer gemäß entfalten kann und uns erfreut, anstatt uns zu verletzen. Der Verfasser des Hohenliedes wusste, dass die Liebe von Gott kommt. Nur wenn wir dessen Maßstab annehmen, werden wir das tatsächliche Glück finden, das er in Dinge wie Liebe, Ehe und Sexualität hineingelegt hat.

Wer das Hohelied liest, wird feststellen, dass die beiden Liebenden – der Mann und die Frau – sich nicht mit Komplimenten zurückhalten und ihre Sehnsucht nacheinander ausdrücken. Hier sind wir herausgefordert: Wann haben wir das letzte Mal unserem Partner ein Kompliment gemacht? Tun wir es überhaupt regelmäßig, oder ist es etwas, was uns schwerfällt? Dieser Tag wird uns dazu vielleicht noch Gelegenheiten bieten. Nutzen wir sie!

Paul Liedtke

Er führt mich in den Weinkeller, und die Liebe ist sein Zeichen über mir.

Hoheslied 2,4

Bibellese: Hoheslied 2

In älteren Bibelübersetzungen findet man für das Wort „Zeichen" das Wort „Panier" oder „Banner". Es kommt aus der Militärsprache und bedeutete eine Fahne mit einem Emblem. Wenn eine Truppe marschierte, konnte man leicht an ihrem Banner erkennen, zu welcher Abteilung sie gehörte.

Banner der Liebe ⇢ Dieses Wort übernimmt die Bibel hier als das Zeichen der Liebe für den Bräutigam. Wenn die Braut ihren Bräutigam sah, so sah sie dieses Emblem der Liebe über sich. Ehen sollten unter dem Zeichen der Liebe geschlossen werden. Heute ist oft schon der Ansatz fatal, wenn die Eheregeln selbst aufgestellt werden. Ohne Segen Gottes und nicht mehr „bis der Tod euch scheidet", sondern „solange es gut geht". Solche Verbindungen gleichen Häusern, die ohne Statik und Fundament gebaut werden. Ohne „Banner der Liebe" war auch mit ein Grund, warum die antike Kultur zugrunde ging. Frauen wurden gering geachtet und sahen sich schutz- und hilflos.

In unserem Bibeltext lesen wir etwas völlig anderes. Die Liebenden finden für ihre Liebe immer wieder neue Worte und Vergleiche. Allein unsere Tageslese spart nicht mit wunderschönen Bildern aus Natur und Schöpfung: Er sieht sie wie eine Lilie in ihrer Schönheit, wogegen ihm alle anderen Frauen wie Dornen vorkommen. Sie sieht ihn wie köstlich duftende Äpfel oder wohlschmeckende Weintrauben. Dabei vergleicht sie ihn mit der Geschicklichkeit einer Gazelle und mit der Kraft eines stattlichen Hirsches.

Wie ist das heute? ⇢ Es wäre doch schön und hilfreich, einen Spaziergang durch unsere Ehegärten zu machen, um die gegenseitige Liebe und Wertschätzung zu bekunden und aufzufrischen. Lesen wir doch mal wieder das Hohelied der Liebe. Dabei wollen wir uns nicht nur hinter einer geistlichen Lesart verstecken. Es darf auch nach vielen Ehejahren romantisch sein. Und wenn es dabei im „Bauch prickelt", muss man durchaus nicht zur „Beichte" gehen. Die Braut in unserer Bibellese wird sogar *„krank vor Liebe"* (Vers 5). Ich las einmal folgenden Satz: „Wenn ein Geschäftsführer so wenig Einsatz an Zeit, Kraft und Fantasie in seine Firma stecken würde wie manche Christen in ihre Ehe, wäre er längst pleite."

Auf unserem Banner sollte nicht „pleite" stehen, sondern „Liebe". Der Satz: „Bis der Tod euch scheidet", sollte in unseren Ehen seine gute Erfüllung finden.

Heinz Krebs

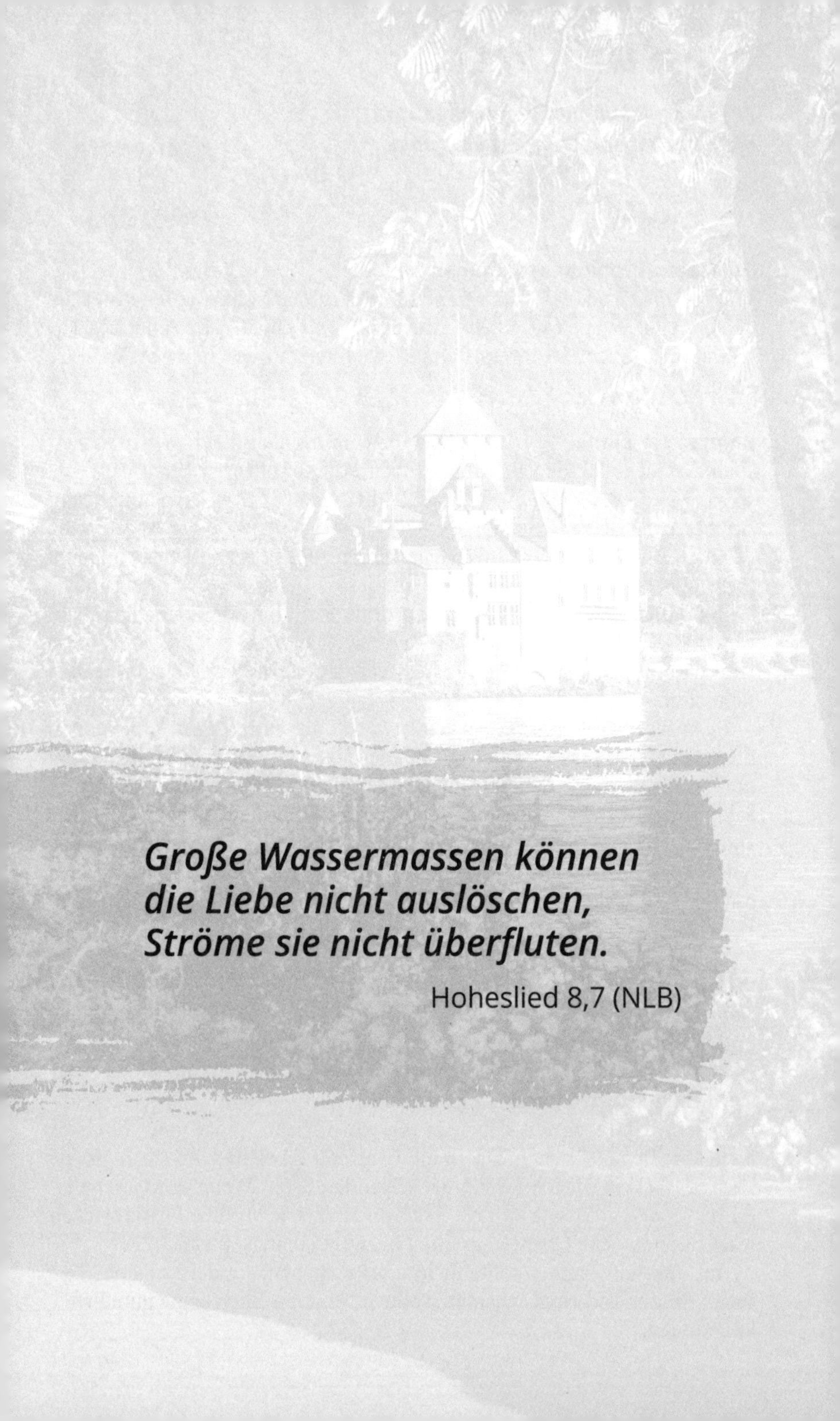

Große Wassermassen können
die Liebe nicht auslöschen,
Ströme sie nicht überfluten.

Hoheslied 8,7 (NLB)

Als ich ein wenig an ihnen vorüber war, da fand ich, den meine Seele liebt. Ich hielt ihn und ließ ihn nicht los, bis ich ihn brachte in meiner Mutter Haus.

Hoheslied 3,4

Bibellese: Hoheslied 3

Festhalten – mit Liebe. In Epheser 5,25 lesen wir: *„Ihr Männer liebt eure Frauen, wie auch Christus die Gemeinde geliebt hat und hat sich selbst für sie dahingegeben.“* Ein klares Wort!

Liebe ist also auch immer eine Tat. Sie macht nicht blind, sondern öffnet die Augen. Sie vergoldet nicht, sie sieht die Wirklichkeit. Sie lässt uns nicht im Schmollwinkel stehen. Sie hält uns fest und zieht uns heraus aus Gleichgültigkeit und der Einstellung: „Ist mir doch egal!“

Wie Christus ⇢ Der bekannte griechische Kirchenvater Chrysostomos schrieb in einem Kommentar: „Vergiss nicht das Maß der Liebe. Willst du, dass dein Weib dir gehorcht, wie die Gemeinde Christus gehorcht? Dann sorge für sie, wie Christus für die Gemeinde sorgt. Und wenn es nötig sein sollte, dass du dein Leben für sie lässt, dass du dich in Stücke reißen lassen oder sonst etwas erdulden musst, wehre dich nicht dagegen. Jesus hat nicht durch Angst und Drohungen bewirkt, dass die Gemeinde ihm zu Füßen liegt, sondern durch Fürsorge, so sollst auch du dich deinem Weibe gegenüber verhalten.“

Diese Sätze muss man erst einmal verdauen. Danach aber sind sie richtig gut, sie sind logisch und immer noch wichtig. Das gegenseitige Festhalten in guten wie in bösen Tagen geschieht nicht durch Drohungen, Angst und Zorn, sondern durch liebevolle Fürsorge.

Zu viel? ⇢ Bei Charles Spurgeon las ich einmal folgende Geschichte, die ich hier frei wiedergeben möchte: Ein gewisser Rowland Hill war oft tief betrübt über die falschen Gerüchte, die manchmal über ihn verbreitet wurden, besonders aber, wenn seine Frau öffentlich bloßgestellt wurde. Man sagte von ihm, dass er der aufmerksamste und liebevollste Gatte war. Das wurde einmal durch eine kleine Anekdote deutlich: Ein Freund kam zu Rowland Hill, überbrachte ihm die Nachricht des plötzlichen Todes einer Pastorenfrau und meinte dazu: „Ich fürchte, unser guter Pastor hat seine Frau *zu* fürsorglich behandelt und *zu* sehr geliebt, und deshalb hat der Herr in seiner Weisheit sie ihm genommen.“ Darauf antwortete Rowland Hill ganz entsetzt: „Wie soll das gehen, wie kann denn ein Mann eine gute Frau *zu* lieb haben? Das ist unmöglich, er kann sie doch nicht mehr lieben, als Christus die Gemeinde liebt.“

Wie Christus die Gemeinde – dieses Ziel sollten wir immer vor Augen haben.

Heinz Krebs

2
Freitag

Wie schön ist deine Liebe, meine Schwester, liebe Braut! Köstlicher als Wein ist deine Liebe! Und der Geruch deiner Salben übertrifft alle Gewürze.

Hoheslied 4,10

FEBRUAR

Bibellese: Hoheslied 4

Beim Lesen des Verses denke ich an den Anfang der Bibel, wo Gott Adam in den Schlaf versetzte, aus einem Teil seines Körpers eine Frau baut und sie ihm vorführt. Adam öffnet die Augen. Vor sich sieht er die erste und damit als Prototyp die schönste Frau der Welt. Er jubelt laut: „Endlich! Diese ist es!"

Ähnlich geht es bis heute. Wer sich verliebt, den motiviert ein Bild der Schönheit, der will sich dem Bild ganz hingeben. So geht es Salomo, als er die galiläische Schönheit Sulamith sieht und ihre Liebe spürt. Kapitel vier schildert uns die überwältigenden Gefühle des Liebenden, und das in einer reinen, fleckenlosen und völlig unanstößigen Sprache, die in unseren Tagen in Bezug auf die Liebe von Mann und Frau selten geworden ist. Ein herrliches Vorbild! Gleichzeitig schwärmt er von den schönen Dingen ihres Köpers, von Parfüm, Schmuck. Dafür soll, so die Weisen zur Zeit Jesu, der Ehemann sorgen.

Als man den Kanon der hebräischen Bibel festlegte, stockten sie bei dem Buch. Passte das? Dann sah man die Lösung: ein Bild auf die Liebesbeziehung Gottes zu Israel, seiner Braut, mit der er am Sinai den Bund geschlossen hat. Ähnlich argumentierten die christlichen Gelehrten mit ihrer Festlegung: eine klare Beziehung zwischen Jesus Christus und seiner Gemeinde. So gab es im Laufe der Zeit viele entsprechende Kommentare und Bücher.

Liebe pflegen ⇢ Gott will uns mit diesem Buch *Hoheslied*, eigentlich *Lied der Lieder* – im hebräischen Sprachgebrauch so viel wie das schönste Lied – etwas ganz Wichtiges lehren. Die Liebe zwischen einem Mann und einer Frau, die schließlich zur Ehe führt, ist für Gott etwas außerordentlich Herrliches, ein Paradies im Kleinen. Das entnehme ich den Worten Adams nach dem Sündenfall. Er nennt seine Frau *Chawwa*, deutsch Eva, so viel wie Lebensspenderin, und beschenkt sie so mit dem schönsten Attribut überhaupt: Mutter, Garantin des Weiterlebens der Menschheit. Er hält ihr nicht vor: „Du bist schuld daran, dass es uns jetzt so geht!" im Gegenteil: Er „erkennt" seine Frau, hat mit ihr intime eheliche Gemeinschaft, und sie werden Eltern.

Die Glut der Liebe, die sich in Salomos Worten zeigt, darf nicht erlöschen und zu schwarzen, kalten Kohlen werden. Beschenken wir deshalb unsere andere Ehehälfte mit schönen Worten und pflegen die Liebe.

Dr. Horst Krüger

Mein Freund ist weiß und rot, auserkoren unter vielen Tausenden.

Hoheslied 5,10

Bibellese: Hoheslied 5

Kapitel fünf im Lied der Lieder schildert die Gleichgültigkeit von Sulamith, ihr Erschrecken und ihre verzückte, glühende Leidenschaft für ihren Geliebten. Ja, das kommt vor. Auch die schönste Liebesbeziehung zwischen zwei Menschen, die Gott dienen, erlebt Müdigkeit und Gleichgültigkeit. Gut, wenn sich das schnell ändert wie im Falle der Braut. Jetzt ist sie dran, ihrem Herzen Luft zu machen. Mit fantasievollen, schöpferischen Worten, die schwer zu deuten sind, beschreibt sie ihren Geliebten. Sie spart nicht mit Attributen, die wir heute in einer Welt der Rationalität und Zweckmäßigkeit wohl kaum noch kennen.

„Ich liebe dich!" ⇢ Spontan denke ich da an unsere Verlobungszeit und unsere Liebesbriefe. Hildegard musste in Deutschland bleiben, als ich mit meinem Vater als Evangeliums-Sänger auf einer fünfmonatigen Reise kreuz und quer durch Nordamerika war. Unsere Sehnsucht war groß. Zwischen uns flossen idyllische, liebliche Worte durch die Kugelschreiber auf das Briefpapier. Wie war ich glücklich, wenn ich ihre Briefe las. Ihr ging es nicht anders. Dann heirateten wir, auch wenn es vorher noch durch Schmerzen und Bangen ging. 2023 waren es 60 Jahre. Es vergeht wohl kaum ein Tag, an dem wir einander nicht sagen: „Ich liebe dich!" Das ist nicht abgegriffen, das ist ehrlich und voller Liebe. Davon haben unsere fünf Kinder gelernt.

In der Oase Engedi mit ihrem herrlichen Wasserfall mitten in der Wüste am Toten Meer sagte mir mein israelischer Freund: „Hier hat Salomo das Lied der Lieder gedichtet." Romantischer kann es nicht sein. Atemberaubend. Ich begriff: Schon vor 3000 Jahren stürzte sich der schmale Wasserfall in die Tiefe in einen kleinen Teich. So soll es mit der Liebe sein!

Es ist wie ein Wunder ⇢ Auch in der Beziehung zu unserem Herrn Jesus Christus gibt es Zeiten der Gleichgültigkeit. Wir scheinen abgestumpft zu sein dem Wort Gottes gegenüber, empfinden nichts von der Gegenwart Gottes, wenn wir im Gottesdienst sitzen. Dann aber geschieht es: Wir empfinden eine neue Liebe zu unserem himmlischen Bräutigam und preisen ihn mit den Liedern, im Gebet, aber auch, wenn wir durch die Natur wandern oder den Abendhimmel betrachten. Oft sind es banale Dinge, die uns herumlenken und schließlich zum Hochzeitsmahl des Lammes führen. Diese Erfahrungen brauchen wir!

Dr. Horst Krüger

....

4
Sonntag

Wer ist sie, die hervorbricht wie die Morgenröte, schön wie der Mond, klar wie die Sonne, überwältigend wie die Bilder am Himmel?

Hoheslied 6,10

FEBRUAR

Bibellese: Hoheslied 6

Mit acht Jahren bekam ich für die morgendliche Bibellese auf einem Appenzeller Bauernhof von der gläubigen Familie meine erste Bibel geschenkt. Stundenlang las ich in dem wunderbaren Buch, bis zur letzten Seite, meist bäuchlings auf dem Holzstoß draußen unter dem Küchenfenster. Wie glücklich war ich! Das empfinde ich auch noch nach über 74 Jahren, wenn ich die Verse lese. Welch eine lyrische Schönheit! Ich habe in der antiken Literatur nichts Vergleichbares zu den lyrischen Büchern der Bibel gefunden.

Wie die Sonne ⇢ Das Wort Morgenröte, aufgehende Sonne, fasziniert mich. Ein neuer Tag, Hoffnung nach der langen Nacht, bricht an. Dann der Mond, der sein Licht von der Sonne an die Erde und ihre Bewohner verschenkt. Die Sonne am Himmel, lebensspendend, wärmend. Aber dann, ein wenig unverständlich, die Formulierung am Schluss des Verses, bei der in anderen Übersetzungen steht: schrecklich, furchterregend wie Kriegsscharen. Diese Bilder schweben Salomo vor Augen, wenn er an seine Geliebte denkt. Ein unglaublicher Vergleich. Oder macht er einen Schwenk und bringt Jerusalem, Zion, ins Spiel? Das kann sehr wohl sein.

Ihr seid das Licht der Welt ⇢ Gern erinnere ich mich an meinen väterlichen Freund und Bruder, Pastor Erwin Lorenz, der über diesen Vers eine unvergessliche Predigt hielt. Am Ende breitete er seine Arme aus und rief uns glücklich zu: „Die Gemeinde!“ Nun, das war sein lebenslanges Thema. Aber was er dazu zu sagen hatte, bleibt mir bewusst und ich spüre meine Liebe zum Wort Gottes. Jesus sagt in Matthäus 11, dass das Reich Gottes durchbricht. Damit meint er ein weltweites Durchbrechen. Die ganze Welt soll die Morgenröte der Erlösung erfahren.

Heute sind Hunderte Millionen von diesem Licht ergriffen und lieben Jesus. In der Bergpredigt ruft er aus: „Ihr seid das Licht der Welt!“ Er meint uns heute, seine Nachfolger. Wie der Mond empfangen wir unsere Leuchtkraft für eine Welt in Finsternis, Aberglauben und Unglauben von dem Licht aus dem strahlenden Angesicht unseres himmlischen Geliebten. Das verschenken wir an unsere Mitmenschen, nebenan, auf unserer Arbeitsstelle, ohne viele Worte.

Klar wie die Sonne soll das Licht sein, ohne Schatten und Wolken. Der Vers ist offenbar mehr als ein Lob auf die Braut, er ist auch Aufgabe und Auftrag für uns, die Gemeinde Jesu.

Dr. Horst Krüger

Wie schön und wie lieblich bist du, du Liebe voller Wonne!

Hoheslied 7,7

Bibellese: Hoheslied 7

Ich saß im Auto und hörte ein Lied von Joe Cocker mit dem Titel: „You are so beautiful". Ich genoss den Song und dachte: „Eigentlich nichts anderes als das, was wir in diesem Bibelvers lesen, nur moderner." Wir werden in unserer Kultur mit Liebesliedern überschwemmt, aber ich frage mich manchmal, ob es uns noch bewusst ist, worum es dabei geht.

Gott geschenkte Schönheit ⇢ Auch das Hohelied Salomos ist, wie es heißt, ein Lied, ein Liebeslied. So oder so ähnlich wurde es wohl damals, als das Lied entstanden ist, auf Hochzeiten vorgetragen. Man nahm sich Zeit, die gegenseitige Liebe und Bewunderung zu feiern. Was darin zum Ausdruck kommt – und deswegen ist das Hohelied im biblischen Kanon enthalten – ist die Wahrheit, dass Gott in sich selbst herrlich und im gewissen Sinne schön ist, so beschreibt es die Bibel. So beten wir ihn an, im Glanz und in der Schönheit seiner Majestät. Und er hat uns in seinem Bilde geschaffen. Deshalb bewundern Verliebte ihre gegenseitige Schönheit. Aber ist es so bei uns, dass wir im und am Partner die Schönheit entdecken und bewundern, wie es in diesem Lied geschieht? Sehen wir Gottes Gedanken darin?

Zweckfreie Schönheit ⇢ Unsere Welt lebt davon, dass Schönheit verkauft, angebetet, ja gebraucht oder sogar missbraucht wird. Schönheit ist nicht mehr zweckfrei und etwas Gottgegebenes. Schönheit wird je nach Kultur und Geschmack geprägt und in bestimmte Formen gepresst. Und was passiert, wenn wir älter werden, wenn wir nicht mehr in das Raster passen? Schwindet dann die Schönheit, innerlich oder äußerlich? Letztlich wird so das Geschenk Gottes im Menschen seiner eigentlichen Bestimmung beraubt und wir sehen Schönheit, auch im sexuellen Sinne, nicht mehr so, wie Gott sie sieht. Aber es bleibt: Sexualität und Schönheit sind Geschenke seiner Liebe, zu jeder Zeit.

Diese Geschenke werden wir erst dann richtig entdecken, wenn wir lieben, einander lieben, einander bewundern und wertschätzen. Deswegen ist es gut, wenn wir zweckfrei die innerliche und äußerliche Schönheit unseres Ehepartners, unserer Ehepartnerin bewundern. Gott lädt uns dazu ein: „*Wie schön und wie lieblich bist du, du Liebe voller Wonne!*" You are so beautiful!

Egbert Warzecha

....

Viele Wasser können die Liebe nicht auslöschen noch die Ströme sie ertränken.

Hoheslied 8,7

Bibellese: Hoheslied 8

Liebe ist nicht nur ein Wort – oder doch? Nun, zunächst ist „Liebe“ nur ein Wort. Ich kann meiner Frau tausend Mal sagen, dass ich sie liebe. Aber ob hinter diesem Bekenntnis auch etwas steckt, wird erst dann deutlich, wenn es sich im Leben beweist. Liebe kann ein starkes, leidenschaftliches Gefühl sein. Das ist gut, und wenn es auf Resonanz stößt, umso schöner. Aber Liebe wird auch angefochten, manchmal durch die eigenen Schwächen, manchmal durch die Schwächen des Partners oder der Partnerin oder durch andere Menschen. Und schließlich ist auch das Leben nicht immer fair, hält sich nicht an die Spielregeln der Liebe, gönnt einem nicht die Freiheit, Liebe einfach zu genießen.

Hier entstehen die bildlichen Wasserströme, welche die Liebe zwischen zwei Menschen, wie im Hohenlied gemeint, herausfordern. An diesen Punkten wird deutlich, ob Liebe nur ein Wort ist. Oder eine innerliche Haltung, die von Entschlossenheit, Durchhalten, Durchbeten und der Liebe zueinander geprägt wird. Liebe ist eben nicht nur ein Gefühl – Liebe muss man wollen, entgegen allen Umständen und Herausforderungen.

Jesus hat Liebe bewiesen ⇢ Paulus hat wohl deswegen Jesus selbst als Beispiel genommen, um die Liebe zwischen Mann und Frau auf den Punkt zu bringen. Jesus hat sein Leben für uns gegeben, obwohl wir als Menschen gegen ihn waren und obwohl es ihn alles gekostet hat. Er nahm sogar Ablehnung und Tod in Kauf. Der Tod hat ihn wie eine gewaltige Wasserflut ertränkt, aber die Liebe seines Vaters hat ihn von den Toten auferweckt. Die Liebe ist stärker als der Tod und als alles, was unsere Liebe zueinander herausfordern mag, ob nun als Freunde, Ehepaare oder Gemeinschaften.

Sind wir bereit? ⇢ Gibt es etwas, das uns momentan herausfordert und droht, die Liebe zu unserem Partner oder unserer Partnerin – oder zu anderen Menschen – zu erlöschen? Welchen Preis sind wir bereit, für unsere Liebe zu zahlen? An diesem Punkt kochen wir alle nur mit Wasser. Um gegen alle Widerstände lieben zu können, brauchen wir die Liebe Gottes, die er uns schenken möchte. Lassen wir uns immer wieder damit segnen.

Egbert Warzecha

Und da geschah eine Stimme vom Himmel: Du bist mein lieber Sohn, an dir habe ich Wohlgefallen.

Markus 1,11

Bibellese: Markus 1,1-13

Täglich werden wir mit verschiedensten Nachrichten konfrontiert. Viele davon sind negativ, manche auch angsteinflößend. Welche Nachrichten werden wir heute hören und wie werden wir sie verarbeiten? Denken wir an 2022, als die Ukraine von Russland angegriffen wurde. Viele Menschen starben auf beiden Seiten. Millionen Menschen flüchteten aus ihrer Heimat. Gleichzeitig suchte man nach Wegen, Millionen Tonnen Getreide trotz Seeblockade zu exportieren, um so einer drohenden Hungersnot begegnen zu können.

Gute Nachricht gefragt! ⇢ Für die Aufzählung negativer Meldungen, die täglich verbreitet werden, reicht eine Seite nicht aus. Um nicht depressiv zu werden, braucht es positive Nachrichten. Wie gut, dass wir Gottes Wort lesen können und darin Ermutigung erfahren. Markus beginnt seine Aufzeichnungen damit, dass er sie als gute Nachricht von Jesus Christus, dem Sohn Gottes, bezeichnet. Er startet seinen Bericht mit dem Wegbereiter Johannes. Ein außergewöhnlicher Mensch, der bereits vor der Geburt für einen besonderen Dienst erwählt wurde und bereit war, auf einen Größeren hinzuweisen, der nach ihm kommen sollte.

Botschaft aus dem Himmel ⇢ Jesus kommt zu Johannes, um sich taufen zu lassen, was Johannes erst abwehrt, dann aber doch macht. Wie kann er den Messias taufen? Der Vater im Himmel bekennt sich zu seinem Sohn und spricht das auch nach der Taufe aus: *„Du bist mein lieber Sohn, an dir habe ich Wohlgefallen."* Was für eine Botschaft! Direkt aus dem Himmel kommend, wird die Beziehung zwischen Vater und Sohn wertschätzend hörbar. Jesus bekommt nicht zu hören, dass sein Auftrag nun beginnt. Vielmehr geht es dem Vater um die Beziehung zu ihm.

Heute geht es dem dreieinigen Gott immer noch um Beziehung. Wir sind seine Schöpfung und ihm liegt an der Beziehung zu uns. Der Heilige Geist sagt unserem Geist, dass wir Söhne und Töchter des Vaters im Himmel sind. Diese gute Nachricht darf jeden Tag neu Motivation sein, unsere Beziehung zum Vater im Himmel zu pflegen, indem wir Zeit mit ihm verbringen. Zeit, in der wir gute Nachrichten vom Himmel hören und lesen dürfen und so manches Bild gezeigt bekommen. Der Heilige Geist wirkt heute noch und möchte durch uns gute Nachrichten verbreiten. Du und ich, wir dürfen heute die gute Nachricht sein, die unser Nächster braucht.

Artur Kern

8
Donnerstag

Und Jesus sprach zu ihnen: Kommt, folgt mir nach; ich will euch zu Menschenfischern machen!

Markus 1,17

FEBRUAR

Bibellese: Markus 1,14-20

„Kann alleine!" – das hören Eltern von ihren kleinen Kindern, wenn diese meinen, dass sie keine Hilfe mehr brauchen. Sie probieren mit ihren kleinen Händen so lange, bis sie hinkriegen, was sie sich vorgenommen haben. Erst wenn es wirklich nicht geht, wird um Hilfe gebeten. Unbewusst ahmen sie ihre Vorbilder nach.

Auf dem Weg ⇢ Jesus war sich dessen bewusst, dass er nur eine kurze Zeit auf der Erde sein wird. In dieser Zeit sollte die Basis für ein weltumspannendes Unternehmen gestartet werden. Keines, das auf Profit aus ist, sondern sich gezielt für Rettung einsetzt. Jesus war der Plan und durch ihn sollte der Plan umgesetzt werden. Als Erstes stellte er ein Team zusammen, das lernen sollte, aber auch in Ergänzung zueinander stehen sollte.

Wer etwas erreichen will, sucht sich ein Vorbild, das sich durch besondere Leistungen erfolgreich hervorgetan hat. Dabei wird meistens der Weg zu dieser besonderen Leistung übersehen, der Erfolg aber als erstrebenswert angesehen. Der Weg auf die Siegertreppe hat eine schweißtreibende Vorgeschichte. Der öffentliche Dienst Jesu machte ihn zu einem besonderen Vorbild. Seinem Ruf zu folgen, hatte seinen Preis. Petrus fragte danach, was sie davon hatten, alles verlassen zu haben. Gewinnorientierung scheint im menschlichen Denken verankert zu sein. So stellten sich die Jünger die Frage, wer der Größte unter ihnen sein würde. Jesus macht deutlich, wie er Größe sieht, und nimmt ein Kind als Vorbild für seine Sichtweise.

Zu zweit ⇢ Jesus sandte seine Jünger jeweils zu zweit auf Missionsreise. Hätten sie doppelt so viele Städte erreichen können, wenn sie einzeln gereist wären? Bei den verschiedenen Herausforderungen, denen sie sich zu stellen hatten, ist es unwahrscheinlich. Zu zweit hatten sie die Möglichkeit, sich zu unterstützen und zu ergänzen. Zur gegenseitigen Ermutigung, Motivation und Korrektur braucht es jemanden, der sich entsprechend einbringt. Leider ist der Konkurrenzgedanke häufig ausgeprägter als der Gedanke, den Nächsten zu ergänzen. Das trifft in Ehe, Familie, Beruf, Gemeinde und dort, wo wir uns aktiv aufhalten, zu.

Wie sieht unser Tag heute aus? Haben wir die Möglichkeit, uns als Nachfolger Jesu zu zeigen, die man gerne nachahmen möchte? Ich wünsche uns ganz viel Segen, wenn wir die Netze für Jesus auswerfen.

Artur Kern

Und sie entsetzten sich über seine Lehre; denn er lehrte sie mit Vollmacht und nicht wie die Schriftgelehrten.

Markus 1,22

Bibellese: Markus 1,21-34

Wer sendet, der bevollmächtigt auch. Das gilt vom Versicherungsvertreter bis zum Botschafter eines Staates. Und wenn Gott jemanden sendet, so gibt er ihm auch Vollmacht dazu. Die Zuhörer *„entsetzten sich"* über das, was Jesus lehrte. Sie waren betroffen, sie spürten, erkannten, dass hier hier jemand sprach, der nicht mit den Schriftgelehrten vergleichbar war. Hier waren Autorität, Kraft, Klarheit, sichere und verlässliche Aussagen. So ist das, wenn derjenige, der das Alte Testament durch seinen Geist hat inspirieren lassen, über sein eigenes Buch spricht. Der Eigentümer der Herde redet jetzt persönlich durch seinen Sohn zu seinen Schafen – endlich!

Jesus hat Vollmacht → Er hat Vollmacht, weil er der Sohn ist. Weil der Heilige Geist auf ihm ist. Weil er nicht seinen eigenen Willen sucht, sondern den Willen seines Vaters. Gott liebt seine Schafe und bestätigt die Vollmacht Jesu vor ihren Augen. Jesus befreit einen Mann von einem unreinen Geist und heilt am Abend alle Kranken. Die Wunder sind Gottes Bestätigung, sein Siegel. Was für eine Chance für die Einwohner von Kapernaum, aber auch was für eine Verantwortung! Würden sie Jesus glauben und ihr Leben ändern? Jesus hatte auch die Vollmacht, Sünden zu vergeben. Er hatte Vollmacht über den Sabbat und über die Speisegebote, er zeigte sich als Herr über das Gesetz des Mose. Er hatte Vollmacht, die Geldwechsler aus dem Tempel zu vertreiben. Er hatte ebenso die Vollmacht, andere zu bevollmächtigen. Und tatsächlich konnten die Jünger in dieser Vollmacht arbeiten!

Jesus gibt Vollmacht → Jesus gab seinen Jüngern vor seiner Himmelfahrt den Auftrag, seine Zeugen zu sein, zu lehren und zu taufen. Die Gemeinde Jesu führt diesen Auftrag fort bis heute. Er ist es, der sendet und bevollmächtigt – auch heute. So dürfen wir erwarten, dass Gott auch durch uns wirkt, wenn wir als seine Kinder sein Reich bauen wollen. Dabei hat jeder seine Aufgabe, seine Gaben, seinen Platz. Ob wir für andere beten oder Menschen von Jesus erzählen, wir dürfen darauf vertrauen, dass Gott auch durch dich und mich seinen Willen geschehen lassen kann.

Bernd Brückmann

10
Samstag

Und er sprach zu ihnen: Lasst uns anderswohin gehen, in die nächsten Orte, dass ich auch dort predige; denn dazu bin ich gekommen.

Markus 1,38

FEBRUAR

Bibellese: Markus 1,35-39

Als Christen haben wir in der Entwicklung geistlicher Reife gelernt, treu zu sein. Hoffentlich – denn das ist ein wunderbarer geistlicher Wesenszug. Gott ist treu und somit sollen auch wir in den Beziehungen und Aufgaben, in die wir gestellt wurden, treu sein. Dranbleiben, auch wenn es herausfordernd wird. Das ist wichtig, denn Sprunghaftigkeit in Beziehungen und Aufgaben verhindert das Wachsen von nachhaltiger Frucht. Gerade solch bleibende Frucht sucht Gott aber in unserem Leben. Diese Frucht braucht jedoch Zeit, um zu wachsen.

Wenn es Zeit ist, weiterzugehen ··➔ Dennoch kommen auch Momente, in denen wir mit Jesus zusammen im Leben weitergehen. Nicht, weil wir zu frustriert sind und nur noch weg wollen. Sondern weil das Evangelium eine zu gute Botschaft ist, um nur an einem Ort und nur einer Gruppe von Menschen weitergegeben zu werden. Deshalb geht Jesus in die nächsten Orte, um der anvertrauten Botschaft ein weites Wirkungsfeld zu geben. Um jenseits des einen Ortes die gute Nachricht zu predigen. Um mehr Reichweite für das Rufen Gottes zu bieten, damit unerreichte Personen die rettende Botschaft hören, darauf reagieren und durch den Glauben an Jesus geistlich von Neuem geboren werden können.

Unter der Leitung des Heiligen Geistes ··➔ Manchmal ist ein Feld des Lebens gut bestellt worden. Das Ziel, das Gott durch jemanden erreichen wollte, konnte durch seine Gnade erreicht werden. Das bedeutet nicht, dass alle Menschen im Umfeld zufriedengestellt sind. In Kapernaum, wo Jesus sich zu dieser Zeit mit seinen Jüngern aufhielt, suchte trotzdem noch jedermann nach ihm. Doch Jesus entscheidet sich nach einer langen Gebetszeit, weiterzugehen.

Wir dürfen uns nicht nur von den Bedürfnissen in unserer Umgebung leiten lassen. Denn die Bedürfnisse werden immer größer sein als das, was wir als einzelne Personen ausrichten können. Es kommt nie eine Zeit, in der wir als Einzelne alles für alle um uns herum getan haben. Damit auch neue Personenkreise erreicht werden können, müssen wir uns manchmal wie Jesus losreißen. Sicher mit Bedacht und unter der Leitung des Heiligen Geistes im Gebet – aber mit dem festen Ziel, der rettenden Botschaft von Jesus Christus einen weiteren Wirkungskreis zu ermöglichen. Was könnte das heute für dich und mich ganz praktisch bedeuten?

Bernd Ellwanger

Sodass Jesus hinfort nicht mehr öffentlich in eine Stadt gehen konnte; sondern er war draußen an einsamen Orten; und sie kamen zu ihm von allen Enden.

Markus 1,45

Bibellese: *Markus 1,40-45*

Eine kurze „Erfolgsgeschichte": Ein Kranker kommt zu Jesus. Er weiß, wenn Jesus will, kann er ihn heilen. Jesus ist innerlich bewegt und sagt: „Ich will." Und sogleich ist der Kranke geheilt. Ich wünschte, alle unserer Geschichten wären so kurz, so einfach und vor allem so positiv. Ja, Jesus kann heilen – keine Not ist zu groß oder zu gering, dass er nicht helfen könnte.

Erfolgsgeschichten teilen wir gerne. Es kann aber auch anders laufen, dass es eben nicht immer so einfach und glattgeht. Generell gibt es für Heilung – und auch für das Leben – kein Schema. Mal kamen die Menschen wie hier zu Jesus, mal heilte er aus Eigeninitiative. Es gibt kein Handbuch: „So geht es." Jesus kam nicht als frommer Talisman der Heilung. Er kam, um Erlösung zu bringen, die viel tiefer geht, weiter reicht und Ewigkeitswert hat.

Einsame Orte ⇢ Beim Lesen stolperte ich über die einsamen Orte. Wenn es nicht glattgeht, in Krankheit, Leid oder anderen Herausforderungen, findet man sich häufig an einsamen Orten wieder. Warum? Weil man vielleicht seine Ruhe sucht, weil man vielleicht Angst vor den Fragen hat, auf die man selbst keine Antwort mehr findet, weil die ständige Auseinandersetzung damit oft schmerzhaft ist oder Begegnungen meist anstrengend und wenig heilsam sind. Es kann also viele Gründe für einsame Orte geben. Über diese Geschichten reden allerdings die wenigsten.

Auch ich kenne einsame Orte. Unsere Seele ist dann an solch einem einsamen Ort, wo uns Glaube und Hoffnung schwerfallen. Wo die fortwährenden Gedankenkreise schon Trampelpfade bilden und man irgendwie nach Auswegen sucht. Wo die Anliegen Dauerschleifen bilden und man sich wie in einer Sackgasse fühlt. Wenn es dir so ähnlich geht, möchte ich dir sagen: „Jesus ist unterwegs an deinen einsamen Ort." Er kennt ihn. Er kennt deine und meine Gefühle und Gedanken und verurteilt uns nicht. Er lässt uns nicht im Stich. Jesus gibt uns nicht immer alle Antworten, aber er sieht uns. Unsere Situation ist ihm nicht egal. Ich bete, dass wir seinen Frieden und Zuspruch empfangen und Jesus uns an unserem einsamen Ort begegnet. Mögen wir durch Jesus, unseren Erlöser, gesegnet, geborgen und getragen sein.

Björn Blana

12
Montag

FEBRUAR

Und Jesus erkannte alsbald in seinem Geist, dass sie so bei sich selbst dachten, und sprach zu ihnen: Was denkt ihr solches in euren Herzen?

Markus 2,8

Bibellese: Markus 2,1-17

Im heutigen Bibelabschnitt lesen wir wieder von einer einzigartigen Heilung. Vier Freunde fassen den Entschluss, ihren gelähmten Freund zu Jesus zu bringen. Dabei begegnen ihnen viele menschliche Hindernisse. Sie waren zu spät. Das Haus war voll. Kein Platz. Kein Mitleid der Menschen ließ sie passieren. Also gehen sie den beschwerlichen Weg über das Dach, begehen Sachbeschädigung, aber erreichen ihr Ziel. Der Gelähmte wird schlussendlich geheilt.

Auch uns begegnen im Leben immer wieder Widerstände und vordergründige Sackgassen. Diese Geschichte lehrt uns, nicht aufzugeben und dranzubleiben, in der Nachfolge oder im Gebet für die verschiedensten Menschen und Situationen.

Hindernisse überwinden ···› In dieser Geschichte, und ich fürchte auch in unserem Leben, sind aber die menschlichen und offensichtlichen Hindernisse nicht das größte Problem. Uns behindern auch verborgene geistliche Hindernisse wie hier in den Herzen der Pharisäer. Falsche Herzenshaltungen, Gedanken oder Fehlprägungen gibt es auch bei uns. Bei dem Offensichtlichen können Menschen uns helfen, wie die vier Freunde. Gott sei Dank, dass Jesus aber auch ins Verborgene sieht. Und so möchte er durch den Heiligen Geist diesen Part bei uns übernehmen. Er will auch dich und mich auf die Hindernisse und Abgründe unserer Herzen und Gedanken ansprechen, denn ich glaube, bei jedem von uns besteht die Gefahr, auch ein Pharisäer werden zu können. Dies ist oft nicht offensichtlich, sondern tief im Herzen oder Charakter verborgen. Auch lässt es sich vor anderen Menschen leicht kaschieren oder verstecken. Daher kann auch selten jemand von außen helfen. Umso wichtiger ist es, dass wir uns innerlich immer wieder von Jesus ansprechen lassen.

In meiner Nachfolge erlebe ich immer wieder, wie Jesus mich auf falsche Gedanken und Herzenseinstellungen aufmerksam macht, die ich dann mit seiner Hilfe ändern darf. David betet in Psalm 139,23: „*Erforsche mich, Gott, und erkenne mein Herz; prüfe mich*“ – ein gutes Vorbild für uns. Egal, wie lange wir mit Jesus schon unterwegs sind, seine liebevolle Arbeit an uns hört nie auf. Ich wünsche uns die nötige Hilfe, um in unserem Leben sowohl äußerliche offensichtliche als auch innerliche verborgene Hindernisse zu überwinden. Jesus wird uns helfen, ihm neu zu begegnen.

Björn Blana

Und er sprach zu ihnen: Der Sabbat ist um des Menschen willen gemacht und nicht der Mensch um des Sabbats willen.

Markus 2,27

Bibellese: Markus 2,18-28

Die meisten Zeitgenossen Jesu waren praktizierende Juden und wussten um ein großes Regelwerk, das es im Leben einzuhalten galt. Die gegenseitige Kontrolle zur Einhaltung der mosaischen Gesetze hielt die jüdische Gemeinschaft auf Trab. So wurde Jesus von den Jüngern des Johannes und beigesellten Pharisäern ermahnt, dass seine Jünger nicht fasten würden. Er kontert in bahnbrechender Weise, mit Fingerzeig auf sich selbst, dass Menschen nicht fasten, solange der Bräutigam bei ihnen ist.

Jesus – ein Querulant? ⇢ Unser Herr durchbrach Konventionen nicht nur durch Dinge, die er tat, und Aussagen, die er traf, sondern genauso provokant durch Auslassen bestimmter Regeln und Riten. Sein Hinweis auf den neuen Wein, der in neue Schläuche gefüllt werden muss, lässt alle Winzer und Weinhersteller aufhorchen. Sie wissen um die Gärkraft, wenn der „neue Wein" (als Federweißer bekannt) durch den Zusatz von Hefe richtig am Arbeiten ist. Dann blubbert es im Weinfass vom Feinsten. Genau diese Kraft geht vom himmlischen Thron Gottes aus, wenn wir das Evangelium in Kühnheit verkündigen. Die heute in der Wirtschaftswelt propagierten Prinzipien wie „leading by action" und „leading by example" lebte Jesus bereits vor circa 2000 Jahren in höchster Vollendung. Nachfolge Jesu ist und bleibt ein Glaubensprojekt, das dich und mich im Täglichen herausfordert.

Aus dem Leben ⇢ Meine Frau merkt immer wieder mal an, wie unser Herr mir Dinge manchmal zufallen lässt. Manche Herausforderungen und Probleme lösen sich von selbst, Menschen kommen von sich aus auf mich zu, mit denen ich noch etwas abstimmen oder klären möchte. Ein Geheimnis dahinter vermute ich in der persönlichen Erkenntnis des Segens, den der Sabbat mit sich bringt, wenn man den Ruhetag hält. Immer wieder erlebe ich, wie diese Haltung meine Beziehung zum Herrn in mächtiger Weise fördert. Wer das Prinzip des Sabbats missachtet, beraubt sich selbst. Wagen wir es, unabhängig der äußeren Rahmenbedingungen mit allen Regeln und auch nicht geschriebenen Gesetzen, vom Heiligen Geist geleitet zu leben? Es sind die kleinen Impulse des Heiligen Geistes im Alltag, die uns aufmerken lassen, um dann eine Kurskorrektur vorzunehmen.

Ich wünsche uns allen einen Wechsel zwischen Arbeit und Ruhe. Manchmal gibt es Gott den Seinen sogar im Schlaf.

David Sindhu

14
Mittwoch

Und er sprach zu dem Menschen mit der verdorrten Hand: Steh auf und tritt in die Mitte!

Markus 3,3

FEBRUAR

Bibellese: Markus 3,1-12

Jesus ruft – damals wie heute. Du und ich sind gemeint. Unabhängig von den Umständen ist seine Hand liebevoll zu uns ausgestreckt. Er lädt uns zu einer Begegnung mit ihm ein. So etwas ist jedes Mal ein besonderer Moment. Sehr spannend finde ich im vorliegenden Text, dass Jesus Dämonen befiehlt, ihn *„nicht offenbar"* zu machen (Vers 12). In enger Abstimmung mit dem Vater gab es einen klaren Zeitplan, der nicht gestört werden sollte. Es ist auch davon auszugehen, dass Jesus die Wirkung seiner gepredigten Botschaft im Zentrum seines Dienstes stehen lassen wollte und nicht ausschließlich die spektakulären Wunder.

Tritt hervor – es geht um was! ⇢ Das Übernatürliche wirkte als Werbung für die Botschaft. Ich verstehe das als eine Folge der Begegnung mit Jesus, wie auch im Neuen Testament immer wieder beschrieben wird, dass aus dem Glaubenden das Evangelium von Christus herausfließt und Zeichen und Wunder eine Folge dessen sind. Es geht also nicht darum, Zeichen und Wunder zu erhaschen, sondern dem ursprünglichen Auftrag nachzugehen. Den Menschen die Botschaft vom Kreuz, die vielen eine Torheit ist, zu verkündigen, und zwar mit lauten Taten und leisen Worten. Den vom Geist Gottes vorbereiteten Zeitpunkt gilt es dabei zu identifizieren und in den Alltag zu bringen, um ihn dort mit Leben zu füllen. Lasst auch uns heute aufstehen und in die Mitte treten. Als Nachfolger Jesu ist es unsere allgemeine Berufung, lebendige Briefe und Zeugen Christi zu sein. Es ist ein Vorrecht und zugleich eine große Aufgabe.

Aus dem Leben ⇢ Ich erinnere mich an einen Jugendgottesdienst, an dem ich mit dem Ziel gepredigt hatte, den Glauben zu stärken. Bewusst öffneten wir uns für das übernatürliche Wirken Gottes. Einen jungen Burschen inmitten der Menge fixierend, hatte ich den klaren Impuls, ein Heilungsgebet zu sprechen. Auf öffentliche Nachfrage stellte sich heraus, dass er seit drei Jahren an ständigen Schmerzen im Brustbereich litt. Ich streckte meine Hand zu ihm aus und betete ein kurzes Gebet des Glaubens. Sofort kam ein breites Grinsen voller Dankbarkeit in sein Gesicht. In exakt dem Moment, als ich meine Hand zum Segensgebet zu ihm ausstreckte, verließ ihn der Schmerz.
Danke, Herr Jesus, du bist unser Herr und unser Arzt!

David Sindhu

Und er ging auf einen Berg und rief zu sich, welche er wollte, und die gingen hin zu ihm.

Markus 3,13

Bibellese: Markus 3,13-35

Jesus wählt die Persönlichkeiten seines inneren Kreises. Wie macht er das? Vielleicht nach dem Motto: „Der Geist hat mir jemanden gezeigt, dessen Name mit ‚J' anfängt und der braune Sandalen trägt! Oh, da sehe ich Judas und Jakobus – am besten, ich nehme gleich beide"? Spaß beiseite – da die Kriterien der Auswahl nicht ausdrücklich genannt werden, begeben wir uns auf Spurensuche im Text. Schauen wir einmal, welcher Schatz dort auf uns wartet.

Im Todesschatten ⇢ Das Alte Testament hat durch Jahrhunderte Menschen hindurch geholfen, mit dem Leben auf Erden zurechtzukommen. Leider wird immer wieder deutlich, dass es dabei hauptsächlich um die Verwaltung des Todes geht. Wir begegnen stolzen Menschen, die unter den irdischen Bedingungen der Vergänglichkeit und des Todes mit dem Gesetz des Mose auf das beste Fundament bauen, das die Welt kennt. Kurz zusammengefasst: „Wir werden alle sterben, aber für die Zeit, in der wir leben, haben wir Juden in unserem Gesetz den ultimativen Schatz. So etwas wie die verdorrte Hand ist ein bedauerlicher Einzelfall, auf den wir jetzt keine Rücksicht nehmen dürfen. Zu unser aller Schutz müssen Verächter unserer gemeinsamen Grundlage unschädlich gemacht und unter Anklage gestellt werden." Schließlich hatte sich das Gesetz des Mose genial bewährt und das Judentum zur ältesten lebendigen Hochkultur der Welt gemacht.

Neues Leben ⇢ Vor diesem Hintergrund wird es klar, wie sehr die Pharisäer ihren vermeintlichen Schatz durch Jesus gefährdet sahen. Im Vergleich zu seinem Angebot war ihre Schatztruhe zwar äußerlich prächtig, aber innen leer. Jesus ist völlig ohne Tod, er ist absolut lebendig, brillant vital und nicht bereit, vor einer – vergleichsweise – leeren Schatztruhe Wache zu schieben. Sein Auftrag lautet anders. Dafür sucht er Menschen, die bereit sind, ihm zu folgen.

Das heißt, aus dem Todesschatten herauszutreten, um sich auf das neue Leben aus Gott einzulassen. Das ist das erste Kriterium zur Auswahl seiner Jünger, noch vor Moral, Charakter, Reife, Intelligenz oder schneller Auffassungsgabe. Wie Mut machend: Jünger Jesu zu sein, bedeutet, *herauszutreten aus dem Todesschatten* samt den damit verbundenen Regeln oder Konzessionen und *sich auf das neue Leben einzulassen*, das Jesus ermöglicht. An dieser Stelle beginnt lebendiges Christsein!

Bernd Kollmann

16
Freitag

Und all das Übrige fiel auf das gute Land, ging auf und wuchs und brachte Frucht, und einiges trug dreißigfach und einiges sechzigfach und einiges hundertfach.

Markus 4,8

FEBRUAR

Bibellese: Markus 4,1-20

In der gestrigen Andacht sahen wir Jesus als den überfließend Lebendigen, an dem nichts Totes zu finden ist. Er lädt uns ein, aus dem Todesschatten herauszutreten, um neues Leben zu empfangen. Die Auflösung des Gleichnisses vom Acker im heutigen Bibeltext wird hier als Fortsetzung der gestrigen Inspiration behandelt.

Verschiedene Böden ⇢ Die ersten drei Böden haben gemeinsam, dass sie im Schatten des Todes liegen: Es geht 1. um das Böse, 2. die irdischen Nöte und 3. Sorgen der Zukunft. Die Charakteristiken des 4., des „guten" Bodens, bleiben zunächst im Nebel. Deutlich wird: Der gute Boden ist etwas, das weder vom Satan noch von irdischer Not noch von Zukunftssorgen beeinträchtigt ist. Kurz gesagt: Der gute Boden liegt nicht im Schatten des Todes. Die volle Auflösung des Rätsels um die genaue Beschaffenheit des fruchtbaren Bodens für die Saat des Wortes Gottes kommt später häppchenweise ans Licht:

Als Jesus seinen Jüngern in einem Popularitätstief anbietet, ihn zu verlassen, antwortet Petrus: *„Herr, wohin sollen wir gehen? Du hast Worte des ewigen Lebens"* (Johannes 6,68). Petrus blieb, weil er Boden 1 bis 3 für sich abgehakt hatte. Noch deutlicher wird er einige Jahrzehnte später: *„Und seid begierig nach der vernünftigen, lauteren Milch wie die neugeborenen Kindlein, auf dass ihr durch sie wachset zum Heil"* (1. Petrus 2,2). Jetzt nur noch Boden Nr. 4!

Der gute Boden ⇢ Er kann den Samen des Wortes aufnehmen und Frucht hervorbringen, nämlich die innere Einstellung, die ganz auf ein Leben aus Gott baut. Es geht nicht um irgendetwas, das wir vorweisen könnten – weder Moral und Charakter noch Rückgrat oder clevere Vorsorge. Durch Jesus wird es möglich, die dreißig-, sechzig-, und hundertfache Lebensernte einzufahren: Identität aus Gottes Wort, neues Handeln und die Früchte dieses Lebensstils.

Um die Tragweite dessen verstehen zu können, brauchten die Jünger damals zwei Erfahrungen: die Auferstehung und die Himmelfahrt Jesu. Erst danach war für sie völlig klar, dass Jesus, der Mensch zur Rechten Gottes, für sprudelnde Vitalität, für Leben in Fülle, für Existenz über den Tod hinaus steht. Wie gut, dass wir darauf aufbauen können: Jesus hat nichts, aber auch gar nichts mit dem Tod zu tun. Ihm und seinem Wort können wir vertrauen – was für ein Privileg!

Bernd Kollmann

Und er sprach zu ihnen: Seht zu, was ihr hört! Mit welchem Maß ihr messt, wird man euch zumessen, und man wird euch noch dazugeben.

Markus 4,24

Bibellese: Markus 4,21-25

Licht soll leuchten: Jesus spricht nach dem Gleichnis vom Sämann konsequent weiter im Text und möchte mit Nachdruck verdeutlichen, dass man ein angezündetes Licht nicht unter einen Scheffel stellt. Es soll da stehen, wo es allen etwas bringt und gesehen wird. Gern wird dieser Vers dazu verwendet, um Gottes Wort überall zu streuen wie ein fleißiger Sämann, damit es gehört, gelesen und vernommen wird. So klemmte man etwa Traktate in Telefonzellen, um ja überall die gute Botschaft zu verbreiten. Das Ergebnis war mitunter ernüchternd.

Oft scheint es so, als ob wir Antworten auf Fragen haben, die einfach nicht mehr gestellt werden, und das frustriert irgendwie. Jesus hat hier eine häufig verkannte Lösung für diese Problematik. Er sagt: *„Seht zu, was ihr hört!"* Wie bitte? Sollte es nicht heißen: „Hört zu, was ihr hört"? Oder: „Seht zu, was ihr seht"? Jesus begeistert mich immer wieder.

Wertschätzen ⇢ Seine Zuhörer am See, die Jesus vom Boot aus predigen hörten, wussten wahrscheinlich genau, was er meinte. Sie sahen ihn und hörten ihn. Ich glaube, dass das ein gutes Bild für uns ist. Wir leben mit Jesus Christus in einer Beziehung, einer vertraulichen Verbindung. In dieser Beziehung finden wir Maß und Mitte für ein mutiges Bekenntnis, das weder aktionistisch noch polternd daherkommt, sondern das Gegenüber wertschätzt, sucht und findet. Wer von Gott begeistert ist, wird davon erzählen wollen. Wenn jemand Begeisterung für ein Hobby zeigt oder leidenschaftlicher Sammler ist, bekommt man das in der Regel schnell mit, wenn man miteinander spricht. Da ist zum Beispiel eine Frau, die Briefmarken verkauft, und eine, die Briefmarken tauscht. Die Verkäuferin ist vielleicht ohne echte Vorlieben für diese kleinen klebrigen Papierfetzen. Die andere jedoch kennt deren Geschichte, den Jahrgang und den Wert all ihrer Schätze – eine echte Liebhaberin.

So ist es auch mit dem Wort Gottes. Wir tauschen es aus, wir teilen es mit. Das, was Gott uns ins Herz legt, wird zu seiner Zeit hervorgeholt und weitergegeben.

Licht in der Dunkelheit ⇢ Beten wir konkret für diese Momente, die Gott schafft, um sein Wort in Szene zu setzen. Dieser Dienst wird reichlich belohnt: Was wir investieren, wird uns üppig erstattet. Du und ich, wir dürfen sein Licht in die Dunkelheit dieser Welt bringen.

Hanjo Gäbler

Und er sprach: Mit dem Reich Gottes ist es so, wie wenn ein Mensch Samen aufs Land wirft.

Markus 4,26

Bibellese: Markus 4,26-34

Grüner Daumen? Ich selbst würde mich nicht unbedingt als besonders talentierte Hobbygärtnerin beschreiben. Aber ich kann es nach dem Winter kaum erwarten, wenn es endlich Frühling wird und die Natur erblüht. Ich freue mich auf das Werkeln im Garten und überlege schon jetzt, was ich dieses Jahr alles anpflanzen möchte. Was für eine Freude und was für ein Wunder, jedes Jahr aufs Neue dabei zuzusehen, wie aus kleinen unscheinbaren Samenkörnern schönste Pflanzen und leckeres Gemüse heranwachsen.

Es bleibt ein Geheimnis ⇢ Jesus gebrauchte häufig Bilder und Vergleiche aus der Landwirtschaft, um seinen Zuhörern geistliche Prinzipien zu vermitteln, so auch in diesem Gleichnis vom Wachsen der Saat. Er spricht über das Säen und Ernten, aber vor allem auch über die Zeit dazwischen: über das Aufgehen der Saat, das Wachstum, den Part Gottes. *„Mit dem Reich Gottes ist es so, wie wenn ein Mensch Samen aufs Land wirft und schläft und steht auf, Nacht und Tag; und der Same geht auf und wächst – er weiß nicht wie“* (Verse 26.27). Im Gleichnis wird deutlich: von selbst, automatisch, ohne menschliches Zutun geht die Saat auf und es entsteht Frucht. Der Mensch kann dies weder beeinflussen noch richtig erklären – doch im Verborgenen ist Gott am Werk. Er sorgt dafür, dass sein Reich kommt, dass sein Reich wächst.

Er ist am Werk! ⇢ Was für eine Zusage auch für unser Leben und unser Umfeld: Gott ist am Wirken, auch wenn wir dies manchmal weder sehen noch begreifen können. Wir haben unseren Part, den wir ausfüllen dürfen, wo er uns an seinem Werk beteiligt. Aber letztlich geht es nicht um unsere Leistung, unseren Einsatz, unsere Bemühung. Gott sei Dank – er selbst ist es, der dafür sorgt, dass Frucht entsteht, dass Dinge zum Wachsen und Blühen kommen und sein sich Reich ausbreitet. Diesen Part dürfen wir also entspannt und vertrauensvoll ihm überlassen. *„Von selbst bringt die Erde Frucht, zuerst den Halm, danach die Ähre, danach den vollen Weizen in der Ähre“* (Vers 28). Alles zu seiner Zeit. Alles nach Gottes Ordnung.

Das Gleichnis vom Wachsen der Saat ermutigt dazu, mich selbst nicht zu wichtig zu nehmen, loszulassen, mich ruhig schlafen zu legen und dabei auf Gottes Kraft, seine Möglichkeiten und Prinzipien zu vertrauen. Er ist am Werk!

Acima Knitz

Und am Abend desselben Tages sprach er zu ihnen: Lasst uns ans andre Ufer fahren.

Markus 4,35

19
Montag

Bibellese: Markus 4,35-41

FEBRUAR

Eine abenteuerliche Nacht beginnt für die Jünger mit diesen Worten. Sie sitzen in einem Boot, das zu sinken droht, und die Tatsache, dass ihr Meister Jesus mit an Bord ist, tröstet und ermutigt sie nicht sonderlich. Viel mehr fürchten die zwölf Jünger um ihr Leben. Selbst die erfahrenen Bootsleute werfen ihre Hoffnung über Bord – ein Sinnbild für unser Dilemma heute.

Der Blick auf die Umstände ⇢ Wie oft ertappe ich mich dabei, wie ich Dinge, die ich von Gott empfangen habe, vergesse oder in meiner Prioritätsliste nach hinten verschiebe. Das kann eine Ermutigung gewesen sein, deren Kraft ich missachte und eben doch wieder den Lügen Glauben schenke, die mich abhalten wollen von dem, was Gott für mich bereithält. Aber auch größere Dinge obliegen dem gleichen Mechanismus.

Nehmen wir zum Beispiel die Ansage Jesu: *„Lasst uns ans andere Ufer fahren."* Da steckt für mich eine klare Verheißung drin. „Lasst uns hinüberfahren", heißt halt auch: „Lasst uns nicht untergehen!" Die Umstände können aber manchmal so unfair und gemein sein. Ja, das Leben ist oft nicht fair und die Umstände sind mitunter beklagenswert. Man kann verstehen, wenn Menschen fürchten, Widrigkeiten zu unterliegen. Aber die Verheißungen Gottes spielen einige Ligen höher als unser Verstand, unsere Kraft und unsere Einschätzung der Dinge.

Der Blick nach oben ⇢ Nichts in dieser Welt hat auch nur einem Wort Gottes etwas entgegenzusetzen. Wenn er etwas sagt, so geschieht es hundertprozentig. Ich bin zutiefst davon überzeugt, dass eine tägliche Erinnerung dessen notwendig ist. Sie lenkt den Blick auf Gottes Wort, das Vertrauen und Kraft gibt. Als Christ möchte ich so leben, dass ich meinen Fokus auf das Reich Gottes setze, damit alles andere nach seinem Wort hinzugetan wird, wie in Matthäus 6,33 versprochen. Ich bekomme nichts von meiner Prioritätenliste zustande, wenn die Nr.1 nicht die Nr.1 bleibt: mein Herr und Gott. In diesem Sinne wünsche ich uns einen gesegneten Tag. Mit ihm können wir es wagen, an das andere Ufer zu fahren!

Hanjo Gäbler

20
Dienstag

Und als er aus dem Boot stieg, lief ihm alsbald von den Gräbern her ein Mensch entgegen mit einem unreinen Geist. Der hatte seine Wohnung in den Grabhöhlen.

Markus 5,2.3

Bibellese: Markus 5,1-21

In der unsichtbaren Welt gibt es Geister, wir nennen sie Engel, Dämonen und Teufel. Hier in der Geschichte heißt der Dämon „Legion". Laut Epheser 6 gibt es unter ihnen Mächtige und Gewaltige. Der besessene Gerasener war ruhelos, selbstzerstörerisch, gebunden, lebte in dunklen, kalten Grabhöhlen und niemand konnte ihm helfen. Bis Jesus, der starke Erlöser, kam – dann war es aus mit der Macht der Finsternis: Das Böse musste weichen, der Mensch wurde frei! So ist es bis heute.

Mit Gott erlebt ⇢ Als junger Pastor erhielt ich einen Anruf von einer Frau aus einem Nachbardorf bei Pforzheim. Sie erzählte mir, dass sie abends vor den Fenstern ihres Hauses grässliche Fratzen sah, wenn es dunkelte. Diese erschreckten sie sehr. Also fragte sie, ob ich kommen und ihr helfen könnte. Ich rief einen unserer Ältesten an und las für mich am Abend so ziemlich alle Stellen in der Bibel, die Jesus als den Sieger über alle Mächte der Finsternis beschrieben, um mich selbst zu ermutigen. Solch eine Anfrage hatte ich vorher noch nie erhalten, das war neu für mich.

Am nächsten Tag gingen wir zu der Frau, sprachen und beteten mit ihr. Anschließend gingen wir in jedes Stockwerk, beteten und geboten überall den finsteren Mächten, im Namen Jesu zu verschwinden und nie wieder zu kommen. Gespürt, gesehen oder gehört haben wir rein gar nichts. Als ich die Dame einige Zeit später anrief, teilte sie mir mit, dass diese Fratzen seither nie mehr aufgetaucht seien. Halleluja! In einem Lied heißt es: „Jesus ist kommen, der starke Erlöser, / bricht dem gewappneten Starken ins Haus, / sprenget des Feindes befestigte Schlösser, / führt die Gefangenen siegend heraus! / Fühlst du den Stärkeren, Satan, du Böser? / Jesus ist kommen, der starke Erlöser."

Jesus ist Sieger ⇢ Dämonen quälen, knechten und zerstören Menschen bis heute. Jesus macht frei von solchen Mächten, das gilt auch in unserer Zeit! Einen Befreiungsdienst sollte man aber nur mit einem Auftrag, mit Vollmacht und niemals alleine tun. Es gilt: *„So seid nun Gott untertan. Widersteht dem Teufel, so flieht er von euch"* (Jakobus 4,7). Im Namen unseres Herrn, nicht in unserem eigenen Namen, liegt die Vollmacht. Wie gut, dass wir Jesus Christus, den starken Erlöser, kennen dürfen. Er ist bei uns!

Bernd Krebs

Denn sie sagte sich: Wenn ich nur sein Gewand anrühre, so werde ich geheilt!

Markus 5,28 (SLT)

Bibellese: Markus 5,22-43

Was empfinden wir, wenn wir diesen Text über eine Frau lesen, die zwölf Jahre an Blutungen litt und dann aufgrund ihres Glaubens Heilung erfährt? Meine ersten Gedanken an ihrer Stelle wären: „Wenn diese Tage voller Schmerzen und Blut vorbei sind, bin ich froh!" Zwölf Jahre – sie tut mir echt leid.

Diese Frau erlebte nicht nur Schmerzen. Sie wurde von jedem Menschen ignoriert, nicht gewürdigt oder respektiert. Aber das war noch nicht alles. Sie hatte alles verloren, weil sie Ärzte aufgesucht hatte, die ihr helfen und sie heilen sollten. Doch diese konnten ihr nicht helfen. So hatte sie ihr Dach über dem Kopf verloren und konnte auch keinem Job nachgehen. Als Jesus dann an ihr vorbeikam, hielt sich nicht für würdig, ihn zu fragen, ob er sie heilen möge. Sie hatte weder den Mut noch den Glauben daran, dass er ihr gnädig sein könnte. Sie hatte aber den Glauben, dass es einen gibt, der sie heilen kann. Dieser eine musste Jesus sein. Ihre letzte Hoffnung legte sie in den Glauben daran, dass er genug Ausstrahlung und Kraft in seinem Gewand habe.

Heilende Kraft ⇢ Also ergriff sie sein Gewand – und wird geheilt! Ihre Plage war in diesem Moment weg. Jesus merkt, dass Kraft von ihm ausgegangen ist. Und nun lobt er diese Frau nicht nur wegen ihres Glaubens, sondern nennt sie Tochter! Diese Frau hatte jahrelang damit gelebt, verstoßen zu sein. Sie hatte sich weder geliebt noch gewollt gefühlt. Doch ihr Glaube hatte sie frei gemacht.

In welchen Lebensbereichen dürsten wir nach einer Heilung von Jesus? In unserem Herzen oder bei einem körperlichen Leiden? Liegt uns etwas schwer auf der Seele? Eine Lebenssituation, die wir nicht einfach verändern können?

Ich möchte uns zusprechen, dass Jesus uns sieht und nicht vergisst. Er ist da. Er kümmert sich um unser Leid, deine und meine Plagen und Sorgen. Vielleicht merken wir gar nichts davon, aber er ist schon an der Arbeit, denn er will das Beste für seine Kinder. Er will, dass es seiner Tochter, seinem Sohn gut geht. Wir – du und ich – sind geliebt, gewollt und erdacht von unserem himmlischen Papa, der auf uns wartet. Sehnen wir uns nach Heilung? Er sehnt sich nach uns und einer Beziehung mit uns. Vielleicht haben wir unser Wunder noch nicht erlebt, doch das bedeutet nicht, dass es nicht kommen wird. Vertrauen wir ihm!

Michelle Lago Koulouri

22
Donnerstag
FEBRUAR

Jesus aber sprach zu ihnen: Ein Prophet gilt nirgends weniger als in seinem Vaterland und bei seinen Verwandten und in seinem Hause.

Markus 6,4

Bibellese: Markus 6,1-13

Jesus predigte und lehrte in seiner Heimatstadt Nazareth. Dort war er bekannt, wurde von klein auf in seiner Familie und in der Nachbarschaft gesehen. Interessanterweise fiel er in seiner Kindheit den Menschen nicht auf, obwohl er ohne Sünde lebte. Wie hätte ich mich wohl in meiner Kindheit oder Jugendzeit verhalten, wenn ich wie Jesus ohne Sünde gewesen wäre? Hätte das nicht bemerkt werden müssen? Die Leute um Jesus herum meinten, ihn zu kennen. *„Ist der nicht der Zimmermann, Marias Sohn?"* (Vers 3). Jetzt hören sie von seinen Wundertaten und ärgern sich an ihm. Sie rechnen nicht mit den Möglichkeiten Gottes.

Wie ist das heute bei uns? ⇢ Meinen wir auch, unsere Geschwister in der Gemeinde zu kennen? Da ist der junge Mann, der schon von seiner Geburt an von seinen Eltern mit in die Gemeinde gebracht wird. Oder die Frau, die Probleme in der Ehe hat. Das Ehepaar mittleren Alters, das sich immer so eigenartig benimmt. Haben wir uns vielleicht ein Urteil gebildet über die anderen? Vielleicht sogar nur, weil uns jemand etwas über sie erzählt hat?

Da ist der junge Mann, der jetzt hingebungsvoll im Lobpreis dient, obwohl er vorher nur rebelliert hat. Kann das denn gesegnet sein? Die Frau, die früher Alkoholprobleme hatte – heute kümmert sie sich liebevoll um die Senioren in der Gemeinde. Ist dieses Wunder möglich? Da ist der Obdachlose, der sich in die Gemeinde „verirrt" hat. Beäugen wir ihn von der Seite – oder beten wir dafür, dass sein Herz Jesus und er einen festen Platz in der Gemeinde findet? Wie sehen wir einander? Halten wir uns für besser als den anderen? Für reifer? Für geistlicher? Für geheiligter? Weil wir ja schon so lange gläubig sind? Sehen wir die Möglichkeiten Gottes in unseren Mitmenschen? Sehen wir unsere Mitmenschen mit Gottes Augen? Oder ärgern wir uns an ihnen? Worauf achten wir?

In Demut ⇢ In Philipper 2,3 lesen wir: *„Tut nichts aus Eigennutz oder um eitler Ehre willen, sondern in Demut achte einer den andern höher als sich selbst."* Das gilt für Jung und Alt, für den Pastor und die Ältesten genauso wie für alle anderen Gemeindemitglieder. Wenn wir auf Jesus schauen und uns von ihm verändern lassen, lernen wir immer mehr, unseren Nächsten durch ihn zu lieben. Das wird uns helfen, das Wirken Jesu in anderen zu sehen.

Rita Kappel

Johannes aber hatte zu Herodes gesagt: Es ist nicht erlaubt, dass du die Frau deines Bruders hast.

Markus 6,18

Bibellese: Markus 6,14-29

Wer darf was sagen? Von Einfühlungsvermögen und Diplomatie schien Johannes der Täufer nicht gerade geleitet zu sein. Schon beim Taufen am Jordan nannte er die führende Elite der Juden: „Otterngezücht – Schlangenbrut!" Seine äußeren Bedingungen entwickelten sich sehr ungünstig. Johannes war nämlich Gefangener, Herodes hingegen Regent und Herrscher des Landes. *„Wenn du zu Tische sitzt mit einem hohen Herrn, so achte nur auf das, was du vor dir hast"*, lesen wir in Sprüche 23,1. Hatte nicht auch Paulus diesen Rat missachtet, als er den Hohenpriester eine *„getünchte Wand"* nannte, nachdem ihm auf dessen Befehl hin auf den Mund geschlagen worden war (Apostelgeschichte 23,3)?

Sittenlosigkeit ⇢ Die Sittenlosigkeit im Hause des Herodes Antipas nahm überhand. Sein doppelter Ehebruch mit der Frau seines Bruders erregte öffentlichen Anstoß. Vorfälle von Intrigen und Misstrauen bestimmten immer häufiger die Berichte. Es waren Entwicklungen und Schauspiele, die uns heute im Zeitalter des Kapitalismus und Individualismus auch öfters begegnen. Unter der Charakterlosigkeit des Herodes und dem tödlichen Hass der Herodias, die ängstlich und misstrauisch darauf bedacht war, ihre Macht zu sichern, wurde Johannes der Täufer das Opfer schlechthin. Das Ende dieses mutigen Mannes ist nicht gerade von sichtbarem Erfolg gekrönt. Doch es ist ein starkes Zeugnis für Jesus Christus, der selbst den Weg zum Kreuz unerschrocken ging.

Zurechtweisung in Wertschätzung ⇢ Wie können wir unserer Gesellschaft und deren Verantwortlichen in einer Zeit zunehmender Spannung und Polarisierung am besten dienen? Werte und Tugenden gehen dabei zunehmend verloren. *„Zurechtweisung dringt bei einem Verständigen tiefer ein als hundert Schläge bei einem Toren"*, heißt es in Sprüche 17,10 (ELB). Daher sind weise Berater und treue Beter, die das Wohl Ratsuchender und deren Verantwortung im Fokus haben, wichtiger denn je. Herodes suchte immer wieder bewusst die Gegenwart des Johannes. Er wusste, dass dieser ein gerechter und heiliger Mann war. Wenn er ihn gehört hatte, tat er vieles.

Zurechtweisung dringt oft da tief ein, wo sie mit Wertschätzung einhergeht. Daher: Wohl denen, die das rechte Wort zur rechten Zeit am rechten Ort freimütig sprechen.

Rolf Schmid

24
Samstag

Und als Jesus aus dem Boot trat, sah er eine große Volksmenge und wurde innerlich bewegt über sie; denn sie waren wie Schafe, die keinen Hirten haben.

Markus 6,34 (ELB)

FEBRUAR

Bibellese: Markus 6,30-44

Das Volk Israel hatte zur Zeit der Könige das Problem, dass es zunehmend selbstsüchtige Leiter gab, die sich nicht um das Volk kümmerten. Israel war wie eine Herde ohne Hirten. Die Folge solch einer egoistischen und verführerischen Leitung gegenüber dem Volk war die Verschleppung Israels nach Assyrien und Babel. Doch Gott gab eine Verheißung zur Rettung. *„Ich selbst will meine Schafe weiden, und ich selbst will sie lagern, spricht der Herr, HERR. Das Verlorene will ich suchen und das Versprengte zurückbringen, und das Gebrochene will ich verbinden, und das Kranke will ich stärken“* (Hesekiel 34,15.16).

In Jesus hat sich diese Verheißung erfüllt! Nicht für Israel alleine, sondern für die ganze Welt. Für mich und für dich. Der Grund dafür ist seine Liebe für die Schwachen und Unterdrückten, für die Verlorenen und Verirrten. Es sind seine Schafe, die niemand anderem gehören und ihn selbst innerlich bewegen. Sie will er sammeln, um jeden Preis.

Himmlisch denken ⇢ Für diese Mission setzt er Menschen ein. Menschen, die in ihm ihren Hirten gefunden haben und sich von ihm leiten lassen. Sie sollen Teilhaber seines Hirtendienstes sein und brauchen dafür seine göttliche Führung. Jesus forderte seine Jünger heraus, himmlisch zu denken, obwohl sie in dieser Welt geboren wurden. Im heutigen Abschnitt lesen wir, wie die Jünger vorschlugen, die Volksmenge zu entlassen, damit sich die Menschen etwas zu essen kaufen konnten. Doch Jesus forderte sie auf: *„Gebt ihr ihnen zu essen!“* (Vers 37). Von dieser Welt geprägt, war die beste Idee, die sie hatten, für 200 Tagelöhne (umgerechnet etwa 19 000 Euro) Essen zu kaufen. Vermutlich konnten sie sich das gar nicht leisten. Wenn Jesus uns einen Auftrag gibt, fordert er uns immer heraus, himmlisch und nicht irdisch zu denken, weil sein Reich nicht von dieser Welt ist.

Bring das, was du hast ⇢ Doch Gott fordert nicht mehr von uns, als wir bieten können. Halten wir aber nichts zurück! Wenn wir aus Liebe heraus bereit sind, durch Glauben Gott alles zu geben, wird er selbst die Lücken füllen, die wir niemals füllen können. Fünf Brote und zwei Fische können zwei Personen sättigen, doch durch Glauben hat Gott die restlichen 4998 Personen versorgt. Jesus beauftragt dich und mich und will durch uns wirken. Er selbst macht es möglich.

Sven Endörfer

Als sie ihn aber auf dem Meer wandeln sahen, meinten sie, es wäre ein Gespenst, und schrien; denn sie sahen ihn alle und erschraken.

Markus 6,49.50

Bibellese: Markus 6,45-56

Könnte uns das auch passieren? Jesus kommt unserer Lebenswelt (auch geografisch) ganz nah, er steht neben uns – und doch erkennen wir ihn nicht. Noch mehr, wir erleben etwas, das uns völlig unheimlich, fremd, falsch oder auch sündhaft vorkommt, sodass wir davor fliehen oder sogar dagegen vorgehen möchten. Und dann stellt sich heraus: Das ist Gott. Genau so ging es jedenfalls den Jüngern, die jeden Tag Zeit mit Jesus verbrachten, ihn mit eigenen Augen sehen und aus nächster Nähe erleben konnten. Jesus schickte sie mit dem Boot über den See Genezareth, auf dem sie sich mitten in der Nacht durch hohe Wellen quälten, als er – so empfanden sie es – mit dem Aussehen eines Gespenstes über das Wasser laufend an ihnen vorbeiging.

Wenn es den Jüngern so ging, dass sie Jesus nicht wiedererkannten und von seinem Handeln völlig verwirrt waren, warum sollte es mir als Nachfolger Jesu dann nicht auch mal so ergehen? Noch dazu, wo wir ja nicht zu dieser exklusiven Gruppe der Jünger gehören, die Jesus besser kennenlernen konnten als alle anderen nach ihnen.

Ein (un)bekannter Gott? ⇢ Ein komischer Gedanke: Jahrelanges Bibellesen, wöchentliche Gottesdienstbesuche mit Predigt und regelmäßige Teilnahme an einer Kleingruppe sollen nicht verhindern können, dass man am Ende in der einen oder anderen Situation doch völlig ratlos ist und sich wundert, wie Gott sich da zeigt, beziehungsweise was er da zeigt. Bleibt Gott für uns immer ein Unbekannter? Nein, dem würde ich widersprechen. Denn auch diese Geschichte zeigt: Jesus möchte sich ja bekannt machen. Aber Gott bleibt doch – und das sollten wir eben auch nicht vergessen – für uns nicht durchschaubar. Sein Handeln ist für uns nicht vorhersehbar und sein Wesen nicht bis ins Letzte greifbar.

Wäre für einen Gott ja auch irgendwie erbärmlich und für unsere Beziehung zu ihm schrecklich. Ich möchte mir gar nicht ausmalen, wie eintönig etwa die Beziehung zu meiner Frau wäre, wenn wir uns überhaupt nicht mehr überraschen und erstaunen könnten. Wie gut, dass Gott für uns undurchschaubar und nicht bis ins Letzte greifbar bleibt.

Timo Bückle

26
Montag
FEBRUAR

Ihr verlasst Gottes Gebot und haltet an der Überlieferung der Menschen fest.

Markus 7,8

Bibellese: Markus 7,1-13

Gut gemeint – schlecht gemacht. Wieder so eine Pharisäergeschichte … gut, dass wir nicht so religiös und gesetzlich sind.

Achtung! ⇢ Denn wenn Jesus mit den Pharisäern spricht, spricht er mit Gläubigen, die Gottes Eingreifen und Handeln in dieser Welt erwarten. Die sein Wort ernst nehmen, an die Auferstehung nach dem Tod glauben und in ihrem alltäglichen Leben stets in Verbindung mit Gott und zu seiner Ehre leben möchten. Sie waren die Gruppe im jüdischen Glauben, der Jesus am nächsten stand – weshalb er auch mit ihnen am härtesten ins Gericht ging. Die Pharisäer waren die wirklich Frommen und Gläubigen der damaligen Zeit. Diejenigen, die es wirklich mit ihrem Glauben meinten – genauso wie wir heute. Immer dann, wenn wir also in der Bibel lesen, dass Jesus mit den Pharisäern gesprochen hat, sind wir aufgefordert, besonders genau hinzuhören. Denn da geht es auch um uns!

Die Frommen in diesem Text sind überrascht. Sie wundern sich, dass Jesus und seine Jünger nicht so handeln, wie es der frommen Tradition entspricht. Die altbewährt und hilfreich ist, das Leben nach Gottes Willen zu führen. Als sie Jesus darauf ansprechen, antwortet dieser, indem er aus dem Buch Jesaja zitiert: *„Dies Volk ehrt mich mit den Lippen, aber ihr Herz ist fern von mir. Vergeblich dienen sie mir, weil sie lehren solche Lehren, die nichts sind als Menschengebote“* (Verse 6.7). Jesus macht deutlich, wie er das meint, indem er aufzeigt, wie eines der Zehn Gebote und damit der Grundprinzipien seines Willens aufgrund solcher frommen Regeln ad absurdum geführt wird. Seine Kritik lautet: „Das Drumherum ist euch wichtiger geworden als das, worum es wirklich geht!“

Kritische Fragen ⇢ Wie ist das eigentlich bei uns? Insbesondere, wenn wir bedenken, dass eines der zwei wichtigsten Prinzipien Gottes lautet: „Liebe deinen Nächsten wie dich selbst“? Wie oft hängen wir allzu viel an unser frommes Programm und an unsere menschlichen Gebote und vergessen vielleicht, worum es Jesus eigentlich ging?

Timo Bückle

Sondern was aus dem Menschen herauskommt, das ist's, was den Menschen unrein macht.

Markus 7,15

Bibellese: Markus 7,14-23

Die Pharisäer legten das Wort *„unrein"* so aus, dass diese oder jene Speise oder Handlung unrein ist. Jesus macht hier die revolutionäre Aussage, dass nicht das, was in den Mund eines Menschen hineingeht, ihn unrein macht (wie das Essen mit ungewaschenen Händen). Sondern das, was aus dem Mund herauskommt. Sogar die Jünger wunderten sich über diese Aussage. Sie hatten gelernt, dass bestimmte Speisen unrein seien und sie durch das Essen solcher Speisen unrein werden. Doch Jesus sagt hier klar und deutlich: „Das Herz des Menschen ist die Quelle der Verunreinigung."

Das Denken der Pharisäer hat sich bis in unsere moderne Zeit gehalten. In vielen Frei- und Landeskirchen wird auf äußere Vorschriften und Gesetze großen Wert gelegt. Wie viel Streit gab oder gibt es über den Musikstil oder bestimmte Instrumente. Ich bin sehr froh, dass der Herr Jesus die Quelle der Unreinheit ganz klar beim Namen nennt. Hier muss unsere ernsthafte Selbstprüfung beginnen.

Gottes Wort ist der Maßstab ⇢ Jesus spricht zuerst die bösen Gedanken an. Ich meine, da müssen wir alle Buße tun. Doch Jesus geht noch weiter, nennt unter anderem Ehebruch und Zügellosigkeit. Die Frage ist, wie ernst wir Gottes Wort nehmen. Ehebruch, Scheidung und auch der voreheliche Geschlechtsverkehr gelten bei vielen in der Gesellschaft als normal. Wie sieht das in der Gemeinde aus? Jesus bezeichnet das als Unzucht.

Bei den Aufzählungen kommt Mord erst an vierter Stelle, den wir rein gefühlsmäßig vermutlich an die erste Stelle setzen würden. Aber noch vieles mehr kann aus unseren Herzen herauskommen: Neid, Habsucht, Bosheit, Lästerung, Arglist und Hochmut. Auch manche fromm erscheinende Handlung kann mehr Böses als Gutes tun. Wenn in Israel etwa der Sohn zu den Eltern sagte: *„Korban, das heißt, Opfergabe, soll sein, was dir von mir zusteht"* (Vers 11). Für die Eltern hieß das, dass sie unversorgt waren. Der Herr Jesus tadelt solch ein Verhalten als eine Aufhebung des Wortes Gottes.

Doch auch in unserer Zeit halten viele Christen an unguten Traditionen fest. Eine wichtige Lehre dieses Abschnittes ist daher, dass wir immer alle Lehre – und auch alle Tradition – am Wort Gottes prüfen müssen. Der Heilige Geist möge uns in jeder Hinsicht in alle Wahrheit führen und leiten.

Georg Kämpgen

28
Mittwoch

Und sie wunderten sich über die Maßen und sprachen: Er hat alles wohl gemacht; die Tauben macht er hörend und die Sprachlosen redend.

Markus 7,37

FEBRUAR

Bibellese: Markus 7,24-37

In der heutigen Bibellese sehen wir an den Wundern, die Jesus tut, dass ihm alle Macht und Gewalt gegeben ist. Er verlässt Galiläa und begibt sich nach Norden in ein ausgesprochen heidnisches Gebiet nach Phönizien. Eine Frau geht auf Jesus zu, fällt vor ihm nieder und bittet ihn, ihre Tochter von einem unreinen Geist zu befreien. Der Herr Jesus gibt ihr eine für uns harte und unverständliche Antwort: *„Lass zuvor die Kinder satt werden; denn es ist nicht recht, dass man den Kindern das Brot nehme und werfe es vor die Hunde"* (Vers 27).

„Um dieses Wortes willen ..." ⇢ Obwohl Jesus sich auf heidnischem Territorium befindet, vertritt er den zeitlichen Vorrang Israels, indem er den Heilsplan erklärt: Zuerst soll das Heil zu den Juden kommen. Aber der Ausdruck *„Hunde"* ist gewiss abfällig, obwohl es im Griechischen auch Schoßhund heißen kann. Die Frau ist jedoch nicht beleidigt, sondern gibt eine weise Antwort: *„Herr, aber doch essen die Hunde unter dem Tisch von den Brosamen der Kinder"* (Vers 28). Jesus belohnt ihren Glauben und sagt sofort: *„Um dieses Wortes willen geh hin, der Dämon ist aus deiner Tochter ausgefahren"* (Vers 29). Letztendlich erbarmt sich Jesus und befreit die Tochter. Sein Erbarmen, seine Barmherzigkeit und Liebe überwiegen alles. Als die Frau nach Hause kommt, hat der unreine Geist ihre Tochter verlassen.

Das nächste Wunder ⇢ Jesus verlässt das Gebiet von Tyros und kommt durch Sidon an das Galiläische Meer. Sofort bringen sie wieder Kranke zu ihm. Diesmal ist es ein Taubstummer. Sie bitten ihn, dass er ihm die Hände auflege. Er legt seine Finger in die Ohren des Taubstummen und berührt die Zunge mit seinem Speichel. Vielleicht war es für einige, die das sahen, befremdlich, aber bei Jesus gibt es keine bestimmte Norm. Seine Heilung ist immer individuell. Er seufzte und sagte zu dem Taubstummen: *„Hefata!", das heißt: „Tu dich auf!"* (Vers 34). Sogleich konnte der Mann reden und hören. Jesus wollte nicht, dass sie überall erzählen, was er getan hat. Aber genau das Gegenteil traf ein. Seine Wunder und Zeichen waren so spektakulär, dass er überall, wo auftrat, sofort bedrängt wurde.

Auch wir dürfen glaubend erwarten, dass er noch derselbe ist. Denn Jesus rettet, heilt und befreit auch heute noch.

Georg Kämpgen

Und er fragte sie: Wie viele Brote habt ihr? Sie sprachen: Sieben.

Markus 8,5

29
Donnerstag

Bibellese: Markus 8,1-26

FEBRUAR

Das tägliche Brot: Beim Bundescamp der Royal Rangers in Deutschland im Juli 2022 erwartete man insgesamt etwa 20 000 Personen. Jeder, der selbst einmal auf solch einem Camp war, ist sich dessen bewusst, wie enorm wichtig gerade dieser Punkt ist: Wer sich den ganzen Tag körperlich an der frischen Luft betätigt, ist schlicht und einfach hungrig! Aber wie viel an Essen und Trinken pro Tag benötigt eigentlich der Einzelne?

Dazu gibt es viele unterschiedliche Quellen. Fest stehen aber ungefähr 2000 kcal (das entspricht ca. 400 bis 550 Gramm Nahrung) und 2 bis 3 Liter Flüssigkeit pro Tag für einen Erwachsenen. Hochgerechnet auf 20 000 Menschen bedeutet das einen Mittelwert von etwa 10 000 kg an fester Nahrung und 50 000 Liter Flüssigkeit täglich. Zusammengerechnet ergibt das ein Transportgut von 60 000 kg. Das wiederum entspricht 3 Sattelzugladungen mit einer Länge von 18,75 Metern, einer Breite von 2,50 Metern, einer Höhe von 4 Metern und einem zulässigen Gesamtgewicht von 3 mal 40 Tonnen. Einfach ausgedrückt: gigantisch viel!

„Wie viele Brote habt ihr?" ⇢ Nun haben wir es in unserer heutigen Bibelstelle zwar „nur" mit 4000 erwachsenen Männern (die Frauen und Kinder noch nicht dazugerechnet) zu tun. Aber allein das würde schon einen großen dreiachsigen Lastkraftwagen mit 26 Tonnen Gesamtgewicht bedeuten. Im Vergleich zu dieser Menge war das, was Jesus und den Jüngern hier zur Verfügung stand, im Grunde *gar nichts*: sieben Brote und ein paar Fische. Dennoch nahm Jesus dieses *Nichts* dankbar an, brach das Brot, ließ es zusammen mit den Fischen in der hungrigen Menge verteilen – und behielt am Ende sieben Körbe voller Brocken übrig.

Jesus nimmt unser Nichts und verwandelt es in Überfluss ⇢ Immer wieder finde ich dieses Prinzip im Wort Gottes: Es kommt nicht auf mein eigenes Können, mein eigenes Vermögen an. Nein, ich darf Gott das wenige, das ich habe, bringen, und er macht etwas Unerwartetes daraus. Zu meinem Unvermögen fügt er sein Vermögen hinzu. Was dabei herauskommt? Nichts, was ich mathematisch errechnen und bestimmen könnte. Nein, sein Vermögen ist so viel mehr. Es geht weit über das hinaus, was ich tatsächlich brauche. Also geben wir heute Jesus unser *Nichts* und sehen wir zu, wie viel er damit bewirken kann!

Heinz Dockter

Alles ist möglich für den, der glaubt.

Markus 9,23 (NLB)

Wer sich aber meiner und meiner Worte schämt unter diesem ehebrecherischen und sündigen Geschlecht, dessen wird sich auch der Menschensohn schämen.

Markus 8,38

Bibellese: Markus 8,27-38

Wer sich der Worte Jesu schämt, hat ein Problem, denn Jesus hat uns zum freimütigen Bekennen berufen. Scham, laut Lexikon mit Scheu und Schande wortverwandt, raubt uns in jeder Hinsicht Lebensqualität.

Als junger Christ hatte ich eine regelrechte Blockade der Scham. Ich konnte vor Menschen meinen Glauben nicht frei bekennen. Ebenso konnte ich auch über andere Themen bei Menschenansammlungen nur mit Herzklopfen und Schamröte sprechen. Meine Menschenfurcht änderte sich erst, als für mich gebetet wurde und ich auf einer Jugendkonferenz erstmals per Mikrofon meinen Glauben bezeugte. Danach erschloss sich mir Schritt für Schritt diese Freiheit: *„Ich schäme mich des Evangeliums von Christus nicht; denn es ist eine Kraft Gottes, die selig macht alle, die glauben“* (Römer 1,16). Auch heute muss ich mir einen kleinen innerlichen Ruck geben, aber immer wieder erreicht mich dann die Kraft Gottes.

Scham überwinden ⇢ Ein Problem, seinen Glauben zu bekennen, hatte auch Jack Wyrtzen, der Gründer von Word of Life Fellowship. Vor seiner Bekehrung lebte er als Bandleader in einer Beziehung mit einer jungen Frau. Ihm wurde klar, dass er seiner Geliebten seine Lebensübergabe an Jesus bezeugen musste – mit der möglichen Konsequenz einer Trennung. Jack schämte sich nicht, und als er seiner Jugendliebe seinen Glauben bezeugte, gab es ein unerwartetes Happy End: Auch sie hatte, unabhängig von Jack, Jesus angenommen und wollte ihre unbiblische Beziehung ebenfalls beenden. Beide lebten fortan mit Jesus und wurden mit fünf Kindern und einem erfüllten Leben gesegnet. Wer mit Jesu Hilfe seine Scham überwindet, darf Gottes Kraft erleben.

Vergebung erfahren ⇢ Wer sich vor Gott schämt, weil er etwas Falsches gemacht hat, kann Jesus um Vergebung bitten. In einem Liedtext heißt es: „Jesus, der Herr der Zeiten, verließ den Himmel, nahm auf sich meine Scham und Schuld; das Kreuz bezeugt es, mir ist vergeben.“ Sich jahrelang wegen seines fehlerhaften Verhaltens zu schämen, entspricht nicht der Bibel. Auch wenn wir uns dauerhaft für andere Menschen schämen, haben wir ein Problem. Wir können jedoch all unsere Schamgefühle zu Jesus bringen, um die Kraft Gottes neu zu erleben und frei zu werden.

Heinz Egleder

2
Samstag

Und sie behielten das Wort und befragten sich untereinander: Was ist das, auferstehen von den Toten?

Markus 9,10

MÄRZ

Bibellese: Markus 9,1-13

Auferstehung – wer daran nicht recht glauben kann, ist zu bedauern. „*Hoffen wir allein in diesem Leben auf Christus*", argumentiert Paulus, „*so sind wir die elendsten unter allen Menschen. Nun aber ist Christus auferweckt von den Toten*" (1. Korinther 15,19.20). Totenauferstehung ist nicht mit den Naturgesetzen und unserem Verstand zu erklären, wir müssen es glauben. Lebensumstände können diesen Glauben jedoch ins Wanken bringen: Ein junger Pastor konnte lange nicht über Auferstehung predigen, weil ein geliebter Mensch trotz aller Heilungsgebete verstorben war. Ein Mittachtziger verlor seinen Glauben, als zwei seiner Kinder und seine Frau hintereinander starben.

Was heißt Auferstehung? ⇢ Ist sie gleichzusetzen mit der Wiederherstellung von Todkranken oder Toten, denen Gott eine weitere Lebenspanne schenkt? Wir denken etwa an Hiskia oder Lazarus; diese lebten in ihrer Körperlichkeit noch einige Jahre und starben dann aber doch. Nein, die Auferstehung, an die wir glauben, schenkt uns ein ewiges Leben mit einem neuen Auferstehungsleib. Beim Tod geliebter Menschen hilft unser Glaube, dass sie nun bei Gott im Himmel sind. Das wollen wir uns durch Zweifel nicht rauben lassen. Wenn uns Nahestehende oder wir selbst mit dem Tod ringen, ist unser Glaube an Jesus, die personifizierte Auferstehung, der Sieg in diesen schwersten Stunden des Lebens.

Der Trost der Auferstehung ⇢ Die Bibel ist voll davon. Aber ansprechende Predigten darüber habe ich kaum gehört, bis auf eine in England. In London sprach eine Sechzehnjährige auf einer Kiste in der „Ecke der Redner" (Speakers' Corner) im Hydepark freudestrahlend über die Auferstehung und das ewige Leben. „Ich weiß, wovon ich rede", sagte sie. „Wir haben heute meine Mutter beerdigt, und sie ist jetzt bei Jesus in der Ewigkeit." Diese authentische Kurzpredigt über die Auferstehung begleitet mich seither. Als ich später am Grab meiner viel zu früh verstorbenen jüngeren Schwester stand, erlebte ich, wie meine Traurigkeit der Freude der Auferstehung wich. Welch ein Trost: Christen werden auferstehen zum Leben. Denn Christus ist wahrhaftig auferstanden!

Heinz Egleder

Wenn du aber etwas kannst, so erbarme dich unser und hilf uns! Jesus aber sprach zu ihm: Du sagst: Wenn du kannst! Alle Dinge sind möglich dem, der da glaubt.

Markus 9,22.23

Bibellese: Markus 9,14-29

Wieder einmal hat mich die Reaktion von Jesus überrascht: *„O du ungläubiges Geschlecht, wie lange soll ich bei euch sein? Wie lange soll ich euch ertragen?“*, fährt er die Jünger an (Vers 19). Ich hätte da schon ein wenig mehr Geduld erwartet, etwas mehr Einfühlungsvermögen auf das eben erlebte Scheitern der Jünger. Vielleicht mit Worten wie: „Kopf hoch, beim nächsten Mal bekommt ihr es bestimmt hin!“ Oder: „Nur Mut, gebt nicht auf!“ Doch Jesus scheint hier die Geduld zu verlieren. Aber warum?

Teamspiel: Gebet und Glaube ⇢ Ich denke, Jesus ging es nicht darum, auf das Versagen der Jünger hinzuweisen. Vielmehr ist es ihm ein Anliegen, auf die enorme Bedeutung von Glauben und Gebet aufmerksam zu machen. Denn nur dort, wo wir Gott Raum geben – also im Gebet vor ihn treten – kann das Vertrauen an ihn als den allmächtig Handelnden wachsen. Im Gebet darf ich meinen Zweifeln Luft machen, meinem Gott ganz ehrlich begegnen und seinem Reden lauschen. So erwächst aus dem Gebet der Glaube und dieser wiederum führt mich ins Gebet.

Eine Lektion für mich und die Jünger ⇢ Leider muss ich in meinem Leben immer wieder feststellen, dass die Worte Jesu: *„Alle Dinge sind möglich dem, der da glaubt“* nicht ganz so einfach umzusetzen sind, wie ich es mir wünschen würde. Da ist die Ehe eines befreundeten Paares, die trotz aller Gebete und Therapien kurz vor dem Zerbruch steht. Da ist der Krebskranke aus der Gemeinde, der trotz aller Gebete nicht gesund wird. Oder die Mutter, die ihr Kind im Mutterleib verliert – trotz aller Gebete und Segnungen, die über es ausgesprochen wurden. Da kommt schnell die Frage auf: Ist der Glaube zu schwach und sind meine Gebete nicht genug?

Beim Glauben und Gebet geht es nicht um eine Darbietung meiner Leistung. Es geht vielmehr darum, weg von mir sowie meinen Wünschen und Vorstellungen zu schauen (so nobel sie auch sind) und aufzublicken zu meinem Gott, dem alle Dinge möglich sind. Im anhaltenden Gebet lege ich das Unmögliche in *seine* Hand und im Glauben überlasse ich *ihm* das Handeln. Das darf uns Zuversicht und Hoffnung geben, auch dann, wenn das Gebet unerhört scheint und Gottes Handeln für mich unbegreiflich ist. Wenn wir lernen, ihm in allem zu vertrauen, wird uns sein Friede erfüllen und durch alles begleiten – auch heute!

Christian-Jonathan Lehne

4
Montag
MÄRZ

Sie aber schwiegen; denn sie hatten auf dem Weg miteinander besprochen, wer der Größte sei.

Markus 9,34

Bibellese: Markus 9,30-37

Schon von Weitem höre ich erregte Stimmen. Ich kann den Wortlaut nicht verstehen, aber die Stimmlage verheißt: Hier tobt ein Orkan. Es ist heiß und es herrscht eine hohe Luftfeuchtigkeit, der Himmel sieht nach Regen aus, hier im Regenwald von Afrika. Woher nehmen diese Menschen die Kraft, so zu streiten? Als ich näher komme, höre ich, worum es geht. Zwei junge Männer streiten, während ein anderer, der Fahrer eines Minitransporters, versucht, zu vermitteln. Der eine Mann ist Farmarbeiter, er hat Kakao geerntet und den Fahrer des Minitransporters beauftragt, die Ware abzutransportieren. Der andere, ein älterer Bruder des Farmarbeiters, regt sich auf, weil aus seiner Sicht nur er das Recht hat, den Fahrer für den Abtransport der Ware zu bestellen.

„Ich bin der Ältere und du musst mich fragen!“, schrie er. Der Farmarbeiter schrie zurück: „Ich kenne die Arbeitsabläufe und weiß, was zu tun ist!“ Beide verschwendeten viel Energie und Zeit in einen sinnlosen Streit. Das eigentliche Ziel war aus den Augen verloren, nur die Verteidigung des Titels „Ich bin der Größte“ im Sinn. Anstatt gemeinsam dafür zu sorgen, dass die Arbeit reibungslos läuft.

Freiwillig Diener sein ⇢ Hier im Bibelabschnitt ging es auch darum, wer der Größte wäre. Ja, die Menschheit hat bis heute nichts aus diesem Rangstreit gelernt. Leider auch die Christenheit nicht. In den Jahren, nachdem Jesus zu seinem Vater in den Himmel zurückkehrte und die ersten Gemeinden gegründet wurden, gab es viel Streit. „Ich bin der Größte, ich habe recht.“ Wie viele Trennungen unter Christen hat es seitdem gegeben? Trennungen, wo es eigentlich nur um Rangstreitigkeiten ging. Trennungen, die letztendlich die Christenheit schwächen. Jesus erklärt es hier ganz einfach, sodass *jeder* verstehen kann, was es heißt, der Größte zu sein: *„Wenn jemand will der Erste sein, der soll der Letzte sein von allen und aller Diener“* (Vers 35).

Wann waren wir freiwillig die Letzten in einer Reihe? Haben wir heute schon jemandem gedient? Und nicht nur den von uns Ausgewählten? Nicht nur da, wo es uns einen Vorteil beschert? Prüfen wir uns vor Gott. Oder müssen wir schweigen wie Jünger, die auch nichts zu sagen wussten? Lernen wir von Jesus! Das ist der Segensweg. Bei ihm erhalten wir Segen und können so ein Segen für andere werden.

Dr. Kingsley Arthur

Das Salz ist gut; wenn aber das Salz nicht mehr salzt, womit werdet ihr's würzen? Habt Salz bei euch und habt Frieden untereinander!

Markus 9,50

Bibellese: Markus 9,38-50

Salz ist nicht nur zum Essen da. Es ist lebenswichtig und wird verwendet, um zu reinigen, zu konservieren, zu würzen. Ohne Salz hätten wir ein armes Leben. Auch im geistlichen Sinn. Ohne Salz ist es schwer, dem Evangelium die richtige Würze zu geben. Ist das Salz kraftlos, erreichen wir die Menschen nicht mit der guten Botschaft. Wie eine Suppe ohne Salz fade ist, so ein Evangelium, das ohne Würze gebracht wird. Gott möchte, dass wir wie das Salz einen reinigenden, lebenswichtigen Einfluss in dieser Welt ausüben. Darüber hinaus sollen wir das Evangelium erhalten, konservieren.

Frieden → Genauso ist es mit dem Frieden. Ist es nicht furchtbar: Jeden Tag überfluten uns Nachrichten von Krieg und Leid. Streit in Familien, Ehen. Wir sehnen uns nach Frieden. In Johannes 14,27 steht: *„Frieden lasse ich euch, meinen Frieden gebe ich euch. Nicht gebe ich euch, wie die Welt gibt. Euer Herz erschrecke nicht und fürchte sich nicht."*

Das ist es: Gott gibt uns Frieden, seinen Frieden. Je inniger wir in Beziehung mit ihm sind, desto mehr Auswirkung hat das auf unser Leben, aber auch auf das Leben und Wirken der Menschen um uns her. Gott traut uns zu, wichtige Lebensaufgaben in dieser Welt auszuüben. Salz und Licht sollen wir sein, Frieden untereinander haben. Wie kann man in der Dunkelheit überleben, wie ohne Frieden, wie ohne Salz?

Was kann ich tun? → Oft erlebe ich, dass Christen ihre Verantwortung immer wieder von sich weglenken. „Satan ist schuld! Wir leben in der Endzeit. Die Menschen sind böse. Deshalb wirkt alles nicht mehr so, wie es soll. Die Menschen wollen das Evangelium nicht. Was kann ich da noch tun?" Diese Situation ist allerdings nicht neu. Die Menschen haben Jesus früher abgelehnt und tun es auch noch heute. Trotzdem bleibt es an uns persönlich, Salz zu haben und Frieden untereinander.

Das ist ein ständiger Prozess. Sind wir in enger Beziehung zu Gott, ist es unser tägliches Bestreben, ihm ähnlicher zu werden? Dann werden wir erleben, dass wir nicht erschrecken und keine Angst haben. Wir sind geborgen, beschützt, geliebt von ihm. Ich möchte uns heute ermutigen, wieder neu in dem Bewusstsein zu leben, wie es in Psalm 34,9 steht: *„Schmecket und sehet, wie freundlich der HERR ist."* Festigen wir unsere Beziehung zu Gott. Wir können gleich damit beginnen.

Dr. Kingsley Arthur

6
Mittwoch

Was nun Gott zusammengefügt hat, soll der Mensch nicht scheiden.

Markus 10,9

MÄRZ

Bibellese: Markus 10,1-16

Manche denken ja, der bekannteste Bibelvers sei Johannes 3,16. Ich meine jedoch, dass der heutige Vers noch bekannter sein könnte. Wie viele Filme mit Hochzeitsszenen wurden gedreht und in fast jedem davon wird dieser Vers zitiert? Er wurde inzwischen wohl schon so oft gesagt, dass ihn offenbar kaum mehr jemand ernst nimmt. In Deutschland werden ungefähr 40 Prozent aller Ehen geschieden. Auch unter Christen ist eine Scheidung längst keine Seltenheit mehr. Liegt das daran, dass viele Menschen im Laufe ihrer Ehe feststellen, dass sie sich geirrt haben und die Ehe doch gar nicht von Gott zusammengefügt war?

Unter seinem Schutz ⇢ Man kann sich schon fragen, ob jede Ehe, die geschlossen wird, auch von Gott gewollt ist. Aber sinnvollerweise tut man das, bevor man heiratet. Jesus meint an dieser Stelle nicht, dass wir unsere Ehen auf den Prüfstand stellen sollen, ob sie wirklich von Gott so gewollt waren. Es hört sich in diesem Abschnitt eher danach an, dass zwei Menschen beschließen, ein gemeinsames Leben zu führen und Gott aus ihnen dann *„ein Fleisch"* macht (Vers 8). So steht eigentlich jede Ehe unter seinem Schutz, auch wenn er vorher gar nicht um Rat gefragt wurde.

Kann es denn wirklich sein, dass Gott etwas tut, weil zwei Menschen etwas beschlossen haben? Ganz abwegig ist der Gedanke nicht. Es hat mich schon immer fasziniert, dass zwei Menschen beschließen, sexuell intim zu werden, und Gott dabei nicht nur ein neues Leben entstehen lässt, sondern mit unserer Seele und unserem Geist noch eine Komponente beisteuert, die biologisch nicht wirklich erklärt werden kann.

Der Schlüssel zu einer glücklichen Ehe ⇢ Ich verstehe Jesus in diesem Abschnitt so, dass er uns den vielleicht bequemen Ausweg einer Scheidung bewusst verbaut. Er verbietet ihn nicht grundsätzlich. Aber er macht klar, dass Gottes Plan mit der Ehe eigentlich ein anderer war und ist. Eine Ehe kann wunderschön sein. Sie kann aber auch sehr anstrengend sein. Das sind keine Gegensätze, die sich ausschließen, denn dasselbe kann man auch von Bergwanderungen sagen. Ich möchte uns also Mut machen, in unsere Ehen zu investieren und von Gott die Kraft und die Kreativität dafür zu erbitten. Der Schlüssel zu einer glücklichen Ehe ist nicht, den richtigen Partner zu finden, sondern mit dem Partner richtig umzugehen.

Dr. Wolfgang Hutter

Und Jesus sah um sich und sprach zu seinen Jüngern: Wie schwer werden die Reichen in das Reich Gottes kommen!

Markus 10,23

Bibellese: Markus 10,17-34

„Wie gut, dass ich nicht reich bin", höre ich da schon einige sagen. Aber ganz so billig kommen wir nicht davon. Im weltweiten und historischen Vergleich ist vermutlich jeder von uns reich. Und Jesus geht es hier nicht um Einkommensgrenzen oder Freibeträge. Hier geht es um Einfluss und Prioritäten. Was beeinflusst meine Gedanken und Entscheidungen? Was steht in meinem Leben ganz oben? Jesus ist der Ansicht, dass Reichtum auf dem Weg in das Reich Gottes ein nicht zu unterschätzendes Hindernis darstellt.

Ich erinnere mich noch sehr gut an einen Missionseinsatz, den wir 1991 in Bulgarien machten. Wir waren in Familien untergebracht, die sich über Wochen von ihrem kärglichen Auskommen Lebensmittel abgespart hatten, um uns ein reichhaltiges Mahl bereiten zu können. Vielleicht haben auch andere schon ähnliche Erfahrungen gemacht: Je ärmer die Menschen sind, desto herzlicher ist oft die Gastfreundschaft. Und auch wenn wir in die weltweite Christenheit schauen, stellen wir fest, dass geistliches Wachstum und geistliche Durchschlagskraft offenbar in den ärmeren Regionen dieser Welt eher vorhanden sind als hier bei uns im reichen Westen oder Norden.

Haben wir das Geld oder hat das Geld uns? → Reichtum macht uns weniger abhängig von Gott und irgendwie auch bequemer. Das liegt, wenn man genau hinschaut, nicht am Reichtum selbst. Es gibt sehr reiche Menschen, die geistlich höchst aktiv sind und eine sehr enge Verbindung zu Gott pflegen. Es liegt daran, wie wir mit dem Reichtum umgehen. Haben wir das Geld – oder hat das Geld uns? Wenn wir wissen wollen, wie es bei uns aussieht, stellen wir uns einmal vor, Jesus hätte diesen Satz nicht zu dem Mann aus Markus 10 gesagt, sondern würde ihn heute zu dir und mir sagen: *„Verkaufe alles, was du hast, und gib's den Armen"* (Vers 21). Das ist ziemlich herausfordernd, finde ich. Aber wenn Jesus mich erkauft hat, wem gehört dann mein Reichtum?

Wir sind letztlich nur Verwalter dessen, was Gott uns anvertraut. Eine gute Übung dazu ist es, den Zehnten zu geben – auch und gerade dann, wenn man denkt, man könne sich das nicht leisten. Was Besitz angeht, bin ich noch lange nicht am Ziel angekommen. Aber ich möchte mein Herz nicht daran hängen und mich stattdessen auf das ausrichten, was Gottes Reich fördert. Bist du auf diesem Weg dabei?

Dr. Wolfgang Hutter

8
Freitag

Und viele fuhren ihn an, er sollte schweigen. Er aber schrie noch viel mehr: Du Sohn Davids, erbarme dich meiner!

Markus 10,48

MÄRZ

Bibellese: Markus 10,35-52

Bartimäus war blind, wahrscheinlich schon von Geburt an der „Blinde" unter den Söhnen des Timäus. Einen Beruf konnte er nicht erlernen. Trotzdem hatte er es noch einigermaßen gut getroffen, wenn man das so sagen kann. Die Juden waren durch das mosaische Gesetz angewiesen, den Armen und Bedürftigen zu helfen. So hatte Bartimäus wenigstens die Chance, sich durch Betteln über Wasser halten zu können. Sein Stammplatz war in der Nähe des Tors von Jericho, einer Stadt, die wegen ihres angenehmen Klimas geschätzt wurde. Viele Priester hatten in dieser Stadt ihren Alterssitz genommen und nicht wenige Kaufleute zogen immer wieder nach Jericho, um dort Umsatz zu machen.

Bedürftig ⇢ Eines Tages hörte Bartimäus eine Masse von Menschen durch das Tor kommen. Er fragte einen anderen, vielleicht auch einen Bettler, und bekam zur Antwort, dass da Jesus von Nazareth käme. Auf einmal war Bartimäus mit seiner Situation nicht mehr zufrieden. Wenn das der Messias war, dann gab es eine Chance für ihn, den Bettler, denjenigen, der am Rand der Gesellschaft stand. Vielleicht musste er mit sich kämpfen, diese gute und gesicherte Stelle aufzugeben, das, was so vertraut war. Wie wäre das überhaupt, wenn er auf einmal alles sehen könnte? War das überhaupt erstrebenswert? Letztendlich aber siegte sein Glaube und er fing an, zu schreien. Damit gab er seine Not klar zu erkennen. Er nahm es in Kauf, dass die Menschen ihn schief anschauten, dass sie ihn nicht verstanden, ja, dass sie ihn sogar bedrohten. Er gab vor sich und allen Umstehenden zu: „Ich bin bedürftig! Ich brauche Hilfe!"

Wie sieht es bei uns aus? ⇢ Vermutlich ist niemand von uns gezwungen, am Straßenrand um Geld zu betteln. Aber geben wir ehrlich vor Gott zu, dass wir in manchen Punkten bedürftig sind, dass wir Mangel haben? Wie sieht unser geistliches Leben aus? Kann ich mich über Gottes Gnade und Güte in meinem Leben noch begeistern? Ist es mir ein Anliegen, ihn immer besser kennenzulernen, ihm im Gebet zu begegnen? Bin ich bereit, ein „Bettler im Geist" zu sein (vergleiche Matthäus 5,3)?

Gott ist von meiner Ehrlichkeit weder überrascht noch überfordert. Im Gegenteil – er freut sich, wenn wir als seine Kinder mit all unseren Anliegen zu ihm kommen. Gerade auch heute!

Andrea-Mara Massar

....

Und viele breiteten ihre Kleider auf den Weg, andere aber grüne Zweige, die sie auf den Feldern abgehauen hatten.

Markus 11,8

9
Samstag

MÄRZ

Bibellese: Markus 11,1-10

Wenn wir in den Text hineinschauen, kann man hier drei Gruppen von Menschen entdecken, die unterschiedlich auf Jesus reagierten. Da ist zum einen das Volk. Sie jubelten Jesus zu und steckten sich in ihrer Begeisterung gegenseitig an. Sie hatten von den Heilungen und Wundertaten gehört und hatten so ihre Erwartungen an einen wirklichen, echten König in Israel. Als Erstes würde er die Römer aus dem Land werfen. Dann würde er Herodes absetzen. Und dann würde er dafür sorgen, dass es allen gut geht und Israel wieder Bedeutung hat wie zur Zeit des Königs Davids.

Zum anderen sind da auch die Pharisäer, die zähneknirschend feststellen, dass für den Moment die ganze Welt Jesus nachläuft. Sie haben für sich schon festgelegt, wer dieser Jesus ist. Er ist ihnen unangenehm, weil er sie und ihre Herzenshaltung infrage stellt. Deswegen muss er weg, muss er beseitigt werden. Die Lösung ihre Probleme heißt nicht die Veränderung ihres Herzens, sondern den Fragesteller zu beseitigen, letztendlich Gott mundtot zu machen.

Und dann sind da noch die Jünger, die mitgehen. Sie begleiten ihren Herrn überall hin, und sei es eben nach Jerusalem, auch wenn es gefährlich werden könnte.

Jesus – König unserer Herzen ⇢ Jesus wollte nie Herrscher von Palästina – sprich Israel – werden. Diese Erwartung enttäuschte er. Er ist der ewige König aller Könige und herrscht über die ganze Erde. Er will der König unseres Herzens sein. Aber ist Jesus nur dann mein König, wenn er tut, was ich will? Die Menge des Volkes hatte da konkrete Erwartungen. Gebe ich viel auf die Meinung und Erlebnisse der anderen? Haben wir uns vielleicht auch schon unser Urteil gebildet, so wie die Pharisäer? Oder folgen wir Jesus nach, weil wir es wissen und erlebt haben: Das ist das Beste für unser Leben? Manches können wir uns (und anderen) nicht erklären und vieles verstehen wir erst hinterher.

Ich habe mich entschieden, Jesus Christus nachzufolgen und so zu leben, dass Gottes Reich in meinem Leben sichtbar werden und sein Wille in meinem Leben geschehen kann. Jesus ist der König meines Herzens – er möchte es auch in deinem Leben sein.

Andrea-Mara Massar

10
Sonntag

MÄRZ

So zog Jesus in Jerusalem ein. Er ging in den Tempel und sah sich dort alles an.

Markus 11,11 (NGÜ)

Bibellese: Markus 11,11-26

Der wichtigste Platz: Jesus kommt nach Jerusalem – und sein erster Weg führt ihn in den Tempel. Für ihn war dieser Ort von Kindheit an wichtig. Mit seinen Eltern zog er jedes Jahr zum Passahfest nach Jerusalem, so berichtet es Lukas. Und mit 12 Jahren blieb er danach im Tempel zurück – wie er sagt, „in seines Vaters Haus".

Jetzt kommt er wieder dort an und schaut sich um, schaut alles an, um dann die Nacht in Betanien zu verbringen. Ich kann mir gut vorstellen, dass er auch in dieser Nacht im Gebet war, wie er es auch schon in anderen Situationen getan hatte. Erst am nächsten Tag reagiert er auf die Zustände im Tempel. Er wirft die Tische der Wechsler um, treibt die Händler hinaus und lehrt sie: „Dieses Haus soll ein Haus des Gebetes für alle Völker sein!" Jesus stellt klar, dass Gottes Haus ein besonderer Ort ist. Dort soll alles Volk zum Gebet und Lobpreis zusammenkommen. Das Ganze geschah im Vorhof – im Hof der Heiden – sodass auch diese hinzukommen konnten.

Dein besonderer Ort → Wie ist das für uns heute, wenn wir in unsere Gemeinden und Kirchen gehen? Was ist uns wichtig? Was tragen wir im Herzen? Jesus macht auch uns deutlich: Hier ist der Ort, wo wir gemeinsam Gott die Ehre geben, ihn anbeten, ihm unseren Lobpreis bringen. Doch geht es uns manchmal nicht auch so, dass uns verschiedene Dinge von diesem „Mittelpunkt" ablenken wollen? Die Lautstärke oder der Stil des Lobpreises, die Kleiderordnung – und sind wir auch herzlich begrüßt worden? Vielleicht ist da auch jemand, mit dem wir gerade nicht gut auskommen und über den wir uns aufregen …

Das mag bei jedem etwas anders aussehen. Ich wünsche uns, dass wir uns immer wieder neu bewusst machen: „Ich gehe heute in den Gottesdienst, weil ich gemeinsam mit meinen Geschwistern unseren Herrn und Gott anbeten will. Denn mir ist bewusst, ich darf jederzeit zu ihm kommen und kann ihm alles sagen. Er macht frei und meine Freude ist im Herrn." Und wenn uns Menschen fragen, warum wir in den Gottesdienst gehen, können wir – genau wie Jesus damals – auch bezeugen: „Weißt du nicht, dass ich im Haus meines Vaters sein muss? Denn dort bin ich zu Hause."

Hans-Jürgen Angerbauer

Woher nimmst du dir das Recht, das alles zu tun? Wer hat dir die Vollmacht gegeben, so zu handeln?

Markus 11,28 (NGÜ)

Bibellese: Markus 11,27-33

Jesus hatte am Tag zuvor im Tempel massiv eingegriffen. Die Reinigung des Tempels war für die Leiter damals ein unvorstellbarer und noch nie da gewesener Akt. Sie mussten dies wohl auch als Angriff auf ihre Position gesehen haben, denn sie selbst duldeten ja diese Zustände. Mit ihrer Frage wollten sie Jesus eine Falle stellen, denn dieses massive Eingreifen konnten die jüdischen Führer so nicht stehen lassen. Deshalb die Frage, woher er sich das Recht nähme, so zu reagieren, in welcher Vollmacht er dies tat. Beanspruchte er jetzt göttliche Macht, so kam es ihrer Meinung nach einer Gotteslästerung gleich.

Himmlisch oder menschlich? ⇢ Da Jesus sie durchschaute, stellte er ihnen eine Gegenfrage. Er wollte ihre Ansicht über Johannes den Täufer wissen. Dabei ging es ganz konkret um die Taufe des Johannes. War diese jetzt vom Himmel oder war sie menschlichen Ursprungs? Sie wogen ihre Antwort lange ab – und erklärten dann: „Das wissen wir nicht!" Daraufhin beantwortete Jesus ihre Frage auch nicht.

Wer ist Jesus für uns heute? ⇢ Aus unserer Gesellschaft erhalten wir dazu viele verschiedene Antworten: Religionsgründer, Freiheitskämpfer, Reformer seiner Zeit, guter Mensch und vieles mehr. Hier wird es nun jedoch ganz konkret: Wer ist Jesus Christus für dich und mich persönlich? Wie lauten deine und meine Antwort? Wie gut, wenn wir sagen können: „Jesus Christus ist Gottes Sohn, mein Retter und Erlöser. Durch ihn bin ich von aller Schuld befreit. Durch ihn bin ich erlöst und er hat den Weg zum Vater für mich frei gemacht. Ich bin Gottes Kind, Gottes Sohn, Gottes Tochter. Ich bin gekrönt mit der Krone der Gerechtigkeit. Jesus ist alles für mich! Er ist der Mittelpunkt in meinem Leben und ich habe mich fest entschieden, mein Leben mit ihm zu gehen."

Wir brauchen dann gar nicht mehr nach seiner Vollmacht zu fragen, da wir wissen, dass ihm alle Macht im Himmel und auf der Erde gegeben ist. Dadurch können wir unser Leben vertrauensvoll in seine Hände legen. Und das Beste kommt dann noch: ewige Gemeinschaft mit ihm und Gott, dem Vater!

Hans-Jürgen Angerbauer

12
Dienstag

MÄRZ

Nun hatte er noch einen einzigen Sohn, seinen geliebten; den sandte er zuletzt auch zu ihnen und sprach: Sie werden sich vor meinem Sohn scheuen!

Markus 12,6 (SLT)

Bibellese: Markus 12,1-12

Dieses Gleichnis erinnert mich an die Hingabe Gottes für uns durch seinen Sohn Jesus Christus. So oft hat Gott dem Volk Israel Gnade bewiesen und seinen Bund treu gehalten. Ebenso auch uns. Er steht zu uns, auch wenn wir uns gerne verstecken und manchmal fliehen wollen. Eine ähnliche Aussage lesen wir in Johannes 3,16 mit einem ganz anderen Hintergrund, aber mich erinnert es an Gottes Zusage und seine unglaublich große und bedingungslose Liebe zu mir: *„Denn so sehr hat Gott die Welt geliebt, dass er seinen eingeborenen Sohn gab, damit jeder, der an ihn glaubt, nicht verlorengeht, sondern ewiges Leben hat."*

Gott gab alles für uns ⇢ Er ließ seinen einzigen geliebten Sohn anspucken, auslachen, verhöhnen, schlagen, auspeitschen, an das Kreuz nageln und in ein Grab legen. Für dich und für mich. Für unsere Schuld und Sünde, die für uns die Möglichkeit, eine Beziehung zu unserem himmlischen Papa aufzubauen, zerstörte. Gott hat alles für uns gegeben. Das Unvorstellbare ist: Er hätte das auch getan, wenn nur du oder ich als einziger Mensch auf dieser Welt leben würden. Denn wir sind Gott unglaublich wichtig. Für ihn muss man sich nicht verstellen, nicht verstecken und keine Maske tragen. Gott kennt uns und unser Herz so viel besser. Er hat dich und mich geformt und erwählt, dass wir leben. Er sehnt sich nach uns und ruft uns zu sich. Er will unsere Priorität eins sein und durch Gebet und Lobpreis Zeit mit uns verbringen.

Gottes Liebe überwindet alles ⇢ Sie scheuten sich nicht, Gottes Sohn zu töten. Doch nach drei Tagen ist Jesus wieder auferstanden. Der Teufel hat verloren. Dennoch versucht er, uns durch unseren Alltag zu blockieren, sodass wir „keine Zeit" für Gott haben oder „zu müde" sind. Entweder sind wir immer getrieben oder total erschöpft. Oder haben zu „große Probleme", als dass Gott diese richten könnte. Oder sind voller Scham wegen Dingen, die wir getan haben, und denken nun, dass Gott uns nicht mehr liebt und annehmen kann.

Egal, was es ist, machen wir uns bewusst: Gott liebt dich und mich unendlich und bedingungslos. Er gab seinen Sohn für uns – und damit ist alles vollbracht. Er ist Sieger! Deshalb können wir dem Teufel im Namen unseres Herrn Jesus Christus entgegentreten. Durch seinen Sohn ist Gott selbst bei uns.

Michelle Lago Koulouri

Da sprach Jesus zu ihnen: Gebt dem Kaiser, was des Kaisers ist, und Gott, was Gottes ist! Und sie wunderten sich über ihn.

Markus 12,17

13
Mittwoch

Bibellese: Markus 12,13-17

MÄRZ

Steuern an den Kaiser? Diese Frage wurde von denen gestellt, die Jesus bereits abgelehnt hatten und ihm nun eine Falle stellen wollten. Wenn Jesus damit einverstanden gewesen wäre, dem Kaiser Steuern zu zahlen, hätten ihn die Patrioten abgelehnt. Wenn er sich dagegen wehren würde, würden die Römer ihn verhaften. Diese Frage war in der frühen Kirche wichtig für diejenigen, die verfolgt wurden, ob in Rom oder anderswo, aber immer noch versuchten, zu zeigen, dass sie gute Bürger waren.

Vorteile und Pflichten ⇢ Jesu Antwort bedeutet, dass wir, wenn wir die Vorteile eines Staates genießen, auch den Preis dafür zahlen müssen, in Form von Steuern und so weiter. Genauso sollen wir unseren Zehnten und unsere Opfergaben in unserer Kirche oder Gemeinde zahlen. Gott liebt uns und wird sich um uns kümmern. Aber der Stachel dieser Antwort Jesu lag im letzten Teil, soweit es die Pharisäer und Herodianer betraf. Wenn wir dem Kaiser geben müssen, was ihm gehört, so müssen wir auch Gott geben, was ihm gehört.

Für die verfolgte Kirche im Römischen Reich hatte es eine noch tiefere Bedeutung, obwohl Markus diese nicht anspricht. Wenn der Kaiser das verlangte, was Gott gehörte und nicht ihm, konnten sie es um des Gewissens willen nicht geben. Also starben Christen, weil sie sich weigerten, der Statue des Kaisers eine Prise Weihrauch zu geben. Genauso leiden Christen heutzutage, weil sie sich weigern, sich vor Bildern von Kaisern, Diktatoren und Präsidenten zu beugen. Wir sollen keine Person, Partei oder Staat anbeten, sondern nur Gott allein.

Handeln aus Respekt ⇢ Dennoch ist es für uns als Christen unerlässlich, diejenigen zu ehren, die über uns Autorität haben. Wir sollten unsere Steuern für die Entwicklung unseres Landes zahlen. Wir sollten auch die Gesetze unserer Nation befolgen und respektieren. Ebenso sollen wir auch zu Gottes Werk hier auf Erden unseren Beitrag leisten, indem wir unsere Gemeinde mit dem Zehnten und Opfergaben unterstützen. Möge der gute Herr Jesus uns bei allem in seinem Namen helfen.

Dr. Palmer Appiah-Gyan

Denn wenn sie von den Toten auferstehen, so werden sie weder heiraten noch sich heiraten lassen, sondern sie sind wie die Engel im Himmel.

Markus 12,25

Bibellese: Markus 12,18-27

Trauung bei der Auferstehung? Nachdem die Pharisäer zum Schweigen gebracht worden waren, wandten sich nun die Sadduzäer an Jesus. Sie waren die wohlhabenden Adligen, die sowohl den Tempel als auch den Hohen Rat, den großen religiösen Rat Israels, kontrollierten. Nun verspotteten sie den Glauben an die Auferstehung, indem sie eine offensichtlich lächerliche Illustration einer viel verheirateten Frau lieferten, die wahrscheinlich nicht aus dem wirklichen Leben stammte.

Die Pharisäer hatten bereits entschieden, dass eine solche Frau bei der Auferstehung ihrem ersten Ehemann gehören würde (was sie sehr materiell interpretierten, eher wie es der Islam heute tut). Die Sadduzäer billigten natürlich den hier erwähnten mosaischen Brauch, der darauf abzielte, das Eigentum der Witwe in der Familie zu halten. Jeden Gedanken an eine Auferstehung lehnten sie jedoch ab. Für sie war dieses Leben alles, was es insgesamt gab. Kein Wunder, dass sie hart, materialistisch und oft reich waren. Vermutlich kennen auch wir solche Ansichten.

Anders als gedacht ⇢ Erstens untergrub Jesus das ganze Argument, indem er grob materialistische Auferstehungsideen zurückwies, da er wie die Pharisäer an eine Auferstehung glaubte. Wie Paulus sagt, wird unser Auferstehungsleib von anderer Art sein. Jesus vergleicht es hier mit dem der Engel. Fragen wie Ehe, Sexualität und körperliche Beziehungen stellen sich nicht. Ebenso müssen wir materialistische Vorstellungen von der Bedeutung sowohl der Auferstehung als auch vom Sohn Gottes zurückweisen, als ob es sich um eine einfache physische Vaterschaft handeln würde. Diese Gedanken machen es uns eher schwer, die gute Nachricht zu empfangen.

Ein Gott der Lebenden ⇢ Aus den Büchern des Mose, die von den Sadduzäern akzeptiert wurden, zeigte Jesus auf, dass die Idee der Auferstehung durch die Beziehung der Patriarchen zum lebendigen Gott bewiesen werden konnte. Durch die Verbindung zum ewigen Gott haben sie ewiges Leben bekommen, wie wir es heute durch Christus erleben. Es ist eine neue Art von Leben, die die Macht Gottes demonstriert.

Dr. Palmer Appiah-Gyan

Da Jesus sah, dass er verständig antwortete, sprach er zu ihm: Du bist nicht fern vom Reich Gottes. Und niemand wagte mehr, ihn zu fragen.

Markus 12,34

Bibellese: Markus 12,28-37

„Du bist nicht fern vom Reich Gottes", sagte Jesus Christus zu einem der Schriftgelehrten. Dieser hatte Jesus zugestimmt, als er das Doppelgebot der Liebe, Gott und den Nächsten zu lieben, an die oberste Stelle stellte. Dieses Gebot ist eine Art Präambel zu allen Geboten Gottes. Sie sind also nicht alle gleich wichtig, sondern müssen sich an diesem Doppelgebot der Liebe messen. Das halte ich für eine sehr wichtige Botschaft. Oft fragen sich Christen: „Was ist erlaubt?" Oder: „Was ist nicht erlaubt?" Diese Fragen werden von Gemeinde zu Gemeinde und von Konfession zu Konfession verschieden beantwortet. Am Ende entsteht der Eindruck, dass der christliche Glaube nichts anderes ist als ein Regelwerk mit etwas anderen Regeln als im Alten Testament.

Es gibt mehr als Gebote ⇢ Interessanterweise bescheinigte Jesus dem Schriftgelehrten, nahe am Reich Gottes dran zu sein – jedoch noch nicht drin. Was hatte dieser schon und was fehlte ihm noch? Nun, was er hatte, war die Einsicht, dass es ein oberstes Gebot gibt, an dem sich alles messen muss. Damit gab er die Möglichkeit aus der Hand, andere mit irgendwelchen Geboten oder Bibelversen unter Druck zu setzen.

Dieses Machtspiel war nicht nur ein Problem zur Zeit Jesu, sondern taucht in sämtlichen Kirchen und Religionen bis heute immer wieder auf. Als Gegenreaktion wenden sich viele vom Glauben ab, wobei ich vermute, dass die meisten sich eigentlich von der Kirche abwenden. Andere interpretieren die Liebe und Gnade Gottes als Freibrief für alles, was sie tun und denken. Im Grunde geht es aber darum, danach zu forschen, worum es Gott überhaupt geht. Diesen Schritt hatte der Schriftgelehrte getan. Doch wie geht es dann weiter?

Der nächste Schritt ⇢ Der nächste Schritt ist, zu erkennen, dass wir genau in diesem Doppelgebot der Liebe versagen. Ob jemand sich als Wahrheitsverkünder sieht, nach Segnungen sucht oder danach trachtet, sich erst einmal selbst lieben zu können, alles muss sich an der Liebe messen. Diese wird zum Beispiel darin sichtbar, dass wir mit anderen so umgehen, wie wir möchten, dass sie mit uns umgehen. Tun wir das? Vielleicht müssen auch wir zu Gott zurückkehren und ihn bitten: „Herr, sei mir Sünder gnädig!" In solch einem Moment betreten wir Heiliges Land: „Herzlich willkommen in Gottes Reich!"

Hans-Peter Mumssen

16
Samstag

MÄRZ

Und er lehrte sie und sprach: Seht euch vor vor den Schriftgelehrten, die gern in langen Gewändern umhergehen und sich auf dem Markt grüßen lassen.

Markus 12,38

Bibellese: Markus 12,38-44

Diese ernste Warnung gab Jesus Christus an seine Jünger weiter. Er meinte damit allerdings nicht, dass sie vor den Angriffen der Schriftgelehrten auf der Hut sein sollten. Vielmehr sollten sie darauf achten, nicht selber so zu werden wie diese. Die Verführung zur Heuchelei ist für unseren Glauben offenbar gefährlicher als eine Verfolgung. Und tatsächlich ist die Kirchengeschichte voll von solchen Entartungen. Was aber sind die Einfallstore dafür – weshalb sind auch Christen in Gefahr, ein Doppelleben zu führen?

Innere Gründe ⇢ Es gibt Gründe, die liegen in uns selbst. Niemand möchte gern von anderen gering geschätzt werden. So versuchen wir, Schwächen, Zweifel, Unkenntnis und gewisse Gedanken über andere zu verstecken. Das ist für sich gesehen ja noch keine Heuchelei. Wir müssen nicht ständig alles preisgeben, was in unserem Inneren stattfindet. Wenn aber die Schere auseinandergeht, Leute womöglich größer von uns denken, als wir sind, dann fällt die Rückkehr zur Ehrlichkeit immer schwerer. Deshalb tun wir gut daran, kein falsches Bild von uns nach außen zu entwerfen. Wir haben es auch nicht nötig, denn unser Wert wird nicht von Menschen definiert, sondern von Gott. Wenn Gott seinen Sohn für uns gibt, dann doch, weil wir für ihn wertvoll sind. Ist sein Urteil über uns nicht viel wichtiger als das, was Leute von uns denken?

Andere Gründe ⇢ Ein wichtiger Grund für Heuchelei ist, wenn jemand wirklich etwas zu verbergen hat, zum Beispiel einen Ehebruch. Oder wenn jemand Finanzen entwendet hat. Das geschieht leider auch unter Christen. Aus dieser Spirale von Lügen kommt man nur heraus, wenn man sich offenbart. Für uns alle gilt: „*Wenn wir aber unsre Sünden bekennen, so ist er treu und gerecht, dass er uns die Sünden vergibt und reinigt uns von aller Ungerechtigkeit*“ (1. Johannes 1,9).

Es gibt aber noch mehr Gründe, weshalb Christen etwas vor anderen verbergen, wie depressive Gefühle, sexuelle Neigungen oder Gewohnheiten und Dinge, bei denen manche befürchten, dass ihre Gemeinde sie ablehnen würde, wenn man davon erfährt. Hier tragen wir eine Mitverantwortung. Ich kenne Christen, bei denen sich Menschen trauen, sich mit ihren Nöten und Fragen zu offenbaren, denn sie verhalten sich wie Väter und Mütter, nicht wie Zuchtmeister. Wie wollen wir sein?

Hans-Peter Mumssen

Und ihr werdet gehasst sein von jedermann um meines Namens willen. Wer aber beharrt bis an das Ende, der wird selig.

Markus 13,13

Bibellese: Markus 13,1-13

Nachdem Jesus über elementare Themen gesprochen hatte, wie Steuern, Heuchelei, Auferstehung und dem höchsten Gebot, verlässt er mit seinen Jüngern den Tempel. Trotz dieser tiefgehenden Schriftauslegungen wird einer der Jünger unmittelbar nach Verlassen des Tempels von Äußerlichkeiten beeindruckt und sagt: „*Meister, siehe, was für Steine und was für Bauten*" (Vers 1). Wie schnell lassen wir uns von Äußerlichkeiten ablenken und verpassen dadurch, worauf es unserem Herrn wirklich ankommt? Wie lange klingt das nach, was wir in einem Gottesdienst oder einer Kleingruppe hören durften? Auf das Staunen des Jüngers erwidert Jesus, dass von diesem Menschenwerk nichts übrig bleiben wird.

Eine neue Perspektive ⇢ Nun bringt Jesus seine Gruppe erst einmal auf Distanz zu diesem imposanten Bauwerk und setzt sich gegenüber auf den Ölberg. Dort beginnt er mit Schilderungen, die sämtliche Bereiche unseres Lebens erschüttern. Verführung, Krieg, Hungersnöte, Folter und Verrat innerhalb der engsten Beziehungen sind Herausforderungen in seiner Nachfolge (Vers 6-12).

Ausgrenzung und Isolation können auch uns treffen. Wer Mobbing oder üble Nachrede schon einmal erlebt hat, weiß, wie belastend diese Situationen sind. Jesus hat seinen Jüngern von Anfang an keine leichte Zukunft versprochen. Das Reich Gottes wird sich nicht einfach nach und nach in den irdischen Strukturen durchsetzen. Dennoch lohnt sich jede Herausforderung, wenn wir die Ewigkeit als unser Zuhause im Blick behalten.

Gottes neuer Tempel ⇢ Offensichtlich kommt es Gott nicht darauf an, menschliche Kulturgüter zu erhalten. Der alte Tempel aus Stein würde zerstört werden – doch ein neuer unzerstörbarer Tempel sollte kommen. Dieser neue Tempel besteht aus Menschen, zu denen gesagt wird: „*Und auch ihr als lebendige Steine erbaut euch zum geistlichen Hause und zur heiligen Priesterschaft, zu opfern geistliche Opfer, die Gott wohlgefällig sind durch Jesus Christus*" (1. Petrus 2,5).

Als Teil dieses Tempels werden wir Gott gefallen und ewiges Leben bei ihm empfangen. Paulus sagt dazu: „*Denn ich bin überzeugt, dass dieser Zeit Leiden nicht ins Gewicht fallen gegenüber der Herrlichkeit, die an uns offenbart werden soll*" (Römer 8,18).

Alexander Schwarz

18
Montag

... aber um der Auserwählten willen, die er auserwählt hat, hat er diese Tage verkürzt.

Markus 13,20

MÄRZ

Bibellese: Markus 13,14-23

Ist das nicht herrlich? Wir lesen hier als eine Vorausschau auf das Ende der Tage, dem Ende irdischen Lebens, dass Gott handfest mit anpackt, damit Menschen gerettet werden. Das Kapitel liest sich zweifelsohne bedrohlich. Solche Vorausschauen irritieren den Bibelleser, natürlich. Der Mensch, der die Warnungen ignoriert oder schier verbiegt, um ein geschmeidiges Gottesbild zu erhalten, wird hier nicht glücklich. Es wird hart werden.

Wir sind nicht allein → Jesus sieht es kommen und leidet schon förmlich mit. Er bedauert die schwangeren Frauen, gibt klare Anweisungen für diese Tage. Und er sagt etwas, das Hoffnung gibt: Wie auch immer es geschehen wird – Gott greift ein um seiner Kinder willen! So, wie wir es in Psalm 23,3 entdecken: *„Er führet mich auf rechter Straße um seines Namens willen."* Er sagt zu dir und mir: „Liebes Kind, hab Vertrauen, wenn es soweit ist. Ich führe dich auch dort auf rechter Straße. Ich stehe mit meinem Namen dafür ein, dass wir gemeinsam unser gemeinsames Ziel erreichen. Ich werde sogar die Tage verkürzen, damit du bei Kräften bleibst."

Er ist bei uns! → Solch einen Hirten werden wir in den letzten Tagen nötig haben. Und schon in den heutigen Tagen dürfen wir lernen und „trainieren", mit Gott zu leben, auf seine Stimme zu hören. Er rüstet uns regelrecht zu für einen geistlichen Kampf, der jedem bevorsteht, der in jener Zeit als Christ leben wird. Seit meiner Kindheit höre ich immer wieder Ankündigungen und verschiedene Ansichten und Lehren über die letzten Tage. Mit der Zeit habe ich mir angewöhnt, all diese Lehren für mich verhallen zu lassen. Besonders gern tue ich das mit besorgniserregenden und Angst machenden Lehren. Als Musiker und Komponist sage ich an dieser Stelle gern: „Der Ton macht die Musik."

Bei Jesus höre und spüre ich den ständigen Drang und Willen, seinen Kindern Mut zu machen um seiner selbst willen. Er steht mit seinem Namen für den gemeinsamen Weg. Er wird wiederkommen – Maranatha! – und uns in allem helfen, den Glauben zu vollenden. Zu seiner Zeit wird er Dinge vollbringen, die uns erlöst und frei auf ihn zukommen lassen werden. Wir dürfen in diese Zeit mit Mut hineingehen, denn er packt selber an. Auch wenn ich an meiner Kraft Zweifel habe – wie sollte ich nicht an seine glauben und ihm vertrauen?

Hanjo Gäbler

Und dann werden sie sehen den Menschensohn kommen in den Wolken mit großer Kraft und Herrlichkeit.

Markus 13,26

19
Dienstag
MÄRZ

Bibellese: Markus 13,24-37

Was für ein Moment! Unsere Familie hatte frisch zum Glauben gefunden – ich war gerade 10 Jahre alt – als wir gemeinsam auf eine Konferenz von Hamburg nach Minden fuhren. Wir waren auf der A2 Richtung Bielefeld unterwegs, als die feuerrote Abendsonne am Horizont erschien und uns im Auto stark blendete. In dem Moment war mir so, als würde jetzt der Herr wiederkommen.

Voller Erwartung? ⇢ Nein, bei mir kam keine Freude auf, sondern ein spontanes Erschrecken und ich betete laut: „Lieber Herr Jesus, ich will noch nicht in den Himmel, bitte komme noch nicht wieder!" Alle anderen im Auto sahen mich verdutzt an und wollten wissen, welche Laus mir gerade über die Leber gelaufen war. Es gehörte für uns damals zur Grundüberzeugung unseres Glaubens, die Wiederkunft Jesu täglich zu erwarten. Diese Überzeugung teilten wir mit all den Christen, die die Sache mit Jesus ernst nahmen. Aber das war vor rund 40 Jahren … Heute empfinde ich „unter uns" hinsichtlich der Wiederkunftserwartung eine recht große Entspannung. Vielleicht zu entspannt?

Heute! ⇢ Jesus sagt uns in Vers 33: *„Seht euch vor, wachet! Denn ihr wisst nicht, wann die Zeit da ist."* Es geht hier um Wachsamkeit, aber nicht um einen Lebensstil des absoluten Verzichts und der Freudlosigkeit. Das war mir damals als Kind noch nicht klar. Denn ich wollte auf jeden Fall noch meine Jugend genießen, was im Leben erreichen und auch noch heiraten … Später begriff ich dann: Diese Wachsamkeit meint die tiefe innere Überzeugung, dass Jesus wiederkommen wird, und die Bereitschaft, dabei zu sein, wenn es schon heute so weit ist. Heute! Und zwar an einem Tag, an dem ich dem nachgehe, wozu ich von Gott berufen wurde und das Leben genieße, das Jesus mir geschenkt hat.

Freude statt Frust ⇢ Diese Naherwartung macht etwas mit mir. Mit dir auch? Sie lässt mich meine Zeit bewusster gestalten und erleben, sie lässt mich stärker an den wesentlichen Dingen meines Glaubens arbeiten und rückt die Menschen in meinen Fokus, die noch keine Beziehung zu Jesus haben. Sie gibt mir Hoffnung und Trost, dass alles auf ein festes Ziel zuläuft, das der Herr in seiner Weisheit festgelegt hat. Bis dahin will ich wachsam und in dem bleiben, was meine Aufgabe hier auf der Erde ist. Und in dem Sinne freue ich mich auf die Wiederkunft Jesu: „Komm, Herr Jesus!"

Christian Häring

20
Mittwoch

MÄRZ

Da sie das hörten, wurden sie froh und versprachen, ihm Geld zu geben. Und er suchte, wie er ihn bei guter Gelegenheit verraten könnte.

Markus 14,11

Bibellese: Markus 14,1-11

Jesus lebte gefährlich! Denn wäre es nach dem Wunsch und Willen der religiösen Elite in Israel gegangen, hätte man ihn schon viel früher ergriffen und hingerichtet. Man wollte ihn und seine provokante Wahrheitsverkündigung nicht länger ertragen und diesen Unruhestifter möglichst bald und ohne großes Aufsehen aus der Welt schaffen.

Unter Gottes Schutz ⇢ Doch Jesus war in die Welt gekommen, um einen Auftrag auszuführen (siehe Johannes 3,16). Und für diesen Auftrag stand er unter dem Schutz des Allerhöchsten. Zeit und Stunde standen in Gottes Hand. Da konnten die Schriftgelehrten und Pharisäer noch so toben. Es hat weder Jesus beunruhigt noch Gottes Plan durcheinandergebracht. Erst später, als seine Zeit gekommen war, war es Judas möglich, ihn zu verraten – für gerade mal 30 Silberlinge.

Was für ein Kontrast ⇢ So wenig war den religiösen Leitern in Israel der Verrat von Jesus wert. Sehr viel mehr wert war Jesus einer Frau, die in Betanien ein sehr kostbares Öl nahm, um seine Füße zu salben. Das war im Übrigen der zehnfache Wert dessen, was Judas später für seinen Verrat bekam. Diese Frau hatte richtig gehandelt! Wir lesen von dieser Salbung Jesu auch in Johannes 12. Dort wird davon gesprochen, dass es Maria war, die Schwester von Martha und Lazarus, die das sehr kostbare Salböl in einer prophetischen Handlung an Jesus als Vorschattung auf sein Sterben verwendete. Der spätere Verräter Judas hingegen war es, der heftig gegen diese „Verschwendung" protestierte, aus Geiz und mit falscher Motivation.

Eine Frage der Perspektive ⇢ Inmitten von Kampf und Anfeindung findet Gottes Gegenwart ihren Raum. Während Judas, einer der zwölf Jünger Jesu, ihn zu verraten suchte und die Schriftgelehrten ihn umbringen wollten, sitzen seine engsten Freunde um ihn herum und feiern „Gottesdienst" mit Fußwaschung. Gott ist da, seine Gegenwart ist spürbar und Anbetung erfüllt den Raum – inmitten von Verfolgung und Hass.

Lass dich ermutigen ⇢ Egal, wie es um dich herum aussieht, egal, was Menschen gegen dich unternehmen, mit welchen Anfeindungen oder auch Glaubenszweifeln du zu kämpfen hast, suche die Gemeinschaft derjenigen, die dich im Glauben unterstützen, und erlebe Gottes stärkende Gegenwart. Er ist bei dir inmitten von Kampf und Leid!

Christian Häring

Und als sie aßen, nahm er das Brot, dankte und brach's und gab's ihnen und sprach: Nehmet; das ist mein Leib.

Markus 14,22

21

Donnerstag

MÄRZ

Bibellese: Markus 14,12-26

Direkt vor dieser bekannten Begebenheit des letzten Abendmahls spricht Jesus mit seinen Jüngern darüber, dass einer mit ihm am Tisch sitzt, der ihn verraten wird. Einer aus dem Kreis seiner engsten Vertrauten. Einer von denen, die die letzten Jahre intensiv mit ihm zusammen unterwegs gewesen waren. Einer, der ihn kannte, einer von denen, die er liebte.

Dankbar sein – in jeder Lebenslage ⇢ Verrat schmerzt zutiefst. Er enttäuscht. Er verletzt. Am meisten, wenn er von einem nahestehenden Menschen kommt, von dem man es nicht erwartet hätte. *„Und als sie aßen, nahm er das Brot"* und *„dankte"* … Mitten in dieser herausfordernden Situation dankte Jesus seinem Vater. Wenn wir enttäuscht sind, ist dankbar zu sein das Letzte, wonach uns normalerweise zumute ist. Jesus lebt uns hier vor, dass es möglich ist, in jeder Lebenslage dankbar zu sein. Kurz vor dem Verrat und vor seiner dunkelsten Stunde dankte er Gott. Das ist beachtlich.

Jesus fordert uns nicht zu etwas auf, zu dem er selbst nicht bereit gewesen ist. Er hat uns vorgelebt, wie dies aussehen kann, und hat uns ein Beispiel gegeben, dem wir folgen sollten: Dankbar ausgerichtet zu sein, unabhängig von den äußeren Umständen und dem eigenen inneren Empfinden.

Dank opfern ⇢ In Psalm 50,23 heißt es: *„Wer Dank opfert, der preiset mich, und da ist der Weg, dass ich ihm zeige das Heil Gottes."* Der Begriff „Dank opfern" weist auf den Umstand hin, dass es Momente und Situationen geben kann, in denen es uns etwas kostet, dankbar zu sein. In denen uns eigentlich nicht danach zumute ist, Gott zu danken und ihn zu loben. Dankbar zu sein, wenn alles gut geht, ist keine Kunst. Dankbar zu sein, inmitten von Herausforderungen, von Schmerzen, von Leid oder Verrat, zeigt, was es heißt, Dank zu *opfern.* Durch Dankbarkeit wenden wir unseren Blick weg von den Umständen und hin zu dem, der unseren Dank verdient – in jeder noch so herausfordernden Lebenslage. Das verherrlicht Gott. Wann haben wir das letzte Mal Dank geopfert?

Katharina Helbig

22
Freitag

MÄRZ

Er aber redete noch weiter: Auch wenn ich mit dir sterben müsste, werde ich dich nicht verleugnen! Das Gleiche sagten sie alle.

Markus 14,31

Bibellese: Markus 14,27-31

Nicht lange nach diesem leidenschaftlichen Bekenntnis des Petrus, Jesus niemals zu verleugnen – selbst wenn es ihn sein Leben kosten würde – passiert genau das, was Jesus vorausgesagt hat. Petrus verleugnet ihn aus Angst und Menschenfurcht drei Male, bevor der Hahn zwei Mal gekräht hat. Ich mag mir gar nicht vorstellen, wie Petrus sich in diesem Moment gefühlt haben muss. Ich glaube allerdings, dass er in dem Moment, als er sagte, er würde Jesus niemals verleugnen, es von ganzem Herzen genauso gemeint hat. Und sind wir mal ehrlich, kennen wir nicht auch solche Momente, in denen wir versagen, obwohl wir es wirklich besser machen wollten? Man fühlt sich einfach nur furchtbar.

Auftrag trotz Versagen ⇢ Man könnte meinen, Petrus habe Jesus wirklich enttäuscht. Aber Jesus war nicht überrascht. Er wusste, dass es so kommen würde. Er hatte es ja vorausgesagt. Wenn wir die Geschichte weiterlesen, sehen wir, wie Jesus nach seiner Auferstehung diesem verzagten und von sich selbst enttäuschten Petrus begegnet. Drei Mal beauftragt er ihn, sich um seine Schafe zu kümmern. Jesus war nicht böse auf Petrus. Er stellte nicht die Berufung des Petrus aufgrund dessen, was vorgefallen war, infrage. Ganz im Gegenteil. Drei Mal verleugnete Petrus Jesus – und drei Mal wiederholt Jesus den Auftrag, den er ihm schon ganz zu Anfang gegeben hatte, als Petrus begann, ihm nachzufolgen.

Jesus hält an uns fest ⇢ Jesus hielt durch alles Versagen hindurch an Petrus fest. Dieses bewusste Zutrauen und die Erfüllung mit dem Heiligen Geist veränderten Petrus völlig und ließen ihn zu jemandem werden, der später kaum mehr wiederzuerkennen war. Obwohl Jesus den Werdegang des Petrus von Anfang an kannte, wollte er ihn dabeihaben: *„Kommt, folgt mir nach; ich will euch zu Menschenfischern machen"* (Markus 1,17).

Was für Petrus galt, gilt auch für dich und mich: Jesus hält durch alles Versagen hindurch an uns fest. Ich bin überzeugt, es gibt Menschen, die heute genau das hören müssen: „Jesus hält an dir fest. Er glaubt an dich." Halten auch wir an ihm fest, denn er sieht uns schon dort, wo er uns erst noch hinbringen will.

Katharina Helbig

Und er nahm mit sich Petrus und Jakobus und Johannes und fing an zu zittern und zu zagen.

Markus 14,33

Bibellese: Markus 14,32-42

Im Garten Gethsemane: Wenige Stunden trennten Jesus vom Tod am Kreuz. Er wusste genau, was ihm bevorstand. Die schreckliche Folter und Hinrichtung war dabei nicht das Schlimmste, das ihm widerfahren sollte. Vielmehr wird er das Leid und die Sünde der gesamten Menschheit auf sich nehmen und dabei von seinem geliebten Vater getrennt werden. Wir werden nie verstehen, was das bedeutet – wie sich das anfühlen musste.

Jesu Jünger verstanden die Schwere der Situation offenbar auch nicht. Er hatte sie gebeten, zumindest eine Stunde wach zu bleiben und zu beten. Aber sie konnten es nicht und schliefen ein. Jesus klingt enttäuscht, wenn er fragt: *„Simon, schläfst du? Vermochtest du nicht eine Stunde zu wachen?"* (Vers 37). Wir sehen hier einen Jesus in all seiner Schwäche. Es ist nicht das Bild eines Helden, der unberührt von der Gefahr Großes vollbringt. Er ist schwach, enttäuscht, verlassen von Freunden, voller Angst. In der Neuen Genfer Übersetzung heißt es: *„Von Angst und Grauen gepackt."* Und doch ging er den Weg, den sein Vater vorherbestimmt hatte. Er war gehorsam bis in den Tod.

Ein Gott, der ganz Mensch wurde ⇢ Wir wissen nicht, warum es in dieser Welt Leid gibt. Wir wissen auch nicht, warum uns Schicksalsschläge widerfahren. Oft hadern wir mit uns selbst und unseren Umständen und sind voller Angst. Aber eines dürfen wir wissen: Wir haben einen Gott, der uns genau darin versteht. Der uns sieht und mitempfindet. Mit seinem Sohn hatte Gott einen wunderbaren Plan und erhöhte ihn letztendlich. Doch Jesus war ja schon, bevor er auf die Erde kam, im Himmel – in ewiger Gemeinschaft mit seinem Vater. Warum ging er diesen Leidensweg?

Jesus wurde schwach unsertwegen. Er erlebte Angst und Tod für dich und für mich, obwohl er so lebte, wie wir es nicht können. Darin liegt unser Trost: Jesus ist mit uns. Er hat auch mit uns einen wunderbaren Plan, denn er möchte uns bei sich haben. Und so wird es auch kommen, wenn wir uns an ihn klammern. *„Denn wir haben nicht einen Hohenpriester, der nicht könnte mit leiden mit unserer Schwachheit, sondern der versucht worden ist in allem wie wir, doch ohne Sünde. Darum lasst uns freimütig hinzutreten zu dem Thron der Gnade, auf dass wir Barmherzigkeit empfangen und Gnade finden und so Hilfe erfahren zur rechten Zeit"* (Hebräer 4,15.16).

Markus Haist

24
Sonntag

Da verließen ihn alle und flohen.

Markus 14,50

MÄRZ

Bibellese: Markus 14,43-52

Jesus muss es sehr geschmerzt haben, seine Jünger auf seinem letzten Leidensweg nicht dabeizuhaben. Im Garten Gethsemane traf es ihn besonders hart. Aber es kommt noch härter: Er wird von allen, die mit ihm einen engeren Umgang gehabt haben, verlassen.

„Wahr' Mensch ..." ⇢ „Herr Jesu Christ, wahr' Mensch und Gott" hat Johann Sebastian eine seiner Kirchenkantaten genannt. Jesus, der „Menschensohn", brauchte menschliche Gemeinschaft. War er unterwegs, so hatte er – mit wenigen Ausnahmen – immer eine Gruppe von Menschen um sich. Und es bedeutete ihm viel, im Haus der Geschwister Maria, Martha und Lazarus zu sein. Als er vom Tod seines Freundes hörte, brach er in Tränen aus. Jesus sehnte sich nach Gemeinschaft mit seinen Jüngern. *„Mich hat herzlich verlangt, dies Passahlamm mit euch zu essen"*, sagte er bei seinem letzten Passahfest (Lukas 22,15). Ein Verlust in diesem Bereich seines Lebens schmerzte ihn. Genauso wie dich und mich.

... und Gott ⇢ Obwohl er selbst Gott in Menschengestalt war, benötigte Jesus doch Zeiten der Gemeinschaft mit seinem Vater im Himmel. Diese suchte er zuallererst durch Rückzug von menschlicher Gemeinschaft. Und dann brauchte Jesus natürlich das Gebet, das Reden mit Gott. Bei allem hatte er als Ziel, den Willen Gottes, seines Vaters, in vollkommener Weise auszuführen. Allein und zusammen mit seinen Jüngern.

Mit ihnen hatte er längst über das Ende seines Wirkens gesprochen. Aber bei seiner Gefangennahme schienen sie nichts von alldem behalten, geschweige denn verstanden zu haben. So versuchten sie, seinen weiteren Weg mit Gewalt zu verhindern. Schließlich verließen ihn alle, mit denen er zumeist Tag für Tag unterwegs gewesen war. Später, am Kreuz, fühlte er sich sogar von Gott verlassen – die schlimmste Verlassenheit, die man sich vorstellen kann.

Und wir? ⇢ Was Jesus erfahren hat, bleibt auch uns manchmal nicht erspart. Menschliche Beziehungen können uns verloren gehen. Geistliche Beziehungen, oft in einem gemeinsamen geistlichen Dienst, ebenfalls. Von Jesus können wir lernen: Er ging seinen Weg weiter. Es ging ihm allein darum, den Willen Gottes zu tun, der ihn gesandt hatte.

Hannelore Illgen

Jesus aber sprach: Ich bin's; und ihr werdet sehen den Menschensohn sitzen zur Rechten der Kraft und kommen mit den Wolken des Himmels.

Markus 14,62

Bibellese: Markus 14,53-65

Der letzte Tag des Gottessohnes, der von Gott mit der Erlösung der Welt beauftragt ist, nimmt einen dramatischen Verlauf.

Jesu Kampf ⇢ Nach seinem nächtlichen schweren Gebetskampf im Garten Gethsemane geht Jesus – vom Himmel her in seinem Geist gestärkt – in den darauf folgenden sichtbaren Kampf. Er geht diesen Weg als Lamm, das nach Gottes Willen die Sünde der Welt in den Tod tragen soll. Er ist vorbereitet, diesen geistlichen Kampf auch körperlich bis zum Ende zu führen. Von der Welt der Finsternis aus wird demgegenüber alles aufgeboten, was Jesus vernichten soll: Verrat, Lügen, Erniedrigung, Verachtung, Marter.

Der Hohe Rat ⇢ Zuallererst steht Jesus vor den höchsten religiösen Führern der Juden. Drei Jahre lang hat er öffentlich, also für alle hör- und sichtbar, vollmächtig gelehrt und gehandelt. Ihm gegenüber sitzen Hohepriester, Älteste und Schriftgelehrte, die das Gesetz und die Propheten auswendig kennen und – auf den Messias warten. Vor diesem hohen theologischen Gremium soll Jesus sich nun verantworten. Eigentlich hätten sie ihn eindeutig als Messias identifizieren können. Aber genau das wollen sie nicht. Trotzdem: Sie finden keine stichhaltige Anklage gegen ihn. Stattdessen suchen sie nach einem Grund, der ihm den Tod bringen soll. Und Jesus? Er schweigt zu den sich widersprechenden Anschuldigungen.

„Bist du der Christus?" ⇢ Erst als der Hohepriester Jesus fragt: *„Bist du der Christus, der Sohn des Hochgelobten?"* (Vers 61), und Jesus ihm klar antwortet: *„Ich bin's; und ihr werdet sehen den Menschensohn sitzen zur Rechten der Kraft und kommen mit den Wolken des Himmels"*, ist für ihn die Grenze erreicht. Jesus zitiert damit aus dem Buch Daniel (7,13.14). Die religiöse Führung der Juden weiß, dass Daniel hier vom Messias spricht. Aber sie entscheiden sich, den vor ihnen stehenden Angeklagten nicht als Messias anzuerkennen. Viele Juden tun das – über alle Generationen hinweg – bis heute nicht.

Die Entscheidung, Jesus als Erlöser anzunehmen, ist die wichtigste Entscheidung eines jeden Menschen dieser Welt, egal ob Jude oder nicht. Lasst uns beten, dass viele Menschen weltweit das in dieser Passionszeit erkennen!

Hannelore Illgen

26
Dienstag

Da gedachte Petrus an das Wort, das Jesus zu ihm gesagt hatte: Ehe der Hahn zweimal kräht, wirst du mich dreimal verleugnen. Und er fing an zu weinen.

Markus 14,72

MÄRZ

Bibellese: Markus 14,66-72

Petrus hatte seinen Standpunkt eigentlich klar gemacht. Doch irgendetwas führte ihn woanders hin, als er sich das in seinem Herzen vorgenommen hatte. Im Brustton der Überzeugung hatte er zu Jesus gesagt: „*Auch wenn ich mit dir sterben müsste, werde ich dich nicht verleugnen*" (Markus 14,31). Was war passiert, dass es dann so ganz anders lief? War es ein Schockmoment oder die Angst vor der eigenen Courage?

Nach außen stark? ⇢ Was wir nach außen sagen, stimmt nicht immer mit unserem inneren Selbst überein. Im letzten Moment, dann, wenn es wirklich darauf ankommt, zeigt sich erst, worin wir gefestigt und geübt sind. Unsere Handlungen zeigen dann, wofür wir uns entscheiden. Petrus hatte sich entschieden, unter die Leute zu gehen, in die Anonymität. Dort konnte er nah bei Jesus sein und doch unter dem Schutz der Gesellschaft. In dem Zeitpunkt, als es um seinen Lehrer und Freund so richtig kalt und eng wurde, nutzte Petrus die warme Ecke unter den Leuten.

Doch dieser vermeintlich sichere Ort wurde für ihn zu einem Moment der Selbsterkenntnis. In unserem heutigen Bibelabschnitt wird er konfrontiert: „*Und du warst auch mit dem Jesus von Nazareth. Er leugnete aber und sprach: Ich weiß nicht und verstehe nicht, was du sagst*" (Verse 67.68). Dieses Geschehen scheint wie ein großer Spiegel seiner inneren Wirklichkeit: äußerlich geschützt, innerlich verunsichert.

Gott der Schwachen ⇢ Petrus erkannte sein eigenes Versagen sofort. Möglicherweise erinnerte er sich auch an die Worte Jesu, die uns Matthäus und auch Lukas überliefert haben. Dort hatte Jesus sehr deutlich davon gesprochen, wie es dem ergeht, der ihn, den Christus, verleugnet: „*Wer mich aber verleugnet vor den Menschen, den will ich auch verleugnen vor meinem Vater im Himmel*" (Matthäus 10,33).

Die Bibel ist so ehrlich, so wahr. Selbst die Verfehlungen unserer Vorbilder verschweigt sie nicht. Lasst uns den Mut aufbringen und die Augen Jesu, seinen Blick, aushalten. Er kennt ohnehin unser Herz und unser ganzes Leben. Wenn wir uns „locker" machen und ehrlich werden, finden wir Ruhe und Frieden in den Armen Gottes. Diese legen sich zärtlich und fest um diejenigen, die zerbrochen und schwach sind. Dann jubeln wir: „Abba, lieber Vater!"

Sebastian Kressin

Und alsbald am Morgen hielten die Hohenpriester Rat mit den Ältesten und Schriftgelehrten, dazu der ganze Hohe Rat, und sie banden Jesus und führten ihn ab.

Markus 15,1

Bibellese: Markus 15,1-5

Manchmal kann man den Eindruck haben, dass Gott nicht antwortet, obwohl wir ihn so eindringlich um eine Antwort bitten. Wie oft denken wir, dass er schweigt, obwohl wir so intensiv nach ihm rufen?

Wenn Gott schweigt ⇢ In unserer heutigen Textstelle erleben wir genau solch eine Situation: Alles, was Rang und Namen in der geistlichen Leiterschaft hatte, war versammelt: die Hohenpriester, die Ältesten, die Schriftgelehrten und der ganze Hohe Rat. In unserem Leitvers lesen wir, dass diese Versammlung nach einer Antwort suchte, wie sie mit diesem Jesus umzugehen hätte. Sie beraten untereinander – und suchen die Antwort durch Menschen. Gottes Antwort können sie in dieser Situation leider nicht erkennen, denn sie sind nicht offen dafür. Warum also sollte Gott überhaupt zu ihnen reden, wenn er doch weiß, dass wir Menschen in solchen Momenten nicht offen für sein Reden sind? Wie einfach wäre es hingegen gewesen, hätten sich die Geistlichen vor ihrer Versammlung im Gebet auf Gott ausgerichtet und ihm ihre Herzen geöffnet. Stattdessen stürzten sie sich mit Eifer in die Arbeit.

Kennen wir das nicht auch? Dass wir uns eifrig in die Arbeit stürzen, ohne uns zuvor auf Gott auszurichten? Was ein solcher Eifer bewirkt, lesen wir ebenfalls schon zu Beginn des heutigen Textabschnittes: Wir Menschen binden Gottes Möglichkeiten und stellen sie unter weltliche Macht – wie verheerend.

Bei wem suchen wir Antwort? ⇢ Die Menschen aus unserem Bibeltext suchten Antworten bei Menschen. Gott sandte uns seinen Heiligen Geist, um Antworten bei ihm zu suchen.

- Lassen wir uns diese Bibelstelle eine Lehre sein, denn wir kennen ja die Folgen, die aus dem Beschluss des Hohen Rates resultierten.
- Hüten wir uns davor, denselben Fehler zu machen, indem wir Rat bei weltlichen Instanzen suchen. Lasst uns stattdessen und zuallererst Antworten bei Gott suchen.
- Lasst uns immer wieder unsere Herzen auf Gott ausrichten. Laden wir ihn ein, auf unsere Bitten zu antworten!

Meine persönlichen Erfahrungen zeigen mir, dass Gott *immer* bereit ist, uns zu antworten. Und mein Gebet ist, dass *wir* immer bereit sind, seine Antworten auch wahrzunehmen.

Rüdiger Wied

28
Donnerstag
Gründonnerstag

Pilatus aber wollte dem Volk Genüge tun und gab ihnen Barabbas los und ließ Jesus geißeln und überantwortete ihn, dass er gekreuzigt würde.

Markus 15,15

MÄRZ

Bibellese: Markus 15,6-19

Im heutigen Abschnitt schildert Markus die letzten Schritte im Leben Jesu, bevor es zum Kreuz geht. Menschlich gesehen scheint hier eine Katastrophe ihren Lauf zu nehmen. Falsche Anklagen, ein ungerechtfertigter Schuldspruch vor dem Hohen Rat; der Statthalter Pilatus beugt sich schließlich dem Druck der Menge, lässt wider besseres Wissen einen Mörder frei und verurteilt den unschuldigen Jesus zur Geißelung und zum Tod am Kreuz.

Der Teufel und auch die menschlichen Gegner Jesu müssen sich schon fast am Ziel geglaubt haben, diesen unkontrollierbaren, wundertätigen, die Menschen auf Gott verweisenden, zur Buße führenden Jesus endlich loszuwerden. Keiner von ihnen durchschaute den Plan Gottes, dass sie ihm nur in die Hand spielten, um den Erlösungsplan für alle Menschen zu vollenden. Hätten sie es erkannt, so *„hätten sie den Herrn der Herrlichkeit nicht gekreuzigt“* (1. Korinther 2,8).

Durch seine Wunden ⇢ Als Nachfolger Jesu lesen wir hier und im Folgenden das Zeugnis vom größten und bedeutendsten Sieg in der Menschheitsgeschichte. Doch der Sieg war nicht kostenlos, nicht leicht erstritten. Jesus, unser Herr, durchlitt neben Demütigungen, Spott und Hohn auch große körperliche Qualen. Durch Schläge, Dornenkrone und Geißelung begann er, mit seinem Blut und seinen Striemen für unsere Sünden und deren Folgen zu bezahlen. Es passierte, was Jesaja schon prophetisch erblickt hatte: *„Aber er ist um unsrer Missetat willen verwundet und um unsrer Sünde willen zerschlagen. Die Strafe liegt auf ihm, auf dass wir Frieden hätten, und durch seine Wunden sind wir geheilt“* (Jesaja 53,5).

Danke, Jesus! ⇢ Neben unserer geistlichen Erlösung legte Jesus mit seinen Leiden und blutenden Wunden die Grundlage für Heilungen, die wir heute erleben können. Schon oft konnte ich in Dankbarkeit auf Jesu Wunden, durch die auch ich persönlich geheilt bin, zurückblicken und Heilung von aktuellen Krankheiten empfangen. Ich bin so froh, dass wir weder Errettung noch Heilung verdienen müssen, sondern sie von unserem gnädigen Gott umsonst geschenkt bekommen. Mögen diese wunderbaren Früchte, erwirkt durch das Leiden Jesu, mehr und mehr in unseren Leben zu einer erfahrbaren Realität werden und Menschen, die Jesus noch nicht kennen, zum Zeugnis dienen.

Richard und Kitty Ingwer

Dort wollten die Soldaten ihm Wein mit Myrrhe geben. Aber Jesus trank nichts davon.

Markus 15,23 (HFA)

Bibellese: Markus 15,20-41

Myrrhe war etwas, das Jesus an den wichtigsten Stationen seines Erdenlebens immer wieder erhielt. Bereits kurz nach seiner Geburt kamen die Weisen aus dem Osten mit *„Gold, Weihrauch und Myrrhe“* (Matthäus 2,11). In der Leidensgeschichte Jesu aus dem Markusevangelium wird sie im heutigen Bibeltext erwähnt. Ein letztes Mal bekommt Jesus bei der Grablegung Myrrhe, von Nikodemus (Johannes 19,39).

Warum wiederholt Myrrhe? ⇢ Dieses wertvolle Gummiharz vom Myrrhenstrauch spielte zu Jesu Zeit eine wichtige Rolle. Es war geeignet als Geschenk als Weihrauch, Balsam und als Medizin. So war Myrrhe eine Beimischung zu dem Wein, der Jesus am Kreuz angeboten wurde. Sie hatte eine betäubende Wirkung, die Jesus jedoch durch die Ablehnung des Gemischs weder wollte noch erfuhr. Warum?

Aus Liebe zu uns zog er den Leidenskelch des Vaters dem „Betäubungskelch“ der wohlmeinenden Leute vor. Sein Ziel war dabei nicht, den Weltrekord an schwerem Leid aufzustellen. Unsere Leiden und Schmerzen wollte er tragen, damit wir es nicht tun müssen. Die beste Qualität des Myrrhenharzes ist übrigens diejenige, die aus den Rissen in der Rinde des Strauches auf natürliche Weise austritt. Danach kann man auch durch Einschnitte in das Holz weniger edle Myrrhe gewinnen.

Das Beste ist gut genug! ⇢ In seinem Leben wie auch im Sterben haben sich mancherlei Menschen um Jesus bemüht, selbst die Soldaten unter dem Kreuz. Alle diese Erwähnungen der Myrrhe haben gemeinsam, dass sie – wie die beste Myrrhenqualität – freiwillige Gaben waren. Wie wäre es, wenn wir uns heute den *Myrrhen*strauch zum Vorbild nähmen und Jesus nicht *mürrisch*, sondern freiwillig unser bestes Geschenk gäben, das wir haben? Nicht, dass er es nötig hätte (manchmal lehnt er es sogar ab). Doch wie der Myrrhenstrauch können wir unser „Herzblut“ dem schenken, der seines für uns fließen ließ. Und dann?

Dies ist weit mehr als ein Geschenketausch. Es ist der Ausdruck unseres Dankes für das Drangeben seines Lebens an unserer statt. Niemand war in der Lage, Jesus das Leben zu nehmen, nicht einmal die Juden oder Römer. Er gab es von sich aus, aus freien Stücken! Daher dürfte auch dieser *Frei*tag uns anspornen, Jesus *frei*willig unser Leben erstmals oder erneut zu weihen – einfach so, aus Liebe zu ihm.

Matthias Liebrecht

30
Samstag
Karsamstag

MÄRZ

Josef von Arimathäa, ein angesehener Ratsherr, der auch auf das Reich Gottes wartete; der wagte es und ging hinein zu Pilatus und bat um den Leichnam Jesu.

Markus 15,43

Bibellese: Markus 15,42-47

Was war geschehen? War Jesu Lehre wahr? War er wirklich der Messias? Wie passte das alles zusammen? Inmitten all dieser Fragen und Zweifel der Jünger Jesu tritt Josef auf. Auch er war ein Jünger, *„doch heimlich, aus Furcht vor den Juden"* (Johannes 19,38). Sollte er sich offiziell zu Jesus bekennen, stand für ihn als angesehener Ratsherr viel auf dem Spiel. Mutiges Handeln war da nicht die erste Priorität.

Doch im Tagesvers lesen wir, dass er es wagte, zu Pilatus hineinzugehen und ihn um den Leichnam Jesu zu bitten. Etwas muss diese Angst in Mut verwandelt haben. War Gott ihm begegnet? Was genau geschehen war, wissen wir nicht, aber das Resultat ist offensichtlich: Gerade jetzt, wo mit Jesu Kreuzigung alles verloren scheint, offenbart Josef sich mit seiner Bitte um den Leichnam Jesu als dessen Jünger. Dieses Handeln zeigt außergewöhnlichen Mut im Angesicht der Niederlage des Todes Jesu.

In die Dunkelheit gesprochen ⇢ Im dunkelsten Moment befähigt Gott Josef, mutig zu handeln. Dies erinnert mich an einige Frauen, mit denen ich hier im Süden Thailands arbeite. Viele haben Lebensgeschichten voll von Missbrauch und Vernachlässigung. Sie kämpfen innerlich und äußerlich mit Traumata, Abhängigkeiten, schlechten Beziehungen und finanziellen Sorgen. Aber eines entdecke ich in ihrem Leben immer wieder: Einen Glauben, der es wagt, dem Bösen entgegenzutreten und zu sagen: „Du hast keinen Raum mehr in meinem Leben." Ein Glaube, der sagt: „Ich weiß nicht, wie, aber Gott wird mich aus dieser Situation befreien. Gott in mir ist stärker." Es ist ein Glaube, der in der Dunkelheit das Licht Gottes bereits scheinen sieht. Ein Glaube, der in der Niederlage bereits den Sieg Jesu erkennen kann.

Wagen wir es ⇢ Wie die Jünger und Josef mögen wir innerlich mit der aktuellen Situation ringen. Unser Wesen mag dem des „geheimen" Jüngers Josef ähneln. Doch mit Josef dürfen wir gewiss sein, dass Gott alles in seiner Hand hat. Er kann die Zusammensetzung unseres Herzens von Grund auf verändern. Gott wirkte in Josef und machte ihn mutig. Josef wagte es, vor Pilatus zu treten und bekannte sich so offen zu Jesus. Wozu möchte Gott dich heute mutig machen?

Gott, bitte verwandle mein zaghaftes Herz gemäß deiner Kraft. Mach mich mutig, deinen Willen zu tun. Zeige mir, was ich heute neu wagen darf.

Ina Müller

Und sie sprachen untereinander: Wer wälzt uns den Stein von des Grabes Tür?

Markus 16,3

31
Sonntag
Ostersonntag

Bibellese: Markus 16,1-8

MÄRZ

Das Passahfest war vorbei und es wurde viel miteinander, übereinander und durcheinander über das geredet, was dort auf Golgatha geschehen war. Die Frauen am Grab waren sich der Lage bewusst: Bevor sie ans Werk gehen konnten, musste erst das Hindernis, der Stein, weggerollt werden. Tatkräftig und zielstrebig wie sie waren, überlegten sie nicht lange und machten sie sich auf, um ihrem Herrn die letzte Ehre zu erweisen.

Er ist schon da ⇢ Möglicherweise macht sich der ein oder andere Leser heute auf, um jemanden zu besuchen, steht aber vor vermeintlichen Schwierigkeiten und fragt sich, wie es weitergehen soll. Aber Gott sei Dank sind wir, wie die Frauen am Grab, nicht allein. Der Missionar Jim Memory hat es so ausgedrückt: „Wenn wir uns an einem bestimmten Platz engagieren, tun wir dies mit dem Verständnis, dass Gott bereits dort ist und auch andere hat, die ebenfalls an seiner Mission teilnehmen."

Die Frauen scheuten weder Kosten noch Mühen. Beim genaueren Hinsehen stellten sie dann fest, dass das vermeintliche Hindernis gar nicht mehr da war. Stattdessen saß dort ein junger Mann, der sie freundlich ansprach und auf den richtigen Weg brachte.

Raum für Neues ⇢ Offenbar möchte Gott, dass auch wir heute genau hinsehen und uns nicht von den Umständen, sondern von dem leiten lassen, was er uns zugesprochen hat. Aber Hinschauen und Zuhören ist gelegentlich eine Herausforderung. In unserem Abschnitt geht es vor allem darum, eine grundlegende Neubewertung der Zweifel und Vorurteile vornehmen zu müssen. Um sich schließlich auf das hinzubewegen, was Gott tun will, indem Stimmen und Sichtweisen, die anders sind als diejenigen, die wir wahrnehmen und gewohnt sind, unseren Horizont erweitern. „So, wie das damalige Weltbild keinen Raum ließ für einen Gott, der in die menschliche Geschichte eintritt, der am Kreuz stirbt, und für eine Auferstehung, die nicht in das damalige Denken passte, geht es uns auch heute" (Marlin Watling, Unternehmensstratege und Gemeindeleiter).

In allen mitunter schwierigen Erfahrungen und Ereignissen möchte ich uns ermutigen: *„Lasst uns aber wahrhaftig sein in der Liebe und wachsen in allen Stücken zu dem hin, der das Haupt ist, Christus. Von ihm aus gestaltet der ganze Leib sein Wachstum, sodass er sich selbst aufbaut in der Liebe"* (Epheser 4,15.16).

Karsten Mantei

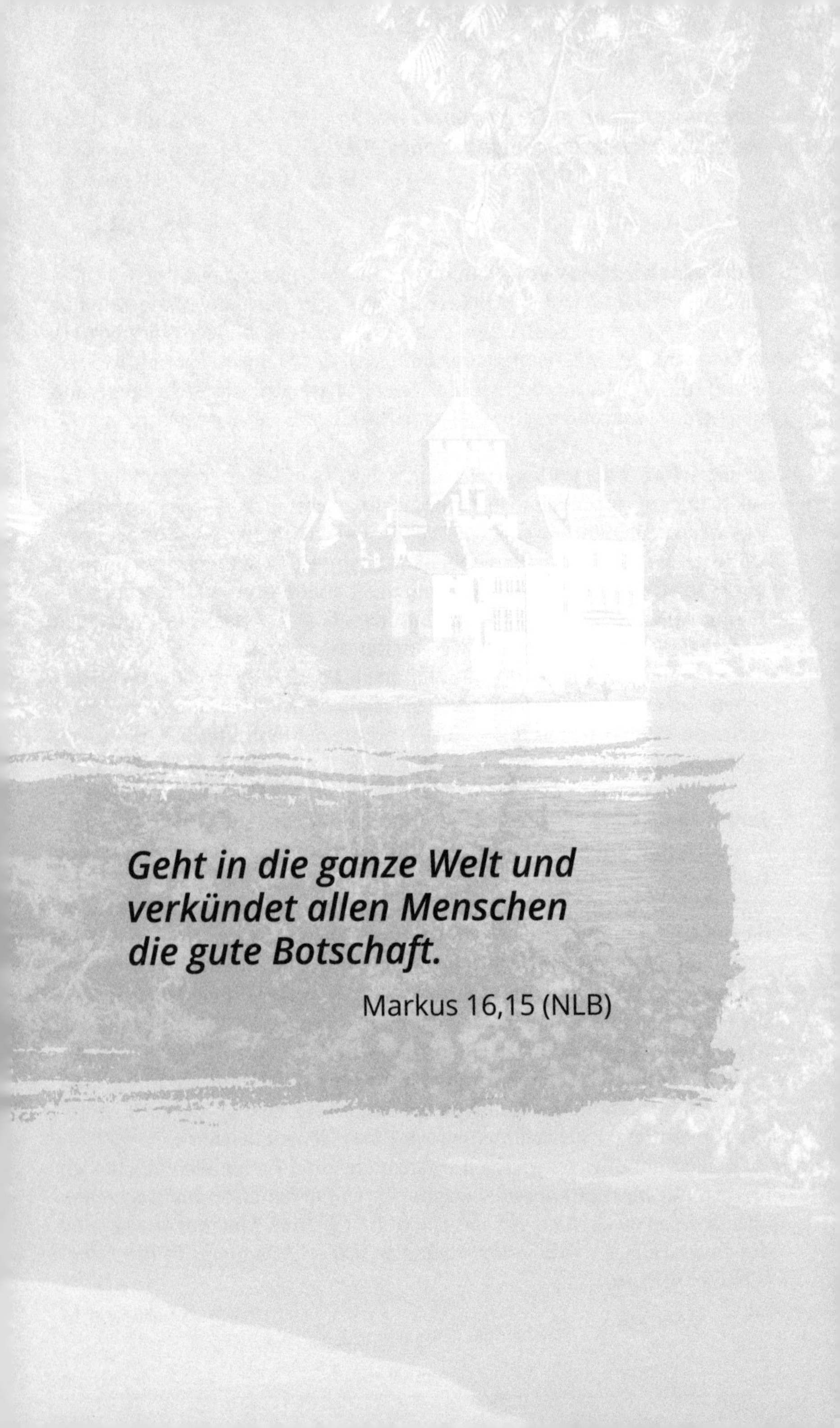

Geht in die ganze Welt und verkündet allen Menschen die gute Botschaft.

Markus 16,15 (NLB)

Als aber Jesus auferstanden war früh am ersten Tag der Woche, erschien er zuerst Maria Magdalena, von der er sieben Dämonen ausgetrieben hatte.

Markus 16,9

1
Montag
Ostermontag

Bibellese: Markus 16,9-20

APRIL

Innerhalb dieser mächtigen und weltbewegenden Geschichte finden wir einen kleinen Hinweis. Jesus erschien zunächst Maria, von der er sieben Dämonen ausgetrieben hatte. Wie der Hund in der guten Stube, so scheinen diese Geister in diesem Bericht zu erscheinen. Nun, die Dämonen werden erleichtert gewesen sein, dass sie die Szene schon Jahre früher verlassen hatten, und sie nicht noch dem Auferstandenen begegnen mussten.

Eine neue Identität ⇢ Die Auferstehung Jesu macht etwas mit uns persönlich. Sie schenkt dem Gläubigen eine neue Identität. Das Johannesevangelium zeigt ausführlich, wie der lebendige Christus Petrus wiederherstellte. In unserem Text ist es Maria Magdalena, die durch den Auferstandenen in ihrer geistlichen Identität bestärkt wird. Dabei handelt es sich um vier Bereiche:

- Zunächst einmal ist es die Beziehung zu Jesus, die weiterhin besteht. Wir üben mit unserem Glauben keine Gedächtniskultur aus, sondern leben mit Jesus in einem lebendigen Austausch.
- Zum Zweiten wurde Maria klar, dass mit dem fortwährenden Leben ihres Retters die ihr geschenkte Vergebung auch gültig blieb. Vor dem Auferstandenen ist kein Raum für Selbstanklage.
- Drittens wusste Maria auch, dass durch die Auferstehung die Gemeinde des Herrn, mit der sie sich so sehr identifizierte, Bestand haben würde, und dass sie darin ihren Platz hatte.
- Zuletzt wurde Maria klar, dass das Böse, von dem Jesus sie befreit hatte, nun endgültig besiegt war. Was für eine Erleichterung und wundersame Stärkung ihres neuen Lebens in Christus.
-

Bote des neuen Lebens ⇢ Als das KZ Buchenwald von der 3. US Armee im April 1945 befreit wurde, fanden sich dort noch mehrere Hundert Gefangene, viele mehr tot als lebendig. Als ihnen von den Soldaten die Freiheit verkündet wurde, wollten sie dies erst nicht glauben, zu tief saß das Misstrauen gegenüber Uniformierten. Die Menschen blieben in ihren Baracken und trauten sich nicht heraus. Aber die Armee hatte noch jemand Besonderen „im Gepäck“: Rabbi Herschel Schachter aus New York war an dem Tag auch in Buchenwald. Er sprach die Menschen auf Hebräisch und Jiddisch an: „Shalom aleichem, Yidden, ihr seid frei.“ Von diesem Mann, aus seinem Mund, auf dieser Sprache, da wurde die Botschaft des neuen Lebens geglaubt.

Dr. Ulf Strohbehn

2
Dienstag

Und der HERR war mit Juda, dass es das Gebirge einnahm; es konnte aber die Bewohner der Ebene nicht vertreiben, weil sie eiserne Wagen hatten.

Richter 1,19

APRIL

Bibellese: Richter 1,1-20

Fünf oder sieben Jahre war es her, dass sie Jericho eingenommen hatten. Kanaan lag in ihrer Hand, die Gebiete waren zugeteilt. Ihr Anführer Josua war verstorben, doch seine letzten, mahnenden Worte klangen noch nach. Sie hatten ihm zugesagt, Gott treu zu sein, und das wollten sie auch.

Alle Gebiete? ⇢ Es musste nun weitergehen, noch gab es Land einzunehmen. Wie schon andere Male zuvor befragen sie den lebendigen Gott, was zu tun ist. Er bestimmt, dass Juda beginnen soll, also ziehen sie los. Sie besiegen Jerusalem, nehmen das Gebirge, das Südland und weitere Teile des Landes ein. Nicht aber Gaza, Aschkelon, Ekron und auch die Bewohner im Tal waren ihnen zu mächtig. War der Befehl nicht gewesen, alle Gebiete Kanaans einzunehmen? Hatten sie ihren Schwur zu Gehorsam und Treue schon vergessen?

„*Und der HERR war mit Juda*", heißt es. Er gab ihnen den Sieg. Warum nicht auch über das Tal? Gott hatte sie ausgesandt, ihnen das Land zugesagt. Trauten sie Gott nicht? Warum fragten sie ihn nicht noch einmal? Was ging in ihren Herzen vor, dass sie sich einfach mit ihrer Unterlegenheit abfanden und den Befehl missachteten?

Aus der Ferne können wir möglicherweise beurteilen und bewerten, doch brechen wir das einmal auf das herunter, was Gott uns aufgetragen hat. Jesus, der Sohn desselben lebendigen Gottes, forderte seine Jünger auf, einander zu lieben und zu vergeben. Sie sollten füreinander beten. Kommen wir als seine Jünger dem in allen Gebieten nach? Wir, die wir uns sein Volk nennen, was bewegt uns dazu, diese „Befehle" im Alltag nur teilweise zu erfüllen? Was passiert da in unseren Herzen? Auch wenn es seltsam erscheint, ist es oft genug die Realität.

Gott hat Wege – fragen wir ihn ⇢ Lesen wir uns doch einmal selbst laut vor: „Und der Herr ist mit mir." Gott toleriert nicht einfach alles, er schaut auch nicht bloß zu. Aber er lässt mich auch nicht fallen, wenn ich schwach bin und das Leben mich überfordert. Dennoch möchte ich lernen und wachsen und gehorsam werden. Ich will den lebendigen Gott befragen, wie ich „*die Bewohner der Ebene*" überwinden kann. Wir können aus der Geschichte der Israeliten lernen. Finden wir uns nicht einfach mit unserer „Unterlegenheit" ab. Lasst uns vielmehr tun, was Jesus sagt, lasst uns ihm vertrauen.

Katharina Bösch

Als aber Israel mächtig wurde, machte es die Kanaaniter fronpflichtig, vertrieb sie jedoch nicht.

Richter 1,28

Bibellese: Richter 1,21-36

Ein alter Pflug, ein Brunnen, Relikte einer jüdischen Siedlung lange vor der Staatengründung Israels – so sagt es zumindest die Tafel hier im Garten des Hotels, in welchem meine Reisegruppe untergekommen ist.

Vertreibung: heute wie gestern ⇢ Einige Tage später in Tel Aviv. In meiner Unterkunft wird heftig diskutiert. „Palästina hatte nie den Juden gehört", postuliert ein junger Mann aus Südafrika, „die arabische Bevölkerung wurde 1948 brutal aus ihren Dörfern vertrieben." Dem widersprach lautstark ein junger Israeli. Am Ende einigten wir uns darauf, dass in einem kriegerischen Konflikt immer Unrecht geschieht und Vertreibung ein schlimmes Übel ist, von dem sich kaum ein Volk freisprechen kann.

Das Buch Richter führt uns in die Landnahme hinein. Israel bekam Kanaan von Gott als versprochenes Erbe anvertraut, mit dem Befehl, die Kanaaniter völlig aus ihren Städten zu vertreiben (5. Mose 7,1.2). Unser heutiger Text zeigt uns, dass sich das Volk Gottes nicht daran hielt.

Kompromisse: notwendig oder Not bringend? ⇢ Der Hintergrund für Gottes Handeln an den Götzen verehrenden Völkern Kanaans war es, Israel zu bewahren. Aber die Ausführung von Gottes Anweisung scheint schwere Arbeit zu sein. Wir ahnen, welche Gedanken ihnen durch den Kopf gingen: „Geht es nicht auch einfacher? Ist es nicht ein kluger Kompromiss, wenn wir unsere Feinde einfach zu Fronarbeitern machen? Wir müssen nicht mehr mühsam unsere Feinde vernichten und haben dazu noch Sklaven, die unsere Drecksarbeit verrichten."

Von Kind auf habe ich gelernt, dass man im Leben Kompromisse eingehen muss. Das fing schon im Sandkasten an: Wollte ich den Eimer eines anderen Kindes ausleihen, musste ich auch bereit sein, meine Schaufel zu teilen.

Nur Augen für Jesus ⇢ Jesus sagt in Offenbarung 2,4: *„Aber ich habe gegen dich, dass du deine erste Liebe verlassen hast."* Hier spüre ich seine Sehnsucht nach meiner ungeteilten Aufmerksamkeit. Wie leicht kann man sich von dem, was täglich auf uns einströmt, ablenken lassen. Ist unser Herz ungeteilt auf Jesus gerichtet? Bitten wir den Heiligen Geist, uns zu zeigen, wo wir falsche Kompromisse geschlossen haben. Vertreiben wir heute mit seiner Hilfe alles aus unserem Leben, das uns von Gott entfernt hat. Er möchte uns helfen, ihn mit ganzem Herzen zu lieben!

Reinhard Leistner

4
Donnerstag

[Da] kam nach ihnen ein anderes Geschlecht auf, das den HERRN nicht kannte noch das Werk, das er an Israel getan hatte.

Richter 2,10

APRIL

Bibellese: Richter 2,1-10

Bei einem Besuch in einer Bibelschule erzählten wir als Missionare den jungen Bibelschülern von dem Leben in der Mission. Interessant für uns war der Hintergrund der Bibelschüler. Die meisten kamen aus christlichen Elternhäusern. Sie wollten sich mit dem Wort Gottes auseinandersetzen und „Werkzeuge“ finden. Werkzeuge, mit denen sie den vielen Fallstricken und Fangnetzen, die das Leben mit sich bringt, begegnen könnten.

Wer bestimmt? ⇢ Die heutige Bibellese aus dem Buch Richter lehrt mich, Gottes Gedanken ernst zu nehmen. Gott tadelt die Israeliten, weil sie nicht gehorcht hatten, sondern sich auf den Götzendienst der anderen Völker eingelassen hatten. Als Herausforderung ließ Gott jetzt die fremden Völker unter ihnen wohnen, damit die Israeliten sich angesichts der Versuchungen entscheiden sollten. Wem wollten sie dienen und auf wen wollten sie sich ausrichten? Auf welche Stimme wollten sie hören?

Licht für die kommende Generation ⇢ Als Mutter erwachsener Kinder ermutigt mich immer wieder die Aufgabe, auch als reifere Nachfolger Jesu Licht und Salz zu sein und das Zeugnis vom Vater, Sohn und Heiligen Geist aufrechtzuerhalten. In unserem heutigen Leitvers lesen wir, dass eine andere Generation aufkam, die den Herrn nicht kannte, nachdem die Ältesten und Josua gestorben waren. Man mag ja als ältere Generation für die Jungen „uncool“ sein.

Aber unser Zeugnis von Gottes Liebe, Vergebung und Veränderung in unserem Leben gibt der jüngeren Generation Leitlinien, Hinweisschilder, Mut und Hoffnung. Meine persönlichen Geschichten, Gespräche und Erlebnisse mit Gott möchte ich im Herzen und, wenn angebracht, auf der Zunge tragen, denn so geben wir das Banner des Herrn weiter in die nächste Generation und in andere Völker. Kinderstunden, Kinder- und Jugendfreizeiten, Eheseminare sind wichtig, damit Gott in jeder Generation bekannt bleibt. Auch Berichte über sein Handeln weltweit erheben unseren Blick auf den Herrn und sein Werk. Er erweitert unsere Grenzen in jede Richtung. Warum nicht wieder einmal einen Missionar in die Jugendstunde einladen? Lasst uns für die nachkommenden Kinder und Kindeskinder Gottes „salzige“ reifere Generation sein!

Doortie Riener

Wenn aber der HERR ihnen Richter erweckte, so war der HERR mit dem Richter und errettete sie aus der Hand ihrer Feinde, solange der Richter lebte.

Richter 2,18

5
Freitag

APRIL

Bibellese: Richter 2,11-23

Es lohnt sich, die Geschichte der Richter im Zusammenhang zu lesen. Sie liest sich wie eine Zusammenfassung des eigenen Lebens. Das Auf und Ab im Leben des Volkes Israel ist ein Bild für Siege und Niederlagen des Volkes Gottes zu allen Zeiten. Es ist ein Bild für mein geistliches Leben: Mal kann ich richtig gut drauf sein, aber manchmal sogar innerhalb kurzer Zeit wieder richtig tief fallen.

Gegen den Strom ⇢ In einem Kinderlied heißt es: „Sei ein lebend'ger Fisch, schwimme doch gegen den Strom. Auf, und wag es frisch: Freude und Sieg ist dein Lohn!" Doch warum sind wir manchmal so „kleingläubig", wie Jesus es nannte? Liegt es daran, dass man zu sehr von Gefühlen gesteuert wird und auf großartige Erfahrungen wartet? Wenn das Erlebte nicht den Erwartungen entspricht, lassen wir uns dann einfach treiben? Einige kennen vielleicht noch das oben zitierte Kinderlied. Es kann anstrengend sein, immer gegen den Strom anzuschwimmen. Aktiv am Herrn Jesus dranzubleiben und unsere Identität in ihm zu festigen, erfordert die ganze Aufmerksamkeit und Intention. Es scheint so zu sein, dass enorme Kräfte an unserem inneren Menschen zerren.

Sehnsucht ⇢ Unser innerer Mensch, die neue Schöpfung, sehnt sich nach Gott, das glaube ich. Aber es gibt auch andere Kräfte, die ziehen uns nach unten, also weg vom Herrn. Die Punkte, die bei uns einen Magneten finden, können ganz unterschiedlich sein. Wichtig ist es, die eigenen Schwachpunkte zu erkennen, welche Einflüsse es sind, die uns vom Herrn wegziehen. Manches ist völlig offensichtlich und man weiß: „Ich muss umkehren!" Bei anderen Dingen ist es eher subtil, wie bei einer Strömung im Fluss oder Meer. Man merkt gar nicht so schnell, dass man durch sie weggetrieben wurde. Manchmal ist das lebensgefährlich.

Das junge Volk Israel fand sich einer Gesellschaft ausgesetzt, in der vieles durchaus attraktiv und möglich war. Ihre Vorbilder waren weg, aber Gott in seiner Gnade hat immer Leute geschickt, die Korrektur brachten, weil er barmherzig ist. Unsere „Kulturströmung" lässt sehr viel zu und bietet uns Angenehmes. Nicht alles sieht sofort böse und verfänglich aus. Gibt es da Strömungen, bei denen wir gegensteuern müssen, um auf Kurs zu bleiben? Der Heilige Geist korrigiert uns und hilft uns ebenfalls, eine Korrektur für andere zu sein.

Thomas Renner

6
Samstag

Diese blieben, um Israel durch sie zu prüfen, damit kundwürde, ob sie den Geboten des HERRN gehorchten, die er ihren Vätern durch Mose geboten hatte.

Richter 3,4

APRIL

Bibellese: Richter 3,1-11

Prüfungen unseres Glaubens sind normal, ja, sie sind sogar gewollt. Es ist wie bei einem Schüler, der sich durch einen unglaublich schwierigen Test quält und diesen am Ende erfolgreich besteht, erwirbt sich Lob und Anerkennung. Noch Jahre später blickt er auf jene Momente zurück, freut sich über sein Wachstum und kann anderen in ähnlichen Situationen ein guter Berater sein.

Eigene Wege ⇢ Die Israeliten wurden zur Zeit der Richter durch die feindlichen Völker in ihrem Umfeld geprüft. Würden sie Gott zu 100 Prozent vertrauen? Würden sie ihre Hilfe nur beim Herrn aller Herren suchen? Würden sie Gottes Anweisungen folgen, auch wenn dies nicht ihren eigenen Ansichten entsprach? Leider nein! Die Menschen verließen Gott. Sie wandten sich den falschen Göttern ihrer Nachbarn zu. Über ihren eigenen Glauben wussten sie immer weniger. Dies ging so weit, bis Gott sie letztlich verließ und die Israeliten in tiefste Not stürzten.

Nur mit Gott gelingt die Prüfung ⇢ Am Tiefpunkt des Lebens kam das Volk Gottes wieder zur Besinnung. Die Gemeinschaft schrie zum Herrn um Hilfe und er sandte in seiner unbegreiflichen Güte und Geduld wieder und wieder einen Retter, auf den *„der Geist des HERRN"* kam (Vers 10). Dieser Retter half den Israeliten, auf den Weg mit Gott zurückzukommen.

Wie verhalten wir uns in den Prüfungen unseres Lebens? Ist uns überhaupt bewusst, dass wir in einem Kampf stehen? *„Kämpfe den guten Kampf des Glaubens"*, schreibt Paulus in 1. Timotheus 6,12. Wie gut, dass Jesus uns nicht im Ungewissen darüber lässt, dass Prüfungen und Kämpfe zum Leben im Glauben gehören.

Und doch haben wir allen Grund zur Dankbarkeit. Denn erstens liegt uns Gottes Wort in unserer eigenen Sprache vor. Und zweitens ist uns seit Pfingsten der Heilige Geist gegeben. Nutzen wir diese beiden Schätze doch voll aus! Lasst uns Gottes Wort lieben und lesen und seinem Geist Raum geben, damit er uns zeigt, was sein Wort ganz konkret in unserem Alltag bedeutet. Wenn wir das tun, können wir jede Prüfung erfolgreich bestehen.

Steffen Martini

....

Da schrien die Israeliten zu dem HERRN, und der HERR erweckte ihnen einen Retter, Ehud, den Sohn Geras, den Benjaminiter; der war linkshändig.

Richter 3,15

Bibellese: Richter 3,12-31

Wieder so ein „Klassiker" aus dem Alten Testament. Wie schon so oft schafft sich das Volk Israel seine eigenen Probleme, indem es das tat, was böse war in den Augen des Herrn. Und wieder war der Herr darauf vorbereitet und erweckt sich aus seinem Volk einen Helden, der aufsteht. Ich möchte mit diesem Artikel nicht darauf hinweisen, dass Jesus unser Retter ist, sondern uns daran erinnern, dass der Herr sich bis heute Leiter erweckt, die „anders" sein können. In unserer heutigen Bibellese ist es Ehud, von dem extra erwähnt wird, dass er *„linkshändig"* war. Jede Generation braucht ihre Helden, Männer und Frauen Gottes, die sich vom Geist Gottes erwecken lassen und Dinge tun, die vielleicht kein anderer Mensch vor ihnen getan hat. Das sind Leiter, die vom Heiligen Geist inspiriert und durch den Glauben gestärkt dort Siege erleben, wo andere eher Schwierigkeiten sehen.

Als Christ stehe ich immer wieder vor Herausforderungen des Glaubens. Wenn diese Glaubensherausforderungen zunehmen, stehe ich dann auf und finde die Lösung oder hoffe ich, dass Gott jemanden findet, der es tun wird? Ehud jedenfalls ergriff mit Mut und Glauben die Initiative. Sein Sieg sorgte dafür, dass ein ganzes Volk wieder Hoffnung hatte: *„Und als er hineinkam, blies er die Posaune auf dem Gebirge Ephraim. Und die Israeliten zogen mit ihm vom Gebirge und er vor ihnen her"* (Vers 27).

Neue Klassiker schreiben ⇢ Wenn der Sieger seinen Sieg mit anderen teilt, wird der Glaube einer Gemeinschaft gestärkt. Als Gemeinde haben wir mit den Mitarbeitern jede Woche eine Zeit, in der wir uns stärken, indem wir das, was wir in der letzten Woche mit Jesus erlebt haben, einander erzählen. So hören wir von Heilungen, Befreiungen und Bekehrungen. Diese Momente sind für mich die Augenblicke, die meine Leidenschaft neu befeuern, in der kommenden Woche ein Werkzeug Jesu zu sein.

Ich möchte uns heute ermutigen, die nächste Glaubensherausforderung mit Mut und Glauben anzugehen. Wenn wir dabei erleben, wie der Herr seine Treue zeigt, dürfen wir es herausposaunen, damit viele durch das Wort unseres Zeugnisses ihren eigenen Sieg davontragen. Dazu gehört es, einmal innezuhalten und sich zu fragen: „Was habe ich in der letzten Zeit mit Jesus erlebt?" Manchmal hilft es, das aufzuschreiben, um davon zu erzählen.

Björn Lütke

8
Montag
APRIL

Hat dir nicht der HERR, der Gott Israels, geboten: Geh hin und zieh auf den Berg Tabor und nimm zehntausend Mann mit dir?

Richter 4,6

Bibellese: Richter 4,1-16

Diese Geschichte ist uns bekannt: Israel wird einmal mehr untreu gegenüber seinem Gott. Unter Druck entsteht neu der Ruf nach ihm, denn er ist der Einzige, der erlösen kann. Doch der allmächtige Gott beauftragt nicht seine himmlischen Heerscharen oder schnippt mal eben mit dem Finger, sondern er beauftragt Menschen. In dieser Geschichte überträgt der Herrscher des Weltalls die Lösung des Problems einem Mann, der sich seiner Begrenzungen durchaus bewusst ist.

Die Unterdrückung durch die Kanaaniter war wohl im Norden Israels am meisten spürbar. So waren es Menschen aus dem Norden, die zu Deborah in den Süden kamen und Gott um Hilfe baten. Deborah muss eine sehr beeindruckende und charismatische Persönlichkeit gewesen sein. Sie rief Barak und fragte ihn: *„Hat dir nicht der HERR, der Gott Israels, geboten: Geh hin und zieh auf den Berg Tabor und nimm zehntausend Mann mit dir von den Naftalitern und den Sebulonitern?"*

Barak – ein Beispiel ⇢ Deborah ermahnte Barak nicht zum wiederholten Mal, sondern gab ihm in ihrer Eigenschaft als Prophetin den Befehl Gottes weiter. In Hebräer 11 wird Barak in einem Atemzug mit einer Reihe von Glaubenshelden aufgelistet. Er hatte Glauben an einen großen Gott und verzichtete lieber auf den militärischen Ruhm, als sich auf seine eigene Frömmigkeit zu verlassen. Weil Deborah den Willen Gottes so genau kannte, war es Barak wichtig, sie dabeizuhaben. Er hörte den Befehl Gottes und führte ihn aus. Die Schwachheit, die ebenfalls berufene Schwester dabeihaben zu wollen, schränkte nur seine militärischen Ehren ein, nicht jedoch seinen Gehorsam Gott gegenüber.

Ich nehme das als Beispiel für mich. Oh ja, ich will den Auftrag des Herrn ausführen und Menschen von der Rettung in ihm erzählen. Dieser Auftrag ist direkt von Jesus selbst. Aber da ist immer wieder dieses Zögern, Menschen anzusprechen. Wenn ich mir diese Schwäche eingestehe und jemand anderes dazu bitte, mit mir zusammen Menschen anzusprechen, so ist das kein Unglaube. Zusammen können wir eher noch viel mehr erreichen. Letzten Endes gilt doch nur der Auftrag: *„Hat dir nicht der HERR, der Gott Israels, geboten …?"*, und dessen Erfüllung, indem wir hingehen und tun, was uns gesagt ist. Fassen wir Vertrauen und erfüllen den Auftrag Jesu.

Gottfried Schittek

9
Dienstag

So demütigte Gott zu der Zeit Jabin, den König von Kanaan, vor den Israeliten.

Richter 4,23

Bibellese: Richter 4,17-24

APRIL

Viele haben schnell die Tendenz, ihr Vertrauen auf menschlich gesehen starke Dinge zu setzen. Ein großes Heer, viele Waffen, viel Gold, viel Wissen und vieles mehr. Mehr als 20 Jahre unterdrückte der König Israels Jabin das Volk mit seinen 900 eisernen Kriegswagen. Ein mächtiges Heer. Wir sehen in diesem Abschnitt, dass das Große und Mächtige mit dem, was in den Augen der Menschen als schwach galt, zerstört wurde.

Gottes Kraft in den Schwachen ⇢ Gott benutzte eine Frau und einen kleinen Pflock, um den mächtigen Kriegsherrn zu vernichten. Er demütigte den Starken durch das Schwache. Wie oft sehen wir in der Geschichte Gottes, dass er Schwache und Ausgestoßene gebraucht, um seine Macht und Kraft zu zeigen und sein Reich zu bauen. Es ist die Botschaft vom Kreuz: sterben, um zu leben, geben, um zu bekommen, sich demütigen, um erhoben zu werden. *„Gott widersteht den Hochmütigen, aber den Demütigen gibt er Gnade"* (Jakobus 5,5). Jesus zeigte das Vorbild. Er legte sein Leben hin, damit wir Leben bekommen. Durch diese Demut wurde er erhoben über jede Autorität dieser Erde.

Mit Gott erlebt ⇢ Ich bete oft um Krankenheilung. Jedes Mal geht es darum, sich selbst zu sterben und sich zu demütigen. In einer größeren Veranstaltung lehrte ich über Krankenheilung. Ich bat darum, dass eine Person nach vorne kommt, um zu zeigen, wie man für Kranke beten kann, damit die Menschen es auch so machen können. Ich wollte ein Vorbild sein. Es meldete sich jemand, der schon am Tag zuvor zu mir gekommen war, um für Heilung zu beten. Es war ein älterer Mann mit Rückenproblemen. Als ich sah, dass er nach vorne kam, dachte ich mir nur: „Gestern haben wir schon gebetet, und er ist schon alt."

In diesem Moment lehrte mich der Heilige Geist, demütig zu sein, egal was passiert. Also betete ich vor der Menschenmenge für diesen Mann und bat ihn, zu überprüfen, ob es ihm besser ginge. Er ging im Gang zwischen den Menschen auf und ab und drehte sich mit groß aufgerissenen Augen zu mir um: „Alles ist weg, kein Schmerz mehr!" Immer wieder ging er auf und ab. Er war geheilt. In meiner Schwäche war Christus stark. In diesen Moment erfuhr ich tiefer, was diese Wahrheit bedeutet. Deshalb will ich dazu ermutigen, sich mehr auf Gottes Wirken zu verlassen als auf das eigene „Können".

Manuel Reichör

10
Mittwoch

Starke fehlten, in Israel fehlten sie, bis du, Debora, aufstandest, bis du aufstandest, eine Mutter in Israel.

Richter 5,7

APRIL

Bibellese: Richter 5,1-12

Heute ist Muttertag - nein, nicht im Kalender. Aber das kann ja jeder: Blumen kaufen, wenn es alle tun. Es ist Zeit für einen Blumenstrauß für die Mütter in Christus. In einer Zeit, in der man Väter oft vermisst, wollen wir die Mütter feiern. Denn sie sind immer da. So war es in Israel. So war es in der Geschichte unserer Gemeinden. So ist es heute.

Die Elite Israels hatte sich ins Privatleben zurückgezogen. Sie frönten ihren Hobbys, die Bibel nennt es eher Götzendienst. Die öffentliche Ordnung brach zusammen, weil sich keiner der Ältesten mehr bereitfand, in den Toren Recht zu sprechen. Im Text lesen wir von wilden Prügeleien der Konfliktparteien an den Orten der Rechtsprechung. Wo die Führer in der Versenkung verschwinden, findet sich auch keiner mehr, der für das Gemeinwesen kämpft. Debora teilt die niederschmetternde Analyse mit: 40 000 Kämpfer und kein Schwert oder Schild. Die Tore standen für die Feinde sperrangelweit offen. Israel war am Ende.

Mütter stehen auf ⇢ Wer sich ein wenig mit Kirchen- und Gemeindegeschichte beschäftigt, wird feststellen: Immer, wenn die Männer frustriert ihre „Schwerter" im Schrank einschlossen, standen Frauen auf und schlossen die Lücken. Schon Paulus betrauert, dass die Gemeinden reichlich mit Zuchtmeistern gesegnet sind, aber ein permanenter Mangel an Vätern herrscht. Bei Müttern war die Klage nie nötig. Sie sind da. Sie stehen auf und handeln, wenn die Not am größten ist. Sie beten, sie trösten, sie lieben, sie heilen. Sie sind wie Debora, die Barak ruft, beauftragt und unterstützt. Und sie begleitet ihn auf seinem Weg, der ihm Angst macht.

Mütter ehren ⇢ Wollen wir Gott für unsere Mütter danken. Auch für die Mütter in unseren Gemeinden. Auch sie brauchen manchmal Ermutigung und Wertschätzung. Danken wir doch einmal der treuen Beterin, die dir und mir eine ständige Präsenz vor dem Thron Gottes verschafft. Danken wir der begnadeten Ermutigerin, die nach jedem Gottesdienst ein liebes Wort für jeden hat. Danken wir den Prophetinnen, Verkündigerinnen und denen, die selbst Leitungsverantwortung nicht scheuen. Danken wir auch denen, die nie ein Aufhebens um ihre Treue und Verbindlichkeit machen. Wir dürfen sicher sein: Die Mütter zu ehren, bringt Segen! Welcher Mutter in Christus wollen wir heute besonders danken?

Andreas Rückert

Gepriesen sei unter den Frauen Jaël, die Frau Hebers, des Keniters; unter den Frauen im Zelt sei sie gepriesen!

Richter 5,24

Bibellese: Richter 5,13-31

20 Jahre Besatzung und Elend. Die Kanaaniter hatten Israel besetzt und beuteten das Volk gnadenlos aus. Der Widerstand des Volkes gegen die Unterdrücker war erlahmt. Die Anführer Israels hatten sich zurückgezogen und experimentierten mit fremden Götzenkulten. Allein die Richterin Debora hielt die Fahne des Widerstands hoch und beauftragte den Offizier Barak, einen Feldzug gegen die Kanaaniter anzuführen. Boten reisten durchs Land, um die verschiedenen Stämme Israels zum Kampf zu versammeln.

Aussichtsloser Auftrag ⇢ Die Welt der Fachleute, Politiker und Militärs Israels glänzte durch Abwesenheit oder war heillos zerstritten. Da beruft Gott eine Frau. Sie hatte es schon weit gebracht, als Richterin in der Provinz. Doch dies war eine ganz andere Liga. Woher nahm Debora nur ihren Mut? Oder war es gar kein Mut? War es mehr? War es nicht eher Gehorsam? Sie hatte etwas von Gott gehört. Sie hatte einen aussichtslosen Auftrag. Aber es war ein Auftrag von Gott. Doch wie sollte sie es anfangen?

Mancher prophetische Impuls verfehlte schon sein Ziel, weil sich die Propheten selbst mit der Umsetzung befassten. Debora hingegen zieht nicht sofort in den Krieg, sondern macht sich auf die Suche nach Fachleuten. Sie inspiriert den Soldaten Barak, das Unmögliche zu wagen. Sie begleitet ihn sogar, als ihm der Mut fehlt. Was für ein souveräner Umgang mit dem Reden Gottes! Sie gibt weiter, was sie von ihm gehört hat, sie ermutigt, sie beruft, doch sie gibt die Umsetzung aus der Hand. Sie findet ein Puzzle und setzt es zusammen. Damit ist der Auftrag nicht mehr aussichtslos, denn sie muss ihn nicht allein stemmen.

Der Erfolg hat viele Mütter ⇢ Der Aufstand gegen die Kanaaniter wird ein grandioser Erfolg. Debora hatte nicht nur von Gott gehört, sie hat auch auf den richtigen Mann gesetzt. Die Feinde werden vernichtend geschlagen. Allein General Sisera entkommt. Doch er ist der Kopf des Ganzen. Soldaten lassen sich ersetzen, solange es einen prominenten Heerführer gibt. Doch hier kommen weitere Puzzleteile ins Spiel. Jael gehört einem unbeteiligten Nachbarvolk an, doch sie ist es, die dem Treiben Siseras ein Ende setzt. Debora hatte begriffen: Ein Puzzle malt man nicht, man sucht die Teile zusammen. So wird ein Bild daraus.

Andreas Rückert

12
Freitag

So wurde Israel sehr schwach vor Midian. Da schrien die Israeliten zum HERRN.

Richter 6,6

APRIL

Bibellese: Richter 6,1-10

„Pech gehabt – selbst schuld", so könnte man die Situation beschreiben, in der sich die Israeliten befanden. Die Erzählung in der heutigen Bibellese beginnt folgendermaßen: *„Und als die Israeliten taten, was dem HERRN missfiel …"* (Vers 1). Die Israeliten hatten von den Einwohnern nicht nur die Kunst des Ackerbaus, sondern auch deren Götter und Lebensbild übernommen. Der Grund dafür war nicht Unwissenheit, sondern schlicht und ergreifend Ungehorsam. Wenn Gott eine rote Linie zieht, sollten wir diese nicht einfach übertreten. Gott macht das sehr deutlich: *„Ich bin der HERR, euer Gott! Ihr sollt nicht fürchten die Götter der Amoriter, in deren Land ihr wohnt. Aber ihr habt meiner Stimme nicht gehorcht"* (Vers 10).

Nicht jedes Leid und Elend ist selbst verschuldet. Wir leiden auch unschuldig und gehen durch Tiefen, weil wir noch in dieser Welt sind. Gleichzeitig ist es wichtig, dass wir sorgfältig auf unser Leben achten und nicht einfach über Gottes Anweisung hinweggehen. Eine unbequeme und doch sehr wichtige Frage ist deshalb, wo in unserem Leben Dinge sind, die Gott missfallen. Sind wir bereit, gehorsam zu sein und zu tun, was er sagt? Denn mitten in dem Leid gibt es Hoffnung, wenn wir Menschen Gott wieder suchen und zu ihm rufen.

Rückzug und Ohnmacht ⇢ Die Not war so groß, dass sich die Menschen zurückzogen und verkrochen. Kennen wir auch solche scheinbar ausweglosen Situationen? Die Übermacht der Widerstände ist so überwältigend, dass wir uns zurückziehen und in unser Loch verkriechen. Zu schwach und ohnmächtig, um dagegen anzugehen. Eine schier ausweglose Situation, in der es menschlich keine Lösungen mehr gibt. Doch wenn wir schwach und am Ende sind, fangen Gottes Möglichkeiten erst an.

Gott hört uns ⇢ Wie groß die Barmherzigkeit Gottes ist, wird hier deutlich. Auch wenn wir Menschen heute wie damals immer wieder denselben Fehler machen, verweigert sich Gott nicht. Wie verständlich und menschlich wäre es, zu sagen: „Jetzt ist genug! Ich reagiere und helfe nicht mehr." Aber Gottes Erbarmen ist so groß, dass er das Schreien der Menschen hört. Gott ist auch heute nur ein Gebet weit entfernt. Zieh dich nicht zurück, sondern bitte um seine Hilfe.

Werner Fraas

Da erschien ihm der Engel des HERRN und sprach zu ihm: Der HERR mit dir, du streitbarer Held!

Richter 6,12

Bibellese: Richter 6,11-24

Was für eine Begrüßung! Wie Gideon von sich selbst dachte, können wir beim Lesen des heutigen Bibeltextes erkennen: Er sah in sich alles andere als eine mutige Person. Er versteckte sich wie alle anderen Israeliten vor den Feinden. Seine Arbeit gestaltete sich deshalb mühsam. Weizen drischt man in der Regel auf der Tenne, wo der Wind die Spreu vom Weizen trennen kann, nicht in der Kelter. Sein Reden ist eher ein Lamentieren als von Zuversicht und Hoffnung durchdrungen. Gott holt ihn heraus aus der Höhle, in die er sich verkrochen hatte. Kennen wir auch solche Momente, wo eher die vielen „Aber“ und Selbstmitleid unser Denken bestimmen als die Perspektive, die Gott hat?

Gottes Perspektive ⇢ Gott sieht die Geschichte vom Ende her. Er kennt schon den Ausgang. Er weiß, dass am Ende ein großer Sieg und nicht die Niederlage stehen wird. Er weiß auch, dass Gideon ein entscheidender Mensch in diesem Geschehen sein wird. Doch Gideon hat viele Ausreden, beruft sich auf seine Schwachheit und seine geringen Möglichkeiten. Er macht sich unendlich klein, obwohl Gott in ihm einen streitbaren Helden sieht.

Wie oft rauben wir uns im Alltag die Möglichkeiten, im Sinne Gottes zu handeln, weil wir bei unserer kleinen Sicht bleiben, anstatt Gottes Perspektive zu vertrauen? Er sieht in dir und mir mehr, als wir selbst in uns erkennen oder uns zutrauen. Verstecken wir uns hinter Ausreden, anstatt viel mehr dem nachzuspüren, wie Gott uns sieht?

Der Herr ist mit dir ⇢ Die Umstände sprechen oft eine so laute Sprache, dass wir gar nicht mehr mit der Dimension des göttlichen Handelns rechnen. Wie Gideon zweifeln wir, aber die Zusage der Gegenwart Gottes verändert alles. Nicht nur einmal, sondern wie ein roter Faden zieht sich Gottes Zusage an Gideon *„Ich will mit dir sein“* (Vers 16) vom Anfang bis zum Ende hindurch. Gleichwohl waren die Umstände noch dieselben und Gott sagt: *„Gehe hin in dieser deiner Kraft“* (Vers 14).

Gott macht uns nicht zu vor Kraft strotzenden Superhelden. Doch das Wissen, dass der Herr mit uns ist, reicht als Ausrüstung für die nächsten Schritte. Manchmal befallen uns Zweifel und wir brauchen eine Rückversicherung, wie Gideon sie mehrmals suchte. Aber Gott steht zu seinem Wort, er ist heute mit uns, darauf dürfen wir vertrauen und mutig sein.

Werner Fraas

14
Sonntag

Da sprachen die Leute der Stadt zu Joasch: Gib deinen Sohn heraus; er muss sterben, weil er den Altar des Baal niedergerissen … hat.

Richter 6,30

APRIL

Bibellese: Richter 6,25-32

Manchmal genügt es nicht, dem Herrn einen Altar zu bauen, sondern andere Altäre müssen eingerissen werden. Zur Hingabe an Gott gehört auch die Absage an fremde Götter. Wir müssen den Rücken frei haben, um Gott *rück*haltlos dienen zu können. *„Denn ihr wisst, dass ihr nicht mit vergänglichem Silber oder Gold erlöst seid von eurem nichtigen Wandel nach der Väter Weise“* (1. Petrus 1,18). Hier ging es an die Wurzel der Not, die Gott durch Gideon wenden wollte. Deshalb wollte er vor der äußeren die innere Befreiung bewirken.

Ablehnung ⇢ Ich schätze die Radikalität, mit der Gideon ans Werk ging und den ersten Berufungstest bestand. Immerhin riskierte er heftige Reaktionen. Gott möchte, dass wir uns von ihm abhängig machen, nicht von Menschen. Jesus begann als 12-Jähriger, sich mehr an den himmlischen Vater als an seine irdischen Eltern zu binden und nahm die Ablehnung seiner Geschwister in Kauf. Können wir wie Paulus sagen: *„Allerdings hat es für mich keinerlei Bedeutung, welches Urteil ihr über mich fällt“* (1. Korinther 4,3 NGÜ)? Das bedeutet nicht, sich jeglicher Beurteilung durch Menschen zu entziehen. Aber wenn Gott uns einen konkreten, klar bestätigten Auftrag gibt, soll uns der Applaus oder die Ablehnung von Menschen nicht das Wichtigste sein.

Menschenfurcht ⇢ Gideon führte aus Furcht vor den Menschen den Auftrag in der Nacht aus. Sobald eine radikale Entscheidung gegen eine religiöse Tradition getroffen wird, sind die Leute empört, die es sonst nicht so genau nehmen. Da wird mehr für einen Götzen gekämpft als jemals zuvor für den lebendigen Gott. Tatsächlich fordern Gideons Nachbarn seinen Tod.

Wenn wir aus Ehrfurcht vor Gott ihm gehorsam waren, brauchen wir keine Menschen zu fürchten. Gott wird sich früher oder später zu uns stellen. Wie gut, wenn uns dann wie Gideon von unverhoffter Seite Hilfe zuteilwird: Gideons Vater Joasch zeigt Einsicht, vielleicht sogar Reue, indem er sich zu seinem Sohn stellt. Manchmal ist es beschämend, wenn nachfolgende Generationen Gott mit mehr Eifer nach seinem Willen fragen als wir. Vielleicht haben wir für sie gebetet und merken nun, dass unsere Gebete erhört werden. Wir sollten sie dann nicht ausbremsen, sondern uns von ihnen zu neuer Hingabe entfachen lassen. Unterstützen wir sie im Kampf und stellen wir uns an ihre Seite.

Andreas Eichberger

Und Gott machte es so in derselben Nacht, dass es trocken war allein auf der Wolle und Tau auf dem ganzen Boden.

Richter 6,40

15
Montag

Bibellese: *Richter 6,33-40*

APRIL

Ein Vlies auslegen – das ist in manchen Kreisen eine Redensart für diese Methode Gideons geworden, um Gottes Willen herauszufinden. Entscheidend sind bei so einer Vorgehensweise die Voraussetzungen und die Motivation, aus der heraus um ein göttliches Zeichen gebetet wird. Wenn es um Fragen geht wie: „Soll ich heute aufstehen und zur Arbeit gehen oder nicht? Darf ich meinen Nachbarn bestehlen? Soll ich mir heute die Zähne putzen?", ist es unangemessen, dafür um ein zeichenhaftes Wunder zu beten. Denn es geht um Dinge, bei denen Gottes Wille klar ist, oder wo es einfach in meiner Entscheidungsgewalt liegt und keine weitere Bedeutung hat.

Warum möchte man überhaupt ein Zeichen von Gott haben, wenn er bereits gesprochen hat? Will man womöglich gar nicht gehorsam sein und sucht nach einer fromm kaschierten Legitimation für Ungehorsam? Aus diesem Grund und wegen des Honorars hatte Bileam erneut bei Gott nachgefragt, als er gebeten wurde, Israel zu verfluchen. Das gefiel Gott nicht, da er bereits seinen Willen klar offenbart hatte (4. Mose 22,12.22). Bei Gideon war das nicht so. Er war mit dem Heiligen Geist angetan, hatte bereits unter den Stämmen Israels mobilgemacht und war fest entschlossen, für den Herrn in den Kampf zu ziehen. Aber er wünschte sich noch eine seinen Glauben stärkende Bestätigung. Das ist etwas anderes und darauf geht Gott in seiner Güte ein, gerade wenn es sich um einen ganz ungewöhnlichen Spezialauftrag handelt.

Mit Gott erlebt ⇢ Als wir Mitte der 90er-Jahre in Köln mit den „Cologne Worship Nights" begannen und damit im Auftrag des Herrn das bis dahin neue Veranstaltungsformat von Lobpreiskonzerten entwickelt hatten, legten wir Gott den nächsten Schritt hin, aus dem Gemeindehaus heraus- und in einen säkularen Raum hineinzugehen: in den legendären Alten Wartesaal zu Füßen des Doms im Herzen Kölns, aus dem ständig Live-Übertragungen im Fernsehen gesendet wurden. Wenn die mühsam von Lothar Kosse und seinen Musikerkollegen in der Band gefundenen Termine in diesem begehrten Raum frei wären, würden wir es aus Gottes Hand nehmen und ihm auch für die Finanzierung vertrauen. Als ich dort vorsprach, waren „überraschenderweise" die angefragten Sonntage frei. So gingen wir mutig ans Werk und erlebten gerade dort etliche geistlichen Siege.

Andreas Eichberger

16
Dienstag

So rufe nun aus vor den Ohren des Volks: Wer ängstlich und verzagt ist, der kehre um und verlasse das Gebirge Gilead.

Richter 7,3

APRIL

Bibellese: Richter 7,1-8

Es herrschte Unterdrückung im Land. Die Macht der Midianiter und der schleichende kulturelle (religiöse) Einfluss der Kanaaniter in Israel führte zu ernsthaften Spannungen. Wir sehen hier, wie Gott sein Volk in solchen Zeiten nicht im Regen stehen lässt, wie er selbst im Krieg sich nicht von seinen Leuten abwendet, sondern ihnen beisteht und hilft. Für seine Hilfe beruft Gott einen Mann, der offen ist für sein Reden, der für Gottes Sache brennt und ihm vertraut. Und Gott sucht viele andere, die mutig sind und im Vertrauen ihm gegenüber bereit sind, zu kämpfen.

Durch seinen Geist ⇢ Zwei Gefahren sieht Gott in der sich anbahnenden kriegerischen Auseinandersetzung: Überheblichkeit und Verzagtheit. Das ist sicher zeitlos übergreifend bis heute so geblieben. „*Israel könnte sich rühmen wider mich und sagen: meine Hand hat mich errettet*“ (Vers 2), ist die Haltung in überheblicher Fokussierung auf sich selbst. „*Wer ängstlich und verzagt ist*“ zeigt dagegen die angstvolle und ungläubige innere Verfassung vieler Kämpfer. Beide Haltungen sind ungeeignet für Gottes Strategie. Der Ausleseprozess im Kriegsvolk wird uns beschrieben, bis nur noch dreihundert Mann übrig blieben. Dieses Geschehen erinnert an Gottes Ermutigung an Serubbabel: „*Es soll nicht durch Heer oder Kraft, sondern durch meinen Geist geschehen*“ (Sacharja 4,6).

Die Überheblichkeit, ohne Gott das Leben zu gestalten und alle Probleme zu lösen, erscheint in Europa als verbreitete Grundhaltung. Das Gefühl, Teil einer großen Menge zu sein – wie etwa bei Großdemonstrationen – verleitet zu der Sicht, recht zu haben oder dadurch zu siegen, weil man zur Mehrheit oder zur Masse gehört. Gott sagt zu Gideon: „Es sind zu viele“, und deutet an, dass darin die Gefahr der Fehleinschätzung und Überheblichkeit besteht. Gleichzeitig ist die Angst zu einem Merkmal unseres Volkes geworden. Angst und seelische Erkrankungen lasten wie eine Plage auf unserer Gesellschaft. Wer ohne Gott lebt, ist auf sich selbst zurückgeworfen. Man sucht dann Halt bei anderen in der Menge oder wird krank in Vereinsamung. Oft sind Drogen, Alkohol. Pharmazeutika oder extreme Lebensweisen eine verhängnisvolle Zuflucht in dieser Situation.

Wir wollen aber auf Gottes Stimme hören und nach seiner Strategie leben und kämpfen, mutig und im Glauben.

Gerhard Oertel

Fürchtest du dich aber hinabzugehen, so geh mit deinem Diener Pura hinab zum Lager, damit du hörst, was sie reden.

Richter 7,10.11

Bibellese: Richter 7,9-18

Hören und Handeln gehören seit jeher zusammen. Gideon hörte auf Gottes Reden zu sich. Ohne diese Voraussetzung ist der ganze weitere Verlauf nicht denkbar. Oft hat mich bewegt, wie Menschen das Reden Gottes genau erlebten. Bei Gideon war es offensichtlich in der Nacht, im Schlaf oder in einer Wachphase. In jedem Fall ist solch ein Reden so fest im Herzen und in den Gedanken verankert, dass man weiß: Gott hat geredet. Gideon hörte und folgte der Anweisung und schlich mit seinem Diener Pura in das Lager der Midianiter. Dort hörte er die feindlichen Männer von seinem Sieg erzählen.

Gottes Strategie ⇢ Seine Wege, Siege zu erringen, zeigen sich hier so ganz anders als das Kämpfen dieser Welt. „*Die Zeit würde zu mir kurz, wenn ich erzählen sollte von Gideon und Barak und Simson und Jeftah und David und Samuel und den Propheten. Diese haben durch den Glauben Königreiche bezwungen, Gerechtigkeit geübt*“ (Hebräer 11,32-33). Unser Bericht von Gideons Kampf gegen die Midianiter und ihre Verbündeten zeigt uns eindrücklich etwas von Gottes Möglichkeiten im Kampf mit seinem Volk. Er kommt nicht mit militärischer Gewalt, mit Zerstörung, Ausbeutung und Unterdrückung. Nein, hier benutzt er Posaunen, Fackeln, leere Krüge und das Geschrei der Israeliten, um Furcht und Schrecken zu bewirken, sodass die Feinde flohen und sich gegenseitig umbrachten.

Auch heute hat Gott während Kriegen und deren Nebenwirkungen oft eine andere Strategie mit seinen Kindern als Militärs und Machthaber. Von unserer Vätergeneration gibt es ergreifende Zeugnisse und Berichte, wie Gott im Krieg und auf der Flucht half, bewahrte und führte. Auch die Erfahrungen der Kirchen im Untergrund und der verfolgten Christen geben uns Hinweise auf Gottes Strategie. Allgemein muss man festhalten: Die Christen und Gemeinden im ehemaligen kommunistischen Ostblock, die man verfolgte und unterdrückte, sind weiter am Leben, während das alte politische System und seine Macht untergegangen sind.

Hören wir auf Gottes Reden? ⇢ Und setzen wir das Gehörte auch um? Wenn die Umsetzung fehlt, gleicht es einem Selbstbetrug. „*Seid aber Täter des Worts und nicht Hörer allein, sonst betrügt ihr euch selbst*“ (Jakobus 1,22).

Gerhard Oertel

Und während die dreihundert Mann die Posaune bliesen, richtete der HERR im ganzen Lager eines jeden Schwert gegen den andern.

Richter 7,22

Bibellese: Richter 7,19-25

In der heutigen Bibellese finden wir eine weitere Geschichte von den Wundertaten Gottes. Die von Gott bereits auf 300 Männer reduzierte Armee zieht in den Kampf um Midian. Er hat Gideon bereits den Sieg verheißen. Der Krieg wird gewonnen, indem die Männer die Posaunen blasen und die Krüge zerbrechen. Gott selbst, nicht Gideon, wählt in diesem Fall die Waffen und die Strategie – und Gideon handelt im Gehorsam und Vertrauen auf Gott. Die Männer müssen nicht einmal in den Krieg eingreifen, sondern die Feinde bekämpfen sich gegenseitig und fliehen. Durch diese ungewöhnliche Methode wird der Sieg errungen. Doch wer von uns wäre mit solch einer Strategie in den Krieg gezogen?

Gottes Wege sind anders ⇢ Oftmals sind Gottes Wege nicht wie unsere Wege. Aber schon häufig habe ich gemerkt, dass seine Wege viel besser sind als meine eigenen. Ich wurde gesegnet, wenn ich trotz meines eigenen Unverständnisses im Gehorsam handelte. Diesen Segen hätte ich verpasst, wenn ich auf meinen eigenen Verstand vertraut hätte.

Wie können wir siegreich sein? ⇢ Wir selbst befinden uns in einem (geistlichen) Kampf. Was sind deine oder meine Waffen? Erfragen wir zuerst den Strategieplan bei dem Oberbefehlshaber, Jesus Christus, oder ziehen wir mit unseren eigenen Mitteln und Möglichkeiten los? Warten wir auf den Marschbefehl oder ziehen wir zu dem unserer Meinung nach richtigen Zeitpunkt in den Kampf? Vertrauen wir Gott auch dann, wenn seine Wege aus unserer Sicht keinen Sinn ergeben?

Gideon vertraute der Verheißung Gottes und zweifelte nicht daran, dass Gott ihm durch diese Art der Kampfführung den Sieg geben würde. Genauso will Gott auch dir und mir den Sieg über unsere „Feinde" geben. All das dient letztlich dem eigentlichen Ziel, ihm die Ehre zu geben. Denn dies soll auch unser Ziel sein: Gott mit unserem Leben zu ehren. Wir dürfen darauf vertrauen, dass er uns den Sieg schenkt, wenn wir ihn nach seiner Strategie fragen und diese dann umsetzen. Denn je größer der Kampf, desto größer Sieg. Was auch immer die Herausforderungen sind, mit denen wir zu kämpfen haben, eines dürfen wir wissen: Gott ist größer!

Mareike Schulz

Aber die Oberen von Sukkot sprachen: Sind die Fäuste Sebachs und Zalmunnas schon in deinen Händen, dass wir deinem Heer Brot geben sollen?

Richter 8,6

Bibellese: Richter 8,1-21

Hungrig und müde, das war Gideon mit seinen dreihundert Leuten, als sie Sebach und Zalmunna, die Könige von Midian, verfolgten. Auf ihrem Weg kamen sie nach Sukkot und Pnuël. In beiden Städten bat Gideon um Brot für seine Leute, wurde aber abgewiesen. Unabhängig voneinander erhält er in beiden Städten die gleiche Absage.

Auf der Seite des Siegers ⇢ Warum auch sollten diese Städte Gideon helfen? Er war im Begriff, gegen ein gigantisches Heer der Midianiter, Amalekiter und *„derer aus dem Osten“* zu kämpfen (Vers 10). Zwei Fürsten der Midianiter hatte er geschlagen. Bestimmt waren die Leute von Sukkot und Pnuël über diesen Erfolg verwundert, sie glaubten aber keinesfalls daran, dass er weiterhin siegreich wäre. Sie mussten eine Wahl treffen: Vertrauten sie auf den Sieg Gideons mit dreihundert Mann – oder doch sicherheitshalber auf Sebach und Zalmunna mit ihren immerhin verbleibenden fünfzehntausend Männern? Vermutlich hatten sie den großen Verlust von hundertzwanzigtausend Männern erst einmal ignoriert und gedacht: „Fünfzehntausend gegen dreihundert, da steht der Sieger ja bereits fest.“ Und natürlich stellten sie sich auf die Seite des voraussichtlichen Siegers.

Wie ist das bei uns? ⇢ Oft haben auch wir die Wahl: Vertrauen wir Gott und seinem Wort? Und fragen wir ernsthaft und ergebnisoffen nach seinem Willen? Oder vertrauen wir doch lieber auf unsere Erfahrung, unsere Vernunft, unsere Erkenntnis? Steht nicht das Ergebnis schon längst in unseren Herzen fest? Wie oft schauen wir die Menschen an und urteilen in „groß, viel, reich und bedeutend“ oder eben in „klein, arm und unwichtig“. Auf wessen Seite stellen wir uns dann? Und passiert das auch in unseren Gemeinden? Wird der Großspender hofiert und umgarnt? Und die Witwe mit der kleinen Rente ist unwichtig? Wird der junge Mann, der sich dynamisch und erfolgreich präsentiert, der schüchternen jungen Frau vorgezogen?

„Ein Mensch sieht, was vor Augen ist; der HERR aber sieht das Herz an“ (1. Samuel 16,7). Achten wir darauf, Menschen und Situationen nicht nach dem äußeren Schein zu betrachten. Stattdessen sollten wir alle ernst nehmen, auch die vermeintlich unbedeutenden und unwichtigen Leute. Ein „Gideon“ muss nicht zwangsläufig der Pastor sein.

Rita Kappel

20
Samstag

Gideon sprach: Ich will nicht Herrscher über euch sein, und mein Sohn soll auch nicht Herrscher über euch sein, sondern der HERR soll Herrscher über euch sein.

Richter 8,23

APRIL

Bibellese: Richter 8,22-35

Welch eine Verlockung: Da wird Gideon gebeten, ja geradezu aufgefordert, zu herrschen. Wer ließe sich das nicht gerne sagen? „Geboren, um zu herrschen" ist ein Wahlspruch, der jahrhundertelang dazu diente, Macht- und Herrschaftsansprüche zu sichern und weiterzugeben. Ganze Dynastien lebten danach. Die Frage nach Verdienst und Befähigung wurde nicht gestellt. Ganz anders bei Gideon. Er hatte sein Volk von den Feinden, den Midianitern, befreit. Zum Lohn, als Dank und Ehrerweisung, wurde ihm nun die Herrschaft über Israel angetragen. Doch Gideon lehnte ab und sagte: *„Der HERR soll Herrscher über euch sein!"*

Die Frage ist, ob wir, wenn wir Verantwortungsträger sind, ebenso denken – auch in unseren Gemeinden. Viele Politiker verzichten schon in der Eidesformel bewusst auf den Gottesbezug „so wahr mir Gott helfe". Gott scheint vielen heute nicht mehr (so) wichtig, und wenn doch, dann bleibt es Privatsache. Wollen wir, auch als Christen ohne „Amt", den anderen gefallen oder zumindest keinen Anstoß erregen? Oder sind wir tatsächlich so vermessen, zu glauben, dass es ohne Gott gelingen kann? Die Antwort muss und kann letzten Endes nur jeder Verantwortliche selber geben.

Herrschen oder dienen? ⇢ Es ist in jedem Fall gut und wichtig, Verantwortung zu übernehmen. Doch sollten wir dabei nicht vergessen, wem wir dienen und wer uns beruft und befähigt. Lasst uns heute einmal bewusst darüber nachdenken und Gott danken. Der Unterschied zum oben genannten Herrschaftsdenken „Geboren, um zu herrschen" ist bei uns als Nachfolger Christi genau umgekehrt: „Geboren, um zu dienen". Damit gewinnen wir vielleicht keinen Blumentopf, aber das ewige Leben mit Christus!

Ein Gebet ⇢ Ich lade ein, mit mir zu beten: „Danke, Herr, dass du berufst und Berufene befähigst. Lass uns Vorbild in unserem Reden und Handeln sein, damit die Welt sieht, dass du unser und der Welt Herr und Herrscher bist. Danke, dass du stets das letzte Wort hast. Amen."

Werner Happe

Habt ihr nun recht und redlich getan, dass ihr Abimelech zum König gemacht habt?

Richter 9,16

Bibellese: Richter 9,1-21

Hinterher ist man immer klüger, das ist wohl wahr. Dennoch fragen wir uns selber oftmals im Nachhinein, ob diese oder jene Entscheidung richtig war. Leben kann man nur vorwärts, bewerten und urteilen nur rückwärts, im Rückblick.

Zu Jubiläen, aber auch bei runden Geburtstagen blicken meine Frau und ich gerne auf die vergangene Zeit zurück. So auch bei unserer „Perlenhochzeit" auf 30 Ehejahre. Dabei fällt uns regelmäßig auf, wie schnell die Zeit vergangen ist. Eine Binsenweisheit, vielleicht aber auch ein Erschrecken über gelebte Zeit; unumkehrbar, unwiederholbar.

Für oder gegen? ⇢ Interessant werden Rückblicke immer dann, wenn es um Entscheidungen geht. Welche wichtigen Entscheidungen fällen wir in unserem Leben und wie entwickelt sich unser Lebensweg, wenn wir eine Entscheidung treffen? Wenn wir an einer Kreuzung die Wahl zwischen zwei Wegen haben und uns für einen Weg entscheiden, so entscheiden wir uns gleichzeitig gegen den anderen Weg. Das hat Konsequenzen. Eine Entscheidung „für" ist immer auch eine Entscheidung „gegen". Dass ich mich vor über dreißig Jahren für meine Frau entschieden habe, war auch eine Entscheidung gegen andere Frauen oder auch andere Lebensformen wie etwa Ehelosigkeit.

Entscheidung für Jesus ⇢ Welche wirklich wichtigen Entscheidungen treffen wir? Sicherlich die Berufswahl, dann die Lebensform und den dazugehörigen Partner und – das Wichtigste – die Entscheidung auf Gottes Liebesangebot, Jesu Tod am Kreuz und seine Auferstehung, zu antworten. Die Entscheidung für Jesus hat Folgen für Zeit und Ewigkeit!

In unserer Tageslese geht es um eine politische Entscheidung: „*Habt ihr nun recht getan, dass ihr Abimelech zum König gemacht habt?*" Im Kontext des Richterbuches sicher eine berechtigte Frage. Die Frage kommt hier von außen. Abimelech hinterfragt sich nicht selber. Auch wir werden für unsere Lebensentscheidungen von anderen angefragt werden. Dabei ist unsere Entscheidung für Jesus, unseren Erlöser, sicherlich die schwerwiegendste, aber auch am leichtesten zu beantworten. Wir Christen haben Jesus zu unserem König gemacht, eine Entscheidung, die uns sichtbar gesegnet durch das Leben trägt. Ja, wir haben recht und redlich getan, dass Jesus unser König ist. Dafür wollen wir danken und für alle weltlichen Herrscher beten.

Werner Happe

22
Montag

APRIL

Als nun Abimelech drei Jahre über Israel geherrscht hatte, sandte Gott einen bösen Geist zwischen Abimelech und die Herren von Sichem.

Richter 9,22.23

Bibellese: Richter 9,22-41

Die einzelnen Ereignisse, die uns in den Geschichtsbüchern des Alten Testaments berichtet werden, sind wie Puzzleteile, die erst zusammengesetzt ein Bild ergeben. Als Familie puzzeln wir in Urlaubszeiten oder den Schulferien gerne ein lustiges Motiv. Bei fast allen Bildern gibt es bestimmte Flächen, die sich nur durch Ausprobieren zusammensetzen lassen. Bei einfarbigen Flächen braucht es nicht nur besonders viel Geduld, es braucht auch die Bereitschaft, ein Puzzleteil, das scheinbar perfekt passt, wieder zu entfernen, weil es doch an eine andere Stelle gehört, obwohl es sich beim Ausprobieren so gut einfügen ließ.

So mag es uns zuweilen auch mit biblischen Aussagen ergehen. *„Da sandte Gott einen bösen Geist"* kann eine solche Aussage sein. Kommt von Gott wirklich ein böser Geist? Wir lesen doch an vielen anderen Stellen, dass Gott durch und durch gut ist, vollkommen, dass kein Falsch in ihm ist und er uns keinen bösen, sondern *„den Heiligen Geist"* geben will (Lukas 11,13). Auch ist nicht jede Meinungsverschiedenheit auf einen dämonischen Einfluss zurückzuführen.

Das große Bild ⇢ Manches wird erst aus dem Zusammenhang deutlich und zeigt uns, wie sich gottloses Verhalten zur Katastrophe weiterentwickeln kann. Erstaunlich, wie viel Zeit Gott gewährt. Bei Abimelech dauerte es nur drei Jahre. Andere Fehlentwicklungen in unserer Gesellschaft entfalten sich über viele Jahre und Jahrzehnte, bis die dramatischen Folgen offensichtlich werden. Wir sehen dies etwa bei der antiautoritären Erziehung, der ungerechten Entfaltung eines ausbeutenden Kapitalismus' oder in der ungezügelten Entwicklung individueller Freiheiten und sexueller Vorstellungen.

Deutlich wird daran, dass das Böse nicht beliebig agieren darf. Es ist gut zu wissen, dass Gott ein gerechter Gott ist, und dass das Böse niemals die Kontrolle übernehmen wird. Die Dämonen sind Gott untertan und müssen ihm gehorchen. Das Böse geht nicht von Gott aus, sondern wie bei Jesus, der die Dämonen austreibt und in die Schweine sendet, so übt Gott seine Autorität aus. Kein Despot, kein Diktator, keine Gewaltherrschaft wird ewig bestehen. Gottes Reich hingegen besteht ewig und er ist gut und gerecht. So dürfen wir mit Zuversicht in jeden Tag gehen und der Zukunft begegnen.

Thomas Inhoff

Desgleichen alle bösen Taten der Männer von Sichem vergalt ihnen Gott auf ihren Kopf, und es kam über sie der Fluch Jotams, des Sohnes Jerubbaals.

Richter 9,57

Bibellese: Richter 9,42-57

Die Natur zu beobachten, während ich über die Felder laufe, genieße ich sehr. In den letzten Jahren fällt mir zunehmend auf, wie die Felder immer effizienter bewirtschaftet werden. In unserer Region wird Mais über Monate verteilt gesät, sodass manche Felder abgeerntet werden, wenn bei anderen erst kleine Blättchen aus dem Boden sprießen. Dadurch verteilt sich die Erntephase fast über das ganze Jahr. Doch eines bleibt dabei unverändert: Saat und Ernte.

Was der Mensch sät ... ⇢ Paulus schreibt den Galatern: *„Denn was der Mensch sät, das wird er ernten“* (Galater 6,7). Die Ereignisse, die uns im Alten Testament begegnen, transportieren bereits die neutestamentlichen Prinzipien und veranschaulichen diese in zuweilen sehr dramatischen und deutlichen Schilderungen. Die Verantwortlichen in Sichem hatten sich auf hinterlistige Machenschaften eingelassen, anstatt ihre Macht verantwortungsvoll zu nutzen, und wurden selbst zum Opfer eines Hinterhalts. Abimelech hatte in schändlicher Weise die Macht an sich gerissen und wurde vor seinem gesamten Heer beschämt. Das Prinzip von Saat und Ernte wird offensichtlich.

... wird er ernten ⇢ Von Helmut Thielicke, Theologe und Autor des Buches „Die Gleichnisse Jesu – Das Bilderbuch Gottes“, ist die Aussage bekannt, dass das Alte Testament das Bilderbuch des Neuen Testamentes sei. Wir tun gut daran, die Deutlichkeit dieser Texte nicht zu unterschätzen, denn Gott verändert sich nicht. Wir leben in einer Zeit der Gnade – doch was bedeutet dies? Gnade ist die unverdiente und dennoch zuverlässige Zuwendung Gottes. Dies heißt jedoch nicht, dass wir nicht die Konsequenzen unseres Handels zu tragen hätten.

Genau darauf möchte Paulus hinweisen, wenn er schreibt: *„Wer auf sein Fleisch sät, der wird von dem Fleisch das Verderben ernten; wer aber auf den Geist sät, der wird von dem Geist das ewige Leben ernten“* (Galater 6,8). Gerade weil wir einen so treuen Gott an unserer Seite haben, der die Saat, die wir auslegen, wachsen lässt, dürfen wir im Vertrauen auf seine Treue Gutes tun – die Ernte ist gewiss. Lassen wir uns nicht verführen, wie Abimelech Positionen und eigene Absichten mit List zu verfolgen. Wenn wir jedoch nicht müde werden, Gutes zu tun, werden wir nicht nur irgendwann ernten, sondern dürfen schon hier die Früchte genießen.

Thomas Inhoff

Und sie taten von sich die fremden Götter und dienten dem HERRN. Da jammerte es ihn, dass Israel so geplagt wurde.

Richter 10,16

Bibellese: Richter 10,1-18

Zur Zeit der Richter hätte ich nicht gerne gelebt. Im heutigen Textabschnitt sehen wir allerdings erst einmal eine Zeit, in der wieder etwas mehr Ruhe herrschte. Dann lesen wir jedoch, dass Israel Gott wieder tief verletzt – durch Götzendienst. Eine beträchtliche Anzahl von Nachbarvölkern wird aufgezählt, aus denen diese vielen Götzen herkommen. Ironischerweise führt das dazu, dass Israel vor allem von zwei dieser Nachbarvölker unterdrückt wird. Besonders leiden die Israeliten hier unter den Ammonitern, einem Volk östlich des Gebiets Israels. Ganz plastisch wird beschrieben, dass die Israeliten von ihnen zertreten und zerschlagen werden – und das *„achtzehn Jahre lang“* (Vers 8).

Gottes Herz ⇢ Nach dieser langen und selbst verschuldeten Leidenszeit findet endlich ein Umdenken bei den Israeliten statt: Sie erkennen ihre Schuld und rufen zu Gott. Es scheint, dass er sie aber noch etwas zappeln lässt. Denn er antwortet fast zynisch, indem er sie auffordert, die Hilfe von den selbst gewählten Göttern einzufordern, was ja erwiesenermaßen nicht funktioniert hatte. Er hält ihnen ihre Untreue trotz außergewöhnlicher Hilfe von ihm vor. In diesen Zeilen ist der Schmerz Gottes über Israels Verhalten deutlich spürbar.

Die anschließende Reaktion der Israeliten zeigt, dass es ihnen wirklich ernst ist. Sie liefern sich Gott ganz aus und zeigen ihre Umkehr praktisch, indem sie sich von den Götzen trennen und Gott wieder dienen. Danach konnte er dem Leiden nicht länger zusehen; es heißt hier, es *„jammerte“* ihn. Wir sehen Gottes Herz, das von Erbarmen und Liebe für sein Volk überfließt. Trotz alldem, was passiert ist, kann er nicht anders, als einzugreifen. In den Versen danach werden wir erfahren, wie Gott sein Volk retten wird.

Wie genial! ⇢ Ich bin so dankbar, einen Gott zu kennen, der voller Erbarmen und Liebe ist. Diese Eigenschaften werden durch die ganze Schrift immer wieder deutlich. Und in Jesus Christus werden ihre Dimension und Tiefe vollkommen sichtbar! Doch schon in unserem heutigen Text wird klar, dass das größte Versagen und die schlimmste Untreue nicht gegen Gottes Erbarmen ankommen. Auch heute ist dieses Erbarmen da und möchte in Anspruch genommen werden, durch echte Umkehr in Wort und Tat. Lasst uns Gott dafür danken, wie er ist!

Manuel Inniger

Jeftah sprach ...: Wenn ihr mich wieder holt, um gegen die Ammoniter zu kämpfen, und der HERR sie vor mir dahingibt, werde ich dann euer Haupt sein?

Richter 11,9

Bibellese: Richter 11,1-11

Vor einiger Zeit standen meine Frau und ich vor der Überlegung, ob wir unser kleines Sparguthaben anders anlegen sollten. Also informierten wir uns und versuchten, Fakten zusammenzutragen. Dabei war es uns immer wieder wichtig, uns Zeit fürs Gebet zu nehmen und zu hören, was Gottes Wille in dieser Angelegenheit ist. Ich muss gestehen, dass es mir in den Alltagsdingen hingegen oft nicht als Erstes in den Sinn kommt, Gott zu fragen. Manchmal suche ich etwas – und meine Frau fragt liebevoll: „Hast du schon Gott gefragt?"

Eine Lösung muss her ⇢ Heute begegnet uns in der Bibellese ein nächster Anführer, ein „Richter in Israel". Allerdings ist das Wirkungsgebiet Jeftahs nur auf einen kleinen Teil des Landes beschränkt. In Zeiten des Kampfes und der Bedrängnis suchen die Ältesten von Gilead nach einer Lösung. Für sie konnte die Hilfe eigentlich nur von einem erfahrenen Kriegsmann kommen, jemandem, der Ahnung von Strategie, Menschenführung und Schlachtordnungen hat.

Der Text verrät uns nicht, warum sie ausgerechnet auf Jeftah kamen. In Vers 1 wird er uns als *„streitbarer Mann"* vorgestellt. Andere Bibelübersetzungen geben hier *„großer Krieger"* (NLB) oder auch *„ausgezeichneter Soldat"* (HFA) wieder. Aber Jeftahs Familie verstößt ihn, da er nur ein Halbbruder ist. Er muss auf sein Erbe verzichten und streift mit zwielichtigen Männern umher. In ihrer Not scheint das die Ältesten von Gilead wenig zu kümmern und sie treten mit ihm in Verhandlungen. Jeftah nutzt dies geschickt, um sich wieder einen Erbteil unter seinen Brüdern zu sichern. Er ist bereit, Teil der Lösung zu sein. Aber nur zu dem Preis, dass auch die Gegenseite Zugeständnisse macht.

Gott ist da – immer ⇢ Gott scheint bei der Berufung von Jeftah nur eine Zuschauerrolle zu spielen. Weder suchen die Ältesten der Stadt eine Antwort von Gott, noch wird uns berichtet, dass Gott Jeftah durch einen Engel oder ein übernatürliches Zeichen zu dieser Aufgabe beruft. Trotzdem ist Gott im Hintergrund an der Arbeit und nutzt Jeftahs diplomatisches Geschick und strategische Auffassungsgabe, um dem Volk einen Sieg über die Feinde zu schenken.

Mir macht diese Geschichte Mut, gerade im Alltag mit Gott und seiner Hilfe zu rechnen. Er hat immer noch die beste Lösung – bei den kleinen und großen Herausforderungen des Lebens.

Daniel Aderhold

26
Freitag

So hat nun der HERR, der Gott Israels, die Amoriter vertrieben vor seinem Volk Israel, und du willst ihr Land einnehmen?

Richter 11,23

APRIL

Bibellese: Richter 11,12-28

Gegenwind: Wir kennen und erleben alle in unserem Leben Widrigkeiten, empfundene oder tatsächliche Ungerechtigkeiten. Diese können sich zu einem Sturm entwickeln, der scheinbar nicht abflauen will. Als ich mir vor einigen Jahren als Mitarbeiter bei einem Pfadfindercamp eine Knieverletzung zugezogen hatte, ging ich davon aus, dass die Sache in zwei oder drei Wochen erledigt sei. Aber dann wurden aus den zwei Wochen zwei Monate. Ein Zeitraum, in dem ich nicht voll leistungsfähig war und aufgrund der Schmerzen immer wieder meine Arbeit unterbrechen musste.

Theoretisch wissen wir als Christen – als Menschen, die mit Jesus unterwegs sind –, dass Gott hinter den Kulissen an der Arbeit ist. Aber wie sieht es *in unserem Herzen* aus? Unser Herz, das sich auch mal ängstigt, manches Mal furchtsam ist, das mitten in der Krise die Zuversicht verliert?

Wem schenke ich Gehör? ⇢ Meinen Gefühlen oder den Tatsachen? Als der König der Ammoniter seine Forderung nach der Herausgabe des Ostjordanlandes aufstellt (Vers 13), zieht Jeftah nicht sofort in den Krieg. Zunächst sucht er nach einer friedlichen Lösung und berichtet die Geschichte seines Volkes. Wir sehen hier bei ihm ein fundiertes Wissen über Gottes Handeln. Statt Gefühlen – „ich werde hier ungerecht behandelt" – stellt er Tatsachen in den Vordergrund. Damit lässt sich der Kampf zwar nicht verhindern, aber die Widrigkeiten werden entsprechend eingeordnet. Es stehen sich nämlich nicht nur Israel und die Ammoniter gegenüber, sondern auch deren Gottheiten: Jahwe auf der Seite Israels und Kemosch bei den Ammonitern. Neben den offensichtlichen Gebietsansprüchen gibt es eine geistliche (verborgene) Komponente.

Ich nehme für mich zwei Beobachtungen aus unserer heutigen Bibellese mit:

1. Wenn es schwierig wird in meinem Leben, möchte ich mir wie Jeftah die gute Geschichte Gottes mit mir und seine Treue bewusst machen. Statt Gefühlen sollen mich die Wahrheiten aus seinem Wort leiten.
2. So wie Jeftah will ich damit rechnen (und mich darauf vorbereiten), dass Krisenzeiten zum Leben dazugehören. Und dann möchte ich beizeiten entsprechendes Vertrauen (und Handeln) einüben. Dazu gehört auch das Wissen, dass ich in der Krise nicht alles selber tragen muss, sondern von Gott getragen werde.

Daniel Aderhold

Jeftah gelobte dem HERRN ein Gelübde und sprach: Gibst du die Ammoniter in meine Hand, so soll, was mir aus meiner Haustür entgegengeht, … dem HERRN gehören.

Richter 11,30.31

Bibellese: Richter 11,29-40

Manche Geschichten in der Bibel sind merkwürdig, seltsam, eher unverständlich. Der Bericht über das Gelübde des Jeftah gehört für mich dazu. In den letzten beiden Tagen haben wir gesehen, wie ein Mensch vom Rande der Gesellschaft wieder in die Mitte rückte. Die, die vorher nichts mit ihm anfangen konnten, wählten ihn jetzt bewusst als ihren Anführer und ihr Oberhaupt.

Alles für den persönlichen Erfolg ⇢ Mit diplomatischem Geschick und dem Wissen um Gottes Handeln kann Jeftah den Krieg gegen die Ammoniter zwar nicht abwenden. Er zieht dann – erfüllt vom Heiligen Geist – in die Schlacht. Auch wenn die Bibel uns über sein Seelenleben im Unklaren lässt, scheinen ihn hier die Ablehnungen der Vergangenheit eingeholt zu haben. Um seine Stellung in Gilead zu halten und zu festigen, muss ein Sieg her. Scheitern ist für Jeftah offenbar keine Option. Und so ist er bereit, dafür persönliche Opfer zu bringen.

Ein Vater, der für den beruflichen Erfolg die Beziehung zu seinem Kind opfert? Wir müssen feststellen, dass das nicht nur eine Haltung unserer Zeit ist. Das gab es schon immer. Kind oder Karriere? Vor diese Frage wurden und werden Eltern immer wieder gestellt. Hier braucht es das bewusste Innehalten und ein Sich-Zuwenden – von den Eltern zu den Kindern wie auch umgekehrt.

Gottes Angebot: seine Gnade ⇢ Dabei hilft es, sich immer wieder bewusst zu machen, dass Gott ein Gott der Gnade ist. Sowohl im Alten als auch im Neuen Testament wird deutlich, dass wir es mit einem gnädigen Gott zu tun haben, der sich uns zuwendet. Das tut er immer wieder mit Liebe, Geduld und Barmherzigkeit. Jeftah blendet diese Seite Gottes aus und bleibt dabei, dass er sein Gelübde erfüllen muss. Koste es, was es wolle, möchte man hinzufügen.

Warum er Gott hier ignoriert? Wir wissen es nicht. Aber wir sollten für uns eine Antwort auf das Angebot Gottes finden: *„Doch Gott ist so barmherzig und liebte uns so sehr, dass er uns, die wir durch unsere Sünden tot waren, mit Christus neues Leben schenkte, als er ihn von den Toten auferweckte. Nur durch die Gnade Gottes seid ihr gerettet worden“* (Epheser 2,4.5 NLB). Mit Christus haben wir ein neues Leben bekommen. Dadurch ist es möglich, in versöhnten Beziehungen zu leben – zu unserem Gott und zu den Menschen in unseren Familien.

Daniel Aderhold

Warum kommt ihr nun zu mir herauf, mit mir zu kämpfen?

Richter 12,3

Bibellese: Richter 12,1-15

Jeftah, der Gileaditer, versteht die Welt nicht mehr. Nachvollziehbar, finde ich. Da setzt er sein Leben und das seiner Gefolgsleute aufs Spiel, um gegen die Ammoniter, die Feinde Israels, zu kämpfen und siegt – und quasi als „Dank" dafür ziehen die Männer vom Stamm Ephraim gegen ihn in den Krieg mit dem Vorwurf, er habe sie nicht zur Unterstützung herbeigerufen. Dabei erfahren wir, dass Jeftah sie vorher sehr wohl um Hilfe gebeten hatte. Sie waren es, die nicht gewollt hatten. Das verstehe, wer will. Jeftah nicht. Ich auch nicht.

Unnötige Kämpfe ⇢ Aber bevor ich mich beim Lesen des Abschnitts über diesen unnötigen und gefühlt völlig grundlosen Kampf so richtig aufregen konnte, durchzuckte mich ein Gedanke. An wie vielen Stellen in meinem Leben rege ich mich auf und kämpfe für oder gegen Dinge, die eigentlich nicht mein Kampf sein sollten? Ganz zu schweigen von den Auseinandersetzungen, die genauso unnötig und nicht zielführend sind? Sie bringen oft wenig bis gar nichts außer Frust, Kraftlosigkeit und belastete oder gar zerstörte Beziehungen. Das muss doch nicht sein.

Heißt das jetzt, gar nicht zu kämpfen oder für etwas zu streiten? Nein. Es bedeutet vielmehr zu hinterfragen, an welchen Fronten, für welche Anliegen und mit welcher Haltung ich mich da ins Zeug lege. Ja, das verlangt uns vielleicht einiges ab, aber dafür ist es enorm heilsam.

Der gute Kampf ⇢ Paulus schreibt einmal, dass er *„den guten Kampf gekämpft"* hat (2. Timotheus 4,7). Es gibt ihn also, den guten Kampf, den hilfreichen und zielführenden Streit. Paulus hat sich für Gottes Sache und sein Reich eingesetzt. Ja, er hatte mit vielen Menschen – auch mit Mitarbeitern im eigenen Team – Auseinandersetzungen. Aber er gibt uns aus seinem Erfahrungsschatz eine wichtige Wahrheit weiter, die uns helfen kann, an der richtigen Front zu kämpfen: *„Denn wir haben nicht mit Fleisch und Blut zu kämpfen, sondern mit Mächtigen und Gewaltigen, mit den Herren der Welt, die über diese Finsternis herrschen, mit den bösen Geistern unter dem Himmel"* (Epheser 6,12).

Unser Kampf ist nicht gegen Menschen gerichtet, sondern gegen Böses, Destruktives und alles, was uns selbst und andere von Gott trennt. Ich glaube, dass Gott uns in diesem Kampf beistehen und wie bei Jeftah Sieg schenken wird. Kämpfen wir den guten Kampf!

Stefan Weise

Denn du wirst schwanger werden und einen Sohn gebären ...; und er wird anfangen, Israel zu erretten aus der Hand der Philister.

Richter 13,5

Bibellese: Richter 13,1-25

Die Anfangsworte des Leitverses hören sich irgendwie vertraut an. *„Denn du wirst schwanger werden und einen Sohn gebären …“* Unweigerlich wandern meine Gedanken zu Maria, der Mutter Jesu, und ihrer Engelsbegegnung, in der sie eine gleichlautende Verheißung erhält – wie hier die Mutter von Simson. Geschichte wiederholt sich, die Umstände sind ähnlich und auch der Handelnde ist der Gleiche.

Gott greift ein ⇢ Simson aus dem Stamm Dan wird gegen Ende der Richterzeit geboren, als Gott die Israeliten aufgrund ihres Ungehorsams und Abkehr von ihm in die Hände der Philister gegeben hatte. Aber Gott tut es nicht als Strafe um der Strafe willen, sondern um sein Volk zu sich zurückzurufen. Simson soll anfangen, diese Rettungsmission voranzutreiben. Gott sieht die Verlorenheit und Gottlosigkeit seiner Kinder und schickt einen Nasiräer, einen Gottgeweihten. Er sucht sich dafür eine für die damalige Zeit Geächtete aus, eine unfruchtbare Frau. So ist er. Gott hat ein Auge auf das in den Augen der Menschen Kleine und Unscheinbare und schreibt mit ihnen Geschichte.

Gut eintausend Jahre später ist die Situation nahezu identisch. Gott weiß um die Gottesferne und Erlösungsbedürftigkeit seiner Schöpfung. Nun geschieht das, was er von Anfang an geplant hat: Er wird Mensch in Jesus, kommt auf diese Erde, um die größte „Rückrufaktion“ der Menschheitsgeschichte auf den Weg zu bringen, für die er schon immer geworben hat. Warum? Ganz einfach und kraftvoll zugleich: So sehr liebt er die Welt, dass er seinen Sohn gibt, damit alle, die an ihn glauben nicht verloren gehen, sondern ewiges Leben haben.

Es ist vollbracht! ⇢ Das, was Gott durch die Geschichte hindurch durch Richter und Propheten vorbereitet und immer wieder angekündigt hat, vollendet sich in Jesus am Kreuz auf Golgatha mit seinem Tod und seiner Auferstehung: Erlösung und Wiederherstellung der Beziehung zwischen Menschen und Gott ist möglich. Jesus hat dafür mit seinem Blut bezahlt und unterschrieben. Für uns Menschen, damals wie heute, ist es wichtig, dass wir eine Antwort auf die „Rückrufaktion“ geben – zu ihm kommen und bei ihm bleiben. Wer Jesus noch nicht angenommen hat, kann ihn jetzt in sein Leben einladen. Wer um die Erlösung weiß, kann ihm Dank bringen!

Stefan Weise

30
Dienstag

Aber sein Vater und seine Mutter wussten nicht, dass es von dem HERRN kam; denn er suchte einen Anlass gegen die Philister.

Richter 14,4

APRIL

Bibellese: Richter 14,1-9

Die Wege Gottes sind manchmal eigenartig. „Ich verstehe das nicht! Das ist mir zu hoch, damit komme ich nicht klar. Was soll daran Gutes sein? Wie will Gott die Situation wenden und woran bitte schön soll ich darin Positives erkennen?" Solche oder ähnliche Fragen dürften sich Simons Eltern gestellt haben. Es gibt Geschehnisse im Leben jedes Menschen, die sogar oder vielleicht gerade deshalb Angehörige, Eltern, Geschwister, Verwandte nicht verstehen und höchstwahrscheinlich der oder die Betroffene selbst auch nicht verstehen kann.

Aber warum ist das so? Weil der Mensch oftmals nur seinen Bereich sehen kann. Viele sind nicht in der Lage, das große Ganze zu erkennen. Hier kommt Gottes Perspektive ins Spiel. Er hat den Überblick und lenkt die Geschehnisse und Menschen. Manche bemerken dies, andere werden gelenkt, ohne es zu merken. Ganz ehrlich: Dieser Gedanke lässt mich erschauern. Bin ich denn „nur" ein Spielball in Gottes Hand und seinem Willen erbarmungslos ausgeliefert?

Das Offensichtliche ist nicht immer das Richtige → Simsons Eltern waren ganz der Tradition verpflichtet. Es gehörte sich einfach nicht, die Völker durch eine Heirat zu vermischen, so ja auch die göttliche Vorgabe seit Mose. Doch was lesen wir hier? Es war Gottes Wille, diese Beziehung ins Leben zu bringen, damit *seine* Pläne erfüllt würden. Ist das nicht zu extrem und einfach nur widersprüchlich? Meine Gedanken fahren bei solchen biblischen Berichten Achterbahn: „Warum?" Diese Berichte zeigen, dass Gottes Gebote ein „Angebot" an die Menschen sind. Doch er ist derjenige, dem die Auslegung situationsbedingt zusteht.

Gnade und Barmherzigkeit stehen über Gesetzestreue → Sicherlich, solche Worte können sehr herausfordernd sein und auch Widerspruch erzeugen. Und das ist gut so. Denn Gott ist nicht daran gelegen, blinden Gehorsam zu produzieren, sondern er wirbt um Verständnis für seinen Willen und Vertrauen in sein Handeln, dass alles am Ende gut werden wird. Immer wieder kommen wir in Lebensphasen, die große Kämpfe, Nöte und mitunter auch Anfeindungen beinhalten. Sollen wir nun die Flinte ins Korn werfen und Gott absagen? Und was ist mit unseren Unzulänglichkeiten? Machen wir uns klar: Gott bereut es nicht, dich und mich zu lieben. Er hat uns gerufen und gerettet. Bleiben wir dran!

Marco Bergelt

Und der Geist des HERRN geriet über ihn, und er ging hinab nach Aschkelon und erschlug dreißig Mann unter ihnen und nahm ihre Gewänder.

Richter 14,19

Bibellese: Richter 14,10-20

Auftrag erledigt! Diese Geschichte ist wirklich schwer verdaulich. Manche Berichte im Alten Testament können uns erschrecken, weil sie so gar nicht in das Bild vom menschenliebenden Gott passen wollen. Mitunter wird dann das, was in der heutigen Bibellese steht, vor allem auf das Rätsel vom Honig im Löwenleib begrenzt. Denn es erscheint kaum vorstellbar, dass Mord – oder besser gesagt Massenmord – damit gerechtfertigt wird, dass Gott es von Anfang an so geplant hätte.

In dieser Andacht geht es mir nicht darum, Dinge schönzureden. Richter 14 ist knallhart und strotzt nur so von Gewalt. Dennoch glaube ich, dass es möglich ist, trotz all der Gewalt auch Ermutigendes zu diesem Text zu sagen.

Lass dich nicht betören ⇢ Oder anders formuliert: „Lass dir nicht den Kopf verdrehen!" Simsons Ehefrau wurde bedroht und beauftragt, ihrem Mann den Kopf zu verdrehen. Also mit Hinterlist den eigenen Mann zu betrügen, um der „alten" Familie zum Betrug zu verhelfen. Was kann uns das sagen? Es ist wichtig, bei der Wahl eines Lebenspartners Bedacht walten zu lassen. Gegenseitiges Vertrauen ist da eine Grundbedingung. Wir brauchen jemanden an unserer Seite, der uns nicht hinters Licht führt, sondern zu uns steht, koste es, was es wolle. Der bereit ist, die neue Partnerschaft über die Verbindungen der „alten Welt" zu stellen. Dies gilt auch für Freundschaften und jegliche Art von Beziehung. Beziehung kann nur durch Vertrauen und Treue zueinander gebaut werden. Nur dann wird sie den Stürmen und dem Gegenwind im Leben standhalten können.

Bereit sein, auch unbequeme Wege zu gehen ⇢ Im Falle von Simson bedeutete es, unter der Leitung von Gottes Geist die Feinde zu vernichten. Das war sicherlich kein einfacher Weg. Manchmal müssen wir jedoch auch bereit sein, unbequeme Wege gehen, um ans Ziel zu kommen, denn der Weg des Lebens und auch des Glaubens ist nicht immer einfach. Vertrauen und Treue sind die einzigen sicheren Wegweiser im Leben. Wenn wir nicht weiterwissen, brauchen wir einen neuen Zugang zu Gott, damit wir neu vertrauen und ihm treu sein können.

Marco Bergelt

Da sprach Simson zu ihnen: Diesmal bin ich frei von Schuld, wenn ich den Philistern Böses tue.

Richter 15,3

Bibellese: Richter 15,1-8

Simson – ohne Zweifel eine talentierte Person. Seine Gaben und Fähigkeiten unwiederholbar. Ausgestattet mit einer göttlichen Kraft gepaart mit einem übernatürlichen Ruf. Ausgesondert für ein außergewöhnliches Leben für Gott. Er hatte nicht die Wahl, sich zu entscheiden, er wurde „bestimmt" – er konnte jedoch wählen, wie er den Auftrag ausführen würde.

Blicken wir aber auf sein Ende, dann wissen wir nicht genau: Hat er gewonnen oder verloren? Hat er es (noch) geschafft oder ist er lediglich ein „begabter Versager"? Eines aber steht fest: Da wäre mehr drin gewesen!

Gott wirkt durch Simson ⇢ Simson erlebte, wie der Geist Gottes ihn führte und wie Gott ihn segnete. Im Alleingang legte er sich mit den Philistern an, die 40 Jahre lang die Kinder Israels in den Händen hatten. Sein Name jedenfalls erinnerte ihn stets an seinen Auftrag: Simson bedeutet „Sonnenmann"; eine neue Sonne soll für Israel aufgehen. Simson steht für Hoffnung auf Befreiung. Als Gottgeweihter soll er anfangen, Israel aus der Hand der Philister zu erretten.

Da gibt es eine zweite Seite ⇢ Neben seiner besonderen Berufung und seinem heiligen Auftrag sehen wir, dass etwas nicht passt: sein Charakter. Bei seinem Heiratswunsch war es ihm egal, dass die Frau, die er ehelichen wollte, eine Philisterin war. Er schlenderte durch die Weinberge. Ihm war es egal, dass er sich als Gottgeweihter von allem Wein und Früchten des Weinstocks fernzuhalten hatte, ebenso von allem Toten – immer wieder überschreitet Simson die Grenze zwischen Gottgeweihter sein und der Welt.

Wenn der Charakter nicht mithält ⇢ Simson wollte bei seiner Hochzeit die Philister austricksen und stellte ein schwieriges Rätsel. Dieses konnten sie nur lösen, weil Simsons Frau ihm das Geheimnis entlockte und es verriet. Wutentbrannt verließ Simson seine Hochzeit, erschlug 30 Philister und zahlte mit deren Kleidung die Wettschulden. Als er später seine Frau zu sich nehmen wollte, erfuhr er, dass sein Schwiegervater die Frau einem anderen gegeben hatte. Ergebnis: abgefackelte Felder. Simson erhob sein Privatproblem auf nationale Ebene. Er vernichtete die Ernte der Philister, akzeptierte eine Hungersnot für das eigene Volk. Simson hatte die besten Voraussetzungen, doch sein Charakter hielt nicht mit. Wie gehen wir mit unseren Schattenseiten um?

Samuel Franz

Du hast solch großen Sieg gegeben durch die Hand deines Knechts; nun aber muss ich vor Durst sterben und in die Hände der Unbeschnittenen fallen.

Richter 15,18

3
Freitag

Bibellese: Richter 15,9-20

MAI

Gestern lasen wir, wie Simson aus seinem persönlichen Problem eine nationale Krise machte. Die Felder der Belagerer waren durch seine lebenden Fuchs-Fackeln vernichtet. Die Reaktion der Philister aber folgte zeitnah: Sie kamen nach Juda und forderten die Auslieferung Simsons. Das eigene Volk, das kein Mitspracherecht bei Simsons Handeln gehabt hatte und nun den Preis dafür bezahlen sollte, wollte ihn nicht. Ihnen war das Risiko zu groß, sich mit denen anzulegen, die sie im militärischen Sinne in der Hand hatten. Also lieferten sie Simson an die Philister aus.

Plötzlich kam die Kraft Gottes über Simson ⇢ Er konnte die angelegten Fesseln abstreifen und griff nach dem, was vor seinen Füßen lag – in diesem Fall der Unterkiefer eines Esels. Damit erschlug er 1000 Philister. Gott schenkte ihm einen Sieg mitten in der großen Not. Würde Gott tatsächlich durch Simson die Kinder Israels aus der Hand der Philister befreien? Noch am selben Tag, nach diesem großen Sieg ereignete sich etwas Weiteres.

Nach dem Sieg folgt der größte Kampf ⇢ Simson war durstig. Er betete zu Gott: *„Du hast solch großen Sieg gegeben durch die Hand deines Knechts; nun aber muss ich vor Durst sterben und in die Hände der Unbeschnittenen fallen.“* Hatte Simson gerade eben noch Gottes übernatürliches Eingreifen und seine Kraft erlebt, so führte ihn nun der Durst – die Sorge um ein Grundbedürfnis – in eine tiefe Krise. Was 1000 Philister nicht schafften, konnte nun der Durst: Simson fürchtete den Tod. Die Furcht treibt ihn ins Gebet, er bringt seine Not vor Gott. Und Gott rettet ihn ein zweites Mal an diesem Tag – er öffnet einen Felsen und lässt Wasser herauskommen.

Wie ist es bei uns? ⇢ Wie Simson ging es auch dem Propheten Elia, der nach seinem phänomenalen Sieg über die Baals- und Ascherapropheten durch Isebels Androhungen in eine große Krise gestürzt wurde (siehe 1. Könige 18-19). Auch in unserem Leben können Sieg, Versuchung und Niederlage eng beieinanderliegen. So mancher Sieg kostet Kraft – emotional und physisch. Wie gut ist es, sich danach von Gott neu füllen zu lassen. Hilfreich ist es sicherlich auch, mit Freunden unterwegs zu sein, sich zu stärken und einander zu tragen. Ist man aber allein, so gilt: Wenn nichts mehr geht, wird es Zeit, zu beten.

Samuel Franz

....

4
Samstag

Und er tat ihr sein ganzes Herz auf und sprach zu ihr: Es ist nie ein Schermesser auf mein Haupt gekommen; denn ich bin ein Geweihter Gottes von Mutterleib an.

Richter 16,17

MAI

Bibellese: Richter 16,1-22

Den Kopf kahl geschoren, sieht der Mann, der 1000 Philister im Alleingang getötet hatte, ziemlich harmlos aus. Ungläubiges Staunen steht den Philistern im Gesicht. Was, wenn Delila sich wieder hat täuschen lassen und Simson jetzt aufwacht? Noch ist es ruhig im Raum. Leise und behutsam legen sie dem Schlafenden die Fesseln an. Sollte Simsons schier unbändige Kraft wirklich in seinen Haaren stecken? Sollte es so einfach gewesen sein?

Ein modernes Urteil über Simson lautet: „Wir müssen uns Simson als einen unglücklichen Menschen vorstellen. Simsons Kraft war seine Schwäche, er war ihr nicht gewachsen. So wurde er zum ersten Selbstmordattentäter der Geschichte.“ Ganz anders ist da das Urteil des Hebräerbriefes, wo er zu den Helden des Glaubens gezählt wird (Hebräer 11,32). In der Tat scheint Simson ein zerrissener Mensch gewesen zu sein. Er wirkt seltsam beherrscht von seinen Trieben. Sex und Gewalt dominieren ihn. Bei Delila scheint er schwach geworden zu sein, sodass sein er Geheimnis verrät. Doch ich höre hier auch den Aufschrei einer einsamen Seele: „Delila, ich will sehen, ob du mich liebst! Oder bist du nur beeindruckt von meiner Kraft?“

Gott das Herz öffnen ⇢ Ich habe gelernt, mich nicht vor meinem Vater im Himmel zu schämen. Ihm erzähle ich alles, auch meine Versuchungen, meinen Unwillen, meinen Ungehorsam, davon, dass ich nicht „heilig“ sein will. Ich habe gelernt (und lerne es immer wieder), Gott gegenüber ehrlich zu sein. Ich will alles von ihm erwarten – auch Antworten auf meine tiefsten Fragen und Unsicherheiten. Wenn ich ihm alles sage und mich ihm öffne, kommen Antworten von ihm – durch seinen Heiligen Geist und aus dem Wort Gottes.

Vorbild Jesus ⇢ Auch Jesus machte es so. Als er vom Teufel versucht wurde, bestand er, weil er sein Herz seinem Vater geöffnet hatte. Er wusste mit dem Wort seines Vaters zu antworten.

Fragen zum Nachdenken

- Wem öffnen wir unser Herz in den dunklen Momenten unseres Lebens? Von wem erwarten wir Hilfe? Wo suchen wir ein offenes Ohr?
- Haben wir Freunde, denen wir uns öffnen können?
- Sind wir bereit, Gott in jeden Winkel unseres Herzens hineinzulassen? Verschließen wir heute und nie unser Herz vor ihm! Niemand anderes als der Vater im Himmel will mit seinem guten Heiligen Geist hinein.

Oliver Fuß

Als nun ihr Herz guter Dinge war, sprachen sie: Lasst Simson holen, dass er vor uns seine Späße treibe.

Richter 16,25

Bibellese: Richter 16,23-31

„Was machen wir heute?", fragt die Urlaubsvertretung meiner Friseurin. „Haare schneiden", entgegne ich. Sie versteht den Spaß und legt los. Anders als Simson verlasse ich den Salon sehend, ungefesselt und nicht geschwächt; lediglich erleichtert um das Geld für die Dienstleistung.

Die nie endende Gnade Gottes → Für Simson endete sein erster Haarschnitt dramatisch. Er wird gefoltert und erniedrigt. Er muss ein Mühlrad drehen, eine Aufgabe für Esel. Schließlich kommen seine Peiniger, berauscht von Sieg und Alkohol, auf die Idee, Simson Späßchen machen zu lassen. Vom Arbeitstier zum Zirkusclown. Doch sie vergessen die Lektion jener Nacht, als sie Simson überwältigten. Die Haare sind ein Zeichen der Kraft Simsons. Damals war Simson am Tiefpunkt seines Lebens angekommen. Vollends gescheitert. Doch noch bevor er zur Besinnung kommt und seine Wunden der ausgestochenen Augen verheilt sind, fangen die Haare an zu wachsen. Was für ein Zeichen der ewigen Liebe und nie endenden Gnade Gottes.

Mutig erzählen → Bringen wir die Nachricht dieser Liebe, Gnade und Hoffnung zu den Menschen? Das fällt uns nicht immer leicht. Gelegentlich treffe ich einen Bekannten im Café unweit des Gemeindehauses. Er erzählt mir von den „richtigen Medien", den „Nachrichten hinter den Kulissen" und „Strippenziehern dieser Welt". Auch für mich seien die Nachrichten und aktuellen Vorkommnisse schlimm, erkläre ich ihm. Doch die Bibel schreibe darüber und kündige solche Entwicklungen an. Deshalb könne ich trotz allem hoffnungsvoll und in Frieden in die Zukunft gehen. Meinen Bekannten habe ich an diesem Morgen nicht überzeugen können. Ja, fast komme ich mir etwas naiv vor. Doch ich will mutig weiter von der Hoffnung erzählen. Bleiben wir treue und und mutige Botschafter der Hoffnung Gottes für diejenigen, die uns begegnen. Mit unserem Leben – und vielleicht mit einem guten Wort.

Nach dem Zerbruch kommt der Sieg → Ernest Hemingway schrieb nach dem 1. Weltkrieg: „Die Welt bricht jeden, und danach sind viele stark an den gebrochenen Stellen" (aus: A Farewell to Arms). Die Kraft Gottes lässt Simson nach dem Zerbruch wieder stark werden. Dies gilt auch in unseren herausfordernden Situationen. Die Kraft des Heiligen Geistes wirkt in dir und mir.

Oliver Fuß

6
Montag

MAI

Wir danken Gott allezeit für euch alle und gedenken euer in unsern Gebeten.

1. Thessalonicher 1,2

Bibellese: 1. Thessalonicher 1,1-10

Immer mal wieder spricht mich jemand an, um mir zu sagen, wie dankbar er oder sie für mich ist und dass auch für mich gebetet wird. Was für ein großes Vorrecht, denn so etwas ist doch alles andere als selbstverständlich. Allzu häufig geht es schlichtweg darum, dass man etwas leistet und dann dafür anerkannt wird. Dankbarkeit, einfach nur, weil es jemanden gibt, findet man nicht so oft. Schon länger habe ich verstanden, dass es weniger an mir selbst liegt als an meinem Umfeld. Ich bin einfach mit Menschen um mich herum gesegnet, die sich bewusst Zeit nehmen, um ihre Dankbarkeit zu formulieren. Darin sind mir schon viele zum Vorbild geworden. Sie drehen sich nicht nur um sich selbst, sondern möchten Ermutiger für andere sein.

Danken, denken und beten ⇢ Im heutigen Leitvers lesen wir nun, wie dankbar Paulus und seine Mitarbeiter für die Christen in der Stadt Thessaloniki sind. Damit zeigt er sofort den Wert seines Gegenübers auf. Ohne Umschweife macht Paulus deutlich, dass er sich einfach darüber freut, dass es sie gibt. Von außen betrachtet mögen die Menschen dort ihre Stärken und Schwächen gehabt haben, jedoch wirkte Gott an ihnen. Daran denkt Paulus und bringt all dies im Gebet zu Gott.

Alles kommt von Gott ⇢ Gott ist dabei die Quelle. Das wird schnell vergessen, denn Paulus selbst hatte ja das Evangelium in dieser Stadt verkündet und die Gemeinde dort gegründet. Dennoch weiß er, wer dies alles bewirkt hat – nämlich Gott selbst. Es war Gottes Evangelium, das gepredigt wurde, es war Gottes Geist, der in den Christen dort wirkte, und es war Gottes Gemeinde, die entstanden ist. Deshalb gilt auch der Dank schlussendlich Gott allein, denn dieser hat Großes vollbracht, indem er Menschen zu sich gerufen hat. Das in sich ist ein Wunder.

Sollten wir nicht auch einfach deshalb dankbar sein, weil er an einem Menschen wirkt? So wünsche ich uns, dass wir unserem Gegenüber in diesem Sinne mit Dankbarkeit begegnen können und das auch zum Ausdruck bringen. Das ermutigt die Menschen um uns herum und gibt Gott die Ehre.

Christian Turkat

[Wir] sind bereit, euch teilhaben zu lassen nicht allein am Evangelium Gottes, sondern auch an unserm Leben; denn wir haben euch lieb gewonnen.

1. Thessalonicher 2,8

Bibellese: 1. Thessalonicher 2,1-12

„Hallo, ich möchte Sie gar nicht lange stören" – mit solchen einleitenden Worten versuchten in den letzten Jahren Vertreter immer mal wieder, an unserer Haustür ihre Produkte zu verkaufen. Dabei wollten sie uns auch immer genau erklären, warum wir gerade jetzt unseren Stromanbieter wechseln sollten, weshalb wir ein schnelleres Internet benötigten oder Außenrollläden anbringen lassen müssten. Jedes Mal dachte ich mir dann: „Die kennen uns doch gar nicht – woher wollen die denn überhaupt wissen, was wir brauchen oder haben wollen? Geht es ihnen nicht einfach nur um den Verkauf an sich?"

Die Beziehung macht es ⇢ Auch Paulus wollte, dass seine Botschaft angenommen wird. Jedoch ging er dabei einen ganz anderen Weg, denn er nahm sich Zeit, die Menschen kennenzulernen und eine Beziehung zu ihnen aufzubauen. So etwas dauerte, kostete Kraft und war sicherlich manchmal auch mit Enttäuschungen verbunden. Es weckte aber auch Vertrauen und zeigte die ehrliche Sorge des Paulus um den Einzelnen. Seine Verkündigung war dadurch in zwischenmenschliche Beziehungen eingebettet und nicht nur wie das schnelle Verkaufsgespräch eines Vertreters, der versucht, etwas loszuwerden.

Ganz oder gar nicht ⇢ Als Christen sind wir gesandt, das Evangelium weiterzugeben. Wir laden deshalb in Gottesdienste ein oder erzählen von unseren eigenen Glaubenserfahrungen. Paulus war darüber hinaus jedoch auch die persönliche Begegnung besonders wichtig. Er nahm am Leben der anderen teil und gewährte ihnen wiederum einen Einblick in seines. Er hatte die Menschen *„lieb gewonnen"*, deshalb trennte er seine Botschaft auch nicht von dem menschlichen Miteinander.

Verkündigtes Evangelium und authentisch gelebter Glaube gehören immer zusammen. Da, wo es nicht zusammenpasst, werden Leben und Botschaft schnell unglaubwürdig. So muss Gottes Liebe auch tatkräftig zum Ausdruck kommen. Wir sollten da keine halben Sachen machen. Darin darf Paulus uns ein echtes Vorbild werden: Den Menschen zugewandt zu sein und auf Gott hinzuweisen.

Christian Turkat

Darum danken wir auch Gott ohne Unterlass dafür, dass ihr das Wort … nicht als Menschenwort aufgenommen habt, sondern als … Wort Gottes, der in euch wirkt.

1. Thessalonicher 2,13

Bibellese: 1. Thessalonicher 2,13-20

Das Wort Gottes wird von vielen Menschen gelesen, doch oftmals wie ein Roman. Spannend, abwechslungsreich, unterhaltsam. Es ist jedoch mehr als das. Gott selbst ist der Autor. Lassen wir das mal so richtig einsinken: Jesus selbst ist das Wort. Es mag unsere Vorstellung übersteigen, doch es bleibt wahr. Johannes schreibt: „*Im Anfang war das Wort, und das Wort war bei Gott, und das Wort war Gott. Im Anfang war es bei Gott. Alles ist durch das Wort geworden und ohne das Wort wurde nichts, was geworden ist. In ihm war das Leben und das Leben war das Licht der Menschen*" (Johannes 1,1-3 EIN). Ersetzt man nun „Wort" mit „Jesus", erkennt man den ganzen Sinn dahinter.

Das Wort Gottes aufnehmen → Das geschieht, wenn wir Jesus aufnehmen. Dies ist der Dreh- und Angelpunkt wahren Lebens. Ohne Jesus aufzunehmen – also anzuerkennen, dass er Gottes Sohn ist, der auf die Welt kam, um uns von unseren Sünden zu erlösen – kann es keine Wiederherstellung der Verbindung mit Gott geben.

Das Wort Gottes wirkt in uns → Hier kommt nun der Kern des Ganzen, der uns in den Herausforderungen des Lebens helfen soll. Wenn wir das Wort, also Jesus, kennen, ist es wunderbar. Doch laut Bibel kennen auch die Dämonen Jesus. Die Frage ist, ob Jesus, das Wort, in uns wirksam ist. Denn das, was er tat, will er auch in und durch uns tun. Er sprach zu den Menschen und zeigte ihnen den Weg zum Himmel. Genau das will er auch durch dich und mich tun. Auch heute will er seine Wirksamkeit zeigen, indem er durch uns Menschen heilt.

Kürzlich sprach ich mit jemandem, der sich krank fühlte. Sofort sagte die Person, was es sein könnte, da es in der Familie Krankheiten mit denselben Symptomen gab. Dieses „Wissen" zermürbte und füllte Herz und Verstand mit Furcht. Erst die Diagnose des Arztes brachte Gewissheit, dass es nichts mit der Familie zu tun hatte. Die Worte der Vergangenheit wirkten schwer, bis das Wort des Arztes seine Wirkung zeigte. Welche Worte wirken in dir und mir?

In den Stunden der Verzweiflung, den Tod vor Augen, vertraute der Herr auf seinen Gott. Dieses Vertrauen will er auch in uns wirken. In seinem Wort verspricht er: „*Wenn ihr in mir bleibt und meine Worte in euch bleiben, werdet ihr bitten, was ihr wollt, und es wird euch widerfahren*" (Johannes 15,7).

Siegfried Tomazsewski

Darum sind wir, Brüder und Schwestern, euretwegen getröstet worden in aller unsrer Not und Bedrängnis durch euren Glauben.

1. Thessalonicher 3,7

9
Donnerstag

Himmelfahrt

Bibellese: 1. Thessalonicher 3,1-13

MAI

Not und Bedrängnis sind Dinge, die nicht jeder unbedingt persönlich kennt. Dennoch will sie keiner haben. Wir hören von Verfolgung in anderen Ländern. Eventuell haben wir in unseren Gemeinden bei der Flüchtlingshilfe damit zu tun, doch nicht als Betroffene. Auch Armut kann in Not und Bedrängnis führen, sei jedoch laut dem „Armutsbericht 2021" der deutschen Bundesregierung in den deutschsprachigen Ländern nicht relevant, da es hier weniger als ein Prozent Menschen gibt, auf die das zutrifft.

Was bringt uns in Not und Bedrängnis? ⇢ Angst vor Krankheiten, Arbeitslosigkeit und Beziehungskrisen sind in großem Maße die Auslöser dafür, dass Menschen in Bedrängnis geraten. Wenn ich mir eine Schätzung erlauben darf, würde ich sagen, dass maximal 0,5 Prozent der Christen im deutschsprachigen Raum aufgrund ihres Glaubens in echte Not oder Bedrängnis geraten.

Damals wie heute kommen Menschen in schwierigste Situationen. Elia erlebte Gottes Wunder – nicht einmal oder zweimal, sondern beinah Schlag auf Schlag erwies sich ihm der Herr als der Helfer, Versorger und Wunder wirkende Gott. Und gerade in dieser „Hochphase" des Wunder-Erlebens gerät Elia in eine Situation, in der er den Herrn förmlich bittet, ihn sterben zu lassen, da ihm alles zu viel ist. Paulus, ein Mann, der Jesus in einer Weise wie kaum ein anderer erlebt, kommt an seinen schwächsten Punkt. Dort bekennt er, dass es aus eigener Kraft nicht zu schaffen ist.

Hilfe und Rettung ⇢ Sie kommen nicht durch unseren Verstand, unsere eigene Kraft. David bekennt: „*Meine Hilfe kommt vom HERRN, der Himmel und Erde gemacht hat*" (Psalm 121,2). Paulus schreibt: „*Lass dir an meiner Gnade genügen; denn meine Kraft vollendet sich in der Schwachheit. Darum will ich mich am allerliebsten rühmen meiner Schwachheit, auf dass die Kraft Christi bei mir wohne. Darum bin ich guten Mutes in Schwachheit, in Misshandlungen, in Nöten, in Verfolgungen und Ängsten um Christi willen; denn wenn ich schwach bin, so bin ich stark*" (2. Korinther 12,9.10).

Himmelfahrt ⇢ Es war nicht ein Tag der Enttäuschung, als Jesus von den Jüngern ging, sondern ein Tag der Verheißung seiner Kraft: Gottes Heiliger Geist für seine Kinder – auch für dich und mich!

Siegfried Tomazsewski

10
Freitag

MAI

Denn das ist der Wille Gottes, eure Heiligung, dass ihr meidet die Unzucht.

1. Thessalonicher 4,3

Bibellese: 1. Thessalonicher 4,1-8

In diesem Brief des Paulus an eine Gemeinde aus den Nationen wird in unserer Bibellese deutlich, welch breiten Raum in seiner Verkündigung Anweisungen für das neue Leben mit Gott einnehmen. Im ersten Vers bittet, ja ermahnt er, in dieser neuen Lebensweise zuzunehmen und darin noch vollkommener zu werden. Das bedeutete eine deutliche Abkehr von den Lebensgewohnheiten ihrer Mitmenschen. Sie waren darin aber nicht allein gelassen. Gott gibt seinen Heiligen Geist in ihr Leben. Paulus spricht hier von einer Berufung Gottes zur Heiligung.

Ein fortwährender Prozess ⇢ Heiligung ist ein fortwährender Prozess der Lebensumgestaltung. Er beginnt mit unserer bewussten Hinwendung zu Gott und begleitet uns unser ganzes Leben lang. Heiligung wird in unserem Leben möglich, weil Gott uns durch Jesus Zugang zu seinen himmlischen Gütern gibt. Deshalb gestalten wir unser Leben ganz bewusst nach dem Willen Gottes und wollen dadurch ein Segen für die Menschen um uns herum sein. In unserer Bibellese spricht Paulus zwei Lebensbereiche besonders an. Entweder hat er sie in den eingangs erwähnten Anweisungen nicht genannt oder er gibt ihnen eine besondere Wichtigkeit.

Der eheliche Intimbereich ⇢ Er ist Teil der Schöpfungsordnung Gottes. Aber wenn für diesen Bereich Angemessenes verzerrt wird, wird es zur Sünde. Das erlebten die Christen in Thessalonich damals, und auch wir erleben das heute manchmal in grotesker Weise. Dieses Maß darf nicht unser Maßstab sein. Man kann jedoch auch hier auf zwei Seiten vom Pferd fallen. Im Anfang der Heiligungsbewegung meinte man, Gott besonders zu gefallen, wenn man sich einander entzog. Wie viel Not ist dadurch in christliche Ehen gekommen. Ganz anders schreibt Paulus hier dazu: „Sucht einander zu gewinnen, werbt umeinander, seid ehrerbietig zueinander. Und kein anderer hat in diesem intimen Bereich ein Zutrittsrecht."

Handel und Erwerb ⇢ Hier ist ein weiterer Lebensbereich, in dem wir uns als Christen bewähren müssen. Wird dieser Bereich von Gier besetzt, fallen wir aus unserer Berufung heraus. Übervorteilen, betrügen oder bestehlen im Beruf oder im Geschäftsleben zerstört nicht nur unsere Beziehungen zu unseren Geschäftspartnern, sondern auch zu unserem Gott. Das gilt auch in unseren Beziehungen zu Glaubensgeschwistern.

Ekkehardt Rückert

Und das tut ihr ja auch an allen Brüdern und Schwestern in ganz Makedonien. Wir ermahnen euch aber, dass ihr darin noch vollkommener werdet.

1. Thessalonicher 4,10

Bibellese: 1. Thessalonicher 4,9-12

Die brüderliche Liebe der Thessalonicher zu allen, die in Mazedonien an Jesus gläubig geworden waren, freute den Apostel und er lobte sie in seinem Brief. Die Spontaneität, mit der die Geschwister die Ausbreitung des Evangeliums in ihrem ganzen Umfeld förderten, zeigt die Dynamik der Liebe Gottes, die sie durch ihre Bekehrung zu Jesus Christus erlebten. Wenn Paulus hier von *„ermahnen"* spricht, so liegt der Schwerpunkt sicherlich in der Ermutigung, in dem Angefangenen fortzufahren und sogar noch darin zu wachsen.

Leben aus der eigenen Hände Arbeit ⇢ Diesen Grundsatz hatte Paulus sich selbst über seinen missionarischen Dienst gesetzt. Darin sah er ein persönliches Beispiel seiner Rechtschaffenheit. Es war aber auch sein Zeugnis an Ungläubige, dass er nicht um des Verdienstes willen das Evangelium verkündigte. Gleichwohl sagt das Wort Gottes, dass jeder Arbeiter, auch der im geistlichen Dienst, seinen Lohn wert ist.

Ob der Hinweis zum Erwerb des eigenen Lebensunterhalts an die Thessalonicher einen aktuellen Grund hatte, wissen wir nicht. Ich kenne ähnliche Beispiele im Reiche Gottes. Mehrere Geschwister unserer Gemeinde gaben eine gut bezahlte Stelle oder eine aussichtsreiche Berufslaufbahn auf, um einer Berufung Gottes zum vollzeitlichen Dienst zu folgen. Und Gott hat sie zum Segen gesetzt und ihnen weitergeholfen, wenn das Geld knapp war. Das betrifft Menschen in unserem Gemeindebund, ebenso nicht wenige Mitarbeiter in der Velberter Mission und beim AVC.

Ehrbar leben vor anderen Menschen ⇢ Das bedeutet, Anstand im Umgang miteinander zu wahren. Hier geht es besonders um Menschen, zu denen wir eine nahe Beziehung haben. In der Familie oder in unserem Miteinander in der Gemeinde kann es passieren, dass wir wegen unserer persönlichen Nähe den gegenseitigen Respekt verlieren. Aber auch im Umgang mit Menschen in unserem Lebensumfeld außerhalb von Familie und Gemeinde ist unser Auftreten ein Zeugnis. Es wird oft im Zusammenhang mit unserem Glauben an Jesus bewertet.

Laden wir mit unserem Leben zu ihm ein oder stoßen wir damit ab? In unserer Gesellschaft macht sich ein Umgang miteinander breit, der Autoritäten missachtet, das Gemeinwohl ignoriert und nur noch die eigene Meinung zum Maßstab setzt. Darin wollen wir uns mit ihnen nicht gleichmachen.

Ekkehardt Rückert

12
Sonntag
Muttertag

MAI

Wir wollen euch aber ..., nicht im Ungewissen lassen über die, die da schlafen, damit ihr nicht traurig seid wie die andern, die keine Hoffnung haben.

1. Thessalonicher 4,13

Bibellese: 1. Thessalonicher 4,13-18

Guter Hoffnung sein ist ein vielleicht veralteter Begriff, wenn eine Frau schwanger ist. Am heutigen Tag denken wir besonders an die Frauen, die Mütter sind. Sie haben konkret erlebt, was es bedeutet, guter Hoffnung zu sein. Wie groß ist dann die Freude, wenn sich diese Hoffnung erfüllt.

Es ist ein Anliegen der Bibel, dass wir nicht im Ungewissen bleiben, sondern unser Leben in Gewissheit und Hoffnung führen können. In einer Hoffnung, die über das Leben hinausgeht. Eine Hoffnung über den Tod hinaus kann nur Gott geben. Zwischen dem ersten und dem zweiten Kommen Jesu platzierte Gott zwei Geheimnisse. Das erste Geheimnis war das Errichten seiner Gemeinde, des Leibes Christi auf dieser Erde. Das zweite Geheimnis ist das Wegnehmen seiner Gemeinde von der Erde. Hier in diesem Bibelabschnitt schreibt Paulus von diesem zweiten Geheimnis, der Entrückung. Es wird geschehen, das ist genauso sicher wie die Entstehung der Gemeinde vor 2000 Jahren. Alle, die an Jesus Christus glauben, ob entschlafen oder lebend, werden zur festgesetzten Zeit entrückt werden, zu unserem Herrn, um für allezeit bei ihm zu sein.

Gewissheit für dein Leben ⇢ Bei einem Gespräch mit einer älteren Dame aus der Gemeinde sagte diese: „Weißt du, eigentlich möchte ich noch gar nicht gehen. Es ist so schön hier auf dieser Welt, wenn auch das Leben nicht einfach war und ist. Aber es hat auch so viele schöne Momente.“ Im weiteren Verlauf des Gesprächs kamen wir darauf, dass das Wort Gottes sagt, im Himmel wird Gott selbst alle Tränen abwischen. Es gibt kein Leid, keine Schmerzen, es wird noch viel schöner und unvorstellbar besser sein als die schönsten Momente hier.

Wie es im Himmel wirklich sein wird, weiß kein hier auf der Erde lebender Mensch. Was wir aufgrund der Aussagen in der Bibel jedoch sicher annehmen können: Es wird unvorstellbar schöner und herrlicher sein als alles, was wir uns vorstellen können. Wir denken vielleicht an Sorgenlosigkeit, doch das Leben in Gottes Gegenwart, seiner Liebe, seiner Schönheit, Geborgenheit und Herrlichkeit wird viel mehr sein.

Wir müssen nicht im Ungewissen leben wie Menschen, die keine Hoffnung haben. Denn der Glaube an Jesus Christus, den Auferstandenen, trägt und hebt dein und mein Leben noch mal auf eine ganze andere Stufe. Der Herr segne uns darin.

Wolfgang Mayr

....

Von den Zeiten aber und Stunden, Brüder und Schwestern, ist es nicht nötig, euch zu schreiben.

1. Thessalonicher 5,1

Bibellese: 1. Thessalonicher 5,1-11

Wie gerne würden wir immer alles wissen. Die Entrückung ist eines der faszinierendsten Themen innerhalb der biblischen Prophetie. Seit 2000 Jahren spekulieren Christen darüber, wie die letzten Tage der Menschheit ablaufen werden. In unserem heutigen Bibelvers sagt Paulus: „*Von den Zeiten aber und Stunden, Brüder und Schwestern, ist es nicht nötig, euch zu schreiben; denn ihr selbst wisst genau, dass der Tag des Herrn kommt wie ein Dieb in der Nacht*" (Verse 1.2). Das heißt, niemand weiß, wann dieses Ereignis geschehen wird.

Wie und wer wird entrückt? ⇢ In einem Nu – in einem Augenblick – bekommen alle, die in Christus gestorben sind, einen neuen Körper. Und diejenigen, die noch leben, wenn es geschieht, werden in einem Nu verwandelt. Denn etwas Vergängliches und Sterbliches kann das Reich Gottes nicht erben. Deswegen bekommen wir unsterbliche Körper, so, wie Jesus. Es wird großartig sein. Und es wird geschehen! Die Entrückung ist die Vereinigung der Gläubigen mit Jesus Christus, um sie von der Erde wegzuholen, bevor Gottes Zorn kommt. Wir werden ihn in den Wolken treffen. Die Entrückung geschieht geheim und in einem Augenblick.

Beim Schall der Posaune wird die Gemeinde, seine Braut, zusammen zum Herrn in die Wolken entrückt werden. Vor dieser Entrückung muss nichts mehr geschehen, es gibt eigentlich keine Voraussetzungen, die noch erfüllt werden müssen. Sie kann jeden Moment passieren, um für immer beim Herrn zu sein.

Wie sollen wir leben? ⇢ Die Frage ist, wie dieses Wissen unser Leben beeinflusst. Ein Punkt, so denke ich, ist nüchtern und im Gebet zu bleiben. Zudem ist es wichtig, sich großzügig in das Reich Gottes hineinzugeben. Denn wir werden nichts von alldem hier mitnehmen können. Wir können voller Trost und Hoffnung leben und sollten alles daransetzen, den Menschen von Jesus zu erzählen. Tun wir das, solange wir die Gelegenheit haben und die Türen der Gnade und Barmherzigkeit offen stehen. In den Tagen Noahs gab es Hoffnung, solange die Türen der Arche offen standen. Aber als Gott die Türen schloss, gab es keine Hoffnung mehr. Jesus Christus ist unsere Arche der Sicherheit. Im Moment ist die Tür noch offen. Und solange das so ist, können wir andere mit hineinrufen.

Wolfgang Mayr

14
Dienstag
MAI

Betet ohne Unterlass!

1. Thessalonicher 5,17 (SLT)

Bibellese: 1. Thessalonicher 5,12-22

Das klingt doch gar nicht so schwer: Einfach drauflosbeten und niemals aufhören. Überall und immer beten, regelmäßig, am besten täglich. Na ja, jetzt wird es schon schwieriger, oder? Einfach draufloszubeten, ist gar nicht immer so einfach. Will man überall und immer beten, wird es schwierig, einen Ort der Ruhe zu finden. Und in einem stressigen Alltag ist es schwer, das regelmäßige Gebet nicht zu vergessen.

Beten ja, aber wann? ⇢ Schnell noch vor dem Essen beten, damit keiner krank wird oder wir sagen können, dass wir gebetet haben? Das ist aber nicht das, was Gebet ist. Das ist nicht das, was Gott sich vorgestellt oder für uns gewünscht hat. Er möchte nicht ein To-do-Punkt auf einer To-do-Liste sein. Gebet soll keine Last oder eine zwanghafte tägliche Aufgabe werden. Gott möchte eine lebensnahe Beziehung mit uns, dass wir unseren Alltag mit ihm teilen. Er möchte, dass wir ihm von unserem Stress, unseren Sorgen, unseren Zweifeln und auch von unseren Erfolgen erzählen.

Wir können also beten, wenn es uns gut geht, aber auch, wenn unser Herz gebrochen ist. Wir können beten, wenn wir eine Prüfung erfolgreich gemeistert haben, aber auch, wenn wir durchgefallen sind. Wir können beten, wenn wir am Weinen sind und wenn wir glücklich sind, egal, wie wir uns fühlen und was unser Herz gerade durchmacht. Egal, was unsere Gedanken uns einreden wollen, wenn wir uns gerade nicht würdig oder nicht wertvoll genug fühlen. Wenn wir etwas nicht loslassen können. Wenn wir nicht mehr weiterwissen und am Ende unserer Kräfte sind.

Gott ist treu ⇢ Immer und jederzeit. Er hört jedes unserer Gebete. Wenn wir beten, nehmen wir an einem geistlichen Kampf teil. Als Christen kämpfen wir nicht gegen sichtbare Mächte. Wir kämpfen im Gebet gegen unsichtbare Mächte. Wir glauben an einen unsichtbaren, aber allmächtigen Gott! Wir haben das Privileg, dass er für uns kämpft, unsere Gebete hört und uns antwortet. Hören wir ihm zu! Es lohnt sich ganz gewiss, mit ihm verbunden zu bleiben und ohne Unterlass zu beten. Der Herr wird uns immer wieder darin segnen.

Michelle Lago Koulouri

Er selbst aber, der Gott des Friedens, heilige euch durch und durch, und euer ganzes Wesen, der Geist, die Seele und der Leib.

1. Thessalonicher 5,23 (SLT)

Bibellese: 1. Thessalonicher 5,23-28

Wie oft stehen wir in unserem Leben an einem Punkt, wo wir nicht mehr weiterkommen? Manchmal ist es ein schleichender Prozess und wir merken es gar nicht. Manchmal ist es spürbar, aber wir lenken uns ab mit Fernsehsendungen, Arbeit, Sport, Filmen oder guten Büchern. Wir merken, wie wir vor Gott wegrennen, weil uns etwas in unserem Herzen bewegt. Etwas, mit dem wir vielleicht schon lange kämpfen, das wir Gott immer wieder hinlegen, an dem aber ein Teil von uns festhält. Man erhofft sich eine Freiheit, empfindet sie auch, aber bei der nächsten Prüfung ist die Versuchung so groß, dass man nicht standhalten kann.

Gott macht es ⇢ Im heutigen Leitvers steht, dass Gott uns heiligt, *„durch und durch"*. Er tut es. Hier steht nichts von einer besonderen Leistung, die wir erbringen müssen. Hier steht nicht, dass eine funktionale Karriere, ein Hausbau, Hilfsbereitschaft oder die Anschaffung eines neuen Autos uns heiligt. Gott selbst ist es, der uns heiligt, unser ganzes Wesen, unseren Geist, unsere Seele und unseren Leib. Dies alles soll tadellos sein, bis der Herr Jesus Christus wiederkommt.

Laut Duden bedeutet „heilig": „im Unterschied zu allem Irdischen, von göttlichem Geist erfüllt, von sittlicher Reinheit zeugend". Gott möchte, dass wir seine Zeugen sind. Zeugen der guten Dinge, die er uns gibt. Das Fleisch ist schwach, aber der Geist ist willig. Gott vergibt uns, wenn wir ihn darum bitten. Er macht uns zu seinen Kindern und erfüllt uns mit dem Heiligen Geist. Wir dürfen vor ihm frei sein, unsere Fehler vor ihm eingestehen und seine herrliche und vollkommene Liebe, die wir am Kreuz erfahren, immer wieder neu annehmen. Das Kreuz ist das Symbol von Freiheit, Liebe und Vergebung. In Gottes Liebe, die er in Jesus zeigt, ist Annahme, Wertschätzung und Hoffnung.

Niemals allein ⇢ Wir sind nicht verloren oder weniger wert, weil wir noch mit denselben Dingen kämpfen wie vor ein paar Jahren. Dann dauert der Durchbruch Gottes länger, aber das heißt nicht, dass er unmöglich ist. Wir dürfen sicher sein: Gott liebt uns, denn als seine Kinder sind wir ihm kostbar und wichtig. Er hat einen Plan für dein und mein Leben. Ihm können wir uns hundertprozentig anvertrauen. Er hilft uns, so zu leben, dass wir für seine Wiederkunft bereit sind.

Michelle Lago Koulouri

16
Donnerstag

Wir müssen Gott allezeit für euch danken, Brüder und Schwestern, wie sich's gebührt. Denn euer Glaube wächst sehr.

2. Thessalonicher 1,3

MAI

Bibellese: 2. Thessalonicher 1,1-12

Paulus lobte die Thessalonicher dafür, dass ihr Glaube so reichlich wuchs, dass es über jedes normale Maß hinausging. Hier wird es deutlich: Wachsender, Berge versetzender Glaube ist kein Zufall. Gott hat jedem von uns am Anfang unserer Nachfolge ein Grundmaß des Glaubens gegeben. So heißt es in Römer 12,3: „… *wie Gott einem jeden zugeteilt hat das Maß des Glaubens.*" Jetzt liegt es an uns, *wie* wir dieses Maß an Glauben gebrauchen.

Es beginnt klein ⇢ In Matthäus 17,20 lehrt uns Jesus: *„Denn wahrlich, ich sage euch: Wenn ihr Glauben habt wie ein Senfkorn, so könnt ihr sagen zu diesem Berge: Heb dich dorthin!, so wird er sich heben; und euch wird nichts unmöglich sein."* Glauben *„wie ein Senfkorn"* bedeutet, es beginnt klein und wird dann zu einem großen Baum, der jeden Felsen sprengt. Ein Beispiel dafür sind Abraham und Sara: *„Und er wurde nicht schwach im Glauben und zog nicht seinen Leib in Betracht, der schon erstorben war, weil er fast hundertjährig war; auch nicht den erstorbenen Mutterleib der Sara. Er zweifelte nicht an der Verheißung Gottes durch Unglauben, sondern wurde stark im Glauben und gab Gott die Ehre"* (Römer 4,19-21).

Es wird wachsen ⇢ Der berühmte Bergsteiger George Mallory war der Erste, der die Endzone des Mount Everest erklomm. Zwischen 1920 und 1924 unternahm er drei Versuche zur Gipfelbesteigung. 1999 fand man seinen Leichnam in Eis und Schnee, 600 Meter vom Gipfel entfernt, die Hände im Fels festgekrallt. Die Weggefährten waren damals nach England zurückgekehrt, wo eine Gedenkfeier zu seinen Ehren abgehalten wurde. Ein übergroßes Bild des Mount Everest stand hinter der großen Tafel. Der Leiter der Rückkehrer stand auf, applaudierte dem toten Helden und sagte mit tränenerstickter Stimme: „Ich spreche zu dir, Mount Everest, im Namen aller lebenden und noch nicht geborenen tapfereren Männer. Mount Everest, du hast uns einmal bezwungen; du hast uns zweimal bezwungen; du hast uns sogar dreimal bezwungen. Aber höre, du riesiger Berg, wir werden dich eines Tages besiegen, weil du nicht mehr größer werden kannst – aber wir können und werden wachsen!" 1953 erreichten Sir Edmund Hillary und Sherpa Tenzig Norgay den Gipfel.

Vielleicht ist heute dein Problem noch zu groß – aber dein Glauben wird wachsen!

Matthias Brandtner

Lasst euch von niemandem verführen, in keinerlei Weise; denn zuvor muss der Abfall kommen und der Mensch des Frevels offenbart werden, der Sohn des Verderbens.

2. Thessalonicher 2,3

Bibellese: 2. Thessalonicher 2,1-12

Früher dachte ich, das Hauptthema in der Offenbarung wäre der Antichrist. Überraschung: Tatsächlich ist er dort nicht einmal erwähnt. Der zentrale Inhalt ist vielmehr dieser: *„Dies ist die Offenbarung Jesu Christi, die ihm Gott gegeben hat, seinen Knechten zu zeigen, was in Kürze geschehen soll“* (Offenbarung 1,1). Hier steht es kristallklar: Dieses Buch offenbart Jesus Christus, nicht den Antichristen.

Kaum zu glauben ⇢ Man höre und staune: Im Rest der Bibel wird der Antichrist ganze vier Mal erwähnt. Was sagen diese vier Verse tatsächlich über den Antichristen aus? Dass es zur Zeit des Johannes viele Antichristen gab. Und dass der Geist des Antichristen daran erkennbar ist, dass er die Gottessohnschaft von Jesus bestreitet. Christusleugner gab es offensichtlich schon immer. Und dass Satan der Vater der Lüge und der Furcht ist – das ist auch nichts Neues.

Alle Ehre König Jesus ⇢ Aber dass Gott der Allmächtige ist, hat sich auch nicht verändert! Er ist unser Hirte, unser Versorger und unser Schutz. Er sorgt dafür, dass am Ende alles gut wird. Was also ist zu tun? Die Bibel sagt ganz wenig über den Antichristen, sondern stellt stattdessen die wachsende Herrschaft des Reiches Gottes in den Vordergrund. So lesen wir in Jesaja 9,6: *„… auf dass seine Herrschaft groß werde und des Friedens kein Ende auf dem Thron Davids und in seinem Königreich, dass er's stärke und stütze durch Recht und Gerechtigkeit von nun an bis in Ewigkeit.“*

Ja, ich will fromme Panikmache hinter mir lassen. Ich finde es beschämend, dass Ungläubige eine hoffnungsvollere Sicht auf die Zukunft haben als wir Christen. Gemeinde Jesu, lasst uns aufhören, die Furcht zu füttern und ins Wolfsgeheul der Teufel mit einzustimmen. Ich will nicht zitternd das Kommen des Bösen erwarten, während die New Ager das Friedensreich verkündigen. Ich tue Buße über meine Furcht und meine falsche Theologie und die Missinterpretation von Gottes Wort, wo ich dem Antichristen so viel Ehre erwiesen habe. Nein, ich will dem wiederkommenden Christus den Weg bereiten! Ich will neu, unter der Inspiration des Heiligen Geistes, die Bibel lesen und in dem Bewusstsein leben, dass Jesus uns beruft und auch befähigt, in allen Nationen Jünger zu machen (siehe Matthäus 28,19.20).

Matthias Brandtner

18
Samstag

MAI

Er aber, unser Herr Jesus Christus, und Gott, unser Vater, ... der tröste eure Herzen und stärke euch in allem guten Werk und Wort.

2. Thessalonicher 2,16.17

Bibellese: 2. Thessalonicher 2,13-17

Wer nach Ermutigung sucht, findet sie im heutigen Bibeltext. Lassen wir den vollständigen Leitvers einmal auf uns wirken: *„Er aber, unser Herr Jesus Christus, und Gott, unser Vater, der uns geliebt und uns einen ewigen Trost gegeben hat und eine gute Hoffnung durch Gnade, der tröste eure Herzen und stärke euch in allem guten Werk und Wort.“* In diesen Versen sind so viele großartige Geschenke Gottes verpackt, dass wir es oft für selbstverständlich halten, wie unglaublich unser Gott ist. Denken wir einmal darüber nach:

- Wir haben direkten Zugang zu Jesus Christus – Jesus ist unser!
- Gott ist unser Vater.
- Er liebt uns.
- Er gibt uns ewigen, nie endenden Trost.
- Er schenkt uns gute Hoffnung.
- Er schenkt uns Gnade.
- Er stärkt uns in jedem guten Wort und Werk.

Die gute Hoffnung ⇢ Bevor Paulus Gott bat, etwas Bestimmtes für die Thessalonicher zu tun, erinnerte er sie an alles, was Gott für sie bereits getan hatte. Er hat sie *„geliebt“* und ihnen *„ewigen Trost“* und *„gute Hoffnung durch Gnade“* geschenkt. In unseren Gebeten tun wir gut daran, uns an Gottes ewige Liebe sowie seine vergangene Treue und seine gegenwärtigen Segnungen zu erinnern. Seine Treue gestern ist ein Versprechen für seine Treue heute und ebenso morgen.

Paulus bat Gott um zwei Dinge für die thessalonischen Christen. Er bat ihn darum, ihre Herzen zu trösten. Zweitens bat er darum, sie in jedem guten Wort und Werk zu festigen beziehungsweise zu stärken. Dieses Gebet um Trost und Stärke ist angesichts der besonderen Herausforderungen von Gläubigen in dieser chaotischen Welt sehr ermutigend. Deshalb möchte ich denen, die sich weit weg von Gott fühlen oder traurig und hoffnungslos sind, zurufen: „Fasse Mut!“ Wir dienen nämlich einem Gott, der uns liebt und dessen Barmherzigkeit jeden Morgen neu ist. Denken wir über seine wunderbaren Verheißungen nach. Er wird dich und mich nicht im Stich lassen! Wir können uns dieses Gebet des Paulus an die Thessalonicher mit Kühnheit zu eigen machen und ganz persönlich für uns beten: „Er aber, unser Herr Jesus Christus, und Gott, unser Vater, der mich geliebt und mir einen ewigen Trost gegeben hat und eine gute Hoffnung durch Gnade, der tröste mein Herz und stärke mich in allem guten Werk und Wort. Amen.“

Rosine Jäger

Jetzt noch etwas anderes, liebe Geschwister: Betet für uns, damit die Botschaft des Herrn sich rasch ausbreitet und überall gepriesen wird, genau wie bei euch.

2. Thessalonicher 3,1 (NGÜ)

Bibellese: 2. Thessalonicher 3,1-5

Paulus, so berichtet die Apostelgeschichte, besuchte auf seiner zweiten Missionsreise das damals bereits über 300 Jahre alte Thessaloniki und gründete dort um das Jahr 50 n. Chr. die zweite christliche Gemeinde in Europa. Weil er in der örtlichen Synagoge die Schrift auslegte und so Interessierte aus dem Umfeld der jüdischen Gemeinde für Jesus Christus begeistert, entstand eine ungewohnte Konkurrenzsituation. Manche hielten das für Abwerbung und waren nicht gut auf Paulus zu sprechen. Es gab Ärger, dem Paulus und Silas nur durch eine schnelle Abreise bei Nacht und Nebel entkamen. Doch das Evangelium breitete sich aus und ist bis heute unterwegs. Die ersten Christen in Thessaloniki werden aufgefordert, genau dafür zu beten, dass die Botschaft des Herrn sich ausbreitet und gepriesen wird.

Ein kurzer Rückblick ⇢ Nachdem Jesus am Kreuz gestorben war, waren seine Jünger völlig enttäuscht, ratlos und verunsichert. Aber zwei Tage später war das Grab leer und der auferstandene Jesus erschien ihnen. Danach kam eine Zeit von 40 Tagen, in der sie mit ihm zusammen waren und von ihm gelehrt wurden, bevor er an Himmelfahrt vor ihren Augen wegging mit dem Versprechen: „Auch wenn ihr mich nicht mehr sehen könnt, ich bin alle Tage bei euch und werde meinen Geist zu euch senden. Wenn dieser kommt, sollt ihr anfangen, den Menschen von mir zu erzählen und sie zu meinen Jüngern zu machen."

Jeder Nachfolger Jesu Christi und damit jede Gemeinde müsste im Grunde sagen können: „Genau das ist unser Fokus, aus diesem Grund gibt es uns." Eine solch kurze präzise Berufung ist anders als manche Leitsätze, die mühsam zusammengestellt werden und irgendwie immer gleich abstrakt klingen. Präzise Berufungen beschreiben den Auftrag genau und sind gleichzeitig einfach.

Pfingsten ⇢ Zehn Tage später an Pfingsten geschieht es: Die Jünger sind versammelt, als plötzlich ein großer Wind aufbraust. Sie werden mit dem Heiligen Geist erfüllt und beginnen, in verschiedenen Sprachen zu predigen. Viele hören ihnen zu, verstehen die Predigt in ihrer eigenen Sprache – das Evangelium breitet sich aus. Noch am selben Tag lassen sich Menschen auf den Namen Jesus Christus taufen. Das ist es, was für uns seit Pfingsten zählt. Bringen wir den Jesus, dem wir folgen, mit den Menschen zusammen, die wir lieben!

Peter Bregy

20
Montag
Pfingstmontag

Er selbst, der Herr des Friedens, gebe euch immer und auf jede Weise seinen Frieden. Der Herr sei mit euch allen!

2. Thessalonicher 3,16 (NGÜ)

Bibellese: 2. Thessalonicher 3,6-18

Pfingsten ist ein positives und kraftvolles Ereignis! Der Geist Gottes verströmt Leben in Fülle. Sogar die Natur ist ein aufblühendes Zeichen von solch einem Leben. Gottes Geist gibt Sicherheit und Geborgenheit auf dem Weg des Glaubens. Er zeigt der Gemeinde den Weg. Er gibt Orientierung, er schenkt Frieden als Frucht und weitet damit den Blick über den Horizont des eigenen Lebens.

Die Ausgießung des Heiligen Geistes ist die Geburtsstunde der christlichen Gemeinde. Die Menschen, die am Pfingsttag zusammenkamen, erlebten das Wunder der Begeisterung. Obwohl sie verschiedene Sprachen sprachen, bewirkte der Heiliger Geist trotz großer Vielfalt ein gegenseitiges Verstehen und eine Einheit.

Orientierung und Frieden → Das klare und eindeutige Zeugnis von Gottes Geist ist wichtig. Unsere Zeit hält eine schier unüberschaubare Zahl von Möglichkeiten der Lebensgestaltung bereit. Viele Menschen sind durch diese Vielfalt verwirrt, orientierungslos und werden gleichzeitig von der Angst getrieben, sie könnten etwas verpassen. In all der Unübersichtlichkeit der Lebensmöglichkeiten wächst zugleich die Sehnsucht nach Orientierung, Klarheit, Sicherheit und Frieden. Der Heilige Geist schenkt genau diese Orientierung. Er zeigt die Richtung für ein Leben nach Gottes Willen.

Friede ist dabei eine Verheißung und das große Gestaltungsprinzip Gottes in seiner Beziehung zu den Menschen. *„Glücklich zu preisen sind die, die Frieden stiften; denn sie werden Söhne Gottes genannt werden“* (Matthäus 5,9). Dieser Friede Gottes soll maßgeblich das Zusammenleben prägen. Er ist eine lebensschaffende Macht und dient dem Leben, weil er auch auf das Recht des anderen aufmerksam macht und sich damit klar gegen die Verabsolutierung des eigenen Vorteils stellt.

Will ich das? → Die Frage lautet nie, ob ich von etwas oder jemandem angetrieben und bewegt werden will. Die Frage lautet immer nur, wer oder was das „Rennen in mir“ macht. Will ich, dass es Gott, Jesus Christus, der Heilige Geist ist? Gottes Geist zwingt mich ganz sicher nicht. Aber er fragt heute aufs Neue, ob der Friede Gottes in mir ist. Führe ich das Leben, das ich leben will? Der allmächtige Gott ist auch heute wieder bereit, mit dir und mir unterwegs zu sein, um mit all seiner Frucht und seinen Gaben sein Reich zu bauen.

Peter Bregy

Ich danke meinem Gott allezeit euretwegen für die Gnade Gottes, die euch gegeben ist in Christus Jesus.

1. Korinther 1,4

Bibellese: 1. Korinther 1,1-9

Gesegneter Rückblick: Paulus, der nach dem Willen Gottes berufene Heidenapostel, stellt nach über zweijähriger Abwesenheit von der Gemeinde in Korinth fest, dass sie sich geistlich bewährt hatte. Alle Mühe und aufopfernder Einsatz, die Sorgen und Tränen, die er in die mühevolle Arbeit investiert hatte, hatten sich gelohnt. Mit einem dankbaren Herzen preist er seinen Gott für die Gnade, die der Gemeinde durch Jesus Christus gegeben wurde. Diese Gnade ist keine billige Schleuderware, sondern der Inhalt dessen, was Gottes Sohn hinsichtlich seiner gefallenen Schöpfung bewegte.

Es ist eine starkmachende Gnade → Die Gnade unseres Herrn ist nichts Weichliches oder Sentimentales, sondern eine unbeschreibliche Macht und Stärke. Sowohl in der Gemeinde Jesu als auch in unserem persönlichen Leben will sich die starkmachende Gnade immer mehr entwickeln und zur Entfaltung kommen. Wenn uns die Gnade Gottes in Christus Jesus gegeben ist, wirkt sich das auch auf unsere Bibelfestigkeit aus. Die Stärke seiner Gnade dient uns zur Standhaftigkeit in der Schrift. So lesen wir in Hebräer 13,9: *„Lasst euch nicht von vielfältigen und fremden Lehren umhertreiben; denn es ist gut, dass das Herz fest wird, was durch Gnade geschieht."*

Es ist eine heilsame Gnade → Wenn die Gnade Jesu mit uns ist, werden wir wunderbare und positive Veränderungen in unserer Persönlichkeit erleben. Durch eigene, menschliche Anstrengung können wir uns nicht verändern. Aber Gott kann es und wird es, wenn wir uns für die Gnade seines Sohnes öffnen. Wie die wärmenden Sonnenstrahlen sich heilend auf unser körperliches Befinden auswirken, so ist es mit der Gnade Jesu für unseren geistlichen Menschen. Kein Wunder, dass Paulus seinem Gott allezeit für dessen Gnade, die dem Glaubenden durch Jesus Christus gegeben ist, von Herzen dankte. Möge diese starkmachende und heilsame Gnade Jesu auch dein und mein Leben nicht nur begleiten, sondern durch und durch prägen. Dazu wünsche ich uns Gottes Segen.

Peter Kierner

22
Mittwoch

MAI

Ich ermahne euch aber ... im Namen unseres Herrn Jesus Christus, dass ihr alle mit einer Stimme redet; und lasst keine Spaltungen unter euch sein.

1. Korinther 1,10

Bibellese: 1. Korinther 1,10-17

Obwohl Paulus eben noch die Korinther auf die Gnade Jesu aufmerksam machte, musste er ein fleischliches Verhalten unter ihnen tadeln.

Gnade schützt vor Torheit nicht → Es ist ein Segen, durch Jesus Christus von Gottes Gnade umgeben zu sein und von seiner Liebe getragen zu werden. Es ist aber auch wahr, dass man diese Gnade ignorieren kann. Ein Gotteskind kann im Fluss der Gnade schwimmen. Oder neben ihm auf eigenen Füßen laufen. Gnade schützt uns nicht vor einem Fehltritt, einem Fehlverhalten oder einer fehlgeleiteten Meinung.

Falsche Einschätzung geistlicher Brüder → Die Geschwister der Gemeinde in Korinth beurteilten die Knechte Gottes mit fleischlichen Augen. Sie stritten sich darüber, wer der größte der Apostel sei. Ihr Urteil über die Männer Gottes basierte auf völlig falschen Kriterien und so landeten sie schließlich in Streit und Parteiungen. Der eine sagte: „Ich halte mich zu Paulus!", ein anderer: „Ich stelle mich auf die Seite des Apollos." Dann gab es noch Christen, die zu Kephas hielten und schließlich auch solche, die sich zu Christus stellten. Welch eine Tragik, wenn menschliche Kriterien, wodurch auch immer ausgelöst, die Nachfolge bestimmen.

Den Fokus auf Jesus lenken → Es gibt begabte und geistlich reife Verkündiger des Evangeliums, die es verdient haben, ihre Botschaft zu schätzen und ihrer gesunden Lehre nachzufolgen. Sie dürfen aber in unseren Herzen niemals den Platz einnehmen, der nur Christus gebührt. Er allein hat sich über uns erbarmt und ging um unserer Sünden willen ans Kreuz. Jesus starb für dich und mich, und es sollte niemanden in unserem Herzen geben, durch den die Liebe zu Jesus Christus geschmälert wird. Alle berufenen und begabten Menschen in Ehren, aber allein Gottes Sohn hat uns erlöst und soll den Ehrenplatz bei uns einnehmen. In Jesus Christus haben wir das Heil Gottes. In ihm erhalten wir Vergebung, aber auch das ewige Leben. Ihm allein, unserem Erretter, gebührt Ehre, Lob und Anbetung.

Peter Kierner

Wir aber predigen Christus, den Gekreuzigten, den Juden ein Ärgernis und den Heiden eine Torheit.

1. Korinther 1,23

Bibellese: 1. Korinther 1,18-31

Paulo Coelhos Buch „Der Alchimist" erzählt die Geschichte des jungen Andalusiers Santiago, der sich nach zweimaligem Träumen von einem Schatz mit dem Ziel auf Reisen begibt, diesen zu bergen. Dabei erlebt er einige Rückschläge, muss viele Hindernisse überwältigen und tatsächlich, eines Tages, auf vielen Umwegen findet er diesen Schatz. Als ich diese Geschichte vor vielen Jahren las, habe ich mich selbst darin wiederfinden können; und wahrscheinlich erging es den vielen anderen Lesern dieses Buches ebenso.

Die Jagd nach mehr ⇢ Schon die ersten Menschen, Adam und Eva, strebten danach, mehr zu haben, ohne dabei zu bedenken, dass sie bereits alles hatten, dass nichts ihrem Segen hinzugefügt werden konnte. Und so können wir in die Menschheitsgeschichte zurückschauen und bis heute verfolgen, worin Menschen versuchen, dieses „Mehr" zu finden, um sich mit dem Übernatürlichen zu verbinden. Sei es besondere Weisheit, die Fähigkeit, Wunder zu vollbringen, oder besondere, spiritistische Erfahrungen – die Liste ist ewig lang. In unserer Bibellese heißt es zu diesem Thema: *„Denn die Juden fordern Zeichen und die Griechen fragen nach Weisheit"* (Vers 22).

Santiagos Geschichte geht eigentlich nicht darum, dass er diesen Schatz findet. Sondern vielmehr darum, welchen Weg er dafür auf sich nehmen musste, um – Vorsicht: Spoiler-Alarm – sich nur am Anfang wiederzufinden. In dem Ort, wo alles begann: in Andalusien, bei einer Kirche.

Gefunden! ⇢ Es sollten noch einige Jahre nach dem Lesen des Buches vergehen, bis auch ich diesen Schatz für mich gefunden hatte. Oder vielmehr, bis ich von Jesus als Schatz geborgen wurde. Rückblickend konnte ich selbst an meinem Leben sehen, wie oft ich in meinen eigenen menschlichen Möglichkeiten nach diesem „Mehr" gesucht hatte. Nur um zu der Erkenntnis zu gelangen, dass die Antwort ein Gott war, der sich nicht schämte, mir gleich zu werden, um unschuldig für mich zu sterben. Ein Gott, der mir nachging und sich für mich hingab.

Für die einen ist das ein Skandal und für die anderen eine absolute Torheit. Denn wie kann ein allmächtiger Gott die Lösung für das Menschenheil bieten, indem er selbst Mensch wird und stirbt? Die Antwort: aus Liebe. Die Ewigkeit mit ihm ist ein Geschenk, das nicht verdient werden kann.

Angelika Teickner

Und mein Wort und meine Predigt geschahen nicht mit überredenden Worten der Weisheit, sondern im Erweis des Geistes und der Kraft.

1. Korinther 2,4

Bibellese: 1. Korinther 2,1-5

Wenn ich diese Bibelstelle lese und zugleich an meine ersten Schritte mit Jesus denke, muss ich schmunzeln. Wie oft habe ich versucht, mein Umfeld aufgrund meiner Worte, meiner Überzeugungskraft mit Jesus bekannt zu machen. Die Antwort folgte prompt: Menschen zogen sich zurück. Sie wollten nicht von oben herab behandelt werden, als wüsste ich es besser. Statt sie zum Glauben zu führen, fühlten sie sich von mir verprellt und missverstanden. Das war eine bittere Pille, die ich schlucken musste.

Mit der Zeit begriff ich, dass ich mich so viel anstrengen kann, wie ich will. Menschen finden nur zu Jesus, weil unser Vater im Himmel ihre Herzen zu sich zieht. Wenn es so weit war, wollte ich dafür bereit sein und sie mit Jesus bekannt machen können!

Gott vertrauen ⇢ Was musste ich also tun? Mich bremsen; den einzelnen Menschen sehen und ihm dort begegnen, wo er oder sie sich gerade befindet. Keine Maßstäbe ansetzen, sondern daran erinnern, wie wertvoll jeder Einzelne für Gott ist. Denn auch ich habe mein Herz nicht an Jesus verschenkt, weil Menschen mich belehrt und mit blumigen Worten umworben haben. Ich wurde daran erinnert, dass ich, auch wenn ich Gott noch nicht kenne, einen unendlichen Wert für ihn besitze und er mich schon jetzt liebt, noch ehe ich „Ja!“ zu ihm sagen konnte.

Nachdem ich begriffen hatte, mich auf Gottes Kraft und seine Leidenschaft für Menschen zu verlassen, hörten mir Menschen zu. Sie sahen die Kraft Gottes in meinem Leben, die eine bleibende Veränderung in und an mir bewirkt hatte. Und sie schenkten mir tatsächlich ihr Gehör, ohne dass ich reden und nach Aufmerksamkeit ringen musste. Das Schönste, was ich dabei erleben durfte, waren die Schritte meiner besten Freundin hin zum Glauben und die Aussage meiner (noch buddhistisch-gläubigen) Mutter: „Ich sehe, dass du uns liebst. Du hast einen guten Gott.“

Er wird sichtbar ⇢ Von Jesus zu erzählen, braucht keine großen, weisen Worte oder gar eine Maßregelung mit „biblischer“ Moral. Von Jesus zu erzählen, braucht Liebe, Geduld und vor allem Gottes Kraft und seine Wirkung – und das zuerst in mir als lebendiges Zeugnis von einem lebendigen Gott.

Angelika Teickner

Wir reden von der Weisheit Gottes, die im Geheimnis verborgen ist, die Gott vorherbestimmt hat vor aller Zeit zu unserer Herrlichkeit.

1. Korinther 2,7

Bibellese: 1. Korinther 2,6-16

Wie einzigartig ist die Weisheit des Paulus hier offenbart. Er ist der Apostel, der sicher mehr studiert hatte als alle anderen Schreiber des Neuen Testaments. Er hatte nicht nur unter Gamaliel, einem der Schriftgelehrten seiner Zeit, die Bibel studiert. Nach seiner Bekehrung auf dem Weg nach Damaskus hatte er immer wieder von Gott direkt klare Anweisungen erhalten.

Von Gott gehört ⇢ So erhalten wir durch ihn beispielsweise die Anweisungen über das Abendmahl in 1. Korinther 11,23-32. Auf einer Schiffsreise nach Rom ermutigte er in einem furchtbaren Sturm die Seeleute, indem er ihnen sagte: *„Denn diese Nacht trat zu mir der Engel des Gottes, dem ich gehöre und dem ich diene, und sprach: Fürchte dich nicht, Paulus, du musst vor den Kaiser gestellt werden; und siehe, Gott hat dir geschenkt alle, die mit dir fahren. Darum, ihr Männer, seid unverzagt; denn ich glaube Gott, es wird so geschehen, wie mir gesagt ist"* (Apostelgeschichte 27,23-25).

Und genauso geschah es, trotz des katastrophalen Sturms und des Fluchtversuches der gesamten Schiffsmannschaft, obwohl das Schiff zerschellte und trotz des Plans der Soldaten, alle Gefangenen zu töten. Dabei hatte Paulus die Verantwortlichen des Schiffes vor der Fahrt ernsthaft gewarnt, doch selbst der Hauptmann Julius, der Paulus hoch achtete, hatte dem Steuermann und dem Schiffsbesitzer mehr vertraut als dem Apostel.

Teilhabe durch Jesus ⇢ Bei der Weisheit, über die Paulus in im heutigen Leitvers sprach, handelt es sich um eine ganz andere Weisheit als die, die wir von den Klugen und Mächtigen dieser Welt kennen. Es ist die Weisheit des allmächtigen und allwissenden Gottes, die er vor den Weltzeiten zu unserer Herrlichkeit bestimmt hat. Seine Zeitplanung geht um die ewige Herrlichkeit. Deshalb betete Jesus vor seiner Kreuzigung auch für seine Jünger, und damit auch für uns: „Vater, ich will, *dass, wo ich bin, auch die bei mir seien, die du mir gegeben hast, damit sie meine Herrlichkeit sehen, die du mir gegeben hast"* (Johannes 17,24). Darüber dürfen wir uns jetzt schon freuen!

Peter Schneider

26
Sonntag

Und ich, Brüder und Schwestern, konnte nicht zu euch reden wie zu geistlichen Menschen, sondern wie zu fleischlichen, wie zu unmündigen Kindern in Christus.

1. Korinther 3,1

MAI

Bibellese: 1. Korinther 3,1-4

Das neue Leben als Christ beginnt, indem man Jesus in sein Leben einlädt. In 2. Korinther 5,17 steht: *„Darum: Ist jemand in Christus, so ist er eine neue Kreatur; das Alte ist vergangen, siehe, Neues ist geworden."* Egal wie alt wir sind, wenn wir uns bekehren, wir sind dann Kinder im Glauben und unser Wachstumsweg beginnt. Umso mehr Zeit ich mir für Gott nehme, desto intensiver ist meine Beziehung zu ihm, desto schneller wachse ich im Glauben. Dieses Wachstum bringt Frucht hervor, ich werde zu einem reifen Christen. Diese Frucht wird in Galater 5,22.23 beschrieben: *„Die Frucht aber des Geistes ist Liebe, Freude, Friede, Geduld, Freundlichkeit, Güte, Treue, Sanftmut, Keuschheit; gegen all dies steht kein Gesetz."*

In unserem Leitvers schreibt Paulus von den unmündigen Kindern, zu denen er nicht reden konnte wie zu geistlich reifen Christen. Die Früchte eines fleischlichen Lebens schildert er wie folgt: *„Offenkundig sind aber die Werke des Fleisches, als da sind: Unzucht, Unreinheit, Ausschweifung, Götzendienst, Zauberei, Feindschaft, Hader, Eifersucht, Zorn, Zank, Zwietracht, Spaltungen, Neid, Saufen, Fressen und dergleichen"* (Galater 5,20.21).

Persönliches Erleben ⇢ Ich selbst entschied mich bei einer Evangelisation mit Erika und Friedrich Nussbächer für Jesus. Sie reisten damals mit Doppelstockbussen durch Deutschland und erzählten den Menschen von ihm. Ich kann mich noch erinnern, wie sie berichteten, dass sie jetzt seit sieben Jahren Christen sind. Ich war vollkommen beeindruckt und stellte mir vor, dass ich in sieben Jahren dann so sein würde wie die beiden.

Heute (ungefähr 40 Jahre später) weiß ich, dass es nicht auf die Lebenszeit ankommt, sondern auf die Zeit, die ich mit Jesus verbringe und auf meine Beziehung zu ihm, damit ich geistlich wachse. Bis zu ihrem Lebensende habe ich nie den Kontakt zu Erika und Friedrich verloren und durfte sie als geistliche Eltern schätzen lernen. Sie waren mir ein Vorbild darin, immer Jesus im Mittelpunkt meines Lebens zu haben. Wenn man auf ihn ausgerichtet ist, kommen die Früchte des Geistes von alleine. Die Menschen sehnen sich nach Liebe, Frieden und Freude. Diese sind nur bei Jesus zu finden. Wenn man als Christ geistlich reif ist, darf man diese positiven Eigenschaften ausstrahlen und erleben.

Regina Siebold

Nach Gottes Gnade, die mir gegeben ist, habe ich den Grund gelegt ...; ein anderer baut darauf. Ein jeder aber sehe zu, wie er darauf baut.

1. Korinther 3,10

Bibellese: 1. Korinther 3,5-15

Beim Lesen des heutigen Bibelabschnittes kann man sich fragen, inwiefern das überhaupt etwas mit dem eigenen Glaubensleben zu tun hat. Paulus spricht zunächst viel von sich selbst sowie von Apollos und den Diensten, die sie für die Gemeinde getan haben. Er beschreibt die Gemeinde im Allgemeinen als Gottes Bau. Aber wo kann man sich da persönlich wiederfinden? Begreife ich jedoch, dass Christus nicht nur das Fundament der weltweiten Gemeinde ist, sondern auch mein ganz persönliches, bekommt die gesamte Passage auch eine Relevanz für mich und die Prozesse in meinem Leben als Christ. So verstehe ich dann, dass mit „*Ein jeder*" in Vers 10 auch ich persönlich gemeint bin.

Worauf wir bauen ⇢ Wenn man ein Haus baut, ist ein gutes Fundament natürlich enorm wichtig. Zu einem späteren Zeitpunkt jedoch, wenn man mittlerweile jahrelang in dem Haus lebt, nimmt man vom Fundament nur noch wenig wahr. Man sieht die Wände, den Boden, die Decke, überlegt sich, ob man wieder umräumen soll oder neu dekoriert. Man kümmert sich um die Instandhaltung und Reinigung des Hauses, aber mit dem Fundament setzt man sich (außer bei einem großen Schaden) nur noch wenig auseinander. Paulus nennt als Fundament unseres Lebens Christus. Er ermahnt, dass jeder selbst zusehen soll, mit welchen Baustoffen er auf diesem Fundament baut, sagt allerdings nicht, welche die guten Baustoffe sind – weder konkret noch im übertragenen Sinne. Da stellt sich mir die Frage: Was sind denn die guten Baustoffe?

Womit wir bauen ⇢ Paulus gibt uns nur einen Indikator für die Güte der Baumaterialien: Halten sie Feuer stand oder nicht? Aus heutiger Sicht hält keines der von ihm genannten Materialien einem genügend heißen Feuer stand. Holz, Heu und Stroh fangen sehr schnell Feuer, Metalle verlieren bei hohen Temperaturen ihre Festigkeit. Und selbst Diamanten können brennen und zu wertlosem Kohlenstoff werden.

Das klingt erst einmal ernüchternd – aber bei Gott sind alle Dinge möglich. Ich glaube, die entscheidende Frage bei der Wahl des Materials ist, ob wir Jesus beim Bau unseres Hauses den Freiraum geben, mitzugestalten. Geben wir ihm auch die Möglichkeit, alte Strukturen, die wir gebaut haben, zu verändern? Wenn Jesus als Fundament Bestand hat, dann, so glaube ich, hat auch das Bestand, was und womit er baut.

Peter Seeling

28
Dienstag

Niemand betrüge sich selbst. Wer unter euch meint, weise zu sein in dieser Welt, der werde ein Narr, dass er weise werde.

1. Korinther 3,18

Bibellese: 1. Korinther 3,16-23

Immer wieder begegne ich Menschen, die darüber verwundert sind, dass ich Mathematik und Physik studiere, aber auch an Gott glaube. Für viele passt das nicht zusammen. Häufig werde ich dann gefragt, wie ich mir denn bei all den wissenschaftlichen Erkenntnissen erklären kann, dass es einen Gott gibt. Die Antwort ist für mich persönlich einfach, für andere allerdings oft nicht greifbar: Ich würde mich selbst belügen, wenn ich nicht an Gott glauben würde, denn ich habe ihn kennengelernt. Diese Begegnung wiegt für mich sogar stärker als jede wissenschaftliche Erkenntnis – sie ist quasi in mein Lebensprotokoll eingetragen wie in ein Laborprotokoll.

Niemand betrüge sich selbst ⇢ Nun beschäftigen wir uns als Christen nicht mit verschiedenen Theorien darüber, wie die Welt funktioniert – oder vielleicht doch? In vielen Gesprächen mit verschiedenen Christen ist mir nämlich genau das aufgefallen. Wir benutzen die Bibel, um alles zu erklären, sogar das, was die Wissenschaft aktuell nicht erklären kann. So manch ein Gespräch unter Christen als auch zwischen Christen und Nichtchristen entartet zu einer Rechthaberei der eigenen Weltanschauung. Wir halten in solchen Situationen (und da schließe ich mich bewusst mit ein) unsere persönlichen Auslegungen und Erkenntnisse aus der Bibel für die einzig korrekte Wahrheit. Vielleicht ist man aber auch der Meinung, dass man gar nicht so rechthaberisch und unaufgeschlossen sei, wie ich es gerade beschrieben habe. Genau an diesem Punkt sagt Paulus zu uns: „*Niemand betrüge sich selbst.*“ Damit wird für mich eine Sache deutlich: Es geht uns alle etwas an.

Die Weisheit der Narren ⇢ Warum jedoch sagt Paulus, dass wir zuerst wie Narren werden sollen, damit wir weise werden? Es wirkt fast so, als ob es eine Art von Weisheit gäbe, die nur Narren zugänglich ist. Solch eine Weisheit ist in meinen Augen zum Beispiel der Satz: „Ich weiß es nicht.“ Einem Narren ist bewusst, dass er nicht alles weiß. Was wir aber alles nicht wissen, ist das Potenzial für das, was wir lernen können. Und vor allem ist es das Potenzial dafür, Gott zu vertrauen. Da stellt sich mir die Frage: Worauf baut sich mein Glaube? Auf Wissen – oder auf Vertrauen?

Peter Seeling

Mir aber ist's ein Geringes, dass ich von euch gerichtet werde oder von einem menschlichen Gericht; auch richte ich mich selbst nicht.

1. Korinther 4,3

Bibellese: 1. Korinther 4,1-13

Wem erlauben wir, über uns zu richten? Paulus lebt vor, wie es sein sollte. Solange wir in Gottes Willen leben und handeln, sollte es uns egal sein, was andere Menschen über uns denken oder sagen. Selbst wenn sie uns verurteilen, dürfen wir in Gottes Frieden ruhen, denn sein Urteil ist das einzige, das zählt.

Und im täglichen Leben? ⇢ Wie oft ertappe ich mich dabei, Gedanken (und Zeit) daran zu verschwenden, was andere wohl von mir halten mögen, ob ich in in dieser oder jener Sache vielleicht anders handeln oder reden sollte. Dabei bin ich völlig auf mich und die anderen fixiert, sodass Gott manchmal nur noch ein Nebengedanke ist. Da gilt es, mich zuerst neu auf ihn auszurichten. Mit diesem korrigierten Fokus kann ich dann unterscheiden, was aus Menschenfurcht oder dem Wunsch, anderen zu gefallen, stammt, und was ein göttlicher Impuls ist, der mich anregen soll, in Gottes Sinn zu handeln.

Noch häufiger grüble ich allerdings über vergangene oder vermeintliche Fehler nach und verurteile mich selbst immer wieder dafür – manchmal noch Jahre später. Hier muss ich mich jedes Mal wieder selbst wachrütteln und mich auf Gottes Gnade, Vergebung und Liebe zurückbesinnen. Sich keiner Schuld bewusst zu sein, ist allerdings auch keine Gewähr dafür, dass alles in Ordnung ist. So heißt es in Vers 4 unseres Bibeltextes: „*Ich bin mir zwar keiner Schuld bewusst, aber darin bin ich nicht gerechtfertigt.*" Auch hier hat Gott das letzte Wort: „*Der Herr ist's aber, der mich richtet.*"

Was tun? ⇢ Meine persönliche Lösung für diese Problemfelder ist – wie schon beschrieben – den Fokus von mir auf Gott zu verlegen. Wenn ich nicht auf mich schaue, sondern auf ihn und seine Liebe zu mir, bin ich weniger in Versuchung,

- mich von der Meinung anderer abhängig zu machen,
- mich selbst zu verdammen,
- das Verhalten anderer mir gegenüber zu bewerten,
- meine Mitmenschen allgemein zu verurteilen.

Dank Gottes Gnade haben wir Freiheit. Lasst uns diese genießen und barmherzig sein – gegenüber unseren Mitmenschen, aber auch gegenüber uns selbst.

Karin Steinkamp

Wenn ihr auch zehntausend Erzieher hättet in Christus, so habt ihr doch nicht viele Väter; denn ich habe euch gezeugt in Christus Jesus durch das Evangelium.

1. Korinther 4,15

Bibellese: 1. Korinther 4,14-21

Welches Bild haben wir vom Apostel Paulus? Ich muss ehrlich sagen, dass ich ihn für seine Kraft und Vision bewundere. Und natürlich auch für die kraftvollen und sichtbaren Gemeinderesultate seines Dienstes, von denen wir im Neuen Testament lesen. Ein echter Held!

Paulus, der Vater ⇢ Im 1. Korintherbrief können wir die Leidenschaft und Hingabe des Paulus für „seine" Korinther erkennen. Im vierten Kapitel könnte man den Eindruck bekommen, dass er jammert, sich rechtfertigt oder beklagt über unfaire Umstände, unter denen er leidet. Liest man aber die letzten Verse des Kapitels, so erkennt man dieses Ertragen als Vaterliebe. Paulus ist eben nicht der „Erzieher", der Lehrer, der Angestellte, der seinen Job nach Vorschrift macht und Fehlverhalten achselzuckend konsequent bestraft, als würde es ihn nichts angehen. Nein, Paulus ist ihr „Vater".

Väter bekommen kein Gehalt für ihren Dienst, im Gegenteil: Sie investieren alles für ihre Kinder, deren Erfolg, eigenständige Persönlichkeit und Glauben. Wahren Vätern geht es nicht um die eigene Person, sondern darum, dass die nächste Generation groß herauskommt. Dafür sind sie bereit, die Extrameile zu gehen, in den Hintergrund zu treten, zu „leiden" und zu dienen.

Zeugen wir geistliche Kinder? ⇢ In unserer Gemeinde führten wir einen „Alphakurs" durch, zu dem sich Menschen einladen ließen, die bisher kaum Erfahrungen mit dem christlichen Glauben gemacht hatten. Und tatsächlich übergaben drei von ihnen ihr Leben Jesus. Allerdings ist der Einsatz bei diesem Kurs nicht zu unterschätzen. Neben all der Organisation, der Arbeit an Atmosphäre und der Zeit an sich ist es vor allem eine geistliche Investition in Einzelne. Menschen stellen Fragen, brauchen Lehre und Einzelgespräche. Die Jüngerschaft geht in kleinen Schritten voran, aber es kostet. Bei der Entstehung der korinthischen Gemeinde wurde dies durch den langen Aufenthalt des Paulus sichtbar (siehe Apostelgeschichte 18).

Was aber etwas kostet, das ist auch etwas wert. Kinder zu zeugen, mag relativ schnell gehen, aber wirklich reifen Nachwuchs hervorzubringen, ist eine Lebensinvestition. Sind wir dazu nicht bereit, werden wir als Gemeinden nicht wachsen und unserem Herrn untreu sein, der uns aufgetragen hat, alle Menschen dieser Welt in seine Nachfolge zu rufen.

Stefan Uhlig

Und ihr seid aufgeblasen und seid nicht vielmehr traurig geworden, sodass ihr den aus eurer Mitte verstoßen hättet, der diese Tat begangen hat?

1. Korinther 5,2

Bibellese: 1. Korinther 5,1-5

Das Herz der Paulus für die Gemeinde in Korinth, die er *„gezeugt"* hatte (1. Korinther 4,15), betrachteten wir in der gestrigen Andacht. Diese Vaterschaft und sein persönliches, integres und hingegebenes Vorbild müssen wir im Hinterkopf haben, wenn wir im heutigen Text eine der härtesten Ansagen seiner gesamten Briefliteratur lesen. Ein Mann in der Gemeinde lebte zusammen mit der Frau seines Vaters und die Gemeinde unternahm nichts dagegen, obwohl sie davon wusste. Für Paulus war das mehr als etwas Verbotenes, das man nicht tun sollte.

Wenn die Gemeinde schweigt ⇢ Gehen wir davon aus, dass die Briefe des Neuen Testamentes zuerst an die Leiter adressiert und dann der ganzen Gemeinde vorgelesen wurden, so ist dieser Vorfall der sexuellen Unmoral schon heftig und seine Bekanntheit innerhalb der Gemeinde erschreckend. Warum wurde nicht dagegen vorgegangen? Vielleicht weil der kulturelle Kontext in der heidnischen Hafenstadt Korinth sexuell so ungesund war, dass diese Sünde gar nicht mehr so krass erschien? Oder waren sich die Korinther aufgrund ihrer geistlichen Erfahrungen sicher, im Segen Gottes zu sein? Vielleicht war dieser Sünder auch eine zentrale Person, die man nicht einfach ohne Weiteres aus der Gemeinde verstoßen konnte. Was es auch gewesen sein mag – hüten wir uns davor, über die Korinther den Kopf zu schütteln und schauen wir auf unsere eigene Verantwortung.

Gott ernst nehmen ⇢ Macht uns Sünde noch traurig? Erkennen wir ihre Gefahr? Sind wir mutig und klar genug, uns dem scheinbaren medialen und gesellschaftlichen Konsens entgegenzustellen? Wird unser eigenes Leben von biblischen Werten bestimmt oder reden wir nur darüber? Und wie verhalten wir uns, wenn diese nicht unter uns gelebt werden? Natürlich müssen Themen auch differenziert betrachtet werden. Gemeindeausschluss ist dabei die letzte aller Optionen (siehe Matthäus 18,15-17). Und trotzdem sollte uns diese heftige Reaktion des Paulus ermahnen, das ernst zu nehmen, was Gott ernst nimmt, Menschenfurcht abzubauen, Gottesfurcht zu üben und den Ruf nach Heiligkeit wieder neu zu hören, *„ohne die niemand den Herrn sehen wird"* (Hebräer 12,14).

Stefan Uhlig

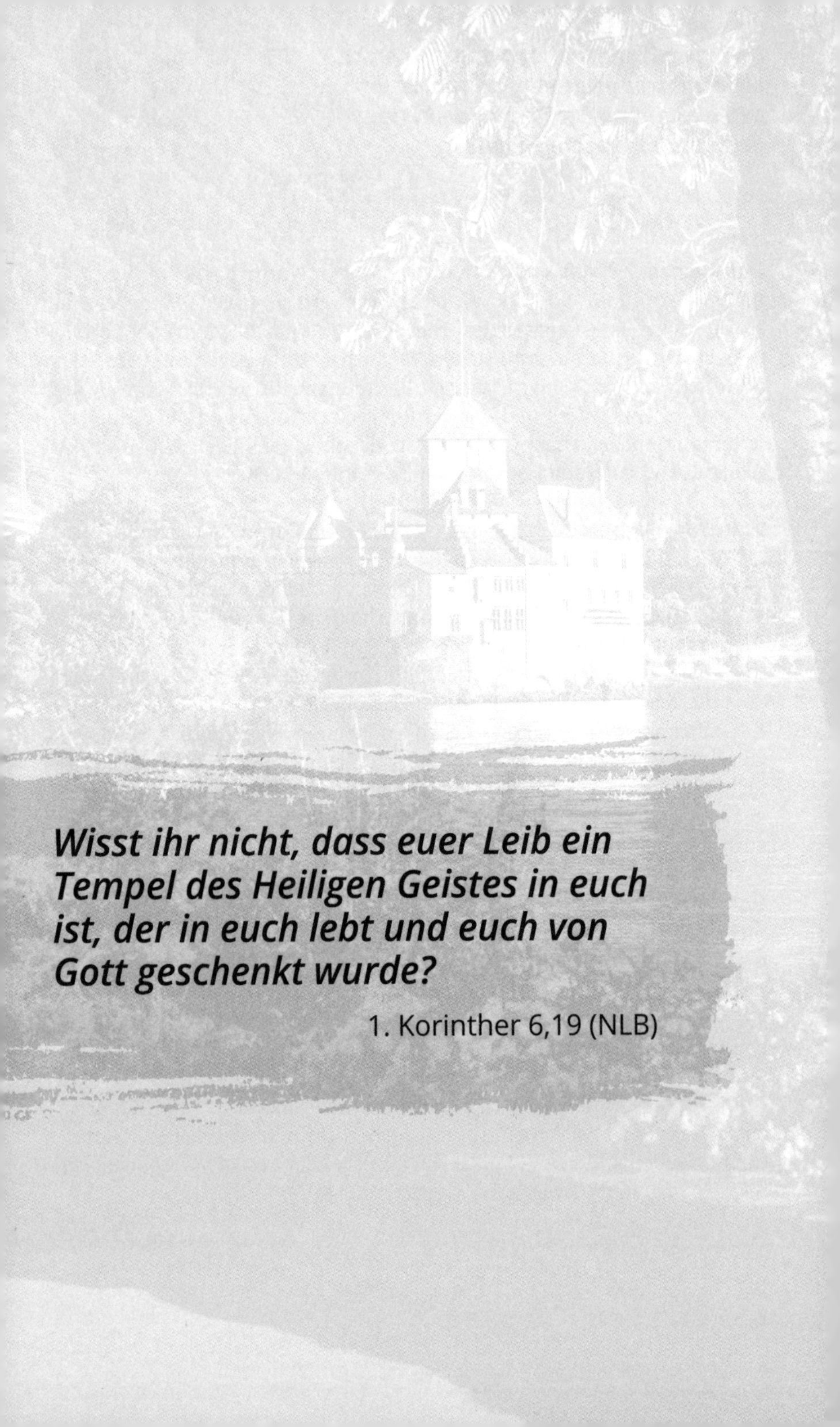

Wisst ihr nicht, dass euer Leib ein Tempel des Heiligen Geistes in euch ist, der in euch lebt und euch von Gott geschenkt wurde?

1. Korinther 6,19 (NLB)

Nun aber bleiben Glaube, Hoffnung, Liebe, diese drei; aber die Liebe ist die größte unter ihnen.

1. Korinther 13,13

1
Samstag
Kindertag

JUNI

Bibellese: 1. Korinther 13,13

Neben dem bekannten Muttertag – und dem Himmelfahrtstag, den viele als Vatertag feiern – gibt es alljährlich auch einen Kindergebetstag, um die Familienthemen sozusagen abzurunden. An diesem Tag soll auf die Rechte und Bedürfnisse von Kindern aufmerksam gemacht werden, aber auch auf ihre wunderbare Existenz hingewiesen und diese gefeiert werden.

Kinder brauchen Fürsprache ⇢ Der Tag weist auf die Nöte und vielen Missstände hin, unter denen Kinder und Familien sowohl in Deutschland als auch weltweit leiden. Immer wieder lesen und hören wir aus den Medien, dass Kinder eine laute Stimme brauchen, die für sie spricht. Ebenso benötigen sie ein Publikum, das ihnen zuhört. Weil Kinder diese Fürsprache brauchen, sollten sie von uns hören, was in ihrem Leben so immens wichtig und am Ende unvergänglich ist, wodurch ihr Leben eine Bedeutung erhalten kann. Dieser Gedanke bewegt mich heute, wenn ich an diese junge Generation denke.

Gibt es etwas Unvergängliches? ⇢ Ja, das gibt es! Das sind nicht unsere Leistungen und nicht unsere Taten, sondern die Haltungen unseres Herzens. Wie können wir Kindern helfen, dass ihre Herzen voller Glauben und Zutrauen zu Gott sind? Wie können wir ihnen helfen, eine lebendige Hoffnung zu sein, dass sie zu Menschen werden, die nach vorne ausgerichtet sind und Gott alles zutrauen? Wie können wir ihnen helfen, über sich selbst hinauszuschauen und von der Liebe Gottes bewegt zu sein: für Gott und für Menschen? Das sind die Essenzen, die Gott am Ende am meisten an uns sucht. Sie bilden auch den Stoff, aus dem die Ewigkeit besteht.

Wir sind aufgerufen, der jungen Generation das weiterzugeben, was bleibt und ihr Leben in dieser Welt sinnvoll macht. Die Eigenschaften, die Gott am meisten in uns allen sucht, sind Glaube, Hoffnung und Liebe. Sie werden bleiben, wenn alles vergangen ist.

Lasst uns beten! ⇢ So lasst uns beten, dass diese Generation durch uns und in unseren Kirchen diese unvergänglichen Werten glaubwürdig und überzeugend vermittelt bekommt. Lasst uns beten, dass sie zum Glauben kommen und erkennen, dass Jesus ihre Hoffnung ist und dass Gott sie liebt.

Febe Olpen

Es ist nicht gut, wessen ihr euch rühmt. Wisst ihr nicht, dass ein wenig Sauerteig den ganzen Teig durchsäuert?

1. Korinther 5,6

Bibellese: 1. Korinther 5,6-13

Wer kennt das nicht? Eine kleine Wunde, die man nicht richtig versorgt, und eine Entzündung breitet sich aus. Ein fauler Apfel im Obstkorb, viele andere werden angesteckt. Ein wenig Hefe durchsäuert den ganzen Teig. Unser Bibeltext bezieht sich auf den Umgang mit Sünde – Zielverfehlung gegenüber Gottes Geboten – in der Gemeinde.

Wie schön, wenn wir unsere Gemeinde für ihre Geistlichkeit loben, im Lobpreis die Gegenwart Gottes erleben, auf die praktizierten Geistesgaben stolz sind und viele Menschen in unsere Gemeinde kommen. Doch wie sieht es bei unserem Umgang mit Sünde aus?

Null Toleranz für Sünde ⇢ Paulus erklärt in unserem Text eindringlich, dass es nicht sein kann, Sünde in der Gemeinde zu tolerieren. Er macht deutlich, dass sich sonst das sündige Verhalten unter uns ausbreiten wird. Wir dürfen also keine „Vogel-Strauß-Taktik" anwenden und die Sünde ignorieren, sondern sind aufgefordert, Fehlverhalten proaktiv und liebevoll zu konfrontieren. Es geht letztendlich auch darum, dass Menschen nicht verloren gehen, sondern von falschen Wegen umkehren und mit Jesus neu durchstarten.

Sag „Ja" zu Erziehung ⇢ Gott ist ein Vater, der seine Kinder liebevoll erzieht, das zeigt uns die Bibel an verschiedenen Stellen. Nur so kann Heilung und Heiligung in der Gemeinde stattfinden. Diese Erziehung kann manchmal sehr schmerzhaft sein, wenn Gott zulässt, dass der Feind uns angreifen darf. Aber unser Gott hat immer die besten Absichten für unser Leben und möchte nicht, dass wir so bleiben, wie wir sind, sondern dass wir ihm immer ähnlicher werden.

Unter uns Geschwistern dürfen wir auch den Mut haben, Fehlverhalten in Liebe anzusprechen. Wir helfen uns dadurch gegenseitig und sind sogar aufeinander angewiesen, um einen guten, Gott wohlgefälligen Lebensstil einzuüben. Gott hat Hirten in der Gemeinde eingesetzt, die die Herde leiten sollen. Sie lernen von Gottes Güte und Barmherzigkeit, um die Gemeinde zu führen und, vom Heiligen Geist geleitet, notwendige Korrektur zu geben.

Am Kreuz ⇢ In 1. Johannes 1,9 heißt es: „*Wenn wir aber unsre Sünden bekennen, so ist er treu und gerecht, dass er uns die Sünden vergibt.*" Dort am Kreuz hat unser Herr die Strafe für unsere Sünden getragen. Wenn uns eine Sünde quält, können wir sie noch heute bekennen und er reinigt uns von allem Unrecht.

Stefan Wenzel

Aber ihr seid abgewaschen, aber ihr seid geheiligt, aber ihr seid gerechtfertigt worden durch den Namen unsres Herrn Jesus Christus.

1. Korinther 6,11 (ELB)

3
Montag

Bibellese: 1. Korinther 6,1-11

JUNI

Korinth: Umschlagplatz des Handels und Knotenpunkt der Reisen zwischen Spanien, Italien und Sizilien einerseits, zwischen Kleinasien und Ägypten andererseits, eine der wichtigsten Städte Griechenlands. Zwei Drittel der Bevölkerung waren Sklaven. Extremste soziale Spannungen ergaben sich durch die gestiegene Schere zwischen Armen und Reichen. Sittenlosigkeit machte sich breit, insbesondere auch durch Tempelprostitution sowie Kulte orientalischer Gottheiten.

Schwieriger Hintergrund ⇢ Durch all dies wurden die Gläubigen der jungen christlichen Gemeinde oft noch stark belastet, denn sie hatten die Sünden ihres früheren Lebens täglich vor Augen. Vor diesem Hintergrund verstehen wir den Apostel Paulus, wenn er die Christen in Korinth darauf hinweist, dass bestimmte Personengruppen das Reich Gottes nicht erben werden. Er beginnt mit den Ungerechten, zu denen er auch die zählt, die als Brüder der Gemeinde ihre Streitigkeiten vor Gericht austragen. Ist uns das in Konfliktsituationen bewusst? In einer langen Liste nennt der Korintherbrief: Unzüchtige, Götzendiener, Ehebrecher, Lustknaben, Knabenschänder, Diebe, Habsüchtige, Trunkenbolde, Lästerer, Räuber.

Geheiligt und gerechtfertigt ⇢ Mit seinem dreimaligen „Aber“ ermutigt der Apostel seine Leser und auch uns heute: *„Aber ihr seid abgewaschen, aber ihr seid geheiligt, aber seid gerechtfertigt worden durch den Namen unseres Herrn Jesus Christus und durch den Geist unseres Gottes.“* In diesem Sinne schreibt der Apostel Paulus auch an seinen Mitarbeiter Timotheus, den er nach Korinth sendet, mit zwei weiteren „aber“: *„Du aber, o Mensch Gottes, fliehe diese Dinge, strebe aber nach Gerechtigkeit, Gottesfurcht, Glauben, Liebe, Ausharren, Sanftmut“* (1. Timotheus 6,11).

So hat es auch die Schweizer Missionarin und evangelische Kirchenlieddichterin Dora Rappard (1842–1923) verstanden, wenn sie in ihrem Lied bekennt: „In deine Gnade hüll’ ich mich tief hinein, in deinem teuren Blut bin ich gerecht und rein. Ehr sei dem Lamm, das rief, da es geschlacht’t: Es ist vollbracht!“

Ludwig Seelinger

4
Dienstag

Wisst ihr denn nicht, dass euer Körper ein Tempel des Heiligen Geistes ist, der in euch wohnt und den ihr von Gott bekommen habt?

1. Korinther 6,19 (NEÜ)

JUNI

Bibellese: 1. Korinther 6,12-20

Der Realist Paulus hat in unserem Text keine leichte Aufgabe. Er beantwortet Post aus Korinth. Dort hatte er eine Gemeinde gegründet und viele Menschen waren an Gott gläubig geworden. Korinth war als als multikulturelle Stadt eine der Hochburgen des Götzenkultes um Aphrodite, der Göttin der Schönheit, der Lust und Begierde. Die Verehrung für sie bestand darin, dass die Menschen mit ungefähr 1000 Tempeldienerinnen ungezügelte sexuelle Praktiken auslebten.

Die Christen aus Korinth, noch jung im Glauben, hatten an Paulus verschiedene Fragen gestellt und erwarteten seine Antworten. Den Umgang mit dem Götzenkult und den damit verbundenen sexuellen Praktiken konnten einige wohl nicht so schnell hinter sich lassen. In der Tat schafft ein über Jahre eingeübter Lebensstil eine gewisse Abhängigkeit und Gewöhnung, die man nicht so schnell und einfach loswird.

Abhängigkeit zerstört ⇢ Das ist uns hinlänglich bekannt. Bei Alkohol oder Drogen stimmen wir dem vermutlich auch sofort zu. Ein großes Dunkelfeld liegt über dem Thema der sexuellen Gewohnheiten. Da der Umgang damit nicht so nach außen sichtbar wird, ist es hier möglich, in unguten Gewohnheiten gefangen zu sein, obwohl das Leben als Christ doch den Zustand der Befreiung hiervon längst möglich gemacht hat. Paulus beschreibt diese Befreiung: *„Aber durch den Namen des Herrn Jesus Christus und durch den Geist unseres Gottes seid ihr reingewaschen, seid ihr geheiligt, seid ihr gerecht gesprochen worden“* (Vers 11).

Leben in Autorität ⇢ Es mag Dinge geben, die uns in Abhängigkeit von früheren Gewohnheiten – gerade im Bereich der Sexualität – halten wollen. Wenn wir uns Gott anvertraut und damit seinen Heiligen Geist empfangen haben, hat der Heilige Geist in uns Wohnung genommen. Dann verändert sich unser Leben und Verhalten. Den Menschen in Korinth fiel das anscheinend schwer, daher noch einmal der Appell des Paulus. Die gute Nachricht ist, dass wir mit Gottes Hilfe Autorität über unser Tun ausleben können. Dann entscheiden wir, dass sich der Heilige Geist in uns wohlfühlen darf, weil wir so leben, wie es ihm gefällt.

Übrigens: Die Sexualität ist eine wunderbare Gabe Gottes für die Ehe, deren Ausleben Paulus dort für wichtig hält. Gott segne uns dafür, unser Leben auch heute in seiner Autorität zu führen.

Thomas Siebold

Der Mann gebe der Frau, was er ihr schuldig ist, desgleichen die Frau dem Mann.

1. Korinther 7,3

5
Mittwoch

JUNI

Bibellese: 1. Korinther 7,1-9

Eins werden. Als ich mich gedanklich mit dem Bibeltext für diese Andacht beschäftigte, kam mir folgendes Lobpreislied in den Sinn: „Heiliger Geist, zeig uns das Herz des Vaters, komm, führe uns näher an sein Herz." Das Herz des Vaters ist überfließend gefüllt mit Liebe für uns, denn Gott ist die Liebe. Er ist unser Schöpfer, deshalb weiß er, was wir brauchen, was für uns wichtig ist. Er hat die Sexualität geschaffen, als Geschenk für uns, und sie in den sicheren Rahmen der Ehe verpackt. Sie dient zur Fortpflanzung, aber das ist nur ein Teil. Ein anderer wichtiger Teil ist, dass die Ehepartner durch die Intimität miteinander eins werden.

Eins werden heißt: Die Ehepartner verschmelzen zu einer Einheit. Menschen sieht man es an, wenn sie eine gute Ehe führen. Man sagt, dass sich die Partner im Laufe der Jahre immer ähnlicher werden. Das ist das Ergebnis des Einswerdens. Zeiten, die ich exklusiv mit meinem Ehemann verbringe, sind wichtig. Seit 35 Jahren haben wir jede Woche in unserem Terminkalender den Eheabend, der uns sehr wichtig ist. Jede Woche planen wir entweder ein Highlight oder Zeit zum gemeinsamen Genießen, Erholen und Ausspannen. Das ist eine Zeit, in der es nur um uns zwei geht.

Zeit mit Jesus ⇢ Genauso wichtig sind Zeiten, die ich allein mit Jesus verbringe. Als wir zum ersten Mal an den „Tagen der Stille" für geistliche Leiter im BFP teilnahmen, habe ich vergeblich auf dem Anmeldeformular nach einem Doppelzimmer gesucht. Man konnte nur Einzelzimmer buchen – eigentlich logisch, aber doch sehr ungewohnt. Diese Zeit war nur für Jesus und mich reserviert, obwohl mein Ehemann direkt im Zimmer neben mir wohnte. Diese Zeiten der Stille sind für mein Glaubensleben unendlich wichtig. Meine Beziehung zu Jesus wird gestärkt. Ich werde ihm immer ähnlicher.

Sexualität als Geschenk Gottes ⇢ In unserer Tageslese heißt es: *„Doch weil es so viel Unzucht gibt, sollte jeder Mann seine Frau haben und jede Frau ihren Mann"* (Vers 2 NLB). Satan hat Sexualität missbraucht und in den Schmutz gezogen. Daher wird sie oft mit Sünde gleichgesetzt. Das ist jedoch nur im falschen Rahmen so. Lasst uns nicht vergessen, dass die Sexualität ein Geschenk Gottes ist, die wir in der Ehe kreativ genießen dürfen und die uns als Ehepaar noch intensiver verbindet.

Regina Siebold

6
Donnerstag

Brüder und Schwestern, bleibt alle vor Gott, worin ihr berufen seid.

1. Korinther 7,24

JUNI

Bibellese: 1. Korinther 7,10-24

Wieder einmal demonstriert Paulus hier seine Begabung als weiser und vertrauenswürdiger Berater in ethischen Fragen. Dabei weiß er sehr wohl zwischen der eigenen Meinung und einer Weisung des Herrn zu unterscheiden. Auch sind seine Empfehlungen nicht statisch, sondern dynamisch und von großer innerer Freiheit geprägt. Paulus will sicherstellen, dass die Christen in Korinth auch in den Bereichen Ehe, Ehescheidung und gesellschaftlicher Stand klar ausgerichtet sind. Es geht in diesen Fragen nicht um die bloße die Einhaltung von Regeln, sondern um ein gutes Verhalten vor Gott und den Menschen.

Genaueres Hinsehen lohnt sich ⇢ In unserer Zeit einer hoher Individualität und des intensiven Selbstverwirklichungsbestrebens klingen die Ratschläge des Paulus wie Weisungen aus einer anderen Welt. „Wie bitte, Paulus, du meinst, wir sollen so wandeln, wie Gott einem jeden zugeteilt und einen jeden berufen hat? Meinst du etwa, dass wir genügsam in unseren Grenzen bleiben sollen?" Was auf den ersten Blick antiquiert erscheint, entpuppt sich bei genauerem Hinsehen als Balsam für die geschundene Seele. Ich darf mir sicher sein, mein himmlischer Vater hat nicht nur einen Plan für mein Leben, er hat mir auch einen Bereich zugedacht, in dem ich planen, wirken und reifen darf.

Wahre Freiheit ⇢ Besonders beeindruckend zeigt sich dieses Bewusstsein in Paulus' Anweisung an die Sklaven: Ein Sklave, der Christus nachfolgt, ist frei, seinem Besitzer zu dienen. Durch diese Haltung zeigt er, dass innere Freiheit die wahre Freiheit ist. Der Sklave dient nicht nur seinem Besitzer, sondern in erster Linie Christus. Nachdem klar geworden ist, wie heilsam die Festigkeit der Grenzen und der Umstände für uns Menschen ist, überrascht Paulus nun mit einer erstaunlichen Freiheit: *„Doch kannst du frei werden, so nutze es umso lieber"* (Vers 21). Mit anderen Worten: „Sei treu mit dem, was du empfangen hast. Wenn aber sich eine Tür öffnet, gehe mutig hindurch, da unser himmlischer Vater deinen Wirkungskreis erweitern will."

Solch eine geöffnete Tür wünsche ich uns heute!

Thomas Ruchelka

Denn das Wesen dieser Welt vergeht.

1. Korinther 7,31

7
Freitag
JUNI

Bibellese: 1. Korinther 7,25-40

Ein herausfordernder Text, der Christen nicht selten in zwei Lager spaltet. Da sind die (ungewollt) Ehelosen, unsere Singles, die in einer übersexualisierten Welt oft unter ihrem Stand leiden. Anders als viele ihrer Zeitgenossen wollen sie Jesus treu sein und warten mit dem Sex bis zur erhofften Ehe. Und dann sind da die Verheirateten, die mit dem manchmal aufreibenden Ehe- und Familienalltag so ihre liebe Mühe haben: wenig Schlaf, Grabenkämpfe und Streitereien, kranke Kinder, der Haushalt, fehlende Unterstützung vom Ehepartner, finanzielle Not, vielleicht auf Hilfe angewiesene Eltern, Anforderungen im Beruf – und der Wunsch, mit mehr Freiheit und Kraft sich in Gemeinde und Gesellschaft einbringen zu können, um Gott zu dienen.

Ein in unserem Bund bekannter Prediger sagte einmal treffend: „Mit der Ehe verhält es sich wie mit einer belagerten Burg: Die, die draußen sind, wollen rein – und die, die drin sind, wollen raus!" Ein humorvolles Bild mit vielleicht mehr als einem Körnchen Wahrheit.

Wichtig ⇢ Wir sind gut beraten, in unserer Gesellschaft den Wert von Ehe und Familie hochzuhalten und mit Überzeugung zu vertreten. Sie sind und bleiben Gottes guter Schöpfungsgedanke, der unsere Aufmerksamkeit, Respekt, Schutz und Unterstützung verdient. Singles brauchen Mut, sich fest zu binden und den Schritt in Richtung Ehe zu wagen. Und jene, die mangels guter Möglichkeiten darunter leiden, brauchen unsere Wärme, Barmherzigkeit, Aufmerksamkeit und Fürbitte. Ich möchte nicht wissen, wie viele gute Ehen verhindert wurden, weil wir als Gemeinden versäumt haben, für dieses zentrale Thema in den Riss zu treten. Haben wir schon einmal darüber nachgedacht, was Satan noch mehr liebt, als Ehen zu zerstören? Sie gar nicht erst zustande kommen zu lassen!

Der Fokus macht den Unterschied ⇢ Mancher Single kennt kaum ein wichtigeres Thema als die Suche nach „Mr oder Mrs Right". Unerfüllte (irdische) Sehnsucht und Traurigkeit füllen das Herz und höhlen es aus. Der Aspekt der Freiheit für Lebensgestaltung und Dienst wird wenig wertgeschätzt. Ein Bewusstsein aber, dass die Ehe eine rein irdische Lebensform und somit vergänglich ist, rückt das Wesentliche wieder in die Mitte: Wir leben nicht, um verheiratet zu sein, sondern wir leben für Jesus und ein unvergängliches Reich.

Marion Ruchelka

8
Samstag
JUNI

Wenn aber jemand Gott liebt, der ist von ihm erkannt.

1. Korinther 8,3

Bibellese: 1. Korinther 8,1-13

Gott ist mit uns vertraut. Im letzten Jahr lautete die Jahreslosung: *„Du bist ein Gott, der mich sieht“* (1. Mose 16,13). Man kann davon ausgehen, dass dieser Zuspruch viele ermutigt hat, sich in den alltäglichen Herausforderungen, Prüfungen und individuellen Fragen des Lebens von Gott stets wahrgenommen und gesehen zu wissen. Der heutige Tagesvers aus dem ersten Korintherbrief macht nun deutlich, dass alle, die Gott lieben, auch von ihm erkannt sind. Es ist das eine, sich von Gott bemerkt, wahrgenommen und gesehen zu fühlen. Das andere und viel Tiefergehende ist die Tatsache, dass Gott uns nicht nur sieht, sondern auch kennt, annimmt und liebt.

So heißt es in Psalm 139,2.3: *„Ich sitze oder stehe auf, so weißt du es; du verstehst meine Gedanken von ferne. Ich gehe oder liege, so bist du um mich und siehst alle meine Wege.“* Und in Lukas 12,7 lesen wir: *„Auch sind die Haare auf eurem Haupt alle gezählt.“* Die Liste der Beispiele ist lang, in der wir das liebende Erkennen Gottes und sein Interesse an jedem Detail in unserem Leben erfahren dürfen.

Wir zählen vor ihm ⇢ Wenn wir nun wissen, dass Gott uns kennt, dürfen wir darauf vertrauen, dass für ihn jeder unserer individuellen Umstände zählt und wichtig ist. Wenn es für Gott möglich ist, jedes Haar zu zählen, wie viel mehr wird es ihm dann möglich sein, unseren Sorgen oder Fragen zu begegnen und uns die Hilfe zu geben, die wir an diesem Tag brauchen? Vielleicht kann uns das Erkanntsein vor Gott aber auch einfach neu motivieren, sich selbst im Blick seiner Liebe und Annahme zu sehen und darin zur Ruhe zu kommen.

Ich ermutige heute dazu, sich bewusst zu machen, dass Gott uns sieht und innig kennt. Welche Möglichkeiten eröffnen sich dadurch? In welcher Perspektive sehen wir dann unsere Nöte und Bedürfnisse? Gott ist bestens mit uns vertraut. Er schenkt seine Liebe auch am heutigen Tag, die uns leiten, begleiten und trösten darf. Ihm ist nichts unmöglich.

Daniel Schabelsky

Den Schwachen bin ich ein Schwacher geworden, damit ich die Schwachen gewinne. Ich bin allen alles geworden, damit ich auf alle Weise etliche rette.

1. Korinther 9,22

Bibellese: 1. Korinther 9,1-23

Wie viel ist ein Mensch wert? Wenn man den reinen Materialwert rechnet, sind es wenige Euros. Etwas mehr, wenn man Gold in den Zähnen oder anderweitige Operationen hinter sich hat. Doch der ideelle Wert des Menschen ist viel höher. So viel höher, dass Gott seinen eigenen Sohn opferte, um eine Erlösung von der Trennung zu schaffen, die die Sünde bewirkt hat.

Paulus hatte bei seinem Dienst immer wieder die Menschen im Blick, er sah, was sie Gott wert waren, und tat alles, um ihnen das Evangelium nahezubringen. Nichts war ihm da zu schade und kein Aufwand zu groß.

Verschiedene Gelegenheiten ⇢ Seit 2010 veranstalten wir in unserer Gemeinde im Sommer ein Fußball-Trainingslager für Kinder. Mit Unterstützung aus Brasilien spielen wir tagsüber Fußball mit den Kindern und haben abends Veranstaltungen mit Kindern und Eltern. Dort verkünden wir das Evangelium von der Erlösung durch Jesus. Viele Menschen haben so schon das Wort Gottes gehört. Einige haben sich retten lassen und Jesus in ihr Leben aufgenommen.

Aus den eigenen Reihen gab es da mitunter Kritik. Die laute Musik an den Abenden, der Predigtstil und die Atmosphäre entsprechen sicherlich nicht dem typischen Gottesdienst am Sonntagmorgen. Aber das soll es auch nicht! Unser Herr Jesus hat uns aufgefordert, an die Hecken und Zäune zu gehen, um dort das Evangelium zu verkündigen. Warum dann nicht auch auf dem Fußballplatz oder zu anderen Gelegenheiten? Paulus hat verstanden: Wir müssen gehen und die gute Botschaft von Jesus weitergeben. Wir dürfen nicht nur darauf warten, dass die Menschen zu uns kommen.

Auch heute ⇢ Lasst uns auch heute alle Möglichkeiten nutzen, um die Liebe Jesu weiterzugeben. In der Schule, auf der Straße, in der Bahn, in den Fußgängerzonen, überall sind Menschen, die ohne Jesus verloren gehen. Jeder von ihnen ist vor Gott kostbar und wertvoll. Vielleicht müssen wir uns verändern und anpassen, um viele Menschen zu Jesus zu bringen, damit sie Rettung erfahren können. Selbstverständlich sollen wir dabei nicht selber in Sünde fallen. Aber ich wünsche mir ein Herz wie Paulus, der wusste, dass er einen göttlichen Auftrag zu erfüllen hat. Dieser Auftrag gilt auch uns, jeden Tag neu.

Ulrich Schaub

10
Montag
JUNI

Wisst ihr nicht: Die im Stadion laufen, die laufen alle, aber nur einer empfängt den Siegespreis? Lauft so, dass ihr ihn erlangt.

1. Korinther 9,24

Bibellese: 1. Korinther 9,24-27

Wenn Paulus hier vom Laufen spricht, hat er nicht einen entspannten Jogger auf einem einsamen Waldweg vor Augen. Mit ziemlicher Sicherheit hatte er die Isthmischen Spiele im Kopf, die damals in der Nähe der Stadt Korinth stattfanden. Es gab verschiedene Disziplinen, unter anderem Laufwettbewerbe oder auch den Faustkampf. Der Sieger bekam eine entsprechende Siegerehrung: einen Palmzweig und einen Kranz aus Fichte oder einem Kraut, das mit unserer Petersilie verwandt ist. Bei solchen Wettkämpfen gab es aber nicht nur die Sportler, sondern auch jede Menge Zuschauer, die die Sieger enthusiastisch feierten oder die Unterlegenen ausbuhten.

Zuschauer – Mitläufer – Sieger? ⇢ Zu allen Zeiten finden sich beim Sport drei Gruppen: die Zuschauer, die Mitläufer und die Sieger. Der Zuschauer fiebert mit und feuert an, freut sich über den Sieg, jammert über die Niederlage. Oftmals weiß er alles besser, muss aber nicht unter Beweis stellen, dass er es auch tatsächlich besser kann. Sport ist ihm wichtig, aber nicht so wichtig, als dass er selber dafür aktiv werden würde.

Der Mitläufer ist unterwegs, er will nicht nur mitreden, sondern auch mitmachen. Sport bestimmt sein Leben. Er hat in eine entsprechende Ausrüstung investiert, kommt schon mal ins Schwitzen, trainiert und nimmt auch an Wettkämpfen teil. Aber er bleibt in der Regel hinter seinen Möglichkeiten zurück, weil er nicht bereit ist, alles zu aufzubringen, alles in seinem Leben dem Erreichen des Zieles unterzuordnen.

Der Sieger hingegen lebt mit einem klaren Ziel vor Augen. Alles in seinem Leben muss sich dem Erreichen dieses Zieles unterordnen. Sein Alltag gestaltet sich in der Regel gänzlich anders als bei den Menschen um ihn herum. Er bereitet sich oft monatelang auf den einen entscheidenden Wettkampf vor.

Unsere Entscheidung ⇢ Es ist unsere Entscheidung, wie wir mit Christus leben, wie wir unsere Nachfolge gestalten wollen. Paulus fordert die Korinther und uns heraus: „Lebe so, dass du das Ziel erreichst!“ Dieses Ziel ist der Himmel, die Ewigkeit bei Gott. Haben wir dieses absolut lohnende Ziel vor Augen? Ich möchte mir das jeden Tag neu bewusst machen und mein Leben danach ausrichten, dass ich *„den Siegespreis“* erlange. Wofür wirst du dich entscheiden?

Daniel Aderhold

Das ist aber geschehen uns zum Vorbild, dass wir nicht am Bösen unsre Lust haben, wie jene sie hatten.

1. Korinther 10,6

Bibellese: 1. Korinther 10,1-13

Lust am Bösen haben – das geht doch gar nicht, oder? Als Christen haben wir ja den Geist Gottes in uns und wollen das Gute tun. Nun, Paulus schrieb den Brief an die Gemeinde in Korinth, nicht an Menschen, die ohne Jesus lebten. Als Beispiel für das Böse nennt er Götzendienst, Unzucht, freches Herausfordern von Gott und Murren. Er bezieht sich dabei auf das wilde Feiern und Anbeten des goldenen Kalbes, sexuelle Beziehungen von Männern aus Gottes Volk mit Moabiterinnen, die Auflehnung der Israeliten gegen Gott, weil sie lieber zurück in in die Sklaverei nach Ägypten wollten, als jeden Tag Manna zu essen, und das wiederholte Murren gegen Mose und Aaron und damit gegen Gott.

Wir doch nicht ... → Sicher? Die Christen in Korinth waren umgeben von Menschen, die die griechischen Götter anbeteten und ihnen Opfer brachten. Könnte es sein, dass auch wir versucht sind, uns unserer Gesellschaft anzupassen und deren Prioritäten ungeprüft zu übernehmen? Nach und nach kann dabei der Fokus auf Jesus verloren gehen. Gott hat dann nicht mehr den ersten Platz in unseren Herzen. Wie sieht es bei uns etwa mit außerehelichen sexuellen Beziehungen aus? Jesus erwartet, dass wir auch unsere Gedanken diesbezüglich im Zaum halten. Undankbarkeit und Meckern ist uns ebenfalls nicht ganz fremd, oder? Wer meint, er stehe über den Dingen, soll aufpassen, dass er nicht fällt, so lesen wir es in Vers 12.

Wertschätzung → Alle Israeliten erlebten die Gegenwart Gottes durch die Wolke, erlebten eine Taufe, aßen geistliche Speise und tranken von dem geistlichen Felsen, der Christus war. Ob sie die Bedeutung dieser Segnungen so verstanden hatten, wie Paulus es ausdrückte? Welchen Wert geben wir Gottes übernatürlichen Wirkungen in unserem Leben? Wie sehr strecken wir uns danach aus, seine Gegenwart zu erleben und die Leitung des Heiligen Geistes zu erfahren? Wir haben Gottes Wort und können aus der Quelle Jesus Christus trinken, so viel wir wollen. Wir sind reich beschenkt, selbst wenn nicht alles glattläuft und nicht alle Wünsche erfüllt werden.

Lasst uns die Ermahnung des Apostels ernst nehmen und Christus immer wieder neu und ganz bewusst zum Zentrum unseres Lebens machen. Lasst uns dankbar sein und mit Freude in der engen und vertrauten Beziehung mit Gott bleiben, egal was geschieht.

Petra Uphoff

12
Mittwoch

JUNI

Der Kelch des Segens, den wir segnen, ist der nicht die Gemeinschaft des Blutes Christi?

1\. Korinther 10,16

Bibellese: 1. Korinther 10,14-22

Wer heute in ein griechisches Restaurant geht, bekommt in der Regel viel Fleisch auf den Teller. Manche lieben das, besonders, wenn es frisch vom Grill kommt. Vielleicht war das damals auch schon so. In Korinth wurden die meisten Tiere jedoch den Götzen geopfert. Und in deren Tempeln konnte man essen gehen. Einige aus der Korinther Gemeinde taten das auch. Paulus nannte mehrere Argumente, die dagegen sprachen, im Götzentempel zu sitzen und zu speisen. Heute betrachten wir nur eines davon.

Teilhabe ⇢ In dem Abschnitt für den heutigen Tag geht es um die Teilhabe an dem, was auf dem Opferaltar gelegen hat. Die Israeliten brachten ihrem Gott Jahwe Tieropfer. In den Büchern Mose finden wir genaue Anweisungen dafür. Paulus hebt hervor, dass diejenigen, die davon aßen, Anteil hatten an dem Segen, den das Opfern brachte, wenn es nach den Vorgaben ausgeführt wurde. Im Kontrast dazu steht das Götzenopferfleisch, denn dieses Fleisch war ja ebenso geweiht – nur eben den heidnischen Göttern. Manch einer aus der Gemeinde dachte wohl, es sei doch nur Fleisch und diese Götter gäbe es ja gar nicht. Paulus sah jedoch die geistlichen Mächte dahinter. Wer das ihnen geopferte Fleisch aß, begab sich in ihren Machtbereich.

Heutzutage in Europa begegnen wir selten Fleisch, das auf einem Altar einem Götzen geopfert wurde. Dennoch gibt es noch Möglichkeiten, sich in den Einflussbereich von Dämonen zu begeben. Man denke beispielsweise an bestimmte meditative Formeln oder Geschichten, die harmlos erscheinen, weil sie nur „erfunden" sind. Dort, wo etwas Macht über mich gewinnt, gerate ich in Gefahr.

Abendmahl ⇢ Als weiteren Punkt der Teilhabe nennt der Apostel das Abendmahl. Das Brot lässt uns teilhaben am Leib Christi, was bedeutet, dass wir mit allen Menschen in der ganzen Welt, die Jesus nachfolgen, zusammengehören. Nur ein Brot, nicht viele Brötchen. Und jedes Mal, wenn wir aus dem Kelch trinken, verbinden wir uns mit dem Blut Christi. In dem Blut, das Jesus vergoss, als er am Kreuz starb, ist der volle Segen für uns enthalten: Vergebung, Heilung, Wiederherstellung, ewiges Leben. Wir dürfen teilhaben an dem Sieg Jesu über die Sünde, die Versuchung, den Tod. Jedes Mal, wenn wir das Abendmahl feiern, dürfen wir uns bewusst machen, an welchem gewaltigen Segen wir teilhaben.

Petra Uphoff

Ob ihr nun esst oder trinkt oder was ihr auch tut, das tut alles zu Gottes Ehre.

1. Korinther 10,31

13
Donnerstag

JUNI

Bibellese: 1. Korinther 10,23-33

In einer internationalen Gemeinde kommen Menschen aus einem vielfältigen kulturellen Hintergrund. So ist es wichtig, dass eine gesunde Lehre im Zentrum steht. Gottes Wort ist wichtiger als Gebetsstile oder Sonderlehren. Beim Thema Lehre ist in solch einer Gemeinde das Bewusstsein für kulturelle Unterschiede wichtig. Griechisch geprägtes Denken arbeitet stark mit Kategorien wie „entweder – oder“ beziehungsweise „richtig und falsch“. Tatsächlich finden wir im Wort Gottes ein hebräisches Denken mit „sowohl als auch“. Paulus spricht nicht von „richtiger“, sondern von „gesunder“ Lehre.

Die Summe des Wortes ⇢ Der Begriff „gesunde Lehre“ gibt uns eine Vorstellung von einer Ausgewogenheit, die vielleicht sogar in einer gewissen Spannung zueinander steht. David sagt: *„Die Summe deines Wortes ist Wahrheit“* (Psalm 119,160 SLT). Das heißt, wir bauen keine Lehre auf einem einzelnen Vers auf. Eine biblische Lehre sollte immer durch eine Summe von sich ergänzenden Worten aufgebaut sein, die miteinander in Spannung stehen – wie bei einer Kathedrale, deren Mauerwerk sich gegenseitig stützt und gegeneinanderdrückt, damit der Bau stabil nach oben ausgerichtet ist.

Liebe überwindet Grenzen ⇢ So kann ich mich an einen kulturell-theologischen Konflikt in unserer internationalen Gemeinde erinnern, durch den ich auf das „Gebot der Liebe“ des Paulus stieß. Er versuchte ebenfalls, Heidenchristen und Juden in Frieden in einer internationalen Gemeinde zu integrieren. Im Gegensatz zu den Heidenchristen hielten ihre Brüder, die Judenchristen, an den jüdischen Geboten und ihren Regeln weiter fest. Paulus legt für die Lösung des Konflikts das Gebot der Liebe zugrunde, ohne die jüdischen Gebote abzuschaffen oder die Freiheit der Heidenchristen wieder rückgängig zu machen. Die *„Schwachen“*, die sich noch an Gebote und jüdische Regeln halten, sollen die „Freien“, die Heidenchristen, nicht richten und die Freien sollen die anderen nicht verachten (Römerbrief 14,1-14). Paulus ruft die Freien im Geist auf, um der Liebe zu Jesus willen Rücksicht auf die anderen zu nehmen und auf ihre Freiheit zu verzichten, um so die Einheit zwischen den verschiedenen Ausrichtungen in der internationalen Gemeinde zu wahren. Paulus löst unauflösliche Kulturkonflikte durch das Gesetz der Liebe.

Mario Wahnschaffe

....

Doch im Herrn ist weder die Frau ohne den Mann noch der Mann ohne die Frau.

1. Korinther 11,11

Bibellese: 1. Korinther 11,1-16

Luther unterschied „heilsnotwendige Lehren" von „Anweisungen, die nicht heilsnotwendig sind". Wo Anweisungen nicht heilsnotwendig sind, wie zum Beispiel die Lehre über das Kopftuch und den Zehnten, dürfen wir verschiedener Meinung und trotzdem in Christus vereint sein.

Gebot – oder Gewohnheit? ⇢ Was bedeutet die Anweisung des Paulus im heutigen Text: *„Darum soll die Frau eine Macht [exousia] auf dem Haupt haben um der Engel willen"* (Vers 10)? Die Interpretation des Wortes „exousia" ist hier nicht leicht. Denn einmal finden wir die Anweisung an geschorene Frauen, sich zu verhüllen (Vers 5), andererseits führt Paulus aus, dass Frauen langes Haar statt eines Schleiers gegeben wurde. Dennoch weist er darauf hin, dass es sich hier um eine Gewohnheit, das heißt, um eine kulturelle Gegebenheit der Gemeinden in Kleinasien handelt. Auf Deutsch: Wenn es die Kultur gebietet, sollten sich Christen äußerlich der Kultur anpassen, um kein Anstoß zu sein. Bei einem Aufenthalt im Libanon sah ich, dass dort sowohl konservative Muslimas als auch Christinnen ein Kopftuch tragen.

Ziel: Der Bau der Gemeinde ⇢ Im heutigen Leitvers wird die Frage nach der Unterschiedlichkeit zwischen Frau und Mann auf eine geistliche Ebene jenseits des kulturellen Umfeldes gehoben. Paulus schreibt: *„Doch im Herrn ist weder die Frau ohne den Mann noch der Mann ohne die Frau."* Für Paulus gab es *„im Herrn"* keine Barrieren zwischen Mann und Frau. Dennoch waren ihm die kulturellen Vorschriften seiner Zielgruppen nicht unwichtig, um des Evangeliums willen, ohne Anstoß von der Gesellschaft. Er wollte die Gemeinde Christi mit Respekt vor der jeweiligen Kultur bauen.

Mit der Vorschrift zum Schweinefleisch ist es ähnlich. Durch Jesus sind alle Speiseverbote aufgehoben: *„Damit erklärte er alle Speisen für rein"* (Markus 7,19), was in der Apostelgeschichte bestätigt wurde. Die erste Gemeinde bestand aus christlichen Juden, die aus Liebe zu Gott kein Schweinefleisch aßen, aber auch aus christlichen „Nichtjuden", die jede Speise als von Gott gesegnet erachteten. Beide Gruppen sollten sich gegenseitig respektieren, statt einander zu richten oder zu verurteilen. Dennoch kann es Situationen geben, in denen wir auf unsere Freiheiten aus Liebe zu denen, die damit Mühe haben, verzichten sollen.

Mario Wahnschaffe

Dies aber gebiete ich euch: Ich kann's nicht loben, dass ihr nicht zum Besseren, sondern zum Schlechteren zusammenkommt.

1. Korinther 11,17

Bibellese: 1. Korinther 11,17-22

Die Korinther feierten das Abendmahl. Sie taten es zusammen mit einem Liebesmahl. Doch was Paulus über diese Gemeinschaft erfuhr, war nicht lobenswert. Bei diesem Zusammensein kippte immer wieder die Atmosphäre. Es gab soziale Unterschiede. Die Reichen blieben unter sich und ihre Tische waren voll üppiger Speisen. Sie fingen sofort an zu essen und mancher war danach sogar betrunken. Aber die Armen mit dem Kurzarbeitergeld, die später von der Arbeit kamen, saßen vor ihrer spärlichen Mahlzeit.

Soziale Ungleichheit ⇢ Das verursachte viele Konflikte bis hin zur Spaltung in der Gemeinde. Paulus wusste jedoch, wenn sich solche Unterschiede zeigen, gibt es auch die Aufrichtigen, die Barmherzigen, die zum Geben und Teilen bereit sind, im Gegensatz zu den Selbstsüchtigen, die nur an sich denken. Er gesteht den Reichen zu, in ihren Häusern private Feste zu feiern. Wenn aber die ganze Gemeinde zusammenkommt, insbesondere vor dem Abendmahl, ist die gegenseitige Rücksichtnahme und der liebevolle Umgang unbedingt notwendig. Paulus ist in Sorge und ermahnt: „Ihr beschämt und entwürdigt die Armen, wenn ihr solche Verhältnisse, die eine Spaltung bewirken, duldet, und betrübt auch den Herrn."

Der ganz andere Umgang ⇢ Zwischen den Armen und Reichen in der ersten Gemeinde in Jerusalem herrschte ein anderer Umgang. Die Gläubigen kamen ständig zusammen und teilten miteinander alles, was sie besaßen. Die Reichen verkauften ihren Besitz und teilten ihn mit allen. Diese Qualität im Umgang zeichnete schon die himmlischen Verhältnisse voraus, die wir einmal erleben werden. Mutter Teresa sagte: „Wenn du nicht viel tun kannst, dann tue die Kleinigkeiten mit viel Liebe. Wenn du sie nicht mit viel Liebe tun kannst, tue sie mit ein bisschen Liebe. Und wenn du sie nicht mit ein bisschen Liebe tun kannst, dann tue sie trotzdem."

Da erwähnt jemand ein Buch, das er gerne lesen würde – ein Freund erinnert sich daran und kauft es ihm, ohne einen bestimmten Anlass. In einem Restaurant fällt einem älteren Mann und seiner Frau ein junges Ehepaar auf, das knapp bei Kasse ist – heimlich bezahlen sie die Rechnung des jungen Paares. Die Teilnehmer einer Kleingruppe schicken sich regelmäßig WhatsApps, um damit auszudrücken, dass sie an die anderen denken. Die Liebe wächst, wenn wir einander dienen.

Helmut Trowitzsch

Denn so oft ihr von dem Brot esst und aus dem Kelch trinkt, verkündigt ihr den Tod des Herrn, bis er kommt.

1. Korinther 11,26

Bibellese: 1. Korinther 11,23-34

Paulus betont die Wichtigkeit der Gemeinschaft beim Abendmahl, indem er bezeugt: „Ich habe es direkt vom Herrn empfangen, was ich euch überliefert habe." Jesus selbst macht Paulus durch eine besondere Offenbarung nochmals darauf aufmerksam, wie wichtig der Fortbestand und der respektvolle Umgang mit dem Abendmahl sind. Vor seinem Leiden war es ihm wichtig, mit seinen Jüngern auf diese Weise zusammen zu sein. Ebenso sehnt sich der Herr heute danach, dass wir mit ihm Gemeinschaft haben und ihm beim Abendmahl alle Ehre geben.

Drei wichtige Inhalte

1. Das Abendmahl ist ein Gedächtnismahl an das Leiden und die Hingabe des Herrn. Zweimal lesen wir: „*… das tut zu meinem Gedächtnis.*" Einmal im Gedenken an die schmerzliche Hingabe seines Körpers und einmal im Gedenken an sein vergossenes Blut. Beim Austeilen von Brot und Wein sollen wir an die große Belastung, die Wucht seines Leidens am Kreuz denken. Das Wesentliche ist der Blick hin zum Kreuz, das unsere Rettung und Versöhnung mit dem Vater bewirkt. Das Gedenken holt das Kreuz und den Auferstandenen in die Gegenwart. Der Herr ist gegenwärtig und so nah, dass er rettend, tröstend und heilend erlebbar ist. Petrus betont dies ebenfalls: „Ich möchte euch durch Erinnerung aufwecken, wachrütteln, sodass ihr jederzeit die geistlichen Dinge vor Augen habt" (nach 2. Petrus 1,13).
2. Das Abendmahl ist ein Verkündigungsmahl. Die Erinnerung an das Kreuz wird so lebhaft und lebendig, dass sie sich zur Verkündigung entfaltet: „*Denn so oft ihr dieses Brot esst und den Kelch trinkt, verkündigt ihr den Tod des Herrn, bis er kommt.*" Mit dem Essen und Trinken proklamieren wir unsere Verbindlichkeit und die Wirksamkeit, die das Kreuz für unser Leben hat. Treue zum Abendmahl und zum Gottesdienst ist Verkündigung.
3. Das Abendmahl wurde uns für einen Zeitraum zwischen der Himmelfahrt des Herrn und seiner Wiederkunft gegeben. Es weist uns damit auf Jesu Vollendung hin. Wir werden zum aktiven Warten und Dienen verpflichtet, bis er kommt. Er sagt: „Ich werde Wein und Brot nicht mehr zu mir nehmen, bis es Erfüllung findet im Reich Gottes." Gemeint ist damit die Vollendung des Reiches Gottes. Seine Liebe am Kreuz mündet in ein himmlisches Fest mit uns. Freuen wir uns darauf!

Helmut Trowitzsch

Ihr wisst: Als ihr Heiden wart, zog es euch mit Macht zu den stummen Götzen.

1. Korinther 12,2

Bibellese: 1. Korinther 12,1-11

Als Hundebesitzer staune ich immer wieder, welche Anziehungskraft Leckerlis für meinen Collie haben können. Gebe ich ihm ein Leckerli, ist er so darauf fixiert, dass er sich sein Fell von mir widerstandslos bürsten lässt – was er sonst eigentlich gar nicht mag. Was Leckerlis doch für eine Macht haben.

Stumme Götzen ⇢ Paulus beobachtete in seinem Umfeld, dass Götzen eine enorme Anziehungskraft haben konnten. Und das, obwohl sie stumm waren. Gibt es in unserer heutigen Zeit noch stumme Götzen, die eine enorme Anziehungskraft haben? Manche Zeitgenossen fühlen sich zu einer bestimmten Musikgruppe „mit Macht" hingezogen. Oder zu einem Fußball-Klub, einem schweren Motorrad oder vielleicht auch einer TV-Serie. Heißt das, dass jede Person, die ins Stadion geht, Götzendienst betreibt? Natürlich nicht. Aber alle drei genannten Beispiele können sich zu einem Götzendienst entwickeln.

Paulus verweist darauf, dass letztlich alle Götzen stumm sind. Nun, selbst wenn ein Motorrad zum Götzen werden sollte, leise oder „stumm" ist es ja nicht gerade. Aber wenn es darauf ankommt, dass ich persönlich Bestätigung brauche, Trost oder Zuspruch – dann kommt weder vom Fußball-Klub noch vom Motorrad und erst recht nicht von der TV-Serie ein hilfreiches Wort. Sie sind und bleiben letztlich stumm.

Der Reichtum des Geistes ⇢ Im heutigen Bibeltext werden anschaulich verschiedene Gaben des Heiligen Geistes vor Augen geführt. Was für ein Reichtum! Und im Unterschied zu den stummen Götzen werden wir daran erinnert, dass sich der Heilige Geist *„durch einen jeden offenbart"* – und zwar zum *„Nutzen aller"* (Vers 7).

Eine Gottesdienstbesucherin, die gerade eine schwere Lebenskrise durchlief, sprach mich an. „Vor zwei Wochen hat Gott mir etwas klargemacht. Seitdem habe ich Frieden über die Sache." Innerlich ging ich den Dienstplan durch, um herauszufinden, wer an besagtem Sonntag gepredigt hatte. Sie unterbrach meine gedankliche Suche, indem sie hinzufügte, dass eine Glaubensschwester während der Lobpreiszeit auf einen Impuls des Heiligen Geistes hin auf sie zugekommen sei. Im Zuspruch des Heiligen Geistes durch diese Schwester wurde ihr etwas Entscheidendes klar. Das hatte ihr Frieden gegeben.

Unser Gott ist nicht stumm. Er offenbart sich *„durch einen jeden"* und *„zum Nutzen aller"*.

Markus Pfitzer

18
Dienstag

Das Auge kann nicht sagen zu der Hand: Ich brauche dich nicht; oder wiederum das Haupt zu den Füßen: Ich brauche euch nicht.

1. Korinther 12,21

JUNI

Bibellese: 1. Korinther 12,12-26

Wir sind heute gut geschult darin, einen Spannungsbogen (oder auch „Flow") in einem Gottesdienstablauf oder in einer Botschaft zu analysieren und zu bewerten. Vielleicht würden manche Experten beim Lesen des 12. Kapitels des 1. Korintherbriefes dem Schreiber Paulus Minuspunkte geben, was den „Flow" betrifft. In der Bibellese gestern ging es noch um übernatürliche, spektakuläre, geistliche Gaben, die der Gemeinde anvertraut sind. Und heute, nur ein paar Verse weiter, geht es um Grundlagen des sozialen Miteinanders. Wer „die Klaviatur" der geistlichen Gaben beherrscht, braucht noch Nachhilfe darin, andere Personen in der Gemeinde anzunehmen? In Korinth seinerzeit offensichtlich schon. Vielleicht auch noch heute bei uns in unseren Gemeinden?

Unterschiede ⇢ „Ich sehe das anders." Oder: „Das muss ich mir nicht anhören." Ich weiß nicht, wie oft ich solche Aussagen in Gemeinden schon gehört habe. Nicht zuletzt von mir selbst. Wenn auch manchmal gut verpackt oder nur in Gedanken. Wie oft sich die Sicht der anderen Person im Nachhinein als richtiger erwiesen hat, will ich gar nicht zählen. Obwohl ich doch (auch) geistgetauft bin. Gott hat sich offensichtlich etwas dabei gedacht, dass er in der Gemeinde unterschiedliche Charaktere und Gaben zusammenstellt. Möge es mir immer wieder gelingen, das grundsätzlich als eine Chance zu sehen.

Im Internet kursieren mehrere Varianten eines möglicherweise real stattgefundenen Funkverkehrs zwischen einem hochdekorierten Kriegsschiff-Kommandanten und einem scheinbar auf Kollisionskurs befindlichen anderen Schiff. Weil sich das Gegenüber weigert, im dichten Nebel auszuweichen, wird der Kommandant wütend und sein Ton wird immer schärfer. Bis der Mann am anderen Ende der Funkstrecke darauf verweist, dass er Leuchtturmwärter ist und der Kommandant besser beraten sei, selbst den Kurs zu ändern.

Alles zusammen ergibt ein Ganzes ⇢ „Ich brauche dich nicht." Doch! Ich brauche das Gegenüber in der Gemeinde. Auch und gerade weil es anders ist als ich. Und weil selbst das Haupt (in der Bibel oft ein Bild auf Christus) nicht auf die Idee kommt, zu sagen: „Ich brauche euch nicht."

Markus Pfitzer

Ihr aber seid der Leib Christi und jeder Einzelne ein Glied.

1. Korinther 12,27

Bibellese: 1. Korinther 12,27-31

Nachdem Paulus sehr ausführlich und anschaulich in 14 Versen auf das Bild des Leibes eingegangen ist, fasst er es in unserem Tagesvers noch einmal zusammen: *„Ihr aber seid der Leib Christi und jeder Einzelne ein Glied."* Auch wenn man manchmal einen anderen Eindruck bekommt: Wir sind keine Jury bei „Deutschland sucht den Superpastor/-prediger". Wir sind nicht „Follower" wie bei Instagram. Wir sind auch nicht Fans, die sonntags kommen, um ihr Team zu unterstützen und anzufeuern. Ebenso wenig sind wir ein Studio-Publikum bei einer Fernsehshow, das für eine schöne Atmosphäre sorgt und an den richtigen Stellen klatscht. Es gibt kein „Wir" und „die", sondern wir gehören zusammen.

Im Epheserbrief greift Paulus das Bild des Leibes noch mal auf. *„Lasst uns aber wahrhaftig sein in der Liebe und wachsen in allen Stücken zu dem hin, der das Haupt ist, Christus. Von ihm aus wird der ganze Leib zusammengefügt und zusammengehalten durch jede Verbindung, die den Leib nährt mit der Kraft, die einem jeden Teil zugemessen ist. So wächst der Leib und erbaut sich selbst in der Liebe"* (Epheser 4,15.16).

Ein Leib, viele Glieder ⇢ Bei einem Leib sitzen nicht alle Glieder nebeneinander und schauen in die gleiche Richtung. Nein, sie haben eine Verbindung untereinander, sind zusammengefügt, hängen aneinander und unterstützen sich gegenseitig. Was ist meine Verbindung zu den anderen Gliedern? Was ist mein (Teil-)Beitrag? Meine Aufgabe, meine Funktion im großen Ganzen? Wo bin ich sinnvoll eingebaut? Paulus erwähnt verschiedene Ämter, Gaben und Aufgaben, und stellt dann klar heraus, dass nicht alle die gleichen Ämter, Gaben und Aufgaben in der Gemeinde haben. Aber er ermutigt die Geschwister in Korinth, nach den größeren Gaben zu streben. Sich nicht mit dem zufriedenzugeben, was man jetzt gerade tut, sondern sich nach mehr auszustrecken, was auch mehr Verantwortung bedeutet.

Wichtig ist es, nicht in eine passive Haltung abzurutschen. Wenn Paulus schreibt: *„Strebt aber nach den größeren Gaben"* (Vers 31), so spiegelt sich darin das Gegenteil von Passivität wider. Wir alle sind aufgefordert, uns aktiv einzubringen. Das Größte sind aber nicht die größten Ämter oder Gaben in der Gemeinde, es gibt noch etwas, was über allem steht. Dazu morgen mehr …

Harald Reiser

20
Donnerstag

Die Liebe ist langmütig und freundlich, die Liebe eifert nicht, die Liebe treibt nicht Mutwillen, sie bläht sich nicht auf.

1. Korinther 13,4

JUNI

Bibellese: 1. Korinther 13,1-7

Die Überleitung zu diesem großartigen Kapitel über die Liebe lautet: *„Strebt aber nach den größeren Gaben! Und ich will euch einen noch besseren Weg zeigen“* (1. Korinther 12,31). Große Gaben sind gut, wichtig und schön. Aber nicht alle haben diese großen Gaben. Darüber muss niemand traurig sein, denn Paulus weiß einen noch besseren Weg: den Weg der Liebe! Alle großartigen Gaben und aufopfernde Hingabe sind zu nichts nütze, wenn die Liebe fehlt. Nicht: *weniger* nützlich, nur *eingeschränkt* oder *reduziert* wirksam – nein, zu nichts nütze!

Ohne Liebe hat es keinen Wert ⇢ Wenn ich sehe, was hier über die Liebe steht und es mit meinem Leben im Alltag vergleiche, erschrecke ich immer wieder über meinen eklatanten Mangel an Liebe. So viel Egoismus, so viel Selbstverwirklichung, so viel fromm getarnte Rücksichtslosigkeit und Kälte. Die Maßstäbe dieser Welt prägen mich mehr, als mir oft bewusst ist. Daher ist es gut und wichtig, sich immer wieder im Spiegel des Wortes Gottes zu betrachten und das eigene Leben und Verhalten zu reflektieren.

Ein Auto muss alle zwei Jahre zum TÜV und wird dort durchgecheckt, ob es noch den Anforderungen entspricht oder ob es Mängel und Abweichungen gibt, die die Fahrtüchtigkeit gefährden. In einem Flugzeug werden vor jedem Start alle Systeme durchgecheckt, erst dann rollt es auf die Startbahn. So dürfen auch wir uns im Licht der Bibel täglich durchchecken, ob noch alles im Normbereich und der Liebestank gefüllt ist, bevor wir in den Tag starten.

Gottes Liebe in uns – nur Theorie? ⇢ Liebe ist nichts Theoretisches oder Philosophisches. In unserem Text wird Paulus sehr konkret. *„Die Liebe ist langmütig und freundlich.“* Wenn ich noch schnell etwas im Supermarkt besorgen möchte und die Schlange an der Kasse etwas länger ist, merke ich schon, wie ich an die Grenzen meiner Langmut und meiner Freundlichkeit (also meiner Liebe) komme. In der Gemeinde ist es leider oft nicht besser. Auch da bin ich mit meiner Liebe schnell am Ende. Was kann ich tun?

Paulus schreibt in Römer 5,5: *„Die Liebe Gottes ist ausgegossen in unsre Herzen durch den heiligen Geist, der uns gegeben ist.“* Ich kann die Liebe nicht produzieren. Aber ich kann mich jeden Tag neu füllen lassen mit Gottes Liebe, die dann überläuft und meine Umgebung erfrischt.

Harald Reiser

Wir sehen jetzt durch einen Spiegel in einem dunklen Bild; dann aber von Angesicht zu Angesicht.

1. Korinther 13,12

21
Freitag
JUNI

Bibellese: 1. Korinther 13,8-13

Blick in den Spiegel: Unsere Enkelin Hannah liebt es, sich im Spiegel zu betrachten und Grimassen zu schneiden. Es stört sie kaum, wenn dieser etwas verschmutzt ist. Wie alle Kinder hat sie bald realisiert, dass ein Spiegel immer nur ein Bild zeigt. Paulus greift dieses Bild auf: *„Wir sehen jetzt durch einen Spiegel ein dunkles Bild; dann aber von Angesicht zu Angesicht. Jetzt erkenne ich stückweise; dann aber werde ich erkennen, gleichwie ich erkannt bin“* (Vers 12).

Unser Wissen ist Stückwerk ⇢ Mit diesem Satz können wir uns alle ziemlich gut trösten. Paulus fordert uns dazu auf, unseren Kinderglauben abzulegen: *„Als ich ein Kind war, redete ich wie ein Kind und dachte wie ein Kind und war klug wie ein Kind; als ich aber ein Mann wurde, tat ich ab, was kindlich war“* (Vers 11). Noch provozierender als diese Aufforderung ist, wohin uns der Aufbruch aus dem Kinderglauben führt. Nicht zu einer ausgeglichenen Erwachsenen-Religiosität, sondern vor die Wand, an der ein Spiegel hängt, der nur dunkle Bilder, nur grobe Umrisse liefert (wie in alten Schlössern). Da gibt es keine einfachen Antworten auf Fragen wie: „Woher kommt das unendliche Leid in dieser Welt?“ Oder: „Wieso trifft diese Krankheit meinen Vater und nicht irgendeinen, der das verdient hätte?“

Wie ist das Bild des Apostels vom dunklen Spiegel nun auf unser Erwachsenwerden im Glauben zu übertragen? Wenn wir unseren Kinderglauben und seine Bilder vom lieben Gott und netten Jesus von Nazareth verlassen, wagen wir uns aus dem vermeintlich sicheren Hafen auf das weite und mitunter wilde Meer, in dem Zweifel und Sicherheit so wechseln wie Sonnenschein und Sturm. Und tauschen dafür Schemen, lediglich Umrisse ein. Mein Vater pflegte zu sagen: „Wir haben das Paradies verlassen.“

Mehr als wir ahnen ⇢ Als Kind wusste ich, was das Paradies für mich war: immer Ferien, nie mehr Schule, immer Eis zum Nachtisch und nur freundliche Menschen. Heute, erwachsen geworden, sind diese Bilder verschwunden, zerstoben, zerbrochen. Ich weiß heute, dass Gottes Realität jenseits solcher naiven Bilder liegt und dort nicht aufhört. Denn es gibt nicht nur die rationale Ebene, sondern 1. Korinther 13 beschreibt Gottes „Agape-Liebe“. Seine Annahme und beständige Liebe tragen mich jenseits von Verstehen und Vernunft.

Petra Thalmann

22
Samstag

So auch ihr: Da ihr euch bemüht um die Gaben des Geistes, so trachtet danach, dass ihr sie im Überfluss habt und so die Gemeinde erbaut.

1. Korinther 14,12

JUNI

Bibellese: 1. Korinther 14,1-25

Kapitel 14 bildet den Abschluss des Abschnitts zu den Fragen nach den Geistesgaben, der mit Kapitel 12 begann. Hier greift Paulus nochmals die beiden Gaben Zungenrede und Prophetie auf. Beide Gaben haben das Ziel, zu erbauen: *„Wer aber prophetisch redet, der redet zu Menschen zur Erbauung und zur Ermahnung und zur Tröstung. Wer in Zungen redet, der erbaut sich selbst; wer aber prophetisch redet, der erbaut die Gemeinde“* (Verse 3.4).

Erbauung, Ermutigung und Trost ⇢ Hinter dem griechischen Begriff „Erbauung“ steckt das Wort „Haus“ wie in „Hausbau“. Wenn man ein Haus baut, so gibt es einen Plan. Der Bau ist durchdacht, solide und belastbar.

- *„Erbauung“* in diesem Sinne bedeutet, dass Stabilität hineinkommt.
- Das Wort *„Ermahnung“* kann auch mit Ermutigung übersetzt werden. Der Heilige Geist will uns beistehen und Wegweisung für unser Leben geben. Es kann jedoch auch eine Botschaft der Ermahnung sein, wenn wir vom Weg abgekommen sind oder ein Ziel aus dem Blick verloren haben.
- Trost richtet auf, wenn Leid und Niedergeschlagenheit vorhanden sind. Es gilt, den Blick nach oben zu richten.
- Prophetie lässt den Empfänger nicht hoffnungslos dastehen. Es gibt dadurch neue Hoffnung und eine neue Perspektive.

So trachtet danach ⇢ Paulus geht davon aus, dass sich jede einzelne Person um die Gaben des Geistes bemüht. So sollen wir danach trachten, dass die Gaben im Überfluss vorhanden sind und auf diese Weise die Gemeinde erbaut wird. Es soll dementsprechend ein Thema für uns persönlich und in unseren Gemeinden sein.

Persönlich habe ich an verschiedenen Stellen meines Lebens prophetisches Reden erfahren. Unter anderem, als ich in jungen Jahren vor der Entscheidung stand, ein Theologisches Seminar zu besuchen. Aber auch, als eine wesentliche Veränderung in meinem pastoralen Dienst anstand. In beiden Fällen war es eine Bestätigung dessen, was bereits schon in meinem Herzen war. Und dennoch waren es wie „Pfeiler“, die eingerammt wurden. Ich habe das als extrem ermutigend erlebt und als Bestätigung, den nächsten Schritt zu gehen.

Der heutige Text ermutigt uns, dafür zu beten, dass die Gaben des Geistes im Überfluss vorhanden sind und auf diese Weise die Gemeinde erbaut wird – und sich selbst mit den Gaben, die Gott geschenkt hat, einzubringen.

Marc Brenner

Wenn ihr zusammenkommt, so hat ein jeder einen Psalm, er hat eine Lehre, er hat eine Offenbarung, er hat eine Zungenrede, er hat eine Auslegung.

1. Korinther 14,26

Bibellese: 1. Korinther 14,26-40

Der Korintherbrief – gerade die Kapitel 12,13 und 14 – beinhaltet Themen, die für jeden, der sich vom Heiligen Geist leiten lassen will, wichtig sind. Ob wir uns nun als Pfingstler oder Charismatiker bezeichnen, dies sind Themen, mit denen wir uns viel beschäftigt und auseinandergesetzt haben. Im Umfeld unseres Textes heute geht es um die Zusammenkunft als Gemeinde in gemeinsamer Anbetung mit folgenden Schwerpunkten: Auferbauung und Ordnung.

Jeder in der Gemeinde hat etwas zu geben, hat etwas beizutragen. Jeder kann seine Gaben in Einheit – nicht in Uniformität – einsetzen, um in Liebe für die Erbauung des Leibes Christi zu sorgen. Unser Gottesdienst ist dazu da, dass wir lernen und wachsen, dass wir unterwiesen werden und auferbaut sind. Die Rolle des Heiligen Geistes ist, uns dabei zu helfen. Es geht nie darum, wie heilig wir sind, was für großartige Gaben wir haben und was wir damit tun können. Vielmehr geht es darum, andere zu lieben, sie starkzumachen und zu ermutigen!

Mit Gott erlebt → Natürlich soll es nicht nur auf Gottesdienste begrenzt sein, sondern auch in unserem Alltag geschehen, dass wir die Hilfe des Heiligen Geistes erleben, um den Menschen um uns herum zu dienen. So erlebte ich seine Führung, als ich einmal mit einer bestimmten Person unbedingt sprechen wollte. In diesem Gespräch brach etwas auf und mein Gegenüber fing an, zu weinen, ich wusste aber nicht, warum und wieso. Doch der Heilige Geist wusste es und gebrauchte meine Worte, um die Person in Liebe aufzuerbauen und zu ermutigen. Einige Zeit später berichtete sie, wie der Heilige Geist sie ergriffen hatte und klar und deutlich zu ihr gesprochen hat. Als ich das hörte, war ich sehr dankbar.

Geistlichen Impulsen folgen → Strecken wir uns doch danach aus, dass der Heilige Geist uns befähigt, inspiriert, motiviert und drängt, sowohl in unseren Gottesdiensten als auch in unserem Alltag. Dienen wir den Geschwistern in der Gemeinde und auch den Menschen um uns herum, die Jesus Christus noch nicht kennen, mit den Gaben, die wir empfangen haben. Jeder braucht Liebe und Ermutigung. Folgen wir den Impulsen des Heiligen Geistes. Das kann ein Anruf sein, eine Nachricht, die wir schicken, eine Karte, die wir schreiben, was auch immer. Tun wir es einfach!

Philip Ngoei

24
Montag

Und seine Gnade an mir ist nicht vergeblich gewesen, sondern ich habe viel mehr gearbeitet als sie alle; nicht aber ich, sondern Gottes Gnade, die mit mir ist.

1. Korinther 15,10

JUNI

Bibellese: 1. Korinther 15,1-11

Der Apostel Paulus stellt ganz nüchtern fest: „Ich bin es nicht wert, ein Apostel zu sein. Aber durch Gottes Gnade bin ich, was ich bin.“ Wer war dieser Mann? Am Anfang war er für die frommen Juden ein Held gewesen, für die Christen jedoch ein Albtraum. Er bezeichnet sich selbst als Lästerer, Verfolger und Gewalttäter. Alles änderte sich, als er Jesus begegnete. In der Apostelgeschichte wird dieser dramatische Moment so geschildert: *„Und er fiel auf die Erde und hörte eine Stimme, die sprach zu ihm: Saul, Saul, was verfolgst du mich? Er aber sprach: Herr, wer bist du? Der sprach: Ich bin Jesus, den du verfolgst“* (Apostelgeschichte 9,4.5).

Vom Saulus zu Paulus ⇢ Die nächsten drei Tage war Saulus blind. Es war sicher eine Zeit, in der er viel nachdachte. Äußerlich sah er nichts mehr, aber innerlich umso mehr. Er sah sich selbst und entdeckte, wer er wirklich war: ein Sünder. Allein mit seinem sündengeplagten Gewissen und dem Blut an seinen Händen bat er um Erlösung. So wurde aus dem Gesetzeslehrer Saulus der Apostel Paulus, der anfing, die Welt mit der Gnadenbotschaft von Jesus Christus zu verändern. In Paulus’ Augen gab es keinen schlimmeren Sünder als ihn selbst, doch er vertraute darauf, dass er durch Gottes Gnade ein vollkommen neuer Mensch geworden war. In 2. Korinther 5,17 lesen wir: *„Darum: Ist jemand in Christus, so ist er eine neue Kreatur; das Alte ist vergangen, siehe, Neues ist geworden.“*

Ein Beispiel für Gottes Gnade ⇢ Immer wieder erlebe ich, dass Menschen davon überzeugt sind, ihre Schuld wäre zu groß. Für sie gäbe es keine Vergebung. Aber Jesus starb für alle Menschen und für jede Sünde. Da ist Gnade für jede Person und jede Sünde! In 1. Timotheus 1,15.16 heißt es: *„Christus Jesus ist in die Welt gekommen, die Sünder selig zu machen, unter denen ich der erste bin. Aber darum ist mir Barmherzigkeit widerfahren, dass Christus Jesus an mir als Erstem alle Geduld erweise, zum Vorbild denen, die an ihn glauben sollten zum ewigen Leben.“*

Dieses Beispiel Gottes mit Paulus spricht durch die Jahrhunderte bis heute zu uns. Paulus sagt jedem Menschen, auch dir und mir: „Verzweifle nicht! Jesus hatte sogar Gnade mit mir, dem größten Sünder. Er will auch dir gnädig sein und dir dort begegnen, wo du gerade bist!“

Wilfried Mann

Ist aber Christus nicht auferweckt worden, so ist unsre Predigt vergeblich, so ist auch euer Glaube vergeblich.

1. Korinther 15,14

25
Dienstag

JUNI

Bibellese: 1. Korinther 15,12-28

Manche Leute denken, es sei völlig absurd, zu glauben, dass Jesus tatsächlich von den Toten auferstanden ist. Zugegeben, es ist schon eine gewisse Zumutung für den menschlichen Intellekt. Da ist tatsächlich ein großer Glaubensschritt nötig, um Christ zu werden und darauf zu vertrauen, dass Jesus wirklich auferstanden ist, dass er lebt und täglich bei uns ist.

Solide Grundlagen → Dieser Glaubensschritt basiert jedoch auf absolut soliden Grundlagen. Es gibt viele Belege dafür, dass Jesus wirklich gelebt hat, gekreuzigt wurde und auferstanden ist – nicht nur in der Bibel und anderen christlichen Schriften, sondern auch in außerbiblischen Quellen. Aber auch das Neue Testament selbst ist ein historisch äußerst starkes Beweisstück. Es ist im Vergleich zu allen anderen historischen Werken aus dem Altertum das mit Abstand am besten belegte Dokument. Das sollte man wissen, wenn man sich mit der Bibel und ihren Aussagen beschäftigt. Als die Evangelien geschrieben wurden, konnte keiner sagen: „Was die hier geschrieben haben, stimmt nicht." Denn zu diesem Zeitpunkt haben noch viele gelebt, die Jesus nach der Auferstehung gesehen hatten. Wenn nun der christliche Glaube auf Wahrheit beruht, also auf objektiven Tatsachen, dann ist er für jeden Menschen von allergrößter Bedeutung.

Jesus kam auf diese Erde als Retter → Er will uns retten von unserer Schuld und von der tiefsten Not des Menschen: der Sünde – dem Widerspruch gegen Gott. Denn das ist es, was uns von Gott und vom Himmel trennt. Jesus wurde von den Toten auferweckt, um unser Herr und König zu sein. Ja, viele sind lieber ihr eigener Herr. Und manche denken, sie hätten es als Menschen durch die Entwicklung über die Jahrhunderte geschafft, selbst entscheiden zu können, was der richtige Weg sei. Das Ergebnis ist jedoch ernüchternd.

Der einzige Herr, bei dem es sich echt lohnt, sich ihm anzuschließen, ist Jesus. Weil er auferstanden ist und lebt, sind Umkehr und Vergebung für jeden Menschen möglich. Zudem setzt die Auferstehung Jesu in denen, die auf ihn vertrauen, eine ungeheure Kraft frei. Diese Kraft steht uns als seinen Kindern zur Verfügung und ist eine gewaltige Quelle für dein und mein Leben. Lassen wir ihn Retter und Chef unseres Lebens sein. Wir werden es nicht bereuen!

Herbert Banholzer

26
Mittwoch

Werdet doch einmal recht nüchtern und sündigt nicht! Denn einige wissen nichts von Gott; das sage ich euch zur Schande.

1. Korinther 15,34

JUNI

Bibellese: 1. Korinther 15,29-34

Den heutigen Bibelabschnitt schließt Paulus mit der Aufforderung ab, „*nüchtern*" zu handeln und nicht zu sündigen. Paulus forderte die Gemeinde in Korinth auf, sich klar von falschen Lehren und denen, die ihnen anhingen, zu trennen. Diejenigen, die die Auferstehung der Toten leugneten, wussten im Grunde nichts von Gott. Denn unser Gott ist ein Gott der Lebenden. Der Gemeinde in Korinth schien diese Nüchternheit zu fehlen. Sie waren falschen religiösen Gedanken und Spekulationen verfallen und sollten diese hinter sich lassen. Im biblischen Sinn bedeutet Nüchternheit, im Glauben verwurzelt zu sein und und Gott in allem zu vertrauen.

Anwendung für uns ⇢ Was bedeutet es für uns als Christen im Alltag, nüchtern im Glauben zu sein und zu leben? Gerade in den Herausforderungen der heutigen Zeit ist es wichtig, auf der biblischen Lehre gegründet zu sein. Das heißt, Gott hat für uns die erste und wichtigste Priorität, und wir wollen ein Leben führen, das ihm gefällt. Es bedeutet, Jesus voller Leidenschaft zu dienen und ihm treu zu sein, denn wir wollen mit unserem Leben Gott ehren. Auch meiden wir die Sünde, weil wir Gott durch ein geheiligtes Leben die Ehre geben wollen.

Gott segnet unseren Gehorsam immer ⇢ Wenn wir das, was wir glauben, auch leben, sind wir aufrichtig. Unsere Umwelt kann uns dann als echt wahrnehmen. Dazu hatte Paulus die Gemeinde in Korinth in unserem Bibelabschnitt ermahnt. Ein weiteres Anliegen war ihm, dass Christen ihre ganze Aufmerksamkeit auf Gott richten. So dürfen und sollen wir leidenschaftlich und aktiv für und mit Jesus unterwegs sein. Nüchtern zu leben bedeutet auch, dass wir die gute Nachricht, das Evangelium, verbreiten. Dass wir ein Herz haben, Menschen für Jesus zu gewinnen, egal ob sich jemand bekehrt oder nicht, denn das liegt ja sowieso nicht in unserer Hand.

Ein letzter Gedanke zu einem Leben in Nüchternheit ist für mich auch, dass wir uns nicht von den äußeren Umständen bestimmen lassen, selbst wenn die Welt aus den Fugen gerät. Dort, wo wir leben, können wir die Hoffnung, die wir durch Christus haben, weitergeben. Dazu möchte ich uns ermutigen und einladen.

Thomas Dörflinger

Du Narr: Was du säst, wird nicht lebendig, wenn es nicht stirbt.

1. Korinther 15,36

Bibellese: 1. Korinther 15,35-49

Paulus lehrte die Botschaft von der Auferstehung der Toten eindeutig und klar: „Christus ist wahrhaftig auferstanden, und auch wir werden auferstehen, sonst würde alles überhaupt keinen Sinn ergeben!"

Obwohl nun eigentlich doch alles klar sein müsste, scheint es noch eine offene Detailfrage zu geben: Wie? Waren und sind es eher Unverständnis und Neugier oder Unglaube und Zynismus, die hinter solch einem Wie stehen? Auf alle Fälle betitelt Paulus die Fragesteller nicht sehr schmeichelhaft mit einem Begriff, der sie als unverständig, töricht und unwissend einstuft. Ihre Vorstellungen greifen völlig zu kurz.

Veränderung und Kontinuität ⇢ Paulus bemüht sich daher, noch zwei weitere Dinge deutlich zu machen. Zum einen ist die Auferstehung viel mehr als die reine Wiederbelebung der Toten. Der Leib steht eben nicht so auf, wie er ins Grab gelegt wurde, mit all seinen Schwächen und Makeln wie beispielsweise schlechten Augen, einer kaputten Bandscheibe oder einem Knick in der Wirbelsäule. Es geht nicht um ein einfaches „Irgendwie geht es weiter". Zum anderen erteilt Paulus der Idee, dass die jetzige und die zukünftige Welt nichts gemeinsam haben, eine Absage. Es wird zwar alles neu, aber diese Verwandlung schließt eine gewisse Kontinuität nicht aus.

Gleichnis vom Samenkorn ⇢ Als guter Lehrer gibt Paulus allen ein verständliches Bild mit auf den Weg. Schon Jesus hatte das Bild vom „*Weizenkorn*" gebraucht (Johannes 12,24). Das Sterben ist eine notwendige Vorbedingung zur Auferstehung, vergleichbar mit einem Samen, der in die Erde gelegt wird. Äußerlich tot, und solange kein Wasser, keine Erde dazukommt, passiert in den allermeisten Fällen gar nichts. Aus diesem scheinbar toten Samen aber entsteht nun neues Leben. Das Saatkorn verändert sich und ist nicht wiederzuerkennen. Jegliche irdische Schönheit ist nichts gegenüber der zukünftigen Herrlichkeit. Hier das tote Korn – dort die wunderbare reife Frucht. Hier Vergänglichkeit – da Unvergänglichkeit. Hier Erbärmlichkeit, dort Freude und Fülle. Hier irdisch, dort geistlich. Aber aus einem Weizenkorn wird eben auch keine Sonnenblume. Zwischen Samenkorn und Pflanze herrscht eine klare Kontinuität.

Die Auferstehung sprengt unsere Vorstellungskraft. Wenn wir uns darauf freuen, dass alles neu wird, sind wir dennoch keine Narren!

Sven Brenner

28
Freitag

JUNI

Darum, meine lieben Brüder und Schwestern, seid fest und unerschütterlich, nehmt zu im Werk des Herrn, denn ihr wisst, dass eure Arbeit nicht vergeblich ist.

1. Korinther 15,58

Bibellese: 1. Korinther 15,50-58

Wenn wir das Leben betrachten, so gibt es nahezu nichts, was fest und unerschütterlich ist. Selbst Gesetze und Verordnungen werden immer wieder angepasst, da sich die Lebens- und Sichtweisen verändert haben. So wurden etwa in den ersten Jahren der Ausbreitung des Coronavirus die Regelungen gefühlt stündlich verändert, dass man im Endeffekt nicht mehr wusste, was jetzt gerade gilt. Es gibt Handlungen, die vor einiger Zeit noch verboten waren und unter Strafe standen; heute kann man bestraft werden, wenn man diese als Sünde bezeichnet. Auch haben sich die Moralvorstellungen in den letzten Jahren völlig verändert. So sind Dinge, die früher als nicht akzeptabel galten, heute vollkommen normal.

Gottes Wort bleibt ⇢ Gottes Wort besteht jedoch schon seit mehr als 2000 Jahren in unveränderter Weise und ist nach wie vor gültig. Es ist die verlässliche Größe in unserer sich immer wieder verändernden Gesellschaft. Daher ist es wichtig, dass wir uns fest auf den Boden des unveränderlichen Wort Gottes stellen und uns nicht von immer neuen „Erkenntnissen“ der Welt beeinflussen und leiten lassen. Um den Sieg zu haben, den Paulus in den Versen der heutigen Bibellese beschreibt, ist dieses Fundament notwendig.

Arbeit für Gott ist nicht vergeblich ⇢ Nur die Arbeit, die im Reich Gottes erbracht wird, hat ewigen Bestand. Alles andere kann zwar für den Augenblick zu einem Erfolgserlebnis führen, aber irgendwann ist das dann auch vorüber und wird vergessen. Es mag sein, dass man bei der Arbeit im Reich Gottes nicht sofort einen Erfolg oder ein positives Resultat sieht, aber man darf wissen, dass sie nicht vergeblich ist. Es gibt Fälle, in denen sich erst nach Jahren die Auswirkungen einer Arbeit zeigten, manchmal konnte eine Person die Früchte ihres Wirkens gar nicht mehr sehen. Deshalb wollen wir uns nicht in den Dingen der Welt verstricken, sondern lasst uns nicht müde werden, im Werk des Herrn zu arbeiten.

Andreas Langermann

An jedem ersten Tag der Woche lege ein jeder von euch bei sich etwas zurück und sammle an, so viel ihm möglich ist.

1. Korinther 16,2

29
Samstag

JUNI

Bibellese: 1. Korinther 16,1-9

Tausende Kilometer von uns entfernt hielt der kleine Junge auf dem Foto den Spielzeuglöwen in der Hand. Das Funkeln in seinen Augen werden wir als Familie nicht vergessen. Aber es waren nicht nur seine Augen, die funkelten. Die Augen meines Sohnes strahlten ebenso. Es war nämlich sein Löwe – sein Lieblingslöwe. Er hatte ihn seiner Tante, einer Missionarin, mitgegeben, damit sie ihn einem Kind in der Mission schenkt. Auf dem Foto sah er nun „seinen" Löwen in den Händen eines fremden Kindes. Ich werde das Strahlen des fremden Jungen nicht vergessen. Aber ich werde auch nie vergessen, mit welchem Strahlen und Lächeln mein Sohn mich anschaute und sagte: „Papa, ich freue mich, dass der Junge jetzt meinen Löwen hat. Ich hoffe, dass er viel Spaß damit hat."

Jeder hat andere Möglichkeiten ⇢ In unserem Leitvers sagt Paulus den Korinthern, dass jeder nach seinen Möglichkeiten geben soll. Mein Sohn hat andere Möglichkeiten als ich. Ich habe andere Möglichkeiten als meine Freunde. Gott hat andere Möglichkeiten als wir. Der Vater im Himmel gab seinen Sohn, Jesus gab sein Leben. Was geben wir? Geben ist ein wesentlicher Bestandteil unserer Nachfolge und unseres geistlichen Wachstums.

Geben ist Anbetung und Lebensstil ⇢ In unserem heutigen Bibeltext bittet Paulus die Korinther, am ersten Tag der Woche zu sammeln. Das ist der Sonntag. Das bedeutet, dass Geben ein Teil unserer Anbetung ist. Paulus erklärte, dass alles, was auch immer wir tun, *„zu Gottes Ehre"* geschehen soll (1. Korinther 10,31). Wenn wir geben, ehren wir Gott.

Paulus fordert die Korinther auf, regelmäßig zu geben. *„An jedem ersten Tag der Woche"*, schrieb er. Regelmäßiges Geben wird zur Gewohnheit und formt einen Lebensstil. Neben Bibel lesen, Gebet, Anbetung, Erholung und Gemeinschaft mit anderen Christen gehört Geben zu den wichtigen Gewohnheiten, durch die wir im Glauben wachsen.

Schätze im Himmel ⇢ Das Faszinierende am Geben ist, dass nicht nur die Empfänger beschenkt und gesegnet werden. Sondern auch die Geber. Die Freude und Dankbarkeit meines Sohnes bleibt für mich jedenfalls unvergesslich. Die Erfahrung, jemandem eine Freude zu machen, hat ihn sehr geprägt. Aber selbst wenn man nicht direkt mitbekommt, wenn sich jemand freut, sammeln wir uns Schätze im Himmel. Denn Gott sieht jede noch so kleine Gabe!

Jürgen Justus

30
Sonntag

Wachet, steht im Glauben, seid mutig und seid stark!

1. Korinther 16,13

JUNI

Bibellese: 1. Korinther 16,10-14

Es klingt fast nach Befehlen, was Paulus hier gegen Ende des Briefes an die Korinther schreibt: Sie sollten wachsam sein, fest im Glauben stehen, mutig und stark sein. Im nachfolgenden Vers wird dies abgerundet, dass alles in der Liebe geschehen soll.

Immer noch herausfordernd → Auch knapp 2000 Jahre später haben diese Worte eine Relevanz für unseren Alltag. Wenn wir diese Aufforderung hören, was fällt uns im ersten Moment ein? Wo muss ich wachsam sein? Ich denke beispielsweise an Lehren, die das Evangelium seiner Kraft oder Freude berauben. Ebenso an vermeintlich progressive Inhalte, die Menschen eine falsche Freiheit oder eine höhere Erkenntnis versprechen.

Auch die Gemeinde der Korinther war von diesen Gefahren umgegeben. Sie lebten ebenso inmitten einer pluralistischen Welt wie wir heute in Deutschland im 21. Jahrhundert. Außerdem wurde die einfache frohe Botschaft auch aus den eigenen Reihen bekämpft. Daher gilt es damals wie heute, Wächter des Glaubens zu sein und den guten Kampf des Glaubens zu kämpfen. Dies erfordert Standhaftigkeit. Kein Fähnchen im Winde zu sein, vielmehr nach göttlichen Prinzipien zu leben, die unser Herr Jesus gepredigt und vorgelebt hat.

Es geht nur durch die Kraft des Heiligen Geistes → Mutig und stark sollen wir sein. Dazu brauchen wir die Kraft des Heiligen Geistes, denn aus uns selbst heraus können wir keinen Mut oder keine Stärke produzieren. Doch durch den Heiligen Geist empfingen die entmutigten Jünger an Pfingsten übernatürlich Kraft und verkündeten freimütig das Evangelium. Wenn wir also keine Kraft haben, zu wachen, im Glauben zu stehen, mutig und stark zu sein, lassen wir uns doch ganz neu vom Heiligen Geist erfüllen. Erbauen wir uns selbst im Geiste und erleben wir, wie die Gaben des Geistes Gottes uns befähigen, mutige und starke Nachfolger Jesu zu sein.

Einladung zum Gebet → Heiliger Geist, offenbare du mir heute Dinge in der unsichtbaren Welt, um Geister unterscheiden zu können, damit ich standhaft im Glauben wachen kann. Benutze mich, dein Evangelium mutig hinauszutragen. Alles soll in deiner Liebe geschehen.

Manuel Dongus

Es grüßen euch alle Brüder. Grüßt euch untereinander mit dem heiligen Kuss.

1. Korinther 16,20

Bibellese: 1. Korinther 16,15-24

Wie grüßen sich Christen untereinander? Paulus ist allen Christen ein großes Vorbild, auch darin, dass er in seinen Briefen alle seine Mitarbeiter und Freunde herzlich grüßte. Die Verbundenheit des Apostels mit den Gemeinden trotzte allen Spannungen. Gottes Wort macht uns unmissverständlich klar, dass wir *miteinander* unterwegs sind in der Nachfolge Jesu, deshalb sollen wir *zueinander* respektvoll und liebevoll sein und allezeit *füreinander* einen Segensgruß haben.

Die Gemeinde in Korinth lebte in verschiedenen Hausgemeinden. Der Brief wurde in allen Gemeindeversammlungen vorgelesen. Alle hörten ihn. Er ging sie alle etwas an. Alle sollten zur Einheit auch untereinander beitragen.

Verbunden in Christus ⇢ In Jesus, nicht in persönlichen Sympathien, ist unsere Verbundenheit begründet. Der Gruß in biblischen Zeiten in Israel war ein Segenswunsch, verbunden mit der Frage nach dem Befinden des anderen. Man grüßte sich bei Besuchen, Begegnungen, bei der Ankunft und dem Abschied. Eine häufig vorkommende Grußformel war: „*Geh hin mit Frieden*“ (1. Samuel 20,42) oder „Friede sei mit euch“ (Lukas 24,36). Boas grüßte die Schnitter: „*Der HERR sei mit euch*“ (Rut 2,4); Josef grüßte Benjamin mit dem Wort: „*Gott sei dir gnädig, mein Sohn*“ (1. Mose 43,29); Abraham beugte sich vor den drei Männern zur Erde nieder; Jakob verneigte sich sieben Mal vor seinem Bruder Esau. Zur Begrüßung gab man sich auch gegenseitig die Hand oder fasste den anderen mit der Rechten an dessen Bart und küsste ihn (2. Samuel 20,9).

Ein Gruß ist keine Formalität ⇢ Vielmehr soll unser Gruß unsere geistliche Haltung zu den Geschwistern ausdrücken. Dies ist eine der Möglichkeiten, wie geistliche Gemeinschaft in der Gemeinde geschützt wird. Gemeinschaft im Neuen Testament heißt Anteil haben an einer Person, aber auch Anteil geben. Es gibt kein gesundes christliches Leben in der Isolation. Eines der größten Vorrechte von Christen ist die Gemeinschaft mit dem dreieinigen Gott und untereinander. Wir sind verbunden durch den Heiligen Geist. Darin zeigt sich die geschwisterliche Liebe: Sie achtet den anderen, erkennt ihn an und ordnet sich willig unter. Unsere Liebe zum Herrn wird sichtbar – am gegenseitigen Respekt und in der Ehrerbietung.

Christian Krumbacher

2
Dienstag

Und Micha sprach: Nun weiß ich, dass mir der HERR wohltun wird, weil ich einen Leviten zum Priester habe.

Richter 17,13

JULI

Bibellese: Richter 17,1-13

Die Schlusskapitel des Buches Richter hallen von Unbeständigkeit wider. Das Volk Israel, das einst zur Ehre Gottes triumphierend durch Kanaan zog, verfällt nun moralisch und politisch. Was könnte man auch anderes erwarten, wenn *„kein König in Israel"* ist und jeder im Volk tut, was ihm *„recht"* erscheint (Vers 6)? In den Kapiteln 17-21 verlässt der Autor die historische Chronologie des Buches und beschreibt frühere Geschehnisse als eine Art Anhang, um zu zeigen, wie gottlos das Volk geworden war. In drei Hauptbereichen des Lebens löste sich alles auf: Familie, Priestertum und Gesellschaft.

Völlige Verwirrung ⇢ Sehen wir nicht heute eine ähnliche Entwicklung in der Familie, in Gemeinden und in der Gesellschaft? Die Familie ist die Grundlage einer Gesellschaft. Wenn diese Grundlage zerfällt, beginnt die Gesellschaft, sich aufzulösen. Der hier erwähnte Mann Micha und seine Familie lebten in völliger Verwirrung. Als jemand Michas Mutter 1100 Schekel Silber stahl, belegte sie den Dieb mit einem Fluch und wusste nicht, dass sie ihren eigenen Sohn verfluchte. Es war die Furcht vor dem Fluch, nicht die Furcht des Herrn, die den Sohn dazu trieb, sein Verbrechen zu gestehen und das Geld zurückzugeben. Die Mutter nahm den Fluch freudig zurück, indem sie ihren Sohn segnete. Aus Dankbarkeit für die Rückgabe ihres Geldes widmete sie einen Teil des Silbers dem Herrn und machte ein Götzenbild daraus.

Hier ist eine Familie, die es fertigbrachte, nahezu alle der Zehn Gebote Gottes zu brechen und sich dennoch nicht im Geringsten schuldig vor ihm zu fühlen. Sie glaubten sogar, dass sie ihm mit ihrem abwegigen Verhalten dienten. Der Sohn log über die ganze Sache, bis ihn der Fluch zum Geständnis trieb.

Gottes Wort – der feste Grund ⇢ In Psalm 11,3 lesen wir: *„Wenn die Grundpfeiler umgerissen werden, was richtet da der Gerechte aus?"* (ELB). Es ist wichtig, Neubekehrte in dem zu unterweisen, was Jesus uns lehrt, damit unsere Gemeinden vor Verwirrung geschützt werden. Die Bibel als Grundlage bleibt unverzichtbar. Der Apostel Paulus schrieb in 2. Timotheus 3,16.17: *„Denn alle Schrift, von Gott eingegeben, ist nütze zur Lehre, zur Zurechtweisung, zur Besserung, zur Erziehung in der Gerechtigkeit, dass der Mensch Gottes vollkommen sei, zu allem guten Werk geschickt."*

Christian Krumbacher

Zu der Zeit war kein König in Israel. Und der Stamm der Daniter suchte sich zu der Zeit ein Erbteil, wo sie wohnen könnten.

Richter 18,1

Bibellese: Richter 18,1-7

Heimatvertrieben. Wer den Ort nicht kennt, an den er gehört, wird auf der Suche bleiben. Dem Stamm Dan war – wie allen anderen Stämmen Israels – von Gott ein Gebiet zugeordnet worden. Gott setzte jeden Stamm genau dorthin, wo er ihn haben wollte. Die Herausforderung dabei war, dass sie sich das Land erobern mussten. Das erwies sich nicht als so einfach wie gedacht.

Nicht immer scheint es im Leben einfach, seinen Platz einzunehmen. Vielmehr muss manches erkämpft werden. Ohne Widerstand entwickelt sich keine Stärke. Schwierigkeiten und Hindernisse auf unserem Weg fordern uns heraus, durchzuhalten und standhaft zu bleiben. Wer sich dem nicht stellt, wird „Land“ verlieren.

Der leichte Weg ⇢ Die Menschen im Stamm Dan entschieden sich für den leichten Weg. Anstatt sich den Eroberungen, die Gott für sie vorbereitet hatte, zu stellen, entschieden sie sich, nach einem Volk Ausschau zu halten, das sich nicht zur Wehr setzen würde. Wie leicht könnte sich hier die lang ersehnte Heimat finden lassen. Doch der leichte Weg ist nicht immer der Weg, auf dem wir finden, was wir brauchen. Ich glaube, wir können hierbei sogar nicht selten mehr verlieren als gewinnen.

Sich einordnen ⇢ Damals gab es keinen König in Israel. Keinen, der eine Ordnung vorgab, das Volk sammelte und es auf ein gemeinsames Ziel hinführte. Gott wollte für sein Volk dieser König sein, aber sie lehnten ihn ab. Dies gilt heute genauso. Er will unser König sein. Die Frage an uns ist, ob wir uns in sein Königreich eingliedern lassen wollen.

Als junger Mensch war ich sehr unbeständig. Ich hatte gerade eine neue Arbeitsstelle angefangen, doch das Team, in dem ich arbeitete, war sehr schwierig. Ich selber war schüchtern und konfliktscheu. Daher beschloss ich, mich nach einer neuen Stelle umzusehen. Parallel dazu fand ich in einem Bibelkreis zu Jesus und stellte mein Leben ganz unter die Herrschaft Christi. Ich begann, Gott um Antwort zu bitten, wo mein neuer Platz sein sollte. Gott ließ mich jedoch nicht gehen. Vielmehr begann er in diesen ganzen Herausforderungen, mein Leben zu verändern, mich mit Mut, Kraft und Weisheit auszustatten. Ich möchte uns ermutigen, uns täglich neu unter seine Herrschaft einzuordnen und darauf zu vertrauen, dass er uns in all unseren Herausforderungen wachsen lässt.

Ralf Tumat

4
Donnerstag

Wir haben das Land angesehen, und siehe, es ist sehr gut. Und ihr sitzt noch untätig da? Seid doch nicht faul hinzuziehen, dass ihr kommt und das Land einnehmt.

Richter 18,9

JULI

Bibellese: Richter 18,8-26

Gott hat nur das Beste für uns im Sinn. Auch heute hat er etwas Gutes vorbereitet. Leider kann es jedoch passieren, dass man verpasst, was er uns schenken möchte.

Alles aus Gnade ⇢ Unser Leben ist ein Geschenk. Wir haben nichts verdient und bekommen von Gott doch so viel. Das größte Geschenk aller Zeiten machte er uns durch seinen Sohn. Statt ewiger Verdammnis – ewiges Leben. Doch damit nicht genug. Bereits im Hier und Jetzt hat er gute Pläne mit uns und möchte uns ein Leben im Überfluss schenken. Sein Wille für uns ist nicht die Enge, sondern er möchte uns weiten Raum schaffen. Da ist so viel Wunderbares, was auf uns wartet. Glauben wir das?

Land einnehmen ⇢ Der Stamm Dan wollte endlich sein eigenes Land haben. Das war ihnen von Gott versprochen worden und sie hatten die feste Zusage, dass er bei der Einnahme mit ihnen sein würde. Dennoch konnten sie die Hände nicht in den Schoß legen und darauf warten, dass ihnen das Ganze einfach zufallen würde. Das Versprechen und der Beistand Gottes waren ihnen sicher, aber sie mussten sich selbst aufmachen, um das zu bekommen, wonach sie sich sehnten. Sie mussten ihre Unsicherheit und Bequemlichkeit überwinden, um am Ende zu erleben, dass Gott seine Verheißungen erfüllte.

Gottes Hilfe: sein Geist ⇢ Gibt es Versprechen und Verheißungen Gottes in unserem Leben, die noch offen und unerfüllt sind? Sind wir uns seiner Gnade bewusst? Er hat dir und mir seinen Heiligen Geist geschenkt, um uns in alle Wahrheit zu leiten. Dieser wird uns zeigen, was Gott für uns vorbereitet hat. Er will helfen, zu verstehen, was Gott mit uns vorhat. Durch den Geist verleiht uns Gott die Kraft und das Durchhaltevermögen, dranzubleiben, bis wir erleben, wie sich seine Verheißungen auch in unserem Leben und in unserer Gemeinde erfüllen.

Heute kann solch ein Tag sein, an dem er uns zeigt, mit welchen Augen Gott unser Leben und unsere aktuelle Situation sieht. Wo stehen wir gerade – und wo möchte er mit uns hin? Gott schenkt uns täglich die Chance, uns neu von ihm inspirieren zu lassen und auf ihn auszurichten. Lassen wir uns im Glauben stärken und mit der Kraft ausrüsten, dranzubleiben und nicht aufzugeben. Es lohnt sich!

Gideon Häußermann

Und es war niemand, der sie errettet hätte; denn die Stadt lag fern von Sidon, und sie hatten mit den Aramäern nichts zu schaffen.

Richter 18,28

5
Freitag

Bibellese: Richter 18,27-31

JULI

Kein Retter war da: Die Bewohner von Lajisch lebten ruhig und sicher in ihrer Stadt und rechneten nicht damit, dass ihrem friedlichen Leben durch einen feindlichen Überfall ein brutales und plötzliches Ende gesetzt werden sollte. Weit und breit war niemand, der sie vor den Feinden hätte retten können.

Wie oft erreichen uns solche Nachrichten, dass wehrlose Menschen Opfer eines Verbrechens werden. In solchen Momenten wird uns schmerzlich bewusst: Das Böse in dieser Welt existiert immer noch. Es ist so alt wie wir Menschen. Denken wir an Kain, der seinen Bruder Abel aufgrund von Neid und Eifersucht tötete. Gott hatte ihn noch gewarnt mit den Worten: „Die Sünde lauert vor deiner Herzenstür, *du aber herrsche über sie*" (1. Mose 4,7). Kain schlug die Warnung Gottes in den Wind. Diese Geschichte zeigt uns, dass das Böse in dieser Welt etwas mit unserem menschlichen Herzen zu tun hat.

Gibt es einen Ausweg? ⇢ Der Pharisäer Saulus dachte, dass er mit seinem religiösen Eifer Gott dienen würde. Seine Verirrung ging sogar so weit, dass er beim Mord des tiefgläubigen Diakons Stephanus mitwirkte. In seinem Fanatismus machte sich Saulus auf den Weg nach Damaskus, um auch dort den Christen Böses zu tun. Doch dann stellte sich ihm Jesus selbst mit folgenden Worten in den Weg: *„Saul, Saul, was verfolgst du mich?"* (Apostelgeschichte 9,4). Diese Begegnung mit Jesus führte zu einer persönlichen Lebenswende. In Römer 7,19 beschreibt Paulus den Herzenszustand von uns Menschen: *„Denn das Gute, das ich will, das tue ich nicht; sondern das Böse, das ich nicht will, das tue ich."* Dann bringt er die Not seines Herzens zum Ausdruck: *„Ich elender Mensch! Wer wird mich erlösen von diesem Leib des Todes?"* (Vers 24).

Der Retter ist da! ⇢ Die Antwort auf den verzweifelten Herzensschrei des Paulus ist der von Gott versprochene Retter: *„Es ist Christus, der Herr"* (Lukas 2,11). Das gilt auch heute. Es gibt unvorstellbare Nöte und Situationen auf dieser Welt, die zum Verzweifeln sind. Doch Jesus hat sich selbst erniedrigt und allen Schmerz, Leid, Not, Sünde und Krankheit auf sich genommen. Das Kreuz von Golgatha wurde zum Wende- und Hoffnungspunkt für jeden Menschen. Blicken wir auf ihn und seine Barmherzigkeit und Liebe, die er uns heute schenken möchte!

Michael Knospe

6
Samstag

Zu der Zeit war kein König in Israel. Da wohnte ein Levit als Fremdling weit hinten im Gebirge Ephraim und hatte sich eine Nebenfrau genommen aus Bethlehem.

Richter 19,1

JULI

Bibellese: Richter 19,1-10

Wenn ein Stein ins Wasser geworfen wird, entstehen kreisförmige Wellenbewegungen. Im Verhältnis zur Wasserfläche ist der Stein immer sehr klein. Es überrascht, wie groß die Wellenbewegungen werden – kleine Ursache, große Wirkung.

Solch ein Geschehen entwickelt sich in der heutigen Bibellese. Es ist für das Verständnis wichtig, die gesamte Geschichte zu lesen. Sie beginnt damit, dass eine Frau ihren Ehemann wütend verlässt, um in ihr Elternhaus zurückzukehren. Vier Monate vergehen, bis er erkennt, dass er sie liebt. Er reist ihr nach, redet mit seiner Frau und gewinnt sie zurück. Der Schwiegervater ist so begeistert von ihm, dass er das Paar nicht gehen lassen möchte. Auf den ersten Blick hat diese dramatische Geschichte, deren Anfang wir heute lesen, nichts mit unserer Zeit gemeinsam. Die Klammer bilden die Aussagen im ersten sowie im letzten Satz: *„Zu der Zeit war kein König in Israel“*, und: *„jeder tat, was ihn recht dünkte“* (Richter 21,25).

Was ist das Richtige? ⇢ Individualität, Freiheit, persönliches Glück und die eigene Agenda stehen in unserer Gesellschaft oft an erster Stelle. Vieles ist gut gemeint, aber deshalb nicht zwingend gut gemacht. Wovon wird abgeleitet, was das Richtige ist? Wissen wir am Ende immer, was zu tun ist? Jeder Mensch möchte ein Leben leben, das gelingt. Sehen wir auf uns selbst, so können wir feststellen, dass wir ebenfalls schon einmal wütend auf jemanden waren und wegliefen oder uns innerlich distanzierten.

Wie dem Ehemann fällte es Menschen schwer, den Faden wieder aufzunehmen, um solche Situationen zu klären. Unser Ego steht uns gelegentlich im Weg. Es passiert sogar, dass wir den richtigen Zeitpunkt verpassen. Die Versöhnung zu suchen, ist unglaublich wertvoll. Dann muss jedoch der neue, gemeinsame Weg in die Zukunft gefunden werden. Sich beim Neustart ablenken oder aufhalten zu lassen, selbst vom freundlichen Schwiegervater, ist nicht hilfreich.

Heute möchte ich jeder Person Mut machen, die sich in einer Lebenssituation befindet, in der sie weglief oder verlassen wurde. Gott will die Kraft schenken, sich auf den Weg zu machen oder wieder die Tür für den Menschen zu öffnen, der mit uns reden und uns zurückgewinnen will. Unterhalten wir uns mit Jesus darüber, was er für das Richtige hält. Er enttäuscht niemanden.

Reinhard Oesterling

Als er aber hineinkam, blieb er auf dem Platz der Stadt; denn es war niemand, der sie die Nacht im Hause beherbergen wollte.

Richter 19,15

Bibellese: Richter 19,11-21

Die drei Reisenden wollten bewusst nicht in einer heidnischen Stadt übernachten. Sie befürchteten, dass ihnen dort etwas geschehen könnte. Bei Heiden war man nie sicher, was sie einem antun würden, doch unter Israeliten war davon auszugehen, dass Gastfreundschaft für sie ein hohes Gut war. Leider war dies hier nicht der Fall. Die Lieblosigkeit der Menschen in Jebus wird nach und nach sichtbar. Zuerst verweigern sie den Fremden Gastfreundschaft, dann werden sie übergriffig und schließlich sogar grausam und herzlos. Wir können über die Gründe nur spekulieren, weshalb die Einwohner dieser Stadt sich so verhielten. Möglicherweise hatten sie mit Fremden Schwierigkeiten erlebt, vielleicht waren sie schlicht nicht bereit, zu teilen, weil sie davon ausgingen, selbst nicht genug zu haben.

Auch wenn wir die Beweggründe der Jebusiter nicht kennen: Es könnten genau die Gründe gewesen sein, die uns selbst oftmals davon abhalten, gastfreundlich zu sein. Vielleicht haben wir wiederholt schlechte Erfahrungen gemacht und sind misstrauisch geworden. Oder wir befürchten, nicht genug zu haben; dabei wissen wir doch, dass Gott unser Versorger ist.

Gastfreundschaft ⇢ Nur ein Fremdling in Gibea findet sich bereit, ein alter Mann, der spät von der Feldarbeit kommt und müde und gebeugt ist. Er hätte an ihnen vorbeigehen können. Aber er hebt seine Augen der Müdigkeit zum Trotz, sieht die Bedürftigen und beherbergt sie. Wenn wir wollen, werden wir immer genug haben, um mit Fremden zu teilen. Wie sieht es bei uns mit Gastfreundschaft aus? Sind wir bereit, unsere Vorurteile hinter uns zu lassen, unsere Gemeinden und Häuser zu öffnen für Menschen, die auf dem „Marktplatz“ sind? Marktplatz steht hier für Menschen, die in Gefahr sind, die auf der Flucht sind, die orientierungslos sind. Sind wir bereit, solche Menschen zu uns einzuladen? Mit ihnen zu teilen? Unsere Häuser, unseren Wohlstand, unseren Glauben?

Lasst uns nicht vergessen, dass wir in gewisser Weise alle Fremde auf dieser Welt und immer aufeinander angewiesen sind. Die Urgemeinde sah Gastfreundschaft als eine selbstverständliche Tugend, welche die Jünger und die Gemeinde Jesu kennzeichnen sollte. „*Gastfrei zu sein vergesst nicht; denn dadurch haben einige ohne ihr Wissen Engel beherbergt*“ (Hebräer 13,2).

Cyrille Tchamda

8
Montag

JULI

Richtet euer Herz darauf, beratet und redet!

Richter 19,30b (ELB)

Bibellese: Richter 19,22-30

Diese Bibellese ist schwere Kost. Ist sie auch nahrhaft? Wir haben es mit einer schrecklichen, abstoßenden Story voll widerlicher Details zu tun: Der Mob der Straße will seinen Hass in einer homosexuellen Massenvergewaltigung ausleben. Statt eines Mannes wird dessen Frau zum Opfer blutrünstiger Gewalt: *Er* nimmt sich aus der Schusslinie und gibt dafür *sie* der geifernden Meute preis – und Menschen, die man sich in ihrer Ekelhaftigkeit nicht vorstellen mag, missbrauchen sie *„die ganze Nacht hindurch"* (Vers 25).

Danach ist die arme Frau halb tot. Der Text lässt offen, ob ihr Mann sie bereits leblos auffand oder selbst Hand an sie legte, um sie – zu entsorgen. Denn „entehrt", wie sie war, konnte er sie nicht mehr brauchen. Nicht einmal die Schändung ihres Leichnams scheut er. Sie war und ist ihm nur Mittel zum (egoistischen) Zweck. – Es tut nicht gut, bei dieser Lektüre der Fantasie ihren Lauf zu lassen. Auch das Warum und Wieso soll uns hier nicht weiter beschäftigen.

In der Bibel fällt so eine Geschichte aus dem Rahmen. In unserer Lebenswelt dürfte sie täglich tausendfach passieren. Frauen, Kinder und auch Männer werden in Scharen geschändet, erniedrigt, ausgenutzt – mit einem Wort: zerstört. Wie Dreck behandelt, nicht bloß ihrer Lebens*qualität*, sondern ihres Lebens an sich beraubt. Die Schlagworte drängen sich nur so auf: Menschenhandel. Zwangsprostitution. Kindesmissbrauch. Organhandel. Viele Christen nehmen das – wenn überhaupt – schulterzuckend zur Kenntnis. Resigniert – oder gleichgültig? So ist sie eben, die „gefallene Welt"... Was geht's uns an? *Wir* sind doch von Sünden erlöst und leben als Gemeinde das harmonische Gegenmodell zum Sündenpfuhl „da draußen"!

Es geht uns an ⇢ Die israelitischen Zeitgenossen zogen sich nicht in die Rolle der Zuschauer zurück. Sie erkannten: Auch Gleichgültigkeit gegenüber fremdem Unrecht ist Sünde. Wer den Opfern nicht gerecht wird, ist mitschuldig. Auch Jesus schaute nicht weg: Er trug das Licht mitten hinein ins Dunkel. Er machte sich *selbst* zum Opfer. Und lässt uns durch seinen Apostel sagen: Wer weiß, was gut ist, und tut es nicht, *„dem ist es Sünde"* (Jakobus 4,17). Darum muss das Unrecht der „Welt" unsere Herzen berühren, darum müssen wir – zuerst mit Gott – darüber reden und dann in Jesu Namen dagegen aufstehen.

Reimer Dietze

Die Söhne Israel waren nämlich hinaufgezogen und hatten vor dem HERRN geweint bis zum Abend.

Richter 20,23 (ELB)

Bibellese: Richter 20,1-25

Krieg an sich ist schlimm genug, die übelste Geißel der Menschheit. Doch wenn Brüder (oder Schwestern) bis aufs Blut aufeinander losgehen, wird's vollends unerträglich. Aber Moment mal: Hier ist es *Gott* selbst, der den Bruderkrieg befiehlt. Damit die abscheuliche Untat gesühnt wird, die mitten im Volk Gottes geschehen war. Die israelitischen Krieger bringen es kaum über sich, das Schwert gegen die „eigenen Leute" zu erheben. Es geht nur unter Tränen, doch es muss sein: Himmelschreiendes Unrecht kann nicht fatalistisch hingenommen werden.

In Wahrheit ⇢ Toleranz, Akzeptanz, Koexistenz verschiedenster Lebensweisen: hochgehaltene Werte unserer Gesellschaft. Im Prinzip ist das gut so: Freiheits- und Minderheitenrechte mussten hart genug errungen werden. Doch aus biblischer Sicht – und das heißt: in Wahrheit – untersteht alles Leben dem Gebot Gottes, des Schöpfers. Nicht dass wir die Bibel als Lexikon benutzen könnten: Längst nicht auf jede konkrete Lebensfrage hat sie eine vorgefertigte Antwort. Doch macht sie von vorn bis hinten unmissverständlich klar, was Gottes Gebot ist: ihn und den Mitmenschen zu *lieben*. So wie er selbst uns alle liebt bis dahin, dass er seinen Sohn für uns drangab.

Aus Liebe ⇢ In Liebe miteinander umgehen heißt nicht zuletzt, aufeinander zu achten. Leben und leben lassen – ja. Aber nicht untätig danebenstehen, wenn der geliebte Mitmensch Gottes Gebot aus dem Blick verliert und ins Verderben läuft. Des Balkens im eigenen Auge bewusst den Splitter im Auge des Bruders nicht ertragen können – das ist Liebe im Sinne Jesu, der selbst von jeder Trübung des Blicks frei war, aber sich *aller* unserer Splitter und Balken annahm. Weil ihm unser Geschick nicht egal ist. Damit wir in den Himmel finden, ließ er den Himmel zurück. Doch er ist der Einzige, der vom Himmel gekommen ist und den Weg dorthin kennt. Deshalb verwehrt er uns Umwege und Abwege. Er weist uns zurecht – im besten Sinne des Wortes.

Die Stämme Israels konnten die Bosheit ihres „Bruders" Benjamin nicht dulden – damit sie nicht allesamt vom Weg abkamen. Gerade weil sie ihn nicht verlieren wollten, mussten sie ihn strafen. Das schmerzt alle, und wehe dem, der sich Hochmut und Häme erlaubt! Doch auch dieses Gebot gilt uns: „*Tut den Bösen von euch selbst hinaus*" (1. Korinther 5,13).

Reimer Dietze

Und die Israeliten befragten den HERRN.

Richter 20,27

Bibellese: Richter 20,26-48

Bruderkrieg – und schon zweimal haben die, die sich aufgemacht hatten, das Unrecht zu sühnen, eine Niederlage mit vielen Todesopfern hinnehmen müssen. Bestürzt und erschüttert wenden sie sich an den Herrn und erhalten nun die Zusage, dass sie beim nächsten Kampf siegen werden. Durch eine listenreiche Taktik gelingt dies schließlich und Benjamin wird vernichtend geschlagen.

Ende gut, alles gut? ⇢ Wohl kaum! Was für ein Blutvergießen! Welches menschliche Chaos und wie viel Schmerz werden in unserer heutigen Bibellese beschrieben. Da bekämpfen sich Menschen gegenseitig, die doch eigentlich gemeinsam Gott verehren wollten. Nun stehen sie einander gegenüber, mit Waffen in den Händen, und erfahren, welche Konsequenzen Sünde offenbar haben kann: Menschen widerfährt unsägliches Leid, der innere Zusammenhalt des Gottesvolkes ist zerstört und Tausende sterben.

Und Gott? ⇢ Nicht, dass er einfach schwiege, er gibt sogar den Auftrag, gegen Benjamin zu ziehen. Das himmelschreiende Vergehen aus Kapitel 19 konnte nicht so stehen gelassen werden, hatte es doch nichts mit dem Verhalten zu tun, das dem Bundesvolk entsprach. Hier muss für eine Neuaufrichtung von Gerechtigkeit gesorgt werden.

Und nun? ⇢ Bin ich verstört. Darüber, was Menschen einander antun. Ich sehe es in unserem Text und wenn ich um mich herum schaue: Trotz großer Fortschritte in Technik und Wissenschaft haben wir Menschen uns in unserem Wesen nicht geändert seit der Zeit der Richter. Blenden wir Gott aus, orientieren wir uns nicht an ihm, fügen wir einander größtes Leid zu. Es bestürzt mich aber auch, dass Gott den Auftrag zur Vernichtung erteilt – so groß konnte Sünde werden.

Und dann werde ich allmählich dankbar. Dankbar? Ja, dankbar dafür, dass Jesus gekommen ist und den Lohn der Sünde, den Tod, auf sich nahm. In dieses sich anscheinend dauerhaft wiederholende Desaster der gegenseitigen menschlichen Zerstörung hinein leuchtet sein Opfer, das für Gerechtigkeit sorgt und Rettung schaffen kann. Und so bete ich: „Herr, hilf mir, egal was passiert und wie ich mich behandelt fühle, zuerst nach dir zu fragen! Ich will deinen Willen, Jesus, tun und so leben, dass Menschen dich und dein Wesen erkennen können. Für die Impulse deines Heiligen Geistes möchte ich dabei offen sein und danach handeln. Amen!“

Anke Karcher

Am andern Morgen machte sich das Volk früh auf und baute dort einen Altar und opferte Brandopfer und Dankopfer.

Richter 21,4

11
Donnerstag

JULI

Bibellese: Richter 21,1-15

Das letzte Kapitel des Richterbuches ist das seltsamste von allen. Kapitel 20 endete mit der Auslöschung der Benjaminiter bis auf eine kleine verängstigte Gruppe, die sich auf dem „Granatapfelfelsen“ verschanzt hat. Nun beraten die übrigen Stämme über das Problem, das sie selbst geschaffen hatten. Im Zorn hatte man geschworen: Kein Stamm Israels sollte den Benjaminitern Frauen geben (Vers 1). Ohne Frauen aber ist der Stamm Benjamin dem Untergang geweiht. Und so sucht man einen „legalen“ Ausweg: Wer hatte sich an dem Schwur nicht beteiligt, ja war überhaupt nicht erschienen? Der muss bestraft werden! Die Einwohner von Jabesch in Gilead im Ostjordanland, sie sollen sterben und ihre Frauen werden dann unter die Benjaminiter verteilt! Gesagt, getan.

Heute top, morgen Flop? ⇢ So schnell ändern sich Dinge. Aus Jabesch-Gilead war einer der sogenannten Richter aufgetreten, Jeftah, der dann einen großen Sieg errang (Kapitel 11). Da war man der Held. Er brachte allerdings durch einen unklugen Schwur großes Unglück über seine Familie. Vielleicht taten sich die Gileaditer danach deswegen schwerer mit Eiden?

Gehorsam statt Opfer ⇢ Die Frau des Nachbarn zu klauen – wie kommt man auf so eine Idee? Sicher nicht durch echte Frömmigkeit! Und echt sah das schon aus, dieser lange Gottesdienst. Sie saßen vor Gott bis zum Abend, weinten laut in tiefer Betroffenheit und äußerten fromme Fragen: „Warum, Herr?“ Ja, wir lesen sogar von Brand- und Dankopfern, die dargebracht wurden. Das volle religiöse Programm: Altar, Gebet, Weinen, Opfer, alles da, was den äußerlichen Kult und Gottesdienst angeht. In Vers 15 heißt es sogar, dass sie bereuten – jedoch nicht ihre eigenen Vergehen, sondern *„dass der Herr einen Riss gemacht hatte“*. Eigentlich ist dann ja wohl Gott an allem schuld. All dies ist kein Ersatz für echte Buße und Gehorsam. So schweigt Gott, den man anklagt, ohne auf seine Antwort zu warten. Gebunden an einen im Zorn gesprochenen Eid (Jesus und Jakobus warnen davor), entscheidet man selbst, was zu tun sei.

Gottesdienst und starke Emotionen, das lernen wir heute, können ein Leben ohne Gehorsam und Glauben nicht kompensieren. Lasst uns beten, statt zu schwören, lasst uns glauben, statt zu klagen. Wenn Gott auch scheinbar nicht antwortet, seine Gnade wirkt bereits im Verborgenen.

Dr. Rudolf Fichtner

....

12
Freitag

JULI

Zu der Zeit war kein König in Israel; jeder tat, was ihn recht dünkte.

Richter 21,25

Bibellese: Richter 21,16-25

Noch immer fehlen 200 Frauen. Erneut sucht man eine Hintertür, um den Eid zu umgehen. Die Benjaminiter sollten den vorbeikommenden Mädchen auflauern, wenn diese in den Weinbergen beim Fest zu Ehren Jahwes in Schilo tanzten (wie harmlos-fromm das klingt). Das sei in Ordnung, weil die Bürger Schilos sie ihnen ja nicht freiwillig gegeben hätten. Die Idee übernimmt einige Jahrhunderte später der legendäre Gründer Roms, um der Frauenknappheit seiner Stadt abzuhelfen. Romulus veranstaltet Festspiele, bei deren Gelegenheit die Töchter der Nachbarn gestohlen werden. Noch heute spricht man vom „Raub der Sabinerinnen". Dabei stellt sich die Frage: Was lernt die Welt von uns? Sind wir Vorbilder, die auf Christus hinweisen?

Jeder macht, was er will ⇢ Diese Schlussbemerkung des Richterbuches klingt unheilvoll. Dabei fing es verheißungsvoll an: *„Nach dem Tod Josuas befragten die Israeliten den HERRN"* (Richter 1,1). Wir lesen von Sieg und Erbe. Dann folgen Kompromisse: Refrainartig heißt es, „man vertrieb nicht", Ungehorsam wird zum Lebensstil. Gott schenkt immer wieder Gnade, indem er die sogenannten Richter beruft, die dem Buch den Namen gaben. Sie leiteten das Volk eher passiv, indem sie bei Streitfällen Urteile fällten und bei nationalen Bedrohungen eintraten.

Doch ab Kapitel 17 heißt es immer wieder: *„Zu der Zeit war kein König in Israel; jeder tat, was ihn recht dünkte"* (Richter 17,6; 18,1; 19,1; 21,25). Das ist ein Kommentar zu diesen Kapiteln: Nichts an den dort beschriebenen Ereignissen ist in den Augen Jahwes richtig. Es sind abtrünnige Israeliten, die keinen König anerkennen, weder einen göttlichen noch einen menschlichen. Die Schlechtigkeit ist demokratisiert; jeder tut, was in seinen Augen richtig ist, und die Ergebnisse sind katastrophal.

Eine dunkle Zeit? ⇢ Das ist unsere Zeit. Aber bevor wir auf die „Welt" zeigen: Kennen wir solche Phasen nicht auch in unserem Glaubensleben, wenn wir uns in der Kirche fromm verhalten, aber ansonsten leben, wie es uns „recht dünkt"? Doch Preis dem Herrn: Er ist ein gnädiger Gott. Als Antwort auf unseren Schlussvers beruft er Samuel und David – und schließlich schenkt er der Welt aus dem fast vernichteten Stamm Benjamin den Apostel Paulus. Ächzen wir nicht über dunkle Zeiten – jauchzen wir über Gottes Licht!

Dr. Rudolf Fichtner

Das Ziel der Unterweisung aber ist Liebe aus reinem Herzen und aus gutem Gewissen und aus ungeheucheltem Glauben.

1. Timotheus 1,5

Bibellese: 1. Timotheus 1,1-11

Gleich zu Beginn seines Briefes stellt der Apostel Paulus seinem jungen Mitarbeiter Timotheus das Ziel für dessen Leitungsdienst in Ephesus vor Augen. Es ist Paulus dabei ein wichtiges Anliegen, dass Timotheus die richtigen Prioritäten setzt und seine Kraft nicht mit nebensächlichen Dingen vergeudet. Deshalb fordert er Timotheus auf, sich zu fokussieren. Er soll sich auf das Wesentliche konzentrieren und seine gesamte zur Verfügung stehende Energie für das Erreichen dieses positiven Zieles einsetzen.

Liebe steht im Fokus → Dieses von Paulus gesteckte Ziel ist gleichzeitig die Haupttugend des christlichen Glaubens – die Liebe: *„Nun aber bleiben Glaube, Hoffnung, Liebe, diese drei; aber die Liebe ist die größte unter ihnen"* (1. Korinther 13,13). Offensichtlich blieb in der Gemeinde in Ephesus bei den Konflikten und Streitigkeiten um die rechte biblische Lehre die Liebe, die sich in den Beziehungen zwischen den Gemeindegliedern zeigen sollte, auf der Strecke.

Wie rasch Entfremdung und Uneinigkeit in der Gemeinde um sich greifen kann, wurde auch in jüngerer Vergangenheit im Umgang mit der Corona-Pandemie deutlich. So vielfältig und unterschiedlich die Herausforderungen und Themen auch sind: Wir dürfen es nicht zulassen, dass wir uns dadurch voneinander abwenden und entzweien. Dies schwächt unser gemeinsames Miteinander und untergräbt unsere Glaubwürdigkeit. Entscheidend sind nicht persönliche Überzeugungen und Glaubenserkenntnisse. Eine gesunde biblische Unterweisung und Verkündigung wird wesentlich dazu beitragen, um einen veränderten und von Demut, gegenseitiger Wertschätzung und Annahme gekennzeichneten Lebensstil zu fördern.

Das Ziel vor Augen haben → Der englische Theologe David Watson drückt es in seinem Buch „Jüngerschaft" treffend aus: „Liebe ist die Zusammenfassung des gesamten christlichen Glaubens, die Erfüllung des Gesetzes und muss das erste Ziel des Christen sein." Heute ist ein guter Tag, um sich neu zu justieren und dieses Ziel im Blick zu behalten. Setzen wir den Fokus auf die Liebe!

Horst Werner

14
Sonntag

Es ist aber desto reicher geworden die Gnade unseres Herrn samt dem Glauben und der Liebe, die in Christus Jesus ist.

1. Timotheus 1,14

JULI

Bibellese: 1. Timotheus 1,12-20

Die junge Frau fiel mir zum wiederholten Mal um den Hals. Sie versuchte, die Tränen in ihren Augen zu verbergen und umarmte mich immer wieder. Sichtlich wusste sie nicht, wie sie ihre Dankbarkeit zum Ausdruck bringen konnte: „Vielen Dank dafür, dass ich hier sein darf. Vielen Dank für die Gebete." Meine Nichte hatte sich erst vor wenigen Wochen für Jesus entschieden. Seit diesem Zeitpunkt erlebte sie, ob in Gottesdiensten oder bei den gemeinsamen Gebeten, die Gegenwart Jesu so stark, dass sie das mit ihrem ganzen Sein ausstrahlte. Meine Freude darüber war natürlich groß; umso größer, weil es sich dabei um meine Angehörige handelt.

Freude über Gottes Gnade ⇢ Was mich aber zusätzlich dabei bewegte, war ihre ungehemmte Freude über dieses Geschenk der Gnade, die aus ihr sprudelte. Unweigerlich musste ich an meine eigene Bekehrung denken, an die Liebe Jesu, die mich bei dem Erlebnis durchflutet hatte. Die Erinnerungen verwandelten sich zu einem tiefen Gebet, diese Frische nie zu verlieren, und das Feuer in meinem Herzen nicht nur schlummern, sondern immer wieder zu einem ansteckenden Feuer entfachen zu lassen. Dabei möchte ich mir ein Beispiel an Paulus nehmen. Er war sich seiner Verlorenheit ohne Jesus stets bewusst. Umso stärker war die Abhängigkeit von seinem Retter: *„Ich danke unserm Herrn Christus Jesus, der mich stark gemacht und für treu erachtet hat und in das Amt eingesetzt, mich, der ich früher ein Lästerer und ein Verfolger und ein Frevler war […]. Es ist aber desto reicher geworden die Gnade unseres Herrn samt dem Glauben und der Liebe, die in Christus Jesus ist"* (Vers 12-14).

Die Quelle ⇢ Für den Apostel war die Macht der Erlösung eine tragende Kraft seines Dienstes. *„Denn die Liebe Christi drängt uns"*, schreibt er in einem seiner Briefe (2. Korinther 5,14). Die Liebe, die Christus uns erwiesen hat, löst auch in uns eine tiefe Hingabe aus. Sie ist die Treibstoffquelle unseres christlichen Lebens, deren Zufluss nicht abgedreht werden kann, weder von Menschen noch von Umständen. Der Zugang ist dank Jesus immer gewährleistet. Lassen wir uns immer wieder vom Heiligen Geist erfrischen, die Leidenschaft für unseren Retter neu entzünden und seine Liebe im Alltag sprudeln.

Iwona Krawczyk

So ermahne ich nun, dass man vor allen Dingen tue Bitte, Gebet, Fürbitte und Danksagung für alle Menschen.

1. Timotheus 2,1

Bibellese: 1. Timotheus 2,1-7

Beten – welche Gedanken und Gefühle tauchen da bei uns auf? Je nach Erfahrungen können sie positiv und voll Freude oder eher lästig und schwer sein. Teresa von Avila, Kirchenlehrerin und Klostergründerin, schrieb dazu: „Meiner Meinung nach ist inneres Beten nichts anderes als Verweilen bei einem Freund." Das gefällt mir.

Das Wort „ermahnen", das nach Strenge und erhobenem Zeigfinger klingt, hat im Original den Klang von Bitte, aufrufen und ermutigen. Eben wie unter Freunden. Zu was möchte Paulus hier aufrufen und ermutigen? Interessant ist, dass es hier nicht zuerst um den Beter selber geht, sondern der Fokus auf die Mitmenschen gelegt wird. Nicht das „Ich" steht im Mittelpunkt, sondern der andere, und hier nicht eine bestimmte Gruppe von Menschen, sondern ausdrücklich *„alle"*. Ob sie mir jetzt sympathisch sind oder nicht. Ob sie sich mir gegenüber wollwollend verhalten oder problematisch. Sören Kierkegaard sagt: „Das Gebet verändert Gott nicht, aber es verändert denjenigen, der betet."

Fürbitte ⇢ Das bedeutet, mir Gedanken darüber zu machen, was der andere, wer mir auch immer in den Sinn kommt, braucht und benötigt. Für ihn zu bitten, Fürbitte zu leisten. Das bedeutet, Interesse an ihm zu haben, daran, wie es ihm geht. Was seine Ängste, Bedürfnisse und Herausforderungen sind. Dietrich Bonhoeffer schreibt: „Wir müssen aus unseren Sorgen für den Anderen Gebete werden lassen." Dies gilt gerade auch für diejenigen, die uns herausfordern, die unbequem sind. Soweit dies gelingt, können wir das Böse mit Gutem überwinden. Jesus hat uns dies eindrücklich vorgelebt.

Danksagung ⇢ Das heißt, mir Gedanken darüber zu machen, wofür ich dankbar bin. Wer hat mir geholfen? Durch wen wurde ich unterstützt? Wer hat für mich gebetet und welche Stärkung habe ich durch die Gemeinschaft erfahren? Oft fixieren wir uns so schnell auf das Negative und das, was fehlt, auch was Gesellschaft und Staat betrifft. Dabei kann man schnell vergessen, was Gutes getan wird. Schauen wir von uns selber weg, können wir aus der oft ungesunden Eigendrehung herauskommen und uns über den Nächsten Gedanken machen. Und nebenbei steigert eine freundliche und positive Haltung anderen gegenüber das persönliche Wohlbefinden. In diesem Sinne ermutige ich uns, diesen Tag zu einem Tag des Gebets zu machen.

Dietmar Schwabe

16
Dienstag

So will ich nun, dass die Männer beten an allen Orten und aufheben heilige Hände ohne Zorn und Zweifel.

1. Timotheus 2,8

JULI

Bibellese: 1. Timotheus 2,8-15

In der heutigen Andacht geht es um die innere Haltung und richtige Einstellung zum Gebet. Ist das, was und wie wir beten beziehungsweise reden übereinstimmend mit dem, was wir denken und fühlen? Anders gefragt: Entsprechen unser Handeln und unsere Gebete unserer inneren Einstellung und Überzeugung? Paulus nennt hier drei wichtige Voraussetzungen für ein wirksames Gebet in der Gemeinde.

Heilige Hände erheben ⇢ In diesem Textabschnitt geht es nicht um die Vorgabe für eine Gebetsform. Die kann und darf beliebig sein. Es geht um die Übereinstimmung unseres Lebens mit unserem Glauben. Die Hände stehen in Zusammenhang mit unserem Tun und Handeln. Der Schweizer Theologe Adolf Schlatter schreibt: „Der Beter kann sein Gebet nicht von seinem Handeln sondern; vielmehr übertragen sich die Folgen seines Handels auf sein Gebet."

Ohne Zorn ⇢ Zorn und Wut wirken sich zerstörerisch auf unsere Beziehungen aus, ob in der Familie, auf der Arbeitsstelle oder in der Gemeinde. Keine Beziehung, keine Gemeinschaft kann gelingen, wenn Zorn nicht überwunden wird. Nicht ohne Grund schreibt Paulus an die Gläubigen in Ephesus: *„Lasst die Sonne nicht über eurem Zorn untergehen"* (Epheser 4,26). Es ist wichtig, seinen Gefühlen und Emotionen auf den Grund zu gehen, sie zu prüfen und immer wieder zu schauen, aus welchen Quellen sie sich nähren.

Ohne Zweifel ⇢ Das Wort, das hier steht, kann auch mit „Streit" übersetzt werden. Das würde bedeuten, dass der Zorn im Herzen sich aktiv gegen den anderen richtet. Ob im Reden oder im Tun spielt hier keine wesentliche Rolle. Christen können, ja müssen lernen, Meinungsverschiedenheiten in einer guten Art und Weise zu lösen. Worte können verletzen und Worte können heilen. In Sprüche 16,24 steht: *„Ein freundliches Wort ist wie Honig: angenehm im Geschmack und gesund für den Körper"* (HFA). Wir haben die Wahl.

Dietmar Schwabe

....

Ein Bischof aber soll untadelig sein, Mann einer einzigen Frau, nüchtern, besonnen, würdig, gastfrei, geschickt im Lehren.

1\. Timotheus 3,2

Bibellese: 1. Timotheus 3,1-7

Charakter und Fähigkeiten sollten eigentlich Hand in Hand gehen. Zunehmend setzt sich (wieder) die Erkenntnis durch, dass ganz besonders Führungspersonen zu ihrer fachlichen Kompetenz auch charakterlich in der Lage sein müssen, Führungsverantwortung zu übernehmen. Das gilt für Politik, Wirtschaft, Wissenschaft, Medien und Sport – um nur einige Bereiche zu nennen.

Charakter und geistliches Amt ⇢ Die „Stellenbeschreibung" für ein Ältestenamt macht hier keine Ausnahme – sie wird sogar noch zugespitzt. Denn mehr noch als Fähigkeiten – wie etwa *„geschickt im Lehren"* zu sein, werden charakterliche Einstellungen als Voraussetzung für ein Leitungsamt in Gottes Gemeinde hervorgehoben. Wenn man als Repräsentant einer Gemeinde Führungsverantwortung übernimmt, ist es eben nicht egal, wie man sich seinem Nächsten gegenüber verhält, oder welche Atmosphäre das Familienleben bestimmt. Charakter und geistliches Amt gehören untrennbar zusammen. Ein geldgieriger, streitsüchtiger oder gar gewalttätiger Gemeindeleiter wird in keiner Weise ein Hinweis auf Christus selbst sein, der den Reichtum der Herrlichkeit Gottes verließ, um sich als schuldloses Opfer von Sündern verspotten zu lassen, ohne dabei mit der gleichen Härte und Gewalt, die gegen ihn entfacht wurde, im wahrsten Sinne des Wortes zurückzuschlagen.

Vorbild sein ⇢ Als Christen insgesamt sind wir als Jesu Nachfolger ja dazu berufen, so zu leben, wie es dem Reich Gottes entspricht. Das kann mitunter ein Unterschied zu dem sein, wie unsere Gesellschaft lebt. Die Liebe zueinander ist dabei das von Christus selbst gegebene Gütesiegel für echte Jesus-Nachfolge (siehe Johannes 13,35). Wenn man also einen Christen an seiner Liebe erkennen soll, dann ganz gewiss an einer Person, die von Gott dazu berufen wurde, andere Christen in der Nachfolge anzuleiten und ihnen ein Vorbild zu sein. Das wiederum macht uns als Leiter abhängig vom Heiligen Geist. Ohne ihn sind wir nicht in der Lage, geistlich zugerüstet zu werden. Das gilt zwar für jeden, der Jesus nachfolgt, ganz besonders aber für Menschen, die Verantwortung in der Gemeinde haben.

Marc Strunk

18
Donnerstag

JULI

Desgleichen sollen die Diakone ehrbar sein, nicht doppelzüngig, keine Säufer, nicht schändlichen Gewinn suchen.

1. Timotheus 3,8

Bibellese: 1. Timotheus 3,8-13

Unverzichtbar: Würde man bei einem mechanischen Uhrwerk nur ein einziges Zahnrad entfernen, wäre die reibungslose Funktion einer Uhr nicht mehr möglich. Alle Bestandteile einer Uhr sind notwendig, damit die Uhr eine Uhr sein kann. Ähnlich verhält es sich mit den Diakonen. Ohne den aufopfernden Dienst von Diakoninnen und Diakonen wäre ein reibungsloser Ablauf des Gemeindelebens kaum möglich. Die vielen kleinen und großen Helfer im Vorder- und Hintergrund einer Gemeinde sind sozusagen die Zahnräder, die das Uhrwerk der Gemeinde am Laufen halten.

Praktisch – geistlich ⇢ Dass ein eher praktisch ausgerichteter Dienst aber nicht weniger geistlich ist, hebt Paulus in unserem heutigen Bibeltext sehr deutlich hervor. Er hätte es sich einfach machen und auf den Anforderungskatalog für das Amt eines Ältesten verweisen können. Indem er aber einen eigenständigen Anforderungskatalog für Diakone entwirft, macht Paulus deutlich: Praktische Aufgaben im Reich Gottes sind immer auch geistlicher Dienst.

Auffällig ist: Es kommt weniger auf die praktischen Fähigkeiten einer Person an. Viel wichtiger ist die charakterliche Eignung eines potenziellen Diakons, die sich im Laufe der Zeit zu bewähren hat. Denn weil das „Innenleben" einer Gemeinde das Wesen, die Größe und die Heiligkeit Gottes repräsentiert, gelten „strenge" und geistliche Voraussetzungen für den Dienst als Diakon. Eine Gemeindekultur, die von der Liebe Gottes, der Wertschätzung des einzelnen Menschen und Gottes Heiligkeit geprägt ist, wird nicht einfach so entstehen. Sie muss erarbeitet, manchmal sogar erkämpft werden. Dieser Kampf kann aber nur dann gewonnen werden, wenn alle diakonischen „Zahnräder" in der gleichen Gesinnung arbeiten und ausgerichtet sind.

Ausrichtung auf Gott ⇢ So hart es auch klingen mag: Wie ein Tropfen Öl viele Hundert Liter Trinkwasser verunreinigen kann, so sehr kann eine Person mit der falschen Haltung und einem nicht gefestigten Charakter die Bemühungen vieler zunichtemachen. Selbst dann, wenn es sich „nur" um praktische Dienste handelt. Umso wichtiger ist es, sich immer wieder der verändernden und befähigenden Kraft Gottes auszuliefern. Denn auch die scheinbar ganz praktischen Dinge erfordern eine geistliche Herangehensweise.

Marc Strunk

[Du sollst] wissen, wie man sich verhalten soll im Hause Gottes, welches ist die Gemeinde des lebendigen Gottes, ein Pfeiler und eine Grundfeste der Wahrheit.

1. Timotheus 3,15

Bibellese: 1. Timotheus 3,14-16

Beeindruckt stehe ich an antiker Stelle vor einer frei stehenden, hoch aufragenden Säule und versuche, die darauf eingegrabenen Darstellungen zu verstehen. Ein Kaiser stellt hier seine Siege, Grundsätze seiner Regierung und seine Macht zur Schau.

Auch in neutestamentlicher Zeit bestand die Aufgabe solcher Säulen häufig nicht darin, etwas zu tragen, sondern etwas zu bezeugen. Paulus dachte wohl auch an einen solchen Pfeiler, wenn er Timotheus das Wesen der Gemeinde Jesu erklärt, wie wir über die Gemeinde des lebendigen Gottes denken und als Christen leben dürfen. Für ihn ist Gemeinde wie eine Säule, auf der Gottes Wahrheit klar benannt ist, die von den Menschen gelesen werden kann. Sie bezeugt eben nicht die Wahrheiten eines „*verkehrten*“ Geschlechts (Apostelgeschichte 2,40), sondern Gottes Wahrheit in Jesus Christus und das, was Menschen rettet – das Evangelium. Dort, wo Gottes Wahrheit sichtbar wird, ist der Herr der Gemeinde zu Hause.

Gottes Siegessäule ⇢ Was aber sagt dieser „*Pfeiler*“ und diese „*Grundfeste der Wahrheit*“ über das Verhalten eines Christen aus? Wie soll unsere Lebensgestaltung als Kinder Gottes aussehen? Ist das jedem selbst überlassen? Der Apostel spricht vom Geheimnis des Glaubens beziehungsweise der rechten Gottesverehrung. Dafür lenkt er den Blick auf Jesus selbst und ruft damit auf, unser Leben, unseren Glauben und unser Verhalten an dem zu orientieren, wer Jesus ist, was er tat und auslebte. Er kam ins Fleisch, erniedrigte sich also freiwillig und war vollkommen Mensch. Wie er die Menschen sah und sie liebte – das steht auf dieser Siegessäule.

An dieser Wahrheit richten wir unser Leben aus. Er ist der Auferstandene, der dem Tod die Macht genommen hat. Diesen Sieg lässt er Heiden verkündigen und führt sie zum Glauben. Paulus schreibt dazu: „*gerechtfertigt im Geist, … gepredigt den Heiden, geglaubt in der Welt*“ (1. Timotheus 3,16). Ja, auch deine und meine oft so mühsamen Versuche, von Jesus zu sprechen, sind Teil seiner Weltmission. Dazu berufen, einmal mit Jesus im Himmel zu sein, haben wir hier „*keine bleibende Stadt*“, sondern suchen die „*zukünftige*“ (Hebräer 13,14). Dort werden wir einmal sein, durch Jesus aufgenommen in die Herrlichkeit. Wir sind Teil dieser „Zeugnis-Säule“ – leben wir heute mutig in Gottes Wahrheit!

Matthias Poller

20
Samstag

JULI

Der Geist aber sagt deutlich, dass in den letzten Zeiten einige von dem Glauben abfallen werden und verführerischen Geistern und Lehren von Dämonen anhängen.

1. Timotheus 4,1

Bibellese: 1. Timotheus 4,1-5

Gestern ging es darum, dass die Gemeinde Jesu als Grundfeste der Wahrheit Gottes in unserer Welt berufen ist. Wie auch in Jesus lebt in ihr die Bereitschaft, mutig dafür einzustehen, was der lebendige Gott uns Menschen als Wahrheit bezeugt. Das, was die Botschaft von Jesus und den Aposteln war, wird durch den Heiligen Geist in Jesu Gemeinde lebendig gehalten.

Lebensgestaltung ⇢ Aus dieser Gemeinschaft des Heiligen Geistes erreicht uns die heutige Botschaft des Apostels Paulus, damit wir nicht nur auf die rechte Lehre, sondern auch auf unsere Lebensgestaltung achten. Menschen, die dem Umkehrruf des Evangeliums folgten, verließen ihre Götzen und wollten tief in ihrem Herzen dem wahren und lebendigen Gott dienen. Sie erwarteten seinen Sohn: „*Jesus, der uns errettet von dem zukünftigen Zorn*" (1. Thessalonicher 1,10). Die Absicht, Gott im täglichen Leben, in unserem Verhalten und mit unserer Lebenseinstellung zu gefallen und zu dienen, nahmen und nehmen allerdings geistliche Verführer zum Anlass, eigene Vorstellungen zu verbreiten und Menschen von der Lehre der Apostel zu entfernen. Sie erreichen ihr Ziel, indem sie das biblische Wort ver- oder auch entschärfen.

Sollte Gott gesagt haben ... ⇢ So wurde wohl zu Lebzeiten des Apostels Paulus leibliche Enthaltsamkeit als Zeichen besonderer Frömmigkeit gelehrt. Aber die Ursache war ein „*Brandmal*" im Gewissen derjenigen, die es lehrten (1. Timotheus 4,2). Vielleicht hat manch ein Irrlehrer durch sein unmögliches Verhalten seine Ehe oder die Beziehung zu seinen Kindern zerstört, um dann seinerseits mit pseudofrommen Worten vor Ehe und Familie zu warnen.

Heute scheint die Verführung darin zu liegen, dem Wohlergehen und den vielen irdischen Wünschen und Fragen Vorrang vor dem geistlichen Ziel unserer irdischen Wanderschaft zum Himmel einzuräumen. Wie werden etwa bestimmte Beziehungen eingegangen, selbst wenn das Wort Gottes hier zu besonderer Vorsicht mahnt? Was sagte einst die Schlange? „*Sollte Gott gesagt haben ...*" (1. Mose 3,1). Genau darin besteht auch für uns heute die Versuchung. Deshalb mahnt Gottes Geist, dem Wort der Heiligen Schrift zu vertrauen. In Offenbarung 1,3 steht: „*Selig ist, der liest und die da hören ...*" Danken wir dem Herrn Jesus dafür, dass er uns Glauben an sein Wort geschenkt hat.

Matthias Poller

Lass nicht außer Acht die Gabe in dir, die dir gegeben ist durch Weissagung mit Handauflegung des Rates der Ältesten.

1. Timotheus 4,14

Bibellese: 1. Timotheus 4,6-16

Als Jesaja von Gott berufen wurde, eine Stimme für sein Volk zu sein, musste er heftige Widerstände überwinden. Er schrie auf und sagte, dass die Schuld seiner Worte zu groß sei, um diese in den Dienst des Herrn zu stellen. Doch Gott begegnete Jesaja in seiner Gabe und reinigte ihn von aller Ungerechtigkeit mit einer glühenden Kohle. Aus seinem Wirken entstand das Buch Jesaja, das die prächtigste Sprache der ganzen Bibel enthält. Jesaja erlebte den größten Widerstand in seiner stärksten Fähigkeit. Es brauchte eine besondere Begegnung, um ihn zum Dienst in seiner Gabe zu befähigen.

Das Potenzial der Gabe ⇢ Deshalb schreibt Paulus an seinen Schüler Timotheus: *„Lass nicht außer Acht die Gabe in dir."* Wenn Gott uns eine Gabe gibt, tragen wir mit ihr nicht nur das Potenzial für großen Segen, sondern auch für den Widerstand, der aus dieser Gabe resultiert. Da unser größtes Potenzial in der Gabe Gottes liegt, haben wir an diesem Punkt auch ein großes Potenzial, Schaden anzurichten. Es ist ein umkämpftes Gebiet, denn es liegt im Kern unserer Berufung. Deshalb brauchen wir die Ermutigung, diese Gabe nicht einfach beiseitezulegen. Im Reich Gottes gibt es unzählig viele Möglichkeiten, Gutes zu tun, die nicht unserem Auftrag entsprechen. Man kann sich täglich beschäftigen und von dringenden Dingen eingenommen sein. Man kann sagen: „Herr, Herr, was haben wir nicht alles für dich getan?" Doch am Ende geht es darum, das zu tun, was der Herr aufgetragen hat.

Die Pflege der Gabe ⇢ *„Lass nicht außer Acht die Gabe in dir."* Wir sollen die Gabe nicht nur benutzen, wir sollen auf sie achthaben. Sie ist wie eine besondere Pflanze im Garten unseres Lebens. Sie braucht den richtigen Boden sowie Pflege und Platz für Wachstum. Nur dann können wir Frucht für unser Leben und für andere erwarten. Wir sollten uns auch daran erinnern, dass wir diese Pflanze nicht selbst gesetzt haben, sondern dass sie von Gott ihren Platz in unserem Leben bekommen hat. Wir dürfen sie benutzen und bewahren, zum Segen, der weit über uns hinausreichen soll.

Daniel Schulze

22
Montag

JULI

Ehre die Witwen, die allein sind.

1. Timotheus 5,3

Bibellese: 1. Timotheus 5,1-16

Schon im Alten Testament macht Gott immer wieder seine Zuwendung für die Armen und Fremden deutlich. Er will sich der Menschen annehmen, die durch das soziale Netz fallen. In Psalm 68,6 steht: *„Ein Vater der Waisen und ein Helfer der Witwen ist Gott in seiner heiligen Wohnung."* Damals wurde die Versorgung des Einzelnen über seine soziale Gruppe sichergestellt, die Familie hatte einen viel größeren Stellenwert als heute bei uns. Ohne diese Versorgung konnten Menschen in bittere Armut fallen. Diese Notlage bewegte die ersten Christen dazu, ihre Ressourcen zu nutzen, um alleinstehenden Witwen zu helfen. Welche Probleme dabei entstanden, und wie diese Hilfe auch ausgenutzt werden konnte, sieht man gut in der heutigen Bibellese.

Eine Herzenshaltung ⇢ Paulus fängt diesen Abschnitt mit einem kurzen Satz an: *„Ehre die Witwen, die allein sind."* Eigentlich ist hier schon alles gesagt. Es geht um die Einstellung zu Bedürftigkeit und Einsamkeit. Soll sich der Gemeindeleiter nur um die Starken kümmern, die eine wichtige Rolle in der Gemeinde spielen? Soll er speziell nach Menschen Ausschau halten, die Finanzen, Kraft und besondere Fähigkeiten mitbringen? Die Versuchung zu dieser Auswahl ist sehr groß, denn oft gilt es, Löcher in den Finanzen und der Mitarbeiterschaft zu stopfen. Neue Leiter sollen ausgebildet und das Level der Professionalität immer mehr erhöht werden. Haben wir noch Platz für die Witwen und Waisen?

Ein Auftrag ⇢ Paulus gibt ausdrücklich den Auftrag, sich um bedürftige Glieder der Gemeinde zu kümmern. In unseren Gemeinden liegt deren Not mitunter weniger bei der finanziellen Versorgung, dafür ist die seelische und soziale Armut umso größer. Wenn die Gemeinde ein Bus wäre, würde sie dann zu schnell für beeinträchtigte Menschen fahren? Wie lange darf der Bus an einer Haltestelle stehen, damit alle einsteigen können? Wer Witwen und Bedürftige ehren möchte, muss lernen, langsamer zu gehen. Nicht das Programm kann das Tempo bestimmen, sondern der einzelne Mensch geht die Schritte so, wie er sie gehen kann. In einer schneller werdenden Welt wird man die Liebe bei denen finden, die sich Zeit für Menschen nehmen, auch wenn sie dadurch langsamer sind.

Daniel Schulze

Die Ältesten, die der Gemeinde gut vorstehen, die halte man zweifacher Ehre wert, besonders, die sich mühen im Wort und in der Lehre.

1. Timotheus 5,17

Bibellese: 1. Timotheus 5,17-25

Paulus gibt dem jungen Timotheus einige Ratschläge und Anweisungen in Bezug auf die Gemeinde. Auch wir dürfen immer wieder Lernende sein und uns öffnen für die Dinge, die Gottes Wort im Hinblick auf die Gemeinde und das Verhalten untereinander sagt. Es ist äußerst wichtig, dass unser Blick immer zuerst in die Bibel geht, bevor wir andere lehren, predigen oder Dinge in der Gemeinde umsetzen. Was sagt uns Gott zu bestimmten Themen, wie möchte er, dass wir uns verhalten, was ist sein Zuspruch und sein Anspruch an uns und wie setzen wir das im Gemeindeleben um?

Gut vorstehen ⇢ Was ist nun im heutigen Vers mit *„gut vorstehen"* gemeint? In 1. Timotheus 3,2-4 lesen wir: *„Ein Bischof aber soll untadelig sein, Mann einer einzigen Frau, nüchtern, besonnen, würdig, gastfrei, geschickt im Lehren, kein Säufer, nicht gewalttätig, sondern gütig, nicht streitsüchtig, nicht geldgierig, einer, der seinem eigenen Haus gut vorsteht und gehorsame Kinder hat, in aller Ehrbarkeit."* Auch soll es kein Neubekehrter sein und er soll einen guten Ruf in der Welt haben. Das Gleiche gilt für Diakone und deren Frauen. Ein Leiter, Ältester, der den Hirtendienst, die Aufsicht über die Gemeinde führt, Sorge für sie trägt, der hat einen Dienst, dem er nur gut vorstehen kann, wenn er im Glauben reif ist und auch im Leben nach dem Wort Gottes handelt. Er ist Vorbild für andere und trägt eine hohe Verantwortung. Deshalb soll ihm zweifache Ehre zuteilwerden, wie es im heutigen Leitvers heißt.

Zweifache Ehre ⇢ Voraussetzung dafür ist das gute Vorstehen, besonders, wenn derjenige sich in Predigt und Lehre in der Gemeinde einsetzt. Gott verleiht demjenigen Ehre, der nach seinem Willen lebt. Jeder, der nun gut vorsteht, soll also zum einen Versorgung für sein leibliches Wohl bekommen und wird zugleich auch von Gott geehrt. Gott befähigt ihn, schenkt ihm Vollmacht und Autorität sowie alles, was er braucht, um sein Amt gut auszuführen. Der Arbeitslohn kommt von der Gemeinde, die Bevollmächtigung kommt von Gott. So dürfen wir denen Versorgung zukommen lassen, die Gott dienen und wiederum uns geistlich versorgen. Der eine Teil der Ehre kommt von Gott und der andere von der Gemeinde.

Nicole Tode

24
Mittwoch

Ein großer Gewinn aber ist die Frömmigkeit zusammen mit Genügsamkeit.

1. Timotheus 6,6

JULI

Bibellese: 1. Timotheus 6,1-10

Frömmigkeit plus Genügsamkeit ist gleich *„großer Gewinn"*. Mit dieser Formel lässt sich zusammenfassen, was Paulus in diesem Abschnitt an Timotheus schreibt. Frömmigkeit meint eine innere Glaubenshaltung, die in eine äußere Lebensgestaltung führt. Von innen nach außen, das ist die Bewegung der Frömmigkeit. Anders gesagt: Wie wir ausleben, was wir glauben, das ist deine und meine Frömmigkeit. Und für Paulus ist die Genügsamkeit ein Merkmal echten, christlichen Glaubens. Offensichtlich erkennt man jemanden, der zu Jesus gehört, unter anderem daran, dass er genügsam ist.

Was ist Genügsamkeit? → Der Genügsame strebt nicht nach Reichtum und Besitz, denn er weiß, dass Reichtum nicht in materiellem Besitz besteht. Deshalb kann er auch mit wenigem zufrieden sein. Der Genügsame ist dankbar für das, was ihm gegeben ist, und setzt seine Ressourcen wiederum gerne für andere ein. Diese Ressourcen können materiell, aber auch immateriell sein. Wir denken vielleicht zuerst an Geld und allerlei Besitz – aber wir haben noch mehr zur Verfügung: Zeit, Kraft, Gesundheit, Motivation, Talent, Wissen. Weil der Genügsame sein Herz nicht an seine Ressourcen hängt, hat er keine Schwierigkeiten damit, diese auch für andere und für Gott einzusetzen. Seine Genügsamkeit wird damit auch zu einem großen Gewinn für andere.

Voller Dankbarkeit hinein in den Tag → Nach Angaben der Vereinten Nationen ist fast jeder zehnte Mensch auf der Welt von extremer Armut betroffen. Damit sind Menschen gemeint, denen weniger als 1,90 US-Dollar pro Tag zur Verfügung stehen. Was heißt dies für dich und mich? Ich vermute, dass die meisten von uns von dieser Armut weit entfernt sind. Deshalb können wir voller Dankbarkeit unseren Alltag angehen. Dankbarkeit kultiviert Genügsamkeit. Und Genügsamkeit wiederum kultiviert Großzügigkeit. Der pietistische Prediger Gerhard Tersteegen hat es einmal so gesagt: „Reich ist, wer viel hat. Reicher ist, wer wenig braucht. Am reichsten ist, wer viel gibt."

Benjamin Sawadsky

Den Reichen in dieser Welt gebiete, dass sie nicht stolz seien, auch nicht hoffen auf den unsicheren Reichtum, sondern auf Gott.

1. Timotheus 6,17

Bibellese: 1. Timotheus 6,11-21

„Viel Geld hilft viel", sagen einige. Ob das wirklich stimmt? Manch einer denkt sich vielleicht: „Wenn ich nur etwas mehr Geld hätte, dann würde ich mein Leben in den Griff bekommen. Nur ein paar Hundert Euro mehr im Monat und alles würde glatt werden." Die Realität ist oft eine andere: Mehr Geld bedeutet oft mehr Anspruch, mehr Begehren und mehr Ausgaben. Nicht dass Geld per se böse wäre. Nein. Aber Geld kann uns verführen. Es kann unserer Gier Vorschub leisten. Und es kann uns stolz machen. Deswegen wies Paulus seinen Ziehsohn Timotheus dazu an, die Hoffnung der Reichen nicht auf das Geld auszurichten, sondern auf Gott.

Wann ist jemand reich? ⇢ Der Politologe Klaus Schröder forscht an der Freien Universität Berlin und fragte seine Studenten einmal, wer für sie als reich gelte. Die Antwort war: „Wer monatlich mehr als 15 000 EUR zur Verfügung hat, ist reich." Würden wir dem zustimmen? Ich möchte mal mit folgender Definition dagegenhalten: „Wer gestern ohne Hunger ins Bett gegangen ist, ist reich. Wer heute Morgen mehr als ein Hemd in seinem Kleiderschrank zur Auswahl hatte, ist reich. Wer auch morgen wieder fließend Wasser zu Hause hat, ist reich." Was möchte ich damit sagen?

Viel Geld mag schön sein. Aber niemand lebt davon, dass er viel Geld hat. Denn alles, was das Leben wirklich reich macht, kann man sich mit Geld nicht kaufen: Liebe, Freude, Gesundheit, Familie, Zufriedenheit, Lebenssinn, Charakter, das Himmelreich – all das können wir mit Geld nicht kaufen. Was wir kaufen können, sind etwa Lebensmittel. Aber diese können dir und mir niemals geben, was nur Gott uns geben kann. Lebensmittel sind Mittel zum Leben, aber Gott ist das Leben selbst.

Worauf hoffen wir? ⇢ Pandemiebekämpfung, Krieg, Energieknappheit, Zinsanstieg, Inflation: Die letzten Jahre haben uns einmal mehr aufgezeigt, dass der Reichtum dieser Welt von jetzt auf gleich erschüttert werden kann. Worauf also hoffen wir? Was gibt unserem Leben Sicherheit? Es ist Gott, und zwar Gott allein. Keine Inflation dieser Welt kann den Wert seiner Güte schmälern. Keine Energiekrise kann seine Ressourcen zur Erschöpfung bringen. Nein. Er ist und bleibt der Gott, der gute Gedanken für unsere Zukunft hat, der uns versorgt und der uns über die Maßen reich macht.

Benjamin Sawadsky

26
Freitag

Sie sprach: Lass deine Magd Gnade finden vor deinen Augen. Da ging die Frau ihres Weges und aß und sah nicht mehr so traurig drein.

1. Samuel 1,18

JULI

Bibellese: 1. Samuel 1,1-28

Hanna wünscht sich ein Kind – doch sie bekommt keines: Mit dieser Not beginnt das erste Buch Samuel. Es gibt Not, die kann einen verzweifeln lassen, am Leben und an Gott. Jahr für Jahr kommt Hanna zurück nach Silo, um Gott zu ehren. Trotz Gebet, trotz Flehen passiert nichts. Ist Gott noch da? Warum reagiert er nicht?

„Du musst nur mehr beten, warten, hoffen, durchhalten", wird dann gern als Antwort gegeben, als könne man sich so Segen „verdienen". Wie lässt sich Gottes Wirken kontrollieren und nutzbar machen? Diese Fragen kommen in 1. Samuel häufig vor – geht es hier doch um die Leitung des Gottesvolkes und Gottes heilige Gegenwart in ihrer Mitte. Doch für Hanna wie für sein Volk scheint Gott weit weg. Liegt es nicht an ihm selbst? Weil er nicht eingreift, ist Hanna nicht nur kinderlos und damit ohne Ansehen, sondern erntet auch noch Spott.

Sie wirft alles hin ⇢ Mit allem, was sie ist, wendet sie sich weiter – ja intensiver – an Gott als jemals zuvor. Anstatt sich im Moment der Schwäche und des Unverständnisses von ihm abzuwenden, schüttet Hanna ihr Herz bei ihm aus. Da geht es nicht mehr um richtige Gebete oder fromme Leistung. Alles schüttet sie vor ihm aus. In 1. Petrus 5,7 steht: *„Alle eure Sorge werft auf ihn; denn er sorgt für euch."* Gott alles hinwerfen, unser Herz ausschütten – das entlastet. Wir dürfen Sorgen haben, brauchen sie aber nicht zu behalten. Wir können sie da abgeben, wo sie besser verarbeitet werden als in deiner und meiner Seele.

Sie unterwirft sich der Gnade Gottes ⇢ Viele kinderlose Frauen erscheinen in der Bibel – häufig will Gott sich hier besonders treu erweisen. Doch anders als Sara, die Frau Abrahams, suchte Hanna keine Lösung ohne Gottes Wirken. Sara wollte, dass Abraham mit der ägyptischen Sklavin Hagar ein Kind bekommt. Hanna geht stattdessen zu Gott und unterwirft sich seiner Gnade. Sie bittet: *„Lass deine Magd Gnade finden."*

Und Gott erhört sie, Hanna, deren Name „Begnadigte" bedeutet. Nicht, weil sie es etwas Besonderes tat – sondern weil er es will. Schon jetzt wurde sie froh! Dass Hanna dann Samuel bekommt, ist nur noch ein Zeichen dieser Gnade. Dieses gnädige Wirken Gottes an demütigen Menschen lässt uns trotz aller Nöte aufblühen. Auch wir dürfen ihm alles hinwerfen und seine Gnade erleben.

Jonathan Schirmer

Und Hanna betete und sprach: Mein Herz ist fröhlich in dem HERRN, mein Horn ist erhöht in dem HERRN.

1. Samuel 2,1

Bibellese: 1. Samuel 2,1-11

Hanna stimmt einen fröhlichen Lobespsalm an. Interessanterweise geschieht dies direkt nach der Verabschiedung von ihrem geliebten und innig erbetenem Sohn Samuel. Ihn hat sie Gott als Dank für die Gebetserhörung versprochen. Doch statt Abschiedstränen singt sie ein Freudenlied zur Ehre Gottes. Worüber freute sich Hanna so sehr? Sah sie die große Perspektive Gottes und dass sie ein Teil davon sein durfte? Ihre bereits erfahrene persönliche Freude, dass sie ein Kind bekam und nun nicht mehr von anderen gedemütigt wurde, fällt hier zusammen mit der Freude über Gottes Wirken an seinem Volk. Sie werden mit Samuel einen Propheten haben.

Was für ein Zeichen der Hoffnung und des Neubeginns angesichts der Feinde, die das Gottesvolk zu vernichten drohen. Hannas individuelle Freude und die Freude über Gottes Wirken fallen hier zusammen. Das, worüber sie sich freut, tut auch dem Volk Gottes gut. Entsprechend ist der nun folgende Lobgesang nicht nur Hannas „persönliches" Gebet. Nein, ihr Lied weist weit hinaus und ist ein ganzer Psalm, der Gottes Handeln hinaussingt. Er schallt weit über Hannas eigenes Wohlergehen hinaus.

Wenn Segen fließt ⇢ Auch unser Wohl und Wehe hängen letztlich an Gott. Nicht unsere Leistung, unser Können, sondern seine Gnade gibt den Ausschlag. Haben wir Jesus, haben wir alles. Selbst der Tod ist dann keine endgültige Mauer mehr, denn Jesus hat ihn überwunden. Hannas Wohlergehen und das des Volkes Gottes waren miteinander verbunden. Das war nicht nur bei Hanna so. Geht es unserem Staat gut, unserer Gemeinde, unserer Familie, dann bestehen gute Chancen, dass auch wir davon profitieren.

Andersherum ist es ähnlich. Gerade jetzt zur Ferienzeit möchte ich gerne einen Tipp weitergeben, den ich von einem lieben Mentor erhielt. Er sagte: „Das schönste Geschenk, das du den Leuten, die du in der Gemeinde führst, machen kannst, ist deine gesunde, energiegeladene, Gott hingegebene und zielgerichtete Persönlichkeit. Niemand außer dir kann das in deinem Leben geschehen lassen. Gott selbst möchte es an dir wirken. Dadurch kannst du dann ein Segen sein." Auf sich selbst achtzuhaben, muss nicht egoistisch sein. Wenn wir Segen erleben, können wir ihn weiterfließen lassen und so dafür sorgen, dass es auch Gottes Reich gut geht.

Jonathan Schirmer

28
Sonntag

Aber die Söhne Elis waren ruchlos. Sie fragten nicht nach dem HERRN.

1. Samuel 2,12

Bibellese: 1. Samuel 2,12-26

Im Heiligtum von Silo hatte sich eine Kultur der Gier breitgemacht. Man will fast sagen, dass die Söhne Elis mit allerlei Schweinereien diesen heiligen Ort vergifteten. Zwei Männer, die ohne Scham ihre Position ausnutzten und damit eine Gottesbegegnung für alle Besucher unmöglich machten. Der Gottesdienst wurde gestört.

Das ist nicht gut! ⇢ Beim Lesen dieses Bibelabschnitts packt mich der Zorn. Wie können Menschen das Gute so kaputt machen? Die Bedürfnisse und Chancen der anderen so mit Füßen treten. Warum missachteten Elis Söhne die Würde ihrer Mitmenschen und die Heiligkeit Gottes derart? Vielleicht geht es anderen beim Lesen ähnlich. Ich hoffe, dass solche Zustände in uns eine Reaktion hervorrufen. Dass wir mit Eli sagen: „Das ist nicht gut!“

Eine Kultur der Gier macht sich im Grunde immer von selbst breit. Dafür ist nicht besonders viel nötig. Alles, was es braucht, ist der einfache schmeichelhafte Gedanke: „Ich darf mir das erlauben.“ So wird ganz unbemerkt aus einem gesunden Selbstbewusstsein ein gnadenloser Selbstbezug. Es geht plötzlich nur noch um mich. Diese gefährliche Herzenseinstellung entsteht, wenn Menschen aufhören, nach Gott, dem Schöpfer und Herrn, zu fragen. Wo wir also aufhören, in unserem Leben nach dem Guten zu suchen. Diesen Bezug zu Gott zu verlieren, bewirkt, dass sich die Gier ungehindert ausbreitet. Wenn wir Menschen aufhören, nach Gottes Auftrag für uns und seinem Willen für alles Leben zu fragen, entsteht eine Kultur, in der echter Gottesdienst unmöglich gemacht wird.

Umkehr tut not ⇢ Ich denke, das darf auch uns zu denken geben. Auch wir leben in einer Gesellschaft, die giert, in der die Einflussreichen schamlos nur das Ihre suchen. Auch die Gemeinde ist davon nicht frei. Darum lasst uns diesen Tag nutzen, um uns von Gottes Geist zeigen zu lassen, wo auch wir zu einer Kultur der Gier beitragen und an welchen Stellen unser Verhalten den Gottesdienst stört. So kann uns der Geist des Herrn zur Umkehr führen und uns helfen, unser Leben auf das Gute und Lebensbejahende auszurichten.

Johannes Vogt

Und du ehrst deine Söhne mehr als mich, dass ihr euch mästet von dem Besten aller Opfer meines Volkes Israel.

1. Samuel 2,29

Bibellese: 1. Samuel 2,27-36

Weil Kinder unsere Zukunft sind, geben wir besonders auf sie acht. Kinder sind aber nicht nur die Zukunft im biologischen Sinne, indem sie unsere Gene weitertragen, oder im wirtschaftlichen Sinne, weil sie hoffentlich die Renten sichern. Kinder sind auch das, was weiterwirkt, wenn wir längst nicht mehr hier sind.

Im heutigen Bibeltext wirft Gott Eli vor, dass dieser seinen Nachkommen mehr Ehre erwies als ihm, dem lebendigen Gott: „Du bist fett geworden, aber meine Ehre verhungert." Damit verurteilt Gott die Nachwirkungen des Lebens Elis. Das sind harte Worte.

Die Frucht zeigt es → Und wie schnell passiert das? Wir hängen unser Herz an das, was von uns bleibt. Wir investieren Zeit, Kraft und Aufmerksamkeit. Dabei übersehen wir, dass Gott dadurch womöglich nicht geehrt wird und dass das, was von unserem Leben nachwirkt, nicht unter seinem Segen stehen kann. Eli wusste sehr wohl um die Sünden seiner Söhne. Aber er übersah diese und trat ihnen nicht konsequent genug entgegen. Elis Erbe, die Früchte seines Lebens, waren faul geworden und Gott konfrontierte ihn mit dieser schlimmen Feststellung. Trotz seiner großen Berufung musste Gott über ihn Gericht halten.

Diese Worte Gottes an Eli bringen mich ins Nachdenken. Wie ist das bei mir? Wie schnell mäste ich Menschen, Themen, Vorstellungen, Gemeindeprogramme, ohne Gottes Ehre im Fokus zu behalten? Wie oft geht es zuerst darum, dass etwas von mir bleibt? Und dabei vergesse ich, dass es nicht darum geht, dass etwas bleibt, sondern was bleibt. Die Früchte und Auswirkungen meines Lebens, wie sind sie aus Gottes Sicht zu bewerten?

Das sind weitreichende Fragen. Darum könnte es sich lohnen, gleich heute einige Minuten innezuhalten, um ganz grundsätzlich nachzudenken. Was bringt mein Leben hervor? Wessen Ehre dient es? Wird Gott dadurch verherrlicht oder eher etwas anderes gemästet? Lasst uns beten, dass Gott es uns durch seinen Heiligen Geist gelingen lässt, gute Früchte hervorzubringen.

Johannes Vogt

30
Dienstag

JULI

Er sprach: Was war das für ein Wort, das er dir gesagt hat? Verschweige mir nichts.

1. Samuel 3,17

Bibellese: 1. Samuel 3,1-21

Gott hatte große Sorgfalt angewandt, um neues Leben zu erschaffen. Samuel hatte, ehe er geboren war, schon eine Bestimmung: In Gottes Gegenwart zu leben, in der Schule des Heiligen Geistes. Er sollte Gottes aktuelles Wort bevollmächtigt und direkt weitervermitteln. In diesen Dienst stellte er sein ganzes Leben. Endlich wieder Gottes Reden, Visionen, Offenbarungen nach einer langen Zeit der Abstinenz. Nach einer Zeit, in der eine Generation ohne Entschlossenheit mehr auf Toleranz als auf Überführung durch den Heiligen Geist und seine Warnungen setzte. Es hat Konsequenzen, nicht hören zu wollen. Und wenn Gott schweigt, redet das nicht lauter? Zeigt das nicht, dass der Himmel auf eine Antwort von uns wartet, auf Zeiten der Besinnung und Neuausrichtung?

Neues bricht auf ⇢ Gebete, die zum Himmel aufsteigen: „Herr, lass es die nächste Generation besser machen. Lass deine Söhne und Töchter deine Wahrheit hören, lieben und konsequent umsetzen." So viele Angriffe auf Leben und Identität der Kinder rufen nach einer göttlichen Bewegung. Deswegen werden neue Berufungen geboren wie Samuel, weil Gott etwas in Bewegung bringt. Statt Verflachung und Oberflächlichkeit als Folge fehlender Ehrfurcht vor dem Herrn und göttlichen Dingen bricht etwas Neues auf. *„Und es wird geschehen in den letzten Tagen, spricht Gott, dass ich von meinem Geist ausgießen werde auf alles Fleisch, und eure Söhne und eure Töchter werden weissagen"* (Apostelgeschichte 2,17 ELB).

Noch eine kleine Weile ⇢ Die Tendenz unserer Zeit: Alles muss gut klingen und annehmbar sein. Aber was gut klingt, ist oft nur wie ein Pfeil, der nicht ins Schwarze trifft. Gottes Pfeile sind wirksamer. Ein Lebensstil des Wartens auf den Herrn und Besinnung bringt uns vielleicht schneller vorwärts. Als Beispiel: Leitung statt Leistung. In der Ruhe und Gegenwart unseres Herrn können wir eine Empfindsamkeit dafür entwickeln, dass Gottes Wege und seine Gedanken höher sind als unsere. Und wir können übereinstimmen mit Eli, der sagt: „Der Herr tue, was in seinen Augen recht ist." So arbeiten wir mit, ebnen den Weg des kommenden Herrn und lassen ihn für dieses Vorhaben Hindernisse aus dem Weg räumen – auch in uns. *„Denn noch eine ganz kleine Weile, und der Kommende wird kommen und nicht säumen"* (Hebräer 10,37).

Sylvia Schrörs

Und da die Lade des Bundes des HERRN in das Lager kam, jauchzte ganz Israel mit gewaltigem Jauchzen, dass die Erde erdröhnte.

1. Samuel 4,5

Bibellese: 1. Samuel 4,1-22

Eine bittere Niederlage muss Israel vonseiten der angreifenden Philister einstecken. Aber weshalb stand Gott ihnen nicht in dieser Schlacht bei – und was kann jetzt noch helfen? Die Ältesten Israels beschließen, *„die Lade des Bundes des HERRN"* zu holen, damit er inmitten des Volkes ist und sie aus der Hand der Feinde errettet. Gottes Gegenwart wird durch die Bundeslade sichergestellt. Er ist der Herr der Heerscharen, was sich allerdings auf die himmlischen und nicht die irdischen Heerscharen bezieht. Der allmächtige Gott soll es richten. Die Lade wird ins Lager gebracht und ganz Israel jauchzt, dass die Erde dröhnt. Das versetzt die Philister zwar in Angst und Schrecken, doch sie greifen ein zweites Mal an, bringen Israel große Verluste bei und rauben sogar die Lade Gottes, das wichtigste Heiligtum.

Kein Mittel zum Zweck ⇢ Die Bibel berichtet verschiedentlich, wie Israel erfolgreich sein konnte, wenn die Bundeslade mit ihnen war. Warum ging dieses Mal die Rechnung nicht auf? Es gefiel Gott nicht, wie Israel mit ihm umging. In Friedenszeiten wurde seine Präsenz im Alltag kaum beachtet, der Bund mit ihm gebrochen und die göttlichen Gesetze mit Füßen getreten. Die Menschen führten kein aktives Glaubensleben und missbrauchten Gott eher als eine Art Krisenmanager. Doch er ist und bleibt der Herr aller Herren und kein Mittel zum Zweck. Gott muss sein Volk nicht um seiner Herrlichkeit willen beschützen. Seine Heiligkeit passt nicht zu jedem beliebigen Lebensstil. Er verdient Anbetung in guten wie in schlechten Zeiten. Er möchte das Zentrum unseres Lebens sein. Nur dann, wenn es kritisch wird, unser Vertrauen auf Gott zu setzen, greift zu kurz.

Loben und danken – allezeit ⇢ Wir loben Gott in unseren Gottesdiensten – aber jauchzen wir auch zu Hause über seine Gegenwart, gerade dann, wenn der Alltag uns herausfordert? Leben wir vor seinem Angesicht, danken wir ihm für seine beständige Gegenwart und für alle Freundlichkeit, die er uns schenkt? Unser treuer Gott ist es wert. Er will und wird uns schützen *„und bewahren vor dem Bösen"* (2. Thessalonicher 3,3). Im Lobpreis bekommen wir einen anderen Blick auf unser begrenztes Leben und Gottes Heiligkeit, damit wir in den Kämpfen des Lebens siegreich sein können. Gott sei Dank!

Andrea Hammer

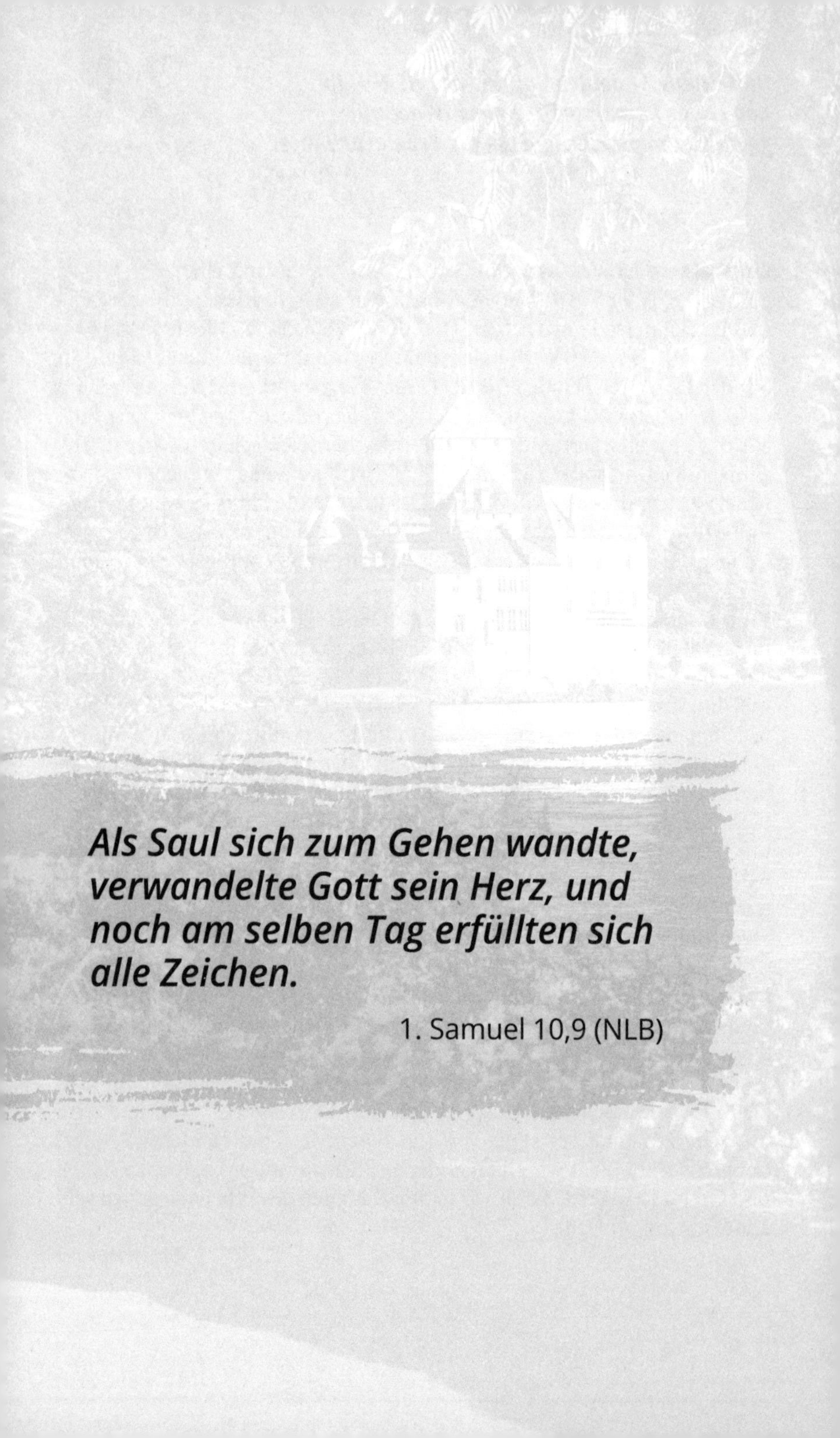

Als Saul sich zum Gehen wandte, verwandelte Gott sein Herz, und noch am selben Tag erfüllten sich alle Zeichen.

1. Samuel 10,9 (NLB)

Die Philister aber hatten die Lade Gottes genommen und brachten sie von Eben-Eser nach Aschdod.

1. Samuel 5,1

Bibellese: 1. Samuel 5,1-12

Meine Generation ist im 2. Weltkrieg geboren. Wie Israel damals hatte auch Deutschland den Krieg verloren. Und ebenso verloren wir damals auch die Heimat und unser Haus. Es waren Zeiten großer Entbehrung.

Die Bundeslade → Um zu verstehen, wie es Israel mit dem Verlust der Bundeslade erging, müssen wir kurz der Bedeutung der Lade nachgehen. In 2. Mose 25,10 wird sie zum ersten Mal erwähnt, als Gott sie Mose mit einer genauen Bauanleitung auftrug. Die letzte Erwähnung steht in Offenbarung 11,19 als *„die Lade seines Bundes"*, eine Bezeichnung, die schon sehr bald zum Hauptbegriff wurde. Der vergoldete Akazienholzkasten wurde zuerst *Lade des Zeugnisses* genannt, weil darin die Gebotstafeln als Bundesurkunde aufbewahrt wurden. Hebräer 9,4 ergänzt noch den Inhalt.

Aber neben ihrer Behälterfunktion hatte die Lade eine Sühne- und Gnadenfunktion. Sie war mit einem besonderen Deckel, dem Sühnedeckel mit den beiden Cherubim, bedeckt. Man stellte sich darüber thronend JaHWeH vor. Mit dem Blut der Opfertiere versöhnte der Hohepriester das Volk Israel mit Gott und erwirkte damit dessen Begnadigung und Vergebung. Zusammenfassend kann man sagen: Wo die Bundeslade war, da war Gott. Sie symbolisierte seine persönliche Anwesenheit in seinem Volk. Mit dem Bild der Bundeslade wurden also Gottes Machtfülle und Gegenwart geschildert.

Der Verlust der Bundeslade → Umso tragischer war ihr Verlust. Geraubt, weggenommen – eine Tragik für Israel. Ihr Verlust war der Verlust der Gegenwart Gottes. Aber die Feinde Israels erlebten durch *„die Hand des HERRN"* dramatische Machtdemonstrationen an ihrem Götzen Dagon, und das Volk litt an einer Seuche (1. Samuel 5,6).

Verlust des Redens und Wirkens Gottes, das macht uns nachdenklich. Ein einstiges christliches Abendland ist Vergangenheit. Nachdenklich sollten wir uns fragen, ob uns das Reden und die Wunder Gottes „geraubt" worden sind, nicht durch Krieg, vielleicht durch Wohlstand, Gleichgültigkeit, Oberflächlichkeit, und ob wir uns zu sehr bei Äußerlichkeiten aufhalten. Wir sollten uns fragen, wo die Verluste, aber auch und gerade die Möglichkeiten unserer Gottesbeziehungen liegen. Gott will durch Wort und Geist mit jedem von uns kommunizieren. Hören wir heute und jeden Tag auf seine Stimme. So werden wir wieder seine Wunder erleben.

Dieter Hampel

2
Freitag

AUGUST

Und die Leute von Bet-Schemesch sprachen: Wer kann bestehen vor dem HERRN, diesem heiligen Gott?

1. Samuel 6,20

Bibellese: 1. Samuel 6,1-21

In der Grundschule hatten wir einen Lehrer, bei dem man schon im ersten Satz genau den Punkt treffen musste, den er hören wollte. Seine Devise war: „Sag es kurz und bündig." Ähnlich hat es auch Martin Luther über den rechten Prediger gesagt: „Tritt frisch auf, tu's Maul auf, hör bald auf!" Aber unsere Tageslese in 1. Samuel 6,1-21 ist alles andere als eine Kurzfassung. Im typisch orientalischen Erzählstil werden die Dinge breit ausgemalt. Darin sind schwierige Textpassagen mit unterschiedlichen Lesarten hebräischer Überlieferung. Und doch kommt am Schluss des Kapitels der Bericht von der Rücksendung der Bundeslade aus der Region der Philister nach Israel auf den Punkt: „*Wer kann bestehen vor dem HERRN, diesem heiligen Gott?*"

Bestehen vor Gott ⇢ Diese Frage ist eine sehr tiefgründige und weitreichende Frage. Sie geht jeden an, egal, zu welcher Zeit ein menschliches Individuum auf dieser Erde gelebt hat oder lebt. Die Zukunft eines jeden Menschen hängt von der persönlichen Antwort auf diese Frage ab. Wir wissen aus Gottes Wort, dass jeder – ob Christ oder Nichtchrist – Rechenschaft über sein Leben ablegen muss. Keiner wird einen Rechtsstreit mit Gott führen können, denn auf tausend Fragen werden wir nicht zu einer einzigen Antwort in der Lage sein. Unser aller Leben endet vor Gott – aber werden wir bestehen vor dem heiligen Gott? Bestehen vor Gott werden wir nur mit unserem Erretter und Erlöser Jesus Christus, der gesagt hat: „*Niemand kommt zum Vater denn durch mich*" (Johannes 14,6).

Das Ende der Bundeslade ⇢ Ein ganz anderes Ende hat es mit der Bundeslade auf sich. Obwohl für die zwölf Stämme Israels die Bundeslade als Zentralheiligtum galt, verliert sich ihre Spur und wird außer in den Geschichtsbüchern des Alten Testamentes nur noch in Psalm 132,8 und Jeremia 3,16 erwähnt. Jeremia bringt es auf den Punkt: „*In jenen Tagen, wenn ihr euch im Land vermehrt und fruchtbar seid – Spruch des Herrn –, wird man nicht mehr rufen: Die Bundeslade des Herrn! Sie wird niemand in den Sinn kommen; man denkt nicht mehr an sie, vermisst sie nicht und sie wird nicht wiederhergestellt*" (EIN). Gott selbst hatte einer Vergötterung der Lade vorgebeugt, indem sie einfach verschwand.

Dieter Hampel

Aber von dem Tage an, da die Lade des HERRN zu Kirjat-Jearim blieb, verging eine lange Zeit; es wurden zwanzig Jahre.

1. Samuel 7,2

Bibellese: 1. Samuel 7,1-17

Gott hat Zeit. Wie lange das Herz des Menschen doch unter Druck reifen muss, bis es sich auf Gott besinnt. Zwanzig Jahre werden einige israelitische Städte unter der Willkür und der politischen Führung der Philister gebeugt. Dann besinnt sich das Volk und vernichtet seine Götzen, um alleine Gott zu dienen. Unter der Impulsgebung von Samuel sammelt sich das ganze Volk bei Mizpa. Dort opfert und bittet Samuel für das Volk zu Gott. Die Philister interpretieren diese Volksansammlung als eine Kriegserklärung und rücken mit ihren Heeren sofort gegen die Israeliten vor.

Schon oft hatten die Israeliten erleben müssen, dass die Philister über sie siegten, weil Hofni und Pinhas, die Söhne des Priesters Eli, sich unrechtmäßig an dem Fleisch der Opfergaben bedient hatten. Eli hatte dies nicht konsequent unterbunden. Es heißt: *„So war die Sünde der jungen Männer sehr groß vor dem HERRN“* (1. Samuel 2,17). Als das Volk Israel dann bei Eben-Eser (Stein der Hilfe) lagerte und der Kampf sich zäher entwickelte als gedacht, holten sie unter der Führung von Hofni und Pinhas die Bundeslade ins Lager. Trotzdem verlor Israel. Über Hofni und Pinhas kam das Gericht Gottes – sie wurden getötet. Israel hatte versucht, Gottes Wirken über religiöse Handlungen zu erzwingen, anstatt echte Buße zu tun.

Schnelle Hilfe Gottes ⇢ Aber jetzt war alles anders als damals. Wie schnell die Hilfe Gottes doch kam, nachdem das Volk unter Samuel echte Buße getan hatte. Mit einem starken Donner versetzte Gott die Philister in Angst und Schrecken und sie wurden von Israel geschlagen. Was machte Samuel nach erlebter Hilfe durch den Herrn, nachdem alle Städte zurückerobert waren? Er setzte einen Stein zwischen Mizpa und Schen und gab ihm den Namen „Eben-Eser“! Hier war echte Hilfe Gottes geschehen.

Wie oft habe ich vermeintlich geistliche Zeichen als Vorfahrt interpretiert, weil äußere Umstände gut schienen – wie viele Gemeindehäuser hätten wir schon kaufen können. Im Nachhinein kann ich nur sagen, es wäre eine vollkommene Überforderung gewesen. Manchmal will man viel von Gott, aber eine Gabe ist auch eine Aufgabe. Der Schlüssel ist ein dienendes Herz, um die auf uns zugeschnittene Gabe Gottes zu empfangen. Anstatt Dinge eigenwillig erzwingen zu wollen, sollten wir ihm mit bußfertigem Herz vertrauen.

Albert Hanke

Als aber Samuel alt geworden war, setzte er seine Söhne als Richter über Israel ein.

1. Samuel 8,1

Bibellese: 1. Samuel 8,1-22

Wieder so ein langer Zeitraum. Nachdem das Volk Israel die Philister besiegt hatte, trat der Alltag in Samuels Leben ein. Es heißt: „*Samuel aber richtete Israel sein Leben lang*“ (1. Samuel 7,15). Ist in einem charismatisch geprägten Glauben der Alltag denn nicht oft der größte Feind des Geistlichen? Scheinbar belangloses tägliches Tun und das auch noch über lange Zeiträume – wo ist da die Kraft Gottes? Bei so manchen Lebenszeugnissen über die Wirkungen Gottes, die ich gehört habe, bekam ich Minderwertigkeitsgefühle. Wo ist diese Power Gottes in meinem Leben?

Dann fiel mir etwas an den Lebensberichten, die ich in Versammlungen gegeben habe, auf. Berichte über die Güte Gottes lassen die langen Zwischenräume des Alltags einfach verschwinden – wenn man sie nicht erwähnt. Drei große Ereignisse mit Gott, über zehn Jahre erlebt, können in nur fünf Minuten erzählt werden und der Zuhörer bekommt den Zeitraum dazwischen nicht mit.

Wünsche reifen im Alltag ⇢ Gott hat viel Zeit für den „Alltag“. Leben wir ihn bewusst mit Gott! Im Alltag reifen Wünsche, Vorstellungen, Emotionen für oder gegen etwas. Der langjährige Alltag Samuels hatte ihn auf Gott hin gefestigt. Der langjährige Alltag des Volkes Israel, was hat er entstehen lassen? Wieso wünschten sie sich plötzlich einen König? Das lag mit Sicherheit nicht nur an den Söhnen Samuels. Diese hatte er als Richter eingesetzt, bevor er abtrat – kein guter Schachzug. Es heißt: „*Aber seine Söhne wandelten nicht in seinen Wegen*“ (1. Samuel 8,3). Sie suchten nur ihren Vorteil.

Das war vielleicht ein Anlass, aber nicht der Grund für den Wunsch des Volkes. Über die vielen Jahre des Alltags schielten sie auf die umliegenden Völker mit ihren prunkvollen Königen. Israel hingegen hatte einen „billigen“ Wanderpropheten, der Recht sprach und aufgrund seiner gelebten Authentizität unantastbar war. Jetzt aber, nach dem Ausscheiden Samuels, war plötzlich alles anders … das eigentliche Begehren des Volkes wird sichtbar.

Was lässt der Alltag in unseren Herzen wachsen? Beim Nachdenken darüber merke ich, dass in meinem „vielen Alltag“ manche Wünsche gewachsen sind, die nicht nur viel Geld, sondern auch viel Zeit kosten. Die Auseinandersetzung mit dem heutigen Text kann eine Hilfe sein, wenn wir uns da neu ausrichten wollen.

Albert Hanke

Und als sie hinauf zur Stadt kamen und in die Stadt eintraten, siehe, da kam Samuel heraus ihnen entgegen und wollte auf die Höhe gehen.

1. Samuel 9,14

Bibellese: 1. Samuel 9,1-14

Sauls Vater hatte eine Not. Er hatte seine Eselinnen verloren. Das waren wertvolle Nutztiere, geeignet für Transporte und für Arbeiten auf dem Feld. Er beauftragte seinen Sohn, die Eselinnen zu finden. Saul war ein junger Mann, gut aussehend und groß. Er überragte alle in seinem Umfeld um eine Haupteslänge und sein Vater konnte ihm vertrauen. Die Suche mit einem Knecht im Gebiet des Stammes Ephraim und im Stammesgebiet blieb jedoch erfolglos.

Saul wollte schon aufgeben, da kam seinem Knecht eine Idee: „Da gibt es doch den Propheten Samuel, von dem es heißt, dass er Gott hört. Vielleicht weiß der von Gott her mehr als wir." Aber Saul zögerte, denn er stellte fest, dass sie nichts hatten, um den Mann Gottes für seine Dienste zu entlohnen. Doch dem Knecht fällt ein, dass er noch etwas Geld hat, was sie dem Seher geben könnten. Nachdem sie sich bei der örtlichen Bevölkerung erkundigt haben, wo der Seher ist, bekommen sie eine erstaunliche Antwort: Man nennt ihnen die Richtung, aus der der Seher kommen wird. Jetzt kommt Saul zur richtigen Zeit an den richtigen Ort und begegnet dem richtigen Mann.

Offen für Begegnungen ⇢ Es gibt entscheidende Begegnungen, die unser Leben verändern. Dazu braucht es Offenheit von beiden Seiten. Denn unser Gott ist ein Gott der Beziehung. Und Beziehungen entstehen aus Begegnungen von Menschen. Samuel hatte einen Plan, er wollte opfern und war auf dem Weg. Saul war mit der Notsituation seiner Familie beschäftigt. Er war verzweifelt genug, dass er sich auf Gott einlassen konnte. Manchmal müssen wir erst verzweifelt genug sein, um es mit Gott auszuprobieren. Erst wenn wir mit unserem Latein am Ende sind, kann Gott anfangen, zu handeln. Saul sucht in seiner Not den Mann Gottes und begegnet ihm genau auf dessen Weg zum Opfer, zu seinem Gottesdienst.

Sind wir offen für göttliche Begegnungen mit Menschen in Not? Sind wir offen, Menschen in ihrer Not zu begegnen und ihnen den Weg zu dem Gott zu weisen, der jede Not sieht? Denn Gott möchte Beziehungen mit Menschen, die in ihrer Not keinen Ausweg mehr wissen. Manche sind dann bereit, sich auf den Gott einzulassen, der uns durch Jesus Christus begegnet, unseren Retter und Erlöser. Das ist unser wichtigster Auftrag als Christen.

Markus Jerominski

6
Dienstag

Als nun Samuel Saul sah, tat ihm der HERR kund: Siehe, das ist der Mann, von dem ich dir gesagt habe, dass er über mein Volk herrschen soll.

1. Samuel 9,17

AUGUST

Bibellese: 1. Samuel 9,15-27

Begegnungen geschehen, damit Menschen sich sehen. Dabei geht es um mehr als nur ein äußerliches Wahrnehmen. Es gilt, tiefer zu sehen, in wenigen Augenblicken sich einem Menschen ganz zuzuwenden und ihn aus Gottes Sicht zu sehen. Gott sieht in Saul nicht nur einen Menschen in Not, der göttliche Hilfe braucht, sondern jemanden, der berufen ist, sein Volk von der Not der Unterdrückung durch die Philister zu befreien und als König über Israel zu herrschen. Er sieht in Saul nicht nur einen Befreier, sondern jemanden, der die Freiheit erhält und bewahrt.

Hören, was Gott sagt ⇢ Ich möchte uns herausfordern, Gott in unsere Begegnungen mit hineinzunehmen. Er kann uns zeigen, wie er unser Gegenüber sieht und was er in diese Person hineingelegt hat. Er will zu uns reden, wie er auch zu Samuel geredet hat. Das geht aber nur, wenn wir uns von Gott in unseren Aufgaben und Aktivitäten unterbrechen lassen und dafür offen sind, tiefer zu sehen. Das tat Samuel nämlich hier. Wichtig ist es dann, wie Samuel auf Gott zu hören. Denn der Prophet wusste nicht alles von vornherein. Das Hören auf Gott geschah unterwegs, in Samuels Alltag, auf seinem Weg zum Opfer und dem anschließenden Mahl. Das macht mir Mut. Auch Propheten wissen nicht immer alles sofort und brauchen es, dass Gott ihnen Dinge zeigt. Samuel wird später Sauls Berufung verstärken.

Rettung durch Jesus Christus ⇢ Jeder Christ ist von Gott berufen, sein Kind zu sein. Das geschieht, weil Gott den, der keine Sünde kannte, für uns zum Sündopfer gemacht hat, damit wir jetzt Gottes Gerechtigkeit in Christus Jesus sind (nach 2. Korinther 5,21). Allein durch Jesus Christus und sein vollbrachtes Werk am Kreuz wurde das möglich. All das geschah aus Gnade und wird allein im Glauben angenommen. Als Christen sind wir berufen, Könige und Priester zu sein. Wir sollen in unserem Leben über unsere Umstände herrschen, nicht unsere Umstände über uns herrschen lassen. Als Priester haben wir die Aufgabe, die Menschen im Gebet zu Gott zu bringen und Gott im Zeugnis zu den Menschen. Christen hören die Stimme ihres Herrn, der noch mehr als wir möchte, dass Menschen auch durch uns zur Rettung in Jesus Christus kommen.

Markus Jerominski

Und als Saul sich wandte, um von Samuel weggehen, gab ihm Gott ein anderes Herz, und alle diese Zeichen trafen ein an demselben Tag.

1. Samuel 10,9

Bibellese: 1. Samuel 10,1-16

Salbung Sauls: Nachdem Samuel Saul am Vortag gesagt hatte, dass auf ihn Israel wartete, salbte er ihn zum künftigen Fürsten über Israel. Als Bestätigung dieser Berufung zum König nannte Samuel drei Zeichen, die Saul auf dem Weg nach Hause erleben würde. Beim dritten Zeichen würde der Geist des Herrn über ihn kommen. Als Folge würde sein Herz umgewandelt und er ein anderer Mensch werden. Genauso geschah es und Gott gab Saul ein anderes Herz.

Erwählt und berufen ⇢ Auch uns hat Gott erwählt und uns zu Königen und *„Priestern“* gemacht (Offenbarung 1,6). Gott erwählte Saul, obwohl dieser sich wegen seiner Herkunft – aus dem Stamm Benjamin und aus einem der geringsten Geschlechter des Stammes – nicht für qualifiziert genug für diese Aufgabe hielt. Gott hat uns nicht deshalb erwählt, weil wir besonders qualifiziert und begabt sind. Paulus schreibt an die Korinther, dass nicht *„viele Weise nach dem Fleisch, nicht viele Mächtige, nicht viele Vornehme“* berufen sind (1. Korinther 1,26). Und doch hat Gott sie und uns erwählt. Aber wie Gott Sauls Herz veränderte, so verändert Gott auch uns, indem er uns ein neues Herz gibt. Wir sind seine Kinder. Nehmen wir diese Stellung und Berufung an, auch in den Herausforderungen, denen wir täglich gegenüberstehen.

Sich verändern lassen ⇢ Ich denke an die Zeit meines Studiums zurück, als Gott mich zu Beginn der Prüfungen beim Bibellesen aufforderte: *„Sei getrost und unverzagt“* (Josua 1,9). In den nachfolgenden Prüfungen habe ich mich immer wieder auf dieses Wort gestützt, gerade auch zu dem Zeitpunkt, als die atmosphärische Situation durch die, die vor mir geprüft worden waren, angespannt war. Ich durfte erleben, wie sich die Zusage bewahrheitete und Gott mir in den Prüfungen wunderbar half.

Nehmen wir unsere Stellung als Kinder Gottes an und ändern wir uns durch Erneuerung unseres Sinnes. Lassen wir uns – auch in Kämpfen und dort, wo wir nicht siegreich sind – nicht die Gewissheit rauben, dass wir Gottes Kinder sind. Wo erforderlich, bitten wir um Reinigung durch das Blut Jesu. Belassen wir es aber nicht nur dabei, unsere Berufung anzunehmen, sondern dienen wir Gott so, wie Samuel zu Saul sagte, nachdem Gott dessen Herz verändert hatte: *„So tu, was dir vor die Hand kommt; denn Gott ist mit dir“* (1. Samuel 10,7).

Edmund Lohmann

8
Donnerstag

Ihr aber habt heute euren Gott verworfen, … und habt gesprochen: Nein, setze vielmehr einen König über uns!

1. Samuel 10,19

AUGUST

Bibellese: 1. Samuel 10,17-27

Ich erinnere mich noch gut an meine frühen Tage der Leiterschaft in der Gemeinde. Einmal wollten wir als Jugend ein Konzert in einem fremden Haus veranstalten und ich musste an dem Abend zwischen zwei Räumen entscheiden. Ich höre noch die genervten Stimmen, die sich darüber ausließen, dass ich trotz Dringlichkeit so lange dafür bräuchte. Einige hätten mir am liebsten wieder mal die Kündigung der Jugendleitung ausgesprochen. Im Laufe der Zeit durfte ich noch einiges dazulernen, erlebte aber auch später immer wieder Momente, in denen Menschen unzufrieden mit der Art meiner Führung waren.

Missfallen ⇢ So sind wir als Menschen eben. Sicher hat es oft mit unserer eigenen Schwäche und einem Mangel an Selbstwertgefühl zu tun, dass wir gerne jemand anderen nach vorne schicken, damit dieser den Job erledigt. Wenn der es dann doch vermasselt, haben wir den Schuldigen. Das ist das Los eines Leiters. Er muss so einiges ertragen und erdulden und versucht doch sein Bestes.

Es ist bemerkenswert, wie Gott uns hier einen Einblick in sein Herz schenkt. Für ihn wurde an dieser Stelle, als Israel nach einem König fragte, wieder deutlich, dass sein eigenes Volk seiner Führung zutiefst misstraut. Es gefällt dem Volk nicht, wie Gott sie leitet. Sie wollen einen anderen als ihn. Kurz vorher hatte Gott Samuel gegenüber deutlich werden lassen, dass er betrübt über die Ablehnung des Volkes ihm gegenüber ist. Er klagt: „Schon immer hat sich das Volk so verhalten!“

Wie ist das mit dir und mir? ⇢ Ist da nicht auch in uns immer wieder dieser Hang, dem Herrn zu misstrauen? Dass dies oder das geschehen musste? Dass er gerade davor nicht bewahrt hatte? Dass er Dinge gab oder tat, die sich als schwieriger als erwartet herausstellten? Wie leicht fallen wir dann in eine Herzenshaltung der „inneren Kündigung“. Ich denke, wir müssen an diesen Stellen erkennen, dass Gott als unser Vater schwer daran zu tragen hat, wenn wir uns in solche Höhlen verkriechen. Jesus, der wahrlich unvergleichliche König, musste aufgrund dieses menschlichen Versagens sterben. Wir sollten jeder Form des Misstrauens und Unmuts Gott gegenüber absagen und ihm von ganzem Herzen heute neu unser Vertrauen und unsere Liebe ausdrücken. Er ist wirklich der beste König und Hirte, den es gibt.

Rainer Pauliks

Da geriet der Geist Gottes über Saul, als er diese Worte hörte, und sein Zorn entbrannte sehr.

1. Samuel 11,6

Bibellese: 1. Samuel 11,1-15

„Ich bin gekommen, um auf der Erde ein Feuer anzuzünden; *ich wünschte, es würde schon brennen!*", sagte Jesus einmal (Lukas 12,49 NGÜ). Wir haben es mit einem Gott zu tun, der nicht ruht, ehe er sein Reich auf Erden anbrechen, sich ausdehnen und herrschen sieht. Gegen jede Form von Ungerechtigkeit und Sklaverei steht Gott auf. Er rüstet Menschen mit der Kraft des Heiligen Geistes zu diesem Zweck aus. Das hat sich noch immer nicht geändert. Ganz gleich wie sehr Menschen in Wohlstand versunken sind und sich abhalten lassen, das Gute zu tun.

Gott ist noch immer derselbe Gott Solange die Erde in der jetzigen Form besteht, wird Gott rufen, senden, erwecken und anzünden. Wer sind wir Menschen, dass wir es wagen könnten, anzunehmen, er wolle in dieser Zeit weniger wirken? Oder dass er irgendwie das Interesse verloren hätte, die „Enden der Erde" zu erreichen? Manch einer bastelt sich eine Theologie zusammen, die suggeriert, Gott wäre angewidert von Völkern oder Kulturen, und seine Liebe wäre erkaltet. Mein Gott liebt diese Welt noch immer wie eh und je!

Beim Lesen eines hervorragenden Beitrags zur Kirchengeschichte von B. Olpen blieb mir der Gedanke hängen, dass wir als Kirche des Westens zurzeit offenbar in einer Phase der „Enttäuschung" stecken, da die Geisteswirkungen der vergangenen Jahrzehnte nicht die erhofften Auswirkungen brachten. Gut möglich, dass wir enttäuscht sind. Enttäuscht über den Unwillen der Mitmenschen, sich der guten Nachricht zu öffnen, enttäuscht über zu wenig Kraftwirkungen in der Kirche. Enttäuscht über Entwicklungen in unserer Kultur, ja, enttäuscht über Gott, weil wir dachten, er würde mehr Stärke zeigen. Doch Enttäuschung hilft uns nicht – Enttäuschung lähmt. Der Gott, der Saul ergriff und bewegte, will dies auch mit dir und mir machen.

Schauen wir uns um. Hören wir hin. Seien wir aufmerksam, lassen wir uns in unserem Umfeld gebrauchen, indem wir Hoffnung, Zuversicht und Freude austeilen. Meine Oma sagte häufig, wenn mal wieder etwas Schlimmes passiert war: „Oh Welt, oh Welt!" Auch wenn wir oft mit einstimmen wollen, sollen wir uns doch daran erinnern, dass Jesus ein Feuer angezündet hat, das sich auf der Welt schon gewaltig ausgebreitet hat. Auch in Europa wird er es wieder entfachen. Auch mit dir und mir. Preist Gott!

Rainer Pauliks

10
Samstag

Ich will aber den HERRN anrufen, dass er soll donnern und regnen lassen, damit ihr innewerdet und seht, dass ihr getan habt, was dem HERRN sehr missfiel.

1. Samuel 12,17

AUGUST

Bibellese: 1. Samuel 12,1-25

Samuel will hier an der Stelle etwas ganz deutlich machen: Der Wunsch der Israeliten, einen König zu haben, war nicht nach Gottes Willen. Es „*missfiel*" ihm, steht im Text. Was tut Samuel? Er betet, dass Gott in der Erntezeit, in der es sonst kaum regnet, ein Gewitter schickt. Und ob wir es glauben oder nicht, eine Weile später tobt ein Angst einjagendes Gewitter. Es muss so erschreckend gewesen sein, dass den Israeliten angst und bange wird. Sie bitten Samuel, für sie zu beten, dass Gott sie nicht tötet.

Manchmal wünschte ich mir auch, mal so klar und deutlich zeigen zu können, „wo der Hase läuft". Warum nicht mal mit Blitzen und bebendem Donner? Kein langes Herumgerede, sondern „Knall!" und „Rumms!", und alle Beteiligten verstehen, wo der Fehler liegt …

Wie gut, dass wir nicht in der Zeit der Propheten leben, sondern dass wir ein großes Vorbild der Liebe haben – Jesus. Er hat uns gezeigt, dass Liebe viel mächtiger ist als Blitz und Donner. Dass wahre Annahme und Interesse an den Personen um uns herum nicht nur die Menschen verändern, sondern auch uns selbst.

Liebe weitergeben ⇢ In meiner Rangergruppe war ein Mädchen, das aus schwierigen Verhältnissen kam. Ihre Familie war ein einziges Chaos und in der Schule musste sie sich mit beiden Fäusten durchkämpfen. Jedes Mal, wenn dieses Mädchen zu den Rangern kam, sah man das Pulverfass, das bald explodieren konnte. Alles war öde, die anderen waren dumm und sie war gefrustet. Doch nachdem das Mädchen eine Stunde in der Gruppe dabei war, verändert sie sich grundlegend. Plötzlich war klar, dass sie ihre harte Schale ablegen konnte, weil unsere Gruppe etwas anderes lebte. Man konnte so kommen, wie man war, und wurde geliebt. Nicht jedes Verhalten wurde toleriert, aber man selber brauchte sich nicht zu verstellen.

Das ist ein Bild für mich, wie Gott heute wirkt. Wie er Menschen verändert und zur Umkehr bewegt, ganz ohne Donner und Blitz. Jesus hat uns diese Sprache der Liebe beigebracht, durch das, was er tat und wie er war. Lasst uns dem heute nachjagen und wieder ein Stück mehr lernen, so zu sein, wie er ist. Vielleicht treffen wir auf Menschen, bei denen uns das schwerfällt. Denken wir dann einmal daran, wie Jesus mit ihnen umgegangen wäre. Begegnen wir den Menschen mit Liebe – die Gott uns für sie schenkt!

Janita Pauliks

Als aber die Männer Israels sahen, dass sie in Nöten waren, weil das Volk bedrängt wurde, verkrochen sie sich in die Höhlen und Klüfte und Felsen und Gewölbe.

1. Samuel 13,6

Bibellese: 1. Samuel 13,1-14

Was für eine Geschichte: Die Männer Israels sehen, was sich da gegen sie aufmacht – eine Übermacht der Philister –, bekommen es mit der Angst zu tun und verkriechen sich. Kommt uns so etwas nicht vertraut vor? Wie oft werden wir ohnmächtig, wenn wir auf die Dinge schauen, die auf uns zukommen. Eine Krankheit, mit der man kämpft; die Not eines Freundes; Stress und Arbeit, die uns zu überrollen scheinen; viel zu hohe Erwartungen, die an uns gestellt werden; Probleme der Kinder: Zukunftsängste; Frust, der uns innerlich auffrisst – die Liste könnte noch viel länger sein. Wie verlockend wäre es bei den Aussichten, sich wie die Israeliten ins nächste Loch zu begeben und sich zu vergraben?

Unmöglich? ⇢ Wenn ich darüber nachdenke, schießt mir sofort ein Bild vor meine Augen: Petrus, der aus dem Boot steigt und auf dem Wasser zu Jesus läuft. Seine Augen sind fest auf den gerichtet, der alles, selbst den Sturm und die Wellen, im Griff hat. Doch plötzlich verändert sich etwas. In Petrus' Blickfeld taucht eine Welle auf. Er verliert seinen Fokus auf Jesus und schaut auf das, was auf ihn zurollt. Sofort verliert er seinen festen Halt und droht, unterzugehen.

Das Problem: unser Fokus ⇢ Vor einigen Jahren hatte mein Mann mit unserem Auto einen Unfall. Ihm ist zum Glück nichts weiter passiert, aber unser Auto hatte einen Totalschaden. Das bedeutete für uns: Wir hatten kein Auto mehr. Es war auch kein Geld für ein neues da, deswegen war die ganze Situation noch schlimmer. Ich erinnere mich noch genau, wie ich mich in dieser Lage gefühlt habe. Eine Übermacht stand vor mir und Angst kroch in mir hoch. Da wir auch vorher immer mal wieder finanzielle Engpässe gehabt hatten, wusste ich, womit ich es zu tun hatte. Ich wollte mich nur noch verstecken oder wegrennen.

Doch dann hatte ich plötzlich das Gefühl, dass Gott zu mir sagte, ich solle auf ihn schauen. Und das tat ich. Ich blickte auf den, der schon oft unmögliche Dinge möglich gemacht hatte, und wurde ruhig. Tatsächlich passierte einen Tag später ein unglaubliches Wunder: Wir bekamen einfach so ein Auto geschenkt!

Nichts ist unmöglich ⇢ Es lohnt sich immer wieder, Jesus im Fokus zu haben, gerade wenn es sich so anfühlt, als würde man untergehen. Schauen wir auf den, der Unmögliches möglich macht.

Janita Pauliks

12
Montag

Es war aber kein Schmied im ganzen Lande Israel zu finden; denn die Philister dachten, die Hebräer könnten sich sonst Schwert und Spieß machen.

1. Samuel 13,19

AUGUST

Bibellese: 1. Samuel 13,15-23

Der heutige Bibeltext enthält auf den ersten Blick wenig Ermutigendes: Das Volk Israel befand sich in einer hoffnungslosen Situation. Sie wurden von ihren Feinden, den Philistern, entwaffnet und waren ihnen militärisch völlig unterlegen. In ganz Israel durfte es keinen Schmied mehr geben, damit sie ohne Waffen waren.

Angriffe und Herausforderungen überall ⇢ In Vers 17 lesen wir: „Schon *bald schickten die Philister drei Abteilungen von Soldaten in verschiedene Gebiete Israels. Sie sollten israelitische Dörfer ausplündern und verwüsten*" (HFA). Kennen wir das? Manchmal kommen Herausforderungen oder feindliche Angriffe in mehreren Lebensbereichen gleichzeitig. In solchen Momenten scheint es so, dass Satan mit seinen Raubüberfällen kommt, und wir haben das Gefühl, dem nichts entgegensetzen zu können. Menschen, Beziehungen, Hoffnungen, Berufungen – und selbst unser Glaube – scheinen sich in Luft aufzulösen. Woran liegt es, dass wir keine Waffen haben, um den feindlichen Angriff zurückzuschlagen?

Wo ist der Waffenschmied unseres Lebens? ⇢ Saul und Jonatan hatten Schwerter – ihre Leute jedoch nicht. Es gab im ganzen Land keinen Schmied, der das ganze Volk hätte ausrüsten können. Sind wir klüger? Sorgen wir dafür, dass wir und die Menschen in unserem Umfeld mit geistlichen Waffen ausgestattet sind? Gott verspricht uns *„Waffen des Lichts"*, die wir für unseren Kampf brauchen (Römer 13,12). In Epheser 6,11 lesen wir: *„Zieht an die Waffenrüstung Gottes, damit ihr bestehen könnt gegen die listigen Anschläge des Teufels."* Das Wort Gottes und seine Waffenrüstung reichen, um siegreich zu kämpfen. Unsere Aufgabe ist es, sie regelmäßig zu tragen und zu benutzen. Ein besonderer Segen liegt darin, das Wort Gottes zu lesen, anzuwenden und uns vom Heiligen Geist führen zu lassen.

Waffenschmied für andere sein ⇢ Ein nicht ausgerüstetes Volk kann nicht effektiv kämpfen. Sorgen wir dafür, dass Menschen in unserem Umfeld gestärkt werden? Ermutigen wir sie durch Gottes Wort und unser Vorbild – als Leiter, Pastor, Vater, Chef oder Oma? Da sind Menschen, die wir ermutigen und zu mündigen Christen machen können. Dienen wir unseren Partnern, Kindern, Enkeln, Mitarbeitern und Freunden. So können sie zu gereiften Christen und effektiven „Kämpfern" für Gottes Reich werden.

Michael Becker

Vielleicht wird der HERR etwas für uns tun, denn es ist dem HERRN nicht schwer, durch viel oder wenig zu helfen.

1. Samuel 14,6

Bibellese: 1. Samuel 14,1-23

Mutig – oder ein Himmelfahrtskommando? Während Saul umringt von seinen 600 Kriegern unter einem Baum sitzt und sich der ausweglosen Situation Israels hingibt, macht sich sein Sohn Jonathan mit seinem Waffenträger auf den Weg ins Lager der Feinde.

Es ist für den Herrn nicht schwer ⇢ Als Volk Gottes bilden wir eine Minderheit in einer Gesellschaft, die glaubensfeindlich und antigöttlich lebt. Kann Gott unsere Umgebung durch so wenige Menschen retten? Können wir paar Christen überhaupt etwas ausrichten und seine Liebesbotschaft in die Herzen unseres Landes bringen? Jonatan sagte zu seinem Waffenträger: *„Vielleicht wird der HERR etwas für uns tun, denn es ist dem Herrn nicht schwer, durch viel oder wenig zu helfen."*

- Will der Herr etwas für uns tun?
- Hat er eine Lösung?
- Hat er die richtige Unterstützung, Begabung und Ausrüstung für uns?

Die Zukunft mag rein objektiv betrachtet schlecht sein. Im Glauben jedoch kann sie das sein, was Gott sieht und geplant hat. Er will uns wie Jonatan gebrauchen, diese Zukunft zu gestalten und feindliche Bollwerke zu überwinden. Er kann sogar dafür sorgen, dass sich die feindlichen Kräfte gegeneinander richten. Dass unsere Taten eine so starke Auswirkung haben, dass es kein Halten mehr gibt und große wunderbare Dinge ins Rollen kommen, die unser ganzes Land erfassen.

Mit dem Herrn etwas wagen ⇢ Ein aktiver Glaube wird für die Sache Gottes viel aufs Spiel setzen. Jonatan und sein Waffenträger wurden von den Philistern verspottet: „Die Hebräer kriechen aus ihren Löchern!" Es kann sein, dass auch unsere Umgebung über uns lacht. Niemand um uns herum erwartet, dass es einen Gott gibt, der Wunder tut. Aber durch unser Auftauchen – unser Dasein – kommt die Gegenwart Gottes mit uns. Wir sind nie allein. Jesus ist immer bei uns. Glauben wir, dass Gott nicht nur uns rettet, sondern auch *durch* uns retten kann? Gott kann uns über zahllose Herausforderungen und Feinde siegen lassen, *„denn es ist dem HERRN nicht schwer, durch viele oder durch wenige zu retten!"*

Vielleicht stehen wir gerade vor einer unlösbaren Aufgabe und werden von der sichtbaren Realität eingeschüchtert. Fehlt es an Ausrüstung, Finanzen, Mut und Unterstützung für den nächsten Schritt? Gott wird dir und mir helfen, uns segnen und durch uns ein Segen für andere sein.

Michael Becker

14
Mittwoch

Verflucht sei jedermann, der etwas isst bis zum Abend, bis ich mich an meinen Feinden räche! Da aß das ganze Volk nichts.

1. Samuel 14,24

AUGUST

Bibellese: 1. Samuel 14,24-52

Alle sollen schmachten? Vielleicht, damit sie stärker werden? Besser kämpfen können? Mich macht Fasten körperlich immer nur schlapp, mag es auch geistlich eine größere Offenheit für Gott und seine Offenbarungen mit sich bringen. Das habe ich oft genug erlebt – mag es auch den Körper entschlacken. Aber es gibt niemandem einen starken Arm, mit dem er besser gegen die Philister kämpfen könnte.

In übergroßer Bedrängnis ⇢ Diesen Versuch, Gott einen Sieg über die Feinde abzuringen, indem man die Kampfkraft reduziert, finde ich nicht sehr klug. Soll ein in Mathematik schwächelnder Schüler etwa sagen: „Ich will verflucht sein, wenn ich noch eine Minute lerne!" Aber was macht man nicht alles, wenn die Bedrängnis übergroß wird. Kommen wir nicht auch schnell auf die Idee, Gott ein Versprechen zu geben, quasi als Motivationsschub, dass er doch noch eingreifen möge? Von älteren Menschen habe ich oft gehört, dass sie Gott in der verzweifelten Not des Krieges ein Versprechen gegeben haben: „Wenn ich noch mal nach Hause komme, werde ich dir nachfolgen, dir dienen, von einer Leidenschaft Abstand nehmen!" Viele haben sich daran gehalten und sind von Gott gesegnet worden.

Vorsicht vor Versprechungen ⇢ Gott nimmt solche Festlegungen sehr ernst: *„Opfere Gott Dank und erfülle dem Höchsten deine Gelübde"* (Psalm 50,14). Mit solchen Versprechen sollten wir allerdings sehr vorsichtig sein. Saul hatte hier einen Fluch vom Stapel gelassen und sich selbst dadurch in größte Schwierigkeiten gebracht. Nur durch das Einschreiten des Volkes wurde er davon abgehalten, seinen eigenen Sohn zu töten. Gott hasst leichtfertig hingesagte Worte, die dann nicht eingehalten werden können. Er erwartet von uns, dass wir unsere Worte total ernst nehmen und erfüllen. Das ist ein Aspekt seiner Ebenbildlichkeit. Wie sollten wir ihm noch glauben, wenn Worte – wie leider so oft in unserer Gesellschaft – nichts mehr gelten?

Durch versprochene Leistungen können wir Gott nicht imponieren. Er sieht die Gefahr, dass wir dann nachher auch noch stolz auf uns sind. Daher ist es so wichtig, genau auf das zu achten, was wir sagen, auch in unserm Alltag. Es ist besser, Gott und Menschen gegenüber keine leeren Versprechen abzugeben. Wer weiß, ob wir es einhalten können oder nachher als Lügner dastehen?

Gerhard Bieker

Saul aber sprach: Ich habe gesündigt; aber ehre mich doch jetzt vor den Ältesten meines Volks und vor Israel.

1. Samuel 15,30

Bibellese: 1. Samuel 15,1-35

Beim Lesen dieses Bibelabschnittes schweiften meine Gedanken ab zu etwas, das wir in unserm Garten erlebten. Meine Frau reinigte den kleinen bepflanzten Abhang zwischen der Straße und unserem Gartenzaun. Unten vor dem Zaun liegen lange Balken, die Steine und Laub aus dem Garten fernhalten sollen. Plötzlich brach ein Balken in sich zusammen. Vorher hatte er noch gut ausgesehen, aber im Augenblick der Belastung zeigte er sein „wahres Inneres". Er war völlig morsch und zerfressen. Er beherbergte Tausende von Ameisen, die sich dort um ihren Nachwuchs kümmerten.

Äußerlich stark, innen morsch ⇢ So war auch Saul. Er erfüllte den Auftrag Gottes, zumindest in dem Maß, dass keinem, der Gottes genaue Weisung kannte, etwas auffiel. Den gefangenen König ließ er leben. Vielleicht dachte er an Lösegeld. Auch die brauchbaren Tiere ließ er am Leben, gab dem später noch einen frommen Anstrich. Samuel gegenüber äußerte er, das Volk habe sie als Opfertiere mitnehmen wollen. War dieser Plan denn nicht besser als das, was Gott von ihnen gewollt hatte? Sie waren ja so gut …

So lügt Saul sich, den anderen, Samuel und auch Gott etwas vor. Wenn etwas nicht richtig war, war es doch das Volk gewesen, nicht er. Er übernahm überhaupt keine Verantwortung. Egal, ob dieser Eigennutz nun aus seinem Herzen kam oder ob er inzwischen so führungsschwach geworden war, dass er dem Volk nicht mehr entgegentreten konnte – er war ein morscher Balken! „Bitte, Samuel, verurteile mich doch nicht öffentlich vor dem Volk. Lass mich doch vor ihnen gut und als ein von Gott gesegneter Mensch dastehen. Ich möchte doch von ihnen geliebt und geachtet werden." Was hatte diesen einstmals gesunden „Balken" so morsch werden lassen?

Bewahre mich, Herr! ⇢ Auch ich bin solch ein „Balken", der sich seit 65 Jahren im Leben und seit 46 Jahren in der Nachfolge befindet. Imposante Stämme um mich herum sind teilweise schon nach kurzer Zeit in sich zusammengefallen. Aber um mich herum sind auch „Kalebstämme", teilweise älter und länger in der Nachfolge, doch immer noch fest und voll Kraft. Guten Willens bin ich zwar, spüre auch immer noch, von Gott gebraucht zu werden. Dennoch: „Herr, bewahre mich vor Selbsttäuschung. Lass mich bis zu meinem letzten Tag ein brauchbares und uneigennütziges Werkzeug in deinen Händen sein!"

Gerhard Bieker

16
Freitag

Und du sollst Isai zum Opfer laden. Da will ich dich wissen lassen, was du tun sollst, dass du mir den salbst, den ich dir nennen werde.

1. Samuel 16,3

AUGUST

Bibellese: 1. Samuel 16,1-13

Von Gott gesandt ist Samuel in gefährlicher Mission unterwegs: Er soll den neuen König salben, den Nachfolger Sauls. Dieser sollte nicht mehr lange König sein, denn Gott hatte ihn verworfen. Sauls Sünden und seine fehlende Umkehr hatten dazu geführt. Schon längst hatte Gott seine Wahl für einen neuen König getroffen, einen *„Mann nach seinem Herzen“* (1. Samuel 13,14). Saul war der König, den das Volk wollte. Gottes Heilsplan sagt aber, dass eine andere Familienlinie zum Messias führen soll. Etwas widerwillig machte sich Samuel auf den Weg, er hatte es noch nicht verwunden, dass er bei der Salbung eines Königs nachbessern musste.

Gott sendet trotz Bedenken und Sorgen ⇢ Samuel trauert nicht nur um Saul, er fürchtet sich auch vor dessen Rache, sollte dieser erfahren, dass bereits ein neuer König durch Samuel gesalbt worden war. Auch ist ihm zu Recht die dortige Örtlichkeit nicht ganz geheuer, das merken wir später an der entsetzten Frage der Ältesten: *„Bedeutet dein Kommen Friede?“* (Vers 4). Gut ist, dass Samuel Gottes klare Sendung annimmt, aber auch mit ihm über seine Bedenken und Sorgen spricht. Gott ist nicht unwillig über die Fragen seines Knechtes, im Gegenteil, er hilft ihm und sagt: „Nimm eine junge Kuh und sag den Ältesten dort, dass du gekommen bist, um dem Herrn ein Opfer zu bringen. Lade den Vater der betreffenden Familie dazu ein.“

Der Weg wächst im Gehen ⇢ Und dann kommt unser Vers für heute: *„Da will ich dich wissen lassen, was du tun sollst, dass du mir den salbst, den ich dir nennen werde.“* Wenn Gott uns sendet, beauftragt er uns, er liefert aber keine komplette Landkarte mit allen Einzelheiten. Erst muss Samuel den Gehorsamsschritt tun, trotz aller berechtigter Bedenken. Gott lässt ihn dabei nicht im Stich, sondern gibt gute Gedanken, wie der Auftrag vor Ort klug angegangen werden kann. Schritt für Schritt wird Gott offenbaren, was die nächste Aktion ist. Denn es kommt darauf an, das Richtige zu tun. Samuel hat sich auf Gottes Leitung eingelassen und vor Ort die Nerven behalten, als sieben gut geeignete Kandidaten vor ihm standen. Er ließ sich nicht bluffen: „Es muss noch einen geben – der Richtige ist noch nicht dabei.“

Sendung, Gehorsam, Mut, Klugheit, Nervenstärke, Hören auf Gott und das Richtige tun – das alles gehört zusammen.

Andreas Claus

Ich habe gesehen einen Sohn Isais, des Bethlehemiters, der ist des Saitenspiels kundig, … und der HERR ist mir ihm.

1. Samuel 16,18

Bibellese: 1. Samuel 16,14-23

Der Herr ist mit ihm – was für eine starke Empfehlung, die Sauls Knechte hier ihrem König über David geben. Er sei nicht nur ein guter Saitenspieler, ein tüchtiger und tapferer Mann, klug und gut aussehend – das Wichtigste, das alles überstrahlt, ist: *„Der HERR ist mit ihm.“* Das erinnert an Josef, über den auch gesagt wird, dass der Herr mit ihm war und ihm alles glückte, was er tat.

Der Geist des Herrn ⇢ Wie tragisch, dass wir über Saul lesen müssen: *„Der Geist des HERRN aber wich von Saul, und ein böser Geist vom HERRN verstörte ihn“* (Vers 14). Hier auszuloten, was ein böser Geist vom Herrn sein mag, ist nicht notwendig. Was wir auf jeden Fall verstehen: Der Geist des Herrn verließ ihn und Saul schien in Depressionen oder Umnachtungen zu verfallen. Harfenspiel als Therapie würde Saul Linderung verschaffen, das hatten seine Knechte gut erkannt. So kam David, der Mann, auf dem der Geist Gottes war, an Sauls Hof. Immer, wenn er auf der Harfe spielte, wurde es besser mit Saul. David als erster Musiktherapeut.

Gott hat viel Zeit ⇢ Welch Ironie des Schicksals, dass Saul nicht ahnte, mit dem Harfenspieler David bereits seinen Nachfolger als König an seinen Hof geholt zu haben. Ja, er gewann ihn sogar lieb, und David wird zum persönlichen Waffenträger befördert. David dagegen wird gewusst haben, dass hier der Anfang einer großen Geschichte ist. Er bekam inkognito Einblick in das Geschehen am Königshof. Aber er diente Saul in aller Demut. Wir wissen, dass es noch ein weiter Weg war, bis Davids Königssalbung zum Tragen kam. Ein Weg voller Rückschläge und Gefahren, und oft sah es so aus, als sei alles ein Irrtum gewesen.

Aber Gott hat viel Zeit. Wir Menschen sind eher ungeduldig, würden gern Setzungen und Salbungen beschleunigen, schneller umgesetzt sehen. Geradlinig soll es in die Berufung gehen. Gottes Wege sind weite Wege, und es fängt an mit geisterfülltem Dienen. David brauchte nur die Harfe zu spielen, schon wurde der Geist Gottes wirksam und *„der böse Geist wich“* (Vers 23). Ein besseres Zeugnis von anderen könnte ich mir nicht wünschen als das, was die Knechte Sauls über den jungen David sagten: *„Der HERR ist mit ihm.“* Mehr brauche ich nicht, mehr will ich nicht. Alles andere wird sich fügen zu Gottes Zeit.

Andreas Claus

Du kannst nicht hingehen zu diesem Philister, mit ihm zu kämpfen; denn du bist ein Knabe, dieser aber ist ein Kriegsmann von Jugend auf.

1. Samuel 17,33

Bibellese: 1. Samuel 17,1-58

Da stehen sich zwei Gegner gegenüber: Israeliten und Philister. Tag für Tag fordert der stärkste Philister seine Gegner mit einem Angebot heraus: Gewinnt der israelitische Kämpfer, so wird sich das ganze Heer der Philister ergeben und den Israeliten dienen. Sollte jedoch er gewinnen, muss das Volk Israel den Philistern dienen. So geht es vierzig Tage lang und niemand im israelitischen Heer hat den Mut, gegen diesen übermächtigen Gegner anzutreten.

Wer ist mutig genug? ⇢ Wie soll es nun weitergehen? Wird sich ein starker Mann finden, der es mit Goliath aufnehmen kann? Wird Gott auf übernatürliche Weise eingreifen? Ja und ja! Doch entgegen allen Erwartungen schickt Gott keinen mächtigen Krieger, sondern einen Teenager ohne Kampferfahrung im Krieg. Ein junger Mann namens David bewirbt sich darum, gegen den Philister kämpfen zu dürfen, und erzählt ein paar unglaubliche Geschichten aus seinem Alltag als Hirte, die den König überzeugen sollen. Der König weiß, was auf dem Spiel steht: Sollte David verlieren, ist es aus mit ihnen. Die „Wette“ wäre verloren und sie müssten sich ihrem Gegner ergeben. Doch König Saul sieht etwas in diesem Teenager und er sollte damit recht behalten. David wird in den Kampf gegen Goliath geschickt – und der Rest ist Geschichte.

Eine neue Selbstverständlichkeit ⇢ Mich fasziniert es, dass Saul einem Teenager das Schicksal seines Landes anvertraut hat. Doch überrascht bin ich nicht, denn erst im Kapitel zuvor wird berichtet, wie der Prophet Samuel den gleichen Teenager auf Gottes Geheiß hin heimlich zum König salbte. Man kann aus dem Kampf David gegen Goliath so viele unterschiedliche Lehren ziehen, doch dieses Mal spricht diese eine Tatsache am lautesten zu mir: Mach nicht halt, nur weil jemand noch jung ist.

Wie wäre es, wenn wir Teenagern und Jugendlichen unabhängig von ihrer Jugend ein Stück weit mehr zutrauen würden, an unserer Seite Verantwortung im Reich Gottes zu übernehmen? Es geht dabei nicht unbedingt darum, den nächsten David zu entdecken. Mir geht es vielmehr um eine neue, größere Selbstverständlichkeit, mit der wir Teenager und Jugendliche in den Dienst im Reich Gottes integrieren und ihnen zutrauen, große Kämpfe zu kämpfen und zu gewinnen.

Albert Stein

Als David aufgehört hatte, mit Saul zu reden, verband sich das Herz Jonatans mit dem Herzen Davids, und Jonatan gewann ihn lieb wie sein eigenes Leben.

1. Samuel 18,1

Bibellese: 1. Samuel 18,1-19

Freundschaft. „Eher würde ich auf meine Frau verzichten als auf meine Freunde", so der Schauspieler Kevin Costner. Dazu würde ich jetzt nicht Amen sagen, aber die Tatsache, die ich in den letzten Jahren häufiger auch von Leitern und Pastoren gehört habe, dass sie wenig Freunde im Dienst haben, lässt mich schon aufhorchen und macht nachdenklich. Vielleicht kennen wir das Zitat: „Wenn du schnell gehen willst, dann gehe alleine. Wenn du weit gehen willst, dann musst du mit anderen zusammen gehen!" Passt irgendwie zu dieser Bibelstelle vom Herz Jonatans, das sich mit Davids Herzen verband. So entstand eine Freundschaft, die mit den Worten *„er gewann ihn lieb wie sein eigenes Leben"* beschrieben wird.

Jonatan und David schlossen einen weitreichenden Freundschaftsbund. Es war mehr als als eine notwendige Dienstgemeinschaft oder eine oberflächliche Freundschaft, sondern eine Hingabe zu einer tiefen Freundschaft, die sogar so weit ging, dass Jonatan sein Leben riskierte, um David zu retten. Ebenso war der Bund für Jonatan lebenswichtig, weil David später den Fortbestand der Familie Jonatans garantierte. Ein tiefer Bund der Freundschaft, der vor Gott geschlossen wurde und das Leben dieser beiden biblischen Personen begleitete und bereicherte.

Herzensbeziehungen ⇢ Wenn man schon länger in einer Gemeinde Verantwortung trägt, merkt man umso mehr, wie wichtig echte Freunde und Freundschaften sind. Ich für meinen Teil sehne mich nach solchen und höre das auch von vielen anderen Leitern und Mitarbeitern. Was sind die Merkmale dieser besonderen Freundschaft zwischen Jonatan und David und wie können wir davon lernen?

Als eindrückliches Merkmal empfinde ich, dass sich ihre Herzen miteinander verbanden. Denn es ist eine echte Herzensbeziehung, nach der wir uns alle sehnen und die wir auch wirklich brauchen. Ich wünsche uns solche Beziehungen, in denen man sich einander ehrlich und transparent öffnen kann, dass wir einen sichereren Ort der Annahme und des Verständnisses finden. Das zweite Merkmal ist der Bund oder auch die Hingabe zu einer Freundschaft. Ich glaube, auch das ist etwas, was wir dringend benötigen. Keine lose Freundschaft, sondern eine mit Hingabe, die den anderen in seinem Dienst und Leben ermutigt, mit Gott voranzugehen und das Beste für Jesus zu geben!

Florian Fürst

Da fürchtete sich Saul noch mehr vor David und wurde sein Feind sein Leben lang.

1. Samuel 18,29

Bibellese: 1. Samuel 18,20-30

Auf was man alles neidisch sein kann: Haus, Geld, Aussehen, Erfolg, Anerkennung. Oder im Geistlichen: die Gemeindegröße, die Mitarbeiteranzahl, die neue Technik, das tolle Lobpreisteam, die Finanzen der Mitglieder – ich glaube, die Liste ließe sich endlos fortsetzen. Was sicher ist: Neid ist gefährlich! Wer darin gefangen ist, kann dem anderen nichts mehr gönnen. Ein menschliches Verhalten, das wir oft in der Bibel finden. Kain war neidisch auf Abel, Josefs Brüder auf Josef, Saul auf David, wie wir hier in der Geschichte lesen.

Negative Entwicklung ⇢ Eigentlich konnte Saul sich ja glücklich schätzen, einen Mann wie David in seinem Heer zu haben. Deshalb machte er ihn auch zu einer Führungsperson, doch dann kam der Bumerang: Das ganze Volk bekam Gefallen an David. So wurde in Sauls Augen aus einem guten Soldaten eine Bedrohung, und der Neid gegenüber David wuchs mehr und mehr. Saul schmiedet einen Plan, bietet ihm seine Tochter Michal zur Frau an – im Gegenzug für die Erfüllung der Aufgabe, 100 Philister zu töten. Er hofft, dass David dabei getötet wird. Dieser erfüllt die Aufgabe jedoch mit Bravour, erschlägt sogar 200 Philister und bekommt Michal, Sauls Tochter, zur Frau.

Leider hielt das die negative Entwicklung nicht auf: *„Als aber Saul sah und merkte, dass der HERR mit David war und dass seine Tochter Michal ihn lieb hatte, da fürchtete sich Saul noch mehr vor David und wurde sein Feind sein Leben lang“* (Verse 28.29). Anstatt anzuerkennen, dass Gott mit David war, ließ Saul zu, dass sein Herz völlig vergiftet wurde, und entwickelte eine lebenslange Feindschaft.

Wie sieht das bei uns aus? ⇢ Vermutlich kennen viele diese Geschichte von Saul und David schon lange. Die Frage ist: Wie sieht es in unserem Herzen aus – gerade auch im geistlichen Dienst? Manchmal will sich das Gefühl breitmachen, andere wären gesalbter, begabter, predigen besser, ihre Gemeinde läuft … Neid und Vergleich in unserem Herzen sind gefährlich. Ein paar einfache Tipps, die uns dann helfen können, sind:

- Anzuerkennen, dass es in unserem Herzen so ist.
- Gott gegenüber unser Herz ehrlich zu öffnen.
- Freunde zu haben, mit denen wir in Herzensbeziehung authentisch unterwegs sein können.

Das wird dabei helfen, dass unser Herz nicht vergiftet wird und wir in unserem Dienst zum Ziel kommen.

Florian Fürst

Daher sagt man: Ist Saul auch unter den Propheten?

1. Samuel 19,24

Bibellese: 1. Samuel 19,1-24

Frommer Anstrich – furniert oder durch und durch echt? Ich bin immer wieder erstaunt, wie schön und perfekt lackiert Oberflächen sein können. Selbst Oberflächen aus Kunststoff sehen Echtholzfurnieren oft täuschend ähnlich. Wäre es nicht schön, wenn wir Menschen auch durch und durch echt wären? Also nicht nur oberflächlich durch einen frommen Anstrich ein wenig veredelt oder furniert? Jesus sprach hinsichtlich der Pharisäer von Menschen, die rein äußerlich glänzten und einen guten Anstrich hatten, der aber gar nicht ihrem innersten Wesen entsprach. Er nannte sie *„getünchte Gräber"* (Matthäus 23,27 EIN).

Mehr Schein als Sein ⇢ In unserer heutigen Geschichte haben wir es mit einem Mann zu tun, dessen Äußeres imponierte. Israels erster König, Saul, war ein stattlicher, hochgewachsener Mann. Er hatte gute Voraussetzungen, versagte aber schließlich total. Aus welchen Gründen er dem Hirtenjungen David feind war, wissen wir nicht. Vermutlich war es Neid, Missgunst oder Eifersucht. Wir wissen aber, dass David ihn immer wieder durch gekonntes Saitenspiel aus seinen Depressionen holte. Trotzdem hatte König Saul es sich in seinen Kopf gesetzt, David umzubringen, und das, obwohl dieser sein Schwiegersohn war.

Selbst die engagierte Fürsprache seines Sohnes Jonatan, Davids bestem Freund, konnte Saul nur kurzfristig umstimmen. Obwohl Saul Jonatan versprach, David zu schonen, war der Entschluss nur von kurzer Dauer. In einem Anfall von Wut versuchte er, David an die Wand zu spießen. Daraufhin floh David zu Samuel, dem Propheten. Das konnte Saul und seiner Mannschaft nicht verborgen bleiben.

Charisma oder Charakter? ⇢ Es ist schon merkwürdig, wie Menschen in einer Atmosphäre des Heiligen Geistes berührt werden können, ohne eine tiefgreifende Veränderung ihres innersten Wesens zu erfahren. Trotz der Tatsache, dass Sauls Ekstase eine ganze Nacht lang anhielt, wurde er in seinem Wesen überhaupt nicht verändert. Sein Ziel, David zu töten, bestand auch nach dieser Erfahrung. Es kommt eben auf mehr an als nur auf einen frommen emotionalen Kick. Was wir Menschen brauchen, ist ein innerer Zerbruch über unsere Schuld sowie eine wirkliche Hinkehr zu Gott und seinen Zielen, damit prophetische Dienste nicht in Verruf kommen.

Günther Kaupp

22
Donnerstag

Jonatan sprach: Das sei ferne von dir, dass ich es dir nicht sagen sollte, wenn ich weiß, dass bei meinem Vater beschlossen ist, Böses über dich zu bringen.

1. Samuel 20,9

AUGUST

Bibellese: 1. Samuel 20,1-23

Jonatan war in einer schrecklichen Lage. Hier spricht er mit seinem Freund David, der von seinem Vater Saul früher einmal herbeigesehnt worden war, um ihn mit der Harfe und Liedern zu beruhigen. Dann jedoch wurde Saul von Eifersucht geplagt und versuchte mit aller Macht, David zu töten. Und zwischendrin steht sein Sohn Jonatan.

Wie in einem Sandwich ⇢ Jonatan verhält sich großartig. Er weiß um die charakterlichen Schwächen seines Vaters. Und er lässt sich nicht beirren, seinem Freund David beizustehen. Jonatan steckt mittendrin, wie die Frikadelle in einem Sandwich. Sein Vater ist wütend auf ihn, weil er mit David befreundet ist. Doch Jonatan lässt nichts zwischen sich und seinen Herzensfreund David kommen. In welcher Spannung musste er stehen – wie in der Mitte eines Seiles, an dem an beiden Seiten gezogen wird. Eine unangenehme Position, in die man aber im Leben immer wieder geraten kann. Zwei Nachbarn streiten sich und man versucht, zu vermitteln. In der Familie oder in der Verwandtschaft treten Spannungen auf und man soll Partei ergreifen.

Friedensstifter ⇢ Ich persönlich habe die Tendenz, mich in solchen Situationen am liebsten zurückzuziehen. Ich möchte es mir mit keinem verscherzen. Dadurch ist man jedoch keine Hilfe. Jonatan ist da für mich ein leuchtendes Beispiel, solch eine Spannung auszuhalten. Er steht zu seinem Vater, seinem Königreich, zu Israel. Und er beschützt seinen Herzensfreund David mit allen Mitteln. Jesus thematisierte das in der Bergpredigt, als er sagte: *„Selig sind, die Frieden stiften; denn sie werden Gottes Kinder heißen“* (Matthäus 5,9).

Wie hat Jonatan es geschafft, durch diese Krisen zu kommen? Er blieb sich treu, indem er seinem Gott und dessen Gebote wie auch Verheißungen treu blieb. Er ehrte seinen Vater, obwohl dieser ein schreckliches Verhalten an den Tag legte, ja sogar Jonatan selbst töten wollte. Und er beschützte seinen besten Freund, sodass dieser gerettet wurde, wie es der Tagesvers beschreibt. Auch wenn die Geschichte mit Jonatans Tod traurig endete, so konnte er doch in Bezug auf diesen Konflikt im Frieden mit allen Beteiligten sein. Er hatte sein Möglichstes getan, um Frieden zu stiften. Und Gott erfüllte seine Verheißungen, indem er David beschützte und damit auch Jonatans Nachkommen.

Andreas Klöpfer

Der HERR sei Zeuge zwischen mir und dir, zwischen meinen Nachkommen und deinen Nachkommen in Ewigkeit.

1. Samuel 20,42

Bibellese: 1. Samuel 20,24-42

Jonatan bittet seinen Freund David darum, ihm und seinen Nachkommen nie die Barmherzigkeit zu entziehen. Die Früchte einer Freundschaft sind etwas Schönes. Die Bedingungen wie Treue in Schwierigkeiten und Opferbereitschaft möchte man aber manchmal nicht erfüllen. Jonatan ahnte wohl, wie die Geschichte ausgehen konnte. Er wusste, dass es keine zwei Könige geben wird. Er sah, dass David der Auserkorene war. Und er überlegte sich, welchen Platz er dann als Königssohn, als rechtmäßiger Erbe des Thrones, haben würde, wenn sein Vater einmal nicht mehr sein würde.

Der Schwur und das Bündnis ⇢ Sie verabschieden sich in dem Wissen, dass sich ihre Wege für eine gewisse Zeit oder vielleicht für immer trennen würden. Man kann dem Wortwechsel Jonatans Überzeugung entnehmen, dass David der zukünftige Herrscher sein würde. Er kannte auch einige Psalmen, die David für seinen Vater gesungen hatte. Welche das waren, wissen wir nicht. Aber es ist klar, dass sich Sauls Familie durch dessen Fehlverhalten zu Davids Feind gemacht hatte. David hatte auch darüber gesungen, wie Gott mit seinen Feinden verfahren möge.

Jonatan wusste zwar, dass er sich auf David verlassen konnte. Aber so, wie er zwischen seinem Vater und seinem Freund steckte, würde auch David einmal zwischen seinen Beratern, Feldherren und Ministern und Jonatans Familie stehen. Damals war es üblich, das Königshaus eines gescheiterten Königs auszulöschen. Deshalb forderte er von David ein Gelübde, dem dieser von ganzem Herzen zustimmte. Solch ein Ausspruch war wie ein in Stein gemeißeltes Dokument. Die Freunde wussten nicht, wie es weitergehen würde. Aber im Glauben und in Zuversicht sprachen sie in ihrer Zuneigung das aus, was menschlich gesehen nur sehr schwer zu halten sein würde.

Die Erfüllung und der Segen ⇢ Am Ende verlor David seinen Freund. Wie gut, dass er nicht unter die Räder der politischen Zwänge geriet. Wir können Streit nicht immer so schlichten, wie wir uns das vorstellen. Wir können aber, soweit es an uns liegt, Frieden halten (siehe Römer 12,18). Mit großem Herzen, Wohlwollen und der Bereitschaft zur Versöhnlichkeit werden wir in vielen Situationen im Glauben Segen erleben, mit dem wir nicht gerechnet hätten.

Andreas Klöpfer

24
Samstag

Und David nahm sich diese Worte zu Herzen und fürchtete sich sehr vor Achisch, dem König von Gat.

1. Samuel 21,13

AUGUST

Bibellese: 1. Samuel 21,1-16

Waren wir schon einmal in einer Situation, in der unser Glaube auf den Prüfstand gestellt wurde? Unser Vertrauen auf Gott musste mit der Angst konkurrieren. Selbst gestandene und reife Gläubige sind davon nicht ausgenommen. David handelte in diesem Kapitel auf eine Art und Weise, die allem widersprach, was er von Gott wusste und mit ihm erlebt hatte.

Wenn Angst unsere Sinne vernebelt ⇢ Als David gegen Goliath kämpfte, hatte er sich auf Gottes Wort und dessen Macht verlassen. Mutig war er Goliath entgegengetreten und hatte proklamiert: *„Du kommst zu mir mit Schwert, Spieß und Sichelschwert, ich aber komme zu dir im Namen des HERRN Zebaoth“* (1. Samuel 17,45). Jetzt aber bittet David selbst um ein Schwert oder einen Speer und sucht anschließend Sicherheit bei seinen Feinden – in der Heimatstadt Goliaths, bewaffnet mit eben diesem Schwert, das einst Goliath selbst nicht retten konnte. David, überwältigt von Angst, setzt seine Hoffnung auf Waffen, die nicht retten können, und auf Menschen, die nicht helfen werden. Menschlich gesehen kann man seine Reaktion vielleicht nachvollziehen und sagen, dass verzweifelte Zeiten verzweifelte Maßnahmen erfordern. Aber David musste es besser wissen. Und so führt ihn die Angst immer weiter weg von Gott und tiefer in eine Fast-Katastrophe hinein.

Gott lässt uns nicht im Stich ⇢ Am Ende muss David sich zutiefst erniedrigen und als Verrückten ausgeben, um mit dem Leben davonzukommen. Er hatte der Angst mehr Glauben geschenkt als Gottes Zusagen, obwohl er so viel mit ihm erlebt hatte. Später schreibt er mehrere Psalmen über seine Flucht. In Psalm 56,4.5 lesen wir: *„Doch gerade dann, wenn ich Angst habe, will ich mich dir anvertrauen. Ich lobe Gott für das, was er versprochen hat; ihm vertraue ich und fürchte mich nicht. Was kann ein Mensch mir schon antun?“* (HFA).

Auch wir sind nicht immun gegen Angst. Wir werden immer wieder Situationen erleben, in denen unser Vertrauen auf Gott auf die Probe gestellt wird. Dann dürfen wir aber beten: „Danke Vater, dass du uns nicht einen Geist der Furcht gegeben hast, sondern einen Geist der Kraft, der Liebe und der Besonnenheit. Lass mich heute deinem Wort mehr Glauben schenken als all den Herausforderungen, Umständen und Nöten, die mir Angst und Sorgen bereiten möchten. Amen.“

Michael Leppert

Aber der Prophet Gad sprach zu David: Bleib nicht auf der Bergfeste, sondern geh hin ins Land Juda. Da ging David weg und kam nach Jaar-Heret.

1. Samuel 22,5

Bibellese: 1. Samuel 22,1-23

Davids Flucht vor Saul endet in einer Bergfeste. Endlich in Sicherheit, umgibt er sich mit seinen Anhängern und hofft auf bessere Zeiten. Doch Gott ist mit David noch nicht am Ziel. Davids Berufung ist nicht, sich vor Saul in einem fremden Land zu verstecken, sondern König von Israel zu werden. Also sendet Gott (wieder mal) einen Propheten, der David ausrichten lässt, sich nicht länger zu verstecken, sondern zurück in sein Land zu gehen und sich seinem Schicksal zu stellen.

Sich den Herausforderungen stellen ⇢ Auch wir kennen bestimmt Situationen in unserem Leben, in denen Herausforderungen so groß scheinen, die Lösung eines Problems so unmöglich, dass wir umdrehen und wie David davonlaufen. Vielleicht befinden wir uns gerade sogar mitten in solch einer Situation. Meiner Erfahrung nach hat das aber noch selten ein Problem gelöst, sondern eher dazu beigetragen, dass die Probleme noch größer wurden.

Als der Prophet zu David kam, war David gehorsam und stellte sich seiner Angst. Später schreibt er über diese Zeit in einem Psalm: *„Herzlich lieb habe ich dich, Herr, meine Stärke! Herr, mein Fels, meine Burg, mein Erretter; mein Gott, mein Hort, auf den ich traue, mein Schild und Horn meines Heils und mein Schutz“* (Psalm 18,2.3). David musste durch viele Herausforderungen lernen, dass wahre Sicherheit allein in Gott zu finden ist und keine Burg dieser Welt das ersetzen kann. Diese Zuversicht gab ihm schließlich die Kraft, sich seinem Schicksal zu stellen und seine Berufung zu ergreifen. So schreibt er weiter: *„Denn mit dir kann ich Wälle erstürmen und mit meinem Gott über Mauern springen“* (Vers 30).

Manchmal ist es Zeit, wie David zu lernen, vor Herausforderungen nicht länger davonzulaufen, sondern sich ihnen zu stellen. Was kann es für uns heute bedeuten, sich ganz auf Gott zu werfen und unsere Sicherheit allein in ihm zu finden?

Michael Leppert

26
Montag

Da ließ Saul davon ab, David nachzujagen, und zog hin, den Philistern entgegen. Daher nannte man den Ort Sela-Machlekot.

1. Samuel 23,28

AUGUST

Bibellese: 1. Samuel 23,1-28

In unserer heutigen Bibellese erleben wir David, den späteren König Israels, in nervenaufreibenden Zeiten: Kein sicherer Ort für ihn und seine Männer, ständig auf der Flucht vor König Saul, der entschlossen ist, ihn umzubringen, von allen Seiten Bedrohung und Verrat ausgesetzt. Die Nerven liegen blank und schon sieht es so aus, als hätte er diesmal verloren. David ist drauf und dran, seinem Verfolger Saul direkt in die Arme zu laufen. Gefangennahme und Tod scheinen unausweichlich. Doch Gott kommt nicht zu spät. Genau jetzt ereignet sich das Wunder: In letzter Minute trennt Gott David von seinen Verfolgern, und das ausgerechnet mithilfe der verfeindeten Philister. „*Daher nennt man den Ort Sela-Machlekot*", was übersetzt heißt: „Fels der Trennung".

Gott sorgt für Rettung ⇢ Nicht nur hier, auch an anderen Stellen in der Bibel erfahren wir von solch grandiosen Rettungsaktionen Gottes, von Situationen, die ausweglos erschienen und dann doch eine überraschende Wendung genommen haben. Ich denke dabei beispielsweise an die Rettung des Volkes Israel vor den Ägyptern am Schilfmeer (2. Mose 14). Menschlich gesehen gab es damals für die Israeliten keinen Ausweg mehr. Sie saßen in der Falle. Vor ihnen das Meer, hinter ihnen die herannahenden Soldaten des Pharaos. Aber Gott sorgt auch hier für Rettung. Er schafft einen Weg aus dem Nichts. Er teilt durch Mose das Meer und trennt sein Volk von seinen Verfolgern.

Vertrauen wird belohnt ⇢ Wer so etwas erlebt wie David oder auch das Volk auf der Flucht vor den Ägyptern, dessen Glaube an Gott wächst geradezu in den Himmel. Er erlebt, dass bei Gott tatsächlich alle Dinge möglich sind, und dass er in jedem Fall in der Lage ist, seine Leute zu bewahren. Diese Erlebnisse wollen auch uns ermutigen und Glauben schenken. Was Gott damals getan hat, kann er auch in unserem Leben tun. Wenn wir auf ihn vertrauen, wenn wir nach seinen Wegen fragen und seinen Willen tun wollen, schafft Gott auch in unserem Leben ein „*Sela-Machlekot*" oder einen Weg mitten durch das Meer. Es lohnt sich, an ihm dranzubleiben und seine Rettung zu erwarten. Er kommt nicht zu spät. Seine Möglichkeiten sind grenzenlos und er ist jederzeit in der Lage, uns aus Bedrängnis und höchster Gefahr zu erretten. Unfassbar viele Menschen haben das schon erfahren.

Jutta Dünnebier

Der HERR wird Richter sein zwischen mir und dir und mich an dir rächen, aber meine Hand soll nicht gegen dich sein.

1. Samuel 24,13

Bibellese: 1. Samuel 24,1-23

Auch nach dem wundersamen Eingreifen Gottes hatte David keine Ruhe vor König Saul. Dieser hatte sich inzwischen weit von Gott entfernt. Obwohl er den Willen Gottes in Bezug auf David und den Königsthron kannte, war er wie besessen von dem Gedanken, David zu töten. Kaum waren die Philister zurückgedrängt, unternimmt er einen weiteren Anlauf, David endlich zur Strecke zu bringen. Wieder ohne Erfolg. Gott lässt David auch diesmal nicht im Stich.

Ganz im Gegenteil: Gott schenkt David sogar eine Möglichkeit, sein Vertrauen und seinen Gehorsam ihm gegenüber unter Beweis zu stellen. Obwohl sich David die Möglichkeit bietet, rächt er sich nicht an Saul. Er widersteht der Versuchung, das Recht selbst in die Hand zu nehmen. Er vertraut Gott und überlässt ihm die Rache. David erweist sich damit einmal mehr als ein Mann nach dem Herzen Gottes.

Wie du mir, so ich dir? ⇢ Nicht nur David hat Ungerechtigkeit erlebt. Wir alle leben in einer Welt voller Ungerechtigkeit, Unterdrückung, Ausbeutung, Hass und Gewalt. Auch in unserem Leben gibt es Situationen, in denen uns Unrecht geschieht. Schnell regt sich da der Impuls nach Rache: „Wie du mir, so ich dir." Groß ist die Versuchung, es dem anderen bei passender Gelegenheit heimzuzahlen. Doch so menschlich verständlich, so falsch wäre das vor Gott.

Der Apostel Paulus schreibt an die damalige Gemeinde in Rom – und genauso auch an uns – die ernsthafte Ermahnung und Ermutigung: „*Vergeltet niemandem Böses mit Bösem. Seid auf Gutes bedacht gegenüber jedermann. Ist's möglich, soviel an euch liegt, so habt mit allen Menschen Frieden. Rächt euch nicht selbst, meine Lieben, sondern gebt Raum dem Zorn Gottes; denn es steht geschrieben: Die Rache ist mein; ich will vergelten, spricht der Herr*" (Römer 12,17-19).

Es gibt einen gerechten Richter ⇢ Wir dürfen Kraft und Trost in der Gewissheit finden, dass es einen gerechten Richter gibt, der alles sieht und am Ende für Recht sorgen wird. Ihm können wir getrost unsere Anliegen anvertrauen und dürfen gewiss sein: Gott wird sich unserer Sache annehmen. Es wird einmal der Tag kommen, an dem Gott alle Menschen zur Rechenschaft ziehen wird. Ruhe darf in unser Herz einziehen, denn wir brauchen uns nicht zu rächen, Gott selbst streitet für uns.

Jutta Dünnebier

28
Mittwoch

David aber hatte gedacht: Nun hab ich alles umsonst behütet, was der da in der Wüste hat […] und er vergilt mir Gutes mit Bösem!

1. Samuel 25,21

AUGUST

Bibellese: 1. Samuel 25,1-22

Samuel war gestorben und die Trauerfeierlichkeiten waren vorbei. Mit etlichen Hundert Soldaten machte sich David auf in die Wüste Paran. Dort weideten und schoren gerade Hirten die großen Herden eines sehr reichen Mannes Namens Nabal. Die Bibel beschreibt ihn als äußerst wohlhabend, aber auch als sehr jähzornig und böse. David nun bewachte und beschützte die Herden und ihre Hirten. Schließlich sandte er Boten zu Nabal, die ihn freundlich darum bitten sollten, er möge sich um die Versorgung der Soldaten kümmern.

Fatale Entscheidungen ⇢ Leider wollte Nabal von David gar nichts wissen. „Wer ist schon David?" Hochmütig und voll Stolz lehnte er ab und wollte David und seinen Männern auch nicht das Geringste geben. Natürlich wusste er, wer sein König ist, und David war zu dieser Zeit äußerst bekannt im Land. Doch Nabals Reichtum und seine scheinbare Macht ließen ihn stolz und herablassend sein. David war tief getroffen und verletzt und wollte sich rächen. Er gab vierhundert seiner Soldaten den Befehl, sich zu bewaffnen, um Nabal und dessen Haus zu vernichten.

Eigentlich nur zu verständlich. Viele haben wie David sicher schon in irgendeiner Form erlebt, wie es sich anfühlt, wenn Menschen einem böse begegnen. David tat nur Gutes für Nabal, der aber wollte nichts davon hören. David reagiert hier, wie die Welt sicherlich nur allzu gern reagieren will: Er will Rache.

Wie ist es bei uns? ⇢ Wenn wir ungerecht behandelt werden. Wenn man uns nicht das geben will, was uns eigentlich zusteht. Wenn wir übergangen oder vernachlässigt werden. Wenn man uns verletzt und enttäuscht. Wie schnell findet sich da im Herzen der Gedanke: „Das lasse ich mir nicht gefallen!" Jesus jedoch ist uns hier unser Vorbild. Er gab sein Leben für uns. Wir sollen andere so lieben, wie er uns geliebt hat. Das betrifft nicht nur die Familie und Freunde, nein, Jesus sagt in Lukas 6,32: *„Und wenn ihr liebt, die euch lieben, welchen Dank habt ihr davon? Denn auch die Sünder lieben, die ihnen Liebe erweisen."* Wir sollen so sein wie er und auch denen, die uns Unrecht tun, vergeben und sie lieben. Das geht nicht einfach so. Aber es wird möglich durch die Liebe Jesu, die durch den Heiligen Geist immer wieder neu in unsere Herzen ausgegossen werden soll. Auch heute an diesem Tag!

Michael Mierich

Als nun Abigajil David sah, stieg sie eilends vom Esel und fiel vor David nieder und beugte sich zur Erde.

1. Samuel 25,23

Bibellese: 1. Samuel 25,23-44

David hatte die Absicht, an Nabal ein Exempel zu statuieren. Er fing sogar an, zu schwören, dass er niemanden übrig lassen werde. So ging er voller Enttäuschung und Wut drauflos. Abigajil aber, die Frau von Nabal, hörte von all dem und machte sich sogleich auf. Die Bibel beschreibt, dass sie im Gegensatz zu ihrem Mann klug war. Sie nahm viele Vorräte mit und brachte sie vor David. Sie beugte sich vor ihm und bat um Vergebung. Vor allem aber machte sie deutlich, dass David doch nicht in Blutschuld geraten sollte wegen dieser Sache. David wiederum willigte ein und erkannte, dass sein Vorhaben in dieser Form absolut nicht richtig gewesen war. Er hatte sich selbst zum Richter machen wollen.

Gott ist Richter ⇢ Das Neue Testament zeigt uns, dass wir uns als Kinder Gottes ebenfalls nicht zum Richter aufschwingen sollen. Gott selbst wird dies übernehmen. Wir sollen vergeben, wir sollen lieben und Gutes tun. In dieser Begebenheit, als Abigajil dann nach Hause kommt und ihr betrunkener Mann am nächsten Morgen endlich ausgenüchtert ist, berichtet sie ihm alles, was sie getan hat. Nabal aber, als er es hört, wird wie zu Stein erstarrt. Nach zehn Tagen schlug ihn der Herr und er starb, so lesen wir es im heutigen Bibeltext.

Bewahrung ⇢ Als nun David davon hörte, freute er sich weniger über das Gericht Gottes, sondern vor allem darüber, dass Gott ihn als *„seinen Knecht abgehalten hat von einer bösen Tat"* (Vers 39). Abigajil wurde hier zu einem Werkzeug Gottes, um David vor seinem bösen Rachefeldzug zu bewahren. Er selbst erkannte nun, dass es besser ist, Gott diese Dinge zu überlassen, anstatt selbst für Gerechtigkeit zu sorgen.

Abigajil darf uns ein Vorbild sein. Denn auch wir sind gerufen, Frieden zu stiften. Wir sind berufen, wie Abigajil einzutreten, um Aussöhnung und Vergebung herbeizuführen, damit Gutes geschieht. Ja, dass wir wie sie für uns selbst, aber eben auch für andere eintreten, damit sie im Frieden Gottes davor bewahrt werden, aus welchen Gründen auch immer, Böses zu tun. Lasst uns ein Werkzeug in Gottes Hand sein, um in unseren Familien, im Freundeskreis, am Arbeitsplatz und natürlich auch in der Gemeinde stets Segen, Großzügigkeit, Versöhnung, Einheit und das Gute als Ziel zu haben. Gott wird uns dabei helfen.

Michael Mierich

30
Freitag

David aber sprach zu Abischai: Bring ihn nicht um; denn wer könnte die Hand an den Gesalbten des HERRN legen und ungestraft bleiben?

1. Samuel 26,9

AUGUST

Bibellese: 1. Samuel 26,1-12

Was für eine spannende Situation: David ist weiterhin auf der Flucht vor König Saul und versteckt sich in der Wüste Sif vor seinem Verfolger. Schon einmal hatte er die Möglichkeit gehabt, dem König das Leben zu nehmen und sich doch dagegen entschieden. Er wollte sich nicht versündigen, indem er den Gesalbten des Herrn tötete. Bemerkenswert ist, dass dies keine Regel war, die Gott ihm auferlegt hatte, sondern vielmehr die Überzeugung, dass Gott in allen Situationen souverän ist. Wer weiß, wie oft Davids Männer ihm dieses gnädige Handeln als Wahnsinn vorwarfen. Wer weiß, ob er nicht zwischendrin selbst mit seiner Entscheidung haderte. Dann verrieten ihn die Sifiter und der Verfolger war ihm wieder auf der Spur. Doch nun war es wieder dieselbe Situation: Saul lag wie auf dem Präsentierteller vor ihm.

Die Chance beim Schopf packen? ⇢ Wenn dies nicht der klare Beweis dafür war, dass Gott ihm seinen Segen zu Sauls Tötung gab, was war es dann? Was würden wir in dieser Situation denken? Vielleicht haben wir auch schon einmal eine vermeintlich richtige Entscheidung getroffen und im Nachhinein einsehen müssen, dass es uns nur zum Nachteil diente. Was, wenn wir diese Entscheidung rückgängig machen könnten? Wenn Gott diesen Wunsch erfüllen würde? Vielleicht hat David für einen kurzen Moment so gedacht. Auf jeden Fall werden seine Männer so auf ihn eingeredet haben. Und diesmal wollte Abischai ihm sogar die Arbeit abnehmen.

Treuer Diener eines treuen Gottes ⇢ Doch Davids Vertrauen in den Herrn ging viel weiter. Egal, welche Gedanken ihm eventuell kurzzeitig durch den Kopf schossen, er blieb stark in seinem Entschluss, nicht „*Hand an den Gesalbten des Herrn*" zu legen. Mehr noch, er ließ nicht zu, dass sein treuer Begleiter sich auf diese Weise versündigte. Was für eine Ehrfurcht vor Gott, was für ein Vertrauen in seinen Herrn, die hier bezeugt werden. Wir wissen, dass er diesen Entschluss nicht bereuen sollte. Bald schon würde Gott Davids Worte wahr werden lassen: „*Der HERR wird ihn schlagen, oder es kommt sein Tag, dass er sterbe oder in den Krieg ziehe und umkomme*" (Vers 10).

Wenn wir die Möglichkeit hätten, einen vermeintlichen Fehler aus eigener Kraft rückgängig zu machen, würden wir uns dennoch entscheiden, treu auf Gott zu vertrauen? Gott vergisst die Seinen nicht.

Andreas Nothnagel

Und siehe, wie heute dein Leben in meinen Augen wert geachtet war, so werde mein Leben wert geachtet in den Augen des HERRN, und er errette mich aus aller Not!

1. Samuel 26,24

Bibellese: 1. Samuel 26,13-25

Davids Freund Abischai hatte ihm angeboten, die Drecksarbeit zu erledigen und Saul umzubringen. Dem widerstand David und rief danach Saul und gleichzeitig Gott den heutigen Leitvers zu. Nominell gehörte Davids Freund auch zum Volk Gottes. Er wollte die günstige Gelegenheit nutzen, Saul zu beseitigen. Schließlich war der Böse ja auf der anderen Seite. Ihn zu töten, würde schließlich seinem Anführer den Weg an die Macht freimachen.

Versuchung ⇢ Wie Abischai gehörte ich als junger Mann auch formell zu Gottes Volk. Ich war konfirmiert und Mitglied der Kirche. Meine ernüchternden Erfahrungen in der Nationalen Volksarmee der DDR ließen in mir Gedanken der Rache aufsteigen, wie bei Davids Freund. Stark angetrunken wurde ich in eine Ausnüchterungszelle gesperrt und dort zusammengeschlagen. Am nächsten Morgen konnte ich mich im Spiegel nicht mehr wiedererkennen. Es folgten Verhöre durch ranghohe Offiziere, die mir antisozialistische, verbale Entgleisungen vorwarfen. Mehrere Wochen wusste ich nicht, ob ich ins Militärgefängnis müsste. Mein Hass auf diese Offiziere, die mich auch sonst schon gedemütigt hatten, war groß.

Die Quelle, Versuchungen zu widerstehen ⇢ Als ich im April 1979 Jesus begegnete, Schuld und Verletzungen bei ihm ablud und ihm mein Leben anvertraute, wurde mein Leben neu. Ich war nicht länger nur formell Teil des Volkes Gottes. Nun lebte ich in einer täglichen Beziehung mit Gott. Wie Davids Herz wollte auch meines nun Gottes Herzschlag widerspiegeln.

Dass David Saul unseren heutigen Leitvers zurief, zeigt, wie gut er Gottes Gesetzmäßigkeiten verinnerlicht hatte: *„Denn was der Mensch sät, das wird er ernten“* (Galater 6,7). David lehnte es ab, sich selbst zu helfen. Er überließ es Gott, mit Saul nach seinem Ermessen zu handeln. *„Und vergib uns unsere Schuld, wie auch wir vergeben unsern Schuldigern“* (Matthäus 6,12). David lebte diesen Satz aus dem Vaterunser schon während der Zeit des Alten Testaments, weil er eine tägliche Beziehung mit Gott hatte. David, der Anbeter, war jemand, der seine Wut und seinen Zorn bei Gott ablud, und sie so nicht an Menschen auslassen musste.

Auch ich ließ am Tag meiner Umkehr Hass und Zorn bei Jesus und wurde frei. Ich musste sie nicht länger an Menschen auslassen. Bring auch du deine Abgründe ans Kreuz, zu deinem Erlöser!

Manfred Obst

Mein Wunsch für euch ist, dass Gott euch immer mehr mit seiner Gnade und seinem Frieden beschenkt, sodass ihr Jesus, unseren Gott und Herrn, immer besser kennenlernt.

2. Petrus 1,2 (NLB)

Und David machte sich auf und zog hin mit den sechshundert Mann, die bei ihm waren, zu Achisch, dem Sohn Maochs, dem König von Gat.

1. Samuel 27,2

Bibellese: 1. Samuel 27,1-12

David war mit seinen Männern auf der Flucht vor Saul. Ihm hatten sich verzweifelte „Desperados" angeschlossen, Männer, die aus verschiedenen Lebensumständen ebenso zur Flucht und zu einem unsteten Leben getrieben waren. In der Auswahl seiner Gefolgschaft konnte David nicht wählerisch sein, und in Gat, dem Lande der Philister, konnte er nur durch Kampf überleben. Es war eine raue Lebensart, die wir nicht wirklich gut in das Wesen des Neuen Testamentes übertragen können, die einem aber in der Rolle des Volkes Israel gegenüber Nachbarvölkern im Alten Testament begegnet. Wir verstehen dieses Morden nicht, da es ja das Gebot gibt: *„Du sollst nicht töten"* (2. Mose 20,13).

Gott ist Richter ⇢ Der einzige denkbare Erklärungsansatz in diesem Zusammenhang ist wohl der Hinweis auf das Gericht, das Gott über diese heidnischen Völker vollzogen haben wollte, denn deren Götzendienst scheute nicht vor dem Opfern der eigenen Kinder zurück. Das war Gott so hochgradig zuwider, dass er die Ausrottung dieser Völker wollte, auch wenn wir uns mit dem Gedanken schwertun.

David verhielt sich hier also im Rahmen dieses Gerichtsauftrages Gottes gegenüber diesen Völkern, und wir müssen uns daran erinnern, dass Gott sich nach wie vor das Gericht vorbehält, auch über die Menschheit unserer Tage. Das schildert das Buch der Offenbarung im Geschehen der Endzeit sehr deutlich.

Gott ist Retter ⇢ Heute ist jedoch Gnade angesagt und Gott handelt an uns als unser Retter, der dieses Gericht in Gestalt seines Sohnes Jesus Christus auf sich selbst genommen hat. Er übt ein Gericht aus, unter dessen Urteil er sich selbst gestellt hat. *„Denn der Sünde Lohn ist der Tod"* (Römer 6,23), und weil Gott nicht den Tod des Sünders will, hat er ihn am Kreuz von Golgatha selbst auf sich genommen. Er trug ein sehr hartes Urteil und es war ein sehr raues Dulden der Schmerzen am Kreuz.

Im Kampf zwischen Licht und Finsternis geht es nicht harmlos zu. Es gilt, sich der rechten Gefolgschaft anzuschließen. Für uns ist es Jesus, der himmlische „David", mit dem wir mutig in den geistlichen Kampf ziehen, auch wenn es kein einfaches Leben bedeutet. Und Jesus ist, wie David, in der Auswahl seiner Gefolgschaft nicht wählerisch. Er hat mich angenommen.

Anton Bergmair

2
Montag

Als aber Saul das Heer der Philister sah, fürchtete er sich, und sein Herz verzagte sehr.

1. Samuel 28,5

SEPTEMBER *Bibellese: 1. Samuel 28,1-25*

Was für ein dunkles Kapitel in der Geschichte Israels: Samuel, der Mann und die Stimme Gottes für die ersten Könige Israels, war tot. Über Jahre war er eine Quelle der Wahrheit, der Orientierung und des Redens Gottes gewesen. Von Kindesbeinen an durfte er mit der Stimme Gottes vertraut werden. Nun war er tot.

Düstere Zeiten – trübe Quellen ⇢ Am Anfang des Kapitels sehen wir eine kurze Einblendung zu David, der schon zum neuen König berufen und gesalbt worden war, aber noch keine ausführende Gewalt hatte. Er musste die geliebte Heimat und das eigene Volk verlassen und war auf der Flucht. Ihm setzte diese Prüfungszeit offensichtlich zu. Er war kurz davor, eine sehr schlechte und folgenreiche Entscheidung zu treffen. Er war dabei, zum Bodyguard des feindlichen Königs eingesetzt zu werden. Mit Sicherheit hätte er im Ernstfall sein Schwert gegen das eigene Volk richten müssen und sich damit als Königsanwärter ins Aus geschossen.

Dann sehen wir noch eine dritte und überaus tragische Person: den amtierenden, doch aus der Gnade gefallenen König Saul. Er war nicht abgewählt und auch nicht aus dem Amt gejagt, sondern von Gott selbst des Amtes enthoben worden. Es war still und dunkel geworden um Saul. Wo sollte er noch übernatürlichen Rat erhalten? In einem völligen Tiefpunkt entscheidet er sich für eine ganz falsche und trübe Quelle. Er entscheidet sich für den absolut verbotenen Weg des Okkultismus und Spiritismus: Eine Wahrsagerin soll es für ihn richten. Wie tief bist du gefallen, Saul? Schlussendlich erhält er keinen Rat, sondern das eigene Todesurteil: „*Morgen wirst du mit deinen Söhnen bei mir sein*“ (Vers 19). Für Saul gab es keinen Ausweg mehr.

Die Quelle des Lebens ⇢ Jahrhunderte später sehen wir auf einem Hügel außerhalb von Jerusalem an drei Kreuzen drei Todeskandidaten. Doch was ist mit diesem Mann in der Mitte? Völlig unschuldig und doch ganz bewusst ist er an dieser Stelle: Jesus, der Sohn Gottes, kurz davor, den Weg zurück zum Vater im Himmel für uns Menschen freizumachen. Was spricht er da dem einen Schwerverbrecher in seinen letzten Minuten noch an Trost und Hoffnung und Leben zu? „Noch heute wirst du mit mir im Paradies sein!“ Jesus Christus gibt lebendige Hoffnung selbst in der ausweglosesten Situation – er ist die Quelle des Lebens!

Christoph Schaal

So kehre nun um und zieh hin mit Frieden, damit du nicht tust, was den Fürsten der Philister missfällt.

1. Samuel 29,7

Bibellese: 1. Samuel 29,1-11

Zwischen den Fronten: Stell dir vor, es ist Krieg und du stehst auf der falschen Seite. David war berufen und gesalbt, um als König über Israel zu herrschen. Doch seine Berufung war noch blockiert und kräftig umkämpft. Nach wie vor trachtete ihm sein zum Feind gewordener Schwiegervater und Mentor nach dem Leben. Die Königsherrschaft schien für David in weite Ferne gerückt. Er musste fliehen und schloss sich schließlich dem heidnischen König Achisch an. Er stand im Dienst *eines* Königs, aber nicht im Dienst *des* Königs der Könige. Zog er momentan nicht am „fremden Joch" und stand damit auf der falschen Seite? Er stand in Gefahr, gegen die Menschen zu kämpfen, denen zu dienen er berufen war.

Tadelloses Führungszeugnis ⇢ David war ein Untergebener, wie man ihn sich nur wünschen konnte. „Ich habe nichts an ihm gefunden", „ich halte ihn für redlich" und „ich habe nichts Arges an ihm gespürt". Was für ein starkes Zeugnis seines momentanen Arbeitgebers. Aber ein Zeugnis, das ihm auch gefährliche Türen öffnen konnte und seine weitere Berufung blockieren würde. Gott sei Dank wurde dieses harmonische und folgenreiche Dienstverhältnis durch Achischs Generäle zunichtegemacht. Sie trauten diesem davongelaufenen Knecht nicht. Es würde ihm doch nur in die Hände spielen, wenn er sich im anstehenden Kampf für das eigene Volk wieder auszeichnen könnte und die Söldnertruppe wieder verlassen würde. Diese riskante Tür schloss sich für David wieder.

Auf Abwegen? ⇢ Auf wessen Seite stehen wir momentan? Auf welcher Seite kämpfen wir? Kann es sein, dass wir statt in den Reihen Gottes gerade auf feindlicher Seite Stellung beziehen? Statt uns im Reich Gottes zu investieren eben einem modernen Achisch dienen? Vielleicht wurde uns großes Unrecht angetan, vielleicht wurde unsere Berufung nicht gesehen oder zumindest nicht geschätzt. Vielleicht haben wir sogar das beste Führungszeugnis ausgestellt bekommen, aber eben von einem weltlichen „Pharao" und nicht von *unserem* König der Könige. Ist es vielleicht an der Zeit, sich wieder neu zu positionieren? Gott hält weiter seine Hand über uns und möchte dich und mich vor verhängnisvollen Entscheidungen bewahren. Stellen wir uns Gott wieder neu zu Verfügung. Vertrauen wir auf sein Timing – unsere Zeit wird kommen. Neue Türen öffnen sich.

Christoph Schaal

4
Mittwoch

Und David geriet in große Bedrängnis, weil das Volk ihn steinigen wollte ... David aber stärkte sich in dem HERRN, seinem Gott.

1. Samuel 30,6

SEPTEMBER

Bibellese: 1. Samuel 30,1-31

David wurde von Gott als ein Mann *„nach seinem Herzen“* bezeichnet (1. Samuel 13,14). Obwohl er von Samuel bereits zum zukünftigen König über Israel gesalbt worden war, hatte er zahlreiche Herausforderungen zu bewältigen. Die Verheißung seiner Königsherrschaft hatte sich zu diesem Zeitpunkt noch nicht erfüllt.

Mit dem Rücken zur Wand ⇢ Als David mit seiner Armee unterwegs war, überfielen die Amalekiter das Lager, zerstörten Ziklag und verschleppten die Einwohner. Statt nach einer Lösung zu suchen, gaben die Männer David die Schuld und wollten ihn umbringen. Wie muss sich David in dieser Situation gefühlt haben, nachdem er aus diesen Männern vom Rande der Gesellschaft eine Armee aufgebaut hatte? Zudem war ja auch seine eigene Familie betroffen.

Vielleicht kennen wir solche Situationen aus unserem eigenen Leben. Situationen, für die es keine Lösung zu geben scheint. Eine unheilbare Krankheit, Arbeitslosigkeit in der Wirtschaftskrise, eine Ehekrise oder die Insolvenz einer Firma. Ich kenne aus meinem eigenen Leben Probleme, für die es nach menschlichem Ermessen keine Lösung mehr gab. Aber Gott kann!

Auf wen schauen wir? ⇢ Auf dem Weg in seine Berufung hatte David viele Herausforderungen zu meistern. Der Schlüsselvers in dieser Andacht lautet: *„David aber stärkte sich in dem HERRN, seinem Gott.“* In der Krisensituation wandte sich David nicht an Menschen, sondern an Gott. Von ihm erwartete er neue Kraft und die Lösung des Problems. Er ließ sich nicht von den Umständen beirren und wandte seinen Blick zu seinem Herrn. An wen wenden wir uns, wenn unvorhergesehene Probleme auftauchen? Ist Gott die letzte Rettung in der Not oder unsere erste Anlaufstelle?

In Gott stark werden – wie geht das? ⇢ Zum Beispiel, indem wir Gott anbeten und ihm unser Herz ausschütten. Indem wir auf die Verheißung und nicht auf die Probleme schauen. Indem wir uns in Danksagung üben und uns an das Gute erinnern, das Gott in unserem Leben bereits getan hat. David war so in der Lage, die Situation zu bewältigen, und wurde kurz danach tatsächlich König, wie Gott es verheißen hatte. Die Situation war sozusagen die letzte „Feuerprobe“ vor dem Thron. Auch wenn Umstände und Prüfungen uns herausfordern und schwerfallen, wir wissen nicht, ob sie uns nicht direkt ans Ziel bringen.

Mareike Schulz

So starben Saul und seine drei Söhne und sein Waffenträger und alle seine Männer miteinander an diesem Tage.

1. Samuel 31,6

Bibellese: 1. Samuel 31,1-13

Als ich dieses Kapitel las, fragte ich mich im Hinblick auf eine Andacht, welche dieser Kampfszenen und Todesszenarien sich dafür eignen sollte. Sauls Männer sterben im Kampf. Drei seiner Söhne werden erschlagen, Saul selbst wird schwer verletzt. Letztlich stürzt er sich aus Angst vor dem, was ihn erwarten könnte, in sein Schwert und sein Waffenträger gleich mit. Das alles hört sich irgendwie mehr nach einer Shakespeare-Tragödie an als nach einem Text für eine ermutigende Andacht morgens beim Kaffee.

Gut starten, gut enden? ⇢ Und doch wirft der Text eine entscheidende Frage auf und regt beim genaueren Betrachten zum Nachdenken an. Es ist nicht nur entscheidend, wie wir einmal gestartet sind. Vielmehr kommt es darauf an, wie wir einmal enden werden. Saul war vom Propheten Samuel zum König berufen worden und hatte einen guten Start mit Gott gehabt. Allerdings entfernte er sich im Laufe seines Lebens und in seiner Position als König immer weiter von Gott. Macht, Stolz und der damit einhergehende Ungehorsam hatten immer mehr Einfluss auf sein Leben genommen, bis Gott Saul durch den Propheten Samuel ausrichten ließ, ihn durch einen Nachfolger zu ersetzen. Von seinem unschönen Ende lesen wir im heutigen Bibeltext.

Bedenken und klug werden ⇢ Was können wir daraus lernen? In Psalm 90,12 heißt es: *„Lehre uns bedenken, dass wir sterben müssen, auf dass wir klug werden.“* Die Bibel geht also davon aus, dass wir aus der Tatsache, dass wir sterben müssen, etwas lernen können. Und zwar etwas Gutes, etwas Lebensförderndes, das unserem Leben und Dienst die richtige Richtung gibt. Demut, Tiefgang, Sinn und Erfüllung finden wir zuallererst in der engen Beziehung mit Gott. Lassen wir nicht zu, dass Dinge, egal welcher Art, uns von Jesus wegbringen.

Von daher können uns auch Texte wie dieser, die uns im ersten Moment nicht sonderlich schön erscheinen, an Wesentliches erinnern. Sie helfen uns, damit wir unser Leben, unser Verhalten und unsere Beziehung zu Gott immer wieder neu reflektieren und so gestalten, wie es von ihm her gedacht ist. Denn wir sollen nicht nur gut beginnen, sondern auch gut enden.

Katharina Helbig

6
Freitag

Darum, Brüder und Schwestern, bemüht euch umso eifriger, eure Berufung und Erwählung festzumachen. Denn wenn ihr dies tut, werdet ihr niemals straucheln.

2. Petrus 1,10

SEPTEMBER *Bibellese: 2. Petrus 1,1-11*

Es ist interessant, wie Petrus die Gläubigen in diesem Vers dazu anspornt, in ihrer Berufung zu bleiben. Und nicht nur das – sie sollen auch alles dafür tun, um in ihrer Berufung zu wachsen. Paulus verfolgte denselben Ansatz, als er die Gläubigen in Philippi ermutigte: „*Jage nach dem vorgesteckten Ziel, dem Siegespreis der himmlischen Berufung Gottes in Christus Jesus*" (Philipper 3,14). Gott ist immer bereit, uns zur Seite zu stehen und seinen Teil zu tun, damit wir wachsen, aber wir müssen auch den unseren tun. Wir können nicht nur als passive Couch-Potatoes herumsitzen und darauf warten, dass uns ein Blitz vom Himmel trifft oder wir eine besondere Offenbarung bekommen, die uns in unserer Berufung weiterbringt. Unsere Berufung ist ein Ausdruck unseres Glaubenslebens.

Berufen ⇢ Genau wie Paulus sagt auch Petrus in seinen Briefen ganz klar, dass jeder Christ – ohne Wenn und Aber – von Gott berufen ist. Es ist nicht so, dass nur einige wenige auserwählte Gläubige eine Berufung haben. Selbst heute noch glauben viele Christen, es sei besonderen christlichen Helden wie Pastoren, Missionaren, Evangelisten oder anderen Menschen mit außergewöhnlichen Gaben und großem Einfluss vorbehalten, eine besondere Berufung zu haben. Reggie McNeal definiert Berufung folgendermaßen: „Die Inszenierung beginnt und endet mit Gott, aber sie fädelt sich durch ein sehr menschliches Wesen. Sie ist persönlich, aber größer als die Person. Berufung entspringt aus dem, wer wir sind, aber gleichzeitig formt sie uns in das, was wir sein werden."

Leider kennen wir alle Christen, die zwar eine klare Berufung für ihr Leben hatten, sie aber aus irgendeinem Grund vernachlässigt haben und so von Gottes Weg abgekommen sind. Wir sollten nicht hochmütig sein und glauben, das könnte uns nicht passieren. Stattdessen sollten wir demütig bleiben und aus den Fehltritten anderer lernen. Unsere Beobachtungen können uns helfen, uns noch fester an Gott zu klammern und unserer Berufung noch eifriger nachzugehen.

Gebet ⇢ So kann unser Gebet heute lauten: „Wir sind so dankbar für die Berufung, die du in uns hineingelegt hast. Trotz aller Herausforderungen, vor denen wir gerade stehen, wollen wir an dir festhalten wie nie zuvor. Gib uns deine Kraft, damit wir in unserer Berufung weiter wachsen."

Dr. Paul Clark

Umso fester haben wir das prophetische Wort, und ihr tut gut daran, dass ihr darauf achtet als auf ein Licht, das da scheint an einem dunklen Ort.

2. Petrus 1,19

Bibellese: 2. Petrus 1,12-21

In Ballungsgebieten ist es in der Regel nie ganz dunkel. Für uns persönlich spielt die Nähe zum Frankfurter Flughafen eine entscheidende Rolle. Obwohl er gut 12 Kilometer von uns entfernt ist, schimmert es die ganze Nacht gelb-orange am Horizont. Es ist wie eine Verheißung, dass dort in dieser Richtung gewissermaßen ein Tor zur Welt liegt. Der Lichtschein am Horizont kündet auch mitten in der Nacht von den Möglichkeiten, bald in die Ferne aufbrechen zu können.

Als Petrus seinen Brief schrieb, dachte er natürlich nicht an die Beleuchtung eines Flughafens. Er hatte die Vielfalt des Nachthimmels vor Augen und konnte jeden Morgen sehen, wie das Leuchten der Sterne langsam von der Dämmerung des neuen Tages überdeckt wurde. Der hellste dieser Sterne in der Dämmerungszeit ist der „Morgenstern“. Noch ist die Sonne nicht da, noch ist es nicht Tag – aber der Morgenstern weist uns in der Dunkelheit deutlich auf den neuen Tag hin. Er ist die Verheißung in der Dunkelheit: Der neue Tag steht kurz bevor.

Mitten in der Nacht ⇢ In einer Situation mitten in der Nacht und vom Tag weit entfernt, so empfanden sich die Empfänger dieses Briefes. Sie hatten das Evangelium gehört – keine *„ausgeklügelten Fabeln“*, sondern der Bericht von Augenzeugen, die Christi *„Herrlichkeit mit eigenen Augen gesehen“* hatten (Vers 16). Sie hatten der Zusage Glauben geschenkt, dass Jesus bald wiederkommen wird. Aber inzwischen waren einige Jahrzehnte vergangen und sie wussten nicht mehr, wem oder was sie wirklich vertrauen sollten. Ihnen schreibt Petrus die Aufforderung: *„Achtet [auf das prophetische Wort] als auf ein Licht.“* Der Leser sollte an dem prophetischen Wort und seiner Erfüllung (schon geschehene und noch ausbleibende) festhalten. Dies geschieht, indem er auf das Wort (die Bibel) achtet wie auf ein Licht am dunklen Ort und fest darauf vertraut, bis Jesus wirklich wiedergekommen ist.

Warten – mit begründeter Hoffnung ⇢ Diese Aufforderung gilt auch uns heute. Wir tun gut daran, wenn wir uns dieses Wort des Petrus zu eigen machen und uns jeden Tag mit dem Wort Gottes beschäftigen. In der Bibel finde ich Ermutigung und mein Glauben wird gestärkt. Ich vertraue, dass Gott seine Zusagen einlöst, selbst in den dunklen Momenten. Dafür habe ich eine begründete Hoffnung – Jesus Christus.

Daniel Aderhold

8
Sonntag

Und viele werden ihnen folgen in ihren Ausschweifungen; um ihretwillen wird der Weg der Wahrheit verlästert werden.

2. Petrus 2,2

Bibellese: 2. Petrus 2,1-11

In unserem heutigen Bibelabschnitt schreibt Petrus von falschen Lehrern, die auftreten werden, um Irrlehren zu verbreiten. Petrus beschreibt in seinem Brief, welche Motive diese Irrlehrer haben und welchen Nutzen sie aus ihrer „Lehrverkündigung" ziehen wollen. Dass sich hier auch eine Gefahr für die Gemeinde und die Gläubigen ergibt, war für Petrus vollkommen klar. Doch Gott kennt diese Irrlehrer und hat die Strafe schon ausgewählt. Petrus schreibt der Gemeinde von den Ereignissen der Vergangenheit sowie der Rettung der Gerechten im Glauben und erwähnt dabei Noah und Lot.

Falsch oder wahr? ⇢ Schon zur damaligen Zeit sah Petrus eine Bedrohung der Gläubigen durch Irrlehrer. Bereits in einer Zeit, in der die Nachrichten noch per Papier übermittelt wurden und lange Zeit unterwegs waren, wurden Irrlehren verbreitet, die teilweise nur in kleinen Teilen von der Wahrheit, dem Evangelium, abwichen. Wie groß ist die Gefahr für Irrlehren in unserer heutigen schnellen und kommunikationsreichen Zeit? Über die sozialen Medien und das Internet erreichen Meldungen oder Nachrichten in Sekunden Millionen von Menschen. In einer solch informationsreichen Zeit ist es schwer, die Irrlehren schnell zu entlarven. Wer nimmt sich die Zeit, die Nachrichten auf den Wahrheitsgehalt zu prüfen? Und ist das überhaupt möglich?

Zum Ziel – mit Gottes Hilfe ⇢ Es gilt für uns heute ein noch besseres Hinschauen und Hinhören, um nicht in Irrlehren gefangen zu werden. Die Warnung des Petrus an die Gemeinde gilt uns ebenfalls. Auch wenn es in unserer Zeit viele andere Formen und Möglichkeiten der Irrlehre gibt, bleibt es der gleiche Gegenspieler. Wir benötigen hier klar die Gabe der Geisterunterscheidung und dürfen Gott um seinen Heiligen Geist bitten, der uns helfen will, auf die richtige Botschaft zu hören. Auch wir dürfen wissen, dass Gott die falschen Lehren und Lästerungen seines Wortes und Wirkens kennt. Der Gott, der zur Zeit des Petrus die Strafe schon festgelegt hat, ist immer noch auf dem Plan und steht uns zur Seite. Gottes Versprechen und Lehre bleiben klar und beständig – auch heute. Bleiben wir auf dem Weg der Wahrheit, der zum Ziel in Gottes Herrlichkeit führt.

Jörg Kappel

Denn wenn sie durch die Erkenntnis des Herrn und Retters Jesus Christus den Befleckungen der Welt entflohen sind, ...

2. Petrus 2,20 (SLT)

Bibellese: 2. Petrus 2,12-22

Wie oft singen wir im Lobpreis von Gottes Güte und Gnade. Wir besingen seine Liebe zu uns persönlich. Doch dann, in einem kurzen Moment, neben der Dankbarkeit für das neue Leben in Jesus, gibt es da vielleicht etwas, was unerfüllt bleibt? Ist es ein Kinderwunsch, sind es offene Fragen über den Tod eines Verwandten oder ist es unser Herz, das sich leer anfühlt? Vielleicht sind wir auch einfach müde und erschöpft vom Christsein. Wir fragen uns, wo denn dieser Gott ist, der uns doch so unfassbar liebt und niemals von unserer Seite weicht. In unseren Gedanken überlegen wir, wie das Leben ohne Gott war, ohne diese Regeln „liebe deinen Nächsten", „Sex nur in der Ehe" und so weiter.

Gott wartet auf uns ⇢ In unserem Tagesvers geht es darum, nicht in alte Muster zurückzufallen: *„Denn wenn sie durch die Erkenntnis des Herrn und Retters Jesus Christus den Befleckungen der Welt entflohen sind, aber wieder darin verstrickt und überwunden werden, so ist der letzte Zustand für sie schlimmer als der erste."* Hat man die Wahrheit in Jesus schon einmal entdeckt und fällt dann wieder in Sünde zurück, ist das natürlich traurig. Dennoch sollten wir niemals vergessen, dass Gott uns liebt und nicht alleinlässt. Seine Arme sind weit offen und er wartet darauf, dass wir umkehren, zurück zu ihm. Jesus ist das Leben und er schenkt Leben im Überfluss. Wenn wir unsere Sünde bekennen und unser Leben neu in Gottes Hände geben, wird er gnädig sein und uns annehmen.

Gott hat einen Weg für uns ⇢ Weil Jesus Leben ist, haben wir die Aufgabe, in treuer Nachfolge zu bleiben. Erst recht, wenn es schwerfällt. Besonders dann sollen wir uns danach ausstrecken, treu zu sein, Gott an die erste Stelle zu setzen und ihm in allem zu vertrauen. Nachfolge heißt, alles zu geben und die Nähe des Herzens Gottes zu suchen, um ihn nicht aus den Augen zu verlieren. Ich will uns ermutigen, mit jemandem regelmäßig zu beten, einen Hauskreis zu besuchen oder zu gründen. Christsein alleine ist oft schwer und mühsam, aber in Gemeinschaft ist es abwechslungsreich. So konnte ich aus meinem Hauskreis, von meiner Familie und meinen Gebetsgruppen schon sehr viel Kraft und andere Impulse mitnehmen.

Michelle Lago Koulouri

10
Dienstag

Der Herr verzögert nicht die Verheißung, wie es einige für eine Verzögerung halten; sondern er hat Geduld mit euch und will nicht, dass jemand verloren werde.

2. Petrus 3,9

SEPTEMBER

Bibellese: 2. Petrus 3,1-10

Schon seit mehr als 2000 Jahren warten Menschen auf die Wiederkunft Jesu und auf seine Verheißung. Denn dann wird seine Gerechtigkeit herrschen, dann wird Gott unsere Tränen abwischen, dann gibt es keinen Tod und keinen Schmerz mehr. Sehr viele Generationen von Nachfolgern Jesu haben sich ihr Leben lang danach gesehnt, und noch immer müssen wir warten.

Dieses Warten fühlte sich schon zur Zeit des Petrus lange an. Er spricht hier von Leuten, die ihre Schwierigkeiten damit hatten: Manche hielten es für eine Trägheit Gottes (Vers 9), andere zogen die Verheißung sogar ganz in Zweifel (Vers 3-5). Seinen Lesern werden solche Gedanken und Gefühle nicht fremd gewesen sein, deswegen ermutigte er sie: „Gott passiert hier kein Fehler! Jesus kommt garantiert wieder, wie er es versprochen hat."

Wir warten, weil Gott gnädig ist ⇢ Gleichzeitig erinnerte er sie daran, dass der Tag des Herrn nicht nur das Königreich Gottes bringt, nach dem sie sich so sehnten, sondern auch das Gericht. Deswegen lässt Gott es so lange dauern, denn er will, dass niemand verloren geht. Gott will, dass alle Menschen gerettet werden. Er will für alle Menschen ewiges Leben in seiner Nähe, wo seine Gerechtigkeit herrscht; ewiges Leben ohne Tränen und Schmerz. Solange wir noch auf sein Kommen warten, gibt es die Möglichkeit, zum Herrn umzukehren. Seine unendliche Gnade und Geduld ist die Ursache dafür, dass es so lange dauert.

Er wird wiederkommen! ⇢ Dass Jesus noch nicht zurückgekommen ist, bedeutet, dass wir noch in einer gefallenen Welt leben. In unserer Welt gibt es Ungerechtigkeit, vergießen wir Tränen, erleiden wir Schmerzen und letztendlich den Tod. Das kann sich für uns anfühlen, als ob Gott uns im Stich ließe, als ob er seinem Versprechen nicht nachkommt. Auch uns will Petrus ermutigen. Selbst wenn wir das Gefühl haben, Gott würde sein Wort nicht halten, steckt dahinter etwas ganz anderes: Es ist seine große Gnade! Auch wir sollen wissen, Gott passiert hier kein Fehler. Jesus kommt garantiert wieder – weil er es versprochen hat.

Helene Wuhrer

Wir warten aber auf einen neuen Himmel und eine neue Erde nach seiner Verheißung, in denen Gerechtigkeit wohnt.

2. Petrus 3,13

Bibellese: 2. Petrus 3,11-18

„Jesus kommt wieder – bist du bereit?" Dieser Satz, der eigentlich unsere fröhliche Hoffnung zum Ausdruck bringt, wird von manchen Christen wie eine Bedrohung ausgesprochen. Da wird dann kritisiert, was heutzutage alles falschläuft, man diskutiert über die Zeichen der Zeit und meint, dem Nächsten die eigene Meinung über das Ende der Welt recht lieblos um die Ohren hauen zu müssen. Es ist schließlich ein ernstes Thema!

Das ist es allerdings. Aber wollen wir doch den Schwerpunkt all dieser biblischen Aussagen nicht verschieben. Wir haben Grund zur Freude: Jesus kommt wieder! Und wir dürfen dabei sein. Er schafft einen neuen Himmel und eine neue Erde. Darauf hoffen wir fest. Das sollte Motivation genug sein, unser Leben ganz Jesus zu weihen.

Ich will bereit sein! ⇢ *Weil* ich diese Hoffnung habe, setze ich alles daran, Gott mit meinem Leben Ehre zu machen. Nicht, um seine Liebe und Erlösung zu verdienen. Es ist eine natürliche Reaktion, die diese Hoffnung auf einen neuen Himmel und eine neue Erde auslöst. Dieses Leben hier ist für mich wie eine Trainingseinheit für den Himmel. Nur hier und jetzt kann ich Glauben, Treue, Gehorsam und Liebe zu Gott einüben. Ich will mich nicht bequem zurücklehnen und denken: „Ich bin ja erlöst, Christus hat mich zur Freiheit berufen, jetzt kann ich machen, was ich will. Im Himmel wird dann alles gut sein." Wenn ich nicht schon jetzt Jesus ähnlicher werden möchte, werde ich im Himmel gar nicht dabei sein.

Wie mache ich das? ⇢ Natürlich wird mein Leben niemals perfekt sein. Daher empfiehlt uns Petrus im heutigen Bibeltext: *„Wachset aber in der Gnade und Erkenntnis unseres Herrn und Heilands Jesus Christus"* (Vers 18). Denn auf Gottes Gnade sind wir angewiesen. Das klingt wie ein Widerspruch: Wir werden nie ein Leben führen können, das Gott vollkommen gefällt. Wir wollen es aber trotzdem versuchen. Indem wir Jesus immer besser kennenlernen, seine Liebe, seine Gnade, seine Vergebung, wird es uns immer mehr gelingen. Dann bringen uns auch Irrlehren nicht aus der Fassung, weil wir in Christus und seinem Wort verwurzelt sind.

Ich will dieses Leben hier auf der Erde umarmen und als Trainingseinheit sehen, als Vorbereitung für mein eigentliches Zuhause: den neuen Himmel und die neue Erde!

Matthias Krebs

12
Donnerstag

[Deshalb] halte ich's für nötig, euch in meinem Brief zu ermahnen, dass ihr für den Glauben kämpft, der ein für alle Mal den Heiligen anvertraut ist.

Judas 3

Bibellese: Judas 1-13

Wenn ich diesen Brief lese, überkommt mich eine gewisse Schwere. Ich möchte gerne von den großen Taten Gottes lesen, seinen Wundern, seiner Liebe zu uns. Ich möchte darüber schreiben, dass das Leben mit Jesus ein Abenteuer ist und wir großartige Verheißungen haben. Das ist zwar alles wahr, aber nur die eine Seite der Medaille. Nicht nur hier, sondern durch die ganze Bibel werden wir immer wieder gewarnt vor falschen Lehren und sogenannten Gläubigen, die keine sind, sondern Menschen durcheinander und vom Glauben abbringen. Judas berichtet darüber sehr ausführlich. Er führt konkrete Beispiele der Geschichte an und gebraucht starke Vergleiche: Hirten, die sich selbst weiden, wasserlose Wolken, fruchtlose Bäume. Was haben all diese Bilder gemeinsam? Es sieht gut aus, aber es steckt nichts dahinter. Man sieht nach wochenlanger Dürre endlich die Regenwolken aufziehen, und es passiert – nichts!

Das Grundproblem ist Rebellion. Wenn ich Gottes angemessene Autoritätsstrukturen nicht anerkenne, führt das in allen Bereichen des Lebens zu Chaos, besonders im ethischen Bereich. Was uns heute als moderne Freiheit verkauft wird, führt in Wirklichkeit in tiefe Abhängigkeiten.

Nichts Neues ⇢ Manche Christen tendieren dazu, alles Heutige schlechtzureden. Sie haben eine sehr pessimistische Sicht auf die Welt: „Früher war eben alles besser …" Doch schon Judas greift auf längst vergangene geschichtliche Ereignisse zurück und macht deutlich: „Das ist nichts Neues! Seid nicht überrascht, dass es das gibt. Legt aber auch nicht schicksalsergeben die Hände in den Schoß und klagt über den Verfall der Sitten. Kämpft für den Glauben!"

Es gibt viel zu tun ⇢ Es gibt genügend Themen, die die Gemeinde Jesu heute umtreiben. Wie stehen wir beispielsweise zu den sexuellen Freiheiten unserer modernen Gesellschaft? Worum geht es in unseren Gottesdiensten hauptsächlich? Um ein gutes Bühnenprogramm oder um Lebensveränderung? Es ist unsere Aufgabe, dass wir uns mit den Themen der Zeit auseinandersetzen und im Licht der Bibel Antworten finden. Und wir müssen auch immer wieder unser eigenes Leben hinterfragen. Geht es nur noch um religiöse Formen?

Das ist nicht einfach. Auch wenn wir nicht wegen unseres Glaubens verfolgt werden, ist unser Glaube doch umkämpft. Kämpfen wir den guten Kampf des Glaubens!

Matthias Krebs

Zu der letzten Zeit werden Spötter sein, die nach ihren eigenen gottlosen Begierden leben. Diese sind es, die Spaltungen hervorrufen.

Judas 18.19

Bibellese: Judas 14-19

Es ist schon erstaunlich, wie viele Gründe es gibt, dass Christen sich trennen. Ob es der Traubensaft beim Abendmahl ist, die Mitarbeit in einem ökumenischen Arbeitskreis, predigende Frauen, die Organisationsform der Kirche, zu wenig oder zu viel Heiliger Geist, die Kleiderordnung, Musikrichtung, zu wenig oder zu viel Israel, zu eng, zu liberal, zu weltlich – die Liste scheint endlos. Bei genauerer Betrachtung steht dahinter häufig Egoismus, manchmal Verletzung oder mangelnde Liebesbereitschaft. Menschen legen sich ihren Glauben so zurecht, wie es ihnen am besten erscheint. Die Vorteile: Man muss sich nicht mehr ein- und unterordnen.

Judas zeigt in seinem Brief auf, dass es ein Zeichen der letzten Zeit ist, dass Menschen sich ihren Gott und ihren Glauben selbst zimmern. Nicht gerade sehr erbaulich, diese Lektüre. Und doch machen die Apostel mehrmals in ihren Briefen deutlich, dass sich am Ende eine ungute Entwicklung breitmachen will.

Ungute Haltungen ⇢ Drei Tendenzen macht Judas uns anhand biblischer Gestalten deutlich (Vers 11):

- Kain brachte Gott ein unwürdiges Opfer. Er gab etwas, was Gott nicht wollte. Ein Bild für ein geteiltes Herz. Außerdem warnt ihn Gott, dass die Sünde vor seiner Tür lauert. Aber Kain lässt sich nicht zurechtweisen. Er zügelt seinen Hass nicht und wird zum Brudermörder.
- Bileam meinte, seine geistlichen Gaben gewinnbringend, sogar gegen das Volk Gottes einsetzen zu können. Als Seher sah er zuerst seinen eigenen Vorteil.
- Korach ging in Opposition gegen die Leitung. Er provozierte Mose und hinterfragte dessen von Gott gegebene Verantwortung. Dies führte zu einer Unzufriedenheit und Revolte einer ganzen Reihe von Leitern.

Merken wir, wie uns das alle irgendwie angeht? ⇢ Gott lässt sich nicht spotten. Was der Mensch sät, wird er ernten. Alle drei Männer empfingen keinen Segen. Hüten wir uns vor solch unguten Tendenzen. Jesus hat uns zugesagt, bis ans Ende der Welt bei uns zu sein. Das gute Werk, das er in dir und mir begonnen hat, will und kann er auch zu Ende führen. Sein Wille geschehe in unserem Leben. Als Ortsgemeinde erlebten wir in gemeinsamen Gottesdiensten mit ukrainischen Geschwistern aus alten traditionellen Pfingstkirchen, charismatischen Freikirchen, Baptisten, Katholiken und der orthodoxen Kirche eine große Ermutigung.

Johannes Weiß

14
Samstag

Ihr aber, meine Lieben, baut euer Leben auf eurem allerheiligsten Glauben und betet im Heiligen Geist und bewahrt euch in der Liebe Gottes.

Judas 20.21

SEPTEMBER *Bibellese: Judas 20-25*

2022 begann der Krieg in der Ukraine. Ständig hörte man erschütternde Berichte von Menschen, die bei uns Unterschlupf gefunden hatten. Sehr umstritten war die Rolle der Russisch-Orthodoxen Kirche, da sie den Krieg als gottgewollt darstellte.

Worauf es ankommt ⇢ Judas klärt seine Leser schonungslos über die Strömungen der Endzeit auf. Er nannte die Spötter, die Leichtfertigen und die, die nur an sich denken. Zum Ende seines kurzen Briefes ermutigt er aber die Christen mit dem oben genannten Leitvers. Drei wichtige Punkte gibt er uns für die kommenden und schwerer werdenden Zeiten mit. Die Verantwortung dafür liegt bei uns.

- Unser Lebenshaus muss auf Glauben aufgebaut sein. Das Fundament ist klar: Jesus Christus als Grundstein. Allen Abweichungen erteilen wir eine Absage. Weniger (wie „Es geht auch ohne das Opfer Jesu") oder mehr als Jesus Christus bleibt Irrlehre. Das lehnen wir ab. Vertrauen wir den Zusagen eines allmächtigen Gottes. Auch in schwersten Zeiten gilt: Jesus ist bei uns bis zum Ende.
- Gebet *„im Heiligen Geist"* erinnert uns, die Gabe des sogenannten Sprachengebetes anzuwenden. Sollten wir das etwas vernachlässigt haben, ist es Zeit, diese Gabe neu zu aktivieren. Denn damit erbauen wir uns selbst und können Gott permanent in einer Sprache preisen, in der wir nie gesündigt haben. Wer diese Gabe noch gar nicht kennt, kann Gott bitten, ihm das Geschenk des Betens ohne Grenzen zu geben.
- *„Bewahrt euch in der Liebe Gottes"* ist der dritte und vielleicht wichtigste Punkt. Jesus sagt einmal, dass in der letzten Zeit die Liebe erkalten wird. Grund dafür ist die zunehmende Ungerechtigkeit. Im Wissen um unseren Status als Kind Gottes, um seine Barmherzigkeit und des ewigen Lebens in der Gegenwart unseres Herrn können wir einen Gegenentwurf in der Gesellschaft leben. Unsere Identität ist Christus. Liebe muss unser Erkennungszeichen bleiben.

Glaube, Gebet im Geist und Gottes Liebe ⇢ Das sind die drei großen Pfeiler, die uns Judas an die Hand gibt, damit wir in der letzten Zeit dieses Zeitalters bestehen. Lasst uns heute den Glauben festzurren. Gott kann! Lasst uns in neuen Gebetssprachen beten. Lassen wir die Liebe neu erglühen, zum Partner, zu unseren Kindern, unseren Eltern und auch zu denen, die vielleicht eine Herausforderung in unserem Leben darstellen.

Johannes Weiß

Wie sind die Helden gefallen und die Waffen des Krieges verloren.

2. Samuel 1,27

Bibellese: 2. Samuel 1,1-27

David trauerte um Saul und um Jonatan, seinen engsten Freund. Nur wer die Berichte aus 1. Samuel 1 – 31 gelesen hat, kann verstehen, was David durchgemacht hatte. Er war von Anfang an dabei, als der Prophet Samuel Saul erwählen musste und ihn als König einsetzen konnte. Er hatte Jahre von Verfolgung, Hass und Todesangst vor Saul ausgehalten. Es gab fast keinen Tag, an dem David wirklich frei war und sein Leben genießen durfte.

Und doch war er überzeugt, dass es Gott war, der hier handelte. Saul war eingesetzt worden, weil das Volk Israel Gott verworfen hatte. Gott schickt sogar Könige als Strafe für sein Volk! Saul war zwar gesalbt, aber nicht gehorsam gewesen. Er war eifersüchtig auf David geworden, weil dieser das Herz Gottes kannte und seine Liebe zu seinem Gott war stärker als sein Recht auf ein ruhiges Leben.

Es scheint endlos ⇢ Der endlose Kampf Saul gegen David ist erschreckend. Auf vielen Seiten des ersten Buches Samuel finden wir böse Motive gegen den von Gott geliebten David sowie Hass und Verfolgung. Genauso werden Christen heute verfolgt weltweit. Sie können fliehen, wohin sie wollen, der Hass Satans verfolgt sie. Auch Satan war einmal ein Engel des Lichts, aber er war ungehorsam geworden und hatte sich in Rebellion gegen Gott erhoben. Jetzt bekämpft er die Gesalbten des Herrn mit aller Macht. Es scheint so, als wenn der Kampf Dunkelheit gegen Licht immer intensiver geworden ist. Alles, was Gottes Reich ausmacht – Gerechtigkeit, Wahrheit, Ordnung, Familie, Gemeinde, Gesundheit und Liebe – ist unter Beschuss. Der Kampf Satans geht in seine letzte Runde gegen das Volk Gottes, die Auserwählten und Gesalbten.

Das letzte Wort spricht Gott ⇢ Wir brauchen uns nicht zu verteidigen, denn der Kampf ist des Herrn. Er wird für Gerechtigkeit einstehen. Wir sollen auf ihn schauen, den Anfänger und Vollender unseres Glaubens. Dann wird es auch für uns heißen: *„Wie sind die Helden gefallen und die Waffen des Krieges verloren.“* Das letzte Wort gehört unserem König und Erretter, Jesus Christus!

Gabriele Wentland

16
Montag

So tue nun der HERR an euch Barmherzigkeit und Treue, und auch ich will euch Gutes tun, weil ihr das getan habt.

2. Samuel 2,6

SEPTEMBER *Bibellese: 2. Samuel 2,1-11*

David wird zum König gewählt und eingesetzt. Sieben Jahre und sechs Monate darf er als König in Hebron über Juda regieren. Seine Art und Weise ist so ganz anders als die von Saul. Er segnet das Volk, dankt ihnen für ihre Dienste und setzt Regierende ein. Im heutigen Bibeltext lesen wir: „*So seien nun eure Hände stark, und seid tapfer; denn Saul, euer Herr, ist tot, und mich hat das Haus Juda über sich zum König gesalbt. Abner aber, der Sohn Ners, der Sauls Feldhauptmann war, nahm Isch-Boschet, Sauls Sohn, und führte ihn nach Mahanajim und machte ihn zum König über Gilead, Asser, Jesreel, Ephraim, Benjamin und über ganz Israel*“ (Vers 7-9).

Wie Jesus ⇢ David vergilt nicht Böses, sondern er segnet und handelt weiterhin gut. Obwohl Saul und sein Haus gegen ihn gehandelt hatten, wurde der Sohn Sauls als König in Gilead eingesetzt. David ist hier ein Bild für Jesus, der als er verfolgt, bekämpft und gehasst wurde, nicht zurückschlug, sondern liebte, vergab und verband.

Auch wir Christen sollen so in dieser Welt handeln. Nicht zurückschlagen, uns verteidigen und wütend werden, sondern lieben, vergeben, Rücksicht üben und Vorbild sein. David ist dafür bekannt, er dichtete viele Lieder und schrieb sie nieder. Diese berühmten Psalmen helfen heute noch Millionen in tiefster Not und größter Angst, einem liebenden Gott zu begegnen, der uns hält, stärkt und tröstet. So schrieb David: „*Und ob ich schon wanderte im finstern Tal, fürchte ich kein Unglück; denn du bist bei mir, dein Stecken und Stab trösten mich. Du bereitest vor mir einen Tisch im Angesicht meiner Feinde. Du salbest mein Haupt mit Öl und schenkest mir voll ein. Gutes und Barmherzigkeit werden mir folgen mein Leben lang, und ich werde bleiben im Hause des HERRN immerdar*“ (Psalm 23,4-6).

Er ist der Sieger! ⇢ Wir dürfen diese bedingungslose Liebe erfahren, wir werden angenommen, auch wenn wir falsch gehandelt haben. Vergebung steht uns zur Verfügung, und wir werden empfangen als Kinder des höchsten Gottes und werden für immer mit ihm sein. Lasst uns den Lauf vollenden und Glauben halten, wie David es tat, und so überwinden, wo Böses gegen uns aufsteht. Jesus ist der Sieger und bleibt es für immer!

Gabriele Wentland

Und Joab ließ die Posaune blasen, und das ganze Volk stand still und jagte Israel nicht mehr nach und kämpfte auch nicht weiter.

2. Samuel 2,28

Bibellese: 2. Samuel 2,12-32

König Saul und auch der Thronanwärter Jonatan waren tot. David, der bereits einige Jahre zuvor vom Propheten Samuel zum König über Israel gesalbt worden war, befand sich in Hebron, einer Stadt in Juda. Dort wird David nun ein zweites Mal zum König über Juda gesalbt, jedoch nicht über ganz Israel. Isch-Boschet, ein Sohn Sauls, wird König über das restliche Königreich Israels. Um endgültig die Vorherrschaft über Israel zu klären, kommt es zu einem Krieg der beiden Parteien. Viele Menschen lassen ihr Leben für diesen Machtkampf. Doch dann kommt der Wendepunkt. Der Heerführer Isch-Boschets, Abner, kommt zur Besinnung und schlägt vor, den Kampf einzustellen und das Blutvergießen zu beenden. So passiert es auch.

Die Geschichte ist brutal. Aber auch heute erleben Menschen in manchen Teilen der Welt genau das. Menschen sterben, weil Machthaber Kriege führen und nicht bereit sind, ihre Waffen niederzulegen. Hier dürfen wir beten, dass Gott mit seinem Frieden kommt und Herrscher zur Besinnung führt.

Persönlich → Doch was hat die Geschichte mit uns persönlich zu tun? Wir führen wahrscheinlich keine blutigen Kriege. Aber vielleicht haben wir Streit in unserer Ehe. Vielleicht gibt es Konflikte mit dem Nachbarn. Vielleicht gibt es immer wieder Auseinandersetzungen in der Uni oder Firma. Man fühlt sich benachteiligt oder ungerecht behandelt und würde am liebsten zu seinem Recht kommen. Das Herz ist schwer und die Konflikte zerreißen uns schier. Wie kann man mit solchen Situationen umgehen?

Auf Jesus schauen → In Psalm 46,11 heißt es: *„Seid stille und erkennet, dass ich Gott bin!"* Wenn wir still werden und uns auf Gott ausrichten, können wir Ermutigung, Trost und die Stärke finden, um nachzugeben und die Sache Gott zu überlassen. Wir dürfen die Waffen niederlegen und Menschen, die uns zusetzen, segnen. Wir schauen auf Jesus. Er, der alle Macht hatte, entäußerte sich selbst und wurde unser aller Diener. Er erniedrigte sich selbst und starb am Kreuz für alle Ungerechtigkeit. Unser gekreuzigter Herr will dich und mich auch heute mit dieser Liebe erfüllen, damit wir Friedensstifter sein können und so zum Segen für viele Menschen werden.

Matthias Wiebe

18
Mittwoch

Und es war ein langer Kampf zwischen dem Hause Sauls und dem Hause Davids. David aber nahm immer mehr zu an Macht, und das Haus Sauls nahm immer mehr ab.

2. Samuel 3,1

SEPTEMBER

Bibellese: 2. Samuel 3,1-21

Obwohl David schon als junger Mann vom Propheten Samuel zum König gesalbt worden war, vergingen bis zu seiner Einsetzung zum König Israels viele Jahre. Diese Spannung erleben wir als Jesusnachfolger auch. Auf der einen Seite wissen wir: Das Beste kommt noch. Auf der anderen Seite ist die Realität: Dieses Beste ist noch nicht da. Wir müssen geduldig warten. In unserer Instant-Gesellschaft ist das jedoch nicht so leicht. Wir wollen das Beste – jetzt. Wir wollen den Erfolg – jetzt. Wir wollen die Lösung für das Problem – jetzt. Doch wie heißt es so schön im Volksmund: „Gut Ding will Weile haben." Auf gute Dinge müssen wir warten, Geduld bewahren und Gott vertrauen, dass er den perfekten Plan hat.

Schon so lange ... ⇢ Vielleicht beten wir schon so lange für einen Menschen oder eine Situation, aber es hat sich noch nichts getan. Manch einer wartet schon so lange auf eine Beförderung, aber kommt nicht vorwärts. Einige beten schon so lange für einen Traumprinzen, aber haben bis jetzt noch niemanden gefunden. Andere haben schon so oft um Gottes Eingreifen gebetet, aber leider ist noch nichts passiert.

Gott macht es ⇢ Auf Davids Leben lag eine besondere Verheißung: *„So tut's nun, denn der HERR hat von David gesagt: Durch die Hand meines Knechtes David will ich mein Volk Israel erretten aus der Hand der Philister und aller seiner Feinde"* (Vers 18). Doch diese Verheißung wurde nicht von heute auf morgen Wirklichkeit. Nein, David brauchte einen langen Atem. Er hatte keinen leichten Weg. Die Berichte aus der Bibel machen deutlich, dass er viele Fehler machte. Doch letztlich stellte Gott sich zu ihm, nannte ihn einen Mann nach seinem Herzen und bestätigte Davids Königtum, das immer mehr an Einfluss und Stärke zunahm.

Auch wenn David ein Mann nach Gottes Herzen war, wir brauchen einen größeren und besseren Retter, der ohne Fehler und Sünde ist. Dieser Retter ist Jesus, auf den wir uns zu hundert Prozent verlassen können. Er ist der wahre König, der für immer herrscht. Er wird wiederkommen und alles gut machen. Weil das so ist, können wir geduldig warten und ihm vertrauen, dass er das Beste für unser Leben will.

Matthias Wiebe

Der HERR vergelte dem, der Böses tut, nach seiner Bosheit.

2. Samuel 3,39

Bibellese: 2. Samuel 3,22-39

Mord und Vergeltung – der Kreislauf der Rache. Ich habe große Schwierigkeiten, mich in die Zeit und die Umstände, die hier beschrieben werden, hineinzuversetzen. Das gesamte Denken in Hinblick auf Selbstjustiz, Blutrache und eigentlich auch alles im Zusammenhang mit Kriegen und Kriegsführung ist mir und wahrscheinlich vielen in unserem Land sehr fremd. Was kann uns also heute solch ein Text sagen?

Gottvertrauen ⇢ Ein Schlüsselvers wurde für mich der letzte Satz in diesem Kapitel: „*Der HERR vergelte dem, der Böses tut, nach seiner Bosheit.*" David sagt hier: „*Der HERR vergelte*" – nicht: „Ich vergelte!" Joabs Handeln hätte David schaden können und seinen Weg, König von ganz Israel zu werden, blockieren oder sogar zunichtemachen können. Doch David gab die Situation an Gott ab. Er brachte seine Trauer und Betroffenheit deutlich zum Ausdruck – so klar, dass es fürs ganze Volk eindeutig erkennbar war, dass diese Tat nicht seine Zustimmung fand. Und er legte die Rache in Gottes Hand.

Paulus schreibt zum Thema Rache: „*Rächt euch nicht selbst, meine Lieben, sondern gebt Raum dem Zorn Gottes; denn es steht geschrieben: Die Rache ist mein; ich will vergelten, spricht der Herr*" (Römer 12,19).

Auf schwierigem Gelände ⇢ Auch wenn ich hoffe, nie selber mit so einer schrecklichen Tat konfrontiert zu werden, kann ich mir doch auch in meinem Alltag Situationen vorstellen, wo der Drang, mich an jemandem zu rächen, der mir Unrecht zugefügt hat, überwältigend groß sein könnte. Ich bin davon überzeugt, dass es in solchen herausfordernden Situationen hilft, wenn man auf vorher – in einem gelasseneren Gemütszustand – verinnerlichte Werte zurückgreifen kann. Das ist wie mit einem vertrauten Weg durch schwieriges Gelände, den man auch im Stress findet. So können einem verinnerlichte Werte feste Trittsteine im Sumpf der Not sein.

David greift hier zurück auf seine Erfahrungen mit Gott und seinem Vertrauen zu ihm. Er vertraut darauf, dass Gott derjenige ist, der ihn zum König über ganz Israel berufen hat, und dass er sich nicht mit allen Mitteln selber helfen muss, um das Ziel zu erreichen. Und er vertraut darauf, dass Gott weiß, was gut und was böse ist und zu seiner Zeit gerecht richten wird. Nach solch einer Zuversicht und Gewissheit möchte ich mich ausstrecken.

Christine Neumerkel-Wilckens

20
Freitag

Der HERR hat heute meinen Herrn, den König, gerächt an Saul und an seinem Geschlecht.

2. Samuel 4,8

SEPTEMBER *Bibellese: 2. Samuel 4,1-12*

Eine schreckliche Fehleinschätzung: Da bringen zwei Männer den König um, hauen ihm den Kopf ab und tragen ihn eine Nacht durch die Wüste, um ihn dann David zu präsentieren, in der Erwartung, dafür reich belohnt zu werden. Doch David reagierte ganz anders. Anstatt sie zu belohnen, weil sie ihm ein Hindernis aus dem Weg geräumt hatten, wurden sie mit dem Tod bestraft. Wie hatten diese Männer sich so schrecklich verschätzen können? Ich denke, weil sie David nicht richtig kannten und nicht wussten, nach welchen Werten er sich richtete.

Der Zweck heiligt nicht die Mittel ⇢ Ist das denn „nur" eine Geschichte aus dem Alten Bund, die uns heute nicht mehr betrifft? Nein, denn die Kirchengeschichte enthält leider viele Begebenheiten, in denen Menschen im Namen Gottes oder im Namen der Kirche schreckliche Dinge taten, um ihre Macht oder die der Kirche auszuweiten oder zu erhalten. Wie konnte es dazu kommen? Ich denke, es hat damit zu tun, ob man an den Gott der eigenen Vorstellung glaubt oder an den realen Gott, der manchmal diese Vorstellungen sprengt. Der manchmal ganz anders handelt, als man erwartet, und manchmal auch verlangt, über den eigenen Schatten zu springen, wie etwa in der Bergpredigt.

An einer Stelle im Neuen Testament sagt Jesus einmal: „*Es werden nicht alle, die zu mir sagen: Herr, Herr!, in das Himmelreich kommen, sondern die den Willen tun meines Vaters im Himmel*" (Matthäus 7,21). Wir lesen in den Evangelien, dass Jesus ganz anders war, als viele – vor allem die religiöse Elite – erwarteten. Er stellte viele ihrer Annahmen über Gott auf den Kopf und legte Wert auf ganz andere Dinge als sie. Einige wurden im Herzen berührt und folgten ihm nach. Andere verhärteten sich und wandten sich von Jesus ab. Sie wollten lieber dem Gott ihrer Vorstellung dienen, anstatt den wahren Gott kennenzulernen.

Eine gute Nachricht ⇢ Gott möchte aber, dass wir ihn kennenlernen! Er gab uns sein Wort, die Bibel, und in Jesus ist er selber auf diese Erde gekommen, damit die Menschen sehen können, wie Gott ist. Er gibt uns seinen Heiligen Geist, damit wir in seiner Kraft seine Wege gehen können. Nutzen wir doch unsere Zeit, um den realen Gott kennenzulernen, sein Wort an uns heranzulassen und seine Nähe zu suchen. Damit wir wissen, worauf es ihm ankommt.

Christine Neumerkel-Wilckens

Der HERR hat die Reihen meiner Feinde vor mir durchbrochen, wie Wasserfluten durchbrechen. Daher nannte man den Ort Baal-Perazim.

2. Samuel 5,20

21
Samstag

SEPTEMBER

Bibellese: 2. Samuel 5,1-25

„Herr der Durchbrüche" – so übersetzt die Elberfelder Bibel „Baal-Perazim". Wie Wasser einen Damm durchbricht, so erlebte David den Sieg gegen die Philister. Unsere Feinde sind wahrscheinlich nicht fremde Völker. Vielleicht sind es Menschen, die uns das Leben schwermachen oder „Feinde" in uns selbst: Minderwertigkeit, Erfolglosigkeit, Einsamkeit oder wie sie sonst noch heißen. Wer wünscht sich da nicht Durchbrüche in seinem Leben? Mir hilft dabei der Blick auf die Geschichte vor dem Durchbruch Davids.

Die Bestätigung Gottes führte zu einem gesunden Selbstverständnis ⇢ Kurz nach dem Bericht über die Salbung Davids zum König lesen wir Folgendes: *„Und David erkannte, dass der HERR ihn als König über Israel bestätigt und sein Königtum erhöht hatte um seines Volkes Israel willen"* (Vers 12). David erkannte, dass er König geworden war, weil Gott es so geplant hatte. Der Heilige Geist selbst gibt unserem Geist Zeugnis darüber, dass wir Gottes „Königskinder" sind. Auch uns bestätigt er nicht nur einmal, sondern gerne immer wieder neu. Und auch wir leben nicht für uns, sondern für ihn.

David bezog Gott in seinen Kampf ein ⇢ Dass Feinde oder feindliche Situationen sich in unserem Leben starkmachen, muss kein Zeichen dafür sein, dass wir auf dem falschen Weg sind. Es kann bedeuten, dass wir vor einem neuen Durchbruch in unserem Leben stehen. Für David war es entscheidend, sich nicht auf seine eigene Stärke zu verlassen. Die Erkenntnis, dass Gott ihn zum König seines Volkes gemacht hatte, führte dazu, dass er im Kampf nach dessen Lösung fragte und sich danach ausrichtete, wie Gott selbst kämpfen wollte. Geistlicher Durchbruch heißt nicht, dass wir uns mit unserem Kopf endlich durchsetzen, sondern dass wir Gottes Macht und Stärke erleben und Zeuge werden, wie er sich in unserem Leben durchsetzt. Manchmal schlägt Gott unsere Feinde vor uns in die Flucht. Manchmal müssen wir sie aber auch zunächst gewähren lassen, weil er eine andere Art von Sieg für uns vorbereitet hat.

Was sind unsere Kämpfe, in denen wir gerade stehen? ⇢ Trauen wir uns, Jesus nicht nur um den Durchbruch zu bitten, sondern auch darum, *wie* er geschehen soll? Jesus hat die Übersicht und einen guten Weg durch unsere Herausforderungen.

Matthias Wölfle

22
Sonntag

Und David und ganz Israel tanzten vor dem HERRN her mit aller Macht im Reigen, mit Liedern, mit Harfen und Psaltern und Pauken und Schellen und Zimbeln.

2. Samuel 6,5

Bibellese: 2. Samuel 6,1-11

Davids Plan stand fest: Er wollte die Bundeslade nach Jerusalem holen. Er wollte die Gegenwart Gottes bei sich haben. Er hatte Sehnsucht nach dessen „sichtbarer" Gegenwart. David liebte es, Gemeinschaft mit Gott zu haben, denn ein Tag bei ihm ist besser als tausend andere. Er wollte sich des Segens sicher sein. Jedoch verlief der Transport der Bundeslade nicht völlig problemlos. Versehentlich berührte Usa die Lade und starb. Gottes Heiligkeit und Gerechtigkeit können nicht voneinander getrennt werden. Sünde kann in seiner Gegenwart nicht bestehen. Aber letztendlich gelingt David sein Vorhaben einige Zeit später.

Und nun? ⇢ Ich erinnere mich noch, wie ich als junger Christ zum ersten Mal auf einer Konferenz war. Die übernatürliche Freude war spürbar. Diese Art von Freude hatte ich zuvor noch nie erlebt, aber seitdem immer wieder. Davon wünsche ich mir mehr in meinem Leben. Die Freude über die manchmal sogar manifeste Gegenwart Gottes – diese Freude kann uns die Welt weder geben noch nehmen. Es ist eine Freude, die alle anderen Arten von Freude in den Schatten stellt. Die Israeliten feierten, spielten und tanzten zur Ehre Gottes, so sehr freuten sie sich über seine Gegenwart.

Gott ist aber nicht nur da, wenn wir ihn „fühlen". Er ist auch da, wenn wir ihn nicht spüren. Er wird bei uns sein, in guten wie in bösen Tagen, bis zum Ende der Zeit. Manch einer wünscht sich vielleicht, auch ein sichtbares Zeichen von Gottes Gegenwart zu haben. Eine Bundeslade in unserem Wohnzimmer, die uns bezeugt, dass Gottes Gegenwart da ist und sein Segen und Schutz mit uns sind. Vielleicht würde es dann in so mancher Herausforderung leichter fallen, an Gottes Gegenwart zu glauben …

Wie können wir Gottes Gegenwart heute feiern? ⇢ Wo finden wir Spuren seiner Gegenwart in unserem Leben? Wo geben wir der Anbetung und der Gemeinschaft mit Jesus Raum? Ist er die Quelle unserer Freude, die bis in das ewige Leben fließt? Wo ist die übernatürliche Freude Gottes in unserem Alltag erlebbar?

Er hat den Vorhang im Tempel zerrissen und der Weg ist nun frei in seine Gegenwart. Ein bekannter Liedtext lautet: „Freude bricht sich Bahn, wenn der König kommt." Aber der König ist schon gekommen, um uns zu erlösen – deswegen haben wir jeden Tag Grund, uns zu freuen!

Mareike Schulz

Und es wurde dem König David angesagt, dass der HERR das Haus Obed-Edoms segnete und alles, was er hatte, um der Lade Gottes willen.

2. Samuel 6,12

Bibellese: 2. Samuel 6,12-23

David wollte diesen Segen, der auf Obed-Edom und dessen Haus lag, gerne für ganz Israel und auch für sich selbst haben. Deshalb holte er die Lade Gottes nach Jerusalem. Dieses Mal machte David beim Transport alles richtig. Da der Tempel noch nicht gebaut war (das geschah erst später unter Salomo), hatte David ein Zelt dafür vorbereitet. Ohne Zweifel handelte David richtig. Obed-Edom aber wollte diesen Segen in der Nähe der Bundeslade nicht verlieren und so finden wir ihn kurz darauf – berichtet in 1. Chronik 15,18 – als einen der *„Torhüter"* wieder. Sein Verhalten ist ein Beweis für die Aussage in Psalm 84,11: *„Denn ein Tag in deinen Vorhöfen ist besser als sonst tausend. Ich will lieber die Tür hüten in meines Gottes Hause als wohnen in den Zelten der Frevler."* Obed-Edom hatte die Nähe Gottes gespürt und lieb gewonnen, er wollte sie nie mehr missen.

In Gottes Nähe ⇢ Als der finnische Erweckungsprediger Niilo Yli-Vainio in den späten 1970er-Jahren ganze Sporthallen füllte, erzählte man sich, dass am nächsten Tag, als das Putzpersonal durch die Arena ging, um zu säubern, einige von ihnen an einer bestimmten Stelle der Halle – für sie selbst völlig unerwartet – zu Boden fielen. Es war, wie sich erst im Nachhinein herausstellte, der Ort vor der Bühne, an dem am Abend zuvor Niilo für Kranke gebetet hatte.

Viele von uns haben die Nähe Gottes ähnlich erlebt. Wo Gottes Wort verkündigt wird, wo gebetet wird, offenbart sich seine Gegenwart und seine Nähe – in einer Weise, die man nie wieder missen möchte. Ein wenig davon ahne ich, wenn ich bei verschiedenen Gelegenheiten unter der Woche in unseren Gemeindesaal komme. Er ist leer und es ist still; kein Licht, und doch bin ich gerne in diesem Raum. Ich genieße es dann immer wieder mal, mich irgendwo hinten in die letzten Reihen zu setzen und allein zu sein mit dem Herrn, dessen Nähe ich spüre. Hier ist der Ort, wo so viel Heilung geschieht in der Verkündigung seines Wortes. Genau so ging es Obed-Edom.

Anton Bergmair

Habe ich die ganze Zeit, als ich mit allen Israeliten umherzog, je geredet zu einem der Richter Israels ... und gesagt: Warum baut ihr mir nicht ein Zedernhaus?

2. Samuel 7,7

Bibellese: 2. Samuel 7,1-16

Eine Hand wäscht die andere? Wie ist das, wenn Gott etwas für uns tut – müssen wir ihm das dann irgendwann „zurückzahlen"? Kommt da irgendwann eine Rechnung wie vom Handwerker oder der Werkstatt?

König David ist an einem Punkt seiner hoheitlichen Karriere, an dem er sich zurücklehnen kann: Weit und breit kein Feind zu sehen, der ihm Sorgen machen könnte. Er führt eigentlich ein sorgenfreies Leben inmitten eines prachtvollen Hauses. Zu Recht scheint er dankbar. Vielleicht hat er sogar ein schlechtes Gewissen angesichts der recht unterschiedlichen „Behausungen" seiner Person und der Bundeslade, dem Heiligtum seines Volkes, Begegnungspunkt des Himmels und der Erde in der Gegenwart Gottes. Hatte Gott es nicht verdient, in einem außerordentlichen Bau zu wohnen? Ist es nicht das Mindeste, was David tun kann, um sich für den von Gott erfahrenen Segen zu revanchieren: Ein imposantes Gotteshaus zu errichten, um Gott dort zu begegnen? Auch dem Propheten Nathan scheint dies einzuleuchten. Also los!

Gottes Antwort auf diesen Plan überrascht mich: „Habe ich jemals gesagt, dass du mir ein Haus bauen sollst?" Statt David für seine zunächst so richtig erscheinende Idee zu loben, erinnert der Herr ihn an seinen ursprünglichen Auftrag: Fürst zu sein über das Volk Israel. Hierfür hat Gott ihn freigesetzt und berufen. Hierfür stand er David bei und segnete ihn. Gott ist für sein Volk da. Und David will er darin gebrauchen und ihn noch weiter segnen – indem er ihm ein Haus baut!

Aus Segen leben ⇢ Die Großzügigkeit Gottes berührt mich. Wie viel hat Gott schon in meinem Leben getan – hat mich und meine Familie versorgt, für mich gekämpft, meinen Dienst gesegnet. Wie oft war ich versucht, Gott seinen Segen „zurückzuzahlen" durch mehr Anstrengungen, mehr Hingabe, mehr Investitionen? Wie oft wollte ich Gott „ein Haus bauen" in Form einer prachtvollen, wohlanzusehenden Gemeinde? Doch das muss ich nicht. Wir müssen es nicht! Gott erwartet es nicht.

Spontan denke ich an einen Liedvers: „Ich kehr' zurück zu dem Herz der Anbetung. Es geht nur um dich, Jesus ..." Es kann nie darum gehen, Gott etwas schuldig zu sein oder uns etwas verdienen zu müssen. Was hätten wir ihm auch anzubieten, dessen er bedürfte? Doch wir dürfen seinen Segen annehmen und seine Berufung für uns leben.

Michael Steinkamp

Wer bin ich, Herr, HERR , und was ist mein Haus, dass du mich bis hierher gebracht hast?

2. Samuel 7,18

Bibellese: 2. Samuel 7,17-29

König und Psalmist: In sehr vielen Kapiteln des Alten Testaments lesen wir über und von ihm, dem jüngsten der acht Söhne des Judäers Isai aus Bethlehem: David, der Urenkel des Boas und der Moabiterin Ruth. Von ihm wird nicht nur berichtet, dass er schön, kraftvoll, redegewandt und begabt im Saitenspiel war. Auch als Hirte der Schafe seines Vaters zeichnete er sich durch Zuverlässigkeit und Mut aus. Im Beisein seines Vaters und seiner Brüder wurde er vom Propheten Samuel zum Nachfolger des Königs Saul gesalbt. Durch die Salbung kam der Geist des Herrn auf den jungen David und blieb auch auf ihm.

Wer bin ich? ⇢ Unser Bibelabschnitt für heute berichtet von einem Gebet Davids, in dem seine allerhöchste Achtung und Ehrerbietung seinem Gott gegenüber zum Ausdruck kommt. Insgesamt sieben Mal verwendet er die Anrede *„Herr HERR"*, und fragt: *„Wer bin ich, und was ist mein Haus, dass du mich bis hierher gebracht hast?"* Sicherlich erinnerte er sich an viele Ereignisse in seinem Leben sowohl in seiner Zeit als Schafhirte als auch in seiner Zeit als König.

Diese etwas rhetorische Frage dürfen und sollen auch wir heute stellen und auf keinen Fall vergessen, was Gott für uns und an uns getan hat. Vielleicht wäre es hilfreich, einmal schriftlich festzuhalten, was unser Herr in all den Jahren unserer Gotteskindschaft ganz konkret für und an uns getan hat?

Klare Worte ⇢ Im Neuen Testament erklärt unser Herr Jesus in der Warnung vor den falschen Propheten, die Gott wie David mit *„Herr, Herr!"* anreden, dass nur derjenige in das Reich der Himmel hineinkommen wird, der den Willen seines Vaters tut (Matthäus 7,20). Diesen falschen Propheten, die in Schafskleidern auftreten, inwendig aber reißende Wölfe sind, wird auch dann nicht helfen, dass sie im Namen Jesu geweissagt, Dämonen ausgetrieben und viele Wunderwerke getan haben. Der Herr Jesus wird sie nicht kennen und nennt sie Übeltäter. Harte Worte unseres Herrn, nicht wahr?

Glücklich dürfen wir sein, wenn wir unser Leben dem Heiland unserer Seele anvertraut haben und als Gotteskinder in aller Ehrfurcht und Hochschätzung beten können, wie es mit den Worten des Vaterunsers auf der gesamten Welt bekannt ist. Gehören wir dazu? Noch ist Zeit, sich ihm anzuschließen.

Ludwig Seelinger

26
Donnerstag

So wurde Aram David untertan, dass sie ihm Tribut bringen mussten; denn der HERR half David, wo er auch hinzog.

2. Samuel 8,6

SEPTEMBER *Bibellese: 2. Samuel 8,1-18*

In diesem Bibelabschnitt lesen wir von den Siegen des Königs David. Dieser hatte durch seine geführten Kriege und die dabei errungenen Siege das weltliche Machtgefüge verändert. Die Israeliten herrschten nun über die Philister. David befreite sein Volk und festigte die von Gott vorgesehenen Grenzen seines Landes. Bei all den Kriegen war er in Gottes Auftrag unterwegs. Dies wird uns im heutigen Leitvers besonders klar, wenn es heißt: „*… denn der HERR half David, wo er auch hinzog.*“ Welch eine Aussage oder besser gesagt: Tatsache! Gott half David – egal, wo dieser hinzog. Gott war an der Seite Davids.

Unterwegs mit Gott ⇢ Ist das nicht beneidenswert? Wer von uns wünscht sich das nicht, dass Gott an seiner Seite ist? Warum ist das bei uns nicht immer der Fall? Ich denke, die grundsätzliche Frage ist nicht, ob Gott bei uns ist, sondern ob wir bei Gott sind. Wie sieht unsere persönliche Beziehung zu ihm aus? Gott wird uns nicht bei unseren privaten „Kriegszügen“ begleiten, aber er wird uns begleiten, wenn wir seinem Willen Folge leisten.

Bei David sehen wir sehr früh, dass er sein Leben zur Ehre Gottes einsetzt. Er war es, der mit seiner Steinschleuder den Riesen Goliath besiegt hatte. Gott schaut David ins Herz und es gefällt ihm, was er sieht, nämlich ein aufrichtiges Interesse an Gottes Willen. Davids aufrichtiges Interesse an dem Willen Gottes ist sein Erfolgsrezept. Sollte das nicht auch unser Erfolgsrezept sein? Was sieht Gott in meinem und deinem Herzen? Sieht er dort ein Herz, das sich für seinen Willen und für seine Interessen engagiert und einsetzt? Oder ist dort ein eher egoistisches Herz? Was bewegt uns und unsere Beziehung zu Gott?

Sein Wille geschehe ⇢ Im Gebet, das Jesus uns gelehrt hat, beten wir: „Dein Name werde geheiligt. Dein Reich komme. Dein Wille geschehe wie im Himmel so auf Erden.“ Damit wird klar, dass die erste Priorität im Gebet nicht meine Anliegen, sondern die Anliegen Gottes sind. Auf dieser Basis schließen sich meine Wünsche und Bitten an. Mit dieser Herzenseinstellung findet Gott ein Herz, das ihm gefällt; und er wird sich zu uns stellen in unserem Alltag, egal, wo wir hingehen.

Jörg Kappel

Ist da noch jemand vom Hause Sauls, dass ich Gottes Barmherzigkeit an ihm tue? Ziba sprach zum König: Es ist noch ein Sohn Jonatans da, lahm an den Füßen.

2. Samuel 9,3

27
Freitag

SEPTEMBER

Bibellese: 2. Samuel 9,1-13

Der Knecht Ziba erwähnt Mefi-Boschet. König David lässt ihn holen. Was kommt auf ihn zu? Erwartungen sind durch Erfahrungen gefärbt. Mefi-Boschet bezeichnet sich selbst als „*toten Hund*" (Vers 8). Ein Sprichwort sagt: „Wo viel ist, kommt viel hin. Wo wenig ist, kommt wenig hin." Mefi-Boschet kennt die Schattenseiten des Lebens.

Ungerechtigkeit ⇢ Das ist ein Thema, das mich umtreibt. Sie zeigt sich an vielen Stellen, auch heute. Gehaltserhöhungen etwa werden oft prozentual berechnet. Wenn jeder Mitarbeiter 5% mehr bekommt, erhält jemand mit einem Bruttolohn von 4000 € fortan 4200 €. Der jedoch, der um den Mindestlohn herum „verdient", bekommt eine Erhöhung um 85 € monatlich. Sein Einkommen steigt auf 1785 €. Davon bleibt ein minimaler Nettolohn, mit dem er auch weiterhin seine Familie kaum versorgen kann. Bei Anträgen auf staatliche Gelder bleibt ihm nicht ein Cent mehr als vorher – die Gehaltserhöhung verschwindet komplett. Ist das nicht ungerecht? Wie passt das dazu, dass vor Gott alle Menschen gleich sind?

Mefi-Boschet kommt sich mit seinen lahmen Füßen nutzlos vor. Er lebt in Armut. Sein Selbstwertgefühl hat gelitten. Ausgrenzung kennt er zur Genüge. Und nun will König David sich – um Jonatans willen – seiner erbarmen. Mefi-Boschet ist fassungslos.

Barmherzigkeit kann uns überraschen ⇢ Meine Schwester und ich verloren unseren Vater früh. Eines Tages saß ich bedrückt in der Schule. Unsere Mutter lag im Krankenhaus. Was mit ihr war, wussten wir nicht und sorgten uns sehr. Ich kümmerte mich bestmöglich um zu Hause. Meine Lehrerin, eine Ordensschwester, bemerkte im Unterricht trotz einer Klassenstärke von über 30 Kindern meine Not. Nach einer Pause (in der sie sich für uns eingesetzt hatte) lud sie uns ein, in einem schönen Zimmer im Kloster zu wohnen, bis unsere Mutter nach Hause käme. Die Schwestern waren sehr fürsorglich. Sie meinten, uns Kindern könnte langweilig werden oder wir bekämen in der Dunkelheit Angst. Tatsächlich haben wir voller Freude Abend für Abend das Lichtspiel des Hamburger Fernsehturms, der ganz in der Nähe stand, beobachtet und „erforscht". Ich erinnere mich gern daran. Doch viel wichtiger war: Wir fühlten uns geborgen und kamen zur Ruhe.

Jesu Liebe zu erfahren, hat uns tief geprägt. Barmherzigkeit hinterlässt Spuren im Leben.

Claudia Volkmann

28
Samstag

SEPTEMBER

Meinst du nicht, dass er dazu seine Knechte zu dir gesandt hat, damit er die Stadt erforsche und erkunde und zerstöre?

2. Samuel 10,3

Bibellese: 2. Samuel 10,1-19

David schickt in guter Absicht Boten zu Hanun, der seinen Vater verloren hat und trauert. Die Obersten von Hanuns Volk sind misstrauisch, wittern Heimtücke. *„Da nahm Hanun die Knechte Davids und ließ ihnen den Bart halb abscheren und die Kleider halb abschneiden bis an den Gürtel und ließ sie gehen"* (Vers 4). Welche Schande! Davids Anteilnahme schlägt in Hass um. In der Folge kämpfen Völker gegeneinander, holen andere Heere dazu. Die Zahl der Verletzten und Toten ist immens. Allein von einer Schlacht wird berichtet, dass sie über 40 000 Opfer forderte.

Frieden zu halten, ist nicht immer leicht ⇢ Wir haben unterschiedliche Meinungen. Kommunikation ist komplex. Einander zu verstehen, braucht Fähigkeiten und Bereitschaft. Manchmal will jemand unbedingt recht haben und versucht, sich durchzusetzen. Er versucht, sein Gegenüber zu dominieren. Die Gemüter erhitzen sich. Kinder geraten beim Spielen leicht in Streit. Sie beschuldigen einander: „Du hast angefangen!" – „Nein, du!" So geht es hin und her. Wichtig ist jedoch, dass alle aufhören, zu streiten und weniger, wer begonnen hat. Das lässt sich oft sowieso nicht klären. Bei einer gütlichen Einigung können alle gewinnen.

Geht ein Streit weiter, kommt es zur Eskalation. Intrigen werden gesponnen, Vernichtungsschläge immer ausgeprägter. Bald verlieren alle. Konflikte zu klären, kann anspruchsvoll sein. Manchmal wollen das ja auch gar nicht alle Beteiligten. Vor einiger Zeit ärgerte sich eine Frau über jemanden. Sie brachte gleich Verstärkung mit, als sie sich bei mir beschwerte. Mit dem, um den es ging, hatte sie nicht gesprochen, hatte sich „viel zu sehr über ihn aufgeregt". Als ich versuchte, mit ihr unterschiedliche Perspektiven zu betrachten, wurde sie laut. Ihr ging es darum, recht zu haben, ihrer Begleiterin und mir um Konfliktklärung. Wutschnaubend und grußlos ging die Frau davon.

Wer macht den ersten Schritt? ⇢ „Konflikte, um die man sich nicht kümmert, laufen nur los, um Verstärkung zu holen", heißt es. In unserem Bibeltext forderte das viele Opfer. Für Weisheit von Gott und Friedfertigkeit zu beten, ist ein guter Anfang. Die Lebensumstände vieler lassen sich verbessern, wenn Menschen im Sinne Jesu, der als Friedefürst bezeichnet wird, unterwegs sind. Jeder kann den ersten Schritt tun. Auch heute.

Claudia Volkmann

Und es begab sich, dass David um den Abend aufstand von seinem Lager und sich auf dem Dach des Königshauses erging; da sah er vom Dach aus eine Frau.

2. Samuel 11,2

29
Sonntag

SEPTEMBER

Bibellese: 2. Samuel 11,1-13

Wie viel wurde hierüber schon gepredigt und spekuliert! Viele Fragen kommen auf, – die auch wieder nur Spekulation sein können: Warum war David nicht mit seinem Heer in den Kampf gezogen, wie er es früher immer so erfolgreich getan hatte? Viel zu tun gab es in Jerusalem augenscheinlich nicht, denn er stand erst abends auf, als es kühler geworden war. Nun ist es nichts Verwerfliches, wenn ein König auf dem Dach seines Palastes umhergeht und über die Häuser seiner Stadt schaut. Aber warum badet eine Frau unter freiem Himmel in Sichtweite anderer Gebäude? War das Absicht, weil sie natürlich wusste, wer dort wohnte? Fühlte sie sich einsam, weil ihr Mann für einige Zeit außer Landes war? Oder nutzte sie das aus?

Wir wissen das alles nicht! Jedenfalls ging die Affäre nicht gut aus. Die Biologie funktionierte, und es wurden Fakten geschaffen.

Unter Druck ⇢ Nun machte sich David daran, die Fakten umzudeuten. Doch er hatte wohl nicht damit gerechnet, dass Uria ein Ehrenmann war, der sich aus moralischen Gründen sogar ihm, dem König, widersetzte. Noch nicht einmal, nachdem David ihn betrunken gemacht hatte, ließ Uria sich dazu hinreißen, die Annehmlichkeiten seines Zuhauses zu genießen, während seine Kameraden sich im akuten Krieg befanden. So wurde es immer unwahrscheinlicher, dass das Baby von ihm stammen konnte, und David musste sich etwas einfallen lassen – Fortsetzung folgt.

Gott vergibt! ⇢ Manchmal ist die Bibel krasser als heutzutage die sozialen Medien. Sie zeigt ihre Protagonisten so schonungslos menschlich und fehlerbehaftet, dass man sich fragt, ob diese sogenannten Glaubenshelden überhaupt „gläubig“ waren. Aber genau das ist der Punkt: Das Wort Gottes will aufzeigen, dass wir Menschen eben nicht harmlos und gut, sondern durchaus zu allen Schandtaten fähig sind. Und somit verloren und unbedingt auf Gottes Gnade und Vergebung angewiesen sind. Gott sei Dank für Jesus, der am Kreuz all unsere Schuld auf sich genommen hat! Nicht als Freibrief für uns, sondern als Chance zum Neuanfang. Unser Part dabei ist, die Schuld einzugestehen und um Vergebung zu bitten, sowohl Gott als auch mitbetroffene Menschen. Wiedergutmachung, wo möglich. Und ebenso unser Herz frei und rein zu halten dadurch, dass wir anderen schnell und gern vergeben.

Bettina von Bracken

30
Montag

Aber dem HERRN missfiel die Tat, die David getan hatte.

2. Samuel 11,27

SEPTEMBER *Bibellese: 2. Samuel 11,14-27*

Es gab einen, auf den David sich verlassen konnte: seinen alten Kameraden und Feldherrn Joab. Die beiden verstanden sich – eine richtige Männerfreundschaft. Die abgrundtief bösartig ersonnene Intrige gelang, und der arme Uria musste sein Leben für Davids Vergnügen lassen. Joab kannte David durch und durch, und so konnte er sogar dessen unbeherrschte Reaktion voraussehen und seinerseits diskret den Erfolg, nämlich den Tod dessen, der im Weg gewesen war, vermelden. Nun war der Weg frei: Nachdem David und Batseba sittsam die Trauerzeit absolviert hatten, wurde Hochzeit gefeiert.

Gott sieht es ⇢ So weit der Bericht, – doch er schließt mit den Worten: *„Aber dem HERRN missfiel die Tat, die David getan hatte."* Diese Geschichte – und auch die Geschichte des ganzen Volkes Israel und die der Menschheit – lehrt uns, dass Gott oftmals eine ganze Weile zuschaut, während wir auf Abwegen sind, und scheinbar nichts tut. So, wie in Psalm 50,21 steht: *„Das tust du und ich schweige; da meinst du, ich sei so wie du."* (Die Verse 16-22 sind hier sehr aufschlussreich.)

Aber unser Gott ist gerecht, und kein Unrecht wird ungesühnt bleiben. Auch nicht bei König David von Israel, wie wir sehen werden. Auch nicht bei dir und mir, denn wir alle sind, im Licht Gottes betrachtet, keinen Deut besser als er. Wie dankbar können wir sein, dass Jesus am Kreuz alles Unrecht auf sich genommen hat! Und wer ihm das von Herzen glaubt, dem ist vergeben. Und wie dankbar können wir sein, wenn Gottes Geist uns die Gnade schenkt, Unrecht einzugestehen und um diese Vergebung zu bitten.

Gott erlöst uns ⇢ Ob David sich wohl bewusst war, dass all dies in einem Weltbestseller aufgeschrieben und als eine der bekanntesten Geschichten jahrtausendelang vielen Millionen von Menschen vor Augen gemalt werden würde? Was für eine Blamage! Wo bleiben seine Persönlichkeitsrechte?

Hat jedoch nicht gerade diese zutiefst menschliche Geschichte, zusammen mit dem dramatischen Gebet, das uns von David in Psalm 51 überliefert ist, vielen Menschen ihre Erlösungsbedürftigkeit vor Augen geführt? Wie oft haben wir uns dieses Gebet schon zu eigen gemacht und Vergebung erfahren? Gott nennt David in der Bibel einen Mann nach seinem Herzen, – nicht wegen dessen Sünden, sondern wegen der Bereitschaft, offen vor ihm zu sein.

Bettina von Bracken

Da sprach Nathan zu David: Du bist der Mann!

2. Samuel 12,7

Bibellese: 2. Samuel 12,1-12

Der Prophet Nathan wird zu König David gesandt, weil dieser sich unrechtmäßig Urias Frau genommen hatte und ihren Mann durch eine List töten ließ, um die Schuld seines Ehebruchs zu vertuschen. Doch Gott und Nathan wissen Bescheid und wollen David helfen. Aber wie?

Konfrontation mit der Wahrheit ⇢ „Die Wahrheit ist ein bittres Kraut, und wenig Dank hat, wer sie braut. Drum kann der Menge schwacher Magen die Wahrheit nur verdünnt vertragen", zitierte Pastor Gottlob Ling häufig. Menschen mit der Wahrheit zu konfrontieren, ist eine nicht ganz leichte Sache. Nathan macht es uns hier vor. Er kommt nicht mit dem Zeigefinger, sondern ganz ruhig mit einer bewegenden Geschichte, die David als ehemaliger Hirte gut versteht und die sein Herz bewegt. Sein Gerechtigkeitsempfinden steht auf, er wird sehr zornig und verurteilt den Reichen, der das Schäflein des Armen nimmt, obwohl er selbst viele andere hatte, und fällt damit sein eigenes Urteil. *„Du bist der Mann!"*, sagt Nathan zu ihm. Er spricht an dieser Stelle Gottes Worte aus, nicht nur seine eigenen, und David kapituliert und bekennt: *„Ich habe gegen den Herrn gesündigt! Nathan sprach zu David: So hat auch der Herr deine Sünde weggenommen; du wirst nicht sterben*" (Vers 13).

Aber die Folgen der Sünde und seines Tuns zogen weite Kreise und sollten David in der Zukunft noch schwer zu schaffen machen. In der Tat ist es eine heikle Sache und eine Kunst, einen Menschen, dazu noch einen König, mit einer unbequemen Wahrheit zu konfrontieren. Es hätte Nathan den Kopf kosten können. Uns kann es vielleicht die Freundschaft oder Sympathie eines Menschen kosten, dennoch sollten wir es tun, wenn wir von Gott den Auftrag erhalten. Und wenn jemand zu uns kommt und uns mutig die Wahrheit sagt, was dann? Explodieren wir oder akzeptieren wir, was uns gesagt wird?

Ziel erreicht ⇢ Das Ziel aller guten Seelsorge ist die Zurechtbringung des Menschen und das Angebot der unbeschreiblich großen Gnade Gottes, die denen gilt, die sich an die eigene Brust schlagen und sagen: „Gott, sei mir Sünder gnädig!" Der Schriftsteller Max Frisch formulierte einmal: „Wir sollen dem anderen die Wahrheit wie einen Mantel hinhalten, in den er hineinschlüpfen kann, und sie ihm nicht wie ein nasses Tuch um den Kopf schlagen." Nathan wusste das damals schon. Und wir?

Bernd Krebs

2
Mittwoch

OKTOBER

Aber weil du die Feinde des HERRN durch diese Sache zum Lästern gebracht hast, wird der Sohn, der dir geboren ist, des Todes sterben.

2. Samuel 12,14

Bibellese: 2. Samuel 12,13-31

David hatte nicht nur Ehebruch begangen, den er mit allen Mitteln zu vertuschen suchte. Nein, er beauftragte sogar noch den Mord am Ehemann seiner Geliebten. Er erkannte seine Sünde erst, als er vom Propheten Nathan persönlich darauf hingewiesen wurde. Doch seine Reaktion zeigt die tiefe Hingabe zu Gott: *„Ich habe gesündigt gegen den Herrn"* (Vers 13).

Keine Ausreden, keine Erklärungen oder Rechtfertigungen, einfach nur pure Ehrlichkeit. Mit seiner Antwort gibt er sich in die Hände Gottes. Er versucht nicht, sich selbst als Opfer hinzustellen, die Sache schön- oder harmloszureden. Stattdessen bekennt er seine Schuld und ist bereit, alle Konsequenzen zu tragen. Und diese werden ihm in unserem Vers direkt angekündigt: *„… wird der Sohn, der dir geboren ist, des Todes sterben."*

So einfach? ⇢ Zuerst einmal sehen wir hier die große Vergebungsbereitschaft unseres Gottes. Im Neuen Testament lesen wir: *„Wenn wir aber unsere Sünden bekennen, so ist er treu und gerecht, dass er uns die Sünden vergibt und reinigt uns von aller Ungerechtigkeit"* (1. Johannes 1,9). Die Sache scheint einfach: Wir bekennen – er vergibt. Aber ist es so einfach? Versuchen wir nicht häufig, unsere Schuld, unsere Fehler, unsere Sünde kleinzureden oder zu erklären, um Vergebung zu erlangen? Hier hilft aber nur ein klares Schuldbekenntnis.

Wenn wir dann Vergebung von Gott bekommen, heißt das, die Sünde sei nie passiert? Wohl kaum. David musste mit den Konsequenzen leben. Und so geht es auch uns. Gott vergibt uns, aber er hebt die Folgen der Sünde nicht auf. Diese müssen wir tragen. Doch die Vergebung in Christus schenkt uns wieder ein geheiltes Verhältnis zu Gott. Wir haben die Möglichkeit zu einem neuen Anfang.

Für dich und mich ⇢ Die Sünde Davids war der Grund für das Sterben seines Sohnes. Die Sünde der Menschen ist der Grund für das Sterben des Sohnes Gottes. Es ist unsere Sünde, unsere Schuld, für die Jesus Christus am Kreuz gestorben ist. Er tat es für dich, und er tat es für mich. Im Hebräerbrief lesen wir: *„Heute, wenn ihr seine Stimme hört, so verstockt eure Herzen nicht"* (Hebräer 3,15). Es ist unsere Entscheidung, ob wir unsere Sünde bekennen und bereuen, umkehren und durch die Vergebung, die Gott jedem schenken will, ein neues Leben beginnen wollen.

Rita Kappel

Die Könige der Erde lehnen sich auf, und die Herren halten Rat miteinander wider den HERRN und seinen Gesalbten.

Psalm 2,2

Bibellese: Psalmen 2

Der Messias kommt! Psalm 2 ist ein messianischer Psalm, der Gottes Sohn als den rechtmäßigen Retter und Herrscher ankündigt. Von Zion (Jerusalem) aus wird er seine Herrschaft in Weisheit, Recht und Gerechtigkeit ausüben. Man sollte denken, dass diese Botschaft Freude bei den Menschen auslöst und sie hoffnungsfroh stimmt. Aber weit gefehlt, der Psalmist spricht von Aufruhr und Rebellion der Regierenden samt ihren Völkern.

Daran hat sich seit Jahrtausenden bis in die Gegenwart nichts geändert. Bereits zu Beginn der Menschheit muss Gott fast schon resigniert feststellen: *„Das Dichten und Trachten des menschlichen Herzens ist böse von Jugend auf"* (1. Mose 8,21).

Gottlosigkeit hat keine Zukunft ⇢ Auch wenn der heutige Gedenktag zur Deutschen Einheit ein freudiges Ereignis ist, enthält er doch auch eine ernste Note. Hatte nicht das DDR-Regime über vier Jahrzehnte hinweg versucht, Gott aus der Regierung und dem Alltag der Menschen fernzuhalten? Durch den Absolutheitsanspruch der Ideologie des Marxismus/Leninismus wurde diese quasi zur Staatsreligion erhoben. Christliche Werte und Frömmigkeitsformen wurden immer mehr verdrängt oder ersetzt, wie etwa die Jugendweihe statt Kommunion oder Konfirmation. Ich bin davon überzeugt, nicht das Scheitern zentralstaatlicher Planwirtschaft hat letztlich zum Zusammenbruch der DDR geführt, sondern die bewusste, fortwährende Ablehnung Gottes und seiner Gebote. Wer gegen ihn auf Dauer rebelliert, wird jedoch seinen Zorn zu spüren bekommen, wie es auch in unserem Bibeltext heißt: *„Einst wird er mit ihnen reden in seinem Zorn, und mit seinem Grimm wird er sie schrecken"* (Psalm 2,5).

Jesus macht frei ⇢ Das betrifft Regierungen ebenso wie jeden Einzelnen von uns. Auch wir können in Auflehnung und Ungehorsam gegenüber Gott leben, ob für andere sichtbar oder versteckt. Aber Jesus will uns davon freimachen. Seine Liebe ist stärker und hat die Kraft, alle gottlosen Festungen in uns einzureißen. Wenn wir das in uns zulassen, geben wir dem Heiligen Geist Raum für sein mächtiges Wirken. Dann gilt dieser Zuspruch auch uns: *„Wohl allen, die auf ihn trauen!"* (Vers 12).

Helmut Braun

4
Freitag

Und als er ausgeredet hatte, siehe, da kamen die Söhne des Königs und erhoben ihre Stimme und weinten. Der König und alle seine Knechte weinten auch gar sehr.

2. Samuel 13,36

OKTOBER *Bibellese: 2. Samuel 13,1-39*

Die heutige Andacht gibt einen Einblick in ein bizarres Familiengeschehen. Falls die heutige Bibellektüre uns nicht zumindest verwirrend vorkommt, haben wir wohl versehentlich das falsche Kapitel gelesen. In der Familie des Königs David kommt es zu einem Bruch zwischen dreien seiner Kinder. Die Folgen sind Streit, Vergewaltigung und schließlich sogar Mord.

Für David selbst handelte es sich um die Erfüllung einer Prophezeiung, die er zuvor durch den Propheten Nathan erhalten hatte. Unglück und Schaden für sein Haus waren ihm vorausgesagt worden. Das Wort Gottes macht an dieser Stelle kein Geheimnis daraus, dass jene Prophetie im direkten Zusammenhang mit Davids Verfehlungen rund um Batseba einherging.

Familiendrama im Königshaus ⇢ Was war geschehen? Kurz gesagt, verliebte sich Davids Sohn Amnon in seine Halbschwester Tamar. Statt sie rechtmäßig zu heiraten, vergewaltigte er sie und weigerte sich anschließend, für seine Tat die Verantwortung zu übernehmen. Als Tamars Bruder Absalom und König David von der Sache Wind bekommen, unternehmen sie zunächst nichts dagegen. Zwei Jahre später nutzt Absalom eine günstige Gelegenheit, um sich an Amnon zu rächen, und lässt ihn umbringen. David selbst ist von dieser Tat erschüttert. Von seiner Klage lesen wir im heutigen Leitvers. Da heißt es: „*Der König und alle seine Knechte weinten auch gar sehr.*“

Sünde hat einen langen Atem ⇢ König David musste in seinem Leben die Erfahrung machen, dass Sünde einen langen Atem hat. Wir meinen manches Mal, mit Fehlverhalten davonzukommen, aber nicht selten holen auch die verborgensten Sünden uns später wieder ein. Die kurze Befriedigung der Sünde sollte uns niemals darüber hinwegtäuschen, dass sie am Ende des Tages immer Verletzungen, Weinen und Trennung zur Folge hat. Auch heute ist ein guter Tag, um sich bewusst Jesus Christus anzuvertrauen und mit dem Heiligen Geist zu kooperieren. Er will uns reinigen, freisetzen und dabei helfen, Sünde zu überwinden. Lassen wir uns darauf ein?

Manuel Briem

Und er rief Absalom, dass er hinein zum König kam; und er fiel nieder vor dem König auf sein Antlitz zur Erde, und der König küsste Absalom.

2. Samuel 14,33

Bibellese: 2. Samuel 14,1-33

Stolz im Weg: Zwischen König David und seinem Sohn Absalom kommt es zu einem Bruch. Absalom hatte seinen Bruder Amnon umbringen lassen, was David trotz aller Vergehen Amnons nicht einfach hinnehmen konnte. Er veranlasste als Konsequenz, Absalom aus Jerusalem zu verbannen. Doch schon nach kurzer Zeit haderte David mit dieser Entscheidung. Der Text macht uns deutlich, dass Davids Herz an Absalom hing. Er schien sich eine Versöhnung mit ihm zu wünschen, doch sein eigener Stolz fing an, ihm im Wege zu stehen.

Glücklicherweise hatte David einen aufmerksamen Freund in seiner Nähe, den Heerführer Joab, der die innere Zerrissenheit seines Königs bemerkte. Mithilfe einer List überführte er David seines Stolzes und konnte ihn zumindest dazu bewegen, Absalom wieder nach Jerusalem in sein altes Haus zurückbringen zu lassen. Doch Davids erster Schritt zur Vergebung war nur halbherzig. Er wies Joab an, Absalom nicht in seine Nähe zu lassen.

Eine halbe Vergebung ist keine Vergebung ⇢ David hatte zwar den ersten Schritt auf seinen Sohn zugemacht, aber zur vollständigen Versöhnung war er nicht bereit. So lebte Absalom ganze zwei Jahre lang in unmittelbarer Nähe zu seinem Vater, ohne dass sie sich miteinander aussprachen. Eine halbe Vergebung ist ein ganzer Unsinn. Sie entlässt den anderen nicht aus seiner Schuld und macht die Wiederaufnahme der Beziehung unmöglich. Wir meinen oft, es ist das Maß an Schuld, das Vergebung verhindert. Doch es ist das Maß an Stolz in unseren Herzen, das uns im Wege steht.

Es brauchte nach König Davids erstem Schritt noch zwei lange Jahre, bis dieser auch den letzten Stolz in seinem Herzen begraben konnte. Schließlich kommt es am Ende aber doch zur Versöhnung zwischen Vater und Sohn.

Vollständige Versöhnung ⇢ Gibt es in unserem Leben ebenfalls solche halbherzigen Versuche, zu vergeben? Dann wäre heute vielleicht ein guter Tag dafür, sie für beendet zu erklären. Wir können Gott mit seinem Frieden, der allen Verstand übersteigt, wieder neu in unser Leben einladen. Er hilft uns, den übrig gebliebenen Stolz abzulegen, um vollständige Versöhnung zu suchen.

Manuel Briem

6
Sonntag
Erntedank

Es danken dir, Gott, die Völker, es danken dir alle Völker. Das Land gibt sein Gewächs; es segne uns Gott, unser Gott!

Psalm 67,6.7

OKTOBER

Bibellese: Psalmen 67

Psalm 67 ist ein Erntedank-Psalm. Nach eingebrachter Ernte gab es das Erntedankfest zur Ehre Gottes. Der Psalmist fordert alle Völker auf, den Erfolg der Ernte Gott zuzuschreiben und ihre Abhängigkeit von ihm anzuerkennen. Alle Völker sollten ihn preisen, ihm zujubeln und in Ehrfurcht danken.

An Gottes Segen ist alles gelegen ⇢ Seit 2008 leben wir in Mecklenburg Vorpommern, der ehemaligen DDR. Während der DDR-Zeit wurde in Überheblichkeit propagiert: „Ohne Gott und Sonnenschein bringen wir die Ernte ein." Man bildete sich ein, dass man durch eigene Kraft und Planwirtschaft reiche Ernte einbringen könnte, nicht mal die Sonne brauche man dazu. Die Folgen davon sind hinreichend bekannt.

Die Völker, von denen hier die Rede ist, hatten offenbar den Wert des Segens Gottes realisiert und dankten Gott dafür. Der Bauer bemüht sich, ackert und sät, tut alles, was ein guter Landwirt tun kann, wenn Gott jedoch nicht den Regen gibt und das Wachstum schenkt, ist alles vergebliche Mühe. Als ich zum ersten Mal in unserem Garten Kartoffeln pflanzte, war ich voller Erwartung, was wohl unter der Erde im Verborgenen über die Monate passieren würde. Man braucht schon Glauben, wenn man Kartoffeln vergräbt, die man hätte essen können, und darauf vertraut, dass daraus viele Kartoffeln werden. Aber so ist unser Gott, wenn wir auf seine Prinzipien vertrauen, werden wir ernten. Als dann die Erntezeit kam, ging ich voller Vorfreude an die Arbeit und grub die Erde um, wo ich gepflanzt hatte. Es war ein wahres Glücksgefühl, als ich sah, wie aus einer Kartoffel zehn neue entstanden waren. „Vater im Himmel, wie hast du das nur gemacht?" Solch eine Vervielfältigung!

Danke, Vater! ⇢ So ist es in allen anderen Bereichen unseres Lebens auch: Wir geben *unser* Bestes, und der Herr gibt *sein* Bestes, dann wird das Ergebnis wunderbar sein. Als es in Korinth zu Parteiungen kam, schrieb Paulus der Gemeinde: *„Ich habe gepflanzt, Apollos hat begossen; aber Gott hat das Gedeihen gegeben"* (1. Korinther 3,6). Paulus hätte umsonst gesät, Apollos hätte umsonst begossen, wenn nicht der Herr das Wachstum gegeben hätte. Also bekennen wir demütig: „Ohne dich kann ich nichts tun."

Wir sollten uns allezeit eine dankbare Haltung bewahren. Gott ist so gut zu uns, sein Segen macht den Unterschied. Danke, Vater im Himmel!

Günther Seidt

Der König sprach zu ihm: Geh hin mit Frieden! Und er machte sich auf und ging nach Hebron.

2. Samuel 15,9

Bibellese: 2. Samuel 15,1-37

Wahre Versöhnung? Eine tragische Geschichte voll von Bitterkeit und Hass scheint eine gute Wende zu nehmen. Doch weit gefehlt, wie es so oft im richtigen Leben, leider auch unter Christen, keine Seltenheit ist. Drei Menschen – Vater und Söhne – haben sich Nennenswertes zuschulden kommen lassen. Der Auslöser: Amnon, der erstgeborene Sohn von König David hatte seine Halbschwester Tamar, die Schwester Absaloms, vergewaltigt und danach von sich gestoßen. König David versäumt es, seinen Lieblingssohn zu maßregeln. Absalom holt dies selbst brachial nach und lässt Amnon töten. Nach circa vier Jahren spricht David Absalom frei und segnet ihn mit Frieden.

Doch die „zweite Geige" hinter einem nachweislich bösartigen und unbestraften Menschen gespielt zu haben, hinterlässt Spuren. Geheuchelte Versöhnung, ein geheuchelter Gottesdienst (Vers 8) und Rebellion gegen den eigenen Vater und König waren die Folge. Alles Beschriebene ist menschlich gesehen teils nachvollziehbar oder inakzeptabel. Je nachdem, wie wir – wirklich – im Herzen gestrickt sind.

Wie steht es um unser Herz? ⇢ „Etwas bleibt immer", so der Volksmund. Kann, aber muss nicht sein. Mit Blick auf das oben erwähnte, hoch verschuldete Trio ergreifen mich gefühlt berechtigte Selbstzweifel: Wie oft schon hatte ich Mühe mit dem gerechten Gott, wo ich doch um die Vergebung der schlimmsten Sünden meiner Mitmenschen durch Jesus Christus wusste. Vor allem dann, wenn es dem „Bösewicht" augenscheinlich an nichts fehlte und danach richtig gut ging. Und natürlich hatte ich nach außen hin alles vergeben, aber in Wirklichkeit rumorte es in mir immer noch. Klar, ein offener Feldzug wurde nicht eingeleitet, wohl aber mit Groll im Herzen fröhlich am Gottesdienst, womöglich noch am Abend- und Versöhnungsmahl, heuchlerisch teilgenommen. Doch dem Heiligen Geist sei es gedankt, der mich überführt und eines Besseren belehrt. Wie gut nur, dass Vergebung keine eigene Leistung ist, sondern vielmehr „nur" eine Entscheidung, zu der mich der himmlische Vater stets hinführen möchte.

Wie gut, wenn sie dann doch kommt – die Wende mit einem anderen, besseren und heilsameren Ausgang als der Fortgang der zitierten Geschichte.

Michael Zimmermann

8
Dienstag

Vielleicht wird der HERR mein Elend ansehen und mir mit Gutem vergelten sein heutiges Fluchen.

2. Samuel 16,12

OKTOBER

Bibellese: 2. Samuel 16,1-14

„Kein frommes Dach ohne Weh und Ach" - so die Antwort bei einem Hausbesuch auf meine Frage nach dem Wohlbefinden. Auch bei David, dem Mann nach dem Herzen Gottes, traf das vielschichtig zu. Klar, er hatte sich gegen Gott und Menschen tief schuldig gemacht: Ehebruch, Auftragsmord und Ungleichbehandlung in der Familie folgten kurz nach seiner Einsetzung zum König. Tragisch. Doch schon im Vorfeld gestaltete sich das Eheleben mit seiner Frau Michal, Sauls Tochter, sehr problematisch und angefochten. Final wurde sein eigener Sohn Absalom zum Gegner, sogar zum Thronräuber und hartnäckigen Verfolger.

Übles Nachtreten ⇢ Irgendwie kommt es uns wahrscheinlich bekannt vor. Man steckt mitten in ernsten Problemen, weiß darum, ärgert sich selbst über eigene Schuld oder Mitverantwortung und trägt bereits die teils bitteren Konsequenzen aus falschem Handeln. Und als ob all das nicht genug wäre, wird man noch mit Füßen getreten, ja womöglich sogar wie hier in der Geschichte regelrecht verflucht. Spätestens dann stellt sich mir die Frage: „Wie lange muss ich das noch aushalten?" Ja, womöglich noch mehr: Ich bin geneigt, viel zu heftig zu reagieren.

Jesus bei mir alle Tage ⇢ Was für eine Gnade, vertrauen zu können, dass auch Beschimpfungen und Ähnliches unter Gottes Aufsicht stehen. *„Gedenke an [wörtlich: erkenne] ihn in allen deinen Wegen, so wird er dich recht führen"* (Sprüche 3,6). Und wie schön, dass wir wissen, dass Gott Beschimpfungen und Flüche in Segen umwandeln kann. Ich muss mich nicht immer und in allem verteidigen: *„Wie ein Vogel dahinfliegt und eine Schwalbe enteilt, so ist ein unverdienter Fluch: Er trifft nicht ein"* (Sprüche 26,2). Und Christus ist für mich zum Fluch geworden, damit mich der Segen Gottes erreichen kann. Unser Herr und Freund bringt es so auf den Punkt: *„Liebt eure Feinde; tut wohl denen, die euch hassen; segnet, die euch verfluchen; bittet für die, die euch beleidigen"* (Lukas 6,27.28).

Meine Überzeugung ist: Flüche müssen nicht „noch einmal" gebrochen werden. Wo ich mich schuldig gemacht habe, bitte ich Gott und – wo möglich – Menschen um Vergebung. Dann kann ich auch mit meinem Mund das Heil und die Wiederherstellung Gottes freudig bekennen. Gott hat uns gesegnet, um ein Segen zu sein.

Michael Zimmermann

Und Absalom sprach zu Ahitofel: Gebt euren Rat, was sollen wir tun?

2. Samuel 16,20

Bibellese: 2. Samuel 16,15-23

Absalom hatte sich aufgrund falscher Entscheidungen gegen seinen Vater David gestellt. Diese Entscheidungen hatten ihren Ursprung in Davids mangelnder Erziehung. Und so kam es zum Krieg zwischen Vater und Sohn und den Menschen, die ihnen jeweils folgten.

Falsch oder richtig? ⇢ Auch wir stehen immer wieder vor Entscheidungen, die unser Leben, aber auch das Leben anderer beeinflussen. Zwar stehen wir nicht direkt im Krieg, aber heftige Auseinandersetzungen, sei es in der Gemeinde oder innerhalb der Familie, fühlen sich manchmal so an. Oft sind es nur kleine Entscheidungen, die sich später als falsch herausstellen, manchmal aber auch größere. Ich weiß nicht, wie viele falsche Entscheidungen ich in meinem Leben schon getroffen habe. Ich habe sie nicht gezählt, aber sie würden sicher viele Blätter füllen. Selbst als ich vor vielen Jahren zum Glauben fand, gab es noch Situationen, in denen ich eine falsche Entscheidung traf. Je mehr jedoch der Heilige Geist an mir arbeiten und wirken durfte, umso weniger falsche Entscheidungen gab es. Es ist ein Segen, dass wir durch den Geist Christi einen Beistand haben, einen Ratgeber, der uns hilft, gute und richtige Entscheidungen zu treffen.

Falsche Ratgeber ⇢ Leider hatte Absalom einen Ratgeber, der seine von Gott gegebene Gabe falsch einsetzte. Ahitofel, dessen Name „unsicher“ bedeutet, stand nicht so fest hinter dem eingesetzten König David, wie er sollte. Außerdem ließ er sich wohl auch von seinen eigenen Gefühlen leiten. Dies führte nun dazu, dass er Absalom ein falscher Ratgeber war. Er hatte nicht die Versöhnung im Blick, sondern den kompletten Bruch der Beziehung zwischen Vater und Sohn. Er gab Absalom Ratschläge, die zu falschen Entscheidungen führten, die wiederum weitreichende Auswirkungen hatten. Gottes eingesetzter König war David und er stellte sich zu ihm aufgrund des Bündnisses, das er mit ihm hatte und das trotz manchen falschen Entscheidungen Davids galt.

Gott stellt sich auch zu dir und zu mir aufgrund des Bundes, den er durch Jesus Christus mit uns hat. Auch wenn wir mal falsche Entscheidungen treffen. Er steht zu uns und gibt uns durch den Heiligen Geist den richtigen Rat – auch zur Umkehr, wenn wir falsche Wege eingeschlagen haben.

Sabine Angerbauer

So schickte es der HERR, dass der kluge Rat Ahitofels verworfen wurde, damit der HERR Unheil über Absalom brächte.

2. Samuel 17,14

Bibellese: 2. Samuel 17,1-14

Gott mit uns? Gestern haben wir gelesen, dass falsche Entscheidungen und falsche Ratschläge oft weitreichende Auswirkungen haben können. Sie können uns und andere auf Irrwege und manchmal auch ins Verderben führen. Wie tragisch ist es, zu lesen, dass Davids falsche Entscheidungen in Bezug auf seinen Sohn zu einem absoluten Bruch führten und keine Versöhnung mehr möglich war. Jetzt musste Gott eingreifen und wieder benutzte er die beiden Ratgeber Absaloms, um eine Entscheidung herbeizuführen. Der bessere Rat wird verworfen, um Gottes Plan zur Vollendung zu bringen.

Hätte Gott nicht früher eingreifen können? Hätte er nicht verhindern können, dass sich Vater und Sohn als erbitterte Gegner gegenüberstanden? Hätte er nicht einen Ratgeber senden können, der zur Versöhnung ruft? Ja, hätte er. Aber David und Absalom hatten wie jeder Mensch auf der Erde einen eigenen Willen. Wir treffen Entscheidungen, wir führen Pläne aus. Wir hören auf Gottes Reden – oder eben nicht. Macht, Geld, Stolz oder Ehrgeiz, das sind Werkzeuge, die auch heute noch das Denken und Handeln der Menschen beeinflussen. Warum also sollte dies bei Absalom oder seinen Zeitgenossen anders gewesen sein?

Gottes Ratschluss ⇢ Gott will, dass seine geliebten Kinder ein gutes und überfließendes Leben haben. Dazu gehört aber auch, dass wir uns von ihm leiten lassen und nicht von unseren Gefühlen, Gedanken oder Wünschen. Absaloms Verhalten war an einem Punkt angelangt, an dem Gott eingreifen musste. So hatte er auf Davids Gebet reagiert, Absalom hatte auf einen falschen Rat gehört und eine falsche Entscheidung getroffen. Wenn wir weiterlesen, stellen wir fest, wie weitreichend diese Entscheidung Absaloms war.

Lassen wir uns hier und heute von Gottes gutem Ratgeber leiten, lassen wir Gottes Gedanken unsere Gedanken prägen. Lassen wir uns nicht durch falsche Zielsetzungen dazu bringen, falsche Entscheidungen zu treffen, Gottes Ratschluss zu missachten und so seine Notbremse zu benötigen. Gott will dich und mich durch seinen guten Heiligen Geist leiten und uns damit zu einem guten Leben verhelfen. Vielleicht stehen wir gerade heute vor einer wichtigen Entscheidung. Lassen wir sie durch den Geist Gottes geprägt werden. Er ist mit uns!

Sabine Angerbauer

Bleibe nicht über Nacht an den Furten der Wüste, sondern geh gleich hinüber, damit der König nicht vernichtet werde und das ganze Volk, das bei ihm ist.

2. Samuel 17,16

Bibellese: 2. Samuel 17,15-29

Absalom war zu der Überzeugung gelangt, David sei ein schwacher König, Israel brauche aber eine starke Führung. Mithilfe seines Beraters Ahitofel konnte er unter den Fußsoldaten und Ältesten Freunde gewinnen und auf der anderen Seite des Jordans ein kleines Heer mobilisieren. Ein Vater, der vor seinem eigenem Sohn fliehen muss, das ist sehr traurig, aber es kommt leider immer wieder vor.

Flucht ist nicht das Ende ⇢ In den letzten Jahren haben wir immer wieder gesehen, dass eine Flucht vor einem übermächtigen Feind nicht schlecht sein muss. König David musste vor seinem eigenen Sohn und dessen Leuten fliehen, da er zahlenmäßig vollkommen unterlegen war. Aber er hatte Freunde, die ihm sagten, was zu tun war, und er war weise genug und floh. Ein König versteckt sich im „Keller" – in diesem Fall war es ein Brunnen.

2022 erlebten wir, wie ein einzelner Herrscher sein Volk gegen die Nachbarn aufhetzte und ganz Europa und einen Großteil der Welt in einen Krieg mit hineinzog. Ich persönlich hatte das in Europa nicht für möglich gehalten und dachte: „Wir haben es doch alle gut. Warum sollten wir uns gegenseitig bekämpfen? Warum greift das größte Land der Erde seinen Nachbarn an? Warum wollen Menschen und Nationen immer mehr und noch viel mehr haben?" Die einzige Erklärung für mich ist: „Ihnen fehlt Jesus."

Hilfe geben ⇢ In der Offenbarung stehen die Zeichen der Endzeit geschrieben, doch niemand kann wirklich sagen, wann diese Zeit beginnt. Aber immer wieder gibt es schreckliche Taten und Kriege auf diesem Planeten. Das wird erst mit der Wiederkunft Jesu aufhören. Macht mich dieses Leid traurig? Ja – und daher versuche ich, es wie die Frau in unserer heutigen Bibellese zu machen: Sie half da, wo Hilfe benötigt wurde. Als Jonatan und Ahimaaz in Gefahr waren, nutzte sie ihre Möglichkeiten, um die beiden zu beschützen.

Ich möchte uns ermutigen, da, wo es sich ergibt und wir die Chance haben, Schwachen und Verfolgten zu helfen, dies mit ganzem Herzen und all unseren Mitteln zu tun. Auch wenn dadurch die Konflikte nicht beendet werden, können wir im Einzelnen helfen und dienen. Jesus wird es sehen, uns unterstützen und es uns vergelten. Durch die kleinen Hilfen konnte König David sich retten. Und wir können mit kleinen Taten und Gebeten jeder ein Stück Gutes tun.

Torben Baden

12
Samstag

OKTOBER

Wenn du mir tausend Silberstücke in meine Hand gewogen hättest, so hätte ich dennoch meine Hand nicht an des Königs Sohn gelegt.

2. Samuel 18,12

Bibellese: 2. Samuel 18,1-18

War das nun klug oder dumm, was dieser Soldat, dessen Name nicht genannt wird, hier sagte? Immerhin war Absalom ja der Feind. Gleichzeitig war er aber auch ein Sohn Davids. Und David selbst hatte seinen Leuten schließlich befohlen: *„Gebt ja acht auf den jungen Absalom!“* (Vers 12).

Ganz anders sah das Joab, einer der Heerführer Davids. Da Absalom sich gegen David gewandt hatte und seinem Vater sogar nach dem Leben trachtete, sah Joab nur noch einen Weg: Absalom musste weg. Dabei hatte Joab lange versucht, zwischen den Parteien zu vermitteln. Doch Absaloms Intrigen, um auf den Thron Davids zu gelangen, waren in offene Feindschaft umgeschlagen, sodass Vater und Sohn sich schließlich samt ihren Männern bekriegten. Der Familienkrieg war zu einem echten Krieg geworden.

„Nicht mein Sohn!“ ⇢ Als David mit in die Schlacht ziehen wollte, hielten ihn seine Männer davon ab: Er wäre viel zu wertvoll. *„Du bist wie zehntausend von uns“*, sagten sie (Vers 3). Darauf ließ David sie ziehen, legte ihnen aber ans Herz, Absalom ja zu schonen. Mit anderen Worten: „Macht alle fertig, aber verschont meinen Jungen!“ Wie mögen die Männer sich wohl gefühlt haben, da sie immerhin ihr Leben riskierten, um ihren König zu verteidigen? Und schließlich geschah es, dass Absalom wie auf dem Teller präsentiert wurde, als er mit seinen langen Haaren in einem Baum hängen blieb. Würde sich jemand über den Befehl des Königs hinwegsetzen und Hand an Absalom legen?

Was tun? ⇢ Vielleicht haben wir auch schon erlebt, dass es kaum möglich ist, eine gute Entscheidung zu treffen. So, als ob man zwischen Pest und Cholera wählen soll. Joab wusste, dass er nicht nur einen Feind, sondern auch den geliebten Sohn Davids tötete. Er sah jedoch auch die möglichen Folgen, wenn er nicht handelte. Denn auch keine Entscheidung zu treffen, ist eine Entscheidung. Nicht zu reden oder nicht zu handeln ist nicht immer das Richtige. Manchmal kann man nur das im Moment Entscheidende tun. Ob es richtig oder falsch war, lässt sich selbst im Nachhinein nicht immer so leicht sagen, da manches sehr vielschichtig ist.

Auf eines jedoch können wir vertrauen: Gott selbst wird dafür sorgen, dass wir ans Ziel kommen. Er half David, als dessen Herz brach. Er half Joab, weiter seinem König zu dienen. Er lässt die Seinen nicht im Stich.

Angela Mumssen

Ahimaaz, der Sohn Zadoks, sprach: Lass mich doch laufen und dem König die gute Botschaft bringen, dass der HERR ihm Recht verschafft hat gegen seine Feinde.

2. Samuel 18,19

13
Sonntag

Bibellese: 2. Samuel 18,19-32

OKTOBER

Auf den ersten Blick eine gute Nachricht – oder doch nicht? Für Ahimaaz aus unserer heutigen Bibellese war die Sache klar: „Absalom – der Feind – ist tot und das ist gut so!" Joab, der Heerführer, sah das etwas differenzierter. Obwohl er selbst aktiv am Tod Absaloms beteiligt gewesen war, sah er die Vielschichtigkeit dieser „guten" Nachricht. Deshalb sagte er zu Ahimaaz: *„Du bist heute nicht der Mann für eine gute Botschaft. An einem andern Tag darfst du eine Botschaft bringen, aber heute nicht; denn des Königs Sohn ist tot"* (Vers 20). Dann schickte er einen anderen Mann los.

Nun hätte Ahimaaz sich zurücklehnen können. Er hatte sich angeboten und sein Chef hatte anders entschieden. Punkt.

Ich will! ⇢ Doch Ahimaaz ließ nicht locker. Zwei Mal bat er: „Lass mich das machen!" Er war bereit, loszulaufen, egal, was kommen würde. Schließlich gab Joab nach und sandte ihn dem Boten, der bereits unterwegs war, hinterher. Offensichtlich war Ahimaaz ein sehr schneller Läufer, denn er kam vor dem ursprünglich beauftragten Mann bei David an. Man kann ihn schon bewundern für seine Entschlossenheit und Leistung. So überbrachte er David die Nachricht, dass die Feinde besiegt wären. Als David jedoch nach Absalom fragte, machte Ahimaaz einen Rückzieher: Er wisse es nicht genau.

Geht es uns manchmal auch so? Da brennt etwas in unseren Herzen, wir sehen eine Sache völlig klar und wollen ganz vorne mit dabei sein. Also krempeln wir die Ärmel hoch und legen los, investieren Zeit und Energie, vielleicht sogar Geld. Wir haben bereits die Antworten und sind davon überzeugt, dass sie gut sind. Und stehen plötzlich ratlos da, wenn unser Gegenüber ein ganz anderes Anliegen hat, vielleicht sogar emotional angefasst ist. Man merkt dann allmählich, dass es nicht nur um eine Sache, sondern um einen Menschen geht, der gerade Mühe mit etwas hat. Was nun?

Sich zurücknehmen ⇢ Gerade dann ist es wichtig, innezuhalten und wahrzunehmen, was das in diesem Moment Wichtige ist. Vielleicht bedeutet es auch, Platz für die Person zu machen, die eine Antwort auf das hat, was unser Gegenüber beschäftigt. Ahimaaz trat auf Davids Wunsch zur Seite, damit der andere Bote reden konnte, blieb aber dennoch da und hielt in dieser schwierigen Situation mit aus. Hätten wir das nach all der Anstrengung auch getan?

Angela Mumssen

14
Montag

So wurde aus dem Sieg an diesem Tag eine Trauer unter dem ganzen Kriegsvolk; denn das Volk hatte an diesem Tage gehört, dass sich der König um seinen Sohn gräme.

2. Samuel 19,3

OKTOBER

Bibellese: 2. Samuel 19,1-24

Es gab mehrere Momente in meinem Leben, in denen es mir ähnlich ging wie König David: Der Sieg war vorhanden, aber nicht ohne einen bitteren Nachgeschmack. 2021 starteten wir mit unserer Gemeindegründung Riverside Kirche Gottesdienste. Wir erlebten Gottes Wirken, neue Menschen kamen dazu und unser Mitarbeiterteam wuchs. Immer wieder wurden persönliche Entscheidungen für Jesus getroffen.

Einerseits hat es richtig viel Spaß gemacht. Es war aber auch anstrengend. Wir befanden uns in Bayern unter ziemlich großen Einschränkungen aufgrund der Corona-Pandemie, ich arbeitete „nebenbei" Vollzeit bei der Deutschen Post, was uns als Familie sehr viel Kraft und Energie kostete. Wir verloren Menschen aus unserem Team, zudem hatten wir unsere tiefsten Freundschaften in Wiesbaden hinter uns gelassen. Mit unserem damals neun Monate alten Kind durchlebten wir eine heftige Krankheitsphase mit mehreren Krankenhausaufenthalten, ich selbst hatte eine Knie-OP und eine Thrombose im Bein.

Das Leben ist nicht immer einfach ⇢ König David war im Krieg gegen die Armee seines Sohnes. Da gab es eigentlich nur zwei mögliche Ausgänge: David gewinnt und bleibt König – oder Absalom gewinnt und wird König. Frieden zwischen Absalom und David war nicht möglich. Hier in dieser Passage wird zum Ausdruck gebracht, dass dieser Krieg von David und seiner Armee gewonnen wurde. Obwohl dieser Sieg gut und wichtig war, hat es David seinen Sohn gekostet. Ich kann mir nicht vorstellen, welcher Schmerz und welches Leid mit dem Verlust des eigenen Kindes verbunden ist. Doch auch unsere Situation fiel uns nicht leicht, obwohl wir gute und wichtige Schritte in die richtige Richtung unternahmen.

Trauern, damit du weiterkommst ⇢ Es ist wichtig, dass wir es uns erlauben, die Verluste und Niederlagen des Lebens zu betrauern. Gerade wenn man sich in einer Leitungsposition wie König David befindet, ist es wichtig, eine gesunde Kultur der Trauer vorzuleben. Wenn wir die tiefsten Täler des Lebens nicht bearbeiten und an Gott abgeben, werden wir die höchsten Berge des Lebens nicht genießen können. Das Schöne an dieser Geschichte ist, David wurde nicht alleingelassen. Das ganze Volk trauerte mit ihm. Das ist die Kraft, die wir in einer lebendigen lokalen Kirche brauchen und finden können.

Joshua Braman

Wir haben zehnfachen Anteil am König und sind auch die Erstgeborenen vor euch. Warum habt ihr uns denn so gering geachtet?

2. Samuel 19,44

Bibellese: 2. Samuel 19,25-44

Im heutigen Bibeltext fragten die Männer von Israel ihre Brüder aus Juda: „*Warum habt ihr uns denn so gering geachtet?*" Sie hätten doch viel mehr Anrecht am König als die anderen. Beim Lesen des heutigen Bibeltextes werden in mir Erinnerungen aus der Kinder- bzw. Jugendzeit geweckt. Wie oft war es als Kind ein Thema, besser zu sein als andere, zu meinen, man hätte mehr Rechte oder, wie es auch im Text steht, mehr Anrecht auf Dinge zu haben als andere.

Anrecht – oder einfach Neid? ⇢ Dieses Thema sorgt auch in der heutigen Zeit immer wieder für Diskussionen. Und nicht selten ist es so, dass man durch Umstände, Erziehung und das Umfeld teilweise in diese Richtung geprägt wird. In vielen Situationen ist es immer noch so, dass der Erstgeborene mehr Anrecht hat. Auch in der Schule, Studium oder in der Arbeits- und Wirtschaftswelt geht es sehr oft um *meine* Rechte, die *ich* haben möchte. Und wenn ich sie nicht so bekomme, wie ich sie gerne hätte, wird es anstrengend und schwierig.

Aber wie kommen wir eigentlich dazu, zu meinen, wir hätten auf einiges mehr Anrecht als andere? Oder meinen sogar, andere deswegen bewerten oder gar verurteilen zu müssen? Meiner Ansicht nach spielt bei vielen Angelegenheiten Neid oder Eifersucht eine ganz große Rolle. Man ist neidisch, weil jemand anders mehr Anteil an etwas hat als wir selbst.

Was lehrt uns die Bibel? ⇢ Was lehrt uns Jesus? Sollen wir nicht demütig sein, den anderen höher achten als uns selbst? Wir sind vor Gott alle gleich. Alle müssen sich vor dem einen Gott verantworten. Es ist egal, wie viel Anteil wir an etwas haben. Was zählt, ist einzig und allein unser Herz. Wem gehört es? Zu wem blicke ich auf? Um was kümmere ich mich? Es geht nur um das eine, und zwar dem zu dienen, der es wert ist: Jesus Christus. So etwas wie Neid und Eifersucht hat da keinen Platz. Diese Gedanken sollten wir uns immer wieder vor Augen führen, wenn unsere Gefühle uns einflüstern wollen, wir wären „*gering geachtet*".

Sascha Burg

16
Mittwoch

OKTOBER

Aber die Männer von Juda hielten an ihrem König fest und folgten ihm vom Jordan bis Jerusalem.

2. Samuel 20,2

Bibellese: 2. Samuel 20,1-26

Beim Lesen der heutigen Bibelpassage ist man erst einmal erschlagen durch die ganzen Geschehnisse. Viele unterschiedliche Aktionen, die man jede für sich einzeln behandeln könnte. Ich möchte mich heute mit einem eigentlich völlig unspektakulären Satz in dem Text beschäftigen: „*Aber die Männer von Juda hielten an ihrem König fest und folgten ihm vom Jordan bis Jerusalem.*"

Umworben ⇢ Der gesamte Bibeltext startet damit, dass dort jemand kommt, ordentlich die Werbetrommel rührt, worauf viele dann vom Eigentlichen absehen und der „Werbung" folgen. Nur eine kleine Gruppe widersteht dem und bleibt standhaft. Wenn man es genau nimmt, ist es eigentlich ein typisches Verhalten der Menschen – auch heute noch. Ich persönlich finde es immer spannend, solche Texte auf den heutigen Kontext zu übertragen und zu schauen, wie es bei uns aussieht. Wie sieht es in deinem und meinem persönlichen Leben und Umfeld aus? Auch wir werden heutzutage „umworben". Auf allen möglichen Wegen werden wir mit Posaunen – wie in unserem Bibeltext – auf alles Mögliche aufmerksam gemacht. Und diese Wege sind mächtig! Egal ob Radio, Fernsehen, Smartphone, Zeitung: Überall wird ordentlich geworben. Und warum? Um uns dazu zu bringen, Dinge zu kaufen, Verträge abzuschließen oder irgendwelchen Institutionen beizutreten.

Festhalten an König Jesus ⇢ Ich möchte hier nicht alles schlechtreden. Sicherlich sind auch sinnvolle und gute Sachen dabei. Aber ich möchte auf die Art eingehen, die benutzt wird, um uns zu beeinflussen. Man muss für sich selber prüfen, was wichtig und sinnvoll ist. Dies ist aber nicht immer so einfach, früher wie auch heute. Je lauter und auffälliger das „Werben" ist, umso effektiver soll es sein. Und umso kleiner ist die Hürde, darauf einzugehen. Vieles kann uns von dem Wesentlichen und Sinnvollen abringen. Wir sollen aber sein wie die Männer von Juda, die standhielten und an ihrem König festgehalten haben. Das sollen wir auch machen: Bei all den Verlockungen und „Umwerbungen" sollen wir an unserem König Jesus festhalten, ihm folgen und standhaft sein. Und das Beste ist, dass es funktioniert. In diesem Sinne wünsche ich uns allen Gottes Segen!

Sascha Burg

Es war eine Hungersnot zu Davids Zeiten drei Jahre nacheinander. Und David suchte das Angesicht des HERRN.

2. Samuel 21,1

Bibellese: 2. Samuel 21,1-22

Wie so oft steht König David vor einer Herausforderung. Seit drei Jahren herrscht eine Hungersnot im Land. Oft ist das eine Folge von ausbleibendem Regen und dadurch verursachten Ernteausfällen. Nicht nur in der Bibel finden sich mehrere Parallelen zu dieser Erzählung – auch heute leiden viele Menschen in unserer Welt unter Hunger infolge von Missernten.

Die Not im einfachen Volk war groß. So wendete sich der König an Gott – er *„suchte das Angesicht des HERRN"*. In seinem Herzen wird er sich eines Vergehens Israels bewusst. Die Gibeoniter hatten sich zur Zeit Josuas bei der Landeinnahme durch eine List die Verschonung ihres Stammes gesichert. Israel hatte sich durch einen Eid gebunden. König Saul aber brach diesen Eid, und so hatte Israel Schuld auf sich geladen. Nur indem David sieben männliche Nachkommen Sauls an die Gibeoniter auslieferte, konnte die Schuld gesühnt werden. Nach der Hinrichtung der Männer *„wurde Gott dem Lande wieder gnädig"* (Vers 14).

Ein schwieriges Kapitel ⇢ Wie können wir heute dieses schwierige Kapitel verstehen? Wie passen die hier getroffenen Aussagen zu dem Gottesbild, das uns Jesus Christus vermittelt hat? Folgende Gedanken können helfen: Das Buch Samuel gehört zum sogenannten „Deuteronomistischen Geschichtswerk". Wir finden in den Büchern Josua bis Könige durchgängig die Theologie, wie sie im 5. Buch Mose vorliegt. Wer Gott, dem Herrn, folgt und seinen Geboten in der Thora treu ist, erlebt den Segen Gottes. Wer aber von Gottes Wegen und Geboten abweicht, den trifft der Fluch: Gott entzieht den Segen. Das Verständnis von Fluch und Segen ist kollektivistisch – alle müssen unter der Schuld eines Einzelnen leiden. Spätestens aber im Buch Hesekiel wird deutlich, dass Gott nunmehr nicht kollektiv straft, sondern jeder Mensch für sein eigenes Handeln verantwortlich ist (Hesekiel 18). Gott ruft jeden Menschen zur Umkehr und möchte einem jeden seine Gnade und Liebe zeigen und erweisen! Spätestens im Leben, Sterben und Auferstehen von Jesus Christus dürfen wir das erkennen und erfahren.

Das Angesicht Gottes suchen ⇢ Von David können wir lernen, Gottes Angesicht in jeder Situation unseres Lebens vertrauensvoll zu suchen – in guten Zeiten und bei schwierigen Wegstrecken. Wenn uns etwas gelingt und auch, wenn wir versagt haben.

Ulrich Schulte

Und David redete vor dem HERRN die Worte dieses Liedes zur Zeit, als ihn der HERR errettet hatte aus der Hand aller seiner Feinde und aus der Hand Sauls.

2. Samuel 22,1

Bibellese: 2. Samuel 22,1-20

Im Rückblick auf sein Leben drückt David Gott seine Dankbarkeit in einem Psalm aus. Psalmen sind Lieder, oft mit instrumentaler Begleitung. Sie reflektieren das Leben in all seinen Facetten und in Bezug auf Gott. Freude, Dank, Klage, Trauer, Verzweiflung, Erfolg, Niederlage, Neuanfang und weitere Formen finden sich darin. Die meisten dieser Lieder stehen im Buch der Psalmen, aber auch in anderen Schriften des Alten und des Neuen Testamentes. 2. Samuel 22 und Psalm 18 gehen wohl auf die gleiche Tradition zurück, sind aber etwas unterschiedlich bearbeitet. Ein Vergleich beider Texte ist spannend!

Nicht mit allen Gedanken Davids werden wir als Christen übereinstimmen, wenn der König etwa seine eigene Gerechtigkeit und Tadellosigkeit rühmt oder über die Rache an seinen Feinden nachdenkt. Sicher sind wir aber ganz nah bei David, wenn er von Gott als seinem Felsen, seiner Burg, seinem Erretter spricht, der ihn aus Ängsten und aus der Hand seiner Feinde befreite.

Perlen aus 2. Samuel 22 → Wie in vielen Büchern der Heiligen Schrift habe ich auch in diesem Kapitel „Perlen" gefunden, die für mein Leben eine besondere Bedeutung erlangt haben:

- *„Gelobt! rufe ich zum HERRN, so werde ich vor meinen Feinden errettet"* (Vers 4 ELB) – Gottes Lob als Weg zur Rettung.
- *„Er führte mich hinaus ins Weite"* (Vers 20) – diese Weite des Glaubens und des Herzens darf ich seit vielen Jahren zunehmend erfahren.
- *„Mit meinem Gott kann ich eine Mauer überspringen"* (Vers 30) – Mauern der Begrenzung, des Selbstzweifels, des Kleinmuts und viele andere Hindernisse kann ich mit Gottes Hilfe überwinden.

Überwundene Mauern → Als junger Mensch war mein Leben durch Abhängigkeit von Alkohol und Drogen gezeichnet. Noch viele Jahre haben Suchtstrukturen mich beeinträchtigt. Heute darf ich dankbar clean und trocken sein! Auf dem Theologischen Seminar in Erzhausen in den 1970er-Jahren fiel mir das Lernen noch sehr schwer, und ich konnte mich kaum konzentrieren. Heute, mit knapp 70 Jahren, studiere ich Theologie an einer staatlichen Universität, und unsere jungen Studenten am College meiner Gemeinde sagen: „Uli, wie machst du das bloß, dass du so viel über die Bibel weißt und vermitteln kannst?" Die Antwort ist: Mit meinem Gott kann ich über Mauern springen!

Ulrich Schulte

Ja, du, HERR, bist meine Leuchte; der HERR macht meine Finsternis licht.

2. Samuel 22,29

19
Samstag

Bibellese: 2. Samuel 22,21-37

OKTOBER

Welch ein wunderbares Zeugnis stellt David hier seinem Herrn aus. Wie viele Kämpfe und Nöte hatte er durchstehen müssen, doch der Herr führte ihn immer wieder aus der Finsternis heraus und ließ das Licht danach umso heller aufleuchten. Daran können wir erkennen, dass der Herr auch uns in jeder noch so schwierigen Situation beisteht und sein Licht in und um uns herum aufstrahlen lässt.

Mit Gott erlebt ⇢ Das bestätigt zum Beispiel auch meine folgende Erfahrung: Kurz nach meiner Bekehrung wurde ich mit dem Heiligen Geist getauft und begann den Herrn plötzlich in einer unbekannten Sprache zu preisen. Dann hatte ich jedoch einige Jahre fürchterliche Zweifel, ob es wirklich der Herr war, der das in mir bewirkte. Als ich in Ahrensburg einmal einen Gottesdienst leitete, rutschten mir beim öffentlichen Gebet einige Sätze in der Zungensprache heraus. Am Ende des Gottesdienstes stand ich an der Tür, um die Geschwister zu verabschieden. Plötzlich stand eine Person vor mir und fragte, ob ich denn wüsste, was ich da gebetet hatte. Als ich das verneinte, sagte sie mir, ich hätte in einem aramäischen Dialekt die Liebe, Größe und Herrlichkeit Gottes gepriesen. Das wollte ich mir notieren und drehte mich zur Garderobe um, damit ich etwas zum Schreiben aus meinem Mantel holen konnte. Als ich mich wieder umdrehte, war die Person plötzlich verschwunden. Niemand von den vielen Leuten hatte sie gesehen. Es war offensichtlich ein Engel gewesen, der mir geholfen hatte, meine Zweifel zu überwinden.

Gott umgibt uns ⇢ Unser wunderbarer Herr hat es schon bei der Schöpfung so eingerichtet, dass nach der finsteren Nacht das Licht des neuen Tages unsere Gegend erhellt. So will er es auch in unserem Leben tun. Wir müssen es lernen, mit der Finsternis, die uns in dieser Welt umgibt, fertigzuwerden. Wir sind ja nicht mehr von dieser Welt, und so brauchen wir das, was uns umgibt, nicht an uns herankommen zu lassen. Uns umgibt unser Herr und wohnt durch den Heiligen Geist sogar in unserem Herzen. Dass in unserem Leben das Licht immer wieder aufstrahlt, können wir auch heute erfahren.

Uwe Maurischat

20
Sonntag

Der HERR lebt, und gelobt sei mein Fels, und Gott, der Fels meines Heils, sei hoch erhoben.

2. Samuel 22,47

OKTOBER

Bibellese: 2. Samuel 22,38-51

Es ist so wunderbar, dass wir an unseren Herrn glauben dürfen, auch wenn wir ihn nicht sehen können. Dieser Glaube wird durch den guten Heiligen Geist geradezu in unser Herz eingepflanzt. Er ist die Grundlage – der Fels – für alles, was der Herr dann durch uns tun kann. Wir müssen uns völlig im Klaren darüber sein, dass dies nur möglich ist, wenn wir uns mithilfe des Heiligen Geistes ganz eng an unseren Herrn klammern. Natürlich ist das auch mit einem geistlichen Kampf verbunden. Dieser ist nur dann siegreich, wenn wir um unsere eigene Schwachheit und unser Unvermögen wissen. Das ist gleichsam die Kapitulation unseres alten Wesens, und diese hilft uns, das Wesen Jesu völlig in uns wirksam werden zu lassen.

Heiligung ⇢ Wenn wir dann den Herrn anrufen, dass er sich über uns erbarmen möge, ist er bereit, in und auch durch uns in geradezu wunderbarer Weise wirksam zu werden. Diese Erfahrungen binden uns immer näher an das Herz Jesu, was die Bibel Heiligung nennt. Welch eine wunderbare Perspektive wird uns damit auch für die Zukunft zuteil. So können wir jede Sünde abwehren, die uns von unserem Herrn trennen will.

Wunderbare Siege ⇢ Im Wort Gottes gibt es wunderbare Beispiele, wie der Herr aus der Not einen großartigen Sieg hervorbringt. Josef wurde nach seiner Versklavung ins Gefängnis geworfen und durch die Führung des Herrn zur Rettung des eigenen Volkes zum zweiten Machthaber in Ägypten. Hanna litt sehr darunter, dass sie keine Kinder bekam, und versprach dem Herrn, ihren erstgeborenen Sohn dem Herrn zu weihen. Welch ein gewaltiger Segen ging dann von Samuel aus. Es gibt noch viele andere Beispiele, doch sie aufzuzählen, würde den Rahmen dieser Andacht sprengen.

Das soll auch dich persönlich ermutigen, Jesus zu preisen, wie schlimm die Angriffe auch sein mögen. Der Herr wird dann das Beste daraus machen. Auf diese Weise können wir alle Ängste und Sorgen von uns weisen, und so können wir zusammen den Herrn verherrlichen.

Uwe Maurischat

Dies sind die letzten Worte Davids. Es spricht David, der Sohn Isais, es spricht der Mann, der hoch erhoben ist, der Gesalbte des Gottes Jakobs.

2. Samuel 23,1

Bibellese: 2. Samuel 23,1-7

Ein sterbendes Familienoberhaupt – in vielen Filmen gibt es die folgende Szene in unterschiedlichsten Ausprägungen zu sehen: Ein weiser Mann liegt im Sterben und ruft seinen Sohn oder Enkel zu sich. Sobald dieser da ist, flüstert er diesem etwas ins Ohr und gibt ihm damit eine wichtige Weisheit weiter, bevor er stirbt.

So – oder so ähnlich – könnte es sich auch bei David abgespielt haben. Was war es für ein Geheimnis, das David am Sterbebett den Generationen nach ihm anvertraut hat? „*Wer gerecht herrscht unter den Menschen, wer herrscht in der Furcht Gottes, der ist wie das Licht des Morgens, wenn die Sonne aufgeht, am Morgen ohne Wolken, da vom Glanz nach dem Regen das Gras aus der Erde sprießt*“ (Verse 3.4). Das gefällt mir an David. Diese wichtige Botschaft am Sterbebett ist keine Überraschung, sondern war Davids täglicher Begleiter. Er hat sie sich nicht erst bis zum Schluss aufgespart, sondern hat sie Tag für Tag mit seinen Mitmenschen geteilt, selbst dann, wenn es für ihn sehr unangenehm wurde.

Warum so spät? ⇢ Im Gegensatz dazu sind die letzten Worte von weisen Menschen in den zu Beginn beschriebenen Filmszenen oft bahnbrechende Überraschungen. Das, was der sterbende Weise seinem Erben anvertraut, ist so gravierend, dass sich das Leben des Erben radikal ändert. Immer wieder frage ich mich bei solchen Szenen: Warum hat es der Opa erst so spät getan? Was wäre, wenn wir, so wie David, unsere Überzeugungen, Erfahrungen, Erlebnisse, all unsere Lebensweisheit nicht bis zum Tod aufsparen, sondern regelmäßig mit anderen Menschen teilen würden?

Segensspur ⇢ Was wäre, wenn folgende Fragen unseren Alltag bestimmen würden: Wen habe ich im Blick, wen kann ich ermutigen, wen kann ich unterstützen, für wen kann ich ein Vater oder eine Mutter werden? Wessen Leben kann ich mit dem, was ich schon erlebt habe, bereichern?

David tat dies. Deshalb war er überzeugt, dass dies auch über sein Leben hinaus Bestand haben würde: „*All mein Heil und all mein Begehren wird er gedeihen lassen*“ (Vers 5). David hat eine Segensspur gezogen, die nicht nur ihn und viele weitere Generationen überdauerte. Aus seiner Nachkommenschaft heraus wurde Jesus Christus, der Retter der Welt, geboren.

Albert Stein

22
Dienstag

Da stand er und schlug die Philister, bis seine Hand müde war und am Schwert erstarrte. Und der HERR gab großes Heil an jenem Tage.

2. Samuel 23,10

OKTOBER

Bibellese: 2. Samuel 23,8-39

König David hatte ein großes Heer von Kämpfern, die an seiner Seite standen und mit ihm und für ihn in den Kampf zogen. Da gab es außergewöhnliche Männer, Helden – oder wie eine Übersetzung sie bezeichnet: eine Elitetruppe –, die ihr Leben einsetzten, in Hingabe und Treue vorbildlich waren und sich vor nichts scheuten. Sie standen loyal zu ihrem König und setzen sich für ihn mit ihrem ganzen Leben voller Leidenschaft und Kraft ein. Ihre Taten bewirkten den Sieg gegen die Feinde Israels. So lesen wir im heutigen Text: *„Der Herr gab großes Heil"* oder anders gesagt, einen großen Sieg, eine große Rettung für sein Volk Israel. Hier sehen wir zwei Aspekte, die zusammenwirken: einmal der Einsatz von mutigen Menschen und zum anderen das Eingreifen Gottes.

Gottes Helden ⇢ In unserem Bibeltext sind es Helden, Menschen, die außergewöhnlich sind. Sie werden mit ihren Namen und ihren Taten erwähnt und geehrt. Bis heute sind sie nicht in Vergessenheit geraten. Sie haben an der Seite des großen Königs David gekämpft und gesiegt. Mit solchen Helden können wir – du und ich – uns doch nicht vergleichen, oder? Was können wir schon an Heldenhaftigkeit vorweisen? Die meisten von uns gestalten ihr Leben nach bestem Wissen und Gewissen im Vertrauen auf Gott, aber es passiert nichts Außergewöhnliches. Wir sind doch „Normalos". Können wir dazu beitragen, dass der Herr einen großen Sieg für sein Volk bewirken kann?

Ja, auch mit mir und dir kann unser Herr Feinde überwältigen und siegreich sein! Was für Menschen müssen wir dafür sein? Menschen, die ihrem allmächtigen Gott alles zutrauen. Menschen, die loyal zu ihrem Erretter stehen und leidenschaftlich handeln. Die wissen: „Ich kämpfe an der Seite des mächtigsten Königs aller Zeiten!"

Gerade heute können wir uns mutig für unseren Herrn einsetzen. Denn er will und wird auch in unserer Situation großes Heil, einen großen Sieg schenken. Er ist heute noch derselbe und hat noch dieselbe Kraft. Nichts ist ihm unmöglich. Gott möchte mit dir und mir zusammenarbeiten und sein Eingreifen sichtbar machen. Er möchte mit uns heute Geschichte schreiben, die positive Auswirkungen für Menschen bis in die Ewigkeit hat. Seien wir ermutigt durch die Helden Davids und werden selbst zu solchen, die handeln, um Gottes Sieg zu erleben.

Esther Schmiegel

Aber das Herz schlug David, nachdem das Volk gezählt war. Und David sprach zum HERRN: Ich habe schwer gesündigt, dass ich das getan habe.

2. Samuel 24,10

Bibellese: 2. Samuel 24,1-15

Der Text von heute wirft eher Fragen auf, als dass er inspiriert. Doch auch aus dieser Begebenheit können wir etwas lernen. Mit Recht wird gesagt: „Der Mensch denkt, Gott lenkt." Das Problem ist, wenn Gott lenkt und der Mensch anders denken will. Zum Beispiel:

- **Anordnung zum Manna:** Am Tag vor dem Sabbat sollten die Israeliten das Zweifache an Manna sammeln, damit sie am Sabbat nicht arbeiten mussten und doch genug zum Essen hatten. Doch es gab welche, die vergebens am Sabbat nach Manna suchten. An den anderen Tagen sollten sie nichts vom Manna aufbewahren. Die es doch taten, hatten dann am nächsten Tag stinkendes, wurmiges Manna zu entsorgen!
- **Transport der Bundeslade:** Die Leviten sollten die Bundeslade auf ihren Schultern tragen. Aber als David die Bundeslade zu sich nach Jerusalem holen wollte, setzte er sie auf einen von zwei Ochsen gezogenen Wagen. Die Ochsen stolperten und als ein Begleitmann versuchte, die Bundeslade mit seiner Hand zu stabilisieren, starb er auf der Stelle. Die freudige Prozession kam zu einem traurigen Ende. Später machte David es richtig und ließ die Leviten das Allerheiligste auf den Schultern tragen. In Jerusalem angekommen, tanzte David vor großer Freude.
- **Anordnung einer Volkszählung:** Laut dem Gesetz des Mose sollte jeder gezählte Mensch eine Ablöse für sich selbst zugunsten des Tempeldienstes bezahlen, damit keine Plage auf das Volk käme (2. Mose 30,12). Als das bei der von David angeordneten Volkszählung nicht geschah, starben siebzigtausend Menschen. Die Plage hörte erst auf, als David Buße tat und ein Opfer darbrachte (unser Lesetext von heute und morgen).
- **Gleichnis vom Hochzeitsfest:** Jeder durfte kommen, musste aber das vom Gastgeber gereichte Hochzeitskleid anziehen. Einer tat es nicht und wurde vom Fest verbannt. Die Bedeutung des Gleichnisses ist eindeutig: Jeder darf Gottes Einladung zum Himmelreich annehmen, aber niemand kann in seiner eigenen Gerechtigkeit vor Gott stehen. Wir brauchen das Hochzeitskleid der Erlösung in Christus.

Es ist wichtig, dass wir tun, was Gott sagt. Wie sieht es aus mit Themen wie Zehnter, Vergebung, sexuelle Ethik, Nachfolge? So oft denkt der Mensch: „Ja, ja, ich weiß, aber …" Dieser *Aber*-Glaube macht nicht selig, sondern bringt oft schmerzhafte Konsequenzen mit sich.

Steven Dunn

24
Donnerstag
OKTOBER

Und David baute daselbst dem HERRN einen Altar und opferte Brandopfer und Dankopfer. Und der HERR wurde dem Land wieder gnädig, und die Plage wich von dem Volk.

2. Samuel 24,25

Bibellese: 2. Samuel 24,16-25

In der Lutherbibel steht zu Beginn des Kapitels die Überschrift: „Gott lässt David den Tempelplatz finden." Allein von diesem Lesetext würden wir nicht wissen, dass diese Begebenheit letztendlich dazu führte, dass genau an dieser Stelle, wo David den Altar aufrichtete, der Tempelbau geschehen sollte. Ein Querverweis aus 2. Chronik 3,1 macht das deutlich: *„Und Salomo fing an, das Haus des HERRN zu bauen in Jerusalem auf dem Berge Morija, wo der HERR seinem Vater David erschienen war, an der Stätte, die David auf der Tenne Araunas … zubereitet hatte."* Warum ausgerechnet an dieser Stätte?

1000 Jahre zuvor ⇢ David war nicht der Erste, der sich mit betrübtem Herzen auf den Weg zum Berg Morija aufmachte, um dort einen Altar aufzurichten. Er war auch nicht der Letzte. Genau 1000 Jahre zuvor kam das göttliche Wort zu Abraham, dass er dorthin gehen sollte, um seinen geliebten Sohn Isaak als Brandopfer zu geben. Abraham war gehorsam. Als er das Messer in die Hand nahm, um Isaak zu opfern, griff der Engel des Herrn ein, um dies zu verhindern. In dem Moment sah Abraham einen Widder, der sich in einer Hecke verfing. Das Tier wurde anstatt seines Sohnes geopfert. Somit wurde Isaak zum Sinnbild vom Tod und der Auferstehung des verheißenen Sohnes Gottes (Hebräer 11,17-19). Abraham nannte die Stätte *Jahwe Jireh – der Herr versorgt*. Tatsächlich würde eines Tages der Herr auf diesem Berg dafür sorgen, dass das endgültige Sündenopfer dargebracht wird.

1000 Jahre danach ⇢ 1000 Jahre nachdem David seinen Altar baute, stand ein beeindruckender Tempelbau auf dem Berg der Opfergabe. Außerhalb des Mauerwerks und vor den Toren Jerusalems war eine römische Hinrichtungsstelle, die Golgatha hieß. Die versprochene Nachkommenschaft Abrahams, durch die alle Völker der Welt gesegnet werden sollten, der versprochene Sohn Davids, der ein ewiges Reich der Gerechtigkeit und des Friedens einläuten würde, Jesus Christus, trug sein eigenes Kreuz zur Opferstätte. Gott hielt sein Wort: Auf dem Berg sorgte er für Erlösung.

Jetzt sind wir gefragt, zur Opferstätte zu gehen – zum Kreuz – dass wir Gottes Erlösung in Jesus Christus annehmen. Nur so wird die Plage der Sünde weichen. Die Erlösung von Schuld ist immer mit Opfer verbunden. Dieses Opfer hat Jesus für uns am Kreuz vollbracht!

Steven Dunn

Denn zu welchem Engel hat Gott jemals gesagt: Du bist mein Sohn, heute habe ich dich gezeugt?

Hebräer 1,5

Bibellese: Hebräer 1,1-14

Einige Texte der Bibel sind leichter zu verstehen als andere. Lesen wir die Apostelbriefe im Neuen Testament, kommen wir mit geistlichen Dimensionen in Berührung, die unseren Verstand übersteigen. Wir sind abhängig davon, dass der Heilige Geist uns dann leitet und uns die Geheimnisse Christi enthüllt. Wir brauchen ganz klar den Geist der Weisheit und Offenbarung, um Christus zu erkennen. So können wir mehr und mehr in ihm leben und er in uns.

Einblicke ⇢ In Hebräer 1 erhalten wir einen Einblick in die geistliche Welt an sich. Aus anderen Passagen wissen wir, dass es eine sichtbare und eine unsichtbare Welt gibt. In beiden gibt es Throne und Herrschaftsbereiche. Aus diesem Kapitel erfahren wir:

1. Da ist Gott, der Vater, als Majestät in der Höhe auf seinem Thron.
2. Da ist Jesus Christus, der Erbe aller Dinge. Er ist es, durch den alles gemacht ist und der auf dem ewigen Thron sitzt.
3. Und es gibt Engel, die ihn anbeten. Sie sind wie flammendes Feuer und dienen all denen, die an der Erlösung teilhaben. Es sind geistliche Wesen, die uns dienen – erstaunlich und wunderbar!

Möge der Herr uns schenken, dass wir das große Werk der Engel sehen und verstehen. Je mehr sich der Schleier zwischen Himmel und Erde hebt, umso mehr sehen wir den mächtigen, Ehrfurcht gebietenden, übernatürlichen Dienst der Engel. Wir wagen es nicht, sie zu verehren, aber es wird unseren Glauben stärken, wenn wir sie in unsere Gedanken und Gebete im Vertrauen auf das, was Gott in und für uns tut, mit einbeziehen.

Alle Ehre König Jesus ⇢ In Hebräer 1 wird uns die Hoheit und Überlegenheit Christi über alle anderen vor Augen geführt, besonders im Gegensatz zu den Engeln. Sie werden nicht „*Sohn*" genannt, ihnen wird nicht angeboten, sich zur Rechten Gottes zu setzen, sie haben keinen ewigen Thron. Diese Ehre und diese Position hat nur Jesus Christus – jetzt und in Ewigkeit. Sein Thron ist ein Thron der Gerechtigkeit. Er liebt Gerechtigkeit, hasst aber Gesetzlosigkeit und Sünde.

Tief im Herzen der Gläubigen ist diese Sehnsucht, den erhobenen Jesus Christus zu sehen, wie er seinen Platz einnimmt und Recht und Gerechtigkeit auf der Erde ausführt. Möge es in uns beginnen – heute, denn heute ist der Tag des Heils.

Pamela Giehl

26
Samstag

OKTOBER

Wie wollen wir entrinnen, wenn wir eine so große Seligkeit nicht achten, die zuerst gepredigt wurde durch den Herrn und bei uns bekräftigt wurde?

Hebräer 2,3

Bibellese: Hebräer 2,1-10

Die Anfangsverse in Hebräer 2 tragen einen Drang in sich: Den Drang, nicht länger zu vernachlässigen, was wir in Bezug auf Jesus Christus verstehen und tun sollten. Manchmal lassen wir uns wie ein Boot auf einem See einfach dahintreiben. Es gab vielleicht eine Zeit, in der wir dem Herrn aktiv nachfolgten – doch nach und nach sind wir in unserer Jüngerschaft und unserem Gehorsam immer lässiger geworden. Wie ein Boot ohne Anker und Ziel haben wir unsere Position verloren und treiben nun auf dem Meer: ohne Ziel, ohne etwas zu erreichen. Dieses Wegtreiben geschieht ganz einfach durch Nichtstun. Die Strömung treibt uns dann zurück in weltliche Gewohnheiten, in denen Gott keine Rolle spielt.

Versäumnisse ⇢ Wir alle kennen es, wenn wir etwas vernachlässigen. Vielleicht wollten wir uns eine spezielle Auszeit nehmen, haben uns aber aus irgendeinem Grund nicht darum gekümmert. Oder wir wussten, dass wir jemand um Verzeihung bitten sollten, haben es aber irgendwie versäumt und nun ist es zu spät. Vielleicht wollten wir unser Gebetsleben intensivieren, haben es aber aus irgendeinem Grund unterlassen. Versäumnisse entstehen, wenn man nicht handelt, wenn man etwas nicht tut. Man verpasst dann nicht nur, was man hätte haben können, es kann auch eine Konsequenz nach sich ziehen wie hier bei den Israeliten: *„Wie wollen wir entrinnen, wenn wir eine so große Seligkeit nicht achten?“*

Es geht um alles ⇢ Vergebung, Heilung, Befreiung, Schutz, Versorgung, Trost, Gnade, Gerechtigkeit – wenn ich gering achte, was das Leben mit Christus beinhaltet, verpasse ich nicht nur, was er für mich bereithält. Es kann auch schmerzhafte Folgen haben. Seit Jesu Zeiten haben ihn viele Menschen als Retter abgelehnt. Andere weigerten sich aus verschiedenen Gründen, ihn aufzunehmen. Beide Gruppen stehen vor demselben Ergebnis: keine Annahme in Christus. Sie haben keinen Anteil an seiner Versöhnung, und noch schlimmer, sie sind für die Finsternis bestimmt, die Hölle. Er ruft sie, bietet seine Gemeinschaft an, doch sie versäumen es, ihm zu antworten. Was kann Gott noch tun?

Lasst uns achthaben, dass wir nicht durch Vernachlässigung vom Kurs abkommen. Manche Sünden geschehen durch Unterlassung, andere durch falsches Handeln. Beide können uns um das bringen, was Christus als Erbe für uns bereithält.

Pamela Giehl

Denn da er selber gelitten hat und versucht worden ist, kann er helfen denen, die versucht werden.

Hebräer 2,18

Bibellese: Hebräer 2,11-18

Versuchungen und Leid sind etwas, das wir alle erleben. Das gehört zum Menschsein dazu. Der Verfasser des Hebräerbriefs stellt uns Jesus als unseren Hohepriester vor, der selber ebenfalls gelitten hat und versucht worden ist. Lassen wir das einmal auf uns wirken. Wir brauchen solch einen Hohepriester, der verstehen kann, was es heißt, Mensch zu sein.

Da kann ich nicht mitreden ⇢ Wenn es ums Kinderkriegen geht, kann ich mit meiner Frau nicht ganz mitreden. Zwar habe ich die Geburten unserer Kinder miterlebt und jedes Mal echtes Mitgefühl für meine Frau gehabt, aber mir fehlt die gleiche Grundlage, um zu verstehen, wie eine Geburt sich anfühlt. Ich glaube, da können nur andere Frauen mitreden, die selber schon ein Kind zur Welt gebracht haben. Von außen kann man auf ein Leben schauen und ein gewisses Mitgefühl dabei haben. Das kann auch durchaus hilfreich sein. Aber nur wer das Gleiche erlebt hat, kann wirklich verstehen, was ein Betroffener durchlebt.

Gott kann mitreden ⇢ Gott sei Dank haben wir einen Hohepriester, der uns zutiefst verstehen kann. Gottes Sohn wurde ganz Mensch, um uns konkret helfen zu können. Jesus kann den Versuchten und Leidgeprüften wirklich helfen, weil er selber gelitten hat und versucht worden ist. Er erlebte es, wie es ist, ein Kind zu sein. Er war Teenager, mit all den Herausforderungen. Er lebte als Erwachsener und spürte Verlust, Schmerz und Not. Er kennt die Schwere von Leid und die Macht der Versuchung.

Er will helfen ⇢ Wir brauchen unseren Glauben nicht aufzugeben, weil alles in unserem Leben momentan schwer ist. Jesus erlebte, was wir Menschen alle erleben. Deshalb kann er uns heute helfen. Was immer wir gerade durchmachen, er versteht es. Was ist der Punkt? In Jesus haben wir einen Helfer, der weiß, was wir brauchen. Wir dürfen zu ihm kommen und ihn um Hilfe bitten. Geben wir nicht auf, bringen wir ihm unsere Not im Gebet. Bekennen wir unser Versagen, finden wir Vergebung, Hilfe und Kraft bei unserem Hohepriester. Jesus versteht alles und bietet dir und mir seine Hilfe an.

Markus Göhner

28
Montag

Darum, ihr heiligen Brüder und Schwestern, die ihr teilhabt an der himmlischen Berufung, schaut auf den Apostel und Hohenpriester, den wir bekennen, Jesus.

Hebräer 3,1

OKTOBER

Bibellese: Hebräer 3,1-6

In Jesus Christus haben wir einen Hohepriester, der uns versteht und uns deshalb helfen kann. Glaube braucht nicht nur das richtige Bekenntnis, sondern auch den richtigen Blick. Deshalb fordert uns der Verfasser des Hebräerbriefes auf, auf Jesus Christus zu schauen.

Jesus im Blick ⇢ Im Matthäusevangelium finden wir den Bericht, wie Petrus auf dem Wasser geht (Matthäus 14,22-36). Die Jünger waren mitten auf dem See Genezareth und versuchten, an das andere Ufer zu gelangen. Sie hatten mit einem heftigen Sturm zu kämpfen. Alles schien hoffnungslos und gefährlich. Doch dann sahen sie eine Person auf dem Wasser gehen – und fürchteten sich noch mehr. Sie dachten, es wäre ein Geist. Aber Jesus offenbarte sich ihnen und Petrus stieg aus dem Boot und ging auf Jesus zu. Ich denke, je weiter er sich vom Boot entfernte, desto mehr sagte ihm sein Verstand: „Man kann nicht auf Wasser gehen!" Matthäus berichtet: *„Als er aber den starken Wind sah, erschrak er und begann zu sinken und schrie: Herr, rette mich!"* (Matthäus 14,30).

Nichts hatte sich verändert – außer seinem Blick. Da war der Sturm. Und da war Jesus. Petrus lief auf dem Wasser, aber anstatt weiter auf Jesus zu schauen, ließ er sich ablenken und begann zu sinken.

Worauf schauen wir in unserem Leben? ⇢ Auf die Umstände? Auf die Sorgen? Auf andere Menschen? Auf das, was möglich ist? Es gab Zeiten in meinem Dienst, in denen ich beim Predigen gerne das Gesicht meiner Frau unter den Zuhörern gesucht habe und meinen Blick auf sie konzentrierte. Sie strahlte mich an und war mir eine große Stütze und Ermutigung in schweren Phasen. Wie viel mehr ist das Jesus Christus, unser Hohepriester, der uns zujubelt und hilft.

Wenn wir aufmerksam und bewusst auf unser Leben schauen, erkennen wir Jesus in allem. Mit ihm werden wir nicht untergehen. Wir haben eine himmlische Berufung! Hast du heute schon auf Jesus geschaut?

Markus Göhner

Immer irren sie im Herzen! Aber sie verstanden meine Wege nicht, sodass ich schwor in meinem Zorn: Sie sollen nicht eingehen in meine Ruhe.

Hebräer 3,10.11

Bibellese: Hebräer 3,7-19

Die heutige Bibellese klingt zunächst etwas herb, fast schon wie eine Strafpredigt. In großen Teilen wird hier Psalm 95 zitiert, der wiederum Bezug auf die Bücher Mose nimmt. Hierbei geht es um das Volk Israel, das während der Wüstenwanderung zu verdursten drohte und Mose anklagte, warum er sie aus Ägypten hinaus in den sicheren Tod geführt hätte. Doch Gott tat ein Wunder und ließ Wasser aus einen Felsen fließen, nachdem Mose diesen mit seinem Stab geschlagen hatte.

Keine Ruhe ⇢ Warum genau war Gott hier so zornig, sodass er sich vornahm, das Volk nicht in seine Ruhe eingehen zu lassen? Ich denke, keine Ruhe zu finden, ist tatsächlich eine direkte Folge von Unglauben, vor dem im Hebräerbrief ja gewarnt wird. Anstatt sich daran zu erinnern, wie Gott sie bis hierhin wundersam befreit und versorgt hatte, vergaß ihn das Volk komplett. Sie machten Mose sowohl für ihre Befreiung wie auch ihr Schicksal in der Wüste verantwortlich. Schon diese Blickweise brachte Unruhe in ihre Herzen und somit auch in ihre Taten. Immerhin waren sie kurz davor, Mose zu steinigen. Und weil sie Gott nicht mehr vertrauten, ja ihn sogar vergessen hatten, konnten sie auch nicht in seine Ruhe, das verheißene Land, eingehen. Vierzig weitere Jahre wanderten sie durch die Wüste und es wiederholt sich die ganze Situation. Selbst Mose durfte letztlich nicht ins verheißene Land, weil er Gott nicht geglaubt hatte.

Gemeinsam zum Ziel ⇢ So gerne wir es anders hätten: Oft sind wir genauso wie das Volk Israel. Was Unglaube und dadurch resultierende Unruhe bewirken, sehen wir überall um uns herum: Ungerechtigkeit, Streit, Krieg … Wenn wir ehrlich mit uns sind, stellen wir fest, dass wir in Krisensituationen oft nicht zuerst mit tiefem Glauben reagieren. Doch wir müssen nicht unruhig werden, denn auch für uns wurde der Fels, der Jesus ist, geschlagen und gekreuzigt. Und auch für uns fließt deshalb das Wasser des ewigen Lebens. Hier gibt uns die heutige Bibellese zwei wichtige Hinweise: Dass wir an Christus jeden Tag festhalten sollen und dass wir uns gegenseitig daran erinnern sollen. Dann können wir durch den Heiligen Geist Gottes Ruhe erfahren, selbst wenn um uns herum Stürme toben.

Elisabeth Haist

30
Mittwoch

Denn so hat er an einer andern Stelle gesprochen vom siebenten Tag: Und Gott ruhte am siebenten Tag von allen seinen Werken.

Hebräer 4,4

OKTOBER

Bibellese: Hebräer 4,1-8

Von Work-Life-Balance wird mehr geredet, als dass sie tatsächlich gelebt wird. Studien belegen, dass ein gelebter Ruhetag pro Woche tatsächlich unsere physische Leistungsfähigkeit steigert. Für Bibelleser mag dieses Ergebnis wenig überraschend sein. Dennoch bleibt die Frage, wie wir das im Alltag umsetzen. Wo ist der Sonntag noch wirklich ein Ruhetag? Ist es nicht vielmehr so, dass wir uns montags wünschen, das Wochenende würde noch mal von vorne beginnen? Andererseits wünschen wir uns heute, am Mittwoch, vielleicht schon das nächste Wochenende herbei.

Einen echten Ruhetag in der Woche zu haben, wäre wirklich großartig. Das ist der Sonntag für jeden engagierten, ehrenamtlichen Mitarbeiter in der Gemeinde schon lange nicht mehr. Denn sonntags verstehen wir uns als Gastgeber für Menschen, die zu uns in den Gottesdienst kommen. Dabei fällt mir die biblische Geschichte der beiden Schwestern von Lazarus ein (Lukas 10,38-42). Martha war besorgt um das Wohl der Gäste und beschwerte sich bei Jesus, dass sie in der Arbeit ertrinkt, während ihre Schwester Maria zu den Füßen Jesu saß und einfach zuhörte. Jesus sagt zu Martha, dass Maria es richtig machte, indem sie einfach seine Gegenwart genoss, anstatt sich zu sehr darum zu sorgen, die Gäste von vorne bis hinten zu bedienen.

Wie sieht es bei uns aus? ⇢ Wenn wir davon überzeugt sind, müssen wir nicht mehr von Termin zu Termin hetzen. Wir dürfen lernen, in der Ruhe des Herrn zu leben. In der Ruhe liegt die Kraft. Selbst Gott, der Allmächtige, der nie schläft, nahm sich einen Tag der Auszeit. Je länger wir auf dieser Erde sind, desto mehr beginnen wir, das zu begreifen. Wie ist das, wenn wir die 50, 60, 70 oder noch mehr Jahre erreichen? Anstatt sich über diese Zahl aufzuregen, weil man ja schon „so alt“ ist, können wir lernen, mehr und mehr zur Ruhe zu kommen und jeden Tag das Leben bewusst zu genießen.

Ruhe an seinem Herzen ⇢ Wir können uns auch heute einige Minuten Zeit nehmen und Gott dafür danken, dass wir bei ihm zur Ruhe kommen dürfen. Ich lade ein, mit mir zu beten: „Lieber Vater, danke, dass ich jetzt all meine Sorgen bei dir abgeben darf und weiß: Bei dir sind sie am besten aufgehoben. Lass mich an deinem Herzen zur Ruhe kommen und schenke mir Kraft sowie Gelassenheit für diesen Tag. Amen.“

Marcus Kaiser

Darum lasst uns freimütig hinzutreten zu dem Thron der Gnade, auf dass wir Barmherzigkeit empfangen und Gnade finden und so Hilfe erfahren zur rechten Zeit.

Hebräer 4,16

Bibellese: Hebräer 4,9-16

Wie passend ist dieser Bibelvers doch am heutigen Reformationstag. Gnade und Hilfe – ist es nicht das, wonach wir uns im Tiefsten sehnen? Religion gaukelt den Menschen vor, etwas tun zu müssen, um Gott zu gefallen. Aber Christus hat bereits alles getan, was nötig ist, damit wir zu Gott kommen können. Und nicht nur das – er nennt uns sogar seine Kinder. Und als seine Kinder sind wir auch Miterben des Reiches Gottes. Was für ein Vorrecht! All das bekommen wir nicht aufgrund irgendeiner Leistung, sondern es ist das Gnadengeschenk Gottes.

Gottes bedingungslose Liebe → Ein Satz, der mich seit meiner Kindheit begleitet, lautet: „Gott liebt mich nicht, weil ich so wertvoll bin, sondern ich bin so wertvoll, weil Gott mich liebt." In einem Lied singen wir: „Und ich danke dir, dass du mich kennst und trotzdem liebst." Doch Gott geht sogar noch weit darüber hinaus. Im Römerbrief 5,8 lesen wir: *„Gott aber erweist seine Liebe zu uns darin, dass Christus für uns gestorben ist, als wir noch Sünder waren."*

Können wir diese bedingungslose Liebe annehmen? Können wir begreifen, dass Gott sich uns naht? Oder geht uns eher durch den Kopf, dass wir nicht würdig sind und so etwas nicht verdient haben? Nein, verdient haben wir es tatsächlich nicht. Genau das bedeutet das unverdiente Geschenk des ewigen Lebens.

Gebet ist möglich – jederzeit → Wir – du und ich – dürfen zu Gott kommen, uns an seinem Herzen ausruhen und seine Gnade und Barmherzigkeit empfangen. Gott lässt seine Kinder nie im Stich. Er kennt unsere Sehnsüchte und Nöte, und ich bin sicher, dass er uns alles geben wird, was wir brauchen. Gott kommt spätestens rechtzeitig, und auf seine Gnade dürfen wir bauen. Im Gebet können wir uns vertrauensvoll an ihn wenden, denn er hat uns aufgetragen, alle Sorgen auf ihn zu werfen. Deshalb lade ich ein, mit mir zu beten: „Jesus, danke, dass du mich kennst und trotzdem liebst. Danke, dass ich durch Gnade errettet bin und nicht durch Leistung. Lass mich das immer mehr begreifen. Amen."

Marcus Kaiser

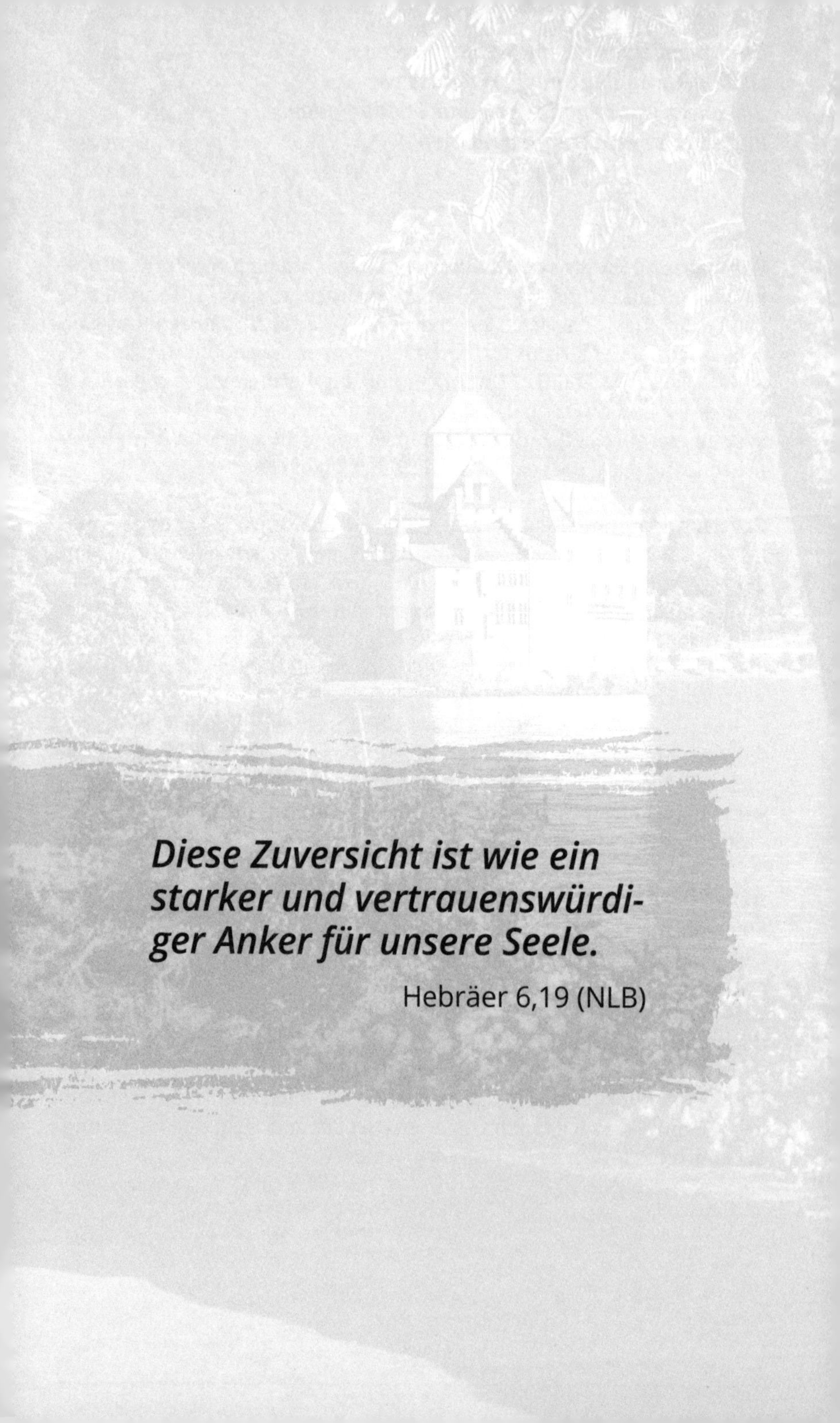

Diese Zuversicht ist wie ein starker und vertrauenswürdiger Anker für unsere Seele.

Hebräer 6,19 (NLB)

Und er hat in den Tagen seines irdischen Lebens Bitten und Flehen mit lautem Schreien und mit Tränen vor den gebracht, der ihn aus dem Tod erretten konnte.

Hebräer 5,7

Bibellese: Hebräer 5,1-10

Der vollkommene Tröster: Wir waren zwei gläubige Mamas von jeweils drei Kindern und trafen uns in der Regel einmal in der Woche. Die Kleinen verstanden sich untereinander gut und waren ebenfalls befreundet. So ging es einige Jahre. Unerwartet lag eines Tages ein Brief vor der Haustür, in dem nur stand, dass es besser wäre, wenn sie die Freundschaft mit mir beendet. Ich verstand ihren Entschluss nicht und meine Kinder noch viel weniger. In meiner Enttäuschung und Trauer darüber sprach Jesus nur zwei kurze Sätze in mein Herz, die ich klar und deutlich vernahm: „Ich weiß, wie es dir geht." Und: „Ich verstehe dich." Denn auch Jesus wurde von Freunden verlassen und erlebte Beziehungskrisen mit seiner Familie.

Der vollkommene Hohepriester ⇢ Ein Hohepriester damals konnte nur beschränkt an den Nöten der Menschen, denen er diente, teilhaben. Außer er musste das Gleiche verkraften wie sie. Eine von mir im Nachtdienst betreute Frau litt unter starker Atemnot und haderte mit Gott. Ich konnte dies nicht so ganz verstehen, weil ich selber noch nicht darunter gelitten hatte. Ich durfte sie aber auf einen Gott aufmerksam machen, der sie voll und ganz verstand. Bei jedem Atemzug am Kreuz erlitt Jesus unsägliche Schmerzen. Er kennt sich mit allen Arten von menschlichem Leid aus.

In der Geschichte, „Die Gerichtsverhandlung" von A-T. I. Armstrong richteten die Menschen Gott, weil sie viel Schlimmes in ihrem Leben durchmachen mussten. Doch als sie Jesus sahen, wurden alle still. Er hatte schon ihr Urteil getragen. In Römer 10,13 steht: *„Denn wer den Namen des Herrn anruft, wird selig werden."* Auch Jesus schrie in allem Leid und Schmerz zu seinem Vater und wurde von ihm gerettet.

Lasst uns für die Menschen, die Gott nicht kennen, Wegweiser sein, denn er versteht sie wie kein anderer. Sie sollen erkennen, dass er der Mittler zwischen ihnen und Gott ist. Dann werden sie ihn nicht mehr in all dem Elend anklagen, sondern Jesus als ihren Herrn und Erlöser anrufen.

Elisabeth Braun

2
Samstag

Denn wem man noch Milch geben muss, der ist unerfahren in dem Wort der Gerechtigkeit, denn er ist ein kleines Kind.

Hebräer 5,13

NOVEMBER

Bibellese: Hebräer 5,11-14

Veränderte Sicht: Als unser drittes Kind geboren wurde, stellte sich bei mir eine Erkenntnis gegenüber meinen zwei anderen Kindern ein – so klein sind die ja gar nicht mehr! Es ist immer eine Frage der Perspektive, wie man Größe oder Reife wahrnimmt. Ich habe dabei etwas begriffen: Kinder wachsen, werden älter und sogar reifer. Denn so ist es, alles wächst in dieser Welt, alles ist auf Wachstum angelegt. Bäume, Gräser, Büsche, wir selbst. Ab einer gewissen Zeit wachsen wir zwar nicht mehr in die Höhe, aber wenn wir nichts dagegen tun, auf jeden Fall in die Breite.

Wachsen und reifen ⇢ Wir wachsen, die ganze Welt wächst, und es ist merkwürdig und ungesund, wenn etwas aufhört, zu wachsen. Wachstum ist gesund, Stillstand ist ungesund und nicht normal. Das gilt nicht nur für unsere körperliche, sondern auch für unsere geistliche Entwicklung. Der Hebräerbrief greift genau diesen Gedanken auf und bringt hier etwas auf den Punkt: Wir sollen Gott kennenlernen, sein Wesen, seinen Charakter immer besser verstehen. Seinen Willen erkennen, wie er sich unser Leben, für das er uns geschaffen hat, vorstellt. Wir sollen auch imstande sein, andere zu lehren und das Evangelium weiterzugeben. Das ist Reife, nicht nur bei uns zu bleiben, sondern andere zu prägen und uns in sie zu investieren. Das ist normal.

Wie ist es bei uns? ⇢ Wie steht es um unseren Glauben, wenn die Gemeinde auf einmal nicht mehr präsent vor Ort ist? Wenn die Gottesdienste wegfallen und wir Gottes Wort nicht mehr Sonntag für Sonntag gepredigt bekommen, sondern selbst lesen sollen? Wie steht es um unseren Glauben, wenn wir allein sind? Was macht einen reifen Glauben aus? Paulus sagt hier, der Unterschied liegt in der Frage, wovon wir uns bestimmen lassen. Es geht nicht um das, was ich weiß, sondern um das, was mich prägt. Ein unreifer Glaube zeigt sich darin, dass wir unseren eigenen Vorstellungen und Wünschen hinterherjagen, nur das tun, was wir wollen. Ein reifer Glaube zeigt sich darin, dass wir unser Leben von Gottes Geist bestimmen lassen, hören, was Gott will und danach leben. Darin reift Glaube, wenn wir beginnen, nach Gottes Wort und Willen zu leben.

Tobias Kuhn

Darum wollen wir jetzt lassen, was am Anfang über Christus zu lehren ist, und uns zum Vollkommenen wenden.

Hebräer 6,1

Bibellese: Hebräer 6,1-8

Was ich an der Bibel liebe, ist ihre Ehrlichkeit. In ihr wird nicht versucht, schlimme Ereignisse oder schlechte Taten von Menschen zu beschönigen. Der Ehebruch und den Mord, den David als König verübte, wird sehr detailliert beschrieben. Wir sehen, wie David sich Schritt für Schritt tiefer in eine Lüge verstrickte, bis Nathan kam und David den Spiegel vorhielt. Ein Schock für David.

Nicht stehen bleiben ⇢ Manches in der Bibel lässt uns fast schon erschrecken. So geht es mir auch mit dem heutigen Bibeltext. Man denkt sich vielleicht, man könne nicht genug über Jesus, seinen Tod und seine Auferstehung und die damit verbundene Vergebung der Schuld hören und reden. Natürlich ist es nie falsch, darüber zu sprechen. Das Wiederholen und sich immer wieder daran erinnern, ist nicht falsch. Dennoch gibt es hier eine unmissverständliche Aufforderung, nicht dabei stehen zu bleiben. In der Elberfelder Übersetzung klingt der heutige Leitvers folgendermaßen: *„Deshalb wollen wir das Wort vom Anfang des Christus lassen und uns der vollen Reife zuwenden und nicht wieder einen Grund legen mit der Buße von toten Werken und dem Glauben an Gott."*

Reifen im Glauben ⇢ Erleben wir, dass wir im Glauben reifen? Und was ist damit gemeint? Reifen im Glauben kann man da, wo man mit anderen Christen unterwegs ist. Gott hat sich nicht gedacht, dass Christen allein mit ihm leben sollen, sondern in Gemeinschaften. Christen sollen reifen in ihrem Glauben und ihrer Beziehung zu Gott und ebenso im Miteinander mit anderen. Was hier geschehen soll, ist eine Vermehrung. Nach der Vergebung Jesu kommt ein Reifeprozess, in dem Gott einige Bereiche unseres Lebens umkrempelt.

Sind wir reifer im Glauben? Dann sollten wir den Mund öffnen und den Menschen davon erzählen, was wir mit Gott erlebt haben, und sie ermutigen. So können sie von dem, was wir berichten, profitieren. Gott gebraucht das, was wir zueinander sagen, um uns zu zeigen, wie wir unser Vertrauen in ihn stärken können, wie wir im Alltag mit ihm unterwegs sein können. *„Das wollen wir tun, wenn Gott es zulässt"* (Vers 3).

Tobias Kuhn

4
Montag

Wir wünschen aber sehr, dass jeder von euch denselben Eifer um die volle Gewissheit der Hoffnung bis ans Ende beweist.

Hebräer 6,11 (ELB)

NOVEMBER

Bibellese: Hebräer 6,9-20

Der Autor des Hebräerbriefes schreibt geistinspiriert und ermutigend, aber auch in einem äußerst ernsten Stil. Es geht um nicht weniger als das ewige Leben mit Gott nach dem Tod. In den ersten Versen des 6. Kapitels wird klar und unmissverständlich der Trugschluss „einmal errettet – immer errettet" als falsch entlarvt. Und auf genau dieser Grundlage – ab Vers 9 – wird die Leserschaft ermutigt, dass sie ja auf dem richtigen Weg sind, denn sie lieben Gott tatsächlich und zeigen diese Liebe in praktischen Dingen, wie etwa im Dienst an anderen Christen.

Weiter so! ⇢ Aber Lob allein genügt nicht, denn die Gefahr, träge zu werden ist in einem jeden von uns vorhanden. Deshalb die große Ermutigung, der Wunsch des Schreibers: „Macht weiter so, bis der Herr wiederkommt oder er euch heimruft." Dieser wunderbare geistgewirkte Eifer soll erhalten bleiben. Es ist, als ob ein Trainer dem Marathonläufer Mut macht: „Vor dir sind schon so viele diesen Lauf gelaufen, und sie haben es auch geschafft. Mach es ihnen nach und denk besonders an Jesus, der den schwersten Lauf von allen lief und am Ziel angekommen ist. Gott hat verheißen, dich zu segnen, und dieser Gott, mit dieser unumstößlichen Zusage, soll deine Hoffnung sein."

Konkret ⇢ Als Christen leben wir einen wahren Marathon. Wer einmal bei heißen Temperaturen im bayrischen Nationalpark unterwegs war, der weiß, wie oft es da hoch und runter geht. Wie viele steinige Wege, starke Gefälle, kühlende Schatten im Wald und brütende Hitze auf offenen Wegen, frisches Wasser von den kleinen Bächen und gleichzeitig Strecken ohne jede Feuchtigkeit auf einen warten. So ist unser Leben mit Gott. Aushalten und Durchhalten sind angesagt. Das Ziel im Auge zu haben und die Hoffnung, es sicher zu erreichen.

Wo drückt der Schuh? ⇢ Im Eheleben? In der mangelnden Zeit mit Gott? In der Familie oder der Gemeinde? Auf der Arbeit? Keine Zeit zum Bibellesen und studieren? In einer Erkrankung? Haben wir Angst vor der Zukunft? Lassen wir uns ermutigen. Das große und wunderbare Endziel ist die Ewigkeit mit Gott. Er wartet auf dich und mich. Wir dürfen jetzt schon mit ihm so eng wie möglich leben. Wir können unser Herz vor ihm ausschütten und uns neu entscheiden, ihm und seinem Wort zu vertrauen. Stehen wir auf und laufen wir weiter – es lohnt sich!

Helmut Kühn

Dem auch Abraham den Zehnten von allem zuteilte, (heißt) übersetzt zunächst König der Gerechtigkeit, dann aber auch König von Salem, das ist König des Friedens.

Hebräer 7,2 (ELB)

Bibellese: Hebräer 7,1-10

Der Schreiber des Hebräerbriefes bleibt seinem Kurs treu, indem er Christus immer wieder hervorhebt, ihn verherrlicht und seine Göttlichkeit betont. Man ist fast gezwungen, Jesus innerlich und auch äußerlich von Herzen anzubeten. Aus dem sechsten Kapitel erfahren wir, dass „*Jesus als Vorläufer für uns hineingegangen ist, der nach der Ordnung Melchisedeks Hoher Priester in Ewigkeit geworden ist*" (Hebräer 6,20).

Melchisedek war schon Priester Gottes bereits vor dem aaronitischen Priestertum, also vor dem Gesetz Moses. Und er war ein König, „*König von Salem*", also König und Priester in einer Person. In vielem ähnelt er Jesus, doch Jesus ist der vollkommene Hohepriester, das Urbild also, und Melchisedek das Abbild. Abraham gibt in einem Akt der Anbetung Melchisedek „*den Zehnten von allem*". Das tat er lange vor dem mosaischen Gesetz, das regelte, dass die Leviten (Abrahams Nachkommen) den Zehnten vom Volk erhalten sollten. Melchisedek ist kein Nachkomme Abrahams, empfängt aber trotzdem den Zehnten und segnete den Geber Abraham.

Was lernen wir davon? ⇢ Nun, als Erstes offenbart uns der Geist Gottes, dass Jesus und sein Priestertum unendlich größer sind als Melchisedek und dessen Priestertum. Zweitens entdecken wir, dass die Praxis, den Zehnten von allem zu geben, bereits vor dem Gesetz existiert hat. Es ist ein von Gott in uns Menschen hineingelegter natürlicher und praktischer Ausdruck unserer Gottesfurcht, unserer Dankbarkeit ihm gegenüber, unserer Abhängigkeit, weil ihm alles gehört und er uns gnädigerweise segnet, und unserer tiefen Anbetung. Wenn Abraham Melchisedek den Zehnten gab, wie viel mehr wir dem vollkommenen Hohenpriester und König der Könige, Jesus der Messias, der Sohn Gottes.

Wer diesen Text in seiner Tiefe vom Kopf versteht und im Herzen verinnerlicht, bei dem wird das Diskutieren über den Zehnten definitiv ein Ende finden. Die Frage: „Vom Bruttoeinkommen oder vom Netto?" ist beantwortet. Wir brauchen keine tiefere Offenbarung über die Theologie des Zehnten, sondern eine Offenbarung über den Hohenpriester Christus, den wahren „*König der Gerechtigkeit*" und „*König des Friedens*". Nehmen wir uns immer wieder Zeit, um ihn anzubeten. Und beginnen wir oder fahren wir damit fort, ihm treu den Zehnten zu geben. Er wird uns segnen!

Helmut Kühn

6
Mittwoch

Daher kann er auch für immer selig machen, die durch ihn zu Gott kommen; denn er lebt für immer und bittet für sie.

Hebräer 7,25

NOVEMBER *Bibellese: Hebräer 7,11-28*

In der heutigen Bibellese bemüht sich der Schreiber des Briefes, den großen Unterschied aufzuzeigen, der zwischen dem bisherigen jüdischen Priestertum und diesem ganz anderen Priester, Jesus, besteht. Die Briefempfänger kannten offensichtlich das Alte Testament. Sie kannten die fünf Bücher Mose, das jüdische Gesetz und das levitische Priestertum, das zum Vermitteln und Opfern eingesetzt war. Und sie hatten Jesus kennengelernt.

Rückwärts statt vorwärts? ⇢ Doch sie standen in der Gefahr, sich in ihrem Glauben zurück- anstatt vorwärtszubewegen. Sie waren versucht, sich wieder an dem zu orientieren, was ihnen von alters her vertraut war und ihnen vielleicht auch weniger Scherereien mit ihrer jüdischen Umgebung einbrachte. Kann uns das auch passieren? Dass wir uns im Laufe unseres Christenlebens wieder auf Althergebrachtes und gewohntes Terrain zurückbewegen, anstatt in Jesus zu wachsen und uns immer mehr auf ihn zu verlassen? Für wenige von uns mag das ausdrücklich eine Rückkehr zum mosaischen Gesetz oder levitischen Priestertum sein, doch vielleicht ist es eine Familien- oder Gemeindetradition. Oder eine alte innere Überzeugung, ein Schwarzsehen oder übermäßige Selbstkritik.

Der andere Priester ⇢ Jesus ist tatsächlich vollkommen anders. Und zwar auch in seinem Dienst als Priester, als Mittler zwischen Gott und Mensch. Was zählt der Schreiber hier alles auf? Jesus ist unveränderlich, im Sinne von „unkaputtbar" und unbestechlich. Er ist vollkommen rein, fehlerlos und damit „vollendet". Er ist höher *„als die Himmel"* (Vers 26), was seine Autorität über alle Mächte und Kräfte im Himmel und auf der Erde beschreibt. Er ist eben nicht ein schwacher Mensch, sondern Gottes vollendeter Sohn. Er lebt und ist hochgradig aktiv. Er hat die Kraft, zu retten. Und er hat die Liebe dazu. Er hat das Mandat, die unverrückbare Position, und das in alle Ewigkeit. Es bleibt nur die Frage, ob wir diesen wunderbaren „anderen Priester" für uns annehmen. Ob wir zu ihm kommen, uns durch ihn Gott nahen, – oder ob wir uns stattdessen alten, kraftlosen Dingen zuwenden.

Wie heißt es in einem meiner Lieblingslieder? „Wer mag sagen und ermessen, wie viel Heil verloren geht, wenn wir nicht zu ihm uns wenden …"

Katrin Loescher-Samel

Nun aber hat er ein höheres Amt empfangen, wie er ja auch der Mittler eines besseren Bundes ist, der auf bessere Verheißungen gegründet ist.

Hebräer 8,6

7

Donnerstag

NOVEMBER

Bibellese: Hebräer 8,1-13

Was kennzeichnete den bisherigen Bund zwischen Gott und Mensch? Er basierte darauf, dass Menschen die Gebote Gottes, die sie durch Mose empfangen hatten, einhalten sollten. Dieser Bund richtete sich an ein bestimmtes auserwähltes Volk. Auf Gottes Seite dieses Bundes war „alles klar", aber sein Bundespartner versagte auf ganzer Linie. Auserwählt hin oder her, der Mensch blieb unvollkommen und konnte einfach nicht treu sein. Er konnte Gottes Willen nicht erfüllen, und das Gebot, das zum Guten gegeben war, zeigte sich als schwach. Doch Gottes Liebe konnte und wollte diese verzweifelte Lage des Menschen nicht so belassen.

Von innen nach außen ⇢ Daher kündigte er durch verschiedene Propheten *einen* neuen, besseren Bund an und gibt dazu unglaubliche Versprechen. Der neue Bund beruht auf Jesus und hat bessere Verheißungen. Zunächst gibt es volle Vergebung. Dann setzt der Bund nicht mehr von außen beim Menschen an, sondern von innen! Gott will seine Gebote in das Herz des Menschen schreiben und sich ganz direkt mit ihm verbinden. Er will selbst durch seinen Geist ins Herz eines Menschen einziehen, sich von dort aus zu erkennen geben und mit seiner Kraft wirken. Er wird den Menschen an die Hand nehmen und sicher ans Ziel bringen.

Jesus bürgt dafür ⇢ Bei diesem besseren Bund gibt es auch jemanden, der sich für die Erfüllung der Zusagen verbürgt. Aus meinem Job kenne ich Erschließungsverträge, in denen eine Kommune die Herstellung von Straßen für ein neues Baugebiet mit einem Vertragspartner vereinbart. Es geht dabei oft um große Summen. Damit die Gemeinde die Sicherheit zur Vertragserfüllung bekommt, wird regelmäßig auch eine Bürgschaft vereinbart. Die Bürgschaftssumme liegt meistens bei 5 % der gesamten Baukosten. Bei Schwierigkeiten in der Vertragsumsetzung kann auf die Bürgschaft zurückgegriffen werden. Nun, in dem neuen Bund, den Jesus uns anbietet, gibt es auch solch eine Bürgschaft. Jesus selber hat sie übernommen, und zwar zu 100 %! Er hat alles bezahlt und erworben, was wir im neuen Bund mit Gott jemals brauchen werden.

Was kann jetzt noch schiefgehen? Als unvollkommener Mensch werde ich weiterhin Fehler machen und mein Glaube mag ins Wanken geraten. Doch da ist einer, der den Bund aufrechterhält und mich niemals fallen lässt. Wie gut, mit ihm verbunden zu sein!

Katrin Loescher-Samel

8
Freitag

In ihr waren der goldene Krug mit dem Manna und der Stab Aarons, der gegrünt hatte, und die Tafeln des Bundes.

Hebräer 9,4

NOVEMBER

Bibellese: Hebräer 9,1-10

In der Vorstellung der Juden wohnte Gott im Allerheiligsten. Es war der Ort, an dem Jahwe erschien und wo der Himmel die Erde berührte. Massen von Menschen pilgerten zum Tempel, um diese mystische Gegenwart Gottes zu erleben. Mitten im Allerheiligsten stand eine kleine Truhe, die Bundeslade, mit drei heiligen Gegenständen: frischem Manna, dem blühenden Stab Aarons und den Tafeln mit den Zehn Geboten. Vor allem besaßen sie einen ideellen Wert. Das frische Manna zeugte von Gottes übernatürlicher Versorgung in der Wüste; der blühende Stab Aarons erinnerte an Gottes lebensspendende Kraft, mit der er seinem Volk Autorität verlieh; und die Zehn Gebote, die Werte, welche die Beziehung zwischen Gott und Mensch, aber auch die zwischenmenschlichen Beziehungen regelten. Diese drei Elemente bildeten das innere Zentrum der Beziehung zwischen Gott und Mensch, die wichtigsten Inhalte des Bundes.

Interessant ist, dass der Autor des Hebräerbriefes diese Gegenstände klar beschreibt, obwohl sie schon seit Jahrhunderten nicht mehr im Tempel standen. Denn der zweite Tempel war im Allerheiligsten leer geblieben. Die Bundeslade war verschwunden. Und der Hohepriester ging jedes Jahr in einen leeren, verstaubten Raum.

Fragen an uns → Wie sieht es mit uns aus? Steht unser Bund noch? Gehen wir in die Kirche, machen „Worship“ und trinken einen guten Kaffee? Was ist da im Innern unseres Glaubens? Findet Gott noch die klare Abmachung, dass er unser Herr ist, dass wir ihm gerne nachfolgen und dass er unsere Identität und Werte prägen darf (Zehn Gebote)? Ist unser tägliches Leben von der lebensspendenden Kraft Gottes durchdrungen? Wird Gottes Autorität durch unser Leben sichtbar (Stab Aarons)? Und gehen wir noch täglich auf die Suche nach einem lebendigen Wort Gottes, das uns Kraft gibt (Manna)? Oder findet Gott in unserem inneren Tempel auch vor allem Leere vor?

Selbst wenn dem so ist, gibt es trotzdem eine gute Botschaft: Auch unser Vorhang wird zerreißen und Gottes Gegenwart wird sich wieder ihren Weg bahnen. Weil einer kam, sah und siegte, und so dir und mir einen neuen grenzenlosen Zugang zu Gott ermöglicht. Der neue Bund basiert auf Gottes Initiative, er wird auch heute die Trägheit durchbrechen. Diese Andacht kann dabei helfen, neu durchzustarten.

Benjamin Frank

„Das ist das Blut des Bundes, den Gott euch geboten hat.“

Hebräer 9,20

Bibellese: Hebräer 9,11-28

Blut zur Vergebung von Fehlern – was für eine martialische Gottesvorstellung. Viele denken: „Das wäre nicht nötig gewesen! Nicht für mich!“ Während man im Mittelalter sehr sündenbewusst lebte, nimmt man heute Abstand davon.

„Was? Ich – ein Sünder?“ ⇢ Das sagen wir hoch entwickelte Menschen – die in den letzten hundertfünfzig Jahren zwei Weltkriege verursacht haben. Ja, Blut klebt an unseren Händen. Und leider werden immer noch Kriege angezettelt. Natürlich sind es die anderen. Aber schlussendlich sind auch wir mit unserem westlichen Lebensstil daran beteiligt, dass Millionen von Menschen ausgebeutet werden und am Hungertod sterben. Deswegen klebt Blut auch an unseren vermeintlich sauberen Händen. Gemäß dem Schreiber des Hebräerbriefes war der Alte Bund mühsam, man musste immer wieder opfern, auch wertvolle Tiere wie Rinder (vergleichbar mit dem Wert eines Kleinwagens heute). Und jede Sünde forderte ihren Preis.

Das größte Opfer ⇢ Im Neuen Bund ist ein Mensch für uns gestorben – ein viel größeres Opfer. Manchmal haben wir Christen uns schon so an die Vergebung und das Kreuz gewöhnt, dass wir das schnell für selbstverständlich nehmen. So ist der Wert dahin. Was sollen wir tun? Bekennen wir die eigene Schuld und hören wir auf die beschämenden, aber befreienden Worte eines Seelsorgers: „Dir ist vergeben!“ Plötzlich leuchtet die Kraft des Blutes auch in unserem Leben auf. Vielleicht fangen wir an, zu weinen, weil wir spüren, dass einer aus Liebe für uns eingetreten ist. Hätten wir den Tod verdient? Ja, jeder von uns. Und würden wir unseren nächsten Atemzug noch tun ohne das Opfer Jesu? Nein, die Menschheit wäre für alle Ewigkeit verloren. Nun aber hat sich Christus für uns eingesetzt!

Beim Abendmahl lesen wir: *„Dieser Kelch ist der neue Bund in meinem Blut; das tut, sooft ihr daraus trinkt, zu meinem Gedächtnis“* (1. Korinther 11,25). Ich bete, dass diese leidenschaftliche Liebe Jesu wieder dein und mein Herz erfasst und wir staunend vor diesem großen Geheimnis stehen. Denn Blut ist nicht nur ein Zeichen des Todes, sondern auch der Geburt. Wenn ich an meinen Anfang mit Jesus zurückdenke, leuchtet die große Liebe Jesu in mir auf. Sein Blut zeigt mir meinen Wert, und durch seine Wunden werde ich heil. In seinem Blut ist mein ewiges, überfließendes Leben verankert!

Mirjam Frank

10
Sonntag
Tag d. verfolgten Christen

Und ihr sollt wissen von ganzem Herzen und von ganzer Seele, dass nichts dahingefallen ist von all den guten Worten, die der HERR, euer Gott, euch zugesagt hat.

Josua 23,14

Bibellese:

Verheißung – das Wort hat einen attraktiven Klang in meinen Ohren. Versprechen Gottes, die er alle einhalten wird. Ich freue mich auf die Erfüllung. Doch dann lese ich: *„Haben sie mich verfolgt, so werden sie auch euch verfolgen"* (Johannes 15,20). Paulus unterstreicht: *„Und alle, die fromm leben wollen in Christus Jesus, müssen Verfolgung leiden"* (2. Timotheus 3,12).

Bei dieser Zusicherung sinkt meine Begeisterung schlagartig auf nahezu arktische Temperaturen. Doch Begeisterung hin oder her: Habe ich denn eine Wahl? Ja. Wenn es mir zu „heiß" wird, könnte ich ja Jesus den Rücken kehren, ihn verleugnen und verlassen. Doch ist das wirklich eine Option für mich? Nein!

Ich will das Ziel erreichen ⇢ Ebenso geht es Hunderten Millionen unserer Schwestern und Brüder weltweit, die auch das Ziel nicht verpassen möchten. Sie leiden unter Diskriminierung, Ausgrenzung, offener Verfolgung, Verhaftung, Folter bis hin zum Tod. Viele von ihnen müssen nicht einfach ab und zu mal kleine Einschränkungen in Kauf nehmen – für ihre Nachfolge zahlen sie täglich einen hohen Preis. Andere erklärt man nicht bloß für verrückt – sie landen in Psychiatrien und erleiden dort Grausames. Ungezählte werden nicht nur belächelt, sondern lächelnd von ihren Folterknechten auf unvorstellbare Weise misshandelt. Christen sind nicht nur Bildung und Berufschancen verwehrt – auch der Zugang zum Wasser des Dorfbrunnens bleibt ihnen versperrt. Von Sicherheit und Gerechtigkeit können sie nur träumen.

Betet mit! ⇢ Das sind nur wenige Beispiele, die zeigen, was die konkrete Erfüllung der oben genannten Verheißungen bedeuten kann. Absolut frustrierend, gäbe es da nicht noch mehr Zusagen. *„Rufe mich an in der Not, so will ich dich erretten"* (Psalm 50,15). Ich will für meine verfolgten Schwestern und Brüder beten. Bitten um Kraft, durchzuhalten, treu zu bleiben. Um Freude, mitten im tiefsten Leid. Um Sieg, auch wenn dieser menschlich gesehen unmöglich ist. Doch mit Gottes Hilfe können sie es schaffen. Bitte betet mit!

Eduard Schmidt

Ich will meine Gesetze in ihr Herz geben, und in ihren Sinn will ich sie schreiben, und ihrer Sünden und ihrer Missetaten will ich nicht mehr gedenken.

Hebräer 10,16.17

Bibellese: Hebräer 10,1-18

Menschen vergessen nicht. Bei meiner Arbeit in der Gemeinde und mit Patienten stelle ich immer wieder fest, dass Vergesslichkeit eine große Rolle spielt. Mit zunehmenden Alter ist das ein Thema. Demenz wird gefürchtet wie ein Damoklesschwert. Dennoch habe ich bei vergesslichen Personen festgestellt, dass sie gute Erinnerungen an schlimme Ereignisse, Leid und Ungerechtigkeit haben und dabei recht nachtragend sein können. Auch Gläubige berichten oft bis ins hohe Alter mit einem bitteren Ton von dem unvergesslichen „Damals".

Wenn Gott vergisst ⇢ Viele Menschen sehen Vergessen als eine Schwäche an. Aber bei Gott ist das anders. Einerseits vergisst er uns nicht (Jesaja 49,15). Aber er will unserer Sünde und Ungerechtigkeit nicht mehr gedenken. Man könnte es am ehesten mit der Computer-Software vergleichen: Für Gott ist durch den einmaligen Opfertod Christ unsere Schuld gesühnt, das genügt ihm. Somit ist es von seiner „Festplatte" gelöscht, kommt in seinen großen Mülleimer, er *„wird alle unsere Sünden in die Tiefen des Meeres werfen"* (Micha 7,19). Wenn wir uns dann im Gebet an ihn wenden, hat er unsere Schuld nicht mehr auf dem Schirm in seinem Hinterkopf.

Vergessen, was Gott vergisst ⇢ Sehr häufig haben wir eine unvergessliche Einstellung zu uns selbst. Wir tragen uns unsere Fehler nach und vergeben uns selbst nicht. Die Vergebung Gottes ist uns in der Theorie klar, auch können wir sie mit anderen Mensch im Gespräch erklären. Doch oft wiederholt sich in den Gedanken unsere Schuld wie eine Nadel, die in der Spurrille einer Schallplatte hängen geblieben ist. Wer sind wir, dass wir uns selber Schuld anrechnen, die Jesus schon bezahlt hat? Mir hilft bei Sünden, die ich mir nicht vergeben kann, mit jemandem in einem Seelsorgegespräch die Schuld im Gebet ans Kreuz Jesu zu bringen und sie dort zu lassen. Paulus muss es in einer ähnlichen Weise gemacht haben. Er hatte die Gewissheit der Sündenvergebung. Sonst hätte er nicht schreiben können: *„Ich vergesse, was dahinten ist, und strecke mich aus nach dem, was da vorne ist"* (Philipper 3,13).

Gottes Güte erinnern ⇢ Eines jedoch sollten wir nie vergessen: *„Lobe den HERRN, meine Seele, und vergiss nicht, was er dir Gutes getan hat"* (Psalm 103,2).

Martin Lütjohann

12
Dienstag

[Lasst uns] nicht verlassen unsre Versammlung, wie einige zu tun pflegen, sondern einander ermahnen, und das umso mehr, als ihr seht, dass sich der Tag naht.

Hebräer 10,25

NOVEMBER *Bibellese: Hebräer 10,19-25*

Trennung: Als junger Christ war ich in einer Gemeinde, in der es einen großen Streit in der Gemeindeleitung gab. Dies setzte mir so zu, dass ich beschloss, die Gemeinde zu verlassen. Im Gebet war ich, dem Herrn klagend, im Wald unterwegs und überlegte mir, wie es jetzt weitergehen sollte. Aus dem Nichts sprach der Herr durch Psalm 37,3 zu mir: *„Bleibe im Land und nähre dich redlich."* Ich wusste sofort, was dies zu bedeuten hatte. Meine Clique verließ die Versammlung. Ich aber blieb in der Gemeinde, was sich bis heute als weise Entscheidung herausstellte.

Gemeinsam ⇢ In der gestrigen Andacht ging es darum, dass wir uns selbst oder anderen Fehler nachtragen, Gott jedoch unserer Sünden nicht mehr gedenkt. Die heutige Bibellese beschreibt, dass wir durch Jesu Blut einen neuen lebendigen Weg zum Vater haben. Wir dürfen mit Freimut, wahrhaftigem Herzen und der Fülle des Glaubens, vom bösen Gewissen befreit, vor ihn treten. Dies ist für mich immer wieder ein Bild, wenn ich im Lobpreis vor Gott trete. Doch jetzt beim zusammenhängenden Lesen fällt mir der Plural, in dem es geschrieben ist, auf. Immer wieder wird das Wort „uns" erwähnt. Dass wir gemeinsam vor Gott treten und nicht in individualistischer Art unseren Glauben zu Hause oder am Bildschirm leben, weil es uns wegen Spannungen in der Gemeinde zu dumm geworden ist. Denn im einheitlichen Miteinander hat der Herr seinen Segen und Leben verheißen (Psalm 133).

Die Herde ⇢ Eine zusammenhaltende Herde, Gemeinde hat die besten Voraussetzungen, um geistlich und charakterlich zu wachsen, um vor dem Feind zu bestehen. In der freien Wildbahn versucht ein angreifendes Raubtier, die Herde zu zersprengen und hat es dann leichter, ein Opfer zu finden. Immer wieder erlebe ich, dass liebe Geschwister mir mitteilen, sie seien mit der Gemeinde fertig. Sie wollten ihren Glauben nun zu Hause alleine weiterleben. Häufig dauert es nicht lange und sie sind nicht mehr (gesund) mit dem Herrn unterwegs und erliegen den Herausforderungen des Alltags. Mögen wir erkennen, dass es in diesem individualistischen Zeitalter eine Taktik des Feindes ist, Geschwister zu vereinzeln, um uns den Segen der Gemeinschaft der Heiligen zu rauben, sodass wir letztendlich nicht mehr mit Freimütigkeit vor den Thron der Gnade treten können.

Martin Lütjohann

Wir aber sind nicht solche, die zurückweichen und verdammt werden, sondern solche, die glauben und die Seele erretten.

Hebräer 10,39

Bibellese: Hebräer 10,26-39

Es sind ernste und ermahnende Worte, die wir in unserem heutigen Bibeltext lesen. Wir werden an die Heiligkeit des Opfers Jesu erinnert und davor gewarnt, es zu missachten, denn es wird kein anderes Opfer zur Vergebung der Sünden geben. Auf der anderen Seite finden wir auch Ermutigendes: Durch eben dieses Opfer haben wir Zugang zu Gott und können ohne Angst vor ihn treten.

Jesus erkennen ⇢ Dass wir in Jesus Christus Vergebung und Hoffnung erhalten, haben vermutlich schon viele gehört. Die Frage ist, ob und welchen Einfluss es auf unser Leben hat. Bleibt es abstrakt oder eine eher schwer verständliche Worthülse? Dann wird man nicht viel damit anfangen können. Wie aber ist es, wenn wir beginnen, die Wahrheit darin zu erkennen? Wenn wir begreifen, dass Jesus der Sohn Gottes ist, dem dieser alle Macht im Himmel und auf der Erde gegeben hat? Es wird unser Leben von Grund auf verändern.

Als ich dies Ende der 70er-Jahre selbst erlebte, versuchte ich, Menschen in meinem Umfeld davon zu berichten, stieß dabei allerdings auf wenig Verständnis. „Das ist doch nur ein neuer Spleen!", meinte jemand zu mir. Als jedoch die Zeit ins Land ging und klar wurde, dass Jesus immer noch in meinem Leben präsent war, änderte sich etwas. Manchmal hieß es nun: „Du hast doch so einen guten Draht nach oben – kannst du mal beten?" Für mich sind solche Fragen die ersten Schritte in die richtige Richtung.

Werft euer Vertrauen nicht weg ⇢ Bis heute ist es mir wichtig, dass Menschen in meinem Umfeld Jesus erkennen. Das geht oft nicht so schnell, wie ich es gerne hätte. In unserem Bibeltext lesen wir: *„Geduld aber habt ihr nötig, auf dass ihr den Willen Gottes tut und das Verheißene empfangt"* (Vers 36). Wenn wir wirklich glauben, dass Gott den Menschen seine Liebe zeigen will und dafür sogar seinen Sohn gegeben hat, sind wir absolut in seinem Willen. Nur mit der Geduld tun wir uns oft schwer. Wir werden Gott jedoch nicht vorauseilen können.

Was wir aber tun können, ist, ihm zu vertrauen. Er weiß, was er tut und wann er es tun will. Von uns erwartet er nur, dass wir an ihm dranbleiben. So werden wir zu Teilhabern des Glaubens, die nicht den Mut verlieren, sondern vorangehen und das Leben gewinnen. Er selbst verspricht uns: *„Mein Gerechter aber wird aus Glauben leben"* (Vers 38).

Angela Mumssen

14
Donnerstag

Denn er wartete auf die Stadt, die einen festen Grund hat, deren Baumeister und Schöpfer Gott ist.

Hebräer 11,10

Bibellese: Hebräer 11,1-16

Im heutigen Bibeltext lesen wir Namen von Menschen, die zu völlig verschiedenen Zeiten lebten. Auch wenn ihre Lebensumstände sehr verschieden waren, eines hatten sie gemeinsam: Sie vertrauten Gott. So lesen wir über Noah, dass er *„durch den Glauben"* die Arche baute, *„als er ein göttliches Wort empfing über das, was man noch nicht sah"* (Vers 7). *„Durch den Glauben"* verließ ein Abraham sein Zuhause und machte sich auf zu einem Ort, den er noch nicht kannte und von dem er noch nicht einmal genau wusste, wo sich dieser befand (Vers 8).

Glaube kann man nicht erklären, nicht begründen oder beweisen. Zu allen Zeiten machten Menschen bestimmte Dinge, weil sie etwas Bestimmtes glaubten. Nicht immer war es gut, nicht immer war es richtig. Es zeigt jedoch, dass das, wovon ein Mensch überzeugt ist, großen Einfluss auf sein Leben hat. Sollte es daher ohne Wirkung bleiben, wenn wir an den lebendigen Gott glauben? Sicher nicht.

Noch nicht sichtbar → Noah baute die Arche, als noch lange kein Wölkchen am Himmel zu sehen war. Seine Umgebung hingegen konnte genau beobachten, wie er die Arche baute – einen Riesenkahn auf trockenem Land. Was sie wohl sagten, als die Tiere dann nach und nach in die Arche gebracht wurden? Der Bau der Arche ist für mich eines der besten Beispiele, wie jemand im Glauben auf das hin handelte, *„was man noch nicht sah"*. Auch bei Abraham war es so, dass sich das, was er glaubte, in seinem Handeln umsetzte. Wieso hätte er sonst alles hinter sich gelassen, um in dem von Gott verheißenen Land wie ein Fremder zu leben?

Auf dem Weg zum Ziel → Die Spannung zwischen Verheißung und Erfüllung ist der Punkt, wo der Glaube seine Kraft entfaltet. Durch ihn entsteht ein zuversichtliches Vertrauen auf das, was man hofft, weil man von der Wirklichkeit dessen überzeugt ist, was man noch gar sieht. Wie Abraham sind wir auf dem Weg, aber noch nicht am Ziel. Die gute Nachricht ist, dass wir mit demjenigen auf dem Weg sind, der das Ziel kennt und uns dahin bringt. Auch wir warten auf *„die Stadt, die einen festen Grund hat, deren Baumeister und Schöpfer Gott ist."* Egal, was andere dazu meinen und wie sie es beurteilen, wir sollten an dem festhalten, was wir von Gott verstanden und erhalten haben, und danach handeln. Seine Stadt ist schon bereit – sind wir es auch?

Angela Mumssen

Durch den Glauben hat Abraham den Isaak dargebracht, als er versucht wurde, und gab den einzigen Sohn dahin, als er schon die Verheißungen empfangen hatte.

Hebräer 11,17

15
Freitag

Bibellese: Hebräer 11,17-31

NOVEMBER

Hebräer 11 führt uns eindrucksvoll vor Augen, welch gewaltige Kraft der echte Glaube in sich birgt. Wir sind überwältigt von den Berichten über Menschen, die im Glauben Wunder und mächtige Taten vollbrachten, denen mit Gott alles möglich war. Alle diese Berichte werden mit den Worten eingeleitet: *„Durch den Glauben"*. Ihr Leben war in Wahrheit ein Leben im Glauben. Sie empfingen ihre Kraft nicht aus sich selbst, aus ihrer Begabung und Charakterstärke, sondern allein aus ihrem Glauben, der in Gott ruhte.

Durch den Glauben ⇢ In all diesen Glaubensgeschichten leuchtet Abrahams Beispiel in besonderer Weise auf. Als Gott ihn rief, befähigte ihn sein Glaube, diesem Ruf gehorsam zu sein. Er verließ alles, seine Heimat, sein Elternhaus, alles, an dem er hing, und machte sich auf den Weg in eine ungewisse Zukunft, weil er der Führung Gottes vertraute. Glaubensprüfungen blieben nicht aus. Er erlebte Höhen und Tiefen. Es mussten Berge überwunden, viele dunkle Täler durchschritten werden.

Dennoch hielt Abraham Gott die Treue und glaubte dessen Verheißungen: *„Wo keine Hoffnung war, hat er auf Hoffnung hin geglaubt"* (Römer 4,18). Die Zeit verging. Menschlich gesehen konnte die Verheißung nicht mehr in Erfüllung gehen. Selbst in dieser Situation glaubte Abraham noch, er glaubte gegen seine Gefühle und seine Vernunft. Er widerstand seinen Zweifeln und hielt an der Verheißung Gottes fest. Und die Zusage Gottes erfüllte sich, denn Gott hält sein Wort. Abraham und Sara hielten die Verheißung Gottes in ihren Händen. Ihre Freude war unbeschreiblich!

Unfassbar ⇢ Was jetzt kommt, geht über unseren Horizont. Eines Tages kommt Gott zu Abraham und sagt: *„Nimm Isaak, deinen einzigen Sohn, den du lieb hast, und geh hin in das Land Morija und opfere ihn dort zum Brandopfer auf einem Berge, den ich dir sagen werde"* (1. Mose 22,2). Der heiß ersehnte und erflehte Sohn, an dem er mit einer jeden Faser seines Herzens hing, soll Gott geopfert werden. Der, auf dem alle Verheißungen Gottes ruhten, der, der ihm von Gott geschenkt worden war, sollte ihm wieder genommen werden. War sein ganzes Festhalten im Glauben, alle Hingabe an Gott, alle Kämpfe umsonst? Abraham widersetzt sich sogar hier nicht und geht den Weg des Gehorsams, weil er glaubte, dass Gott auch aus den Toten erwecken kann.

Walter Ollech

16
Samstag

Diese alle haben durch den Glauben Gottes Zeugnis empfangen und doch nicht die Verheißung erlangt.

Hebräer 11,39

NOVEMBER

Bibellese: Hebräer 11,32-40

Die einen: Gewaltiges wird von den Gläubigen im Hebräerbrief berichtet. Kein Wunder, wenn sie oft als Glaubenshelden bezeichnet werden. Sie haben Königreiche bezwungen, sind unbeschadet durchs Feuer gegangen, haben Löwen überwunden. Sie haben im Kampf den Sieg davongetragen und sind dem Schwert entgangen. Der Schreiber des Hebräerbriefes sagt, dass ihm die Zeit fehlt, um alle Siegestaten aufzuzählen.

Dabei waren sie Menschen wie wir, mit Schwächen und Fehlern, wurden oft angefochten und in ihrem Glauben bedroht. Sie gaben nicht auf, sie kämpften mutig und sind im Kampf stark geworden, obwohl man sonst im Kampf müde und schwach wird. Das Geheimnis lag darin, dass sie nicht in ihrer eigenen Kraft kämpften, sondern der Geist Gottes in ihnen, sodass er durch sie wirkte. So lesen wir von Gideon und Simson, dass erst der Geist Gottes über sie kam, ehe sie solche Glaubenstaten vollbringen konnten.

Die anderen ⇢ Dann aber tritt die andere Gruppe der Glaubenshelden vor unsere Augen. Sie haben keine auffallenden Triumphe errungen. Vor der Welt waren sie die Verlierer. Sie wurden verspottet, eingekerkert, gefoltert und zu Tode gequält. Wenn wir das Lebenszeugnis des Apostels Paulus im 2. Korintherbrief lesen, bekommen wir einen Eindruck von den übermenschlichen Leiden, die er erdulden musste.

Auch heute gehen Christen durch grausame Verfolgung, nur allein, weil sie Jesus bezeugen. Sie könnten dem ganzen Leid entgehen, wenn sie schweigen würden. Ihr Herz brennt für Jesus und darum können sie nicht schweigen. Sie wissen, Jesus Christus ist der einzige Weg der Rettung. Wer ihn nicht hat, ist in Ewigkeit verloren. Die Liebe Christi ist die Triebkraft ihres Handelns. Sie versuchen, ihrem Herrn nachzueifern, der sich selbst geopfert hat. Sie werden einmal mit allen anderen die Krone des Lebens erhalten.

Manche Frage bleibt unbeantwortet ⇢ Wir mögen uns fragen, warum die einen vor großen Leiden bewahrt werden, während die anderen so unsagbar leiden müssen. Hier werden uns nicht alle Fragen beantwortet werden. Danken wir dem Herrn, dass wir in unserem Land noch verschont geblieben sind, und gedenken wir unserer Geschwister in der Verfolgung und beten wir für sie. Am Ende heißt es: *„Diese alle haben durch den Glauben das Zeugnis Gottes empfangen."*

Walter Ollech

Jede Züchtigung aber, wenn sie da ist, scheint uns nicht Freude, sondern Schmerz zu sein; danach aber bringt sie als Frucht [...] Frieden und Gerechtigkeit.

Hebräer 12,11

Bibellese: Hebräer 12,1-11

Wenn ich meinem damals zweijährigen Sohn verbot, seinen Finger in den Anspitzer zu stecken, fand er das höchst ungerecht. Wenn er es wieder und wieder machte, nahm ich ihm den Spitzer ab, woraufhin er schrie und tobte. War ich nun gemein als Mutter, ihm den Spaß zu verderben?

Genauso nennt uns auch Gott seine Kinder, die er mit viel Geduld und Liebe erzieht. Manchmal verstehen wir nicht, warum uns dieses und jenes weggenommen wird oder warum die Gebote der Bibel so sind, wie sie sind. Doch der Verfasser des Hebräerbriefes bezeichnet exakt das als Trost. Gott gibt uns das Beste – und er weiß im Gegensatz zu uns genau, was das Beste ist. Seine Erziehung nicht zuzulassen, ist, als ob wir immer wieder den Finger in den Anspitzer stecken wollen. Es kann gut gehen, aber auch ziemlich wehtun.

Ein schweres Gespräch ⇢ Mit einem Jugendlichen, der sich aus einem nicht-christlichen Hintergrund bekehrt hatte, war ich im Kontakt. Er litt darunter, dass etwas in der Bibel als Sünde bezeichnet wird, was ihm äußerst wichtig war. Ich versuchte, ihm zu vermitteln, dass Gott das Beste für uns möchte und Gründe hat, das eine als „böse" und das andere als „gut" zu bezeichnen. Aber besonders in Punkten, die der Moral der heutigen Gesellschaft widersprechen, ist Gottes Erziehung ein echter Prüfstein. Wollen wir seine Kinder sein – oder nicht?

Gott ist der Moralgeber ⇢ Gott hat in seinem Wort eine Ethik festgezurrt, an der es nichts zu rütteln gibt. Was für ein Trost ist das! Denn wenn man in die Geschichte schaut, haben die Menschen immer wieder unterschiedliche Vorstellungen davon gehabt, was in Ordnung ist und was nicht. Kinderopfer, Euthanasie, Rassismus, Gewalt in Kriegen und Knaben als sexuelle Bedienstete galten zu verschiedenen Zeiten der Menschheit als gesellschaftlich akzeptabel. Wer damals mit biblischen Maßstäben um die Ecke kam, wurde verhöhnt und missachtet. Oft haben sich auch Christen verleiten lassen und sich in ihren ethischen Standards nicht an der Bibel orientiert. Doch Gott hatte schon immer eine klare Meinung dazu – und die hat er bis heute. Lasst uns ihm vertrauen, dass er es gut mit uns meint.

Sylvia Barron

18
Montag

Darum stärkt die müden Hände und die wankenden Knie und tut sichere Schritte mit euren Füßen, dass nicht jemand strauchle ..., sondern vielmehr gesund werde.

Hebräer 12,12.13

Bibellese: Hebräer 12,12-29

Auf Bergtour: Mich erinnert dieser Vers an die Bergtouren und Klettersteige, die ich in jungen Jahren in den Südtiroler Alpen erleben konnte. Auch hier musste man achtsam sein, dass die Hände nicht müde werden, die Knie nicht ins Wanken geraten und man mit sicherem Schritt nicht nur das Gipfelkreuz, sondern auch den Parkplatz im Tal wieder erreichte. Auf dem Weg hieß es, die richtige Ausrüstung dabeizuhaben, das Wetter im Blick zu behalten und sich regelmäßig zu stärken und Pause zu machen, um dann wieder konzentriert den vorliegenden Weg zu beschreiten. Die meisten Bergunfälle geschehen übrigens beim Abstieg, nachdem man das Gipfelkreuz erreicht hat und sich auf dem Rückweg befindet.

Wie wohltuend ist es jedoch, das Ziel zu erreichen und wieder im sicheren Tal in einer Berghütte ein erfrischendes Getränk und auch den Kaiserschmarren zu genießen und damit den Tag nach einer anstrengenden Wanderung gesund ausklingen zu lassen.

Unser Lebensweg ⇢ Im 12. Kapitel des Hebräerbriefes wird über den Weg des Glaubens seit Christus geschrieben. Auch hier spielt das Etappenziel des Kreuzes (Tod und Auferstehung Jesu) eine entscheidende Rolle für unser Leben. Das Ziel ist, möglichst gemeinsam mit anderen in der Ewigkeit bei Gott anzukommen, die Zeit in seiner Gegenwart zu erleben, zu genießen und ihm die Ehre zu geben. Wie es am Berg ratsam ist, sich an Regeln zu halten und bei Gefahr und Missachtung Zurechtweisung durch einen Bergerfahrenen zu erhalten, um möglichst sicher und gesund am Ziel anzukommen, so erfahren wir aus dem Text, dass Gott uns Regeln und Zurechtweisung gibt. Diese helfen uns als Kinder Gottes, wieder gesund zu werden und am Ziel anzukommen, wenn wir in Gefahr stehen, zu straucheln. Auch ein gegenseitiges aufeinander Achten gehört dazu.

Unser Auftrag ⇢ Am Ende des heutigen Textes spricht Paulus von einem neuen Reich, das wir erreichen sollen und wollen. Unser Auftrag besteht darin, nicht nur allein, sondern gemeinsam anzukommen und bei Bedarf den anderen Glaubensgeschwistern zu helfen. Dieser Weg steht genauso jedem offen, der Jesus bis jetzt noch nicht gefolgt ist. Mit dem Start eines Nachfolgegebets können wir uns auf den Weg machen und werden Gottes Führung durch seinen Heiligen Geist erleben. Bitten wir Gott, dass wir gemeinsam das Ziel erreichen!

Tobias Roth

Seid nicht geldgierig, und lasst euch genügen an dem, was da ist. Denn er hat gesagt: „Ich will dich nicht verlassen und nicht von dir weichen.“

Hebräer 13,5

Bibellese: Hebräer 13,1-8

„Geldgierig? Ich doch nicht!“ Vielleicht denken manche: „Was soll das? Ich muss zu keiner neuen Lebensweise aufbrechen. Ja, ich achte darauf, dass ich kein Geld zum Fenster hinauswerfe, und passe auf, dass ich nicht übers Ohr gehauen werde. Bin ich deshalb dann wirklich schon geldgierig? Sind das nicht eigentlich andere? Zum Beispiel solche, die mit Aktien und Rohstoffen spekulieren, die bei der Steuererklärung im kleinen wie auch im großen Stil schummeln. Oder die, die sich grundsätzlich ganz vorn anstellen, wenn etwas verteilt wird. Nein, ich bin nicht geldgierig und will es auch nicht sein!“

Ja, als Christen tun wir uns mitunter schwer mit diesem Thema. Dennoch werden wir gebeten: „Lasst euch genügen an dem, was da ist. Lernt Zufriedenheit!“ Doch wie geht das? Es gibt sicherlich gute Vorschläge. Zum Beispiel: „Wagt den Vergleich mit denen, denen es schlechter geht als euch.“ Andere raten, jeden Tag mindestens drei Dinge zu notieren, die gut waren. Das sind schon erste kleine Schritte in die richtige Richtung. Aber es geht um mehr.

Zufrieden sein ⇢ Das hat etwas mit *Frieden* zu tun. Im Frieden zu sein mit Gott, mit anderen Menschen und mit mir selbst. Mit mir selbst im Frieden zu sein, bedeutet, meine Geschichte, meine Berufung, meine persönlichen Beziehungen, meine Gaben, meine Begrenzungen und meine Möglichkeiten anzunehmen. Mich mit all dem zu *begnügen* und *zufrieden* zu sein. Gott lädt uns ein, einmal unsere Lebensziele auf den Prüfstand zu stellen. Wonach streben wir? Was treibt uns wirklich an? Wofür setzen wir unsere Kräfte, unsere Zeit, unsere finanziellen Mittel wirklich ein?

Im Getriebe des Alltags gehen solche Fragen leicht unter. Für sie brauchen wir Ruhe und Zeit. Ruhezeiten, in denen wir zwar nicht arbeiten, aber dennoch nicht untätig sind. In denen wir bereit werden, den vielen Ablenkungen zu widerstehen und den wirklich wichtigen Fragen nachzugehen, *zum Segen* für andere und für uns selbst. Der heutige Leitvers endet schließlich mit der Zusicherung Gottes: „Ich lasse dich nicht im Stich, nie wende ich mich von dir ab.“ Gott spricht dieses Wort in Josua 1,5 zu Menschen, die an der Grenze stehen, die aufbrechen in ein neues Land – oder auch heute zu uns, wenn wir uns aufmachen zu einer neuen Lebensweise.

Andrea Schmidt

20
Mittwoch
Buß- und Bettag

Denn wir haben hier keine bleibende Stadt, sondern die zukünftige suchen wir.

Hebräer 13,14

NOVEMBER

Bibellese: Hebräer 13,9-19

Auf der Durchreise: Ein Tourist macht Station in einem Kloster. Er wird freundlich aufgenommen und einer der Mönche bietet ihm sogar seine Zelle mit einem Stuhl und einem Bett als Schlafquartier an. Erstaunt über die spartanische Einrichtung fragt der Tourist: „Wo sind denn Ihre Möbel?" „Und wo sind denn Ihre?", bekommt er zur Antwort. „Aber ich bin doch nur auf der Durchreise!", meint der Tourist, worauf der Mönch erwidert: „Ich auch."

Heimatsuche ⇢ Menschen brauchen Heimat. Sie sehnen sich nach einem Zuhause, wo sie angekommen und angenommen sind, so, wie es Goethes Faust ausdrückt: „Hier bin ich Mensch, hier darf ich's sein!" Gott weiß um diese Sehnsucht. Er hat sie in uns hineingelegt und er möchte sie auch stillen – allerdings nicht nur mit einem Fleckchen Erde, und sei es noch so schön. Er fordert uns auf, unsere Sicherheit nicht in vergänglichen Dingen und unsere wahre Heimat nicht an Orten dieser Welt zu suchen, sondern bei ihm. Ein Zuhause ohne Tränen und Leid, ein Ort des Friedens, ein Ort der Sicherheit und der Gerechtigkeit, so beschreibt uns die Bibel unsere himmlische Heimat. Sie ist uns versprochen und doch gilt es auch, sie zu suchen. Ein Suchender lebt anders als ein Habender. Er ist aktiv, hellwach und zielorientiert. Er setzt Prioritäten, er investiert und er lässt sich das auch etwas kosten. Er trennt sich bewusst von Dingen, die seine Suche behindern oder erschweren, selbst wenn es gute Dinge sind.

Suchen und gefunden werden ⇢ So fordert uns der heutige Vers dazu auf, unseren Blick auf die Ewigkeit zu richten und dort Heimat und Zukunft zu suchen. Dabei dürfen wir wissen, dass wir nicht nur Suchende, sondern gleichzeitig auch Gefundene sind. Letztendlich finden nicht wir den Himmel, sondern der Himmel findet uns. Mit Jesus kam der Himmel auf die Erde. Wenn wir ihm nachfolgen, finden wir jeden Tag neu, was uns in Christus heute schon gehört: eine Fülle himmlischer Segnungen. In diesem Bewusstsein und reich beschenkt können wir *„Gott allezeit das Lobopfer bringen"* (Vers 15), seinen Namen bekennen, Gutes tun und mit andern teilen. Der heutige Buß- und Bettag wäre dafür ein guter Tag!

Xenia Besenreuther

Der Gott des Friedens aber …, der mache euch tüchtig in allem Guten, zu tun seinen Willen, und schaffe in uns, was ihm gefällt, durch Jesus Christus.

Hebräer 13,20.21

Bibellese: Hebräer 13,20-25

Jedes Jahr erinnert mich ein Apfelbaum aus unserem Garten an eine Aussage Jesu. Im Frühling ist der ganze Baum voller Blüten, etwas später fangen zahllose kleine Äpfel an, zu wachsen. Davon fallen jedoch im Lauf der folgenden Wochen und Monate die allermeisten vom Baum, lange bevor es richtige Äpfel geworden sind. Wenn sie einmal auf dem Boden liegen, verrotten sie und locken Ungeziefer an. Nur die Äpfel am Baum wachsen und werden zu essbaren Früchten. In Johannes 15,5 vergleicht Jesus seine Nachfolger mit Weintrauben. Wenn diese nicht fest im und am Weinstock bleiben, können und sind sie nichts. Sie werden nur zu guten Früchten, wenn die Kraft und der Saft des Wurzelstocks durch sie fließen.

Nur in der Verbindung mit ihm ⇢ Diesen Gedanken führt der Autor des Hebräerbriefes in seinem Schlusssegen aus: Wir sind voll und ganz abhängig von Jesus. Nicht nur, um gerettet zu werden, sondern auch in der Nachfolge und in der Heiligung. Gott wird hier beschrieben als *„Gott des Friedens“*, als derjenige, der Jesus aus dem Tod hat auferstehen lassen und sich an seinen ewigen Bund hält. Der Gott, so spricht der Autor im Segenswunsch aus, *„mache euch tüchtig in allem Guten“*, damit wir seinen Willen tun können. Wir sind also nicht nur abhängig von seiner Gnade, um ein neues Leben zu empfangen, sondern auch, um es leben zu können. Nur am und mit dem Baum verbunden wird eine Apfelblüte zum Apfel, nur am Baum wächst ein Äpfelchen zu einem richtigen Apfel heran. Der Apfel hat die Fähigkeit dazu nicht in sich selbst.

Er selbst will es wirken ⇢ Dieser Segen erinnert uns daran: Wir haben in uns weder die Fähigkeit, Kinder Gottes zu werden, noch die Fähigkeit, als seine Kinder zu leben. In und aus uns selbst heraus sind wir nicht *„tüchtig zu allem Guten“* und können seinen Willen auch nicht tun. Das will Gott in uns wirken, in uns, die wie Schafe unserem Herrn und Hirten Jesus folgen. Er selbst schafft in uns, was ihm gefällt, das Potenzial liegt nicht in uns.

Ich erfahre diese Botschaft als wunderbar befreiend: Gott selbst will in mir bewirken, dass ich ganz und mit völliger Hingabe für ihn leben kann, dass ich in allem seinen Willen tue. Für mich liegt diese Latte zu hoch, aber ich brauche nicht aufzugeben, denn für Gott ist nichts unmöglich.

Helene Wuhrer

22
Freitag

Denn wenn ihr ein blindes Tier als Opfer darbringt – ist das etwa nicht böse? Und wenn ihr ein lahmes oder ein krankes darbringt – ist das nicht böse?

Maleachi 1,8

NOVEMBER *Bibellese: Maleachi 1,1-8*

Vor einigen Jahren saß ich in einer Gemeindeversammlung bei der Vorstellung der Spendeneinnahmen und berechnete aus Neugier, wie viele Spenden wir erhalten müssten, wenn alle Mitglieder den Zehnten ihres Einkommens geben würden. Das deutsche Durchschnittseinkommen pro Nase ist online schnell gefunden, aber das Ergebnis stimmte mich traurig: Das damalige Spendenaufkommen betrug gerade einmal die Hälfte meines Ergebnisses, und das, obwohl es eine Gemeinde in einer der reichsten Städte Deutschlands war.

Als junge Studentin konnte ich selbst nur 20 € monatlich vom BAföG in den Spendenkorb werfen. Doch bis heute muss ich immer wieder daran denken, wie viel Geld wohl bei den Gebern in der Tasche stecken bleibt.

Geben ist freiwillig ⇢ „*Einen fröhlichen Geber hat Gott lieb*", diesen Satz aus 2. Korinther 9,7 kennen vermutlich viele aus dem einen oder anderen Gottesdienst. Und es stimmt, wir sind nicht zum Geben verpflichtet, wie es im Alten Testament im Gesetz vorgeschrieben war. Aber: „*Wer da kärglich sät, der wird auch kärglich ernten; und wer da sät im Segen, der wird auch ernten im Segen*" steht im Vers davor. Bringen wir auch manchmal ein „lahmes oder krankes Opfer" vor Gottes Thron und hoffen, dass wir ihm dadurch gefallen werden? Dabei weiß er doch genau, wie viele „gesunde Tiere" wir zu Hause haben.

Gott gibt Segen im Überfluss ⇢ In 2. Korinther 9,8 steht ein unglaubliches Versprechen: „*Gott aber kann machen, dass alle Gnade unter euch reichlich sei, damit ihr in allen Dingen allezeit volle Genüge habt und noch reich seid zu jedem guten Werk.*" Wow – Gott kann dafür sorgen, dass wir allezeit genug haben. Und es stimmt, in meinem Leben habe ich es schon oft erfahren. Versorgung durch meine Eltern, durch ein Jobangebot genau zum richtigen Zeitpunkt, eine Gehaltserhöhung oder durch 400 € in bar im Briefkasten.

Wieso sollten wir dem, der dafür sorgen kann, dass uns mehr als genug gesunde Tiere geboren werden können, ein lahmes Tier bringen? Wieso sollten wir geizen beim Geld, mit dem uns Gott doch im Übermaß versorgen kann? Lasst uns ihm lieber vertrauen und dadurch eine noch tiefere Beziehung zu ihm bauen.

Sylvia Barron

Und an allen Orten wird meinem Namen ein Räucheropfer und ein reines Opfer dargebracht; denn mein Name ist herrlich unter den Völkern, spricht der HERR Zebaoth.

Maleachi 1,11

Bibellese: Maleachi 1,9-14

Maleachi ist der letzte Prophet im Alten Testament. Anschließend schwieg Gott für 400 Jahre, bis Johannes der Täufer auftrat. Was war also die vorerst letzte Botschaft Gottes an sein Volk? Das Prophetenbuch verdeutlicht, dass die Israeliten in keinem guten Zustand waren. Sie zweifelten an Gottes Liebe, der Gottesdienst war bloße Tradition und es bestand eine geistliche Trägheit. Sie brachten deshalb bloß minderwertige Opfer dar. Aber Gottes Liebe zu seinem Volk war unverändert: *„Ich habe euch lieb, spricht der HERR“* (Maleachi 1,2).

Für Gott nur das Beste ⇢ Stellen wir uns einmal vor, am vergangenen Erntedank-Fest hätten alle nur faulige Äpfel, Kartoffeln und unschöne Kürbisse in den Gottesdienstsaal gelegt. Was für ein seltsamer und unehrenhafter Anblick. Gott ist doch ein heiliger Gott und ihm gebührt das Beste und Reinste, was wir aufbringen können. Es macht mich demütig und dankbar, zu wissen, dass wir im Neuen Bund leben dürfen und keine Opfer mehr zur Sündenvergebung darbringen müssen. Danke, Jesus für dein endgültiges Opfer! *„Nach diesem Willen sind wir geheiligt ein für alle Mal durch das Opfer des Leibes Jesu Christi“* (Hebräer 10,10).

In unserer Textlese beklagte Gott, dass ihm minderwertige Opfer dargebracht werden. Dann folgt eine Prophetie, dass *„unter den Völkern“* und *„an allen Orten“* reine Opfer dargebracht werden. Diese zwei Punkte führen mich in die Reflexion meines eigenen Lebens. Welche Art von Opfern bringe ich Gott? Paulus schreibt dazu passend in Römer 12,1, dass wir Gott dienen sollen, indem wir unser Leben als Dienstopfer hingeben. Wir dürfen uns fragen, ob unsere Prioritäten noch stimmen. Gibt es Heuchelei, die wir ablegen sollten? Wir sammeln deswegen keine Punkte im Himmel, sondern es ehrt Gott, wenn wir nach seinem Willen leben. Wir sind dann ein Licht in dieser Welt, für die Menschen in der Gemeinde und in unserem Umfeld.

Sein Name ist herrlich auf der ganzen Welt ⇢ So lesen wir es im heutigen Leitvers. Alle Menschen werden erkennen, dass er der wahre Gott ist. So wird er vollumfänglich und würdig geehrt werden und wir dürfen heute schon damit beginnen. Was für ein Privileg, Gott zu kennen und ihn ehren zu dürfen!

Christian Kasch

24
Sonntag
Ewigkeitssonntag

NOVEMBER

Du lässt den Menschen zum Staub zurückkehren und sprichst: Kehrt zurück, ihr Menschenkinder!

Psalm 90,3 (ELB)

Bibellese: Psalmen 90

Der heutige Tag ist der Ewigkeitssonntag im Kirchenjahr. Nicht so populär wie Weihnachten und Ostern. Leider aber ebenso missverstanden wie die anderen biblischen oder auch nur kirchlichen Feiertage. Da werden die Friedhöfe besucht, die Gräber geschmückt und der Verstorbenen gedacht. In echter Trauer, aus Pietät oder nur um des familiären oder gesellschaftlichen Ansehens willen.

Doch es geht um sehr viel mehr → Das Lebensende und der Tod stellt die Frage nach dem Anfang und der Herkunft. Nicht Entwicklung und biologischer Zufall begründen unser Dasein. Wir sind aus der Hand Gottes hervorgegangen. Er hat uns Menschen geschaffen. Er hat uns gewollt! Er gab uns Leben, Sinn und Aufgabe in der Gemeinschaft mit ihm. Ewigkeit hat er in unser Herz gelegt.

Doch wir Menschen blieben nicht in Gottes Hand, wir wollten und wollen autonom sein, selbst bestimmen und unsere eigenen Ziele verfolgen. Diese Zielverfehlung – genau das ist die Sünde – brachte den Verlust der Gemeinschaft mit Gott und den Tod mit sich. Der Mensch wurde sterblich. Von der Erde sind wir genommen und zur Erde kehren wir zurück. Nicht zur Auslöschung unseres Daseins. Nein, mit dem Tod ist nicht alles aus. Jeder wird im Tod von Gott zurückgerufen. Es ist dem Menschen gesetzt, zu sterben und danach folgt das Gericht. Wer kann da bestehen?

Gott ruft uns → Darum erinnert uns der Ewigkeitssonntag: „Kehrt jetzt zurück! Kehrt in seine Hand zurück! Bringt eure Zielverfehlungen, eure Sünden zu ihm, dem Ursprung und Schöpfer eures Lebens." Er will nicht unseren ewigen Tod und das Gericht. Bei ihm ist Vergebung und ewiges Leben. Darum wurde Gottes Sohn Mensch und starb für unsere Sünden. Wer Jesus Christus sein Leben anvertraut, wird gerecht gesprochen und hat das ewige Leben, auch wenn er stirbt. Deshalb ist es so wichtig, *jetzt* umzukehren und zu beten. Gebete für die Toten helfen weder ihnen noch uns. Die Gewissheit, durch Christus in der Hand Gottes geborgen zu sein, schenkt Trost und Hoffnung für die Ewigkeit – nicht nur an diesem Gedenktag.

Richard Krüger

Mein Bund mit ihm war das Leben und der Friede; und ich gab sie ihm.

Maleachi 2,5 (ELB)

Bibellese: Maleachi 2,1-9

Gott berief das Volk Israel zum Träger der Heilsgeschichte. Er machte einen Bund mit ihnen und gab ihnen durch Mose sein Gesetz mit 613 Ge- und Verboten. Aus den zwölf Stämmen wurde der Stamm Levi berufen, um dieser Berufung als heiliges Volk im Gottesdienst und im Alltag gerecht zu werden. Der Hohepriester, die Priester und die Leviten hatten jeweils ihre bestimmten Aufgaben, die von niemand anderem ausgeführt werden durften. In der genauen Befolgung sollte Gott geehrt werden und das Volk Israel sich von allen anderen Völkern unterscheiden.

Eine hohe Berufung ⇢ Im Vordergrund stand der Priesterdienst mit den genau beschrieben Opfern. Gott ist ein heiliger Gott. Zu ihm kann der Israelit sich nur durch Opfer nahen. Obwohl jeder Priester zunächst für sich selbst des Opfers bedurfte, diente er dann Gott und den Israeliten in einer hohen Berufung. Ebenso in der Unterrichtung und Weisung des Gesetzes, um vor Gott und den Menschen recht zu leben. Mit ihnen hatte Gott einen Bund gemacht, damit Leben und Friede von ihrem Leben und Dienst ausgehen.

Rund tausend Jahre später klagt Gott durch den Propheten Maleachi in unserer Bibellese über den Verfall des Priesterdienstes sowie den Zustand und die innere Haltung der Priesterschaft. Die Formen des Gottes- und Opferdienstes waren zwar noch da, doch die Gottesfurcht fehlte. Ebenso die Weisung und Erkenntnis aus dem Priestermund. Durch falsche Weisung wurden viele zu Fall gebracht. Die Höhe der Berufung ist das Maß der Tiefe des Falls.

Segen oder Fluch ⇢ Als Jesus kam, waren Gottes- und Opferdienste unter der Leitung des Hohenpriesters formell vorhanden, doch Erkenntnis und Weisung fehlten. Sie erkannten Jesus nicht als den Messias und die Erfüllung des Gesetzes. Ja, sie gaben die falsche Weisung, ihn zu verurteilen. Darum kamen der Fluch und das Gericht Gottes über Tempel, Stadt und das ganze Volk Israel. Gott hatte sie zum Segen bestimmt, doch ihr Verhalten führte zum Gericht.

Auch wir sind als geistliches Priestertum zum Segen berufen. Diese hohe Berufung wollen wir weder durch Gesinnung noch Leben verfehlen.

Richard Krüger

26
Dienstag

Haben wir nicht alle einen Vater? Hat uns nicht ein Gott geschaffen? Warum verachten wir denn einer den andern und entheiligen den Bund mit unsern Vätern?

Maleachi 2,10

Bibellese: Maleachi 2,10-17

Der heutige Bibelvers beinhaltet viele Themen, aber das Hauptthema ist die Treue und der Mangel daran. Gleich zu Beginn finden wir die drängende Frage: „Warum sind wir dann untreu zueinander?“ Der Abschnitt verdeutlicht uns, dass Untreue gegenüber anderen auch Untreue gegenüber Gott bedeutet. Denn die Einheit des Volkes Gottes beruht auf der Tatsache, dass wir *einen Vater* und *einen Gott* haben.

Warum ist es wichtig, treu zu sein? ⇢ Die Antwort liegt letztlich darin, wer und wie Gott ist. Er ist treu! Er ist treu in seinem Charakter, unveränderlich in seiner Macht, seiner Liebe, seiner Heiligkeit, seiner Gnade und seinen Zielen durch das Evangelium. Gott ist nicht nur in seinem Charakter treu, sondern auch in seinen Worten und Versprechen an uns. Er hat uns (seinem Volk) offen und öffentlich Versprechen gegeben, die er hält. Er legt öffentlich Rechenschaft über seinen treuen Charakter ab, indem er sich selbst öffentlich zur Rechenschaft zieht und sein Wort hält. Wir sind dazu berufen, so wie er zu sein, sein Bild widerzuspiegeln und es in diese verlorene Welt zu projizieren. Deshalb ist es wichtig, dass wir treu sind.

Das Problem ⇢ Treue oder Vertrauenswürdigkeit ist eine große Tugend: Das Volk Gottes soll sein Wort halten. Es ist eine Tragödie, wenn Gottes Kinder unzuverlässig, nicht vertrauenswürdig und untreu sind. Gott ist uns gegenüber treu und er ruft uns auf, ihm gegenüber treu zu sein. Und ihm treu zu sein, bedeutet eben auch, einander treu zu sein. Kann es sein, dass wir an diesem Ziel vorbeileben und es Gott und Menschen gegenüber mit der Treue nicht so genau nehmen?

Die Lösung ⇢ In 1. Johannes 1,9 lesen wir: *„Wenn wir aber unsre Sünden bekennen, so ist er treu und gerecht, dass er uns die Sünden vergibt und reinigt uns von aller Ungerechtigkeit.“* Und in 2. Timotheus 2,11-13 heißt es: *„Das ist gewisslich wahr: Sind wir mit gestorben, so werden wir mit leben; dulden wir, so werden wir mit herrschen; verleugnen wir, so wird er uns auch verleugnen; sind wir untreu, so bleibt er treu; denn er kann sich selbst nicht verleugnen.“*

Ist es nicht großartig, zu wissen, dass Gott treu ist, und dass er uns vergibt, wenn wir ihn darum bitten? Er hat uns genau das versprochen!

Alexander Mulholland

Wer wird aber den Tag seines Kommens ertragen können, und wer wird bestehen, wenn er erscheint?

Maleachi 3,2

Bibellese: Maleachi 3,1-5

Bald steht wieder der erste Advent vor der Tür – dann beginnen die Vorbereitungen für Adventsfeiern, Weihnachtseinkäufe, Weihnachtsfeiern und vieles mehr. Advent, die Ankunft des Herrn.

Unser Bibelvers heute klingt jedoch nicht romantisch, sondern hat etwas Furchteinflößendes. Wenn unser Herr Jesus kommt und erscheint, wer kann sein Kommen ertragen? In der Fortführung des Leitverses heißt es: *„Denn er ist wie das Feuer eines Schmelzers und wie die Lauge der Wäscher"* (Vers 2b). Er kommt, um seine Priester zu reinigen.

Gott widerspiegeln ⇢ Das Ziel eines Silberschmiedes ist es, dieses Edelmetall durch einen mühsamen Prozess formbar zu machen, indem er die Verunreinigungen bei fast 1000 °C ausbrennt. Er wird das Silber nicht aus den Augen lassen, da es sonst zerstört werden kann. Wenn der Silberschmied sein Spiegelbild im Sieb sieht, ist der Prozess vollständig, das Silber ist gereinigt und geläutert. Und genau das ist Gottes Plan mit seinem Volk: Er möchte sein Spiegelbild in uns sehen, uns Christus ähnlich machen! So erklärte der Apostel Paulus: *„Denn die er vorher erkannt hat, die hat er auch vorherbestimmt, dem Bild seines Sohnes gleichförmig zu sein"* (Römer 8,29 ELB). Und ermutigte: *„Wir wissen aber, dass denen, die Gott lieben, alle Dinge zum Guten mitwirken, denen, die nach seinem Vorsatz berufen sind"* (Vers 28). Unsere Berufung ist es, dem Bild seines Sohnes mehr und mehr ähnlich zu werden.

In Gottes Ofen ⇢ Diesen Läuterungsprozess finden wir schon im Alten Testament, wie zum Beispiel in Psalm 66,10: *„Denn, Gott, du hast uns geprüft und geläutert, wie das Silber geläutert wird."* Oder im Buch Sacharja: *„Und ich will den dritten Teil durchs Feuer gehen lassen und läutern, wie man Silber läutert, und ihn prüfen, wie man Gold prüft. Der wird dann meinen Namen anrufen, und ich will ihn erhören. Ich sage: Er ist mein Volk, und er wird sagen: Der HERR ist mein Gott"* (Sacharja 13,9).

Wenn wir uns in „Gottes Ofen" befinden, müssen wir nicht entmutigt sein. Gott ist dann dabei, alle Schlacke aus unserem Leben zu entfernen, uns zu reinigen und formbar zu machen, sodass sein Spiegelbild in deinem und meinem Leben sichtbar wird. Er wird uns auch in diesem Prozess nicht aus den Augen lassen. Wir werden nicht kaputt, sondern geläutert daraus hervorgehen.

Philip Ngoei

28
Donnerstag

Und prüft mich hiermit, spricht der HERR Zebaoth, ob ich euch dann nicht des Himmels Fenster auftun werde und Segen herabschütten die Fülle.

Maleachi 3,10

NOVEMBER *Bibellese: Maleachi 3,6-18*

Schon sehr früh brachten mir meine Eltern bei, dass 10 Prozent meiner Einnahmen Gott gehören. Ohne das groß zu hinterfragen, gehorchte ich ihnen. Mein erstes Taschengeld betrug 5 Euro. Bei der ersten Auszahlung fragte mein Vater meine Schwester und mich: „Na? Was sind denn 10 Prozent von 5 Euro?" Da er ein sehr guter Lehrer war, kamen wir schon bald darauf, dass es sich um 50 Cent handeln musste. Also gaben wir den 5-Euro-Schein wieder ab und erhielten von meinen Eltern 4,50 € zurück. Was ich in diesem Moment lernen durfte, sollte ich niemals vergessen.

So kam es, dass ich an einem Sonntag, als die Spenden in meiner Kirche eingesammelt wurden, in meine Tasche griff und 2 Euro entnahm. In diesem noch recht jungen Alter, noch keine Stunde unter einem Arbeitsvertrag gearbeitet, war diese eine Münze recht viel Geld für mich. Aber irgendetwas (oder irgendwer in mir) trieb mich doch dazu, genau dieses Geld in den Beutel zu werfen. Noch am gleichen Tag wurden mein Vater und ich von einer älteren Dame gebeten, ihr bei Technikfragen behilflich zu sein. Am Ende des Abends hielt mir unsere freundliche Nachbarin einen 20-Euro-Schein entgegen. Schon auf dem Rückweg erzählte ich meinem Vater, wie ich an diesem Morgen eine Münze in die Kollekte geworfen hatte und nun einen Schein in der Hand hielt. Offensichtlich aus Erfahrung sprechend, antwortete mir mein Vater: „Ja. Gott ist treu und versorgt uns."

Freude am Zehnten ⇢ Dieser Lehre bin ich meinen Eltern auf ewig dankbar. Wie häufig habe ich Menschen getroffen, die nichts von der Freude des Zehnten wussten. Nicht derjenige, der hat, ist reich, sondern derjenige, der gibt. Wir alle haben einen himmlischen Vater mit tiefen Taschen. Deswegen möchte ich nie aufhören, ihm treu mein Weniges zu geben und ihm zu vertrauen, dass er sich um mich kümmern wird.

Wagen wir es? ⇢ Gott fordert uns auf: „Prüft mich doch! Gebt mir den Zehnten und prüft doch, ob ich euch nicht segnen werde, segnen im Überfluss." Ich bin mir durchaus der Tatsache bewusst, dass diese Aussage einige mehr herausfordert als andere. Dennoch sollten wir auch heute diesem Ruf Gottes folgen. Prüfen wir, ob er uns nicht segnen wird, wenn wir ihm Zugang zu unserem Hab und Gut geben; prüfen wir ihn doch, ob er nicht auch uns die Finanzen des Himmels eröffnen wird.

Jonas Zeiser

Gedenkt an das Gesetz meines Knechtes Mose, das ich ihm befohlen habe auf dem Berge Horeb für ganz Israel, an alle Gebote und Rechte!

Maleachi 3,22

Bibellese: Maleachi 3,19-24

Das Alte Testament enthält doch einige für uns recht seltsame Vorschriften. Ist es denn noch relevant für uns heute? Im heutigen Leitvers handelt es sich um einen der letzten Sätze des Alten Testaments. Was gibt Gott wohl seinem Volk nur wenige Jahrhunderte vor der Ankunft Jesu mit? Es hat mich doch sehr erstaunt, zu lesen, dass hier, kurz bevor das Evangelium nach Matthäus beginnt, Gott seinem Volk noch einmal die Gebote des Mose in Erinnerung ruft.

Es muss einem doch sofort auffallen: So irrelevant können die frühen Schriften, ja selbst die merkwürdigsten Gesetze nicht sein, offenbaren sie uns doch wichtige Wahrheiten über Gott, seine Eigenschaften und seinen Willen. So findet sich ein Gebot im 5. Buch Mose, in dem die Israeliten dazu aufgefordert werden, ihre Notdurft außerhalb des Lagers zu verrichten und dort zu vergraben. Was für eine merkwürdige Vorschrift. Doch zeigt Gott nicht genau dadurch, wie wichtig ihm wir Menschen sind? Könnte es sein, dass er dieses Gebot gab, um einem Volk, das diese Art von Hygiene gar nicht kannte, vor Infektionen oder auch nur unnötigem Gestank zu schützen?

Die alttestamentlichen Gebote heute ⇢ Viele dieser Gebote verlieren in ihrer heutigen Zeit ihre Umsetzungswichtigkeit. Nicht, weil sie nicht mehr relevant wären, sondern weil Dinge sich verändern. So ist beispielsweise eine bestimmte Hygiene aus unserer heutigen Gesellschaft nicht mehr wegzudenken. Nehmen wir diese Stellen aber nicht wörtlich, sondern ernst, so wird uns der Heilige Geist eine Wahrheit über Gott oder über uns offenbaren, auch in den Geboten des Alten Testaments.

Gott ist derselbe gestern, heute und in Ewigkeit ⇢ Die Geschehnisse um das Jahr 30 nach Christus haben ihn nicht verändert. Sie veränderten jedoch unsere Möglichkeiten und sie werden uns verändern. Derselbe Gott, der durch Jesus unsere Schuld auf sich nahm, half Israel auch durch gewisse Hygiene-Gebote. Lasst uns deshalb das Alte Testament unter Führung des Heiligen Geistes lesen. Er wird uns Geheimnisse offenbaren, die uns noch verborgen sind, selbst – oder gerade – dort, wo wir keine vermuten.

Jonas Zeiser

An Timotheus, mein geliebtes Kind: Gnade, Barmherzigkeit, Friede von Gott, dem Vater, und Christus Jesus, unserm Herrn!

2. Timotheus 1,2

Bibellese: 2. Timotheus 1,1-5

Mit den Anfangsversen seines zweiten Briefes an Timotheus lässt Paulus diesem herzliche Segensgrüße zukommen und wünscht ihm „*Gnade, Barmherzigkeit, Friede von Gott, dem Vater, und Christus Jesus, unserm Herrn*“. Es lohnt sich, näher auf diesen Gruß einzugehen, denn mit diesen Worten hat Paulus fast das ganze Heil für Timotheus in Kurzform zusammengefasst.

Gnade ⇢ Zuerst spricht er von „*Gnade*“. Das bedeutet unverdiente Güte. Wir erfahren Gnade, weil ein anderer für uns die Strafe getragen hat: Jesus, unser Heiland. Ihm sei die Ehre! Wir gehen frei aus. Wir werden ohne Verdienst gerettet – aus Gnade.

Barmherzigkeit ⇢ Wir dürfen „*Barmherzigkeit*“ erfahren. Wenn wir das richtig erfassen, werden wir innerlich berührt. Denn das bedeutet: Gott hat ein Herz, das sich über uns erbarmt. Er ist nicht gefühllos, sondern mitfühlend. Wir können mit unseren Anliegen zu ihm kommen, mit seinem Mitgefühl rechnen und dürfen dann vertrauensvoll auf sein Eingreifen warten. Ja, das ist etwas Berührendes: Er ist nicht hartherzig, sondern barmherzig!

Frieden ⇢ Wir dürfen seinen „*Frieden*“ erfahren. Wir brauchen nicht auf Unruhe und Zweifeln sitzen zu bleiben, sondern können in ihm Ruhe und Frieden finden. Die Angst weicht und das Bangen davor, was in unserem Leben noch alles schiefgehen könnte – bis dahin, dass wir sogar unseren Eingang ins ewige Leben in Zweifel ziehen. Alle Ängste und Befürchtungen können wir ihm bringen und sie müssen fliehen, wenn Jesu Friede unser Herz erfüllt. In ihm dürfen wir uns tief geborgen wissen und dieses Wissen schenkt uns Frieden.

Wenn wir mit unseren eigenen Anstrengungen an Grenzen stoßen, dürfen wir uns an Gottes Gnade und Barmherzigkeit erinnern und dadurch Frieden erfahren. Vor allem, was unsere Errettung anbetrifft, können wir uns auf Epheser 2,8.9 verlassen: „*Denn aus Gnade seid ihr gerettet durch Glauben, und das nicht aus euch: Gottes Gabe ist es, nicht aus Werken, damit sich nicht jemand rühme.*“ In folgendem Liedvers werden Gottes Gnade und Barmherzigkeit hoch gelobt: „Barmherzig, geduldig und gnädig ist er, viel mehr, als ein Vater es kann. Er warf unsere Sünden ins äußerste Meer, kommt betet den Ewigen an.“

Karl Schanz

Darum schäme dich nicht des Zeugnisses von unserm Herrn noch meiner, der ich sein Gefangener bin, sondern leide mit für das Evangelium in der Kraft Gottes.

2. Timotheus 1,8

Bibellese: 2. Timotheus 1,6-18

Der Auftrag, der im Advent liegt – Adventus Domini (lateinisch für Ankunft des Herrn) bezeichnet die Jahreszeit, in der sich die Christenheit auf das Fest der Geburt Jesu Christi, Weihnachten, vorbereitet. Zugleich erinnert der Advent daran, dass wir das zweite Kommen Jesu Christi erwarten sollen. Am heutigen 1. Advent möchte ich mit uns diese zweite Bedeutung beleuchten: Wir erwarten die Wiederkunft unseres Herrn Jesus Christus.

Oberste Priorität ⇢ Wir befinden uns in einer der spannendsten Zeiten – sie reicht von heute, dem 1.12.2024, bis zur Wiederkunft Jesu und hat etwas mit unserem Auftrag zu tun, an den die Worte des Paulus an Timotheus wieder erinnern: „*Darum schäme dich nicht des Zeugnisses von unserm Herrn noch meiner, der ich sein Gefangener bin, sondern leide mit für das Evangelium in der Kraft Gottes.*“ Unser Leben ist voller Aktivitäten, die alle gut und wichtig sind und ihren Platz haben. Wie leicht können wir aber dabei aus den Augen verlieren, welche Aktivität für Jesus oberste Priorität hat. Er möchte, dass wir sein Evangelium verkünden, damit viele Menschen gerettet werden. Das ist seine Priorität Nr. 1 und deswegen sollte sein Auftrag auch unsere Priorität Nr. 1 sein.

Mission possible ⇢ Dieser Auftrag, das Evangelium zu verkündigen, ist kein Spaziergang. Nicht immer sind die Menschen dafür offen, nicht immer jubeln sie uns zu. Auch Timotheus bekam das nach und nach mit und drohte unter dem Gegenwind und der Verfolgung einzuknicken, sodass Paulus ihn ermutigte:

- „Schäme dich nicht für das Evangelium.“
- „Leide mit für das Evangelium in der Kraft Gottes.“

Der Teufel möchte uns mit 1000 Gründen davon abhalten, das Evangelium weiterzugeben, und uns dabei suggerieren, dass dieser Auftrag eine „Mission Impossible“ – also unmöglich – ist. Ich sage: Glauben wir ihm kein Wort. Unser heutiger Leitvers beginnt mit einem „*Darum*“ und bezieht sich auf den vorherigen Vers im Bibeltext: „*Denn Gott hat uns nicht gegeben den Geist der Furcht, sondern der Kraft und der Liebe und der Besonnenheit*“ (Vers 7). Der Heilige Geist möchte uns heute ganz neu erfüllen, bevollmächtigen und gebrauchen, um Menschen zu unserem Erretter Jesus zu führen. *Mit* ihm ist alles möglich – auch heute!

Mark Abasolo

2
Montag

DEZEMBER

Und was du von mir gehört hast durch viele Zeugen, das befiehl treuen Menschen an, die tüchtig sind, auch andere zu lehren.

2. Timotheus 2,2

Bibellese: 2. Timotheus 2,1-13

Paulus ist alt, sitzt im Gefängnis und weiß, dass er bald sterben wird. Er schreibt seinem geistlichen Sohn Timotheus einen sehr persönlichen Brief, in dem er seine Lebensweisheiten und Erkenntnisse weitergibt. Er rüstet Timotheus für eine Zeit ohne ihn aus, mit folgendem Prinzip: „Was du gelernt und erlebt hast, das gib an tüchtige Menschen weiter, die das wiederum an andere weitergeben." Mit anderen Worten: „Bleib nicht ein Held, der alles alleine bewirkt, sondern sei ein Heldenmacher!" Heute versuchen viele, sich in den sozialen Medien als Helden zu präsentieren. Das Reich Gottes funktioniert anders: durch Multiplikation. Heldenmacher machen Heldenmacher, die wieder Heldenmacher machen.

Paulus war ein Heldenmacher ⇢ Wir alle brauchen einen Paulus in unserem Leben, der uns von seinen geistlichen Erkenntnissen, Lebensweisheiten und Erfahrungen profitieren lässt. Auf den Schultern unserer geistlichen Eltern oder Mentoren stehend investieren wir in andere. Meine Eltern, Großeltern und mein langjähriger Pastor haben ihr geistliches Vermächtnis an mich weitergegeben. Durch viele Gespräche erklärten sie mir ihr Verständnis der Bibel, ihren Glauben, ihre Antwort auf Krisen, ihren Umgang mit Menschen, und ich habe gelernt. Viele gemeinsame Gebete und Erlebnisse mit dem Heiligen Geist sowie gemeinsames Dienen haben mich tief geprägt und zu meinem Dienst als Pastorin befähigt. Dafür bin ich ihnen dankbar und ehre sie für ihr geistliches Erbe, das sie in mir hinterlassen haben.

Ein Heldenmacher werden ⇢ Ich nehme mir Zeit, anderen in mein Leben Einblick zu gewähren, indem ich ehrlich mein Wissen, mein Scheitern, meine Erfolge, meine Erfahrungen und Weisheiten teile. Besonders freut mich, dass diese Menschen für andere ebenfalls ein Paulus geworden sind. Damit ich an meinem Lebensende nichts bedaure, helfen mir diese Fragen immer wieder, jetzt meine Richtung festzulegen beziehungsweise zu korrigieren:

- Was empfinde ich als so wichtig, um es in meinem letzten Brief zusammenzufassen?
- Was ist mein geistliches Vermächtnis, das ich hinterlasse?
- Bin ich ein Held oder ein Heldenmacher?

Gott will uns helfen, damit das, was er uns schenkt, durch uns zu anderen fließen kann.

Birgit Berchtold

Aber der feste Grund Gottes besteht und hat dieses Siegel: Der Herr kennt die Seinen; und: Es lasse ab von Ungerechtigkeit, wer den Namen des Herrn nennt.

2. Timotheus 2,19

Bibellese: 2. Timotheus 2,14-21

Die hier angesprochene Ungerechtigkeit bezieht sich im Zusammenhang dieser Schriftstelle offensichtlich auf ein vordergründiges, rechthaberisches Verhalten. Streit um Lehrmeinungen, aber auch verschiedene Ansichten über gottesdienstliche Prägungen bringen oft Spannungen und viele Schwierigkeiten in eine Gemeinde.

Umgang miteinander ⇢ Auf einem Europaseminar für junge Pastoren wurde uns einmal gesagt, wir sollten Gottes Wort sehr ernst nehmen, weniger uns selbst. Darin liegt viel Weisheit. Die gesunde Lehre ist wichtig, auch darf jeder zu dem stehen, wie er gerne einen Gottesdienst gestaltet sehen möchte – doch am Ende des Tages habe ich nur eine Stimme. Darf sie alle und alles übertönen, gar andere bedrängen?

„Lasse ab von Ungerechtigkeit" bewertet nicht den Inhalt meiner Überzeugung, die nach eigener Ansicht ja sehr gerecht ist, sondern mein Verhalten. Stelle ich meine Meinung als Bedingung für eine gute Gemeinschaft in den Raum? Um ein Beispiel zu geben: Rede ich auch dann noch liebevoll mit meinem Ehepartner und stehe zu ihm, obwohl er Urlaub in den Bergen machen möchte und ich am Meer?

Wie dienlich ist mein Verhalten? ⇢ In unserer Gemeinde hielten wir das Thema „für oder gegen Corona-Impfung" strikt von der Kanzel fern. Wir haben früh gespürt, dass es gilt, jeden zu respektieren und ihm seine Entscheidung frei zu überlassen. Wir sind gut durch diese Zeit gekommen, haben im privaten Gespräch das Thema nicht vermieden und es anscheinend geschafft, einander liebevoll und mit viel Humor stehen zu lassen. Es geht uns gut als Gemeinde, auch noch nach der Pandemie.

Timotheus bemüht das Bild von ehrenvollen Gefäßen in einem Haushalt, zum Unterschied zu denen mit *„nicht ehrenvollem Gebrauch"* (Vers 20). Die ehrenvollen definiert er als solche, die zu allem guten Werk bereit sind, deren Beitrag also der Gemeinschaft förderlich ist. Kann Gott dich und mich gebrauchen, um andere zu ermutigen? Ein Haushalt hat auch irdene und hölzerne Gefäße. Alle werden zu jeweils unterschiedlichen Aufgaben benötigt. Dennoch werden wir hier im Text ermutigt, zu denen zu gehören, nach denen der Hausherr gerne und zu ehrenvollem Gebrauch greift.

Anton Bergmair

4
Mittwoch

Flieh die Begierden der Jugend! Jage aber nach der Gerechtigkeit, dem Glauben, der Liebe, dem Frieden mit allen, die den Herrn anrufen aus reinem Herzen.

2. Timotheus 2,22

Bibellese: 2. Timotheus 2,22-26

Setze alles für ein von Gott geprägtes Leben ein! Es geht nicht darum, gläubig zu sein oder religiös zu leben. „Ein bisschen Friede, ein bisschen Liebe", wie Nicole mit 17 Jahren 1982 beim Grand Prix de la Chanson sang, reicht nicht aus. „Flieh!" und „Jage nach!" vermitteln Dringlichkeit und klingen nach entschlossenem Handeln. Gefahr liegt in der Luft, es droht Gefangenschaft. Als Gefangener hat man die Freiheit verloren. Ein anderer herrscht und gibt an, was zu tun ist.

Vorsicht, Falle! ⇢ Paulus schreckt nicht davor zurück, die Gefahrenquellen beim Namen zu nennen: eigene Begierden und die Falle des Teufels. Begierden sind nichts anderes als außer Kontrolle geratene, bis jetzt unerfüllte Wünsche und Sehnsüchte. Wer möchte nicht gerne die Anerkennung und Liebe anderer Menschen erleben? Wenn ich dafür jedoch eigene Überzeugungen aufgebe oder mich als Person verrate, wurde aus dem verständlichen Wunsch eine mich beherrschende Gier. Deshalb: Flieh, lauf davon! Denn genau hier stellt auch der Teufel seine gut getarnten Fallen auf: „Das hast du dir verdient. Du musst auf dich schauen!" Hinterlistig, wie schon im Paradies, stellt er die Liebe Gottes infrage und nährt den Gedanken: „Du kommst zu kurz!"

Im Glauben leben ⇢ Deshalb gibt die Aufforderung „Jage nach!" auch konkrete Ziele vor wie Gottes Gerechtigkeit. Gerecht ist jemand nicht, indem er versucht, Gottes Anforderungen wie beim Abhaken einer vorgegebenen Pflichtenliste zu erfüllen. Sondern indem er in einer lebendigen Glaubensbeziehung zu Gott lebt, wird er von ihm gerecht gesprochen und gestaltet sein Leben treu entsprechend seiner Beziehung zu Gott. Das schlägt sich dann auch im Umgang mit anderen Menschen nieder. Unrecht kann ertragen und Streit, um Recht zu bekommen, vermieden werden. Widerspenstige Geschwister lasse ich nicht gleichgültig links liegen, sondern fordere sie sanftmütig – mit Liebe und ohne Gewalt jeder Art – zur Umkehr auf.

Es geht nicht um irgendeinen Glauben, sondern um den Glauben an Jesus Christus, den Gott, der Mensch wurde, Heil schuf und regiert, dem allein Anbetung gebührt und dessen Reich sich bis zur Vollendung ausbreitet. Einen Glauben, der aus einer lebendigen Beziehung zu Gott lebt und aus dem heraus ich mein ganzes Leben gestalte. Jesus, dir vertraue ich, dir folge ich!

Rudolf Borchert

Sie haben den Schein der Frömmigkeit, aber deren Kraft verleugnen sie; solche Menschen meide!

2. Timotheus 3,5

5
Donnerstag

Bibellese: 2. Timotheus 3,1-9

DEZEMBER

Im heutigen Bibeltext skizziert Paulus eine Gruppe von Personen, zu der wir nicht gehören wollen. Diesen Menschen mangelt es an Charakter, man könnte sagen, dass sie in einem Zustand von Charakterlosigkeit sind. Und dieser Zustand macht die „letzte Zeit“ zu einer schlimmen Zeit. Paulus zählt bis zu 19 negative Eigenschaften oder Verhaltensweisen auf, die unbedingt zu vermeiden sind.

Schwächen ertragen ⇢ Zugegeben, auch uns fehlt es mal mehr und mal weniger an guten Charaktereigenschaften. Ja, wir Menschen können schon schwierig sein. Wir machen es unseren Mitmenschen nicht immer leicht, in Frieden mit uns zu leben. An manchen Tagen sind wir ungenießbar und schwer zu ertragen. Aber stehen wir Christen nicht in der Pflicht, uns gegenseitig auch dann zu lieben und uns auszuhalten? Einmal Geduld und Barmherzigkeit bitte! Richtig, so sollten wir mit den Schwächen anderer umgehen. Und wir wissen, dass Paulus derselben Meinung war. Doch warum gibt er in hier die Anweisung, bestimmte Leute zu meiden?

Manchmal muss man Abstand halten ⇢ Im Grunde sagt Paulus, dass Charakterlosigkeit etwas Brandgefährliches ist, besonders in der Nachfolge. Und die Antwort darauf ist nicht Liebe, Barmherzigkeit oder Gnade, sondern – Vermeidung! Die Meidung dieser Menschen begründet Paulus nicht damit, dass sie weniger liebenswürdig seien, sondern damit, dass sie für Nachfolger Jesu gefährlich sein können. Sie schleichen sich an und begeistern mit neuen Erkenntnissen. Ihnen geht es mehr darum, zu beeindrucken und Einfluss zu nehmen, anstatt authentisch von Jesus zu erzählen.

Was schützt vor solchen Personen? Menschen, die Jesus wahrhaftig nachfolgen. Menschen mit Charakter, deren Leben mit der Lehre Jesu übereinstimmt. Wenn wir von solchen Menschen umgeben sind, schützt das vor der Verführung durch charakterlose Leute. Es bewahrt uns davor, es ihnen nachzumachen. Natürlich brauchen auch Menschen mit negativen Charaktereigenschaften Liebe. Dennoch sind sie mit Vorsicht zu genießen, denn Vorbilder sind sie eher weniger. Und was wir in unserer Nachfolge brauchen, sind unbedingt Vorbilder im Glauben.

Tobias Bota

....

6
Freitag

Denn alle Schrift, von Gott eingegeben, ist nütze zur Lehre, zur Zurechtweisung, zur Besserung, zur Erziehung in der Gerechtigkeit.

2. Timotheus 3,16

DEZEMBER *Bibellese: 2. Timotheus 3,10-17*

Ich stelle mir gerade vor, wie Paulus seine Gedanken über seine Erlebnisse in seinem Dienst ordnet, während er diesen Brief verfasst. Vielleicht hält er sogar kurz inne, und die vielen guten Eigenschaften des Timotheus, die er während seines Dienstes erleben durfte, ermutigen ihn in seinen Gedanken so sehr, dass es ihm wert ist, diese noch besonders hervorzuheben.

Missionsarbeit ist kein Kinderspiel, und Paulus und Timotheus waren bereit, Opfer zu bringen. Paulus ernüchtert uns mit der Aussage, dass das Leben als Christ nicht nur aus schönen Tagen besteht, sondern auch Verfolgungen und Herausforderungen mit sich bringt. Trotzdem kommt er zu einem wundervollen Ergebnis. Er schreibt: *„Und aus allen hat mich der Herr erlöst"* (Vers 11).

Gott ist treu ⇢ Wie konnten Paulus und sein vorbildlicher Mitarbeiter Timotheus ihren Dienst meistern? Paulus hebt, je näher er zum Ende der Passage kommt, immer mehr hervor, wie das Wort Gottes der Ursprung der Kraft ist, die einen Diener Gottes in Schwierigkeiten stärkt. Diese Kraft hatte auch Timotheus zu dem gemacht, was er war. Es ist das Wort des Herrn. Viele Menschen haben ihr Blut dafür geopfert, damit wir etwas in den Händen halten, was Kraft, Energie und Ausdauer schenkt. Paulus ermutigt Timotheus weiterhin, sich alles zu merken, was er aus dem Wort gelernt hat, und danach sein Leben auszurichten. Auch dann, wenn es schwierig ist. Die Heilige Schrift enthalte alle Weisheit, die er für sein Leben benötige. Das gilt auch für uns.

In seinem Wort ist Kraft ⇢ Eine intensive Auseinandersetzung mit dem Wort Gottes war nicht nur die Grundlage des Dienstes für Paulus und Timotheus, sie ist auch für uns als Christen unerlässlich. Es sind Worte des Lebens. Darin lässt sich erkennen, wie Gott denkt, was er gemacht hat, was er zu den Leuten gesagt hat. Es ist ein riesiger Schatz an Weisheit und Segen. Es ist eine Zusammenfassung der Liebe, die Gott zu uns hat. Liebe ist eine Beziehung. Beziehungen gehören gepflegt. Deshalb möchte ich ermutigen, die Beziehung mit Gott – besonders in diesen herausfordernden Zeiten – zu pflegen, indem wir sein Wort verinnerlichen und so Kraft, Weisheit und Energie daraus erhalten. Gott ist treu. Er wird dafür Sorge tragen, dass es auch so sein wird.

Hubertus Brunner

Ich habe den guten Kampf gekämpft, ich habe den Lauf vollendet, ich habe Glauben gehalten.

2. Timotheus 4,7

7
Samstag

Bibellese: 2. Timotheus 4,1-8

DEZEMBER

Wie viel hat die Christenheit dem Apostel Paulus zu verdanken! Die große Ausbreitung des Evangeliums im ersten Jahrhundert hat mit diesem Mann zu tun, der nach seiner persönlichen Begegnung mit Jesus Christus sein ganzes weiteres Leben dafür einsetzte, dass die gute Botschaft verkündet wird. Dafür war er auch bereit, durch viel leidvolle Erfahrungen zu gehen. Zu Recht konnte er sagen, dass er den guten Kampf gekämpft, den Lauf vollendet und den Glauben gehalten hatte.

Nicht Anmaßung, sondern Innehalten in tiefer Demut und Dankbarkeit sind angebracht, wenn wir an Paulus oder andere Apostel und Männer und Frauen aus der Kirchengeschichte denken. Wir können uns hinsichtlich ihrer Glaubenskämpfe nicht messen. Trotzdem sind diese Worte tröstlich, geben enormen Mut und Ansporn für unser Glaubensleben; und in diese Richtung wollte Paulus bestimmt ermutigt wissen.

Glauben erfordert „Kampf" ⇢ Ein beständiges Ernstnehmen des Glaubens hat mit Kampf zu tun. Es ist ein bildhafter Ausdruck dafür, was sich beispielsweise darin zeigt, wenn wir uns entscheiden, dem Guten in unserem Leben nachgehen zu wollen, Gerechtigkeit zu üben, Nächstenliebe zu praktizieren, vom Evangelium zu erzählen. Dabei stoßen wir auf unseren eigenen Stolz und Eitelkeiten und auch auf die unserer Mitmenschen. So ist es tagtäglich wieder eine Entscheidung, diesen Lauf weiterzulaufen und sich notwendige Veränderungen, die oftmals bei einem selbst beginnen, einzugestehen und zuzulassen.

Mit Gott erlebt ⇢ In den letzten Jahren musste ich als alleinerziehende Mutter durch einige Kämpfe gehen. Auch wenn ich oftmals den Gedanken hegte, ob diese Jahre verlorene Jahre sind, waren sie es nicht. Es waren sehr schmerzhafte Prozesse und Kämpfe, die eigentlich menschlich gesehen nicht notwendig gewesen wären. Ich musste sie trotzdem durchschreiten und hatte keine Wahl. Ich musste weiterlaufen und war gefordert, den Glauben zu halten. Im Rückblick weiß ich, dass dieser Kampf trotz alledem auch ein guter war. Ich wurde geprägt und verändert.

Das Leben hält Kämpfe und Schwierigkeiten bereit, denen wir nicht entfliehen können. Lassen wir uns nicht entmutigen! Im Glauben an Jesus Christus lohnt es sich immer, weiterzukämpfen, weiterzugehen und weiterzuglauben!

Nicole Dungl

8
Sonntag
2. Advent

Der Herr aber stand mir bei und stärkte mich, damit durch mich die Botschaft ausgebreitet würde und alle Heiden sie hörten.

2. Timotheus 4,17

Bibellese: 2. Timotheus 4,9-22

In unserem Text spricht Paulus von vielen Rückschlägen und negativen Erfahrungen, die er gemacht hatte. Demas war in die Welt zurückgegangen, Alexander, der Schmied, hatte ihm viel Böses angetan. Und niemand hatte ihm bei seinem ersten Verhör beigestanden, sondern alle hatten ihn verlassen. Paulus fühlte sich einsam und allein. Dennoch sah er auch die positiven Dinge. Timotheus war ein Segen für ihn und er hatte Sehnsucht, ihn wiederzusehen. Lukas, der geliebte Arzt, war bei ihm und eine große Unterstützung, und bei Markus konnte er bestätigen, dass er nützlich zum Dienst war im Vergleich zu früheren Zeiten. Paulus sah trotz aller Herausforderungen auch das, was gut war. Ich glaube, dass wir lernen dürfen, auch auf die positiven Dinge inmitten aller Herausforderungen zu schauen.

Schau auf Jesus → Wir sehen in unserem Abschnitt die ganze Bandbreite von Herausforderungen, die es im Dienst gibt und die man als Leiter erleben kann. Aber gerade in diesen Herausforderungen erlebte Paulus, wie Gott zu ihm stand und ihn stärkte. Viele verließen ihn, aber der Herr stand ihm bei! Wie gut ist es, zu wissen, dass Gott immer an unserer Seite ist und uns niemals verlässt. Gott ist nicht weiter von uns entfernt als ein Gebet. Selbst wenn alle Menschen dich verlassen, Jesus verlässt dich nie und möchte dich stärken, mitten in den Herausforderungen! Deshalb ist es wichtig, sich auf ihn auszurichten und zu ihm aufzuschauen. Das bedeutet, von den Umständen und Enttäuschungen wegzublicken und auf Jesus zu schauen, den Anfänger und Vollender unseres Glaubens.

Wo finden wir Halt? → Erst in den Kämpfen des Lebens zeigt sich, wo unser Glaube wirklich steht und ob er auf dem richtigen Fundament aufgebaut ist. Dann stellt sich die Frage: Wo finde ich Halt? In den Feuerproben, in denen wir uns oft alleine fühlen, erleben wir, wie Gottes Kraft in unserer Schwachheit mächtig wird und er uns besonders nahe ist. Das sind die Momente, in denen wir ihn und seine Kraft in einer ganz neuen Dimension erfahren. Denn Gott ist immer bei uns. Wie gut, dass er es auch an diesem zweiten Advent ist – unabhängig davon, wie herausfordernd die Zeiten sind.

Markus Graf

Man gedenkt derer nicht, die früher gewesen sind, und derer, die hernach kommen; man wird auch ihrer nicht gedenken bei denen, die noch später sein werden.

Prediger 1,11

Bibellese: Prediger 1,1-18

Beim Lesen dieses Verses in Prediger wurde ich sofort an einen Comicstrip von „Hägar der Schreckliche“ erinnert. Er steht mit seinem dümmlichen Wikingerkollegen Sven vor einem großen Steindenkmal und Sven fragt beeindruckt, wieso jemand etwas so etwas Großes erbaut. Hägar antwortet: „Damit man sich immer an denjenigen erinnert.“ Sven hakt nach: „Und wer hat das gebaut?“, worauf Hägar erwidert: „Ich habe keine Ahnung!“

Es ist alles umsonst ⇢ Wer hat diese Gedanken noch nicht gehabt: „Für was mühe ich mich so ab? Wenn nichts bleibt, wieso soll ich dann überhaupt anfangen?“ Auch mir ist der Gedanke nicht fremd. Hat das Leben einen Sinn? Es wird unweigerlich enden und irgendwann bin ich vergessen. Auch die Volksweisheit macht klar, dass man nichts aus dem Leben mitnehmen kann. So heißt es: „Das letzte Hemd hat keine Taschen.“

Depression oder Hedonismus ⇢ Als Reaktion auf dies Erkenntnis, dass die Mühe des Lebens einfach mal endet, sehe ich zwei Reaktionen bei uns Menschen. Einerseits sehe ich Menschen resignieren, den Lebenswillen verlieren. Die Mühe soll endlich vorbei sein. Dieser depressive Gedanke war neben anderen Dingen für eine Bekannte der Tropfen, der das Fass zum Überlaufen brachte. So wollte diese Christin ihr Leben beenden, selbst ihre geliebten Kinder hinter sich lassen.

Auf der anderen Seite gibt es das Extrem eines hedonistischen Lebensstils, eine regelrechte Vergnügungssucht. Man macht all das, worauf man Lust hat und was einem Lust bereitet, ohne Rücksicht auf den anderen und ein Morgen. Aus derselben Familie habe ich auch dafür ein Beispiel: den Ehemann, der seinen Glauben aufgegeben hat. Diesem sind Frau und Kinder nun fast egal. Kann man diesen Lebensstil bis ans Lebensende durchhalten?

Die Ewigkeit im Herzen ⇢ Wenn da nur nicht dieses Stückchen Ewigkeit wäre, das jeder Mensch dank Gott in sich spürt. An den ewigen Denkmälern wird man sich selber noch erfreuen können. Inzwischen hat die Christin die Lebenslust und die Ewigkeitsfreude zurückgewonnen, der Heilige Geist erneuert sie jeden Tag. Sie erfreut sich an Gott und an ihren Kindern trotz aller Mühe, die geblieben ist. Neben dem Hier und Jetzt investiert sie in die Ewigkeit ihrer Familie und betet dafür, dass ihr Mann irgendwann seine ewige Bestimmung wieder aufnimmt.

Florian Alois Gratz

10
Dienstag

Ich sprach in meinem Herzen: Wohlan, ich will Wohlleben und gute Tage haben! Aber siehe, das war auch eitel.

Prediger 2,1

DEZEMBER

Bibellese: Prediger 2,1-11

Die meisten Menschen stellen sich im Laufe ihres Lebens irgendwann einmal diese Fragen, die Salomo brennend interessierten. Kinder und Teenager träumen von einem guten Leben, einem tollen Beruf, viel „Kohle" und davon, keine Sorgen haben zu müssen. Das ist durchaus legitim, mehr noch, es liegt im Wesen eines jeden Menschen. Es ist gottgewollt, Freude, Spaß zu haben und sorgenfrei in Freiheit und Frieden leben zu wollen. Das gehört zum Menschsein. Niemals hat Gott verboten, das Leben zu genießen. Der Schöpfer setzte das erste Menschenpaar in ein Paradies, mit allen Freiheiten, Schönheiten und Genuss. Warum sollte dies alles *„eitel"* sein?

Wo finde ich Erfüllung? ⇢ Da gibt es eine Paradoxie im Leben des Menschen. Wir sehnen uns nach einem erfüllten Leben, und so suchen wir in allen möglichen und unmöglichen Angeboten nach dieser Erfüllung. Was wir jedoch immer wieder erleben, ist das, was der weise Prediger Salomo beschreibt: Nachdem er sich den Wunsch erfüllte, war die Freude darüber plötzlich – oder in kurzer Zeit – wie in Luft aufgelöst. Unbefriedigt! Leer! Der „Kick" war weg! Schließlich musste auch Salomo erkennen, dass alle Mühe umsonst war, ein *„Haschen nach Wind"* (Vers 11). Er musste feststellen, dass alles, was er sich erarbeitete, erkaufte oder mit Mühe errang, vergänglich war. Und zwar schnell. Letztlich blieben Frust und ein Vakuum, das alle Wünsche verschlang.

Ist das alles? ⇢ Nun könnte man der Ansicht verfallen: „Es hat ja doch alles keinen Sinn!" Man versucht einfach, so gut wie möglich über die Runden zu kommen. Doch halt: Hat Gott seine Meinung geändert? Hat er uns nach dem Paradies ins Land des Elends geworfen und uns selbst überlassen? Nein! Gott, der Schöpfer, liebt den Menschen nach wie vor und hat nur das Beste für ihn im Sinn. Er liebt es, uns – insbesondere seine Kinder – zu beschenken. In Psalm 37,4 schreibt David, der Vater Salomos: *„Habe deine Lust am HERRN; der wird dir geben, was dein Herz wünscht."*

Aus diesem Text lerne ich zweierlei. Erstens, dass mein Bemühen nicht ausreicht, alle meine Wünsche zu erfüllen, sondern dass Gott mir aus seiner unendlichen Gnade alles darreicht, was ich zum Leben brauche. Und zweitens, dass Gott selbst – mein Schöpfer – am besten weiß, was mir guttut, und mir echte, bleibende Freude schenkt.

Edwin Jung

Denn was kriegt der Mensch von aller seiner Mühe und dem Streben seines Herzens, womit er sich abmüht unter der Sonne?

Prediger 2,22

Bibellese: Prediger 2,12-26

Es ist alles ganz eitel. So beschreibt König Salomo seine Wahrnehmungen und seine Erforschungen, die ihn überhaupt nicht oberflächlich, sondern bis ins tiefste Innerste bewegen. Fragen über Fragen bemühen seine Gedanken und jedes Mal muss er feststellen, dass ihm am Ende nichts bleibt. Andere werden sich freuen über sein Abmühen, seine Forschungsergebnisse und seinen Reichtum, den er sich mit viel Fleiß aufgebaut hat.

Wenn alles eitel ist, wo ist der Sinn? ⇢ Eitel bedeutet vergänglich, nicht auf ewig uns gehörend. Also ist nicht der Reichtum oder das, was wir uns aufgebaut haben, wirklich sinngebend und erfüllend. Salomo sagt: „Genieße jeden Tag, iss und trink trotz aller Mühen, die jeder Tag mit sich bringt." In Vers 24 wird dies als ein Geschenk Gottes bezeichnet. Deshalb erhält unser Leben nur einen Sinn, wenn wir Gott mit einbinden in das alltägliche Leben, in die Entscheidungen, die wir zu treffen haben, oder unsere Geschäftsausrichtung. Ohne Gott werden wir in vielen Bereichen unseres Lebens scheitern, weil uns die Sorgen oder auch die Last des Reichtums über den Kopf wachsen.

Bewusst mit Gott leben ⇢ Das ist unsere Bestimmung. Gott an der Seite zu wissen, bei der Arbeit, in der Ehe, der Kindererziehung, den täglichen Sorgen und Nöten, ist vertrauensbildend. In Vers 26 heißt es: *„Denn dem Menschen, der ihm gefällt, gibt er Weisheit, Verstand und Freude."* Das bedeutet allerdings nicht, dass Christen keine Probleme haben. Wir wissen jedoch, dass uns alles zum Besten dienen wird. Gott der Vater wacht über unser Leben und wird uns nie im Stich lassen. Durch Jesus Christus sind wir errettet – das ist nicht mehr eitel, sondern ewigkeitsbeständig. Dadurch werden unsere Augen geöffnet für die wahren Werte des Lebens. Der Heilige Geist füllt unser Herz mit Dankbarkeit und Zufriedenheit, egal, wie viel wir besitzen oder wie wenig wir zum Leben haben.

„Genieße den Tag, iss und trink trotz aller Mühen." Gott ist an unserer Seite, er ist unser Versorger. In diesem Vertrauen werden wir Wunder und übernatürliche Segnungen erleben. Er weiß, was wir brauchen. Sagen wir einfach „Danke!" zu ihm.

Oskar Kaufmann

12
Donnerstag

Er hat alles schön gemacht zu seiner Zeit, auch hat er die Ewigkeit in ihr Herz gelegt; nur dass der Mensch nicht ergründen kann das Werk, das Gott tut.

Prediger 3,11

DEZEMBER *Bibellese: Prediger 3,1-12*

Gottes Timing ist souverän. Das bedeutet, dass er die totale Kontrolle hat. Im ersten Teil von Prediger 3,1 sagt der Verfasser: *„Alles hat seine Zeit“* (NLB). Nicht: die meisten Dinge. Nicht: die bequemen Dinge. Nicht: nur glückliche Dinge. Nicht: nur negative Dinge. In Gottes Zeitplan gibt es für *alles* eine bestimmte Zeit.

Souverän und ausreichend ⇢ Alles, was unter dem Himmel geschieht, hat also eine vorgegebene Zeit. Wir sind nicht allein, wenn wir Schwankungen in unserem Leben erleben. Vor etwa 2000 Jahren ereigneten sich für unseren Herrn die beiden extremsten Ereignisse, die es je gab – und sie waren nur durch drei Tage getrennt. Am Freitag hing der Sohn Gottes an einem Kreuz und gab sein Leben für unsere Sünden. Doch drei Tage später kam es zum anderen Ende der extremen Möglichkeiten: Jesus stand triumphierend von den Toten auf! Es gab eine Zeit des Todes und eine Zeit der Auferstehung.

Wiederkehrender Wandel ⇢ Jahreszeiten kommen und gehen, der Wandel ist eine Konstante, das Pendel steht nicht still – in der Natur und in der menschlichen Erfahrung. Niemand ist immun gegen das, was ich „das Karussell der Zeit“ nenne. Salomo sah das und für ihn gab es nur zwei Möglichkeiten: Es war entweder ein Ärgernis, das er ertragen musste, oder etwas Schönes, das das Leben zu mehr machte als zu einer banalen, langweiligen, immer gleichen Existenz. Salomo ermöglicht es uns, den ständigen Wandel nicht als etwas Beunruhigendes zu sehen, sondern als ein sich entfaltendes, schillerndes und gottgegebenes Muster.

Gott suchen ⇢ Gottes Zeitplan ist einerseits saisonal, aber auch überraschend. Wir sind nicht immer bereit dafür. In unserem heutigen Bibeltext springt mir sofort ins Auge, dass wir einen sehr weisen und erfinderischen Gott haben. Wer sind wir, dass wir seine Wege kennen könnten? Immer dann, wenn wir denken, wir hätten Gott durchschaut, geraten die Dinge durcheinander. Er hat uns die Ewigkeit ins Herz gelegt, aber wir können den Anfang und das Ende nicht kennen. Deshalb sollten wir uns Zeit nehmen, um ihn zu suchen. Laden wir Gott in unser Leben und unseren Alltag ein. Studieren wir sein Wort und befolgen wir es. Lassen wir unsere Gebetszeiten zu einer wechselseitigen Kommunikation mit Gott werden.

Gerhard Kisslinger

Ich merkte, dass alles, was Gott tut, das besteht für ewig; man kann nichts dazutun noch wegtun. Das alles tut Gott, dass man sich vor ihm fürchten soll.

Prediger 3,14

Bibellese: Prediger 3,13-22

Im Buch Prediger des Königs Salomo erkennen wir die Ernüchterung eines Menschen, der sein Leben aus der Perspektive *„unter der Sonne"* Vers (16), also aus einem rein irdischen Blickwinkel, betrachtet. Nachdem er durch Gottes Gnade so viel Reichtum und Wohlstand aufgebaut hatte, erkannte er die Vergänglichkeit des irdischen Glücks. Denn bei all dem war sein Blick weggelenkt worden von dem, der über der Sonne thront, nämlich dem Schöpfer, sodass er nur das sah, was unter der Sonne geschieht.

Der Textabschnitt zeigt uns die nüchterne Erkenntnis über Ungerechtigkeit auf dieser Erde, über die Vergänglichkeit des Menschen, den er sogar mit dem Tier vergleicht. Das erinnert daran, wie viel Menschen auch heute ihr Leben rein biologisch-materiell und nicht geistlich verstehen. Der Mensch, der ohne Gott lebt, lebt tatsächlich ohne Hoffnung in dieser Welt. Der Apostel Paulus brachte es auf den Punkt, als er diese Denkweise zitierte: *„Lasst uns essen und trinken; denn morgen sind wir tot"* (1. Korinther 15,32). Wie elend sind wir, wenn wir unser Leben nicht aus der Perspektive dessen erkennen können, der es uns gegeben hat? Dann ist am Ende alles Nichts. Welchen Wert hat dann all unser Tun?

Was Gott tut, ist ewig → Es bleibt bestehen. Es ist vollkommen. Sein Wort ist vollkommen. Das Erlösungswerk ist vollkommen. Nichts ist dem, was Jesus getan hat, hinzuzufügen. Er gab sein Leben für uns, die wir ohne Gott leben wollten. Er hat einen vollkommenen Preis bezahlt. Er hat uns herausgeholt aus der Hoffnungslosigkeit des irdischen Daseins. Und was er in uns getan hat und tut, ist gut. Wir sind in ihm völlig neu geschaffen zu ewigem Leben. Seine Liebe ist in uns ausgegossen, sie bleibt ewig.

Wir haben Anteil daran → Und jetzt möchte er durch uns in dieser Welt handeln. Wir haben das Vorrecht, an der Ewigkeit teilzuhaben. Als Gotteskinder, geführt vom Heiligen Geist, dürfen wir teilnehmen an ewigen Werken, die unvergänglich sind. Wir leben nicht mehr für uns selbst. Wir wollen uns entscheiden, dafür zu leben, dass auch andere Menschen die Ewigkeit mit Christus empfangen. Wie glücklich sind wir, wenn wir mit dieser Vision hier auf Erden sind. Dann werden wir wieder Freude haben an dem Guten, das wir sehen – bei all unserem Mühen –, weil wir wissen, dass es ein Geschenk Gottes ist.

Gottfried Knirsch

14
Samstag

Einer mag überwältigt werden, aber zwei können widerstehen, und eine dreifache Schnur reißt nicht leicht entzwei.

Prediger 4,12

DEZEMBER *Bibellese: Prediger 4,1-17*

Das Thema der Einsamkeit gegenüber der Zweisamkeit wird vom Prediger bereits in Vers 8 begonnen. Es wird dort ein Mann beschrieben, der viel arbeitet und sich keine Ruhe noch Gutes gönnt, aber weder Sohn noch Bruder hat. Er hat keine Familie. Für wen macht er das alles? Er könnte sich doch um einen Freund bemühen?

Gemeinschaft – ein hohes Gut ⇢ Weiter betont der Schreiber, dass es besser ist, zu zweit zu sein, denn zwei bekommen eine Belohnung für ihre Arbeit. Jeder, der schon einmal eine große Arbeit vor sich hatte, freut sich über jede Hilfe, die er kriegen kann. Die Arbeit geht schneller von der Hand und es macht mehr Freude, wenn man es gemeinsam tut. Wenn einer fällt oder in Schwierigkeiten gerät, ist ein anderer da, der ihm aufhilft. Die Bibel warnt davor, allein zu sein, wenn man fällt oder Probleme bekommt. Wer wird dann helfen? An wen kann man sich wenden? Haben wir einen Freundeskreis, einen Freund, eine Freundin, die zu uns stehen?

Geld allein kann nicht alle Probleme lösen. Das wurde mir bewusst, als ich eine Freundin begleitete, die durch eine schwierige Scheidung ging. Der Mann hatte zwar viel Geld angehäuft und glaubte, damit alles kaufen zu können, aber er hatte keinen einzigen Freund. Wie traurig und einsam kann das Leben werden.

Der beste Freund ⇢ Unser Vers geht aber noch einen Schritt weiter. Es ist wunderbar, einen oder mehrere gute Freunde oder Freundinnen im Leben zu haben. Wir sollten jedoch nie den Dritten im Bunde vergessen – und das ist Gott Vater, Jesus und der Heilige Geist. Wenn Gott in einer Ehe oder Freundschaft mittendrin ist, werden Kraft und Stärke um ein Vielfaches größer. Auf Freunde kann man sich mehr oder weniger verlassen, aber Gott ist eine feste Burg in Zeiten der Not. Er ist unsere Hilfe, selbst da, wo kein Mensch mehr helfen kann. Wenn Menschen uns verlassen, wird Gott treu zu uns stehen, wenn wir unser Leben auf ihn gebaut haben.

Beten wir doch gerade heute für unseren Ehepartner, für unsere Eltern, Kinder und für unsere Freunde. Danken wir Gott für sie und laden ihn in unsere Ehe und Freundschaften ein.

Irmgard Kristanell

Siehst du, wie im Lande der Arme Unrecht leidet und Recht und Gerechtigkeit zum Raub geworden sind, dann wundere dich nicht darüber.

Prediger 5,7

Bibellese: Prediger 5,1-8

An diesem dritten Adventssonntag erwarten wir in zuversichtlicher Hoffnung die Wiederkunft unseres Herrn. Er wurde Mensch, um uns zu erlösen. Durch seinen Geist ist er bei uns gegenwärtig. Er wird wiederkommen, um zu herrschen. Unter Christen gibt es verschiedene Adventstraditionen, doch haben sie alle einen Schwerpunkt: Unser großer Heiland Jesus, der jetzt zur Rechten des Vaters sitzt, wird wiederkommen.

Im heutigen Bibeltext werden wir aufgefordert, unsere Worte sorgfältig zu überlegen. Sie sind mächtige Werkzeuge und sollten mit Bedacht verwendet werden. Gott erwartet von uns, dass wir das in Weisheit tun und unsere Versprechen einhalten. Die Betonung in unserer Lesung bezieht sich zwar auf die Integrität unserer Worte, aber sie offenbart auch eine ermutigende Wahrheit über unseren Vater im Himmel: Er würde nie etwas von uns erwarten, was er selbst nicht tun würde. Er fordert uns auf, unser Wort zu halten, weil er es selber tut. Bevor er spricht, hat er sorgfältig überlegt und sich verpflichtet, jedes seiner Worte und Versprechen an uns zu halten. Wir können Gott also vertrauen, dass er seine Versprechen hält!

Der Unterschied ist Jesus Christus ⇢ In unserem Leitvers lesen wir nun, dass wir uns nicht über Ungerechtigkeiten wundern sollen, wenn wir sie sehen. Manchmal sind wir entmutigt oder sogar ärgerlich über das, was wir in unserer Welt beobachten. Neue Ebenen der Korruption scheinen unsere heutige Realität zu prägen. Und doch sollten wir nicht überrascht sein. Die Folgen der Sünde können nicht dauerhaft verborgen bleiben. Auch wir waren früher an sie gefesselt. In Römer 3,23 heißt es: *„Sie sind allesamt Sünder und ermangeln des Ruhmes, den sie vor Gott haben sollen."* Allein durch seine Gnade und das kostbare Blut Jesu sind wir gerettet. Das Einzige, was uns von denjenigen trennt, die noch in Sünde und Selbstsucht leben, ist Jesus Christus.

Er kommt wieder! ⇢ Deshalb können wir uns an diesem dritten Adventssonntag freuen, weil wir wissen, dass es nicht immer so sein wird, wie es jetzt ist. Sein Reich wird kein Ende haben. Ungerechtigkeit und Korruption werden dann der Vergangenheit angehören. Liebe, Freude und Frieden werden die Atmosphäre unserer zukünftigen Ewigkeit bei Gott durchdringen. Halleluja! So komm denn bald, Herr Jesus!

Fred Lambert

16
Montag

DEZEMBER

Siehe, was ich Gutes gesehen habe: dass es fein sei, wenn man isst und trinkt und guten Mutes ist bei allem Mühen, das einer sich macht unter der Sonne.

Prediger 5,17

Bibellese: Prediger 5,9-19

„Reichster Mann der Welt verzweifelt am Leben!" Da hören die Menschen hin, das interessiert sie. Wie kann es einem, der alles hat und sich alles leisten kann, noch schlecht gehen? Macht der Reichtum die Gates, Bezos, Musks dieser Welt doch nicht glücklich?

König Salomo hatte ein fantastisches, erfolgreiches Leben – ein ganzes Königreich, Paläste, Diener, Geld wie Heu, Frieden, unglaublichen Wohlstand, Macht, Gesundheit – alles, was man sich nur wünschen kann. Und trotzdem kommt er am Ende seines Lebens zum Schluss, dass alles sinnlos ist. Kann es wirklich sein, dass jemand, der alles hat, trotzdem unglücklich ist und ihm alles sinnlos scheint?

Reich – und dennoch bedürftig → Salomo geht im Buch Prediger tiefer. Er erkennt, dass aller Reichtum der Welt, aller Genuss, aller Konsum die tiefste Sehnsucht des Menschen nicht stillen kann. Jesus spricht darüber in Lukas 9,24.25: *„Denn wer sein Leben erhalten will, der wird es verlieren; wer aber sein Leben verliert um meinetwillen, der wird's erhalten. Denn welchen Nutzen hätte der Mensch, wenn er die ganze Welt gewönne und verlöre sich selbst oder nähme Schaden an sich selbst?"*

Man kann alles haben und doch nimmt die Seele Schaden. Nur wenn wir auf ein unerschütterliches, überirdisches Fundament bauen – auf Jesus Christus – wird unsere tiefste Sehnsucht gestillt. Nur in der innigen Beziehung mit Gott und im Licht seiner Gnade haben die Dinge in der Welt einen gesunden Stellenwert. Nur so können wir das genießen, was die Welt anbietet, ohne davon vereinnahmt zu werden. In Christus leben wir unsere wahre Identität als Kinder Gottes und gründen unseren Wert nicht auf Vergängliches.

Jesus als Zentrum → Wenn Jesus unser Zentrum ist, wenn das künftige Himmelreich unser eigentliches Ziel ist, dann können wir dankbar annehmen, was Gott uns schenkt. Wir können genießen und großzügig an andere weitergeben, weil wir wissen, dass Gott für uns sorgt. Wir haben Frieden im Herzen, ob wir nun viel oder wenig haben. Wir freuen uns auch dann, wenn das Leben oft mühsam und herausfordernd ist. Denn unsere Bestimmung, unser Wert, unsere Identität liegt in der Gemeinschaft mit Gott und gründet sich nicht auf irdischen Besitz und Reichtum.

Markus Marosch

Denn wer weiß, was dem Menschen nützlich ist im Leben, in seinen kurzen, eitlen Tagen, die er verbringt wie einen Schatten?

Prediger 6,12

Bibellese: Prediger 6,1-12

So viele Fragen! Viele von ihnen sind uns wohlbekannt. Jeden Tag plagen wir uns aus dem Bett, in die Arbeit, durch Berge von Problemen, Rechnungen, Widernissen. Und dann liegen wir abends hundemüde mit dem Kopf voller Sorgen im Bett und fragen uns: „Wozu das alles? Warum mühe ich mich so ab?" Niemand von uns kommt an der Sinnfrage vorbei. Wer hat eine letztgültige Antwort? Viele Menschen retten sich vermutlich mit dem Gedanken: „Wenn – dann … Wenn ich eines Tages nur mehr Geld habe, mehr Zeit, mehr Freunde, mehr Erfolg, dann werde ich glücklich und erfüllt sein." Oder: „Wenn ich Kinder bekomme, dann …" Auch sie können zum Sinn des Lebens werden – bis sie „ausgeflogen" sind. Und dann?

Wenn alle Wünsche erfüllt sind ⇢ Salomo hatte alles: Reichtum, schöne Frauen, große Ehre, Macht, zahlreichen Nachwuchs, unergründliche Weisheit, ein langes Leben – alles, was diese Welt zu bieten hat. Und doch lautet sein Resümee: All das kann den Hunger unserer Seele nicht wirklich stillen. Er musste es wissen. Daraus können wir lernen, denn mal ehrlich: Wie oft ist unser Leben genau darauf ausgerichtet, auf Geld, Ansehen, Erfolg und ein langes Leben. Worauf aber sollen wir unser Leben ausrichten? Was gibt uns Sinn?

Schätze im Himmel ⇢ Jesus beantwortet in Matthäus 6,19-21 diese Fragen so: *„Ihr sollt euch nicht Schätze sammeln auf Erden, wo Motten und Rost sie fressen und wo Diebe einbrechen und stehlen. Sammelt euch aber Schätze im Himmel, wo weder Motten noch Rost sie fressen und wo Diebe nicht einbrechen und stehlen. Denn wo dein Schatz ist, da ist auch dein Herz."* So lasst uns also unseren Blick und unser Leben nicht auf das richten, was „unter der Sonne" passiert. Da ist weder was Neues los, noch stillt es den Hunger unserer Seele. Lasst uns „über die Sonne" auf das Ewige blicken. Jesus gibt uns ein außerordentliches Versprechen: *„Trachtet zuerst nach dem Reich Gottes und nach seiner Gerechtigkeit, so wird euch das alles zufallen"* (Matthäus 6,33). Viel Freude bei der himmlischen Schatzsuche!

Petra Plonner

Sprich nicht: Wie kommt's, dass die früheren Tage besser waren als diese? Denn du fragst das nicht in Weisheit.

Prediger 7,10

Bibellese: Prediger 7,1-12

„Ihr werdet sehen", sagte unser Hauptmann in Österreich bei der Truppenübung, „dass ihr euch später im Leben nur noch an die schönen Tage beim Bundesheer erinnert." Das blieb mir wohl deshalb im Gedächtnis, weil ich diese Worte damals einfach nicht glauben konnte. Im Lauf der Zeit mache ich jedoch die Erfahrung, dass sie eine merkwürdige Wahrheit enthalten. Von traumatischen Erfahrungen einmal abgesehen, mildert der Abstand der Zeit viele Härten und glorifiziert im Gegenzug die schönen Momente. Diesen Mechanismus müssen wir bedenken, wenn wir uns nach der „guten alten Zeit" sehnen – in der, das wissen wir doch genau – wirklich nicht alles besser war als heute; sei es im Leben der Gesellschaft, im Beruf und nicht zuletzt auch in der christlichen Gemeinde. Da gab es doch auch Höhen und Tiefen und viele schier ausweglose Situationen.

Manche Umstände trüben den Lebenslauf doch radikaler ein ⇢ Ja, leider, und vermutlich würden wir zumindest einem Mann, nämlich Hiob, die Frage nach den früheren Tagen wirklich zugestehen. So lässt er seinem Schmerz freien Lauf – allerdings weiß er hernach erst recht nicht weiter. Damit wird deutlich, dass selbst im Extremfall dieses Fragen *„nicht in Weisheit"* geschieht. Hätte sich Gott nicht über ihn erbarmt und ihm durch die persönliche Begegnung eine neue Sicht geschenkt, hätte Hiob wohl in Bitterkeit geendet.

Gott hält alle unsere Tage in der Hand ⇢ Hätten wir nur Vers 9 in unserer Bibellese, dass wir uns nicht so schnell über die Umstände ärgern sollen, da das nur die Toren tun, kämen wir über den säkularen Versuch der Stoiker nicht weit hinaus. Diese versuchen seit alters mit schier lebensfremder Gelassenheit, die wechselnden Lebensumstände erst gar nicht an sich herankommen zu lassen. Lesen wir hingegen nur kurz weiter, so erfahren wir, dass Gott auch die bösen Tage in seiner Hand hat (Vers 14). Wir sind also keinem blinden Schicksal ausgeliefert. Der Apostel Paulus machte noch von einer ganz anderen Ebene her Mut: *„Wir wissen aber, dass denen, die Gott lieben, alle Dinge zum Besten dienen"* (Römer 8,28). Damit schenkt er uns Zuversicht im Wandel der Zeiten. Statt nach „besseren Tagen" Ausschau zu halten, lernen wir von Paulus, mit den unterschiedlichen Situationen in der Gegenwart umzugehen.

Alfred Schweiger

Es ist gut, wenn du dich an das eine hältst und auch jenes nicht aus der Hand lässt; denn wer Gott fürchtet, der entgeht dem allen.

Prediger 7,18

Bibellese: Prediger 7,13-29

Das Leben verstehen: Der Prediger hatte es sich zur Aufgabe gesetzt, das Leben zu erforschen und Erkenntnis zu erlangen. In all seinem Suchen musste er immer wieder feststellen, dass das Leben doch nicht so einfach zu verstehen ist. Da gibt es Leid unter den Gerechten und langes Leben unter den Gottlosen. Wäre es nicht gerechter, wenn der Gottlose ständig Schmerz und Verzweiflung in sich tragen würde? Es fühlt sich so unfair an, dass wir uns anstrengen und nicht viel besser und gemütlicher leben als Menschen, die sich von ihren eigenen Plänen und Ideen leiten lassen.

Gott ist souverän ⇢ Der Prediger hatte erkannt: Gott tut und lässt, was er will. Was er beschlossen hat, kann kein Mensch ändern. Wählt Gott, etwas zu „krümmen", kann es keiner mehr gerade machen. Schenkt er einem Menschen, der sich gegen ihn wendet, ein langes Leben, ist es seine Entscheidung. Lässt er einen Jünger in Gefangenschaft geraten oder ein schwieriges familiäres Leid oder eine Krankheit erleben, dann steht auch dies Gott zu.

Heißt das nun, es ist egal, wie wir leben? Mal ein bisschen gut, mal ein bisschen böse? Nein, absolut nicht! Wer aber glaubt, sich durch seinen Wandel ein gutes Leben verdient zu haben, riskiert, gegen eine Wand zu laufen. Schleichend kann der Punkt kommen, an dem wir uns etwas auf unseren Lebenswandel einbilden und meinen, ein Recht auf ein sicheres Leben zu haben. Gott schaut auf uns, aber seine Wege mit uns sind nach seinem Plan und Willen, nicht nach unseren Vorstellungen.

Gott soll geehrt sein ⇢ In alldem sollen wir unseren Blick auf Gott heben, der alles in seiner Hand hält und so führt, wie er es will. Wir ehren ihn in Zeiten des Überflusses und Wohlergehens, denn er hat sie geschenkt. Wir halten uns aber nicht daran fest, denn genauso kann er auch Zeiten des Mangels und der Not hereinbrechen lassen. Und da heben wir immer noch unseren Blick auf zu ihm, der alles geschaffen hat, und ehren seinen Namen. Wir sind sein Werk. Er steht uns nicht gleichgültig gegenüber. Wir können gelassen bleiben, auch wenn wir nicht immer alles verstehen. Paulus drückt es so aus: *„Denn ich habe gelernt, in welcher Lage ich mich auch befinde, mir genügen zu lassen; … alles vermag ich in ihm, der mich stark macht"* (Philipper 4,11.13 MEB).

Philip Sinning

20
Freitag

Es gibt Gerechte, denen geht es, als hätten sie Werke der Gottlosen getan, und es gibt Gottlose, denen geht es, als hätten sie Werke der Gerechten getan.

Prediger 8,14

DEZEMBER

Bibellese: Prediger 8,1-17

Im heutigen Textabschnitt aus dem Buch Prediger geht es um das menschliche Leben hier auf Erden, das der Schreiber beobachtet und sich seine Gedanken dazu macht. Mir ist besonders dieser Satz aufgefallen, der uns etwas beschreibt, das wir immer wieder mal beobachten und häufig nicht verstehen: *„Es gibt Gerechte, denen geht es, als hätten sie Werke der Gottlosen getan, und es gibt Gottlose, denen geht es, als hätten sie Werke der Gerechten getan.“*

Nicht fair ⇢ Ungerechten, vielleicht sogar bösen Menschen scheint mitunter alles zu gelingen, während sich gute, vielleicht auch gottesfürchtige Menschen ständig abkämpfen. Wie oft habe ich schon die Aussage gehört: „Wieso ist das gerade dieser Person passiert? Sie (oder er) ist doch ein so guter Mensch!“ Aber egal, wie lieb wir zu anderen sind, wie oft wir in unsere Gottesdienste gehen und wie sehr wir dort unterstützend tätig sind: Wir leben in einer „gefallenen“, soll heißen von Sünde beeinträchtigten Welt, in der viele Dinge eben nicht gerecht ablaufen. In Römer 8,20-22 lesen wir: *„Die Schöpfung ist ja unterworfen der Vergänglichkeit – ohne ihren Willen, sondern durch den, der sie unterworfen hat –, doch auf Hoffnung; denn auch die Schöpfung wird frei werden von der Knechtschaft der Vergänglichkeit zu der herrlichen Freiheit der Kinder Gottes. Denn wir wissen, dass die ganze Schöpfung bis zu diesem Augenblick seufzt und in Wehen liegt.“*

Befreit für den Fokus auf die Ewigkeit ⇢ An unserem irdischen Leben ist alles vergänglich: unser Zuhause, unsere Karriere und auch wir selbst. Das Einzige, was in Ewigkeit besteht, ist unser Leben mit Gott. Für mich hat diese Textpassage etwas Tröstendes: Sie gibt mir die Hoffnung, dass ich als Kind Gottes vom Fokus auf das Vergängliche, auf das Materielle befreit bin. Wenn ich in dieser Freiheit für Gott lebe, tue ich auch der Schöpfung etwas Gutes, denn das Leben Gottes in mir hat dann einen positiven Einfluss auf meine Familie, meine Freunde, meine Gemeinde und mein Arbeitsumfeld.

Steve Wildman

Lass deine Kleider immer weiß sein und lass deinem Haupte Salbe nicht mangeln.

Prediger 9,8

Bibellese: Prediger 9,1-10

Der Prediger gibt vieles von seinen Beobachtungen weiter, berichtet von seinen Lebenserfahrungen und gibt verschiedene Anleitungen für das Leben. Der heutige Leitvers kann in zweifacher Weise verstanden werden. Einmal geht es um das äußere Erscheinungsbild und die nötige Pflege. Die Kleidung soll sauber und in Ordnung gehalten werden, und die Pflege mit Salbe deutet darauf hin, dass man einen angenehmen Geruch verbreitet. Doch das Ganze hat auch eine innere, eine geistliche Bedeutung. Die weißen Kleider weisen auf die Kleidung des Gerechten mit reiner, weißer Leinwand hin. In der Erlösung wird jedem Gläubigen dieses weiße Kleid gegeben, als ein Zeichen der inneren Reinheit und eines gottgefälligen Lebens. Schmutz in diesem Sinn ist ein Hinweis auf Sünde und Befleckung. Der Aufruf zur Reinheit zeigt die Wichtigkeit, mit diesem neuen Leben sorgfältig und bedacht umzugehen.

Die Kraft des Blutes Christi ⇢ In 1. Johannes 3,9 heißt es: *„Wer aus Gott geboren ist, der tut keine Sünde."* Er reinigt sich und hält sein Leben sorgfältig in Ordnung. Beim Herrn ist viel Vergebung, sie darf immer wieder gesucht werden, und zwar immer dort, wo wir fehlen. Es geht darum, das von Gott geschenkte Leben mit seiner Hilfe sauber und rein zu halten. Das Blut Jesu Christi ist nicht nur der Kaufpreis für die Erlösung, sondern eine Kraft zu wiederholter Reinigung. Da kommt nun auch die zweite Seite zum Tragen: Die Salbe für das Haupt. Hier zeigt sich die Wirkung des Heiligen Geistes auf unser Leben. Er unterstützt uns mit göttlicher Kraft, erfüllt die Gedankenwelt mit dem guten Einfluss Gottes und befähigt so zu einem gottgefälligen Leben.

Die Lebensanleitung Gottes ⇢ Sie zielt darauf ab, das Leben sauber und hingegeben zu führen und ihn damit zu ehren. Paulus spricht diesbezüglich vom *„Wohlgeruch Christi"* (2. Korinther 2,15). Sorgfalt im geistlichen Leben ist ein wichtiger Bestandteil, das heißt, keinen Mangel zuzulassen, der dann nicht nur vor Gott, sondern auch vor anderen sichtbar wird. Das Wirken des Heiligen Geistes ist eine sehr sensible Angelegenheit. Deswegen die Warnung, ihn nicht zu dämpfen, sondern seinem zarten Ziehen Raum zu geben. Ein vom Heiligen Geist gesalbtes Leben führt uns in ein beständiges Bleiben in Jesus, in dem es dann nicht an göttlicher Kraft mangelt.

Klaus Winter

22
Sonntag
4. Advent

Und es fand sich darin ein armer, weiser Mann, der die Stadt rettete durch seine Weisheit; aber kein Mensch dachte an diesen armen Mann.

Prediger 9,15

DEZEMBER

Bibellese: Prediger 9,11-18

Das Predigerbuch warnt den Leser vor der Sinnlosigkeit eines Lebens ohne Gott. In neun verschiedenen Lebensbereichen legt König Salomo dar, dass allein Gott und sein Wort wahre Erfüllung für den Menschen bringen kann. Ohne Gott sind alle irdischen Genüsse und Bemühungen letztendlich sinnlos. Darum ist das Fazit der drei Bibelbücher Salomos (Hohelied, Sprüche, Prediger): „Lebe in der Weisheit Gottes! Fürchte Gott und halte seine Gebote."

Rettung durch Gottes Weisheit ⇢ In der heutigen Bibellese finden wir ein Bild auf diese Welt. Sie wird von einem großen König belagert und ist ihm unterworfen. *„Da war eine kleine Stadt und wenig Männer darin, und es kam ein großer König, der belagerte sie und baute große Bollwerke gegen sie"* (Vers 14). In dem großen König sehen wir einen Hinweis auf Satan, den Fürsten dieser Welt. Wie die kleine Stadt sich in der Gewalt des feindlichen Königs befand, so befanden auch wir uns ohne Aussicht auf Befreiung in der Gewalt *„der Macht der Finsternis"* (Kolosser 1,13).

In unserem Tagesvers ist dann die Rede von einem armen, weisen Mann, der die Stadt durch seine Weisheit rettete. Dies lässt uns an den Herrn Jesus Christus denken, der in diese Welt kam, um uns von Sünde, Tod und Teufel zu erretten. In unserer Errettung erkennen wir Gottes ewige und unermessliche Weisheit, die im Kreuz von Golgatha ihren Höhepunkt fand. Satan, der meinte, gerade dort den größten Sieg errungen zu haben, erlitt in Wirklichkeit die größte und endgültige Niederlage. Der Herr Jesus wurde zwar in vermeintlicher Schwachheit gekreuzigt, aber *„um durch den Tod den zunichtezumachen, der die Macht des Todes hat, das ist den Teufel, und um alle die zu befreien, die durch Todesfurcht das ganze Leben hindurch der Knechtschaft unterworfen waren"* (Hebräer 2,14.15 ELB).

Er kam – und er wird wiederkommen ⇢ In dieser Darstellung erkennen wir Gottes gnädiges und mächtiges Heilswirken für diese Welt. Der Sohn Gottes wurde Mensch, geboren von der Jungfrau Maria; gestorben am Kreuz, um alle Menschen, die glauben, aus der Macht der Finsternis zu erretten. Möge diese Heilsbotschaft Gottes von uns gelebt und verkündet werden, bis er wiederkommt!

Reinhard Briggeler

Dies ist das Buch der Geschichte Jesu Christi, des Sohnes Davids, des Sohnes Abrahams.

Matthäus 1,1

Bibellese: Matthäus 1,1-17

Der Stammbaum Jesu enthält viele Namen. Die einen sind dem fleißigen Bibelleser wohlbekannt, andere erinnern eher an „ferner liefen". Unter den Namen fallen die wenigen Frauennamen auf, obwohl Zeugung, Geburt und Generationen ohne Frauen ja gar nicht möglich sind. Speziell genannt werden Tamar, Rahab, Rut und die Frau des Uria. Sie verleihen der Geschlechterfolge von Abraham bis Jesus eine besondere „Würze". Die menschliche Abstammung Jesu ist nämlich alles andere als geradlinig und heilig.

- **Tamar** war Kanaaniterin – und eine Betrügerin. Sie gab sich als Prostituierte aus, um mit ihrem Schwiegervater Juda einen Nachkommen zu zeugen, der das Erstgeburtsrecht ausüben konnte. Ihr rechtmäßiger Mann war frühzeitig verstorben, weil er böse in den Augen des Herrn war. Sein jüngerer Bruder verweigerte sich der damals geforderten Schwagerehe und musste ebenfalls sterben. Weil Juda ihr seinen dritten Sohn vorenthielt, ergriff Tamar die Initiative, und aus diesem Zusammenkommen entstand Perez, der in der heutigen Namensliste ebenfalls auftaucht.
- **Rahab** lebte als Prostituierte in Jericho und begegnet uns auch als Lügnerin. Trotzdem wurde sie später als Glaubensheldin gefeiert und reihte sich durch ihre Heirat mit dem Israeliten Salmon in den Stammbaum von Jesus ein.
- **Rut** war eine junge Moabiterin und Witwe, die mit ihrer Schwiegermutter Noomi nach Betlehem übersiedelte. Als moabitische Frau war sie eine unwillkommene Fremde in Israel. Dennoch wurde sie vom Israeliten Boas aus der Witwenschaft erlöst und gebar Obed, den Großvater von König David.
- **Batseba** war die schöne Frau, mit der König David Ehebruch beging und deren Ehemann Uria er umbringen ließ. Als Strafe für die Sünden Davids, Ehebruch und Mord, ließ Gott den ersten Sohn sterben. Erst der nächste Sohn, Salomo, entwickelte sich zum würdigen Nachfolger und damit auch zu einem Stammvater Jesu.

Schon etwas anrüchig und zwielichtig, was diese Ahnengalerie zu bieten hat. Aber Gott schreibt auch auf krummen Linien gerade, denn *„das Heil kommt von den Juden"* (Johannes 4,22), aus eben dieser Abstammung heraus. Gott will sogar mit dir und mir Geschichte schreiben, egal wie zweifelhaft und krumm unsere Vorgeschichte aussieht. Er hat uns geliebt, erwählt und berufen.

Oliver Affolter

24
Dienstag
Heilig Abend

Und sie wird einen Sohn gebären, dem sollst du den Namen Jesus geben, denn er wird sein Volk retten von ihren Sünden.

Matthäus 1,21

DEZEMBER

Bibellese: Matthäus 1,18-25

Jesus – er soll Jesus heißen! Damals war Jesus ein recht häufiger Name. Josef gab ihn dem neugeborenen Kind, wie es ihm vom Engel Gottes gesagt worden war. Schon Maria hatte dieselbe Anweisung vom Engel Gabriel empfangen. Der Name Jesus ist dabei viel mehr als die bloße Bezeichnung des Kindes. Im Namen steckt Gottes Botschaft, vielmehr: Der Namensträger ist die Botschaft! So wurde Jesus zum exklusiven Namen, zum Namen, *„der über alle Namen ist, dass in dem Namen Jesu sich beugen sollen aller derer Knie, die im Himmel und auf Erden und unter der Erde sind*" (Philipper 2,9.10).

Jesus

- *„Denn er wird sein Volk retten von ihren Sünden."* Deshalb wurde Jesus geboren! Der Name Jesus (hebräisch: Jeschua oder Jeschajahu) bedeutet „Gott rettet". Die Rettung Gottes zielte nicht auf die äußeren Umstände, die Erlösung von der Herrschaft der Römer, sondern auf den inneren Zustand der Menschen. Jesus sollte kein irdisches Königreich aufrichten, sondern das Empfangen und die Ausbreitung von Gottes himmlischem Reich in den Herzen der Menschen ermöglichen. Damit wurde Jesus *„der Weg und die Wahrheit und das Leben*" (Johannes 14,6). Er rettet heute noch aus der Gottferne in die königliche Gemeinschaft mit dem Vater im Himmel.
- *„Und sie werden ihm den Namen Immanuel geben*" (Matthäus 1,23). Als Mensch mit dem Namen Jesus kam Gott selbst in unsere Welt. Jesus ist „Gott mit uns". Durch ihn war Gott auf der Erde gegenwärtig. Er war sichtbarer, hörbarer, fassbarer und spürbarer Gott für die Menschen. Durch den Heiligen Geist ist er es heute noch! Gott ist da – im Schlamassel dieser Welt, heute am Heiligen Abend und an jedem kommenden Tag.

„Der Name Jesus sei euer Gruß" ⇢ So begann Niklaus von Flüe, der als Bruder Klaus bekannte helvetische Einsiedler (1417-1487 n. Chr.), zwei Briefe, die er an den Rat der Stadt Konstanz und an den Rat der Stadt Bern schrieb. Jemanden im oder mit dem Namen Jesus zu grüßen, bedeutet, den Retter aller Menschen und den Gott, der da ist, zu bekennen und zu verkündigen. Denn Jesus ist auch Retter der begrüßten Person und bei ihr gegenwärtig. Damit wird der Name Jesus verherrlicht und die Menschen werden zur Anbetung, zum Beugen ihrer Knie, eingeladen. In diesem Sinn grüße ich alle mit dem Namen *Jesus* und wünsche frohe Weihnachten: Christ, der Retter ist da!

Oliver Affolter

Da sie den Stern sahen, wurden sie hocherfreut und gingen in das Haus und sahen das Kindlein mit Maria, seiner Mutter, und fielen nieder und beteten es an.

Matthäus 2,10.11

Bibellese: Matthäus 2,1-12

Der Stern des Judenkönigs: Gemäß damaligen Erkenntnissen der Sternenkunde beschloss eine Gruppe Gelehrter, sich aufzumachen und dem Stand eines Himmelskörpers, Planeten oder Sterngebildes zu folgen. So fragten sie in Jerusalem: „*Wo ist der neugeborene König der Juden? Wir haben seinen Stern aufgehen sehen und sind gekommen, ihn anzubeten*" (Vers 2). Das Erstaunliche ist die Kombination aus der Entdeckung des neu aufgegangenen Himmelkörpers und Sterns und der Erkenntnis, dass dieser der Stern des neugeborenen Königs der Juden sein musste, gefolgt von dem klaren Entschluss: „Da gehen wir hin und beten diesen König an."

Der Himmel hat sich geöffnet ⇢ So versteckt, schlicht und einfach die Geburt unseres Erlösers Jesus Christus gewesen sein mag, sie wird begleitet von der Erfüllung göttlicher Prophetie und der Aufmerksamkeit der Nationen. Man sieht hier Ähnlichkeiten zu den Führungen des Heiligen Geistes, der es trotz aller Ablenkungen dieser Zeit vermag, Menschen hin zum Erlöser zu bewegen. Das Königreich Gottes ist die Stätte in uns, in der Vater, Sohn und Heiliger Geist laut Johannes 14,23 „*Wohnung*" genommen haben. Ist König Jesus einerseits auf seinem Thron und durch uns und in uns sichtbar? Was können wir unseren Mitmenschen, besonders in dieser Weihnachtszeit, Besseres wünschen, als dass sich auch ihnen der Himmel öffnet und ihnen klar wird, wer ihr zukünftiger Herr und Meister sein soll und wo genau dieser zu finden ist?

Und sie fielen nieder und beteten es an ⇢ „*Und [sie] taten ihre Schätze auf und schenkten ihm Gold, Weihrauch und Myrrhe*" (Matthäus 2,11). Maria und Josef waren von einem Moment zum anderen aus Armut zu Wohlstand gelangt, den sie wohl auf ihrer bevorstehenden Flucht gut zu nutzen wussten. Was mag diese Begegnung in den Herzen des leidgeprüften Ehepaars wohl an Bestätigung und Gottvertrauen ausgelöst haben? Die Geschenke sind Zeichen der Wertschätzung eines Königs würdig, echter Verehrung und des wahren Lobes Gottes. Ich lade uns ein, König Jesus in diesen Tagen groß zu machen und zu glauben, dass sich Menschen in dieser Zeit aufmachen, um ihrem wahren König zu begegnen!

Daniel Strack

26
Donnerstag
2. Weihnachtstag

Da stand er auf und nahm das Kindlein und seine Mutter mit sich bei Nacht und entwich nach Ägypten.

Matthäus 2,14

DEZEMBER

Bibellese: Matthäus 2,13-23

Verschiedene Menschen, ein Traum: Der Besuch der Weisen aus dem Morgenland bei der jungen Familie Josefs mündete in einem nächtlichen Befehl Gottes im Traum. Die Weisen bekamen im Traum eine klare Nachricht Gottes, ihren Rückweg umzuplanen und dem damaligen König Herodes keinen Bericht zu erstatten. Was für eine wundersame Führung, wenn eine Gruppe Menschen eine klare, einheitliche Weisung bekommen, was der nächste Schritt ist, sie darin eins sein können und in absolutem Gehorsam danach handeln. In Ehrfurcht lasst uns diese Begebenheit betrachten und beten: „Herr, schenke deiner Gemeinde in diesen Zeiten solche Geistesoffenbarungen! Vater, mach uns eins, dass die Welt erkennt, du hast den Sohn gesandt!"

Da erschien der Engel Josef im Traum ⇢ Kaum war dieser besondere Besuch weggezogen, geführt durch das Wirken Gottes, begegnete ein Engel des Herrn auch Josef im Traum. Es ist gut möglich, dass Gott Josef ganz gezielt auf eine ihm schon bekannte Art begegnete. Er hatte schon einmal mit Gehorsam und großem Glauben auf solch eine Engelserscheinung Gottes reagiert. Stärker als alle Beeinflussungen seiner Zeit, jüdischen Moralvorstellungen, Richtlinien und Meinungen zog Josef den Plan Gottes mit Maria durch. Dieser Mann wusste, dass er der Stimme Gottes vertrauen konnte, packte seine Sachen, weckte seine Familie und zog nach Ägypten. Ohne es zu wissen und theologisch erörtert zu bekommen, erfüllte er damit eine Verheißung des Propheten Hosea: *„Als Israel jung war, gewann ich ihn lieb und rief meinen Sohn aus Ägypten"* (Hosea 11,1).

Wie ist das mit dir und mir? ⇢ Jedes von uns Gotteskindern ist ein Teil der Geschichte Gottes in unserer Zeit. Josef ist ein großes Beispiel; so vertrauen wir Gott, seinen Wegen und seinen Plänen, die er uns durch den Heiligen Geist offenbart. Auch in der Fremde und auf unbekannten Wegen der Zukunft umgibt uns Gott immer weiter mit seiner Führung und Leitung. In diesem Sinne wünsche ich uns allen gesegnete Feiertage und einen mutigen, glaubensvollen Start in das Jahr 2025!

Daniel Strack

Tut Buße, denn das Himmelreich ist nahe herbeigekommen!

Matthäus 3,2

Bibellese: *Matthäus 3,1-12*

Mutig und unerschütterlich ruft Johannes die Menschen zur Umkehr auf: „Tut Buße, kehrt um, denn das Himmelreich ist nahe." Zum Zeichen dieser Buße tauft er die Menschen. Sie sollen sich für den Messias bereitmachen, ihre Sünden abwaschen, weil das Königreich Gottes nahe herbeigekommen ist. Das Echo auf seinen Ruf ist groß. In Scharen kommen die Menschen und lassen sich von ihm taufen.

Buße tun, heißt umzukehren ⇢ Sein Aufruf zur Buße ist auch für uns hörbar. Buße tun ist auch heute ein entscheidender Prozess, der das eigene Leben verändert. Viele Menschen bereuen ihre Taten und versuchen durch gute Taten etwas Schlechtes auszugleichen. Der Haken dabei ist, dass sich schlechte Taten nicht durch gute reinwaschen lassen. Bereuen und vom schlechten Gewissen getrieben zu sein, ist noch keine Buße. Es geht auch nicht darum, zu büßen, also durch Eigenleistung etwas zu erreichen. Buße ist etwas Tieferes. Es geht darum, zu erkennen, dass man auf dem falschen Weg ist und von diesem Weg umzukehren. Ich bekenne Gott meine Schuld und empfange von ihm Vergebung. Das wichtigste Merkmal der Buße ist Umkehr, sein Leben zu ändern.

Seine Gnade genügt ⇢ Jesus Christus ist gekommen, um die Welt mit Gott zu versöhnen. Jeder, der sein Angebot annimmt, wird reingewaschen von aller Sünde. Wenn wir das erlebt haben, ändern wir unser Leben, weil wir rein und heilig leben wollen, nicht, weil wir müssen. Das ist der normale Vorgang. Johannes begründete seinen Aufruf damit, dass das Reich Gottes nahegekommen war. Umkehren hat ein Ziel. Wir geben etwas auf, weil wir etwas Besseres gefunden haben. Unsere Perspektive ändert sich, weil wir eine neue Erkenntnis haben. So gesehen, ist Buße tun etwas Schönes.

Natürlich können wir über unser altes Leben traurig sein und Vorfälle bereuen, aber dabei bleiben wir nicht stehen. Durch das Blut Jesu wird alles gereinigt. Damit ist das erledigt. Falls wir dann wieder einmal in alte Verhaltensweisen zurückfallen sollten, können wir den Vorgang jederzeit wiederholen: bekennen, Vergebung erhalten und umkehren. Das befreit und ermöglicht uns, mutig weiterzugehen. Es gibt keine Anklage mehr für Gottes Kinder. So können wir jeden neuen Tag mit dieser Gewissheit beginnen und erleben, dass seine Gnade genügt.

Markus Gygli

28 Samstag

Und siehe, eine Stimme aus dem Himmel sprach: Dies ist mein lieber Sohn, an dem ich Wohlgefallen habe.

Matthäus 3,17

Bibellese: Matthäus 3,13-17

Jesus kommt zu Johannes, um sich taufen zu lassen. Es ist anzunehmen, dass sie sich kannten, schließlich waren ihre Mütter miteinander verwandt. Als Jesus vor Johannes stand, weigerte dieser sich, ihn zu taufen. „Wieso kommst du zu mir? Ich sollte von dir getauft werden." Jesus antwortete darauf: „Lass es geschehen, wie es vor Gott richtig ist", worauf Johannes ihn taufte.

Warum ließ Jesus sich zur Buße taufen? Er war doch sündlos. Unser himmlischer Vater liebt die Menschen sehr. Er kam ihnen in der Person Jesu völlig nahe. Jesus war ganz Gottes Sohn und er war ganz Mensch. Er fühlte, wie ein Mensch nur fühlen kann. Er litt wie ein Mensch, er machte sich eins mit den Menschen und ihren Hoffnungen und verstand ihre Ängste. Er war auch ganz Sohn des Höchsten und setzte seine gesamte Autorität dafür ein, den Menschen den Vater zu zeigen. Und hier bei Johannes stellte er sich einfach in die Schlange und wartete, bis er an die Reihe kam. Er war gehorsam und bereit, den Auftrag Gottes zu erfüllen.

Gott bestätigt seine Kinder → Und Gott bestätigt seinen Sohn. Der Heilige Geist kommt auf ihn und eine Stimme spricht aus dem Himmel: „Mein geliebter Sohn, an dem ich Wohlgefallen habe". Was für eine Aussage! Genauso dürfen wir uns heute als Söhne und Töchter Gottes bezeichnen. Jeder, der an ihn glaubt, darf sich sein Kind nennen. Und jedes seiner Kinder wird vom Vater bestätigt, wie Jesus bestätigt wurde. Das dürfen wir in Anspruch nehmen – ja, das müssen wir sogar. Wenn wir Söhne und Töchter des Höchsten sind, wer und was kann sich gegen uns stellen? Was sollte uns besiegen? Jesu Taufe stand am Anfang seines Wirkens. Nichts konnte ihn aufhalten, weil er vom Vater bestätigt wurde. Am Schluss hatte selbst der Tod keine Macht mehr über ihn.

Du und ich, wir sind bestätigte Söhne und Töchter Gottes. Unumstößlich hat er uns beglaubigt, unsere Kindschaft mit seinem Heiligen Geist bestätigt. So können wir anfangen, unseren Weg zu gehen und den Vater mit unserer Hingabe erfreuen. Er schämt sich seiner Kinder nicht. Ermutigt und hoffnungsvoll gehen wir jeden Tag mit ihm und erleben, wie sich sein Wohlgefallen über uns ergießt, immer und immer wieder!

Markus Gygli

Wenn das Eisen stumpf wird und an der Schneide ungeschliffen bleibt, braucht man mehr Kraft. Aber den Vorteil hat, wer Weisheit gebraucht.

Prediger 10,10

Bibellese: Prediger 10,1-20

Der Autor dieses Buches der Bibel ist König Salomo, der wegen seiner sprichwörtlichen Weisheit berühmt war. Ich halte es für wichtig, immer wieder einmal nachzuforschen, wie Salomo zu dem wurde, was er war. Als junger Mann wurde er von David, dem großen und berühmten König, zum Nachfolger erwählt. Die Angst, im Schatten der Erfolge des großen David als König des Volkes Israel unterzugehen, hätte Salomo ja auch dazu verleiten können, das, was David getan hatte, über Bord zu werfen und alles anders zu machen.

„Gib mir ein hörendes Herz!" ⇢ Natürlich muss jede nachfolgende Generation die Chance haben, Neues zu versuchen und mit jugendlicher Dynamik an Aufgaben heranzugehen. Salomo zeigt uns jedoch, dass es zeitlose und für jede Generation geltende Gesetzmäßigkeiten gibt, die für das Gelingen unabdingbar sind. Im 1. Buch der Könige lesen wir in Kapitel 3, wie Salomo sich zu Beginn seines Dienstes zu einer Zeit der Gemeinschaft mit Gott zurückzog, die prägend wurde für das, was er später war und tat.

In dieser Zeit mit Gott musste er sich entscheiden, wie er die Weichen für die Zukunft stellte. Wählte er Macht, Beifall oder Reichtum als Bestätigung für sein Ego oder wählte er aufrichtig den, der ihn in seine Berufung bringen und auch darin bestätigen würde? Salomo erkannte, dass er aus eigener Kraft und mit selbst erlerntem Wissen nicht in der Lage sein würde, den Herausforderungen seiner Aufgabe gerecht zu werden. So betete er: „Gott, gib mir ein hörendes Herz!" Gott gefiel dieses Gebet und er beschenkte Salomo mit der Weisheit, die ihn befähigte, trotz der großen Fußspuren seines berühmten Vaters das Volk zu regieren und Gottes Haus, den Tempel, der unter dem Namen „Tempel Salomos" in die Geschichte einging, zu bauen.

Fragen an uns selbst ⇢ Es geht im Reich Gottes nicht um jung oder alt, sondern in erster Linie immer darum, in allem zu erkennen, dass wir abhängig sind und bleiben von demjenigen, der uns beruft und fähig macht. Was macht das Wesen unserer Identität aus? Woher holen wir uns Bestätigung? Vor wem legen wir letztendlich Rechenschaft ab? Genügt es uns, wenn Jesus sagt, wir sollen uns in allererster Linie darüber freuen, dass unsere Namen im Buch des Lebens stehen? Die ehrliche Antwort auf diese Fragen kann nur im innersten unseres Herzens gegeben werden.

Jürgen Wolf

Lass den Unmut ferne sein von deinem Herzen und halte das Übel fern von deinem Leibe; denn Jugend und dunkles Haar sind eitel.

Prediger 11,10

Bibellese: Prediger 11,1-10

Unser Herz ist in vielfacher Hinsicht das Zentrum unseres Lebens. Physisch ist es verantwortlich für die Versorgung unseres Körpers mit dem lebenswichtigen Sauerstoff. Als ich vor mehr als zehn Jahren einen Herzinfarkt erlitt, war mir schnell bewusst, dass mein Leben am seidenen Faden hing. Wovon ich bis zu dem Zeitpunkt kaum Notiz genommen hatte, wurde danach immer wichtiger. Jeder Schmerz im Bereich des Herzens lässt sofort aufmerken.

Geistlich ist das Herz der Bereich, in dem wir zum einen unseren Zugang zu Gott ansiedeln, zum anderen auch der Ort, der uns mit unserer Schuld konfrontiert. So empfiehlt uns Salomo in Sprüche 4,23: „*Behüte dein Herz mit allem Fleiß, denn daraus quillt das Leben.*" Behüten hat etwas damit zu tun, was wir in unser Herz hineinlassen und was wir lieber aus ihm entfernen sollten. Im heutigen Leitvers rät Salomo, darauf zu achten, Unmut von unserem Herzen fernzuhalten. Für den Begriff Unmut gibt es eine Reihe von Synonymen, die in unserem Sprachgebrauch geläufiger sind, wie Ärger, Gereiztheit, Unzufriedenheit bis hin zu Ablehnung. So etwas belastet nicht nur uns selbst, sondern hat auch großen Einfluss auf unsere Beziehung zu Gott sowie auf die Beziehungen, in denen wir im Alltag, in der Familie, in der Gemeinde oder auch am Arbeitsplatz leben.

Die beste Medizin ⇢ In Römer 5,5 nennt Paulus die wirksamste Medizin gegen alles, was unserem Herzen schaden könnte: „… *die Liebe Gottes ist ausgegossen in unsre Herzen durch den Heiligen Geist, der uns gegeben ist.*" Das gilt sowohl physisch als auch geistlich: Wenn unser Herz intakt ist, merken wir das am Pochen unseres Pulses bis in die Spitzen unserer Finger. Wenn wir allerdings ständig Ärger, Gereiztheit, Unzufriedenheit und Ähnliches in unserem Herzen tragen, wird das in jeder Begegnung zu spüren sein. Wir werden kaum in der Lage sein, gesunde Beziehungen einzugehen.

Wenn jedoch die Liebe Gottes unser Herz erfüllt, wird sie jeden Bereich unseres Lebens durchdringen. Ihre heilende Kraft wird zuerst uns selbst guttun und sich dann wohltuend auf alle unsere Beziehungen auswirken. Halten wir Gott doch heute wieder neu unser Herz hin. Bitten wir ihn, es mit seiner Liebe zu füllen und machen das zu einem festen Bestandteil unseres Gebets. Die Wirkung wird nicht ausbleiben.

Jürgen Wolf

Zu guter Letzt lasst uns hören, welche Schlussfolgerung sich aus all dem ergibt: Begegne Gott mit Ehrfurcht und halte seine Gebote! Das gilt für jeden Menschen.

Prediger 12,13 (HFA)

Bibellese: Prediger 12,1-14

Ich mag Bücher. Es stört mich auch nicht, wenn es viele sind. Wann immer ich Zeit und Gelegenheit habe, stöbere ich gerne in einer Buchhandlung. Nicht, dass ich immer ein bestimmtes Buch bräuchte. Ich interessiere mich neben den Inhalten auch für die Herstellung. Gerne nehme ich die eine oder andere Publikation in die Hand, um mir den Einband oder die Bindung genauer anzuschauen.

Einsicht ⇢ Seit geraumer Zeit fällt mir auf, dass bestimmte Titel zum Lebensglück oder auch der Bewältigung von Krisen immer mehr Platz einnehmen. „Einsicht (oder Erkenntnis) ist der erste Schritt zur Besserung" – ein Spruch, der auch von dem Autor des Buches Prediger stammen könnte. Und genau hier setzen die Ratgeberbücher an. Wenn aber der erste Schritt für Veränderung Einsicht oder Erkenntnis ist, was ist dann der zweite Schritt? Dass ich mich anstrenge, mich zusammenreiße, mir für das neue Jahr gute Vorsätze vornehme? „Wenn ich es mir nur ganz fest vornehme, dann …" Gute Vorsätze sind sicherlich mitunter hilfreich – zumindest für die ersten Tage im Januar. Wenn wir aber ehrlich sind, werden sich dadurch nicht wirkliche Veränderungen unserer Herzen ergeben.

Erkenntnis ⇢ Vielleicht muss die Erkenntnis zunächst etwas ausgedehnt werden: Es braucht nicht nur die Einsicht, dass mir etwas fehlt oder ich Fehler mache. Es braucht auch das Wissen, dass ich es alleine nicht schaffe. Wie gut, dass ich mich auch mit dieser „erweiterten" Erkenntnis an Gott wenden kann. Zu ihm darf ich mit allen Erfolgen und Niederlagen dieses Jahres kommen. Bei ihm dürfen wir immer wieder hören: Es zählen nicht unseren Taten, sondern dass er uns *„gerecht macht"* (Römer 4,5).

Entscheidung ⇢ Dies ist geschehen durch Jesus Christus, der sein Leben für uns gegeben hat. Durch ihn sind wir gerecht und brauchen nicht mehr auf unsere eigenen Leistungen vertrauen. In dem Moment, wo wir uns dafür entscheiden, dass der Tod Jesu für uns gilt, dürfen wir frei von Schuld und Anklage leben. Darin drückt sich unsere *„Ehrfurcht"* Gott gegenüber aus. Wir nehmen ihn ernst und beziehen ihn bewusst in unser Leben mit ein. Damit wird dann aus Einsicht und Erkenntnis eine gute und tragfähige Entscheidung. Mit diesem Entschluss können wir das alte Jahr abschließen und getrost in das neue Jahr blicken. Denn er ist bei uns.

Daniel Aderhold

Autorenliste

Deutschland

E	**Egleder**, Heinz	*Lübeck*	01.03. / 02.03.
	Eichberger, Andreas	*Bad Driburg*	14.04. / 15.04.
	Ellwanger, Bernd	*Waiblingen*	10.02.
	Endörfer, Sven	*Müllheim*	24.02.
F	**Fichtner**, Dr. Rudolf	*Erzhausen*	11.07. / 12.07.
	Fraas, Werner	*Landau*	12.04. / 13.04.
	Frank, Benjamin	*Mainz*	08.11.
	Frank, Mirjam	*Mainz*	09.11.
	Franz, Samuel	*Ansbach*	02.05. / 03.05.
	Fürst, Florian	*Neumarkt*	19.08. / 20.08.
	Fuß, Oliver	*München*	04.05. / 05.05.
G	**Gäbler**, Hanjo	*Elmshorn*	17.02. / 19.02. / 18.03.
	Giehl, Pamela	*Schorndorf*	25.10. / 26.10.
	Glaser, Dirk	*Bietigheim-Bissingen*	18.01.
	Göhner, Markus	*Crailsheim*	27.10. / 28.10.
H	**Haist**, Elisabeth	*Uetzingen*	29.10.
	Haist, Markus	*Uetzingen*	23.03.
	Hammer, Andrea	*Bremen-Marßel*	31.07.
	Hampel, Dieter	*Thum-Jahnsbach*	01.08. / 02.08.
	Hanke, Albert	*Euskirchen*	03.08. / 04.08.
	Happe, Werner	*Vlotho*	20.04. / 21.04.
	Häring, Christian	*Hamburg*	19.03. / 20.03.
	Harter, Hans	*Sulz*	14.01. / 15.01.
	Häußermann, Gideon	*Kiel*	04.07.
	Helbig, Katharina	*Landau*	21.03. / 22.03. / 05.09.
	Holthuis, Friedhelm	*Wuppertal*	01.01.
	Hutter, Dr. Wolfgang	*Laupheim*	06.03. / 07.03.
I	**Illgen**, Hannelore	*Hannover*	24.03. / 25.03.
	Ingwer, Richard und Kitty	*Naher Osten*	28.03.
	Inhoff, Thomas	*Karlsruhe*	22.04. / 23.04.
	Inniger, Manuel	*Tostedt*	24.04.
J	**Jaensch**, Lars	*Kiel*	28.01. / 29.01.
	Jäger, Rosine	*Köln*	18.05.
	Jerominski, Markus	*Titisee-Neustadt*	05.08. / 06.08.
	Justus, Jürgen	*Albershausen*	29.06.
K	**Kaiser**, Marcus	*Hamburg*	30.10. / 31.10.
	Kämpgen, Georg	*Duisburg*	27.02. / 28.02.
	Kappel, Jörg	*Erzhausen*	21.01. / 22.01. / 08.09. / 26.09.
	Kappel, Rita	*Reinheim*	22.02. / 19.04. / 02.10.
	Karcher, Anke	*Erzhausen*	10.07.
	Kasch, Christian	*Erzhausen*	23.11.
	Kaupp, Günther	*Mannheim*	21.08.
	Kern, Artur	*Troisdorf*	07.02. / 08.02.
	Kierner, Peter	*Erzhausen*	21.05. / 22.05.
	Klöpfer, Andreas	*Winnenden*	22.08. / 23.08.
	Knitz, Acima	*Bensheim*	18.02.

Knospe, Michael *Plüderhausen* ..... 05.07.
Kollmann, Bernd *Rieseby* ..... 15.02. / 16.02.
Krawczyk, Iwona *Griesheim* ..... 14.07.
Krebs, Bernd *Niefern-Öschelbronn* ..... 10.01. / 11.01. / 20.02. / 01.10.
Krebs, Heinz *München* ..... 31.01. / 01.02.
Krebs, Matthias *Krefeld* ..... 11.09. / 12.09.
Kressin, Sebastian *Lübeck* ..... 26.03.
Krüger, Dr. Horst *Aachen* ..... 02.02. / 03.02. / 04.02.
Krüger, Richard *Erzhausen* ..... 24.11. / 25.11.
Krumbacher, Christian *Trossingen* ..... 01.07. / 02.07.
Kühn, Helmut *Bad Gandersheim* ..... 04.11. / 05.11.
Kuhn, Tobias *Duisburg* ..... 02.11. / 03.11.

L **Lago Koulouri**, Michelle *Rüsselsheim* ..... 21.02. / 12.03. / 14.05. / 15.05. / 09.09.
Langermann, Andreas *Urbach* ..... 28.06.
Lehne, Christian-Jonathan *Norden* ..... 03.03.
Leistner, Reinhard *Velbert* ..... 03.04.
Lenhart, Fred *Eickhorst* ..... 12.01. / 13.01.
Leppert, Michael *Freiburg* ..... 24.08. / 25.08.
Liebrecht, Matthias *Mali* ..... 29.03.
Liedtke, Paul *Bielefeld* ..... 30.01.
Loescher-Samel, Katrin *Elmshorn* ..... 06.11. / 07.11.
Lohmann, Edmund *Berlin* ..... 07.08.
Lütjohann, Martin *Horb* ..... 11.11. / 12.11.
Lütke, Björn *Frankreich* ..... 07.04.

M **Mann**, Anna *Sonnenbühl* ..... 07.01.
Mann, Wilfried *Bad Säckingen* ..... 24.06.
Mantei, Karsten *Portugal* ..... 31.03.
Martini, Steffen *Mittlerer Osten* ..... 06.04.
Massar, Andrea-Mara *Celle* ..... 08.03. / 09.03.
Maurischat, Uwe *Hamburg* ..... 19.10. / 20.10.
Mayr, Wolfgang *Dillingen* ..... 12.05. / 13.05.
Mierich, Michael *Büdingen* ..... 28.08. / 29.08.
Mulholland, Alexander *Tübingen* ..... 26.11.
Müller, Ina *Thailand* ..... 30.03.
Mumssen, Angela *Elmshorn* ..... 12.10. / 13.10. / 13.11. / 14.11.
Mumssen, Hans-Peter *Elmshorn* ..... 15.03. / 16.03.

N **Neumerkel-Wilckens**, Christine *Elmshorn* ..... 19.09. / 20.09.
Ngoei, Philip *Denkendorf* ..... 23.06. / 27.11.
Nothnagel, Andreas *Hamburg* ..... 30.08.

O **Obst**, Manfred *Gotha* ..... 31.08.
Oertel, Gerhard *Weiterstadt-Braunshardt* ..... 16.04. / 17.04.
Oesterling, Reinhard *Geislingen* ..... 06.07.
Ollech, Walter *Nordhorn* ..... 15.11. / 16.11.
Olpen, Febe *Düsseldorf* ..... 01.06.

P **Pauliks**, Janita *Grimma* ..... 10.08. / 11.08.

Pauliks, Rainer *Grimma* .... 08.08. / 09.08.
Pfitzer, Markus *Euskirchen* .... 17.06. / 18.06.
Poller, Matthias *Hildesheim* .... 19.07. / 20.07.

R **Reichör**, Manuel *Frankreich* .... 09.04.
Reiser, Harald *Sigmaringendorf* .... 19.06. / 20.06.
Renner, Thomas *Kenia* .... 05.04.
Riener, Doortie .... 04.04.
Roth, Tobias *Rüsselsheim* .... 18.11.
Ruchelka, Marion *Winsen* .... 07.06.
Ruchelka, Thomas *Hamburg* .... 06.06.
Rückert, Andreas *Dresden* .... 10.04. / 11.04.
Rückert, Ekkehardt *Dresden* .... 10.05. / 11.05.

S **Sawadsky**, Benjamin *Achim* .... 24.07. / 25.07.
Schaal, Christoph *Singen* .... 02.09. / 03.09.
Schabelsky, Daniel *Erzhausen* .... 08.06.
Schanz, Karl *Darmstadt* .... 30.11.
Schaub, Ulrich *Rödinghausen* .... 09.06.
Schirmer, Jonathan *Stuttgart* .... 26.07. / 27.07.
Schittek, Gottfried *Südafrika* .... 08.04.
Schmid, Rolf *Müllheim* .... 23.02.
Schmidt, Andrea *Winnenden* .... 19.11.
Schmidt, Eduard *Nidda* .... 10.11.
Schmiegel, Esther *Sachsenheim* .... 22.10.
Schneider, Peter *Ulm* .... 25.05.
Schröder, Mark *Leipzig* .... 08.01. / 09.01.
Schrörs, Sylvia *Großschönau* .... 30.07.
Schulte, Ulrich *Schwanewede* .... 17.10. / 18.10.
Schulz, Mareike *Paderborn* .... 18.04. / 04.09. / 22.09.
Schulze, Daniel *Bad Kreuznach* .... 21.07. / 22.07.
Schwabe, Dietmar *Erzhausen* .... 15.07. / 16.07.
Schwarz, Alexander *Darmstadt* .... 17.03.
Seeling, Peter *Euskirchen* .... 27.05. / 28.05.
Seelinger, Ludwig *Groß-Umstadt* .... 03.06. / 25.09.
Seidt, Günther *Neubrandenburg* .... 06.10.
Siebold, Regina *Erzhausen* .... 26.05. / 05.06.
Siebold, Thomas *Erzhausen* .... 04.06.
Sindhu, David *Kirchberg* .... 13.02. / 14.02.
Smith, Hugh *Verl-Kaunitz* .... 16.01. / 17.01.
Stein, Albert *Hannover* .... 18.08. / 21.10.
Steinkamp, Karin *Lauda-Königshofen* .... 29.05.
Steinkamp, Michael *Lauda-Königshofen* .... 24.09.
Strohbehn, Dr. Ulf *Finnland* .... 01.04.
Strunk, Marc *Erzhausen* .... 17.07. / 18.07.

T **Tchamda**, Cyrille *Brensbach* .... 07.07.
Teickner, Angelika *Hannover* .... 23.05. / 24.05.
Thalmann, Martin *Ibbenbüren* .... 23.01. / 24.01.

Thalmann, Petra *Ibbenbüren* .... 21.06.
Tode, Nicole *Ahrensbök* .... 23.07.
Tomazsewski, Siegfried *USA* .... 08.05. / 09.05.
Trowitzsch, Helmut *Eberswalde* .... 15.06. / 16.06.
Tumat, Ralf *Winnenden* .... 03.07.
Turkat, Christian *Elmshorn* .... 06.05. / 07.05.

U **Uhlig**, Stefan *Winnenden* .... 30.05. / 31.05.
Uphoff, Frank *Velbert* .... 03.01. / 04.01.
Uphoff, Petra *Velbert* .... 11.06. / 12.06.

V **Vogt**, Johannes *Weil der Stadt* .... 28.07. / 29.07.
Volkmann, Claudia *Zeven* .... 27.09. / 28.09.

W **Wahnschaffe**, Mario *Bonn* .... 13.06. / 14.06.
Warzecha, Egbert *Dorsten* .... 05.02. / 06.02.
Weise, Stefan *Wiesbaden* .... 28.04. / 29.04.
Weiß, Johannes *Zittau* .... 13.09. / 14.09.
Wentland, Gabriele *Hamburg* .... 15.09. / 16.09.
Wenzel, Stefan *Dietzenbach* .... 02.06.
Werner, Horst *Erzhausen* .... 13.07.
Wiebe, Matthias *Achim* .... 17.09. / 18.09.
Wied, Rüdiger *Velbert* .... 27.03.
Wolf, Jürgen *Hagen* .... 29.12. / 30.12.
Wölfle, Matthias *Böblingen* .... 21.09.
Wuhrer, Helene *Niederlande* .... 10.09. / 21.11.

Z **Zeiser**, Jonas *Erzhausen* .... 28.11. / 29.11.
Zimmermann, Michael *Böblingen* .... 07.10. / 08.10.

Österreich

Abasolo, Mark *Hollabrunn* .... 01.12.
Bergmair, Anton *Bad Reichenhall* .... 01.09. / 23.09. / 03.12.
Borchert, Rudolf *Spittal* .... 04.12.
Bota, Tobias *Salzburg* .... 05.12.
Dungl, Nicole *Wien* .... 07.12.
Graf, Markus *Graz* .... 08.12.
Gratz, Florian Alois *Lenzing* .... 09.12.
Jung, Edwin *Braunau* .... 10.12.
Kaufmann, Oskar *Bürmoos* .... 11.12.
Kisslinger, Gerhard *Wien* .... 12.12.
Knirsch, Gottfried *Klagenfurt* .... 13.12.
Kristanell, Irmgard *Neunkirchen* .... 14.12.
Lambert, Fred *Wels* .... 15.12.
Marosch, Markus *Innsbruck* .... 16.12.
Plonner, Petra *Leoben* .... 17.12.
Schweiger, Alfred *Schladming* .... 18.12.
Sinning, Philip *Schwarzach* .... 19.12.
Wildman, Steve *Wien* .... 20.12.
Winter, Klaus *Bad Ischl* .... 21.12.

Schweiz

Affolter, Oliver *Wädenswil* .... 23.12. / 24.12.

Gygli, Markus *Aarau* .... 27.12. / 28.12.

Strack, Daniel *Flawil* .... 25.12. / 26.12.

Bibelleseplan

	10.11.	Eduard Schmidt
Richter 1,1-20	02.04.	Katharina Bösch
Richter 1,21-36	03.04.	Reinhard Leistner
Richter 2,1-10	04.04.	Doortie Riener
Richter 2,11-23	05.04.	Thomas Renner
Richter 3,1-11	06.04.	Steffen Martini
Richter 3,12-31	07.04.	Björn Lütke
Richter 4,1-16	08.04.	Gottfried Schittek
Richter 4,17-24	09.04.	Manuel Reichör
Richter 5,1-12	10.04.	Andreas Rückert
Richter 5,13-31	11.04.	Andreas Rückert
Richter 6,1-10	12.04.	Werner Fraas
Richter 6,11-24	13.04.	Werner Fraas
Richter 6,25-32	14.04.	Andreas Eichberger
Richter 6,33-40	15.04.	Andreas Eichberger
Richter 7,1-8	16.04.	Gerhard Oertel
Richter 7,9-18	17.04.	Gerhard Oertel
Richter 7,19-25	18.04.	Mareike Schulz
Richter 8,1-21	19.04.	Rita Kappel
Richter 8,22-35	20.04.	Werner Happe
Richter 9,1-21	21.04.	Werner Happe
Richter 9,22-41	22.04.	Thomas Inhoff
Richter 9,42-57	23.04.	Thomas Inhoff
Richter 10,1-18	24.04.	Manuel Inniger
Richter 11,1-11	25.04.	Daniel Aderhold
Richter 11,12-28	26.04.	Daniel Aderhold
Richter 11,29-40	27.04.	Daniel Aderhold
Richter 12,1-15	28.04.	Stefan Weise
Richter 13,1-25	29.04.	Stefan Weise
Richter 14,1-9	30.04.	Marco Bergelt
Richter 14,10-20	01.05.	Marco Bergelt
Richter 15,1-8	02.05.	Samuel Franz
Richter 15,9-20	03.05.	Samuel Franz
Richter 16,1-22	04.05.	Oliver Fuß
Richter 16,23-31	05.05.	Oliver Fuß
Richter 17,1-13	02.07.	Christian Krumbacher
Richter 18,1-7	03.07.	Ralf Tumat
Richter 18,8-26	04.07.	Gideon Häußermann
Richter 18,27-31	05.07.	Michael Knospe
Richter 19,1-10	06.07.	Reinhard Oesterling
Richter 19,11-21	07.07.	Cyrille Tchamda

Richter 19,22-30	08.07.	Reimer Dietze
Richter 20,1-25	09.07.	Reimer Dietze
Richter 20,26-48	10.07.	Anke Karcher
Richter 21,1-15	11.07.	Dr. Rudolf Fichtner
Richter 21,16-25	12.07.	Dr. Rudolf Fichtner
1. Samuel 1,1-28	26.07.	Jonathan Schirmer
1. Samuel 2,1-11	27.07.	Jonathan Schirmer
1. Samuel 2,12-26	28.07.	Johannes Vogt
1. Samuel 2,27-36	29.07.	Johannes Vogt
1. Samuel 3,1-21	30.07.	Sylvia Schrörs
1. Samuel 4,1-22	31.07.	Andrea Hammer
1. Samuel 5,1-12	01.08.	Dieter Hampel
1. Samuel 6,1-21	02.08.	Dieter Hampel
1. Samuel 7,1-17	03.08.	Albert Hanke
1. Samuel 8,1-22	04.08.	Albert Hanke
1. Samuel 9,1-14	05.08.	Markus Jerominski
1. Samuel 9,15-27	06.08.	Markus Jerominski
1. Samuel 10,1-16	07.08.	Edmund Lohmann
1. Samuel 10,17-27	08.08.	Rainer Pauliks
1. Samuel 11,1-15	09.08.	Rainer Pauliks
1. Samuel 12,1-25	10.08.	Janita Pauliks
1. Samuel 13,1-14	11.08.	Janita Pauliks
1. Samuel 13,15-23	12.08.	Michael Becker
1. Samuel 14,1-23	13.08.	Michael Becker
1. Samuel 14,24-52	14.08.	Gerhard Bieker
1. Samuel 15,1-35	15.08.	Gerhard Bieker
1. Samuel 16,1-13	16.08.	Andreas Claus
1. Samuel 16,14-23	17.08.	Andreas Claus
1. Samuel 17,1-58	18.08.	Albert Stein
1. Samuel 18,1-19	19.08.	Florian Fürst
1. Samuel 18,20-30	20.08.	Florian Fürst
1. Samuel 19,1-24	21.08.	Günther Kaupp
1. Samuel 20,1-23	22.08.	Andreas Klöpfer
1. Samuel 20,24-42	23.08.	Andreas Klöpfer
1. Samuel 21,1-16	24.08.	Michael Leppert
1. Samuel 22,1-23	25.08.	Michael Leppert
1. Samuel 23,1-28	26.08.	Jutta Dünnebier
1. Samuel 24,1-23	27.08.	Jutta Dünnebier
1. Samuel 25,1-22	28.08.	Michael Mierich
1. Samuel 25,23-44	29.08.	Michael Mierich
1. Samuel 26,1-12	30.08.	Andreas Nothnagel
1. Samuel 26,13-25	31.08.	Manfred Obst
1. Samuel 27,1-12	01.09.	Anton Bergmair
1. Samuel 28,1-25	02.09.	Christoph Schaal
1. Samuel 29,1-11	03.09.	Christoph Schaal
1. Samuel 30,1-31	04.09.	Mareike Schulz

1. Samuel 31,1-13	05.09.	Katharina Helbig
2. Samuel 1,1-27	15.09.	Gabriele Wentland
2. Samuel 2,1-11	16.09.	Gabriele Wentland
2. Samuel 2,12-32	17.09.	Matthias Wiebe
2. Samuel 3,1-21	18.09.	Matthias Wiebe
2. Samuel 3,22-39	19.09.	Christine Neumerkel-Wilckens
2. Samuel 4,1-12	20.09.	Christine Neumerkel-Wilckens
2. Samuel 5,1-25	21.09.	Matthias Wölfle
2. Samuel 6,1-11	22.09.	Mareike Schulz
2. Samuel 6,12-23	23.09.	Anton Bergmair
2. Samuel 7,1-16	24.09.	Michael Steinkamp
2. Samuel 7,17-29	25.09.	Ludwig Seelinger
2. Samuel 8,1-18	26.09.	Jörg Kappel
2. Samuel 9,1-13	27.09.	Claudia Volkmann
2. Samuel 10,1-19	28.09.	Claudia Volkmann
2. Samuel 11,1-13	29.09.	Bettina von Bracken
2. Samuel 11,14-27	30.09.	Bettina von Bracken
2. Samuel 12,1-12	01.10.	Bernd Krebs
2. Samuel 12,13-31	02.10.	Rita Kappel
2. Samuel 13,1-39	04.10.	Manuel Briem
2. Samuel 14,1-33	05.10.	Manuel Briem
2. Samuel 15,1-37	07.10.	Michael Zimmermann
2. Samuel 16,1-14	08.10.	Michael Zimmermann
2. Samuel 16,15-23	09.10.	Sabine Angerbauer
2. Samuel 17,1-14	10.10.	Sabine Angerbauer
2. Samuel 17,15-29	11.10.	Torben Baden
2. Samuel 18,1-18	12.10.	Angela Mumssen
2. Samuel 18,19-32	13.10.	Angela Mumssen
2. Samuel 19,1-24	14.10.	Joshua Braman
2. Samuel 19,25-44	15.10.	Sascha Burg
2. Samuel 20,1-26	16.10.	Sascha Burg
2. Samuel 21,1-22	17.10.	Ulrich Schulte
2. Samuel 22,1-20	18.10.	Ulrich Schulte
2. Samuel 22,21-37	19.10.	Uwe Maurischat
2. Samuel 22,38-51	20.10.	Uwe Maurischat
2. Samuel 23,1-7	21.10.	Albert Stein
2. Samuel 23,8-39	22.10.	Esther Schmiegel
2. Samuel 24,1-15	23.10.	Steven Dunn
2. Samuel 24,16-25	24.10.	Steven Dunn
Psalmen 2	03.10.	Helmut Braun
Psalmen 67	06.10.	Günther Seidt
Psalmen 90	24.11.	Richard Krüger
Prediger 1,1-18	09.12.	Florian Alois Gratz
Prediger 2,1-11	10.12.	Edwin Jung
Prediger 2,12-26	11.12.	Oskar Kaufmann
Prediger 3,1-12	12.12.	Gerhard Kisslinger

Prediger 3,13-22	13.12.	Gottfried Knirsch
Prediger 4,1-17	14.12.	Irmgard Kristanell
Prediger 5,1-8	15.12.	Fred Lambert
Prediger 5,9-19	16.12.	Markus Marosch
Prediger 6,1-12	17.12.	Petra Plonner
Prediger 7,1-12	18.12.	Alfred Schweiger
Prediger 7,13-29	19.12.	Philip Sinning
Prediger 8,1-17	20.12.	Steve Wildman
Prediger 9,1-10	21.12.	Klaus Winter
Prediger 9,11-18	22.12.	Reinhard Briggeler
Prediger 10,1-20	29.12.	Jürgen Wolf
Prediger 11,1-10	30.12.	Jürgen Wolf
Prediger 12,1-14	31.12.	Daniel Aderhold
Hoheslied 1	30.01.	Paul Liedtke
Hoheslied 2	31.01.	Heinz Krebs
Hoheslied 3	01.02.	Heinz Krebs
Hoheslied 4	02.02.	Dr. Horst Krüger
Hoheslied 5	03.02.	Dr. Horst Krüger
Hoheslied 6	04.02.	Dr. Horst Krüger
Hoheslied 7	05.02.	Egbert Warzecha
Hoheslied 8	06.02.	Egbert Warzecha
Jona 1,1-16	08.01.	Mark Schröder
Jona 2,1-11	09.01.	Mark Schröder
Jona 3,1-10	10.01.	Bernd Krebs
Jona 4,1-11	11.01.	Bernd Krebs
Nahum 1,1-8	12.01.	Fred Lenhart
Nahum 1,9-14	13.01.	Fred Lenhart
Nahum 2,1-5	14.01.	Hans Harter
Nahum 2,6-11	15.01.	Hans Harter
Nahum 2,12-14	16.01.	Hugh Smith
Nahum 3,1-11	17.01.	Hugh Smith
Nahum 3,12-19	18.01.	Dirk Glaser
Maleachi 1,1-8	22.11.	Sylvia Barron
Maleachi 1,9-14	23.11.	Christian Kasch
Maleachi 2,1-9	25.11.	Richard Krüger
Maleachi 2,10-17	26.11.	Alexander Mulholland
Maleachi 3,1-5	27.11.	Philip Ngoei
Maleachi 3,6-18	28.11.	Jonas Zeiser
Maleachi 3,19-24	29.11.	Jonas Zeiser
Matthäus 1,1-17	23.12.	Oliver Affolter
Matthäus 1,18-25	24.12.	Oliver Affolter
Matthäus 2,1-12	25.12.	Daniel Strack
Matthäus 2,13-23	26.12.	Daniel Strack
Matthäus 3,1-12	27.12.	Markus Gygli
Matthäus 3,13-17	28.12.	Markus Gygli
Markus 1,1-13	07.02.	Artur Kern

Markus 1,14-20	08.02.	Artur Kern
Markus 1,21-34	09.02.	Bernd Brückmann
Markus 1,35-39	10.02.	Bernd Ellwanger
Markus 1,40-45	11.02.	Björn Blana
Markus 2,1-17	12.02.	Björn Blana
Markus 2,18-28	13.02.	David Sindhu
Markus 3,1-12	14.02.	David Sindhu
Markus 3,13-35	15.02.	Bernd Kollmann
Markus 4,1-20	16.02.	Bernd Kollmann
Markus 4,21-25	17.02.	Hanjo Gäbler
Markus 4,26-34	18.02.	Acima Knitz
Markus 4,35-41	19.02.	Hanjo Gäbler
Markus 5,1-21	20.02.	Bernd Krebs
Markus 5,22-43	21.02.	Michelle Lago Koulouri
Markus 6,1-13	22.02.	Rita Kappel
Markus 6,14-29	23.02.	Rolf Schmid
Markus 6,30-44	24.02.	Sven Endörfer
Markus 6,45-56	25.02.	Timo Bückle
Markus 7,1-13	26.02.	Timo Bückle
Markus 7,14-23	27.02.	Georg Kämpgen
Markus 7,24-37	28.02.	Georg Kämpgen
Markus 8,1-26	29.02.	Heinz Dockter
Markus 8,27-38	01.03.	Heinz Egleder
Markus 9,1-13	02.03.	Heinz Egleder
Markus 9,14-29	03.03.	Christian-Jonathan Lehne
Markus 9,30-37	04.03.	Dr. Kingsley Arthur
Markus 9,38-50	05.03.	Dr. Kingsley Arthur
Markus 10,1-16	06.03.	Dr. Wolfgang Hutter
Markus 10,17-34	07.03.	Dr. Wolfgang Hutter
Markus 10,35-52	08.03.	Andrea-Mara Massar
Markus 11,1-10	09.03.	Andrea-Mara Massar
Markus 11,11-26	10.03.	Hans-Jürgen Angerbauer
Markus 11,27-33	11.03.	Hans-Jürgen Angerbauer
Markus 12,1-12	12.03.	Michelle Lago Koulouri
Markus 12,13-17	13.03.	Dr. Palmer Appiah-Gyan
Markus 12,18-27	14.03.	Dr. Palmer Appiah-Gyan
Markus 12,28-37	15.03.	Hans-Peter Mumssen
Markus 12,38-44	16.03.	Hans-Peter Mumssen
Markus 13,1-13	17.03.	Alexander Schwarz
Markus 13,14-23	18.03.	Hanjo Gäbler
Markus 13,24-37	19.03.	Christian Häring
Markus 14,1-11	20.03.	Christian Häring
Markus 14,12-26	21.03.	Katharina Helbig
Markus 14,27-31	22.03.	Katharina Helbig
Markus 14,32-42	23.03.	Markus Haist
Markus 14,43-52	24.03.	Hannelore Illgen

Markus 14,53-65	25.03.	Hannelore Illgen
Markus 14,66-72	26.03.	Sebastian Kressin
Markus 15,1-5	27.03.	Rüdiger Wied
Markus 15,6-19	28.03.	Richard und Kitty Ingwer
Markus 15,20-41	29.03.	Matthias Liebrecht
Markus 15,42-47	30.03.	Ina Müller
Markus 16,1-8	31.03.	Karsten Mantei
Markus 16,9-20	01.04.	Dr. Ulf Strohbehn
1. Korinther 1,1-9	21.05.	Peter Kierner
1. Korinther 1,10-17	22.05.	Peter Kierner
1. Korinther 1,18-31	23.05.	Angelika Teickner
1. Korinther 2,1-5	24.05.	Angelika Teickner
1. Korinther 2,6-16	25.05.	Peter Schneider
1. Korinther 3,1-4	26.05.	Regina Siebold
1. Korinther 3,5-15	27.05.	Peter Seeling
1. Korinther 3,16-23	28.05.	Peter Seeling
1. Korinther 4,1-13	29.05.	Karin Steinkamp
1. Korinther 4,14-21	30.05.	Stefan Uhlig
1. Korinther 5,1-5	31.05.	Stefan Uhlig
1. Korinther 5,6-13	02.06.	Stefan Wenzel
1. Korinther 6,1-11	03.06.	Ludwig Seelinger
1. Korinther 6,12-20	04.06.	Thomas Siebold
1. Korinther 7,1-9	05.06.	Regina Siebold
1. Korinther 7,10-24	06.06.	Thomas Ruchelka
1. Korinther 7,25-40	07.06.	Marion Ruchelka
1. Korinther 8,1-13	08.06.	Daniel Schabelsky
1. Korinther 9,1-23	09.06.	Ulrich Schaub
1. Korinther 9,24-27	10.06.	Daniel Aderhold
1. Korinther 10,1-13	11.06.	Petra Uphoff
1. Korinther 10,14-22	12.06.	Petra Uphoff
1. Korinther 10,23-33	13.06.	Mario Wahnschaffe
1. Korinther 11,1-16	14.06.	Mario Wahnschaffe
1. Korinther 11,17-22	15.06.	Helmut Trowitzsch
1. Korinther 11,23-34	16.06.	Helmut Trowitzsch
1. Korinther 12,1-11	17.06.	Markus Pfitzer
1. Korinther 12,12-26	18.06.	Markus Pfitzer
1. Korinther 12,27-31	19.06.	Harald Reiser
1. Korinther 13,1-7	20.06.	Harald Reiser
1. Korinther 13,8-13	21.06.	Petra Thalmann
1. Korinther 13,13	01.06.	Febe Olpen
1. Korinther 14,1-25	22.06.	Marc Brenner
1. Korinther 14,26-40	23.06.	Philip Ngoei
1. Korinther 15,1-11	24.06.	Wilfried Mann
1. Korinther 15,12-28	25.06.	Herbert Banholzer
1. Korinther 15,29-34	26.06.	Thomas Dörflinger
1. Korinther 15,35-49	27.06.	Sven Brenner

1. Korinther 15,50-58	28.06.	Andreas Langermann
1. Korinther 16,1-9	29.06.	Jürgen Justus
1. Korinther 16,10-14	30.06.	Manuel Dongus
1. Korinther 16,15-24	01.07.	Christian Krumbacher
Philipper 1,1-11	19.01.	Kai Buch
Philipper 1,12-26	20.01.	Kai Buch
Philipper 1,27-30	21.01.	Jörg Kappel
Philipper 2,1-11	22.01.	Jörg Kappel
Philipper 2,12-18	23.01.	Martin Thalmann
Philipper 2,19-30	24.01.	Martin Thalmann
Philipper 3,1-11	25.01.	Knut Adler
Philipper 3,12-16	26.01.	Knut Adler
Philipper 3,17-21	27.01.	Dr. Paul Clark
Philipper 4,1-9	28.01.	Lars Jaensch
Philipper 4,10-23	29.01.	Lars Jaensch
Kolosser 1,1-14	01.01.	Friedhelm Holthuis
Kolosser 1,15-29	02.01.	Daniel Aderhold
Kolosser 2,1-15	03.01.	Frank Uphoff
Kolosser 2,16-23	04.01.	Frank Uphoff
Kolosser 3,1-15	05.01.	Daniel Dallmann
Kolosser 3,16-25	06.01.	Daniel Dallmann
Kolosser 4,1-18	07.01.	Anna Mann
1. Thessalonicher 1,1-10	06.05.	Christian Turkat
1. Thessalonicher 2,1-12	07.05.	Christian Turkat
1. Thessalonicher 2,13-20	08.05.	Siegfried Tomazsewski
1. Thessalonicher 3,1-13	09.05.	Siegfried Tomazsewski
1. Thessalonicher 4,1-8	10.05.	Ekkehardt Rückert
1. Thessalonicher 4,9-12	11.05.	Ekkehardt Rückert
1. Thessalonicher 4,13-18	12.05.	Wolfgang Mayr
1. Thessalonicher 5,1-11	13.05.	Wolfgang Mayr
1. Thessalonicher 5,12-22	14.05.	Michelle Lago Koulouri
1. Thessalonicher 5,23-28	15.05.	Michelle Lago Koulouri
2. Thessalonicher 1,1-12	16.05.	Matthias Brandtner
2. Thessalonicher 2,1-12	17.05.	Matthias Brandtner
2. Thessalonicher 2,13-17	18.05.	Rosine Jäger
2. Thessalonicher 3,1-5	19.05.	Peter Bregy
2. Thessalonicher 3,6-18	20.05.	Peter Bregy
1. Timotheus 1,1-11	13.07.	Horst Werner
1. Timotheus 1,12-20	14.07.	Iwona Krawczyk
1. Timotheus 2,1-7	15.07.	Dietmar Schwabe
1. Timotheus 2,8-15	16.07.	Dietmar Schwabe
1. Timotheus 3,1-7	17.07.	Marc Strunk
1. Timotheus 3,8-13	18.07.	Marc Strunk
1. Timotheus 3,14-16	19.07.	Matthias Poller
1. Timotheus 4,1-5	20.07.	Matthias Poller
1. Timotheus 4,6-16	21.07.	Daniel Schulze

1. Timotheus 5,1-16	22.07.	Daniel Schulze
1. Timotheus 5,17-25	23.07.	Nicole Tode
1. Timotheus 6,1-10	24.07.	Benjamin Sawadsky
1. Timotheus 6,11-21	25.07.	Benjamin Sawadsky
2. Timotheus 1,1-5	30.11.	Karl Schanz
2. Timotheus 1,6-18	01.12.	Mark Abasolo
2. Timotheus 2,1-13	02.12.	Birgit Berchtold
2. Timotheus 2,14-21	03.12.	Anton Bergmair
2. Timotheus 2,22-26	04.12.	Rudolf Borchert
2. Timotheus 3,1-9	05.12.	Tobias Bota
2. Timotheus 3,10-17	06.12.	Hubertus Brunner
2. Timotheus 4,1-8	07.12.	Nicole Dungl
2. Timotheus 4,9-22	08.12.	Markus Graf
Hebräer 1,1-14	25.10.	Pamela Giehl
Hebräer 2,1-10	26.10.	Pamela Giehl
Hebräer 2,11-18	27.10.	Markus Göhner
Hebräer 3,1-6	28.10.	Markus Göhner
Hebräer 3,7-19	29.10.	Elisabeth Haist
Hebräer 4,1-8	30.10.	Marcus Kaiser
Hebräer 4,9-16	31.10.	Marcus Kaiser
Hebräer 5,1-10	01.11.	Elisabeth Braun
Hebräer 5,11-14	02.11.	Tobias Kuhn
Hebräer 6,1-8	03.11.	Tobias Kuhn
Hebräer 6,9-20	04.11.	Helmut Kühn
Hebräer 7,1-10	05.11.	Helmut Kühn
Hebräer 7,11-28	06.11.	Katrin Loescher-Samel
Hebräer 8,1-13	07.11.	Katrin Loescher-Samel
Hebräer 9,1-10	08.11.	Benjamin Frank
Hebräer 9,11-28	09.11.	Mirjam Frank
Hebräer 10,1-18	11.11.	Martin Lütjohann
Hebräer 10,19-25	12.11.	Martin Lütjohann
Hebräer 10,26-39	13.11.	Angela Mumssen
Hebräer 11,1-16	14.11.	Angela Mumssen
Hebräer 11,17-31	15.11.	Walter Ollech
Hebräer 11,32-40	16.11.	Walter Ollech
Hebräer 12,1-11	17.11.	Sylvia Barron
Hebräer 12,12-29	18.11.	Tobias Roth
Hebräer 13,1-8	19.11.	Andrea Schmidt
Hebräer 13,9-19	20.11.	Xenia Besenreuther
Hebräer 13,20-25	21.11.	Helene Wuhrer
2. Petrus 1,1-11	06.09.	Dr. Paul Clark
2. Petrus 1,12-21	07.09.	Daniel Aderhold
2. Petrus 2,1-11	08.09.	Jörg Kappel
2. Petrus 2,12-22	09.09.	Michelle Lago Koulouri
2. Petrus 3,1-10	10.09.	Helene Wuhrer
2. Petrus 3,11-18	11.09.	Matthias Krebs

Judas 1-13	12.09.	Matthias Krebs
Judas 14-19	13.09.	Johannes Weiß
Judas 20-25	14.09.	Johannes Weiß